塩見 昇の学校図書館論

インタビューと論考

日本図書館研究会学校図書館史研究グループ ● 編著
語り手 ● 塩見 昇

日本図書館研究会
2023年

塩見　昇 氏

目　　次

は じ め に …………………………………………2

第Ⅰ部：インタビュー ……………………………4

第Ⅱ部：論考・塩見昇の学校図書館論研究 ………405

資料1　昭和52年度「学校図書館学」講義概要 ………533

資料2　塩見昇 学校図書館関連を主とする年譜 ………534

インタビューを受けて ─謝意と期待の一端を─（塩見昇）……540

あとがきにかえて ………………………………543

【凡例】…………………………………

・第Ⅰ部（インタビュー）で、─から始まる文は聴き手の言葉、それ以外の文は塩見氏の言葉を編集したもの。

・本文で　→p.●　や　→本書p.●　は、本書における参照ページを示す。

・文中にある『半世紀』は、塩見昇先生古稀記念事業会編『図書館の発展を求めて：塩見昇著作集』（日図研、2007）発刊に合わせて、塩見氏が編んだ回想録『半世紀、図書館を生きる』の略。私家版。記念事業、祝賀会の参加者に贈呈された。

・注　について

　　・注は章ごとに1）から始まる。

　　・団体名・出版者は、以下のように略称を使用している。

　　　　学校図書館問題研究会⇒学図研

　　　　学校図書館を考える会・近畿⇒考える会・近畿

　　　　全国学校図書館協議会⇒全国SLA

　　　　日本図書館研究会⇒日図研

　　　　日本図書館協会⇒JLA

　　・Webサイトの URL は紙面の都合上省略したが、すべて2022.12.1に確認したものである。

☆表紙の背景は塩見氏の学生時代のノートを使用した。

は じ め に

　塩見昇氏は長年にわたり学校図書館についての根源的な問いを追究するとともに、学校図書館の充実のために労を惜しまなかった研究者である。「学校図書館とは何か、なぜ学校に図書館が必要なのか、学校図書館の基盤となるものをどこに見出すか」という自らの問いに納得のいく答えを探り出して「なんとしても『私の学校図書館論』と言えるものを持つ必要があった」と『半世紀、図書館を生きる』(凡例参照)の中で述懐しているが、その歩みは11年間の大阪市立図書館員時代を経たのち、1971年4月に大阪教育大学の教員となったことから始まった。

　氏が辿った思索の道のりは、どのような時代にあっても、つねに教育と図書館の原点へと立ち返って考えていくことの重要性を私たちに教えてくれる。氏の思想は子どもの学びと成長への深いまなざしと教育観に基づいたものである。そしてそこから見いだされた学校図書館論は、「『図書館』という仕組みそのものに内在する特質」をもつ学校図書館には「教育力」があり、学校を変える可能性があることを主張している。教育の情報化、「主体的・対話的で深い学び」の実現にむけた授業改善など教育改革が打ち出されている今だからこそ、氏の思想と学校図書館に対する根源的な問いへの追究、そしてその上に構築された論が多くの人に届くことを願うものである。

　本書は氏の学校図書館論への理解を深めることを目指し、氏へのインタビューを主軸としている。事前の話し合いでは「どのような少年時代をすごされたのだろう」「図書館との出会いはいつ頃からだったのだろうか」「教育観はどのように獲得されたのだろうか」から始まり、お聞きしたい事柄やテーマが次々に挙がった。インタビューは2018年12月から開始し、幼少期から大阪教育大学教員時代までを時系列に、また氏の理論の特徴を探るうえで欠かせないものとして「学校図書館職員問題」と「学校図書館と『図書館の自由』」については独立したテーマとしてお話を聞いた。振り返れば足掛け5年(2022年8月まで計14回)にわたるものとなった。

　インタビューは氏の京都の仕事場で毎回3時間半程度行ったが、いつも多くの資料を事前に用意してくださり、それを皆で回覧しながら氏の語りに引き込まれてゆくという、心躍る時間だった。

　私たちは立場の違いはあるものの、それぞれが氏から学校図書館理論を学んできた。今回氏が語る人生の場面場面での出来事や発想、経験が氏の図書館観や学校図書館理論の土壌になっているのだと腑に落ちることが何度もあった。また氏は私たちの質問に常に忍耐強く耳を傾け、誠実に応えてくださった。時には「質問されなかったから言わなかったけれど」と前置きをしてご自身の学びの体験を話してくださったことなどもあった。しかし新型コロナ感染が拡大し始めた2020年以降はリモートでの聞き取りになってしまい、氏の息遣いも伝わるという対面ならではの臨場感が得られにくくなり大変残念なことであった。

　インタビュー記録は編集をして第Ⅰ部に収めた。そして、第Ⅱ部には私たちなりの"論考・塩見昇の学校図書館論研究"を収めた。これは、氏の論をもっと多くの人に知ってもらいたいとの思いからである。氏の論の特徴を出し合い4つの章「塩見昇の学校図書館論を考える」「学校図書館活動論」「学校図書館職員論」「『市民の学校図書館づくり運動』と塩見昇」を立て、論文・書籍・講演録・インタビューで語られたことを基に考察を行った。8人のメンバーが2人1組になり各章を分担し、全体での意見交換も交えつつ担当者の視点でまとめたものである。

　"塩見昇の学校図書館論"が世に広く理解されていくことを願ってやまない。

　最後に、塩見氏には長期にわたるインタビューと編集した原稿の校正等に多大なご協力をいただいた。心よりお礼を申し上げる。

学校図書館史研究グループ一同

＊本書を上梓するまでに、日本図書館研究会で報告を2回おこなった。1回目は「塩見昇氏へのインタビューをはじめて―その学校図書館理論を探る（中間報告）」（第355回研究例会　2020年1月26日）、2回目は「塩見昇氏の学校図書館論を探る　中間報告2」（第63回研究大会　2022年3月5日）である。これらの内容については『図書館界』72巻1号と74巻2号を参照していただきたい。

塩見昇の学校図書館論　第Ⅰ部
インタビュー

語り手：塩見昇　　聴き手：学校図書館史研究グループ

目 次

第1章　学びの時代　1937〜1960 ················· 9
　1-1　太平洋戦争下の疎開の記憶—幼稚園から小学３年生 ········· 9
　　○　就学前 ··············· 9
　　○　疎開 ··············· 10
　　○　疎開先に残る ··············· 14
　1-2　戦後の学校教育—小学６年生の頃まで ··············· 16
　　○　戦後すぐの教育 ··············· 16
　　　・お父さまのことなど
　　○　地域と学校 ··············· 20
　　○　小学校で図書室をつくろうと提案する ··············· 22
　　　・小学校の頃に読んだ本
　1-3　中学・高校での出会い—受験期まで ··············· 27
　　○　京都市立中京中学校　1949-1952 ··············· 27
　　○　京都府立朱雀高等学校　1952-1955 ··············· 28
　　　・当時の学校図書館
　　○　大学受験—浪人生活　1955-1956 ··············· 33
　1-4　大学時代　1956-1960 ··············· 36
　　○　京都大学教育学部 ··············· 36
　　○　図書館学を専攻 ··············· 38
　　○　知的自由と図書館—"Banned Books"との出会い ··············· 42
　　　・産婆術
　　○　卒業論文 ··············· 50
　　　・手作りの卒業アルバム／・卒業文集の「暗中模索」
第2章　大阪市立図書館員の時代　1960〜1971 ··············· 55
　2-1　大阪市立中央図書館の創設に関わる ··············· 55

○ 大阪市立図書館へ ……………………………………………………55
　・創設事務室、大阪市立中央図書館・整理課に配属される1960-1962／
　・組合活動
○ 図書館問題研究会（図問研）の活動 ……………………………63
　・森崎震二さんのこと

2-2 図書館の業務を見直す ……………………………………………68
○ 奉仕課に異動　1962〜1971 ………………………………………68
○ レファレンス・サービス、「囲い込み」への疑問 ………………69
　・「大阪市立中央図書館の主題別部門制における一考察」／・「市
　政を身近なものとするために—図書館の現場から二つの提案」
○ 『中小レポート』と図問研 ……………………………………78
　・『あゆみ』と『ペチカ』
○ 図書館像を探る ……………………………………………………85
　・「10・22スト」の経験から／・強く印象に残っている原体験
○ 大阪市立中央図書館の業務見直し …………………………………89
　・貸出手続きを見直す／・人事異動のルール化、松岡享子さんのこと
○ 1960年代の大阪市立図書館の変化 ………………………………98
　・森耕一さんのこと／・天王寺図書館の団体貸出／・職員組合の
　立場から／・「事務事業の再検討の全体討議のために」／・図書館
　友の会／・図問研事務局長に

2-3 大阪市立図書館を出る …………………………………………112

第3章　大阪教育大学での仕事 …………………………………114

3-1 大阪教育大学（大教大）へ ……………………………………114
○ 教員生活が始まる ………………………………………………114
　・「三兎」も「四兎」も追う生活／・桃山学院大学司書講習
○ 学生から学ぶ ……………………………………………………120
　・学生運動とS君問題／・図書館と学習権

3-2 大阪教育大学教員時代の活動 …………………………………125
○ 教授会や大学運営にかかわる ……………………………………125
○ 大教大の組織改編 ………………………………………………127
　・教養学科での生涯教育計画論／・卒業生の進路／・夜間大学院／
　・教員養成課程での学校図書館の学び
○ 日本図書館研究会（日図研）・日本図書館協会（JLA）との関わり ………140

　　○　『教育学論集』の創刊 ……………………………………142

3-3　大学での授業 ………………………………………………144
　　○　学校図書館の研究 ……………………………………………144
　　　　・ジョン・デューイの図／・L. F. ファーゴと『学校図書館通論』／
　　　　・学校図書館のライブラリアン像
　　○　学校図書館の授業 ……………………………………………156
　　　　・学校図書館を理解する教師を育てたい／・学校図書館の課題と
　　　　しての「自由」の問題／・学校図書館の「機能」と「はたらき」
　　○　大阪教育大学での学び ………………………………………165
　　　　・教育実習の指導教官として学校現場に行くことで学んだもの／
　　　　・教員採用人事における業績審査を通じての教育諸学の勉強／
　　　　・卒論指導を通して学んだ子どもの文化／・北村幸子さんのこと／
　　　　・「私と図書館」
　　○　教員研修の講師として ………………………………………177

第4章　学校図書館の発見 …………………………………………179
4-1　学校図書館とは何かを探索する ……………………………179
　　○　図書館としての基本から考える ……………………………179
　　　　・石井敦氏の図書館史研究に学ぶ
　　○　特集「学校図書館前史」との出会い ………………………182
　　○　大正自由教育へ遡る …………………………………………183
　　　　・戸塚廉さんを訪ねる／・「戸塚廉の図書館教育」／・『おやこ新
　　　　聞』／・成城小学校を訪ねる／・大正自由教育の教育観
　　○　『日本学校図書館史』以後 …………………………………204
4-2　学校図書館の現況へのアクセス ……………………………206
　　○　学校図書館を見学する ………………………………………206
　　　　・ハワイの学校図書館見学／・国内の学校図書館見学
　　○　全国 SLA とのつながり ……………………………………211
　　　　・『学ぶものの立場にたつ教育を：21世紀を生きる教育　教育改革
　　　　への提言』／・「図書館学大系」／・学校図書館職員養成計画／
　　　　・その後の関係
4-3　学校司書と出会う ……………………………………………221
　　○　学校司書との出会い …………………………………………221
　　　　・宇原郁世さんのこと／・さまざまな学校司書との交流

　　○　岡山の『学校図書館白書』づくりに加わる　……………………225
　　○　学校図書館問題研究会(学図研)発足とのかかわり　……………230
　4-4　図書館界における学校図書館　…………………………………233
　　　・「学校図書館は図書館ではない」のか
　4-5　市民の図書館づくり運動とのかかわり　………………………237
　　○　子ども文庫の人たち　…………………………………………237
　　　・大子連の学校図書館実態調査
　　○　「図書館づくり住民運動と地方自治」　………………………244
　　　・社会教育法と図書館法／・公民館と図書館
　　○　1980年前後の文庫活動　………………………………………255
　　○　市民の図書館づくりの意味　………………………………258
　　　・学校図書館を考える会・近畿
　　○　多くの講演等の機会を得たことで　………………………264

第5章　学校図書館職員論　………………………………………………270
　5-1　学校図書館法改正をめぐる四者合意　………………………270
　5-2　司書教諭と学校司書　……………………………………………273
　　○　学校図書館の職員制度　………………………………………273
　　○　求められる学校図書館職員像　……………………………277
　　　・『いま、学校図書館を考えるために―塩見昇講演記録集』
　5-3　1997年と2014年の学図法改正　……………………………283
　　○　JLA 学校図書館問題プロジェクトチーム　……………………283
　　○　2014年法改正後の学校司書の状況　………………………290
　5-4　図書館政策　………………………………………………………291
　　○　司書資格の認定　………………………………………………291
　　○　図書館事業基本法　……………………………………………293

第6章　学校図書館の教育力　…………………………………………296
　6-1　学校図書館と教育改革　………………………………………296
　　○　教師が学校図書館を知ること　……………………………296
　　　・市民に学ぶ
　　○　科研費による教育学研究者と共同の学校図書館総合研究　……………300
　　○　「図書館のはたらきを通して学校教育の変革を」　…………306
　6-2　学校図書館の教育力という捉え方　…………………………307
　　○　学校図書館の教育力　…………………………………………307

　　○　学校図書館のもつ教育力の中身と構造　……………309
　　○　もう一つの学校　……………313
　　○　「ひろば」としての学校図書館　……………315
　　　　・戦後初期の学校図書館づくり
　　○　学校図書館研究の中で出会った人たち　……………325
　　　　・深川恒喜氏／・池田知隆氏／・学校図書館研究を行う上で印
　　　　象に残る人たち

第7章　学校図書館における「図書館の自由」　……………332
　7-1　「図書館の自由に関する宣言」改訂―学校図書館に関連して　……332
　　○　「すべての図書館に基本的に妥当する」　……………333
　　○　貸出記録に関する解説書の変化　……………335
　　　　・親による制限

　7-2　学校図書館と「図書館の自由」　……………346
　　○　愛知県立高校禁書事件　……………346
　　○　論文「学校図書館と図書館の自由」　……………349
　　　　・なぜ学校の中に図書館があるのか／・「学校図書館が内包する
　　　　危険な性格」／・学校図書館の主体性・自立性／・学校図書館で
　　　　の実践と検証／・『完全自殺マニュアル』の予約をめぐって

　7-3　学校図書館とプライバシー　……………363
　　○　学校図書館でのプライバシーの尊重　……………363
　　○　子どもの読書とプライバシー　……………366
　　　　・「外部」とは／・読書ノートと内面の自由

　7-4　資料収集・提供の自由と教育的配慮　……………375
　　○　資料選択の主体と教育の自由　……………375
　　○　「禁書」だからこそ教材化できる　……………379
　　○　学校図書館法における「健全な教養」　……………381
　　○　小学校の図書館でのリクエストへの対応　……………384
　　　　・リクエストへの対応―収集と相互貸借
　　○　『はだしのゲン』閲覧制限事件を通して　……………390
　　　　・学校図書館の蔵書／・学校図書館の資料提供／・学校司書の
　　　　役割／・学校図書館の収集方針

第1章　学びの時代　1937〜1960

1-1　太平洋戦争下の疎開の記憶─幼稚園から小学3年生

　—今日はまず先生の幼少期からお伺いしたいと思います。

　皆さんは幼少期の頃というと、どの辺りまで記憶があるのでしょうか。記憶と連想の区別がつきにくい。何か写真でもあるとその時の様子が浮かんでくることがあるので、写真は一つのきっかけになると思う。親が作ってくれた子どもの頃のアルバムが最近見つかったので、それによって3歳辺りまでの記憶というか体験を呼び戻すことができたので、そこからお話することにします。

○　就学前

　ここに一枚の写真があります。3歳の誕生日に自宅で父親が撮ってくれた記念写真です。私の3歳というと昭和15(1940)年、今ではそれを知る人もごく少ないでしょうが、戦前の日本特有の年号で「皇紀2600年」、神武天皇の即位から数えて2600年にあたるということで、国を挙げて大々的にお祝をしたのです。いろんな記念事業も組まれました。2月11日は紀元節で、国の誕生日ですから、格別おめでたい日でした。実はその日が私の誕生日なのです。子ども用の軍服姿で撮った写真の裏に「皇紀2600年紀元節」と文字が書かれています。父親が書いたものです。この翌年の暮れにはハワイで太平洋戦争が始まり、1年もすると日本の旗色が悪くなり、お祝どころでなくなるのですが、その前夜、ごく普通の庶民の家庭と家族写真がこれであり、日本中がほぼこういう感じの時代だったろうと思います。この写真から時代を読み取ってもらえたらと思います。こういうところから私の子ども時代は始まりました。

　生まれたのが昭和12(1937)年だから日中戦争の始まった年で、アジア・太平洋戦争が始まった翌年昭和17(1942)年に神泉苑の中にある幼稚園に行きました。（幼稚園の出席カードを見せてもらう）

　小学校と違って幼稚園には疎開はなかったので、戦争中の最後は閉まったかもしれないが幼稚園には行きました。2歳下の妹は行ってないですね。京都だったので直接の戦争体験はほとんどないし、あまり緊迫した状況はなかったよう

に思います。だから1945年の８月15日をどんな気持ちで迎えたかという事前の質問がありましたが、その日のことはほんとに覚えていない。縁故疎開中で、田舎だったし、戦争が終わったことへの周りの反応も全然記憶がありません。

○　疎開

　京都市は昭和20(1945)年３月に学童の疎開命令を決定したので、国民学校３年生になる時に、父方の祖父母がいる田舎に疎開しました。戻ってきたのはもう戦争が終わった後です。ですから私が体験した戦争状況とか「鬼畜米英」というようなことは、８歳、疎開するまでの経験となります。

　京都の家では防空壕も作っていたし、(空襲の)警戒警報が出ると電灯を黒い布で覆って光がもれないようにしたり、窓ガラスに紙を張ったりしていたけれども、一年間疎開していたところは山の中の田舎だったからそんなことも一切なかった。

　山陰線の綾部から一つ手前に山家という駅があって、そこから上林川沿いに奥へ３里(12キロ)、歩くと３時間ほど、子どもの頃よく歩きました。今は綾部市だけど、実態はいまも村です。

　—京都には空襲はなかったのですか。

　京都には空襲はなかったと一般に言われていますが、現実には何回かあって、そこそこの被害も出ています。『戦争のなかの京都』[1]の中にも書いてありますが、最初は1945年１月16日、東山区の馬町に焼夷弾が落ちて何十軒か家が焼けました。死者も少し出ています。その後６月26日に西陣のほうでもう一度あって、死傷者100余名、200戸以上の家屋損壊があり、その事実が地域の公園の中に、区域の人たちがつくった碑で残っています。狙ったわけではなくて、空襲の帰りに残った爆弾を処分していったのだとも言われている。京都は当初、原爆の対象にもなったという話もありますが、結果として明確な空襲の対象にはならなかった。しかし全くなかったというわけではありませんでした。

　私は空襲の経験はありませんが、警戒警報は何回かありました。２年生の頃です。警戒警報がなると学校から家に帰らされました。配られた給食をもって帰った記憶もあります。警報が出ているのになぜ外を歩かせるのか、と思ったような気もします。しかし、頻繁に警報が鳴ったということはなかったです。疎開先の田舎ではそんなこともありませんし、飛行機が通ってもあれはアメリ

１）中西宏次、岩波ジュニア新書、岩波書店、2009.

カ軍だろうかぐらいのことで誰も気にしていなかった。そういうことではのどかでした。

　だから戦争の実体験が薄いし、記憶の中にもあまりない。ただ、時代の雰囲気を間接的に体験したことはあります。時期としては2年生までのことに違いないんだけど、家の隣は母親の実家で、その家で見たかなり強烈な記憶として、グラフ雑誌にアメリカ人の綺麗な若い女性が"しゃれこうべ"を持っている写真があった（右写真）。説明には「これは日本人の兵士の頭蓋骨です」とあって、ニコニコと笑う若い女性がそれを手で触っている。それを見た時に、とても怖かった。アメリカというところはこういうことをやるところだと。戦争に負けるとそんなふうに"しゃれこうべ"にされて、もてあそばれると思った。まさに鬼畜米英のキャンペーンの一つだったのだろう。その写真がとても強く印象に残っていて、やはり戦争には勝たないといけない、負けたら日本人はみんな殺されて、このようにアメリカ人の遊び道具にされてしまうのではないか、と思いこまされた。今も鮮明に残る私の一番の強烈な戦争体験です。

　そういう受け止め方というのは、鬼畜米英という思想をそこから叩き込まれたに違いないし、増幅したと思う。おそらく昭和18〜19年のことでしょう。

　それから、同級生に背が高くてとてもかっこいい少年がいました。運動能力も高かったが、体の小さい子が「アメリカ人」と言って、その子をからかって、いじめていた。そう言われるとその子はがっくりと落ち込んでしまう。子ども同士の遊びの中のやりとりでそういうことがありました。これは軍国主義の裏返しであっただろう。そうすることによって、かっこいいあいつをやっつけることができると子どもたちは思った。「アメリカ人」と言われることは屈辱的だったのだろう。戦後になると逆転するわけですがね。

　ダイレクトに山中恒が言うような軍国少年、少国民に洗脳されるような直体験はないけれども、そんなところに時代の反映というか、影響があったのかな。これはこの話をするために思い出したというよりも、ずっと私の記憶の中に強く残っている部分です。そんなことが時代との関係としてはあります。

　——そのアメリカの女の人が"しゃれこうべ"を持っていたというのは、本か

2）自らの体験を綴った『ボクラ少国民』6部作（辺境社、1974-1981）で戦時下教育を告発、『間違いだらけの少年H』（山中典子と共著、辺境社、1999）では妹尾河童の自伝的小説『少年H』（講談社、1997）の史実誤認や時制の矛盾を指摘した。

ら与えられた大きな思想の伝達みたいなものだと思うのですが、それを後で思い起こして、本の力というものを考えたということはありましたか。

あんまりそういうふうには・・・。でも印刷物の印象が強かったのは確かです。一枚の写真のインパクトですね。他には新聞ぐらいしか目にするメディアはなかった。そこは油屋さんで地域の古い家だった。あそこの、あの机の上にグラフ雑誌があったというようなことまで鮮明に覚えているが、なぜそこにそれがあったのかまではわからない。いわゆる『アサヒグラフ』か『毎日グラフ』みたいな、写真を主にした印刷物の、ある１ページに載っていた。[3)]

私が今でもそう思っているだけで、解説が本当にそうであったかどうかは怪しいが、怖かった。綺麗な女性が「しゃれこうべ」を持っている写真がものすごく怖かった。多分、その下に鬼畜米英の、そういう類のことばがもう少し柔らかい表現で解説が書いてあったとは思います。一枚の写真からのインスピレーションみたいなものですが、それが日本兵の"しゃれこうべ"であることは書いてあった。間違いない。誰かに「こうだぞ」と言われて思い込んだのではなく、自分で偶然見て感じた。そういう意味では、一つの情報メディアの伝達方法としては有効だったのだろう。

　——当時視覚に訴えるメディアとして、子どもたちに戦意を鼓舞するような紙芝居がたくさんできていたように、そういうグラビア雑誌・グラフ雑誌のようなものが家庭に入っていたのでしょうか。

調べてみたら当時の読書や情報環境がわかるだろうが、グラフ雑誌のようなものがそうそう普通の家庭にあったとは思えない。この祖父母は母方で、父親は山奥から出てきて、京都師範に行って、市内の先生になった。おふくろの実家は中京区の四条大宮、当時の阪急電車の終点、そこから北へ二筋だから、京都のまちなかです。

　私が通っていた京都市立乾小学校編の『乾百年史』(1970)を見ても私が知りたいことはなかなか書いていないのだが、学童疎開については「昭和20年３月疎開をして子どもを守る」という方針が京都では出たとある。東京や大阪はもっと早かったはずです。個人で親戚などに行けるものは縁故疎開をしたが、行き場のないものは学校がまとめて連れていく、これが集団疎開だった。３月30日、その学年が終わったところで「119名が第１次として出発した」と書いてあり

３）アメリカの写真誌『LIFE』(1944年5月22日号)に掲載された写真。記憶に残るイメージとは少しズレはあるが塩見は、それを転載した『写真週報』(335)、1944.8.23(情報局、p.2)を見たものと思われる。

ます。

　縁故疎開をした私は、福知山へ119名を引率して集団疎開していた田熊先生（疎開前の担任）にハガキを出した。そのハガキへの先生の返信絵ハガキが、よく残っていたなと思うが、ここにあります。

　　昇ちゃん、お元気なおたよりありがとう。毎日作業に一生けんめいになってはたらいていることがよくわかりました。こちらのお友だちも増産にはげんでいます。そかいした子供で「ヒマ」の供出のせきにんをはたさねばなりませんので、四日前からきばっています。おはかの横までうえました。五月人形を飾っていただくのよろしいね。（加佐郡河守町、成園寺内、の住所から発信）

集団疎開は、泊めてもらって食べさせてもらってたから、その代わりに少国民として勤労奉仕をしてお返しをしないといけないということで、飛行機の潤滑油の原料の生産として全国的にヒマの栽培が促進されていたのでしょう。これは集団疎開に行った子どもたちがやっていた奉仕で、私自身が体験したわけではありません。

　縁故疎開ができる人はなるべくそちらに行きなさいという指導だったので、私の家族は父親の郷里、のちに私が山歩きをするようになる丹波高原の一角、何鹿郡中上林村で由良川の奥の、人が鮎釣りに行くようなところに疎開した。これがそこで私の一番遡ることができる古い記憶だと思うのだが、三つぐらいのことです。小さい頃から何度も連れて行ってもらっていたその村に、親父の実家、兄さんの家がある。どうしてそうなったのか分からないのだが、ひとりで川の方へ行って帰り道がわからなくなってうろうろし、ワンワン泣いていたのを誰かが見つけてくれて、これは「京都から来ている五郎さんの家のぼんだ」と言って送ってくれた。そのことはその後もよく話題になっていたので、余計に記憶を一層増幅させて私の中に強く残っているのだろう。今でもその時の光景が目に浮かぶ感じです。

　その田舎には路線の木炭バスも走っていたが、数が少なく何かあると止まってあてにはできないので、三里の道を歩いたこともある。路線バスの道なので道は悪くなかった。かなり坂を上った峠の上でみかんをもらったり、お菓子をもらったりして、父と一緒に歩いた。そこへ母親と二つ下の妹、赤ん坊の弟、私と一つしか年の違わなかったおふくろの妹（叔母さん）、この五人で縁故疎開した。それが昭和20（1945）年3月の中頃ではなかったかと思います。幼児期から馴染みのあった場所で、父の実家だし、いい関係が続いていたところです。戦後

も年末にはお餅をもらいに行くことが年末の行事といった関係だった。集団疎開はみんなひもじかったとか、つらかった経験を語るのだけれど、私の場合はそんなこともあって食べるものにも不自由はなかったですね。

○　疎開先に残る

　終戦後の9月になってみんな疎開から帰るのだけれど、私だけは学校があったので一人残ることになった。誰が判断したのかわからないけれども、まだ国民学校3年生だったので寂しかったに違いないと思うけれど、あまり抵抗もなく、いやいや残されたわけでもなく、2学期と3学期は一人で田舎に残ることになりました。

　─疎開の間にお父様が召集されていますね。

　学校の先生はあまり召集されていないようだが、昭和20年になると誰もかれもが召集されて。よく知らないが、召集されて広島ぐらいまでは行ったようです。現職の教師だったので京都に残っていて、1学期の間どこかに連れて行かれていたという程度ではないでしょうか。

　─疎開でそんなに嫌な思いをされなかったというのはお幸せですね。

　縁故疎開はいじめられなかったわけではないだろうが、私の場合はそういうことはなかった。ずっと後になってその時の同級生に会うことがあったが、懐かしく昔の話をしあった。集団疎開した人たちが、後になって当時お世話になったお寺をお礼に訪ねるといったことがよく新聞に掲載されたりするが、辛いことがあっても、時間が経って思い出として残っていくということがあるようだが、当座はえらい目にあったという思いを抱えて帰ってきたのだろう。幸い私はそういうことがありませんでした。男女四人きょうだいの末の弟であった父（五郎）は都会に出て先生をしている、出世した、がんばっている人というふうに村の人からは思われていたようで、兄の八郎さんの家も本家筋にあたることもあり、その五郎さんの坊^{ぼん}というようなそんな環境が居心地をよくしていたのかもしれない。

　でも母親はかなり辛い思いをしたかもしれません。自分の実家じゃないですからね。一緒にいない亭主のくにだから、それはやっぱり気を遣ったに違いない。まち中の人間ですからね。私ほど気楽に過ごしたわけではなかったでしょう。弟が昭和19（1944）年の生まれで、疎開はその翌年3月ですから。まだ乳飲み子でした。今は元気にしていますが、赤ん坊のころは死にかかったこともあります。病院が疎開先の村にはないので、先ほども言ったあてにしにくいバス

を使って綾部まで30分くらいかかったのではないかな。何回も赤ん坊を連れて病院に行ってましたからね。そういうこともありましたから、おふくろとしては辛い時代だったでしょう。

　―半年も一人で暮らしたのは、ある意味自立のきっかけになったのでは。

　３年生くらいで、よう一人で残ったなとは思いますが、残るべきか残らざるべきか、そう悩んだといった印象はありません。居心地は悪くはなかったですし。[4]

　―自然の中の暮らしも気に入っていたのかもしれませんね。

　記憶に残っているのは、カブトムシやクワガタがよく集まるクヌギの木を自分で見つけて、朝早く、学校に行く前に取りに行ったことです。家を出て山の中に10分やそこらは入っていくのだけれど、まだ暗いので怖かった。蜜があるから大きな蜂もいたし。それでも捕れるだけ捕って、今のようにビニール袋があるわけではないので、ポケットやなんかに詰め込んで。怖いものだから一目散に走って帰りました。そんなことをしょっちゅうやっていました。自分だけが知っている秘密の場所、そこへ行くまでにちょっとした祠、「山の神さん」と言っていましたが、祠があって、その前ではちょこんと頭を下げて、木のところまで行って、帰りは一目散に走って帰るというようなことをしていました。おじいさんが手作りの虫かごを作ってくれて、それで飼っていました。

　学芸会もあって、その時の記憶もよく残っています。当時同じクラスで、学級委員をやっていたよくできる男の子がいたのですが、その子とはその後も何かのことで田舎に行った折に、比較的よく顔を合わせていました。その子が「あんたにはとうとう勉強では勝てんかった」と言ったことがあります。疎開ものが来なかったら自分が一番だったのにというようなことを懐かしく話をするような関係でした。まちの学校とは学力のレベルが違っていたかもしれませんね。でも学芸会になるとその子が主役でした。「いたずら狐が畑を荒らして、それを村の人が懲らしめようと案山子に化けて、いたずら狐が出てきたら村の人たちが頭をポンとたたいて追っ払った」というようなメルヘンチックで穏やかな話でした。その学級委員の子が主人公のいたずら狐で、私は案山子の役でした。

4）塩見は、『図書館界』56(5)、2005.1、p.273の「座標」に、「60年前の『少国民』」と題し、教育基本法改定の動きにからめて、こうした戦時下の思い出を書いている。その中には「いくら親戚の家とはいえ、3年生の子どもには寂しい日々であり、大川の橋の上で涙をこらえて唱歌『ふるさと』を口ずさんだものである」という文がある。

1-2　戦後の学校教育―小学６年生の頃まで

○　戦後すぐの教育

―戦争が終わって教育が変わったという実感がありましたか。

　昭和20（1945）年の９月〜10月はとりあえず応急処置といった内容で、正式に修身や国史などの停止命令が占領軍から出るのは11月、12月のことですからね。田舎の学校なので、余計に伝わってくるのが遅かったかもしれません。ほとんどその学年は夏休み前のままで、子ども心に教育が変わったというような印象はまったくなかったように思います。

　教科書の墨塗りはその前にあったものを暫定的に使うために都合が悪いところを塗りつぶしたわけです。新しく教科書が作られるのはその後のことです。昭和21（1946）年ぐらいではなかったでしょうか。調べて見たら地域差なんかもわかると思いますけれど。

　新しく作った教科書で覚えているのは、自宅に戻ってからのことですが、数枚の新聞紙のようなものが配られて、それを折りたたんで教科書の大きさにして、それに表紙をつけて、穴をあけて、綴じて、教科書として使いました。[5]はじめから冊子のものではなく、そういうものを手作りする経験をしました。

　後の話ですが、大宮の実家を処分した時に捨てるものと残すものを仕分けしておいたのに、どう間違えたか、残すものを捨ててしまってその中にこの教科書がありました。自分の貴重な財産だと思っていた資料だったので残念でした。墨塗り教科書は有名ですが、こんな折りたたみ教科書のことはあまり知る人がないので残っていたらお見せできたのですが。そういうことは１年だけだったでしょうね。４年生のはじめの教科書だったのでしょう。

　その教科書に載っていた教材で笛の名人[6]の話をとてもよく覚えています。平安時代でしょうか、貴族が舟旅をしていると海賊に襲われて、今生の別れにと月光の下で名人が笛を吹いたら、海賊が感動して襲うことを止めて無事に助かっ

5）1946年4月から1947年3月までの1年間だけ用いられる予定で作成された文部省著作の国定教科書。「暫定国語教科書」と呼ばれた。（吉田裕久『戦後初期国語教科書史研究』風間書房、2001）。また、東京書籍株式会社附設教科書図書館「東書文庫」のWebサイトで画像を見ることができる。

6）「笛の名人」は暫定国語教科書『初等科国語三』（第一分冊）に収録されている。第5期国定教科書から引き継がれたものだが、挿絵はない。京都府は東京書籍発行のものを使用。

たという話です。月光が照らす海の上で笛の音色が流れるという美しい話です。それが教材の一つで載っていました。国語読本でしょうね。戦後に出会った教材として、とてもよく覚えています。『日本教科書大系』という教科書を収めた資料集がありますが、それにも収録されていないようなもので、短命に終わった教科書ですね。教科書にはそういう時代もありました。

　　——それは京都だけのことでしょうか。

　そんなことはないと思いますが、どうでしょうか。地域教材はそれぞれの地域で作るけれども、国語や算数、理科、社会という主要教科の教科書を県単位や地域で作ったということはなかったと思いますが。

　　——戦後すぐに文部省がそういう、いわばちゃんとしたものを作ったのでしょうか。

　国粋主義の教材に GHQ（連合国軍最高司令官総司令部）が停止命令を出して、それを文部省が受けとめて対応措置をした。『あたらしい憲法のはなし』を知っていますね。（昭和22年の実物を紹介）。こういうふうに昭和22（1947）年になると文部省が教科書を作ったので、昭和21年はその間だから、墨塗りで緊急対応して、ちゃんとした本ができるまでのつなぎの間が先ほどの折りたたみの手づくり教科書だったのかなあ。

　墨ぬり教科書のことで記憶に残るのは、だいたい教科書というのはきれいに扱わないといけない、教科書を汚すのは勉強できんもんやときびしく言われていた。弁当から漏れた汁で汚すと叱られたものです。その教科書を先生の指示で塗りつぶすわけですから、これは教育が変わることを強く印象付けられたのは確かですね。

　私は1946年の3月に疎開先から帰りましたが、乾校の集団疎開の子は戦争が終わった年の10月に帰っていました。集団で先生に連れられて汽車で帰ってきて、二条駅で降りて一列に並んで学校まで行進し、歓迎式が行われたということが『乾百年史』には書いてあります。10月には縁故疎開の子どもらも帰ってきて、翌年の4月には13学級600人と書いてあります。7〜8割は子どもが帰ってきて、1、2年経つとまあ元に戻ったということです。私は4年生から元の学校に戻りました。

7）講談社、全44巻、1961〜1977.
8）文部省編、1947年発刊。2016年、三陸書房より復刊。

・お父さまのことなど

　―戦争が終わってから学校の雰囲気は変わりましたか。先生のお父さまは
　　1945年に桃園[とうえん]小学校の教頭先生になっておられましたが、当時は37歳と若
　　くて、しかも GHQ のモデル校ということで大変だったと思います。

　父は明治41（1908）年生まれでした。戦後早くに上鳥羽小学校で校長をやるん
ですが、40歳くらいです。桃園でモデル校の教頭をやったということは、教師の
中ではかなり早く昇進していたというのは確かでしょう。

　アメリカの第一次教育使節団が1945年の暮れに来ますね。日本の学校教育を
現場で見ようと、空襲を受けていない奈良や京都を視察したわけです。GHQ
や CIE（民間情報教育局）の関係者などが日本のこれまでの学校教育を見ると
きも、あるいは改善を考えるときも、被害を受けていない京都や奈良、そしてそ
の中でもいくつかの学校をモデルにして新教育を率先的に進めたと思います。

　そんな学校の教頭だったので、新教育の流れを推進していくような役割は
担ったのだろうと思います。教育委員会の指導的な立場というところまではま
だ行っていませんが、学校現場の中で推進する立場だったのでしょう。私が後
で教育に関係するようになり、役立つことになって助かった本もいくつか父の
所蔵本の中にありました。新教育の指導書、パンフレットのようなものもあり
ました。父がそういうものを持っていたということは、そのような立場にあっ
たのでしょう。

　その後指導主事や人事主事などを務めましたが、旭丘中事件というものがあ
りました。「偏向教育」が問題になり、分裂授業になった。学校現場のかなり過
激な民主教育や平和教育に反動、反発が出てきて、保護者の中も分れてしまいま
した。全国的にみても激しい組合闘争の典型です。その頃父は教育委員会の指
導課にいたものですから、教育委員会側の学校の授業を担当したようです。し
かしそういう話について父とはほとんど話した記憶がありません。どうしてし
なかったのかと思うくらい、父親とは教育の話はしていません。

　―でも先生が教育学部に行かれたのには影響があったのではないでしょうか。

　まったくなかったですね。親父の方からは教師の道を選んだら、というよう
なサゼッションは一切ないし、こちらからも聞かないし。しかし、なんとなく教

9）1953年12月、京都市立旭丘中学校において教育の政治的偏向が問題となった事件。
　この事件と山口日記事件を契機として1954年に「教育公務員特例法の一部を改正
　する法律」と「義務教育諸学校における政治的中立の確保に関する臨時措置法」が
　制定された。（安彦忠彦他編『現代学校教育大事典』、ぎょうせい、1993）

師になるだろうなという気はしていました。高校の教師になるだろうと思って
いました。父は人事主事もやっていましたので、2月・3月になるといろんな先
生が家に来ました。いろんなことを頼みに来ていたのでしょうね。あるいは、
校長さんが自分の学校の教員の人事のことで相談や頼みごとや苦労話があった
のかもしれません。先生の来客は多かったですね。狭い家ですが、誰かが来る
と家族はほかの部屋に行っていましたから。あ、またお客さんが来ていると思っ
ていました。

　──先生になりたいと思われたということは、来られた先生方はあんな先生に
　　はなりたくないという人たちではなくて、素敵な人だなと思う人たちだっ
　　たのでしょうね。

　嫌なことや変なことはなかったですね。親父は私が教育学部に行くとか教育
学をやるとかということについては何も言わなかったし、私も何も言いません
でした。結構早く亡くなりましたので、後になって所蔵本についてこの本はど
う使ったのかなと思ったりしました。

　──お父さまが急に亡くなられた原因は何だったのですか。

　糖尿です。私もそういう体質です。その頃（1964年9月）はまだ成人病への意
識も低く、糖尿という感覚はなくて、本人も最後まで知らなかったと思います。
教育委員会から京都市立柏野小学校の校長として現場に戻って、そんなに時間
は経っていなかったと思います。夏にプールの監視があってくたびれたという
ようなことを言っていました。近くの町医者に行ったら、夏バテでしょうとい
うようなことでビタミン剤をもらっていたぐらいでした。9月初めに学校に出
て、しんどくなって家に帰って昏睡状態になり、入院して1日で亡くなりました。
低血糖で昏睡になると糖尿は危険なのです。もう少し糖尿や成人病の知識が普
及していたら助かったかもしれませんね。私も朝出勤してから職場に電話がか
かってきて、すぐに帰宅したのですが、もう入院しており、その夜に亡くなりま
した。

　──もう少し長く生きておられたらたくさんいろんな話ができたでしょうね。

　そうですね。まだ56歳ですからね。

　──その頃、どんな先生に出会われましたか。

　小学校の5年・6年の担任は若い男の先生で、その後も長く交流がありました
が、その先生も昼間は働いて、夜間に大学に通っておられた。先生たちも戦時中
は勉強していませんからね。年をとった先生と代用教員のような勉強をしなが
らの若い先生とがいて、教育の変化が先生のなかにあったかというと、そうガ

ラッと変わったというものでもなかったようです。私が付き合った先生は大変やりにくかった時代だとは言っていました。それはそうだと思います。1学期には右と言い、2学期になると左と言わなければならないわけですから。教えることに慎重になり、真面目な人であればあるだけ戸惑っていたでしょう。辛い時期だっただろうと思います。

　そこにある『写真で見る京都　むかしの小学校』[10]で戦後新教育の参考になるところにしおりを挟んでおきましたが、この京都市学校歴史博物館をつくったのが私の5〜6年の担任だった大杉隆一先生です。理科教育の専門で、深草に青少年プラネタリウムをこしらえたりしました。教員から社会教育主事、学芸員になって、その先生が中心になって学校歴史博物館をつくられました。その先生の後継者がこの本をつくられたのです。大杉先生も亡くなられました。大杉先生も立命館大学の二部に通っておられたと思います。その頃は大学の二部に入って大卒の資格を取ろうという先生が多かったです。

○　地域と学校

　戦後の学校でいうと、授業などがそんなに変わったという印象は強くないが、戦前にはなかったことで小学校に入ってきたことはたくさんあります。例えばこの『むかしの小学校』にも写真が出てくるが、「こども銀行」みたいなことですね。「ごっこ遊び」の面と体験学習の面があって、子どもが学校のなかで銀行をつくったり、郵便局をやったり、購買部で子どもたちが鉛筆や消しゴムを売るといったようなことが社会科の一部のようなことになるのだが、そういう要素があった。

　乾小学校での面白い体験として、修学旅行の話をしておくと、昭和24（1949）年の3月、これは先生というよりも町衆の力の話です。もともと京都の学校は番組小学校といって、地域が学校をつくった要素が大変強いです。乾小学校も番組小学校で、そういう伝統もあったのでしょう。

　昭和23（1948）年の夏に親（父兄会、後にPTA）のほうが主導で2泊3日の修学

10）竹村佳子、京都市学校歴史博物館協力、淡交社、2012.
11）「番組」とは室町時代に発する「町組（ちょうぐみ）」を明治に再編した自治組織。
　　1869年、各番組に原則、1校ずつ計64の小学校がつくられ番組小学校の名が付いた。
　　番組小には町組会所や消防などの施設が併設され、番組は学校運営や地域活動の
　　中心であった。（京都市学校歴史博物館編『学びやタイムスリップ：近代京都の学
　　校史・美術史』京都新聞出版センター、2016.ほか）

旅行の計画を練った。それまでの京都の修学旅行はだいたいお伊勢参りで、戦後すぐはお伊勢参りはまずいということで、一時的には止まるが、その後だいたい一泊で鳥羽・二見に行くわけです。そんなときに、2泊3日で、夜行列車で出発をして、江ノ島で泊まって、次の日に鎌倉に行って大仏や鶴岡八幡宮をまわって、東京に出て、夜行列車で帰ってくるという、そういうすごい旅行を考えた。

　ところが夏休み中の実施直前に児童が学校に集められて、修学旅行が中止になったと言われた。その言い方がすごくて「その筋の命により」という。この頃の「その筋」というのは GHQ のことだが、おそらく親の中から GHQ に内部告発があったのではないか。中止命令が出たわけです。それからがすごくて、保護者のほうは卒業後であれば文句はないだろうということで、3月の卒業式を1週間くらい繰り上げて、卒業したというかたちをつくってしまってから、前の計画のまま実行するわけです。そうすると、より親主導の旅行なので、親も安全体制をつくらなくてはいけなくて、子ども4人のグループに必ずその中の子どもの親が1人は付いていくという体制を組み、それをほぼ実行した。そういう親が校区に幾人もいて学校を支えていたのです。これは戦後からの話というよりも、戦前からあった京都における学校と地域の関係を示しておりましょう。

　―明治のはじめに番組小学校が始まって、脈々と何かがつながっていたということでしょうか。

　何かがつながっていたのでしょうかね。そういう父兄がたくさんおられた。

　―その頃お父さまは上鳥羽小学校の校長先生をされていましたが。

　もちろん行くなとは言わなかったが、立場として強く推奨するわけにはいかなかったでしょう。どういうふうに思っていたか聞いてみたい気もします。私の4人グループには、その中の1人のお父さんが付いてきてくれました。

　―その頃に2泊3日は経済的にも大変だったでしょう。

　それはそうでしょう。とくに豊かな地域ということではなかった。染め工場をしていた家は結構あったし、京都の伝統産業の手工業の関係が多かったと思うが、結果的には全員が参加したわけではない。だから、参加が難しい親から駆け込みのクレームが出たのではなかったろうか。それが占領下だから GHQ にいったわけでしょう。それから、修学旅行では宮城（皇居）に行くことが「その筋」からすると具合が悪かったのだろう、それが問題になったと『乾百年史』にはひとことだけ書いている。私達のグループは銀座を歩き、付き添いのお父さんに三越百貨店でみつ豆をご馳走になりました。確かに異例なことをしたことには違いなく、戻って三日くらいして校長がとばされた。京都教育界の大き

な事件だったのですが、百年史にはそこまでは書いていません。

　それから、地域との関係を含めて学校行事で強く印象に残っているのが、6年生の夏休み中だったと思うが、学年全体の、今でいうと交流会を親が主催でやった。先ほどのような学区の親たちがおこなった。乾小学校は壬生に近い。壬生というと壬生の浪士、新選組。少し離れるが壬生寺があって、そこが新選組の屯所だった。乾小学校があるところは昔、新選組の首切り場だったといううわさが何となく伝わっていたということがあっての話だが、親が夏休みに肝試し会を企画した。面白いことをやる親が結構多かった。

　6年の児童はおよそ100人中70〜80人くらいが参加、先生も自主参加した。昼頃に集まって遊んで、親が作るカレーライスを食べて、日が暮れると肝試しが始まる。小学校の裁縫室でやるわけだが、運動場をはさんで向こうに蔵があって、奉安殿もその並びにあったのだが、新選組の首切りばなしをひとしきり聞いたのちに、一人ずつ順番に蔵の奥の方に置いてあるものを取りに行くという肝試しだ。そういうことを、学校を使って親がやった。

　本につながることでいうと、昼間の演芸の出し物で子どもが寸劇をやったりした。そのときに私はストーリーテリングというか、その70〜80人の前で一つのお話をやった。当時私が読んでいた子どもの物語の一つに「ふるやのもり」をタネにしたちょっと面白い話があって、それを読んだのではなくて、覚えておいて話したと思う。「さだくろう」という盗人が一軒の家に盗みに入る。さだくろうが縁の下に隠れて、みんなが寝静まるのを待っていると、家族がサンタクロースの話をしているのを「さだくろう」の話をしていると聞き間違える。盗みに入ろうとしている自分のことを家族は既に知っていると勘違いして恐ろしくなり、逃げ出すという話です。本の読み聞かせやストーリーテリングをみなさんよりずっと先にやっていたと言えるかもしれませんね。私の本にまつわる初期の体験です。

○　小学校で図書室をつくろうと提案する

　―そういう環境にあったので、『半世紀、図書館を生きる[12]』(以下、『半世紀』)の
　　中に書かれている図書室づくりの提案もできたのでしょうか。

　かもしれませんね。小学校に図書館をつくろうとした話ですが、なぜああいう提案をしたかはわかりません。戦後教育の特徴の一つが体験学習と、子ども

12）凡例参照

たちの自治活動でした。学級会や生徒会活動などがどこの学校にも広がっていました。

　各学年3クラスあって、各組から何とか委員というのが選ばれて、文化部とか美化部といった形で活動しました。6年生で私はその中の文化部の部長をしていました。月に1回講堂に集まって、全校児童会のようなものがあって、そこで各部が報告や提案をしていました。その時にその『半世紀』にも書いたような「図書室をつくろう」という提案をしたわけです。

　誰かに相談したというわけでもなく、大体みんな本が好きだったので、それでも本が限られていたし、少なくて、本に対する渇望感があった。どうすればもっとたくさん読めるかということを考えていたのは確かでしょうが、なぜそれが図書室をつくろうということになったかは分からない。「図書室」という言葉を知っていたかどうかもあやしいが、裁縫室を使ったらとは言った。戦後は裁縫という教科はあまりやってなくって、そこが使われていないということも分かっていた。2階の大きな畳敷きの部屋で、そこを使ったらいいと閃いた。みんなが少しずつお金を出して本を買って、そこに集めたら良いと。これはかつてやったイナゴ取りの経験から思いついたことだったかもしれない。イナゴを取って学校へ持っていったら、それを集めて学校がどこかでお金に換えて学級の本や消しゴムを買っていたことは知っていました。しかし提案が終わったら、すぐに石原さんという教頭の次ぐらいのランクの児童会の指導の先生が、「子どもがお金を集めるなんていうことを勝手にやってはいけない」と言われて、それで終わってしまった。その程度の自治だったのでしょうね。

　あとになって学生に話したことだが、理屈づけをするなら、フランクリンが「一人が持っている本は限られているが、みんなの本を一か所に集めたら読める本が広がる」と言ったジャントー・クラブの構想と基本的には全く同じ考えです。それが成功していればフランクリンの日本版、子ども版として歴史に残ったかもしれない。すごく素朴なもっともな考えであったように思います。

　──それまでに図書館利用を体験したことはあったのですか。

　全くありません。図書館なんかは知りませんでした。中学生になって京都府立図書館に調べに行ったのが図書館を知った始めです。小学校には図書室はないわけだし、貸本屋はあったけど近くに図書館はなかったです。記録がないの

13) 1927年に、ベンジャミン・フランクリンが組織した読書・討論クラブ。アメリカ公立図書館の思想的な源流と考えられている。(松本慎一・西川正身訳『フランクリン自伝』岩波文庫、岩波書店、1957)

で、提案したときに「図書室」という言葉を使ったかどうかはわかりません。しかし図書室と言わなかったら、何と呼んでいたのでしょうかね。

——文化部の中で話し合ったわけではないのですね。

ないと思います。文化部の代表者だから、何か言わなければならないという責任があったのでしょうね。自分で思いついたのだと思う。下話はあったかもしれないが、委員会で積み上げて結論を集約して言った、というものではなかったと思います。もっと本が読みたいという強い気持ちの表れだったのでしょう。

——ふだん、文化部は何をしていたのでしょうか。

何をやっていたんでしょうね。そもそも文化って何でしょうね。

——ここにご自身の蔵書印を押した『宝島』がありますが、蔵書印を作られた時期とこの図書室の提案はつながっているのでしょうか。

蔵書印（右の写真）はずっと前のことになります。父親に作ってもらったもので、自分の本に押しては、通し番号を打っていた。蔵書印という言葉も知らなかったと思うが、こういうものを作って欲しいと頼んだと思う。その頃に父親が指導主事で、算数が主だったが、学校図書館も担当していた。だから司書教諭に関する本もあったのだろう。そんなこともあって学校図書館に昔からいくらかの縁があったのかもしれませんね。

・小学校の頃に読んだ本

——小学校の頃には結構本を読まれているんですよね。いつごろから本に接しておられましたか。

その時代に我々が一番手にした本は、講談社の「世界名作全集」[14]（実物紹介）、それと「講談社の絵本」[15]です。これは大抵の子は読むのが当たり前のように読んでいたのではないか。誰かが持っているとそれを廻し読みした。単行本では南洋一郎、山中峰太郎、海野十三、高垣眸、佐藤紅緑など、懐かしいですね。吉屋信子もよく読みました。5〜6年生の頃だと思う。男の子も女の子も関係なく少年小説や少女小説を読んでいたのではないでしょうか。

——こういった本は家にあったのですか。

---

14) 1950年-1962年に発刊、全180巻。（日外アソシエーツ編・刊『世界児童文学全集・内容総覧』、1998）

15) 1936-1942年に203点出版された。（黒澤浩ほか編『新・こどもの本と読書の事典』ポプラ社、2004、p. 32）

買ってもらって多少は家にあった。ノンフィクションでは、アルスの日本児童文庫の『山の科学』や『海の科学』『面白い数学』といったものをいくつか持っていた。本を持っていた者が周りにそれほどたくさんいたわけではないが、誰かが持っているとそれがみんなのものになる。ソフトボールやドッジボールの遊びの場所にみんなが本をもってきて、帰り際に本を交換して帰るといったそういう類の読み方をしていた。

　本ぎらいや「活字ばなれ」といった言葉はまだ存在しなかったと思う。本はみんなが面白がって読んでいたと思う。本を読むことは特別なことではなく、遊びのなかのごく普通の一つだったという印象が強いですね。

　――マンガはありましたか。

　戦前からあった『のらくろ』(田河水泡)や『冒険ダン吉』(島田啓三)などは装丁のしっかりしたハードカバーで残っているから読んでいました。でも数は限られていた。新しく出てくるマンガはもう少しあとのことです。

　子ども雑誌は昭和22(1947)年くらいに出だした。私は『少年』を買ってもらっていた。毎月の発売日が待ち遠しかったし、最初に開いた時の印刷のにおいは今も記憶に残ります。薄っぺらですぐに読めてしまうのが不満でした。江戸川乱歩が『青銅の魔人』を連載していた。怪人二十面相や少年探偵団は戦前に『少年倶楽部』に載って単行本になっていた。最近(2017年)に『怪人二十面相』や『少年探偵団』が岩波文庫に入って、そこに『青銅の魔人』も入っているので懐かしくて久しぶりに読んだ。二十面相物の3冊目ですね。『少年』とペアだったのが『少女』で、これに載っていたのが『あんみつ姫』(倉金章介)です。

　中学校に行きだすと、通学路の途中の三条商店街にあった本屋さんによく立ち寄った。子どもの本から大人の本に目がいきだして、手にしたのが『キング』です。大衆読み物で、親が一、二度、こんなものは子どもがまだ読むものじゃないと言ったが、強く止めたりはしなかった。まだジュニアものの出版はまったくないですから、この頃は児童書から大人の読み物へ一足飛びですね。

---

16) 1927年～1930年にアルス社から出版された児童向け百科事典的文庫本。全76巻。『山の科学』は47巻(今井半次郎・田中阿歌麿・本多静六共著、1927)、『海の科学』は46巻(野満隆治・駒井卓・赤塚孝三共著、1928)、『面白い数学』は53巻(竹内端三、1928)。

17) 光文社、1946-1968.

18) 講談社、1914創刊。1946年に『少年クラブ』と改名、1962年まで続く。

19) 光文社、1949-1963.

20) 講談社、1924-1957.

　巡回の貸本屋もよく使った。自転車の荷台に雑誌を積んでいて、1ケ月ごとくらいに交換で雑誌を置いていく。貸本雑誌をしばらくうちで取っていた時期がありました。それが読み物の一つの供給場所になっていた。それから田舎の土蔵の中に、講談物のような昔の本が結構入っていた。そういうもので、大衆小説を早い時期から読みました。円本時代の代表的な現代日本文学全集（改造社）、世界文学全集（新潮社）の幾冊かが家にあったので、これらで、尾崎紅葉、夏目漱石、菊池寛など、モンテクリスト伯などは中学生の時期に読んでますね。

　―結構、幅広く読まれていますね。

　そうですね。あまりいい本は読んでないですけどね。『南総里見八犬伝』（滝沢馬琴）とか仇討ちものや時代もの、大衆小説などは田舎の蔵でよく読みました。夏休みなんかに田舎に行くと蔵に入り込んで、2～3時間出てこないといった本との出会いがありました。

　1949（昭和24）年に中学校に入学すると、岩波少年文庫に出会いました。少年文庫の創刊は1950（昭和25）年だと思うので、入学したときに既に図書室はあったが、少年文庫はまだ存在しなかったはずです。中学在学中に並んでいて、そこで『宝島』（ロバート・ルイス・スティーヴンソン）を読んだことはよく覚えている。講談社の名作全集とは違う完訳本ですね。その後の生き方に影響を受けた本というほどのものは特にない。人生を変えたこの1冊を必ずしももっているわけではありません。純文学も大して読んだわけではありません。

　―私立短大の図書館協議会で「私の一冊の本」というタイトルで講演されていますね。[22]

　私の著作集にも収めているもののことですね。よく言われる私の人生を変えた一冊の本、というのとはちょっと違うのですが、私立短期大学図書館協議会の創立25周年記念事業で幾人かの人に「青年期をどう生きたか：一冊の本との出会い」を講演で話してもらい、それを後で一冊の本にする、という企画です。浦安市立の館長をされた竹内紀吉さんが短大に移って会長を務めておられた時期です。青年期の生き方を決定づけたような凄い本との出会い、と言われてもす

21）大正末期から昭和初期にかけて定価1冊1円という廉価で出版された全集や双書類をいう。出版界の不況打開のために企画され、史上空前の円本ブームを巻き起こした。（『日本大百科全書』(3)、小学館、1994、p.781)

22）2002年私立短期大学図書館協議会創立25周年記念講演。『図書館の発展を求めて：塩見昇著作集』（塩見昇先生古稀記念事業会編、日図研、2007)p.395-407に「路を拓く―山と図書館」というタイトルで所収。

ぐに思い当たるような本は浮かばなかったのですが、図書館の在り方にもふれ
ていただけると有難い、という注文もあったので、私の趣味である山歩きと図書
館の在り方との接点のようなことを話しました。私の好む山は登攀ではなく、
「探索的、逍遥的」な山歩きといった感じのものですが、そういう山への誘いに
なった一冊の本として、ウェストンの『日本アルプス―登山と探検』、さらには
それに先立つマイナーな二冊の本との出会いを話しました。図書館という世界
の日本における現況や特徴、課題などを山歩きの楽しみに重ねて話したもので
した。まあ広い意味で私のこれまでの生涯、生き方にいくらかの影響を与えて
くれた本と言えなくはないか、と思ったりしています。

1-3　中学・高校での出会い―受験期まで

○　京都市立中京中学校　1949-1952

　旧制の中学校がそのまま新制の中学校になったところもあるけれども、新制
で中学が義務教育になったので、学校がたくさん必要になり、一からつくったと
ころも多く、私が行った中京中学校はまったくの新設校でした。中学校では私
たちが3期生です。新制中学校はまず校舎づくりから始まったわけです。二条
城のすぐ横、国鉄二条駅との間の空き地に校舎を三つ建てて、一からつくった学
校で、校門もなければ塀もなく、壁はベニヤ板のような簡素なものでした。

　中学校の時代では学級新聞づくりと班別対抗のソフトボールに夢中になった
ことの印象が強いですね。（中学校の先生が作っていた学級新聞を見せてもら
う。）謄写版で作ったもので、今では触るとボロボロと崩れてしまうようなもの
ですが貴重な資料です。謄写版のカラー印刷ですから、重ね刷りをしていたわ
けです。担任の渋谷勝美先生と一緒につくっていましたが、ガリ切りの技術は
先生しか持っていないので、全部先生がやってくれました。原稿は生徒も書い
ています。ガリは先生が切って、印刷は生徒も手伝いました。B4の倍の大き
さです。40人の生徒でした。ソフトボールの班別対抗戦の結果などを載せてい
ます。中学校はそういう生活でした。どのような学校教育だったかという質問
があったが、中学校の教育、学校生活の様子がこの学級新聞によく表れていると
思います。（2年2組のさよなら号、巻頭の塩見の原稿「一年間の反省」を読む。）

　クラス替えがあったのですが、私は3年生も同じ担任でした。楽しかったで
すね。先生は亡くなられたが、今もクラス会が続いています。高校の入学試験

23）ウォルター・ウェストン、黒岩健訳、創元社、1953.

のことはこの頃はほとんど意識してなかったし、特別何かの勉強をした記憶はありません。謄写技術はこの先生から習いました。これは一人の先生の実践記録でもあるし、いずれ京都市学校歴史博物館に寄贈したらどうかと思っています。

　——このようなことをするのは、ほかのクラスでも一般的でしたか。

　こんなことをしているのはこの先生だけでした。この先生の学級経営です。

　——この渋谷先生は特別だったでしょうが、こういうことが許される雰囲気だったのですね。先生の創意工夫が認められていたのですね。

　どの先生もそれぞれ特徴をもっていたんじゃないかな。これはこの先生の学級経営の特徴でしょう。

○　京都府立朱雀高等学校　1952-1955

　旧制の中等教育学校は男子が中学校、女子が女学校で、これが新制になって高校になることが多かった。中京中学校から200mくらい離れたところに私が行った府立朱雀高校があります。旧制の府立女学校が母体で、こちらは昔からあった学校です。だから、中学校と高校は対照的です。

　高校の時はクラブ活動はしませんでした。私には高校は割合、印象の薄い時期です。中学校では毎日班対抗のソフトボールの結果を整理して、学級新聞の記事を書くという協働のあそび体験をしていましたが、高校では、教科書にこだわらないユニークな授業が幾つかありました。

　朱雀高校には旧制の中等学校から来た先生が多かったように思います。昭和27（1952）年からでしたが、そんなに教科書に準拠したような授業ばかりではありませんでした。印象に残った授業が二つあった。一つは社会科の中に時事問題というのがあって、短命には終わりましたが、政治経済のことを教える授業で、選択科目だったと思う。図書主任の年配の先生が担当で、埼玉の栗原克丸さんのように「図書館の主」のような先生で、昔はそういう先生が高校には結構おられた。古武士のような一匹狼の、それでいて力のある人が案外図書館長をやっていることが多くて、そういう先生が司書を一番守ってくれていたように思います。校長になることを望まず、生涯一教師のような先生ですね。ある時期にみんな退職して消えていきますが。この先生もそういう傾向の先生であったかもしれません。時事問題という教科で一年間に何をやったかというと、厨川白村の『近代の恋愛観』（角川文庫）を一冊読みました。家族や家庭のことなどで、その先生の切り口で話したと思うが、先生が主の講義で、あまり考えさせるとい

うものではなかったです。受験科目でもなかったので気楽にできた授業ではなかったでしょうか。

　国語の古文があって、大塚という先生だったが、岩波文庫の『和泉式部日記』を1年間かけてやりました。ただ現代語訳をするだけではなく、いろいろ話してくれたと思います。あとで大学の先生になられたようです。新制大学の拡張期だったので、高校の教師から大学の教師になるのが一つのコースだったのじゃないでしょうか。これで1年やりますというので通ったのだと思います。

　2年生の担任は長島説治という世界史の先生で、後で副校長にもなりましたが、この人は自分の書いた『世界史概説』[25]を使って授業をしていたので、これも検定教科書ではありません。旧制学校から新制の高校に変わった初期の授業は、そんなことが共存というか併存していた気がします。

　京都は高校でいうと「小学区制」が最後まで続いたところです。この小学校を出るとこの中学校、この中学校を出るとこの高校というふうに、小学校単位で進学先の区域が決まっていました。そのため受験競争では学校格差の影響が少なかったというのが京都です。公立に進学するなら受験はありましたが、学校の選択はできませんでした。「15の春は泣かさない」をスローガンに掲げた蜷川府政が続いた1970年代末まで継続しましたが、それが不満な親もいました。学校間の違いで選ぶということがなかったので、受験の緊張感はちょっと薄かったかもしれません。高校への受験勉強の記憶はまったくないですね。

　高校の修学旅行は2年生の終わりに九州に行きました。5人ずつのグループで行動するのですが、私たちのグループが同じクラスのある女子グループと仲良くなって、その後クラス替えになるから最後にと言って、春休みにそのグループで保津峡に飯盒炊爨に行きました。すき焼きパーティーをしたのですが、ビールを3本ぐらい下げて行きました。それぞれ何となくペアができたりして、いい仲間でした。

　あまり受験勉強らしいものをしませんでしたし、あまり印象のない高校時代でした。中学校時代のクラス会を高校時代によくやっていました。大体私が言い出しっぺで、企画や案内を作り、自転車で配達もやってました。一方的に好きになった子がいて、その子は高校に行きませんでしたので、その子に会うために

24）1922年改造社より出版。1950年角川文庫で復刊（現在は絶版）。

25）長島説治は、1961-62年度に副校長であったことは記録にある（京都府教育庁教職員課『京都府学事関係職員録』昭和36年度・37年度、京洛社）が、この本については詳細不明。

クラス会をやっていたというところもありました。

　—当時はどのくらいが高校に進学したんですか。

　1950年代後半で全国平均が5割弱くらいでしょう。うちの中学から高校へどのぐらい行ったかはわかりませんが、6〜7割くらいは行ったんじゃないでしょうか。大学の進学率が15％くらいですが、女子に限るともっと少ないです。印象として一番よくできる子は銀行のような地元のいい企業や役所に就職して、二番手、三番手、四番手の子が進学したような印象です。女の子は数人しか大学に行きませんでした。その後進学率は上がって、70年代半ばで4割くらいになります。

　—戦後の新しい教育を受けられたわけですから、考える力をつけるとかそういう教育を受けられたのではないでしょうか。

　教育は1年や2年ですぐには変わりません。ちょっと教え方が変わったとしても、それですぐに子どもが変わるようなものではないでしょう。そんな即効性のあるものではありません。教育が激変したというような印象は、私にはありませんでした。先に言いましたように、角川文庫一冊で時事問題の授業をするといった変わった授業はありましたが、先生たちも意識がガラッと変わるわけではないですから大変だったと思います。最初の頃は、学習指導要領で文部省はしつこいほど、これはあくまでも試案だということを強調していました。「あくまでも皆さんが授業をつくるための参考になるものです。指示されたようにやるものではありません」とわざわざ念を押すようなものでした。そういう点からいっても先生たちは、個人の中ではいろんなジレンマがあったと思うけれど。

　例えば、算数などは、去年の算数と今年の算数がガラッと変わるわけでもない。確かに国史や修身に相当するようなものはなくなるといった激変がありましたが。国語や算数や理科について、そうガラッと変わるものではないですし。自由研究というのは夏休みにやる自主勉強みたいなものがそれになってたんと違うかな。授業が変わったという印象はあんまり持っていませんね。自由研究というのは、戦後のカリキュラムに出てきたものですが、短期間に終わっちゃったと思います。小学校時代に昆虫採集をして、学校に持って行ったという記憶はありますが、あれが自由研究だったんかな。さあ今は自由研究の時間ですというようなことをやった印象はありません。学校が自由裁量でやっていたものだったのかな。

　—「はい回る経験主義」[26)]と言われたことがありますが、あれは何だったので

しょうか。

　あれは労作教育とか体験学習と言われるもので、戦後初期の教育課程を指してそのように言ったと思います。教えることに対して、みんなとても禁欲的になっていました。今までは価値を伝えるということが一番大事なことでしたが、それを教え込むのではなく、自分たちで考えさせる主体的な自主的な学習が必要だ、教えすぎてはならないと言われたわけです。先生としては、今まで教科書を教えることが仕事だったわけですが、教えすぎるなと言われたら困るわけです。何したらええやろか、ということを強く思ったのではないでしょうか。教えないわけにはいかないですからね。例えば、国語だったら教科書を読んで感想を述べるといったことはそう変わるものではないでしょうからね。教材は当然変わったでしょうが。前に本に書いたことがありますが[27]、三重の先生たちが京都に職員旅行をして、古本屋で買った百科事典を手分けして持ち帰り、それで調べさせるのが初期の社会科だったという話もあります。

・当時の学校図書館

　高校は元の旧制女学校だから図書室がありました。旧制の中等学校はむしろ図書室があって当たり前でした。閲覧室には世界大百科事典の二つ、三つ前の版が1セット、薄汚れたものが開架で置いてあった。あまり管理に気をつかう本ではなかったのでしょう。あとはだるまストーブがあって冬場は生徒がよく集まっていました。

　廊下を挟んで書庫があって、その一角が窓口になっていて、今でいう学校司書のお姉さんが座っていました。廊下に面してその前に金網を張った3〜4ｍの棚があって、それは一応背表紙が見える開架の部分で、そこの本は言えば貸してもらえました。基本は閉架式の図書室。所謂パチンコ式というものでした。

　そのパチンコ式の書架の写真がここにあります。（中国・上海で先生が1980年代初めに写した写真を見せてもらう。）パチンコ式という呼び方は、玉が出ないとどんどん叩くでしょう。そうすると台の上から兄ちゃんが顔を出して玉を出してくれるわけで、それに似てるというので清水正三さんが名付けたという話もあります。1960年頃まで公共図書館に見られた方式です。

　―安全開架方式というのはどういうものですか。

26）経験主義と体験活動重視の「戦後新教育」には、やがて「はい回る経験主義」という批判が寄せられた。（参考：佐藤博志「学力観と教育評価」『学校教育の戦後70年史』日本児童教育振興財団編、小学館、2016、p.188-191）

27）塩見昇『日本学校図書館史』図書館学大系（5）、全国SLA、1986、p.163.

　安全開架式の一番のポイントは、本があるところと閲覧席の間に関所（＝出納台）があることです。本があるところに自由に入ることができるが、出るときにはチェックをかける、安全性を確保した開架式ということです。例えば入るときに入館証を預けているとそのまま外へ出られない。閲覧席で本を見て返すと、入館証を返してくれて外へ出られる。本を持ったまま外に出ることができない、安全ガードがかかっているという開架方式です。閉架式が基本の中で少しでも現物の本に触れさせてあげようということで考えられた過渡的なものです。

　パチンコ式は国際的なものかどうかはわかりませんが、この上海図書館の写真の実例（1980年代初め）は日本が戦前に持ちこんだものかもしれません。完全な閉架式から少しでも実物をみてもらおうという配慮がはたらいた、書架を開いていく過渡期のプロセスの一つであることは確かです。

　高校は閉架式でしたが、司書が座っている窓口の頭の上にせいぜい30〜40冊、話題の本が並んでいて、背表紙は見える。それは言えば貸してもらえました。そこで『君の名は[28]』を借りたことはよく覚えている。丁度ラジオドラマが流行っていたころで、修学旅行は雲仙で、雲仙はこのドラマの大事なシーンの一つでしたから。予約制度はなかったです。リクエストももちろんなかったです。

　―司書はいましたか。

　司書かどうかはわかりませんが、先生ではない専任の女性が確か2人いました。司書のはじめはそういうものではなかったでしょうか。

　新制中学校に入ったときは図書室は担任の国語の女の先生がやっていたが、私たちが卒業して2年ほどして同級生の女の子が図書室で働き始めました。図書の担当の先生が、家にいるその子に図書室で働かないかと声をかけたようです。結果的にはそれは京都における学校司書のかなり初期の一人になりました。人手はほしいが、きちんとした給料を払えるわけではない、生徒から集めた図書費から捻出した程度だったでしょう。その子は図書の先生から NDC や目録規則などを教えてもらったと言っていました。先生も京都の図書館界が開いた講習を受けてそういうことは教えられたのでしょう。その子は3〜4年間くらい図書の仕事をやったわけです。後にクラス会で会った際、「貴女は日本の学校司書の草分けの一人だ」と言ったら、そんなことは考えたこともなかったと驚いていました。

　―全国学校図書館協議会（以下、全国 SLA）から依頼があって、小学校件名標

28）菊田一夫、宝文館、1954.

目表の編集担当になったと、当時大阪市教育委員会にいらして全国 SLA の理事でもあった尾原淳夫さんが『学校図書館』に書いています。[29]

　日本図書館研究会（以下、日図研）の初期の人たちは戦前からのライブラリアンであるわけですが、学校図書館が新しく動き始めたときには学校図書館を育てていこうという気持ちが強くあって、東京や京都、大阪のように指導できる人がいるところでは当時の図書館界（人）が学校図書館を指導するという関係があった。

　しかし公共図書館の関係者が学校図書館について教えられることといったら、分類や目録、件名であり、資料整理法です。授業との関連がどうとか利用指導などは司書にはわからないことだったから。それを素人が学んでやろうとすると、非常に丁寧な資料整理を真面目な先生であればあるほどやっただろう。のちに公共図書館では整理を簡略化する時代に入っていくが、学校図書館はその流れを知らないから実情に合わない（わずかな蔵書に 4 桁、5 桁の分類をするといった）ことが残っていった。そういうことは相対化して考えたほうがいいのではというふうにならなかったので、学校図書館は遅くまで丁寧な整理法をやっていた。

　図書館界が学校図書館を指導した最初の頃には功罪両面があったと私は考えています。

○　大学受験—浪人生活　1955-1956

　最初の大学受験は失敗して浪人をしましたが、出身の高校に補習科がありました。昼間の先生がそこでは受験のための勉強を教えていました。あの補習科は先生たちの勤務時間中でしたから、どうなっていたのでしょうね。今思えば不思議ですが、空いている古い校舎を使って時間割も作ってやっていました。生徒は40〜50人だったと思います。いくらか学費を払ったと思います。それが先生たちに支払われたと思いますが、基本的にボランティアではなかったでしょうか。卒業生に対するアフターケアでしたね。その高校では前からあったのですが、私もそこに一年間行きました。そこに入ってから本気で受験勉強を始めました。関西文理学院とか近畿予備校といった予備校はありましたが、そこに行く気はなかったです。補習科に行くこととラジオの受験講座を聞いてい

29）尾原淳夫「小学校件名標目表編集の裏話・表話」『学校図書館』(35)、1953.10、p.8-15.

ました。

　そのなかで受験浪人は決して2年してはいけないと強く思いました。なぜかと言うと、家にはラジオはもちろん1台しかないから家族がいる居間にラジオを置いていて、ラジオ講座を聞くためにはみんなのいる部屋のラジオの前に行かなくてはなりません。そうすると夜の10時から1時間くらいラジオを独占するわけですから、まわりで家族はみんな気を遣うのがよくわかって。そうした家族との緊張関係を感じて、浪人は絶対1年に留めようと思いました。受験勉強しかしなかった1年ではなかったでしょうか。自分の机の方にラジオを持っていけるというような状況ではなかったですからね。先ほどの好きになった子と付き合えるようになるためには、まず大学生にならなくてはならないと思っていました。その子への思いと補習科と家族への配慮の一年でしたね。

　進路の決定は大変いい加減というか、杜撰なものだったと思います。1年目はろくに受験勉強しなかったので通るはずはなかったと思いますが、わりと気楽に受験しました。一期[30]は大阪大学の法学部、二期は大阪外国語大学のスペイン語学科。この選択で何がしたかったのか。ひょっとしたら受かるかもしれないと思っていたようだが、そんなに甘いものではなく、あっさりと落ちました。

　そこから受験勉強をしだしたのですが、2年目は一期が京都大学の教育学部、二期は京都工芸繊維大学の建築学科に願書を出しています。これも妙な組み合わせだが、建築には興味がありました。当時は文系と理系の受験科目はそんなに違いませんでした。文系と理系でガラッと違うというようなことはなかったはずです。

　ただ、1年目に阪大を受けた理由として、阪大は当時は7科目だったことがあります。私は理科があまり好きではなくて1年生で化学、2年生で物理、3年生はとってなくて、高校では2科目しかやってないです。しかも化学は好きではなかった。だから結局、京大は理科が2科目必要で、受験できる理科の科目がなく、自動的に京大は受けられない。阪大の文系は理科が一つだった。2年目に京大を受ける時に2科目いるので、高校ではとってなかった地学を独学でやりました。地学は山や地質、天気のことですから、私が関心のある分野に常識でどこまでいけるか、何とかなると思って勉強しました。考えたら無茶な話ですが、なんとか数十点くらいはかせげたと思います。物理は数学に通じるところが

30）1949-78年まで、国立大学の入試は、3月上旬の一期校と下旬の二期校に分かれていた。

あって、何となく好きだったが、化学はどうしても好きにはなれませんでした。生物はやってないですから。

　建築は興味がなかったわけではないし、物理の側面もありました。ただ、この四つを並べてみると何がしたかったのかなと思いますね。将来は高校の教師になるだろうという漠然とした意識がありました。高校の文系の教師になるのなら何をやっていてもやれるだろうという意識があったのかなと思います。

　なぜ進路を図書館にしたのかとよく聞かれますが、自分でもよく分かりません。学生に聞かれてもそう言うと呆れられます。学生などからは、私は図書館員になろうとよほど早くから決めていたと思われていたようです。

　──お父さまは小学校教員でいらしたのに、小学校ではなく高校の教師になろうとしたのはなぜでしょう。

　なぜでしょうね。小学校の教員免許をとるためには学芸大学に行かなければなりませんからね。それは知っていましたので。それ以外の大学だったら、中学か高校だと。小学校より中等教育のほうがいいと思ったということはないと思いますが、全教科の小学校よりも教科の専門がある高校がなじむと思っていたかもしれません。何となく親父のことを見ている雰囲気のなかで将来は教師かなというような、さほど強くないレベルで教師という職をイメージし、そのバックとしての教職教養を大学に描いていたのかと思います。

　学芸大学は二期でしたから、京大の教育学部を受けたときになぜ二期にそれを選ばなかったのかなとも思いますが、そのときは学芸大学を受けようという気持ちはなかったです。強いて言えば、先ほどの厨川白村の授業をしてくれた時事問題の先生のイメージですかね。教養教育でしょうか。私は割合出会った先生にはいいイメージを抱くことが多かったということもあるかもしれません。

　──浪人時代は受験勉強を頑張られたということでしたが、自由な時間もあったでしょうから、本は読まれましたか。

　あまり読んでいません。ほとんど「チャート式」と旺文社の「傾向と対策」をやったりして。独学でゼロから地学をやらんといかんし、とにかく1年で受験浪人を終わらせないといけないと思っていましたから。受験勉強オンリーの一年でしたね。振り返ると一つのことに集中したいい一年だったとも思います。

　──先生が教育学部に入られて、お父さまは喜ばれましたか。

　教育学部に入って父親がどう思っていたのかわかりませんが、まあ無難なところに入ったとは思ってくれていたのではないでしょうか。選択についてもあまり話はしなかったです。合格を喜んではくれたと思いますが、これをきっか

けに教育の問題について話したということもありません。いま思うと残念なことだったと思います。

1-4　大学時代　1956-1960

○　京都大学教育学部

　—京大の教育学部は戦後できて、その教育学部の中に図書館学の講座があったのですね。教育学部には他にどんな専攻がありましたか。

　学制改革で新制京都大学が1949年に発足した際、教育学部が設置されました。戦後の設置ということでは、薬学部が1960年に医学部から独立して設置されています。旧制時代は文学部の中に哲学科があって、その中に教育学教授法の講座があったんです。教育は哲学の一部という捉え方をしていたんですね。旧制の文学部哲学科を出た教育学者が大勢いました。戦後になって占領軍の政策にも関係するのでしょうが、教育というのは非常に施策的にも重要なものであるし、教員養成にも力を入れていかないといけないという教育使節団の報告書などにも関連する形で、教育学部を東大と京大につくるということが出てきました。だから新制大学が発足した時に、京大には教育学部が新たにつくられたわけです。

　大学の中には教育学部が一つの学部になり得るのかという見方もあり、学部のスタートとしては、苦労が多かったようです。ちゃんとした施設も用意されず、私たちが1956年に入学した時には、新設されて7年目でしたが、附属図書館の裏にある土蔵が教育学部の事務室で、そこで入学手続きをしました。独立した校舎もなく、空いているところを間借りしているような状態でした。なかなか一人前としては扱ってもらえないという中で、だんだんと教育学部が形を成していった。

　私たちが入学した年の夏には、本部キャンパスから市電で二駅、熊野神社の向かいのだだっ広い敷地に建った一棟の校舎が教育学部の初めての単独の校舎でした（右写真）。それだけでは収まりきらないので、あちこちに、例えば文学部の地下とか色んな所に分散して研究室やゼミ室があるという状況がまだしばらく続きました。私が教育学部に非常勤講師で行き始めた1970年代初めには、本部キャンパスの中に教育学部の専用校舎が一棟

建っていましたが、そうなるのに20年ぐらいはかかりました。

　教育学部の中には5つコースがありました。Aコースは教育哲学、教育原理、教育史など旧制の哲学科時代の本家といえるもので、西田幾多郎門下の一人ですが高坂正顕、下程勇吉さんというような先生がいました。Bコースは教育課程で、Cコースは教育心理学で、その後河合隼雄さんの臨床心理が広がって、今は教育学部の半分ぐらいを占める勢力になっています。Dコースが教育社会学、社会教育、それに図書館学です。若いころの永井道雄元文部大臣、マスコミ研究の加藤俊秀さんなども一時ここにおられた。図書館学の講座は、1953年に設置されています。しかし専任教官は1956年3月に京大附属図書館事務長だった小倉親雄先生が就任されるまでは不在でした。Eコースが教育行政、財政、教育制度ですね。今はその後の改組でだいぶ変わってきています。

　—大学1年の時からこのコースを選んだのですか。

　いえ、他の学部でもそうですが、最初は学部一本で入りました。私たちの時は、1年目に全員が宇治分校まで行かされました。黄檗山万福寺の近くで、木材研究所のあったところです。そこで教養の1年目をやりました。あまり学部の違いには関係がありませんでした。2年目に京都市内に戻ってきて、旧制三高の校舎を使った吉田分校、これが教養部でした。そこで学んで3年目からそれぞれの専門、学部に分かれていくという形でした。

　なので、先ほどのコースも2年生から3年生に上がる時に申請します。だいたい希望のところに入りました。学生定数は40人で、私たちの学年は近畿圏域の出身が6割くらい、京都出身が7人、女性5人、浪人経験者が7～8割といった構成でした。学部対抗のボートレースやソフトボールなどにも出ていました。200人から250人いる経済や法学部に比べると大変小さなかたまりなので、私もいろいろ出場し、結構健闘しました。初めてボートも漕ぎました。それが入った頃の京大教育学部の様子です。いわゆる教員養成の学部ではありません。ここは教育学を研究する学部であるという性格づけは、最初からはっきりしていました。

　東大と京大、ほかに旧帝大の北海道、東北、名古屋、九州大学に同様の教育学部が設置されました。いずれも教員養成ではありません。旧制の高等師範学校から新制になってできたのが広島大学と東京教育大学（現在の筑波大学）の教育学部です。これらは、教員養成の性格も併せ持つ教育学研究が主という折衷みたいな形でスタートした。それらとは別に全国に各府県で一つずつ単独の学芸大学をつくるか、各県に一つずつある国立大学の中に教育学部をつくった。これ

らが旧師範系を継承した教員養成の大学・学部ということになります。

　　——ということは、教育を研究する学部は戦後できたということですか。

　学部レベルの研究・教育組織は戦後ですね。戦前は文学部哲学科の中の教育学講座ですから、学部からいえば2〜3段階くらい下の位置づけだったわけです。哲学科としてまとまっていたので、西田幾多郎の弟子の中から教育学研究者も出てきたのでしょうね。

○　図書館学を専攻

　　——『半世紀』(p.6)では、3回生になった時にあまり他の人間がやりそうにないことをやってみようと思って図書館学を選んだと書いておられますが。

　それはあまり改めて聞かれても納得させるようなきちんとした理由はないのですが。

　　——40人が5コースに分かれるということは、それぞれが10人以下だったということですか。

　均等に分かれるわけではなく、学生の希望で分かれるので、教育哲学、教育課程は少なくて3〜4人、その頃から心理学は人気があってちょっと多かった。Dコースは社会学や社会教育で間口も広いので、その他大勢みたいな性格があったかもしれません。そこが比較的多かったですね。教育行政も7〜8人いたでしょう。

　　——Dコースに行くと何か資格が取れるということではなかったのですか。

　この頃の資格は、教員免許が取れました。ほかには社会教育主事と司書がDコースの講義に関連しています。学芸員も取れますが、博物館学は非常勤の先生に頼んで一コマ授業をしてもらうだけだったので、専任の先生がいたわけではありません。取ろうと思うと文学部や理学部に行って、そちらの勉強を多くしなければならないという感じでした。だから、資格が取れるということでコースを選ぶということはあまりなくて、初めから社会教育や図書館に関心があるという人は当然そこを選んだと思いますが、コース選びに資格取得を特別意識してということはなかったと思います。どのコースに入っても、資格に必要な授業を受ければ資格を取ることは可能ですから。

　教員免許をとるには各教科の専門科目と教科教育法、それに教職専門科目の勉強が必要です。教育学部の場合、教育原理や教育心理など教職専門は自前でできるけれども肝心の教科の勉強をしようと思うと文学部に行くか理学部に行くかしなくてはならない。読み替えで社会科が一番取りやすいということが

あって、結果的に社会科、英語しか免許は取れなかったんではないでしょうか。私も社会科だけは免許を持っています。しかし、社会科として勉強したというよりも、日本教育史を勉強しているとそれが歴史を勉強したことになっているみたいな、かなりラフな読み替えで取得した免許ですね。

　—それは中学・高校の免許ですか。

　当時の中学1級、高校2級ですね。今はそういう言い方をしませんが。図書館学専攻と言ってもそれを意識するのは卒論を書く3回生の終わりくらいからでした。心理は実験がありましたので、早くから選ぶか選ばないか決めなくてはなりませんでした。Dコースでは、社会学か社会教育か図書館学かなどということは厳密に決められていたわけではなく、ゼミの先生が社会教育だったらなんとなく社会教育になるというような感じで、あまり早くから専攻を決めたわけではありません。卒論の問題を真剣に考え出したあたりで、もう他にはいけないなと結果的になっていくというそんな感じで、これはどこの大学でも大なり小なりそう違いはないのではないでしょうかね。大阪教育大学で私が属した教育学専攻でもそんなコース分けでした。

　なぜ、図書館の方に行ったのかということについては、あまりすっきりした説明にならないのですが、2回生の時に各コースの概論の講義が開講され、それを履修して各コースの概要を知り、コース選択の参考にするわけです。小倉親雄さんという図書館学専門の先生が在外研究中で、3回生になる時には大学にはおられなかったものですから、私の図書館学は専攻の先生もいないという中で非常勤の先生の授業でなんとなくスタートしたという感じでした。大学にはこんな専門もあるのか、といった感じで、まああまり人がやらんことをやってみるのも、ということはあったかもしれません。図書館にそれほど執着していたということはなかったと思います。

　—でも5つのコースの中でDを選ばれたというのは何かあったのではないですか。

　興味からいったらEの行政ですかね。心理学はあまり興味がなかったし、哲学もあまり向いていないかな。やはり歴史か社会学か行政というところに興味があったように思いますがね。仲間うちで「お前何やるねん」っていう話をしていた時に、誰も図書館と言わなかったから、そうなっていったというところもあったかもしれませんね。先に話したように、将来は何となく高校の教師かなということがあったので、あまり範囲を限定しない教養教育みたいなものを考えていた、というのはあったかもしれませんね。

―小倉先生の講義を受けられたのは4回生になってからですか。

　小倉先生が在外研究で不在だったので、3回生の後期からでした。それまでは非常勤の先生で京都府立図書館の西村精一さんという館長さんでした。戦前の哲学科の卒業生でしたが、その人が代わりに概論をされました。その授業を受けたのがスタートでしたね。授業はそんなにたくさんは受けないんですよ。専攻は毎年1人ぐらい。誰か1人はいるがおらんときもある、2人、3人も居ることはないというような感じで、なんとなく私がその1人になったわけです。後は資格を取るために他のコースや文学部などから受けに来ている。その後一緒に図書館に就職することになる谷弘行くんはフランス文学でしたし、教育哲学から八木勇くんが受講していた。概論だったらちょっと多くて5～6人、児童サービスみたいな科目になると、2人くらいという贅沢な授業でしたよ。大体一桁でしたね。私が非常勤で行く頃には、10数人ぐらい居る時もあったけれども当時は大体一桁でしたね。

　面白い話があるんだけれども、学校図書館を教えに来ていた、父と懇意の京都市の校長さんで井内龍三さん、京都のSLAの会長さんもされていましたが、その授業はだいたい2人か3人だったんですよ。京都では夏前に衛生掃除と言って地域一斉にやる大掃除があったんです。畳を上げて家の中に風を通すわけですね。自分のところだけでやると近所に迷惑になるので一斉にするわけです。そういう大掃除の日があったんですが、その日は家の手伝いをしなくてはならんのですね。だから、どうしてもその日は学校を休まんといかんので欠席したら、結果的に誰も授業に来なんだわけです。先生は来られたんだけれども、誰も学生がいないので、帰ってしまわれたということがありました。次の週にごめんなさいと謝りに行ったんですが。そんなことが、時にあるというような授業でした。

　マンモスで何十人も詰め込んで、資格のための講義をするというような私学の授業からいえば、大変贅沢な授業でした。だいたいそんな感じでしたね。だから逆にいっぺん入ると抜けられなくなっちゃうんですね。元々専攻らしいのは1人しかいないわけですから、なんとなく義理があるみたいで。結果的には最初軽い気持ちで図書館の授業を受けたのは受けたが、そういう感じやし、まあこういう世界かという話で、なんとなくおらんといかんようなことになりました。小倉さんがアメリカから帰って来られたら、自分の留守の間には、去年は誰それが、今年はこの学生が図書館学専攻向けのゼミを受講しており、それが専攻生になるのかというように向こうも受けとってしまわれ、まあ先生がそう思っ

てはるならそれでもいいか、というようなところがあったかもしれない。何とも主体性のないことですがそんな感じで図書館を勉強することになりました。

　——小倉先生の講義とその前に受けていた西村館長さんの講義とでは、内容が随分違いましたか。

　それは全然違いましたね。さっき言ったように講座ができてからまだ数年しか経っていないわけですから先生も手探りですよね。同じ同僚の中でも、とかくこういう新しい分野は疎外されがちです。他の学部から教育学部が疎外されて、教育学部のスタッフからは、図書館学というのはマイナーに見られる。そういう雰囲気の中で、やっぱり旧制帝大の系統の中で、教育学部の中の図書館学とは何かという、図書館学そのものがほとんど足場を持てない中での模索だったのでしょう。戦前に、東大には図書館学の授業があったのですが、一人前の講座として扱われるのは大変だったようです。京都の小倉さん、東大には裏田武夫さん、この人は東大の医学図書館の現場から学部に移った人です。お二人はどちらも図書館の現場から転じた人であり、研究者として育った人ではないので、教育学部の中で図書館学をいかに独立した学問領域として周りに認めてもらえるようにするかで非常な苦労をされたと思います。

　2015年に京大を定年退官した川崎良孝さんが、学部長もやったしよく仕事もしましたけれど、辞めた時に書いた文章の中で「自分ができたことといったら教育学部の中で図書館学の存在感を周りに納得させたことであった」というようなことを述べていました。学部の発足から半世紀を超えてです。一つの講座が一本立ちしていくためには、そういう単位の年数が必要だったのでしょうねえ。そんなことを川崎さんが言うくらいだから。いわんや、小倉さんの時期には、本当に苦労が多かったんだろうと思います。

　だから、小倉さんがアメリカから帰ってこられた頃というと、図書館学概論は先生としてもほとんど初めての講義だったのでしょう、本格的にやるのはね。だから何をやったらいいかは手探りだったでしょう。そういうことは、一部の学生には通じるんですね。私が後に学校図書館の授業をやったときにも通じるかと思いますが、それこそ極端に言えば、昨夜考えたことを今日喋るというようなことですが、そういう形でやっている先生の授業は、完成度は高くないかもしれないが、ホットな部分というのか、熱心なところがある、そういう授業ではなかったでしょうか。

　西村精一さんの授業というのは、場所も大学ではなく市電で3駅くらいの岡崎公園の中の京都府立図書館に行って、館長室で4人か5人でやったんです。

自分のやっている図書館経営みたいなことの話をされた。当時としては珍しかったが、公共図書館の分館論、後に言う全域サービス体制という話をされたんですよ。だからちゃんとものを考えている人で、『分館論』[31]という薄い本ですが、それを作って皆にくれて、それも一つの教材に、非常に実務的な実体験的な図書館論をやっておられた。だから、小倉さんの授業とは全然違いました。つながりもないし、独自なものだったと思います。

　小倉さんの授業は、十進分類法を考案したメルヴィル・デューイについての人物研究。デューイはいろんなことをやった人なんだけれど、図書館員養成ということを中心としたデューイの人物研究に小倉さん自身が大変関心が強かったので、その人物研究を半分ぐらいやった。ご自身の経験をそこに投影されていたのでしょう。もう半分は、「図書館の権利宣言」[32]から自由の問題、「図書館の自由」という言葉は当時はまだあまり一般的ではなかったけれども、アメリカの「図書館の権利宣言」がどのように生まれてきたのか、図書館と知的自由、検閲の問題、そういう話をされた。そういうことが、私としては図書館というものを考える上で大変刺激的で面白かった。図書館概論は何も図書館全般のことを話すわけではなく、そういうかなり絞り込んだトピックの話をするということもありで、それが面白かった。そこで、図書館全般を理解したという話では全くないですが。

○　知的自由と図書館―"Banned Books"との出会い

　―小倉さんから知的自由と図書館の話を聞いた時に図書館に対するイメージが変わったとか、刺激されたといったことはあったのでしょうか。

　専攻学生が１～２人しかいなかったので、しょっちゅう小倉先生の研究室を訪ねて、なんとなく喋っているといった時間が多かったのですが、そういう時に小倉さんがこんな本があるんだが、と教えてくれたのが、そこにある"Banned Books"[33]（右写真）です。見ると後ろに検閲の歴史

31）西村精一『都市図書館に於ける分館論』京都府立図書館、1954.

32）Library Bill of Rights. 1948.6.18アメリカ図書館協会採択。1961・1967・1980・1996に改訂。JLAのWebサイトより。

33）Haight, Anne Lyon, *Banned Books: informal notes on some books banned for various reasons at various times and in various places*, 3rd ed., R.R.

的なことが書いてあって、ああこれが講義のネタかということを思ったものです。そういう本を見せてもらった。今ここにあるのはその時の本ではなくて、私が図書館に勤めた後、大学に移る時に同じパートのメンバーから餞別をもらって、一杯飲んで終わってしまったのでは申し訳ないと思って買った本です。何か後に残るものをと思ったんで。これは新版で前はもう一回り小さい本でした。新書判ぐらいのサイズです。内容はほとんど変わっていないが、新しいところの事例が加わっていると思います。

　本文の最初に年号が書いてあって、その下にギリシャでプラトンがどう言ったとか、東洋では、秦の始皇帝が焚書をしたといったことをずっと年代順に並べたものです。一つ一つはそんな詳しくはないが、何年に『デカメロン』（ボッカッチョ）が焼かれたとか、どこで焼かれたのか、誰が焼いたのか、どういう理由で焼かれたのか、というような簡略な事実だけを書いている。最後はその本が出た1950年ぐらいまではいっているのではないか。紀元前から20世紀までの禁書の事実が並べてある。

　それを見ていると、いま、「世界名作全集」とか「世界の名著」というものに出てきそうな本は、大体皆出てくるわけですよ。何がいつどこでなぜ禁じられたのかというインフォメーションを簡単に整理した本ということです。年表といえば年表のようなものですが。どこに興味を持ったかというと、それを見ていると、要するに今、有名な本として残っている本は、たいていどこかで焼かれている、禁じられているということが分かるわけです。そのことが私にとっては非常に面白かった。

　少し後の話になりますが、戸塚廉さんという人を学校図書館の関係で知りました。私が戦前の教師で一番初めに興味を持った人ですが、彼には『いたずら教室』[34]という本があります。この人には「子どもはいたずらをして成長する」という信念がある。子どもはいたずらをするもんだ、いたずらをすると親や先生から叱られる。いきなり知らない人の後ろから近づいていって、頭をポンと叩くというようなのは、いたずらとは言わない。単なる悪さに過ぎない。いたずらというのは、みんなが当たり前だと思っていることに「なんで」「ほんとにそうか」と疑問を感じて、疑問を感じたら、それを自分で解き明かすことをいろいろやってみる。それが「いたずら」やという。これは私が直接、戸塚さんか

34）戸塚廉、日本の子ども文庫（2）、講学館、1959.

ら聞いたことです。戸塚廉のいたずらというのはそういう概念です。(→本書p. 188)

　皆が当たり前だと思っていることに対して、疑問を持つということがまずは必要だ。疑問を持ったら、それを自分で解き明かそうといろいろやってみる。そうすると、そういうことの中には、大人や先生や世の中が当然と思って疑わないことがあるのだが、それに疑問を持ってかき回す。ということは、言ってみれば混沌とか逆転、変化を生み出す結果になる。だから、いたずらをしちゃいけないと大人は子どものいたずらを止める。しかし、そこで注意されてやめてしまうようでは、子どもは成長しないし、世の中が変わることもない、という理屈なんですね。だから、『いたずら教室』という本は、そういういたずらをする子がいっぱい出てくる物語です。考えてみれば、私の小学校の折の「図書室をつくろう」提案も一つのいたずらだったかもしれませんね。

　そういうことと本が禁じられるということには、通じるものがあるということが、私の図書館につながっていく理屈の一つなんです。本というのは、誰もが知っていることを書いているのなら面白くもおかしくもない。本にする意味がない。本になるということは、その中に何かその時代の中では目新しいこと、みなが当然と思っていることへの疑問があり、あまり歓迎をされない、あるいは特殊だというような類のことに興味を持った人が、そのことを自分なりの理屈で、解き明かそうとするのが本になりうる。そういう意味で言えば、本というのは一冊一冊が個性的で違うものだということです。著者そのもののいたずら心みたいなものが、本を作り出す。そういう特徴を持っていない本というのは、もともと出ても出なくてもいい本だったのではないかということになる。そういう本だから堅苦しくいえば、権力者、為政者の立場から見れば、あってほしくないものになるわけです。だから、この本はけしからんというふうにいじめられる、迫害を受ける。

　『知的自由と図書館』[35]を書いた時に、最初のところ(p. 9)に「焼かれる本こそ、よい本だ」と書いた。これは私が言い出した極論ですが、禁じられるくらいの本やからこそいい本なのだ。逆に誰からも批判をされないような本は、もともと出る必要がなかったのではないかという理屈になる。そうすると、この"Banned Books"というのは、まさに禁じられるべくして禁じられた本の累々たる記録ではないか。そこに入っている本が後に名作になったり、古典になっ

---

35) 塩見昇、青木書店、1989.

たりして他の本から区別される。そして、残るべくして残った本が、結果的には出た当初、どこかで何かの理由で批判をされた本だった。その批判が多かった本であるからこそ生き残って世の中にインパクトを与え、古典になるんだ、名著になるんだという理屈がそこで成り立つと思うんです。戸塚廉の『いたずら教室』とそこでつながるなあと、後で私自身思うわけです。

　そんなことがあったんで"Banned Books"というのは、図書館についての本ではないけれども、世の中から批判をされたり禁じられたりした本、実はそれを残してきたのが図書館であるわけで、その意味で図書館を考える大事な根っこにつながる本だと言ってよい。『デカメロン』などは、焼かれた本で有名ですが、当時の宗教権力を批判して聖職者が堕落していることを暴くような内容だったから、教会からは禁書のレッテルを貼られて、実際に焼かれている。もしその焚書が徹底していたら結局本は一冊も残らないはずだが、そういうことにはなりきらず、生き延びた本が後に古典となった。そういうふうに焼かれるぐらい嫌がられた本を世の中が焼き尽くしてしまったら、昔こんな本があったらしいという噂だけが残って、本の現物が一冊も残らないということになるわけだけれども、実際にはそんなことにはならない。

　そういう本を集めて残して、しかも人に見せようというのが図書館だから、図書館は単純に、まあないよりはあったほうがいいというようなレベルではなく、本当に図書館がそういうことを徹底して行えば、権力からはもっと嫌がられる存在になって然るべきではないか。嫌がられていない、まあいい図書館があったらええね、というようなぐらいでは、まだまだなわけです。図書館は本当の力を発揮していないのではないか、そんなことで、この禁書があったことを踏まえて、禁書も集めて、できるだけ大勢の人にそれを読んでもらう、ということをするわけだから、図書館の営みということは、そう単純にないよりはあったほうがいいというレベルではなく、もっと大事なものではないか、大事なものに違いない、という理屈がそこから出て来るわけですよ。私の図書館への興味の最初の気づきはそこなんです。

　そういう意味で"Banned Books"を小倉先生から見せてもらって、なんとなくその時には、漠然と面白いと思ったぐらいだったけれども、ここに図書館というものの一つの源流のようなものを見ることができるというのは面白いことだ、ということが、図書館のことを勉強してもいいかなと思うきっかけだったんでしょうね。講義としての「図書館の権利宣言」のことは、もちろん興味をもって聞いたけれど、結果的にこの本が、小倉さんの講義を私なりに受け入れさせる、

理解させるきっかけになったんじゃないかとそんな感じがします。

　そういう点で感謝もしているし、これも『半世紀』(p.6)に書きましたが、大学の講義というのはそんなもんじゃないか。一つ二つ、はっとするようなことを教えてもらえればそれで十分。後は、本人が考えることであり、1から10まで懇切丁寧に何もかも噛み砕いて説明してくれることが必ずしもいい講義ではないだろうという、大学の講義についての考え方も、だいたいその辺から出てくるかなと思います。

　―小倉先生自身これを講義のテキストにされたというのは、まだ日本の中で
　　こうしたことを考えることは日常的ではなかったということでしょうか。

　日本では、その後誰もこの本について話題にしてはいないはずです。付録として、検閲の流れのようなものが20ページほど書いてあります。この部分が小倉先生の講義のネタの一つかと思ったけれど、もちろんこれだけで講義が成り立つわけではないです。だから、小倉さん自身もこの本に興味を持たれたことは確かだろうが、別にテキストではなかったし、たまたま研究室に行って喋ってる時にこんな本があるんだと言って教えてもらった、それで、借りて帰って見ていると、これが先生の話のネタだなあということが分かって。自分の手の内を見せてくださったということでしょう。小倉さん自身が京大の授業としての図書館学で、何を話すべきか手探りされている時で、その後の授業の中に自由や検閲の話がどれぐらい出てきたか知りませんが、私の授業の時にはそうでした。

　―その時にこの本に興味を持って、後で大阪市立図書館に入った時に市立図
　　書館でこの本を見られたりしたのですか。

　それはないですね。図書館にもなかったはずです。日本でこの本を見た人は果たして何人いたのか。ずっと自分の中にこの本のことが残っていたから、転職して教える立場になるので、教師の仕事のこれが起点になるだろうと思って買いました。洋書でその時に買える本の目録を見て、調べたらその本はもうなくなっていて、新しい版が出ていることが分かったので、それを丸善に注文したということです。

・産婆術

　―権力と教育の役割について、大学で学ばれたんですか。

　教育についての私の興味の発端は、1回生の時から教養科目として「教育学概論」があったんですが、これを教えてくれたのは、鯵坂二夫さん。デューイを専門的にやっていた人ですが、そこで印象に残ったのは「産婆術」という言葉です。教育の話をするときによく使われる概念ですが、産婆さんというのはそっ

と手を差し伸べて、生まれ出ようとする子どもが順調に生まれてくるように手助けをする。教育を説明するときによく使う言葉ですが、手を差し伸べて手助けをするというのが教育だというのが、私にとってはいちばんよくわかるし、納得のいく説明でした。教える人間と教えられる人間の関係よりも、むしろ本来持っている可能性にそっと手を差し伸べる。手を添えてそれがうまく育っていくように手助けすること。まさに産婆さんの仕事ですが、それが教育の基本だというのは大変分かりやすいし、納得のいくことでした。そういう意味の教育ということに私は馴染んできた感じがします。

　図書館でも、いい本を叩き込んで読ませるというよりも、本はさっきお話したような意味の"力"を持っている、嫌がられる本であればあるほどね。そういうものに気付いてもらって、なるべくそれをいろんな人に見てもらう。そこから何を見出すかは本人次第、本人の自由意思なんで、その本を読んだら必ずこっちを向かんといかんとか、こういうふうに読むべきだというのではなく、それはあくまでも読者に任せておくべきだ。しかし、初めから全く本に興味を持たない人というのは、初めからそういう機会に蓋をしてしまっているわけだからもったいないことです。本を読まないままに過ごしてしまう人をできるだけ少なくした方がいいやろな、その人のためにいいことだろうな、というような考え方は割合馴染むことだと思います。そういうことが「図書館の自由」というものを考えるのに通じてきた。亡くなった天満隆之輔さんがよく「寛容の心」と言っておられたが、それがよく分かる気がします。そういう心が図書館を考える時には、一番ベースにあることが必要だろう。

　　―図書館はそういう禁書も含めた形で本を集めなければならないとか、いい
　　　本ほどそういう目にあうのだというようなことは、学校図書館の話をする
　　　ときもよく言ってくださいましたね。

　あまりそういうことはどこでも強調するのではなく、その場を見て、ここではそういうことは言わんほうがいいなと思う時には言わない。言った方が良さそうな時には言うということは、考えながら喋ってきたつもりです。本来危険なものだ、図書館は発展すればするほど危険なものになる、危険だと思われるぐらいにならないと本物ではない。しかしそんなことをあまり見境なしにいつも言うと誤解されますからね。やはり、場を見て話さないとそれこそ誤解を招き、危険ですからね。

　　―ベースに一人ひとり自立した個というものがあって、みんなが自由といっ
　　　たことを考える素地がないと成り立たない。寛容も例えば中世ヨーロッパ

の権威があるローマカトリック教会から離れたものは悪であるというような考え方では、もともと寛容などという精神はありえない。文字を獲得することも、コミュニケーション力を獲得することも必要だし、いろんな人と融和すること、そのことがみんなの進歩につながるという認識がなかったら、よくなっていかないんではないかなという思いがしています。

　難しいことですね、特に宗教というのは。あれもこれも包み込む宗教というのは本来おかしいわけで。日本人は神棚と仏壇が一緒にあってもおかしいと思わないのですが、本当にそれに打ち込んだ人にしてみれば、おそらく、善は一つ、真理は一つであるに違いない。その時に要は寛容の精神。その考え方を私は納得しない、支持しない、だけど、あなたがそれをよしとすることは私が干渉することではない、それは当然認めますということですね。寛容というのは、言葉で言えばそういうことなのだけれど、難しい話ですね。信仰に打ち込んでいけばいくほどそうでない人は、間違った不幸な道を歩んでいる人ということになるわけで、それはその人の考えだから認めようというような気楽な話ではなくなってくる。どこまで人の生き方として認められるか難しいことです。しかし、そこがないと図書館は成り立たない世界という意味では結構、思想的な世界が絡む仕事だということですね。そこまで図書館のことを思っている人はそんなにいないだろう。だから、図書館の持っている力は、なかなか社会では受け入れられない。ないよりはあったほうがいいだろうくらいの話で、それ以上にはなかなか進みませんね。

　ある時期、私は"Banned Books"の日本版みたいなのを作りたいと思ったことがあります。『子どもの権利と読む自由』の中で、手元に持っていたカードを紹介したことがあります。「禁書ノート・児童書篇：図書館とのかかわりで、問題となった本(抄)[36]」というタイトルで、30冊ぐらいの本を紹介する。こういう本を書こうと思っているのだという予告のような感じで、手の内の一部を見せるというようなことをやりました。それで終わってしまったんですがね。『出版ニュース[37]』がひところこれから作りたい本ということで、いろんな人にプランを書かせていた時期があったんですが、私も求められた時にそんなことを書きました。どなたも普通はあそこに書いた後で、それを実行に移しているので

---

36) JLA 図書館の自由に関する調査委員会編、図書館と自由(13)、JLA、1994、p.53-61.

37) 出版ニュース社編・刊、旬刊。1949年から続いてきたが、2019年3月下旬号をもって休刊。

すが、私は書いただけで終わってしまいました。「図書館における禁書」という
タイトルまで決めていたんですが、腰砕けでした。100枚か200枚のカードは作っ
ていました。

　――『ちびくろサンボ』[38]問題の頃でしょうかね。

　そうかもしれません。日本図書館協会（以下、JLA）「図書館の自由に関する
調査委員会」（現・図書館の自由委員会）では、あそこでこんなことがあったとい
うような情報が入ってくるので、「図書館と自由」のシリーズの巻末に、「こんな
問題が…」というページを私の提案で作ったのですが、いつのまにか消えてし
まいました。ALA（アメリカ図書館協会）のニュースレターからヒントを得て始
めたものですが、あのシリーズ自体がなくなってしまい、今は「ニューズレ
ター[39]」に引き継がれているのでしょうか。"Banned Books"のようにいつど
こで誰が何をなぜということを短いニュースで載せる、というものをずっと続
けていって、相当まとまったら一つの本にしてもいいのではないかとかなり真
剣に思っていたのですが。まあ委員会からだんだんと離れていきましたし、図
書館における禁書だけにかぎって取り上げるのもどうかなと思うところもあっ
て構想倒れになりました。

　発禁本については、城市郎という人が禁書本を集めた本を幾つか出していま
す。禁書というのは思想的な類といわゆるエロ本、ポルノですね。人々が喜ぶ
のはだいたい軟らかい方ですから、そういう本が多くなります。あまりそうい
う本は自分自身が読めていませんし、図書館でもあまり持たない本なので、図書
館の人がやれることとはちょっと違うのではないかと思ったりして、うやむや
になってしまいました。現在は国会図書館の館長をやった大滝則忠さんが発禁
本の研究を続けています。

　――先ほど（→p. 40）の井内龍三さんはどんな講義をされたのですか。

　司書教諭資格に必要な科目でした。学校図書館の諸問題というような授業科
目名だったと思います。私は司書教諭の資格も持っています。ただし文部省に

38）1988年アメリカの新聞社が日本で黒人をモデルとした商品があることに対して、
　非難した記事を掲載。企業は問題とされた商品の製造・販売を中止。この報道によ
　り、児童図書『ちびくろサンボ』の出版社が自社版を絶版とした。図書館では閉架
　図書扱いとするなどさまざまな対応がみられた。（JLA 図書館の自由に関する調
　査委員会編「『ちびくろサンボ』をめぐって」『図書館の自由に関する事例33選』
　JLA、1997、p.116-120.）
39）「『図書館の自由』ニューズレター」は、JLA Web サイトの図書館の自由委員会 Web
　ページに掲載。

「受講を要しない受講生」として申請するといったことはやっていないので、単位を取ったというだけの話で、司書教諭の資格を証明書として持っているということではないですね。

　―その科目で印象的なものがありましたか。

　全然ないですね。井内先生の講義がどうのということではなく、学校図書館に特段の関心があったわけではないですからね。まだ経験してからそんなに遠くない高校や中学校の図書室のことを思いながら講義を受けていたのでしょう。京都や大阪市の学校図書館が先進的だということを知るのはまだずっと後のことですね。

○　卒業論文

　―卒論では「アメリカ公教育史における学区図書館」というタイトルでホレース・マンのことを取り上げられましたが、教育と図書館の接点みたいなところを取り上げたことが、まさしく学校図書館につながっていくことだと思ったのですが、どうしてこのテーマを決められたのですか。

　申し訳ないが学校図書館への関心とは全く関係ありません。教育学部の卒論である以上は、教育のことを大なり小なりやっておきたいなと思っていました。図書館プロパーの話になってしまわない方がいいなと思いました。図書館がテーマには違いないけれども、教育との関係は、結びつけて考えたいと思ったんでしょう。

　このホレース・マンという人については、アメリカ教育史の本の中にはちょっとは出てくるけれども、そんなに大きく取り上げられている人ではなかった。『ホレース・マン研究：アメリカ公立学校発達史[40]』という、滋賀大学の川崎源さんという人が書いたものが、丁度私が卒論を書いていた頃に出たんです。だからこの本は、私が卒論を書くのにはまだほとんど参考にできなかった。他にはホレース・マンについての研究書は、日本では出ていなかったんじゃないですかね。もうちょっと早く出てくれたらよかったと思いました。

　京都大学図書館に "Life and Works of Horace Mann"[41]（ホレース・マンの生涯と著作）という原書があって、川崎さんはおそらくそれを主たる原資料とされたのではないでしょうか。日本にそうどこにもあるような本ではないはずです。

40）川崎源、理想社、1959.
41）Mrs. Mary Mann ed., *Life and Works of Horace Mann,* Cambridge: Published for the Editor, 1867.

その原書を私も卒論で使ったんです。川崎さんは私より先にこの本を見て書かれて、図書館に返却されたものを私が見たということだったのでしょう。まだ日本ではほとんど紹介されていないような原書を使ってやるということは、まあ卒論の中では比較的珍しいこと。本来はそのぐらいはやらないといけないんですが、なかなかそんな卒論は多くないと思います。この川崎さん自身は、興味関心が図書館にあるわけではないので、この本の中には、図書館に関することはそんなに出てきません。

　ホレース・マンはマサチューセッツ州の教育長をやった人で、その中にあるたくさんの年報の中の一つに"On School District Library"（学校区図書館論）というものがあるのだけれど、川崎さんはここはあまり関心がなかったのか訳していません。だから自分が一番関心のあるところは、出版がもっと早かったとしても参考にできなかったわけです。学校区図書館ですから、学校図書館ではありません。学校を維持する一つの単位としての行政区です。一つの学校をつくるために地域の人がお金を出して、その中に図書館も一緒につくる。日本の明治から大正時代にできた山口県の「明木図書館」[42]などと同じようなものです。ものとしては公立図書館の一番小さい図書館だけれども、学校に置かれるので学校図書館の側面もいくらかは持っている、そういう学校併設の公立図書館です。

　ホレース・マンも、学校を整備するというのが教育長の課題であるが、学校だけつくってそれで教育が完了するか。学校を卒業したら、その後その人はどこで勉強するんだ。学校時代にせっかく勉強して読書力が身についても、その後、本が読めなければそういう力はすぐに消えてしまうだろう。だから、生涯学習ですね、学校を卒業してもなお後で勉強できる環境をつくることが教育行政官の責任だと考えた。それがこの人の非常に大きな功績だと思います。この人は学校と図書館を二本立てで整備することが、教育の重要な課題だという、今でいう生涯学習の発想を1830年代にやってるわけですね。そういうことをアメリカ公立図書館の歴史を書いたSheraの"Foundations of the public library"[43]で知ることができました。これをさきがけにして1850年代"Boston Public Library"（川崎良孝さんが集中して研究したものですが）が出てきますが、その前段階ですね。

42）詳しくは、前掲注27）p.44.
43）Univ. of Chicago Press, 1949. ジェシー・H・シェラ、川崎良孝訳『パブリック・ライブラリーの成立』JLA、1988.

　日本でも公共図書館が整備されていく初期の段階は、明治の終わりから昭和の初めにかけてですが、町村図書館というのは、学校と併設されてどんどん増えていって、多い時には３千ぐらいありました。今の公共図書館の数ぐらいが大正時代にできていたということです。ただそのほとんどは学校併設の小さい図書館で、校長さんが館長さんで、先生の一人が司書で、200冊か300冊ぐらいの本があったらそれがナントカ村の図書館である、と同時にナントカ小学校の図書館でもある、という規模だったわけです。アメリカでもはじめはそういう形でスタートして、そういう図書館に公費税金を支払うことを認めるという段階が、パブリック・ライブラリーのスタートになるわけです。それをつくったアメリカの最初の代表的な人がこのホレース・マンであったということは、その概説的な本を読んだ時にわかりました。学校と図書館を整備するというところが面白いなと思いました。日本にもそういった町村図書館があったということを知っていましたから、図書館の基本みたいなものを考えるためには、そこをやったらどうかなと思ったわけです。まだ翻訳がまったくない時代ですから、自分の力で訳して、読めた範囲で紹介したというだけの論文でしたが。

　―先生は学校図書館というよりも公共図書館の意識が強かったんですね。

　そうです。そこにファイルで綴じた卒論があります。自分で複製したものです。当時はまだコピーがありませんから、残そうと思ったら手書きで二部作るしかなかった。この前探していたら出てきました。（しばし卒論とそのためのノートを回覧。）私はホレース・マンと思っていますが、川崎良孝さんはホーレス・マンと呼んでいますね。まあ卒論としては、まともな意欲的な卒論だったと思います。（京大にある原書の写真を見せてもらう。）この本は貴重なもので、国会図書館にはあるかもしれないが国内で他にどれぐらいあるか。関係部分を後にコピーしました。その後、学校図書館の研究をしている古賀節子さんが、見たいということでコピーを貸してあげたこともあります。

・手作りの卒業アルバム

　卒業する時に作った文集の中に「暗中模索」という私の文章がありますが、その文集を作ると同時に手作りの卒業アルバム40人分を５～６人で作りました。その最後に私用のものとして、自分に関係する写真を何枚か貼り付けました。卒論に使った原書の写真も入っています。４年間の間に撮った写真を集めたり、生協へ行って大学の写真を買ってきたりして、作りました。私の撮った写真も沢山入っています。（しばしアルバムを楽しみながら思い出話を伺う。）

　（教育実習の写真を見て）教育実習は中学で、研究授業は数学でしたよ。

（リヤカーを引く友人の下宿の引っ越しの写真）私はそれがうらやましくて、あこがれていました。後にフォークソングの「神田川」のイメージがそれに強く重なります。今も好きな歌です。

記念写真はたいてい私が撮ったので、セルフタイマーをつけて最後に走りこむから私はいつも一番端に写っています。

何人かは一緒に卒業しませんでしたね。就職先が決まらなかったりして。女性は途中で文学部に一人移って4人、心理と原理に2人ずつ。最初の一つだけ建った教育学部の校舎も写っています。今、この校舎はもうないので結構貴重な写真です。

・卒業文集の「暗中模索」

——「暗中模索」[44]の中に「自ら日本の図書館の開拓者たらんと夢見つつ」と書いておられますが、具体的な課題を大学の時代に考えていらしたのでしょうか。

そんな大それたことは考えたわけではありません。課題というよりも、図書館というのはまだごじゃごじゃとよう分からん未発達な世界という印象はあったんじゃないですか。ちゃんと出来上がったところではないと思っていました。同期生で4人ぐらいがNHKに行きましたが、営業に行くか、プロデュースの方に行くか、というようなメジャーな出来上がった世界に比べたら、何があるかわからん、まだごじゃごじゃした、何か行ってやることがあるのかどうか、というようなイメージが図書館にあったのは確かです。そんなイメージを持っていたのでしょう。

私の大学時代は、クラブみたいなものはやっていませんでしたから、宇治分校へ行っている終わりぐらいに、あることがきっかけで社会人の「山の会」（後に「山炊グループ」と命名）に入ったんですね。ところが呼び掛け人がすぐに都合で京都を離れたもので、私が中心の一人になってそちらの方でずっとやっていたもんだから、学内のクラブ活動とかはまともにやっていないんです。軟式野球もちょっとかじっただけです、地理同好会にも少し在籍しました。

結局、学内の何かというよりも街の中で遊ぶということの方が多かったですね。本格的に山に行き始めたのがその頃で、京都の北山の山歩きとこれからの進路である模索の世界を重ね合わせて書いたのが、その「暗中模索」という文章です。だから開拓といったような大それたことを考えていたわけではなく、

---

44)『半世紀』p.8に再掲。

そういうところに入るんだというそれなりの決意を書いたんですね。藪漕ぎという山歩きのスタイルと、入っていく世界がそういうところだろうなあと漠然と思っていたのでしょうね。後でこんな形でその文章を使うことになるとは、その時には思ってもいませんでした。まあその時の割合正直な気持ちだったということは言えると思います。

　卒業して、大阪市立図書館に行くと言うと皆から不思議がられました。10人居れば10人までが、きょとんとして不思議な顔をします。図書館へ行って何しはるんですか、というような感じの受け止め方が強かったですね。

　—その時ご両親はどう言われていたんですか。

　別に何とも言わなかったですね。まあそうかというような感じでした。とんでもないところに行くという感じでもなかったですし、格別喜んだこともなかったですが。だいたい進路を決めるのに親とは相談していないですね。

　少し後のことですが、酒川玲子さんから聞いた話で面白い話があるんです。横浜の図書館に東大生が一人採用試験に合格した。職場の中では、東大から来るというのでちょっと話題になったんですね。決まってしばらくして、その子の親から図書館に電話で「うちの子は図書館なんかに行かせるために東大に入れたわけではありません。辞めさせます」と言ってきたんだそうです。職場の方では、「そいつが来なんでよかった」という話をしたと彼女から聞きました。これはまあ極端な話ですが、そういう感じがまだあったんですね。私が入ってからもう10年以上も経ってからのことですがね。私もいちいち説明するのも面倒くさいので、途中から大阪市に入りますと言っていました。そうするとみな割合納得するんですね、みんな大阪市役所だと思って。

　—そこでお家を離れられたんですか。

　いいえ、私は一度も京都の自宅を離れたことがありません。学生時代も就職してからも京都以外に住むつもりは全くありませんでした。下宿に憧れたことは前にお話ししましたが、京都には執着があり、それはかなり頑固にそうしてきました。就職先は大阪ですから阪急電車一本で、1時間ほどで行けますし、その必要もありませんでした。そういう意味では、京都へのこだわりは強いです。阪急で帰ってきて、天王山を通り越すと、ああ京都へ帰ったという感じがします。新幹線で帰ってくるときは、東寺の塔か京都タワーですね。

第2章　大阪市立図書館員の時代　1960〜1971

2-1　大阪市立中央図書館の創設に関わる

○　大阪市立図書館へ

—大阪市に勤めて初任給はどのくらいでしたか。

　よく覚えていますよ、11,210円、1960年の4月でね。この頃は月2給制で、5日と20日が給料日でした。だから4月1日に働き始めて、5日経ったら給料を半額くれるわけです。まだ何もしていないのに給料をくれたとえらく感激したのを覚えています。少ないとは思いませんでしたね。

—それは当時としてはよかったのですか。

　よくはないです。大阪市では司書は選考採用だから一般行政職より1号俸低かったのです。一般行政職の試験は、不特定多数が受けに来るのですが、それに比べると司書は予め有資格者に範囲が絞られているので、入るのがやさしいという理屈だったのかな。まったく納得できない理由です。鎌倉市では当時、専門職だということでむしろ1号高かった。それはまともな考え方だと思ったので、1号低いのはけしからんと組合の要求にもなりました。1号高くすることはできなかったけれども、何年か経って同じにすることはできました。一般の大卒の給料からいうと1号低く、さあこの11,210円は高かったのか低かったのか、どうだったんでしょうか。その頃大学生のアルバイトは、家庭教師が多かったですが、だいたい週に2回行って、ひと月2千〜3千円だったと思います。中には4千〜5千円貰ったのもいたけれど。それと比べるとどうなんでしょう。[1]

—その後ずいぶんたくさんの文章を書かれていますが、学生時代に作文とか、レポートの書き方というような訓練があったのでしょうか。

　そういうことはまったくありませんでした。私は大学院に行っていませんので、論文の書き方のようなことはまったくの我流です。そういう力をどこかで勉強して身につけたということはありません。司書としては、11年在職し、少しは文章を書きましたが、最初に書いたのは、1963年の図書館問題研究会（以下、図問研）の『会報』に「大阪市立中央図書館の主題別部門制における一考察」で

1）週刊朝日編『値段の明治大正昭和風俗史』(朝日文庫、朝日新聞社、1987)には、1960年の物価として、以下の記述がある。官製はがき5円、岩波文庫（星一つ）40円、京都市電13円、牛乳（配達瓶入り）14円、らーめん45円。

す。図問研の『会報』で、ナントカの考察というような論文みたいなものが載るのはまずなくて、あんなタイトルのものは初めてだったと思います。

主題別部門制という仕組みは、開架室に主題別に単位を作って、そこにその主題の本の塊とその分野の専門家がいて、レファレンスに応じるというのがアメリカの都市の中央館の方式でした。しかし、かき集めたのは新人ばっかりですから、各主題の専門家でも何でもなかったのですが。とにかく３つの部門に分けて、それに General Reference とポピュラーライブラリーと小中学生室、高校生対象の学習室があるという構成で始まった、大きな規模の開架図書館には違いなかった。当時は、結構評判になった図書館で、『図書館雑誌』がその特集をやったんですよ。その特集に私もあれこれの議論の中に加わっていたんですが、まあ『図書館雑誌』に書いてあるのは、ちょっとよそゆきの紹介やなあということで納得してはいませんでした。

丁度そんな時期に、図問研から、大阪市の新しい図書館のことについて書いて欲しいという依頼があった。これが図書館に入って初めての依頼を受けて書く仕事でした。その時に『図書館雑誌』の特集のこともあって主題別部門制についてアメリカの文献も含めてちょっと調べていたので、普通に図問研の会報に載るものとはかなり性格の違うようなものを書きました。量も多くて１回には載りきれなくて、２回連載になりました。これが外に出すものとして書いた最初でした。図書館に入って３年目ですね。

その後、３件ぐらい『図書館界』に文章を書いています。最初がレファレンス・サービス、次が地方行政資料について、３つ目に書いたのが「マッカーシズム下の図書館」で、これは研究論文と言えるものでした。『図書館雑誌』からも在職中に一度依頼を受けて、ブック・リストと選択のことを書いています。現場の司書としては、書いたものは多かったかもしれないが、そういうことのアドバ

2）塩見昇「大阪市立中央図書館の主題別部門制における一考察」（上）は『会報』(49)、1963.2、p.1-2。(下)は『会報』(50)、1963.3、p.3-4と p.6。

3）「主題別部門制とその周辺：大阪市立中央図書館から 主題別部門制にいどんでみて」『図書館雑誌』56(11)、1962.4、p.458-466。

4）塩見昇「公共図書館の役割とレファレンス・ワーク」『図書館界』17(4)、1965.11、p.107-111／「公共図書館と地方行政資料」『同』18(5)、1967.1、p.167-171／「マッカーシズム下の図書館」（天満隆之輔との共著）『同』20(5)、1969.1、p.156-170。(同号には「マッカーシー下の図書館」とあるが、次号でこのタイトルに訂正された。)

5）塩見昇「ブック・リストと図書の選択」（図書の選択特集）『図書館雑誌』63(3)、1969.3、p.16-19。

イスやトレーニングをどこかで受けたということはまったくありません。組合の分会では、ニュースのようなものを頻繁に出していました。それは私が主に原稿も書き、ガリ版をきって自分で刷って職場に配るというようなことが多かった。大阪市政調査会の『市政研究』にも投稿しています[6]。そういう意味では書く機会は多かったでしょうね。

・創設事務室、大阪市立中央図書館・整理課に配属される　1960-1962

　—現場に入ってみて、大学で学んだこととのずれや戸惑いのようなものはありましたか。

　あまりずれのようなものは感じませんでしたが…。入ったころの大阪市は、中央図書館を市制70周年でつくるということはもう決まっていました。そのためにまとめて何人か司書をとったんです。その頃、大阪市内に府立図書館はありましたが、市立は2館、天王寺公園の中の大阪市立図書館と桜宮の「泉布観」、小さな公会堂ですね。ここには入った所に明治天皇が白馬に乗った大きな絵が

あって、その中に桜宮図書館がありました[7]。言ってみれば小さな分室のようなもので、その2館だけしかありませんでした。そこで、本格的な図書館をつくろうということでできたのが、1961年の11月に開館した中央図書館でした（右写真）。

　その中央図書館をつくる準備作業を始めるという段階で、その要員として、8人をまとめて採ったというのが私どもの採用の時期でした。7倍くらいの競争試験だったようです。1960年の4月1日現在の天王寺図書館は職員が15～6人の規模でした。そこにいっぺんに8人が

6）大阪市政調査会は、大阪市政およびその背景をなす都市問題、地方自治問題の全般的動向を調査研究することを目的として、大阪市労働組合連合会が中心となって1962年に創立。その機関誌『市政研究』(18)(1968.5, p.81-85)に、塩見は「市政を身近なものとするために：図書館の現場から二つの提案」を寄稿。

7）大阪市立図書館の Web サイトには、以下の記載がある。「1950(昭和25)年6月1日に図書館は桜宮公会堂の2階へ移転し、名称も『大阪市立図書館』と改められました。この『大阪市立図書館』は、1961(昭和36)年に西区に旧中央図書館ができたときに、『桜宮図書館』と改称しました。また、桜宮公会堂は1935(昭和10)年、明治天皇記念館として落成し、正面玄関は建設時に『旧造幣寮鋳造場正面玄関』(明治4年)をそのまま移設したもので、1956(昭和31)年に泉布観とともに国の重要文化財に指定されています。」

入ったわけですから座るところもありません。準備室をつくって、そこで仕事をする予定だったのですが、何かの事情でちょっと遅れていたのでしょう。どこで何をすればいいかという話になるんですね。

　―その中央図書館が建つということを知って行かれたのですか。

　大学に図書館活動の科目で非常勤に来ていたのが西藤寿太郎さんで大阪市立図書館の館長さんでした。自分からうちの採用試験を受けるように、と強く勧誘されて、そこまで言われるならまあ行こうかという話になったわけです。だから新図書館をつくるという話は聞いていた。さっき見せた写真の中に小倉親雄先生が持っているのが新しい図書館の青写真で、小倉さん自身も新しい図書館の構想委員会のメンバーでした。言ってみれば自分たちが準備しているところに、みんな採用試験を受けてくれということだったんです。そのために非常勤に来られていたのでしょう。もちろん公募の採用試験を受けてですよ。

　天王寺図書館は、事務室と書庫と閲覧室という小さな図書館でしたが、レコード室があって、結構レコードはよく集めていました。年配のおばちゃんが専任でやっていました。その人の趣味でやってるような気もしましたが、レコードをたくさん集めていて、レコードコンサートをやったり、リクエストするとかけてくれたりしました。その部屋にとりあえず入れということになって、私たちの中から５人は通常の仕事にまわっていましたが、準備室に行く予定の残りはレコード室に入って、新しく買う本として出版目録でチェックして、発注に出すためのリストを清書する仕事しかなかった。あるいはこれやってくれと言われたらそれをして、後の時間は喋っておる。天王寺公園の中だから色んな店があって、そら豆を買いに行っては、それをボリボリかじりながら喋っているという、そんなことが一ヶ月半は続きました。

　そんな状況で４日目にいきなり5,605円をくれるから、なんとまあ結構なところだと思いました。図書館はといえば、もう朝から学生が行列をする。それ以外は、あまり来ていなかったんではないでしょうか。貸出もしてない図書館ですから、受験生の勉強場所、当時の一般的な図書館像からいえばまあ予想通りと言えばそうですね。こんなもんやろという話です。だからそれほど戸惑うわけではなくて。

　―実際に利用者との接触もなかったのですね。

　なかったですね。閲覧関係とは別の部屋にいるわけですから。自分が利用者のようなもんでしたからね。世の中は安保闘争のさなかで、そんな話ばっかりしているわけですよ。仕事が終わるとまずまっすぐ家には帰りませんでしたね。

天王寺だから、あちこちでデモもやっていて、まずそれに加わって、そのあと
ビールを飲んで帰るという毎日でした。ほんまに何しに行っとったんかという
感じです。

　1ヶ月半ほどそういうことがあって、5月の末になってひとつの小学校の空
き教室を借りて、そこで創設準備室の仕事が始まったのです。新館に並べる本
を発注し、購入した本について分類と目録を作って装備をし、そして空き教室の
棚に並べる。そういう仕事が、約1年半続きました。その間、図書館の仕事には
違いないけれども、利用者の全然いない仕事、本の整理と事務的な仕事をしてい
たわけです。格別図書館としての何かを感じるということもありませんでした。

　——当初は図書館のことを考えるよりもまず準備という感じだったのですね。

　そうですね。真面目にこの一冊一冊の本が新しい図書館に並ぶのだと思って、
割合しっかり仕事したと思います、さして面白くはなかったですが。

　——選書にも携わられたのですか。

　いや建設と庶務系の仕事をする人を別にすると、7人がコの字型に机を並べ
て、最初の所に主任で一番キャリアのある人が座って、出版社目録にチェックを
するんです。これが選書ですね。まず岩波から始まったので、大阪市立中央図
書館の蔵書は、1番からずっとしばらく岩波の本、目録の最初は哲学・思想関係
の本ですね。注文した本が入ってくるとそれを検収して、乱丁や落丁がないか
を調べて蔵書印を押して、それから私らの一年先輩にあたる人が分類番号を与
えて、もう一人が件名を与えて、というふうに流れ作業で本を順番に回していく
わけです。

　そして、私と同期の八木勇くんが二人で組んで目録カードの原稿にあたるも
のを作りました。それをガリ版で切ってカードを複製し、標目を入れて、という
のが私たちの仕事でした。そればっかりやってたわけです。そのために八木く
んとカナタイプの講習に本町にある会社まで数日間行きました。標目の数だけ
カードをこしらえて、ラベルを貼ったら仕上がりという流れ作業を機械的に
やっとったというのが、3月までの1年弱ぐらいの仕事でした。4月になると
また10人余りが採用されたので、それがまたみんな流れの中に組み込まれると
いうのが2年目の仕事でした。2,500万円で5万冊の本を揃えて整理するのが
目標でした。数十冊もの新品の本に毎日触れるというのは学生気分の抜けない

8）1959年から60年にかけて日米安全保障条約の改定に反対して展開された国民運
　　動。（『日本大百科全書』(1)、小学館、1994、p. 938）。

私らには刺激的で、結構それはそれで面白かったですね。

　創設の期間と、秋に開館したあと次の3月まではその延長で整理課にいました。整理課になってからは、森耕一さんが課長の時期でした。その時はもう整理課の中での流れの仕事をしましたから、分類や目録などいろいろやっていたでしょう。みんなまだ学生気分の生意気ざかりで、自分たちがやる標目をカタカナで入れたりするのが面白くないもんだから、前にやった人の件名や分類がおかしいと言いに行くのが楽しみでした。覚えているのは、リースマンの『孤独なる群衆』という本に「社会心理学」という件名がついていて、社会心理学の成果であることには間違いないけれども、この本を社会心理学ということで探す人間が居るかと言って、件名の担当者に文句を言うたことがある。そんなぐらいしか楽しみがありませんでしたね。いろんな新しい本にふれることは面白かったが、機械的にそんな作業をやっていたということです。まあ利用者がどうの、図書館がどうの、というようなことをその時はそんなに考えてはいませんでした。

　そんなことをやっている中で時期が時期だからデモに行ったりする。そういうことに対する興味関心がどんどん広がっていって、さっき言ったような専門職採用なのに1号俸下であるのはどうかとか、開館した後は日曜日の勤務も入ってくるのはどうか、といったことが話題になりました。私なんかは「山の会」をやっているので、日曜日に出勤するかどうかはとても大きい問題なんですよ。それは初めからわかっていることだけれども、年休を取らないと例会に行けなくなってしまう。だから日曜日は開館せんといかんとは思ったけれど、皆が日曜日に毎回出る必要はないんじゃないか、必要最小限にして日曜日も何回かは休めるようにしたらいいんじゃないか。当時の労働者的観点から言えば妥当な要求ではなかったか、利用者不在ですけどね。9時から21時で夜間開館もある。計画がだんだんはっきりしてくると、夜の毎日9時はちょっと辛すぎるんじゃないか、と夜間の開館時間と勤務の関係を考える。このことは当時、どこの図書館にも大なり小なり共通した労働組合の関心でしたね。そんなことが主たる関心事でした。

・組合活動
　そういうことをごちゃごちゃ考えてるうちに、やっぱり組合がしっかりせな

9）デイヴィッド・リースマン、佐々木徹郎訳、みすず書房、1955. 1964年の加藤秀俊訳
　　では『孤独な群衆』となっている。

いかんということになってくるでしょ。私と一緒に入ったのが京大から3人いたのだけれど、いずれも館長さんから来いと言われて、もちろん便宜を図ってもらったわけではなくて試験を受けて通ったのですが、その中の一人が、一番労働組合的意識が高く、組合の青年部活動みたいなのを早々に始めていくわけです。当時はどこの自治体でも教育委員会の労働組合は大変弱かった。学校教育行政がほとんどで、仕事柄管理的な業務が多く、教員組合に上から目線で対応することが仕事上多かったので、どうしても組合的な意識が低かったんです。むしろアンチ組合的な意識が強かった。

　入って1ヶ月で、5月1日のメーデーが来るのですが、そら豆をかじって喋ってばっかりいるので、メーデーに行こうではないかという話になった。どうやっていけるのかを労働組合の教育委員会支部に聞いたら、行きたいなどという声が職場から出てくるなんて信じられない、という雰囲気があって、向こうもびっくりしたらしい。でもまあ悪いことではないからということで希望者が参加した。そのうちに教育委員会支部の支部長の考え方がおかしいというような話にもなって、青年部を中心とした活動が広がっていくわけです。仕事は仕事でやるんですが、単調な仕事なので、それだけでは収まりきらなくて、もうちょっとなんかやらんといかんなというようなことが出てきた。京大から一緒に入った八木勇、谷弘行くんとは定例的に谷の下宿に集まって、書評三紙を分担しての学習会のようなことを続けてました（谷くんは当時天王寺図書館勤務）。

　まあいろんなことがあって、是非来て欲しいと言った館長さんと1960年に入った連中との間がだんだんギクシャクしてきました。結局そういうことが背景にあって、その青年部長をしていた八木くんが（もう数年前に亡くなりましたが）教育委員会支部を飛び越えて、市職本部の役員選挙に出るっていう話になったんです。当時本部の役員になるとヤミ専従みたいになって、職場にはほとんど出てこない。だんだんそういうふうになってくると、逆に館長さんも館長さんで、あんまりそういう組合などの職員対応に達者ではなかったので、大変関係が悪くなってしまった。彼は結局図書館には籍を置いたまま、現場には最後までほとんど戻ってきませんでした。

　組合でしっかり仕事をした人間が組合の役職を離れて管理職になっていくということもあって、彼もその後社会教育部長や理事にもなって、後に中央図書館を立て替えることなった時には、市長部局で軸になってやってくれたところもあるんです。彼が市職本部に行ってしまったもんだから、谷くんが教育委員会支部の中で頑張って、何年か経つと支部長にもなって。だから、八木くんは本部

で理論派になって、谷くんは教育委員会支部400〜500人を束ねる軸になって、そうすると私が職場の分会長のような立場でまとめ役になって、結局その3人でいろんなことをやることが多かったです。後のことですが、第2期の新中央図書館というのは、八木くんが市の理事として計画を支え、谷くんが中央図書館の館長になっていて、そして、私が外部の専門家として新中央図書館の構想策定委員会の小委員長でかかわりました。結局最初に入ったその3人がそれぞれ全然違う道を歩みましたが、最後に一緒になって新しい現在の中央図書館をつくる巡り合わせになったわけです。面白いめぐりあわせでした。

　　—今の組合活動の話もちょっとユニークな活動だと思いますが、市の職員の中では図書館人って、ちょっと特殊だったんでしょうか。

　特に大阪市ではそういうふうに見られていたかもしれませんね。

　　—労働運動だけじゃなくて研究もするというような流れというのは、他の職種の方にはあまりなかったのでしょうか。

　やっぱり構成から言っても確かに特異な集団でしたね。1960年に私たちが入るまでは、職員が20人弱くらいでしたが、それが2年の間に90人近くに増えるわけです。司書の9割までが大卒ですしね。そんなのがやってきて、やれメーデーに行きたいとか、図書館の職場単独の組合交渉をやったり、というわけですから、図書館というのは妙なところだ、というような意識をまずいことに周りの人たちには与えたかもしれないですね。

　専門職採用ですから、基本的にはずっと他の職場へは人事交流したりしませんからね。だから司書で入ったら基本的には図書館ですから、良くも悪くもちょっと変わった集団だという印象を与えたでしょうね。その頃は、市役所の一般行政職の主力は高卒でした。大卒は幹部候補生みたいなもので、それを約束したような感じで必要な数を最小限とっているというような感じでした。その辺からみんな夜間の大学へ行って、結果的にはみんな大学卒になっていくんですが。高校を出てまず職場に入ってというのが普通でしたから、そんな時にどっちを向いても大卒ばっかりがいるというような職場は、学校現場以外は図書館ぐらいしかなかったのではないですか。

　私らが入った頃は次の年も京大から3人入ってきて、阪大法学部の女性がいて、神戸大大学院を出て、岩波の古典文学大系の平家物語の研究業績の中にちょっと名前が出てくるような人もいて、まともな人を選んでいましたよ。それぞれ組合活動には熱心で、協力的でした。その辺が館長さんにしてみると、飼い犬に手を噛まれたというような言い方をしたこともありました。思惑が外れ

たというようなことですね。よそ見をせんと中のことだけ考えてくれるような人を選んだつもりだったのかもしれません。そういう中で図問研が組合の研究活動、自治研的な面で、職場のエネルギーを引き付けたということは確かですね。

　―自治研的な活動は、大阪市だけじゃなくて大阪府下の他の自治体の図書館員も含めてですか。

　図問研を組合の研究会みたいな捉え方をしたという点では、大阪府立図書館は共通していましたね。西田博志くんが私の翌年入職で一番早く親しくなった人ですが、彼が中心になって大阪府立でも頑張っていました。　衛星都市ではまだそんなには広がらなかったです。図書館も少ないし、さほどの活動もしてなかったので職員の意識も低調だったのでしょう。図問研大阪支部は、1960年代半ば過ぎまではほぼ大阪府と大阪市でやっていて、じわじわと広がっていく中で、1970年代初めには、大阪支部として『大阪の公共図書館白書[10]』をこしらえたりして、大阪全体の図書館づくりを考えるように広がっていきました。その頃にはまだ堺市と豊中市ぐらいしかある程度の数の司書がいる図書館がなかった。茨木市でも3人ぐらいしかいませんでした。だからなかなかそちらの職員との接点が生まれなかった、ということもあったと思います。

○　図書館問題研究会（図問研）の活動

　図書館の労働組合としては、労働問題だけをしているわけにはいかなくて、いわゆる教研的な活動、自治研活動ですね。自治体労働者としての市民に即した活動というものをやっていく。図書館のありようと労働環境問題とを結びつけて考える、ということをやらんといかんなあという考え方が出てきて、その中から図問研にもつながってくるわけです。だから図問研は、初めは組合の研究会みたいな受け止めでした。"図問研幽霊説"というのがあって、勇ましそうなことを言うが、実態は何もない看板だけだと言われた時期が結構長く続きます。図問研との出会いはそんな感じの頃でした。

　図問研がだんだんと実態を持つのは、1965年以降でしょうね。それまでの10年間は、勇ましい理屈は言うけれども活躍する場がないものだから、職場の外で鬱憤を晴らすみたいなところがあったように思います。1963年の『中小レポート[11]』を経て、1965年くらいから貸出とか資料提供とか図書館のはたらきに即し

10）図問研大阪支部政策委員会編『大阪の公共図書館白書』(1973)、大阪府の図書館政策を考える(1)、図問研大阪支部、1973.

11）正式名は『中小都市における公共図書館の運営：中小公共図書館運営基準委員会

て図書館のことを考え出した。それまではそういうことに気づくのに欠けていたわけですが、そういう時期に誰かがどこかから図問研のことを聴きこんで来て、組合の研究会みたいなものだというような意識で、職場からちょっと離れたところで図書館のことを考えるという場になっていったんでしょうかね。1962年頃のことですね。

　―大阪は先輩の司書が後輩を育てていくという土壌があると聞いたことがあります。また大阪府箕面市で1969年に採用された人からも、新任時代には仕事が終わったらすぐに市外の勉強会に行って、いろいろ先輩司書の人たちから教えてもらったという話も聞きました。だから、それが特徴だったのかなあと思いました。大阪の図書館の人たちは、図問研の活動が中心だったと思うんですが。

　1970年代にはそういう空気がかなり強くなったんと違いますか。図問研大阪支部が1971～3年に大阪の公共図書館白書を作り、府下の図書館振興策をまとめましたが、その時点で大阪には31の市があって、図書館のあるところが15、ないところが16で大体半々ぐらいです。大阪市を別にすれば、堺市と豊中市とあと2～3ぐらいが戦前からあるところで、そこそこの人数の司書がおって、実態があるのはまあ堺と豊中くらいで、新しいところで箕面だけがなんでこんなに利用が高いのかと思うぐらいの図書館活動の実績があった。司書は3人しかいないんだけれども貸出率が高くて。

　大阪の、というか関西の図書館人が館内の仕事とは別にいろいろ勉強したり、活動した場として、図問研以前に日本図書館研究会（以下、日図研）の存在は大きいと思います。私の場合もこの二つを足場に図書館人として育てられたと思います。

　―枚方市はどうでしたか。

　枚方はまだ図書館がありませんでした。動き出したのが1970年代に入ってからですから。枚方、松原市は70年代に入ってからです。1960年代は、まだ現場が学生の勉強場所が主でしたからサービス活動と言える実態がないので。大阪市と大阪府で、大きなところの職員が集まっても欲求不満的な感じで、観念的な議論がもっぱらというような状況の図問研の活動でしたね。大都市の図書館のありようというようなテーマを掲げていたけれども、果たして日本の社会に図書館を支持する基盤があるかというようなことを真面目に正面から考えておった。

報告』JLA 編・刊、1963.

　前川恒雄さんが『市民の図書館』の中で“図書館不振の原因は、利用者の無関心にあると思っている間は、図書館発展の芽は出てこない”といったことを書いているけれども、国民が本を借りて読もうという習慣ができていない、慣習を持っていない。だから日本では図書館がはやるかどうか、アメリカやヨーロッパでは読みもしない本を個人が買い込んで、天井が抜けたという話はありえないわけですから。そういう国民性が変わらんことには、図書館というものは、はやらんのではないかというようなことを言うと、そうやなという発展性のない議論をやっておったのが1960年代半ば頃まででした。

　やっと『中小レポート』から『市民の図書館』あたりを通り抜けて、視点を変えてそこから変わっていくんですね。その代わり目のあたりは、そういう閉塞状況があったんで、現場の戸惑いが払拭できず、そういう状況をなかなか抜けられないという意味では、まだ何とも情けない時期だったでしょうね。ただそういう時期を知っているから、その次の1970年代が違いとして分かるし、しっかりとした見通しを持って、何かをすると変わるということも分かった、という意味では貴重で面白い時期でしたね。

　去年（2018年）は二度「図書館の自由」の宣言改訂の時期ということを主とした話をJLAの自由委員会でしましたが、そこでも言ったようにこの60年代から70年代というのは確かに面白い時期だったなという気はします。そこを知らない人は、逆に1970年代を現代の図書館のスタートだと考えてしまうと、ある意味では私が体験したのとは違う現実を図書館の現実として出発するわけですから、面白みは逆に見出せないかもしれない。その前の時期を私らは4〜5年しか知らんからうまくクリアしたけれども、あの世界を10年ぐらい経験したらいやになって潰れてしまうかもしれない。実際図書館に入って、図問研をつくった初期のメンバーの中からも、図書館を辞めた人がずいぶんいるわけです。やっぱりいろんなことを考えて、勉強もしたけれども、なかなかことが変わる手がかりに気が付けないままに、もうこの世界はあかんということで、見限った人も少

12)「図書館不振の原因を、本を読まない（と図書館員が考える）市民の側にあると考えている間は、図書館発展の糸ぐちはつかめない。図書館不振の原因は、市民の資料への要求を正しく受けとめず、要求に応えられるだけの資料を持たず、市民をあきらめさせ、市民に見放された図書館にある。」JLA編・刊『市民の図書館』、1970、p. 33-34.

13) 2018. 1. 28「図書館の自由に関する宣言1979年改訂のころ」/2018. 3. 28「いま、この時代に自由宣言の意義を捉えなおす」（共に、JLA図書館の自由委員会主催『図書館の自由委員会の成立と「図書館の自由に関する宣言」改訂』出版記念講演会）

なくはなかった。そんなことは、なかなか後の人からは想像しにくいことでしょう。あまりにも閉塞状況に長くいると、その場にいることがとても苦しくなる。

　―異動は一切できなかったということですか。

　司書採用の場合には、自治体の中ではほとんど一市一館の時代だから館内を動くしかなかった。勤務先が変わるというような異動となると雇用自治体の外に行かんといかんので、通常はそういうことはないですよね。自治体ごとの採用ですから。それを越えて司書として、全国共通に例えば、大阪市の司書が兵庫県の西宮市に行くとかというようなことをやればもっと世界が広がるし、刺激になって面白い、とまあ誰でも考えるだろうが、なかなか日本の地方公務員の雇用のしくみの中では難しい。司書職としての専門職制度もまったく不備ですしね。そんなことを議論としてはやったことがありますけどね。

　―市職員行政職との入れ替えはなかったのですか。

　大阪府や大阪市みたいに司書採用をやっていると基本的にはできない。司書という資格で入っているわけだから、その人を一般行政職に持っていくのは採用の趣旨に反するという理屈はそうだろう。だから司書制度をはっきりとっているところは、よほど格別の理由がない限りは、一般行政職には持っていかないということにはなっていますね。大阪市の場合も多少はありますよ。うちの女房（塩見好世子）なんかも最後は青年センターへ行ったり、区役所で社会教育課長をしたりしてます。それはある時期から女性も管理職にせんといかんという方針が出てきたからです。考えてみたら図書館には、大卒の女性がゴロゴロいるわけです。それで図書館以外でも使えるような人は、ちょっとよそへ行って仕事をしてもらおうかということで課長級にするからこっちへ来てほしいというように言って引っ張り出したりして、本人の同意があってのことですが、何人かはそうやって異動しました。大阪市は割合きっちりと司書制度をつくっていたもんだから、他との異動は原則としてしなかったですね。府立もそうだと思います。

　―今のお話で、先生が図書館とはこうあるべきだとか課題を見つけたのは、やはり図問研での自治研的な活動が始まってからかなあと思いました。

　初期はやはり図問研でしょうね。図問研との付き合いの中で、図書館の世界が広がったというのは間違いのないところです。ある意味では、結構うまく利

14）2022.5.16に急逝。塩見は『悼む　好世子』（私家版2022.10）を編集し、関係者に配付した。

用されたという気もしますが。

・森崎震二さんのこと

図問研の結成以来のメンバーでもう亡くなりましたが、1960年代半ばから70年代にかけて、図問研が変わっていく中で、中心的に頑張っていたのは、国会図書館にいた森崎震二さんです。私が図書館に入ってからのありようには大変深く関わった人で、彼との関係というのはいろんな面で大きかった感じがします。子ども文庫なんかにも最初に興味を持ったのは森崎さんでした。東京の電車図書館[15]とか子ども文庫、そういうものに公共図書館が変わっていく芽を見出したり、政策課題にパッと着眼したりするすごい嗅覚というかセンスのあった人です。口も達者だし行動力もあるし。学校図書館関係で群馬の八木清江さんを私に紹介したのも彼です。八木さんは早くから図問研に入っていた。

会報の主題別の原稿はともかくとして、『月刊社会教育』に「国民の教育権と図書館司書」[16]という文章を1967年に書いていますが、それを書けと言ってきたのも森崎さんでした。図問研の中で教育権とか学習権を言い出したごく初期の頃でしたが、書いたものは今から思えばちょっと恥ずかしいようなもので、学習権・教育権について書いた教育学の先生の文章を下敷きにして、図書館に置き換えたようなものでしかなかった。しかし、少なくとも図書館というものを教育権・学習権という視点で捉えて、その在り方を1960年代に『月刊社会教育』という教育の専門誌に書いたという意味では、意義のある文章だったと思います。

1965年あたりを境に図問研がちょっと元気になって、1966年に京都西山の三鈷寺で全国大会をしたのです。まだ大阪で支部が始まったかどうかという時期でしたが、大阪の図問研は、これから中心になる大事なところだというようなことを言われて、近畿で大会をやってほしいと説得された。なんとなくそんな気になって、三鈷寺まで結構山登りでしたが、西田博志くんとお寺まで行って場所を借りる折衝をやったんです。その3年後には、大阪で本部事務局を引き受けます。その辺の仕掛けは、基本的には森崎さんですよ。

教育史料出版会の「図書館学教育資料集成」[17]も、私が桃山学院大学（桃大）の司書講習で始めた手作りのプリントのテキストを、これをみんなの共有の教材

---

15) 東村山子どもの施設を作る会・電車図書館新聞部による『でんしゃ：くめがわ電車図書館機関紙』（縮刷版）に1968-2018までの記録が残る。国立国会図書館蔵。

16) 塩見昇、『月刊社会教育』11(3)、1967.3、p. 19-22.

17) 白石書店から1978-1988に出版され、1989から『新編図書館学教育資料集成』として教育史料出版会から出版。

にすることが図書館学教育の改善につながるという彼一流の理屈で、私の作った図書館活動論をベースにして、一冊だけではシリーズにならんから科目別のシリーズにしようとやったわけです。教育史料出版会の前には、白石書店から出したんですが、そのきっかけを作ったのも森崎さんだったわけです。彼とはそういう密な関係が長くありました。同時に晩年になると違いもはっきりしてきて、決して仲が良かったとも言えませんが。割合早い時期に森崎さんと仲良くなった。教育学出身の若手というところに目をつけたのでしょう。その周辺に清水正三さんとか伊藤松彦さん、石井敦さん、黒田一之さん、久保輝巳さんなど、みんな私よりもひと世代上の人たちですが、そういう人たちとわりかし早い時期にお付き合いができ、その人たちも今までの若い連中とはちょっと違う奴が出てきたと目をつけたと思うんですよね。だから何か新しい問題や判断を関西、大阪に求める時には、私によくいろいろ言ってきましたね。

　そういう形で森崎さんを軸にして図書館界の少し上の世代のある種の人たちとの付き合いが生まれ、それとは別な意味で関西では森耕一さんとの関係がありますね。森耕一さんとはもともと上司—部下という関係から始まっていますが、在職中は個人的にそんなに深い付き合いはありませんでした。むしろ辞めてからの関係ですし、栗原均さんとか天満隆之輔さんといった世代と日図研を通してずっと付き合ってきました。私は同世代よりもむしろ上の世代との接点の方が多いです。そんな人たちはいい意味で私を使っただろうし、こちらもそういう人たちに触れることで、いろんなことを勉強させてもらったし、世界が広がったということはあったと思います。

2-2　図書館の業務を見直す

○　奉仕課に異動　1962〜1971

　1962年3月までは整理課で、4月になって奉仕課に替わりました。サービスの方に替われと言われて、私としては「待ってました、いつでもいいですよ」という感じで替わりました。替わっていった時に大阪市の図書館では、主題別部門制という仕組みの主題室と、それ以外に電話での相談を中心とした General Reference の部屋があった。これが調査相談室。この主題別のところは館内閲覧だけです。館外貸出もする大人の本ということで、読み物室「ポピュラーライブラリー」が別室にありました。それから2階に小中学生室があった（ここに開館後しばらくして松岡享子さんが来られた→p. 93）。3階には800人の学習室がある。これが大阪市立中央図書館でした。トータルで6,800㎡、5万冊の

開架でした。当時5万冊の開架という図書館は、日本にはなかったのですが。日本で初めてそんな大規模でオープンな図書館ということで、大変話題にもなりました。私は奉仕課の中の General Reference の相談のところに1962年の4月から勤務することになって、5～6年ぐらいはそこでずっとやりました。

　仕事は大きな開架室の中にガラスで囲いをした一角があって、そこが相談の窓口でした。電話がかかったりするからガラスで区切ったのだと思いますが、人は皆「金魚鉢」と呼んでいました。そこに専用電話が2台あって、相談があればそれに応えるという仕事でした。職員は7人いました。その頃は受付が何箇所かあって、まず入口で荷物を預けるクロークがあって、そこにも7人ぐらいの人がいました。そこは守衛さんも兼ねていましたから、そこにいたのは司書ではありません。そこでまず荷物は全部預けます。3階の席は座席指定で、朝早くから並ぶので、それの整理のために多くの職員が必要でした。

　主題室に入るためには、その入口でまたガードをかけました。自分の本を持って入ると出るときに図書館の本と混在してはいけないので、入る時に何冊自分の本を持って入るかということをチェックしていました。そこは同時に主題室の案内役でもあったのですが、主たる仕事は何冊持って入るかのチェックが必要だったので、相談室には7人もいたわけです。相談室では電話がかかってくるとそれに対して調べて答えるわけですが、その間は主題室の案内、相談に備えてレファレンスツールを整備する、参考図書のコレクションをつくる、それから処理した相談内容の記録をつくるみたいなことをしていました。さらに郷土資料、市の刊行物の収集と管理も担当していました。

○　レファレンス・サービス、「囲い込み」への疑問

　当時は公共図書館の中でレファレンス・サービスが花形の仕事だと言われていました。レファレンス・サービスは、神戸市の図書館が先鞭をつけて、若い頃の伊藤昭治さんなどがやったわけです。京阪神では神戸が建物は古いけれどもレファレンスの先鞭をつけた。そして、大阪市が新しい大図書館をつくった。京都ははじめ府立図書館の新館と言われていた総合資料館、今は建て替えて京都歴彩館という名前に変わっています。そして、大阪府立図書館（現・大阪府立中之島図書館、建物は文化財で古いままですが）は、主題別に中を再編成してレファレンスをする。このように京阪神の四つの大型図書館が、それぞれにレファレンスを看板にしてサービスに力を注いだんです。1962年から66年ぐらいに、レファレンスを実践的にも研究的にも中心にした図書館経営をしたというのが

全国的にもよく知られたことです。4館の間でレファレンスの共同研究体制とか情報相談会を定期的にやったりしました。だからレファレンスが、児童サービスを除けば当時の図書館の目立つ中心的な仕事であったことは確かでしょうね。公共図書館の関心もやはりレファレンス・サービスに強くあったのは確かだと思います。

　その仕事はいろいろ調べるわけですから面白くないことはないんです。貸出とレファレンスが近代図書館サービスの中心である、公共図書館の一番大事な仕事である、というようなことは大学でも教わっていたし、自分でも納得していました。その仕事をやるについては抵抗もありませんでした。しかし3〜4年やっていると、何か違うんじゃないかと考え出すわけです。本や文献、ある事実についての相談が一番多いですから、そのために一番よく使うのが、出版ニュース社の『出版年鑑』、国会図書館の『全日本出版物総目録』『雑誌記事索引』、平凡社の百科事典、岩波書店の『広辞苑』という基本的なレファレンスブックでした。そういうものを全部ガラス張りの部屋の中へ取り込んで、どんな電話がかかってきてもパッと質問に対応できるようにするというのがレファレンスの常識だった。レファレンス・ライブラリアンとしてはそれらをすぐ調べられるように手元に置くというのが常識だったわけです。「極端に言うと大抵のレファレンスは、『広辞苑』と百科事典があればできる」と言った人もいました。

　要するに相談があればパッと手を伸ばして、そういうものを引いて、調べると何かの答えが出てくる。それを伝えるというのがレファレンスの仕事でした。当然喜ばれるわけです。何回か中小企業のおやじさんが、「外国から注文が来たけど読めへん」とか、「返事を書かないかん」とか言ってきた時に、それを教えてあげたらえらい喜んで、後でタバコを持ってお礼に来るということもありました。確かに喜ばれる仕事でした。図書館をよく知らない人に図書館サービスを伝える格好のサービスだと言われていたし、これが図書館の花形の仕事と言われるとそうかもしれないと思っていました。神戸市立図書館の志智嘉九郎さん[18]ではないけれど、森羅万象・天上天下大抵のことは図書館でわかる、何でも困ったことがあったら図書館に相談せよ、というわけです。そこで図書館とい

---

18) 神戸市立図書館編・刊『神戸市立図書館60年史』(1971)によれば、神戸市立図書館長であった志智は、1951年にはレファレンス専用電話を設置し、レファレンス・サービスを館の重要施策として相談係の強化を計った。「市民に対しては機会あるごとに『今古東西・森羅万象、わからないことは何でも一応図書館へご相談を』と呼びかけた」とある。

うものを知ってもらう、これは確かに理屈ですね。その通りなのですが、やっているうちに何か違うと考え出したんです。

　「囲い込み」というのは、高校の世界史で習うイギリスの農業革命のところで出てくる羊を囲い込む（エンクロージャー・ムーブメント）というところから来ているのだが、とにかく、調べるための本を自分の手元に抱え込んで、問われたらそれをおもむろに取り出して教えてあげる。別に教えてあげるというようなものでもないのだが、聞いた方が大変喜んで、時にはお礼を持ってやってくるというような仕事というのは、これはほんまに図書館の仕事だろうかと感じ出して、これを私は批判的に「囲い込み」と表現したのです。利用者が問うて初めてその資料に行き着くのではなくて、むしろ利用者が自分で困ったことがあったら自分から百科事典や『出版年鑑』や総索引の所へ行って、調べられるようにするのが、本当の図書館の仕事ではないのかという疑問なのです。図書館がやるべきことは、自らすすんで主体的に本を読んだり、調べたりできる人を育むことだろうという考え方は、このころからほぼ一貫して私の中にはありますね。もちろんそれを案内する、支援するのが図書館員の仕事であり、相談に応じること自体の否定ではないんですがね。

　——「囲い込み」というのはそちらの方の意味だったんですね。私は、司書の
　　　専門性を利用者に取られたくない、頼ってきたら教えてあげるのが司書の
　　　プロフェッショナルな活動だ、それを市民に取られてしまったら司書の存
　　　在価値がなくなる、だから資料を司書が囲い込む、ということかと思ってい
　　　ました。

　あなたが言ったことも多分いくらかはあったと思いますよ。手の内をさらけ出してしまってよいのか、ということですよね。本を選ぶこととレファレンスに応えることは、もし図書館員が専門家であるならその辺が一番専門性の高いところであると、当時から図書館員は思っていた。だから今あなたが言った通り、聞いてくれるから調べて教えてあげますよ、教えるという意識がなくても、結果的には知っている人が知らん人に教えてあげるわけですからね。それをそう手の内をひっくるめて見せて、利用者が自分でやりたいことを自分でするということはいいことには違いないけれど引っかかりがある、ということはなかったわけではないだろう。

　さっき「金魚鉢」と言った部屋はこんなものです（次頁の写真）。私が仕事をしている時の写真が1枚だけ出てきました。1,500㎡ぐらいの大部屋があってその一角にガラスの仕切りがあって、その中に基本的な本が並んでいて。『平凡

社百科事典』は全館で３セッ
トか４セットはあったように
思いますが、『出版年鑑』なん
かは何冊も買うものではあり
ませんから、整理課とここに
一冊ずつ並んでいるという感
じで、市民の人はほとんど知
らなかったでしょう。でも見
せてもらえたら自分でもっと

使うかもしれないが、それは司書の分野だったということでしょう。

　相談したい人は入り口からこの部屋に入ってきました。レファレンスは直接
ここに訪ねてくる人もいれば、手紙も時々来ました。だから手紙か電話か直接
相談ということです。直接と電話は当然その場で答える。文書の場合は調べて
文書で返事をする。その時はちゃんと起案をして、一応公的機関が手紙を出す
場合と同じように必ず係長、課長、二人のハンコをもらって決済していました。
公的機関が市民に出す文章はしかるべき責任を明らかにする、というところが
あったのでしょうね。

　──回答は館長名でするのですか。

　館長名ではなく図書館もしくは調査相談室だったと思います。こういう時に
は個人名は出ません。このガラスの向こう（外側）には分野ごとに参考図書が並
んでいました。大きな図書館では大体このように区切ってレファレンスをやっ
ていました。この大阪市立中央図書館は新しくできたところだったので、こう
いう専用の場所を作ったわけです。

　──『中小レポート』には「囲い込み」批判というのは出てくるのでしょうか。

　いいえ。これは私がこの仕事をやっているなかで、自分で考えたことです。「囲
い込み」への疑問を主題に扱った文章を公表したことは記憶にないが、それを
も含めて、レファレンス・サービスを安直に「何でも答えます」式に問いと答え
に短絡させる理解への疑問を、組合の図書館分会の機関紙『あゆみ』に書いた
ことはあります。「"何でも答えます"への疑問[19]」と題したもので、館長がテレ
ビで図書館のレファレンスを紹介したことがきっかけで相談室に電話が目立っ
て増え、それが「なんでも相談室ですか」「なんでも教えてもらえると聞いたの

19)『あゆみ』(31)、1967.2.18.『あゆみ』については本書 p.83参照。

ですが」式の受けとめであることへの疑問、批判として書いたものです。「羊が
紙を食べるのはほんとですか」といった例を挙げて説明したらしく、図書館の
館長ならもう少しまともな事例が出せなかったのか、という現場の思いをまと
めて書いたものでしたが、当時私が抱いていたレファレンスへの違和感を集約
した内容だった、と思います。

　──戸塚廉さんの「いたずら」を思いつく感じですね。

　なんか知らんがこれはちょっとおかしい、と思ったんですね。図書館が持っ
ている本を外に出してみんなが見られるようにしたら、わざわざここに聞きに
来なくても済む人もいるだろうなあ、と素朴に思ったのが第一歩だったでしょ
うね。何十件もレファレンスに応える間に『広辞苑』を引けばすぐにわかるよ
うなこともあったんですね。そんなことを重ねているうちに、もっと気安く自
分で調べはったらいいんと違うかなと思ったんです。

　神戸の志智館長さんがレファレンスを紹介する時に、「電話一本で解決するん
だ」「別に忙しいときに図書館に来なくてもいいんだ」と、その利便性を強調し
ていたことがあったが、それは、図書館をもっと市民の身近に感じてもらおう、
というのが狙いだったと思う。簡単に片付くのに図書館まで来なさいというの
は親切でも何でもないけれども、来館した人がわざわざ司書に聞きに来なくて
も、自分で調べられる、そういう使い方をみんながもっとしだしたら、もっと深
い質問や本格的な自分の課題の質問がしたいという時に図書館員を使ってくれ
るようになる。それが図書館のサービスにとってよいのではないか。以前、箕
面の小学校の学校司書・清水理恵さんが「よりよい清水の使い方」というパン
フレットを出していた事がありましたが[20]、そういうふうに、司書というのは使い
勝手の良いものともっともっと思ってもらうためには、まず手の内を外にさら
して、図書館を使える利用者を増やしていく。だから、志智さんの言う図書館を
使おうが使うまいがわからんかったら聞いたらいい、問うたら答えが飛び出す
という形でレファレンスを助長すること自身が、ほんまにそれがレファレンス
の紹介だと言えるのか、「問──回答」に短絡させるのはレファレンスの矮小化
じゃないか、というところが私が一番ひっかかったところだったと思います。

---

20) 1995年、学校図書館を活用した教育実践経験が少ない教職員に図書館利用体験を
　　促そうと、職員用オリエンテーションで、まずは司書を活用してみて欲しいと、司
　　書に「しみず」とふりがなを入れた「よりよい司書の使い方」を配布。記録は、清水
　　理恵「学校図書館における教職員オリエンテーション：箕面市立萱野小学校図書
　　館の実践を通して」『図書館界』50(1)、1998.5、p.18-25。

伊藤昭治さんとはこういう話も幾度かしましたが、ここに焦点を絞った文章を一度きちんと書いておくべきだったな、と思いますね。

　——毎日レファレンスの件数は多かったのですか。

　そんなに多くはありませんでしたね。だいたい電話が1日に10件前後、文書が週に数件、毎日は来ませんでしたね。

　——先生は利用者としても京都の図書館を使っておられましたか。

　あんまり…、使わないことはなかったですが。後に自分の研究目的でいろんな図書館にある文献のことを調べてもらう使い方はよくしましたね。ずいぶんお世話になっています。

　——そんな時にはレファレンスは自分で調べていたのですか。

　小倉親雄先生のお宅を訪ねようとして、鷹峯という京都の北のほうの住まいでしたが、丁名や番地は分かっていたので大体見当は付いていましたが、なかなか見つからなかったので、タバコ屋から電話を京都府立図書館にかけました。住宅地図があることを知っていましたから。あれには一軒一軒家が書いてあります。住宅地図が図書館にあることを知っている市民は、当時はそんなにいなかったと思います。電話で府立図書館のレファレンスの係に、「今何丁目何番地のこういう家を探しているのですが、近くに目印になるようなものはありませんか」と尋ねました。その時に私が先に「多分お宅の図書館には住宅地図があると思いますが」と言ったら、向こうも大変探しやすかったようです。そういう使い方をしたことはあります。

　——そんなふうに自分で使った時に、もしかしたらこんなものは自分で借りて調べられるのにと思われたのかなと思ったのですが。

　それはどうですかねえ。その頃まだ自分で調べるという人は少なかったですからね。主題別の部屋と言っても、そこに常時来ているのは司法試験を受ける人が一番多かったですね。大阪市立中央図書館では3階に800人の部屋がありましたが、そこは高校生・大学の受験生ばっかりでした。1階の専門書のところは、初めは貸出をしてませんから、朝から来てずっといる人は3階の高校生と似たようなもので、司法試験を受けるための人同士で情報交換をするような場所になっていました。なかなか普通の人はそうたくさんは来ませんでした。

　——そのレファレンスへの疑問は、先生一人だけが思われた疑問ですか。

　そうです。レファレンスの本家本元（神戸市立図書館）で育った伊藤昭治さんは、そういう疑問は持っていなかったですね。それを言うと初めはうーんという顔をしていたが、まあ言われりゃあという感じでだんだんと納得したと思

います。よく伊藤さんとはそういう話をしたんですが、あんまり多くの人がそう思ったわけではない。とにかくレファレンスは公共図書館の最も重要な仕事だという理解には誰も疑いがなかったでしょう。近年では貸出を相対化する理屈でレファレンスが重要だということを主張する人がいますが、レファレンスは結構早くから大事だと受け取られてはいました。それがなかなか一般的には実践できてなかったのが実情でした。

・「大阪市立中央図書館の主題別部門制における一考察」

　先ほども出てきた1961年に私が初めて書いた文章「大阪市立中央図書館の主題別部門制における一考察」[21]では、大阪市立図書館の現状は主題別部門制（これはアメリカの大型図書館で始まったものですが）というほどのものとは違うということが、実は言いたかったのです。それを言うためには、それぞれにそこの主題別スペシャリストが張り付いて、相談に対応するものでなくてはならない。しかし、それは一朝一夕でできるようなものではない。昨日今日、大学を出ただけの司書をかき集めて順番に並べただけで、主題別部門制と言えるのか。そんなことを言うよりは、大規模開架と捉えるべきではないかというのがそれを書いた時の主張でした。大きな規模の開架制なのだ。そういう形の図書館は、まだ日本には無かった。後に伊藤昭治が神戸市立中央図書館を作った時に、彼はアメリカに行って見てきて、「20万冊の開架図書館を作りたい」と言った。だが私はその相談を受けた時に、20万冊もの本を司書が日常的にコントロールできるか、むしろ大きすぎて掌握しかねるのではないかと逆にブレーキをかけたくらいでした。

　大阪市では5万冊の開架を作ったのは事実で、開架性であることを強調すべきではないかというのがその時に書いた文章です。それは正論だったし、まさに大阪市立図書館自身は、何年か経つと人手が厳しくなってきて、3つの部門に4人ずつを貼り付けておくというようなことを見直し、天王寺図書館の森耕一さんが団体貸出をやっていたのですが、そっちの方に人を回して、大阪市立図書館全体の、将来の展開に目を向けた図書館の経営をすべきだということを組合サイドで提案したのが、私が辞める直前の課題になったんです。この話は後でまたしますが、そこにつながっていくんです。大規模開架としてむしろ捉えるべきだ、というのがこの文章の趣旨なんです。

　レファレンスを決して否定したわけではありませんが、問われて答えるのが

21）前掲注2）

レファレンスですというのは、むしろレファレンスを矮小化したものではない
か。そうではなくて、誰もが図書館を使えるようにする、そういう利用者援助
サービスこそが必要であり、少なくとも「金魚鉢」の中に抱え込むようなこと
はむしろやめたほうがいいという感じになっていったというのが、5～6年ほ
ど相談の仕事をやった私の結論でした。

　館内異動があって、あとの3年ぐらいは学習室の方へ変わりました。このガ
ラス張りの室は部屋の構造としては残っていますが、主題別は数年くらいで止
めてしまって、大規模開架図書館になったというのが大阪市立中央図書館の歴
史ですね。だから1961年に私が書いたこととつながっているし、私のレファレ
ンス・サービスというものの捉え方の中心はそういうことです。これからの図
書館はレファレンスです、というようなことを言ったことはないし、そういう捉
え方というのはむしろ矮小化した狭い考え方と違うかという認識です。

　——今のお話は、学校図書館のものにはとてもストンと胸に落ちました。やっ
　　ぱり教育学を学ばれたから出てきた考えではないでしょうか。

　教育学を学びだした初期の「産婆術」とつながっているかもしれませんね。

　・「市政を身近なものとするために——図書館の現場から二つの提案」

　奉仕課での仕事の中で思いついて文章化したことをもう一つ紹介しておきま
す。これも初めは組合の機関紙に書いたものですが、私が強く意識していた図
書館の役割、機能を問う切り口の一つであり、後に学校図書館の機能や資料論を
考えることにも通じるところがあるかな、とも思うからです。

　最初に『あゆみ』37号（1967.8.30）に書いたのは「大阪市政資料室の設置を
求めます」というもので、革新自治体の広報の在り方として、自治体刊行物をは
じめ市政に関するあらゆる資料を収集し、市民に提供する場として市政資料室
を設置し、市立図書館の専門分館として運営する、という内容です。まだこの時
点では情報公開という視点までにはおよんでいません。この内容は翌年に『市政
研究』18号に「市政を身近なものとするために——図書館の現場から二つの提案[22]」
として広く公表した。

　提言の一つは市政資料室のことであり、もう一つは当時大阪市が大阪駅前に
大々的に進めていた市街地改造ビルの一室を使って貸出に特化した図書館の分
館を整備するアイデアです。前者はよく知られて評価の高い日野市立図書館の
市政図書室[23]に10年ほど先立つほぼ同趣旨の提起であり、後者は1980年代に広が

22）前掲注6）

る貸出を重視した都心の利用しやすい地域館づくりの着想の先取りであり、当を得た提起だったと思います。遺憾ながらまだそれが具体化できるだけの成熟が当時の大阪市立図書館にはなく、さしたる反応も得られないままに終わったが、もし私がその後も図書館に在職しておれば具体化の実践に尽くすことになっただろうし、努力すべきだったろうな、と思います。

　このアイデア、特に前者は、それ以前に『図書館界』に寄稿した「公共図書館と地方行政資料」[24]と、調査相談室担当の「大阪市刊行資料展」のときの経験を素材として行った図問研大阪支部の討論会の記録「地方行政資料の扱いについて―『大阪市刊行資料展』を手がかりに」[26]に連動したものであり、図書館が主権者としての市民のくらしに役立ち、考える市民を育むという公共図書館の役割を追求するに際して、図書館に収集した行政資料をしまっておくだけでなく、積極的に紹介し、存在と活用を市民に意識してもらおうという働きかけであり、目的意識的な資料提供の典型と考えていたことのあらわれだったでしょう。こうした課題の推進には、市民と課題を共有できることが欠かせないと考えていたし、1969年から図問研の常任委員会を引き受けるようになって一層強く意識するようになっていった関心事だと思います。

　図書館における資料収集には二つの側面があり、一つは利用者の多様で様々なニーズに応え、興味関心を刺激する幅広い多様性が重要であり、同時にこれという目的、課題解決に手がかりや示唆を与えてくれる特定資料の必備が求められる。自治体刊行物を核とする地域資料、地方行政資料は自治体と住民、地方自治の観点から考えようとすると公立図書館にとって必備の重要資料群である。これを学校図書館の蔵書構成に充ててみると、子どもたちの読書意欲やニーズに応える多様な資料群に対して、創意工夫に富んだ、魅力ある教授＝学習過程を生み出す教育実践を裏付け、支える資料群という関係になるでしょう。そういう蔵書を構成し、そのように活用される日常をつくりあげるところに図書館の存在意義を高めていく取り組みが必要でしょう。

　一冊の本を借りるために人がどれだけ苦労するかということについて、私も初めは疑問を感じずに、利用者にそれを求めていたわけです。やっぱりこれは

23）東京都日野市。1977.12開設。
24）塩見昇、『図書館界』18(5)、1967.1、p.167-171.
25）1966.10.27-11.9、「暮らしに生かそう：大阪市刊行資料展」。大阪市刊行物の収集成果を読書週間の事業として図書館のロビーで展示。
26）『図書館評論』(6)、1967、p.7-13.

おかしいんではないかと、そういう「いたずら」が思いつくかどうかで、ものは変わっていくのだが、それはまあみんなが一斉に変わるわけではないから、組織で何十人もが一つの結論にまとまるということは、尋常なことではないわけです。それをやらなければいけないということは、図問研の運動方針にもありましたが、大阪市の職場状況の中で、このことを組合主導でやりました。それが私の辞める直前まで続いた大阪市での最後の仕事でした。組合の提案で業務改善として、管理職と一緒になって勉強会をしました。これは労働組合としてもユニークな活動だったと思います。

○　『中小レポート』と図問研

　―『中小レポート』が出たあと、「中小レポートを読む集い」を1963年7月あたりから企画されて、石塚栄二さんなど十数人が参加したという記録が『半世紀』(p.13)にありました。[27]

　（広告の裏を使った手書きの集いの回覧ビラを見せてもらう。右写真）これは『中小レポート』の本の中にずっと挟んでいて、よく残っていたと思いますが、石塚栄二さんが和歌山の時代に地方委員として『中小レポート』を作るのに関係されていたので、「今度こんな本が出たんだよ」と石塚さんから話を聞いて、面白そうだからみんなで読もうかという話をして、お知らせをこしらえて石塚さんと私の連名で館内に、中央図書館の館内ですから、60人くらい司書職員がいたんですが、回覧したものがこれです。[28]

　そういうものを回して、1963年7月から始めました。奥付の発刊は3月で、石塚さんがその本を持って、4月か5月に私のところに来られたと思います。そういうことで始めた読書会でしたが15～16人で7月から始めて、12月で6回になりました。月1回くらいで開催していたのでしょう。初めは感想を喋って、そこから話が広がっていくような形でした。その当時、私がちょいちょいこの

27)　凡例参照
28)　『中小レポート』は中小公共図書館運営基準委員会が作成したが、序に「この委員会は、わが国図書館界の第一線の若手を総動員したもので、7人の中央委員と49人の地方委員と3人の外国事情調査委員が参加した」とある。

本の中に書き込んだことも残っています。最初この本は、結構、誤植の多い本だったんですよ。誤植を探すのが楽しみでした。

『「中小都市における公共図書館の運営」の成立とその時代[29)]』は、『中小レポート』をまとめた6人の中央委員に若い人たち、山口源治郎くんなどがインタビューしたものですが、いろいろ議論をしたところもリアルに出てきて面白いし、今でもこの両方の本を多くの人が読んだらいいと思います。

『中小レポート』には、おかしいところもいろいろ出てくるんです。議論をして最終的には前川恒雄さんや石井敦さんがまとめたのでしょうが、随分先走ったことや勇み足や、明らかに後からあれは間違いではないかと言われるようなことも含みながら、やっぱり今の状況をどう変えるか、どこから手をつけるか、どうしたら変わるか、そうした感じは皆が強く持っていました。そういう意味では大変面白い本には違いなかったです。いろいろ議論をするネタになることが多かったし、結構、読書会でも話が弾んだのではなかったかと思います。細かいところはもう覚えていませんが、本の中にちょいちょい書き込んでいるので、この辺が引っかかったのかなあ、とか、ここに結構興味を持ったんだな、とかいうことがわかります。この本は私自身が2〜3冊持っていたんですが、1冊残っていたこの本にこのチラシが入っていました。

　読書会に集まったのはだいたい図問研に入っている連中でした。石塚さんは私より十歳ほど上ですが、毎回参加してくれました。神野清秀さんというもう一周り上の大阪市立図書館の古い職員がおられたが、図問研の第1回の大阪の会合にも参加した人です。若い連中の相談役のような人でしたが、割合よく読書会に参加していただいたと思います。他は、私と同じような若い世代が集まりました。

　　―久しぶりにこの『中小レポート』を読みましたが「中小公共図書館こそ公共図書館の全てである」と書き切っていて、「われわれ委員の不明をわらうことは自由であるし」(p.22)というような書き方がしてあったり、「公共図書館は地域社会のアクセサリーではない」(p.66)というような文言が出てきたり、割合鼓舞するような表現があって、今読むとめちゃくちゃ面白いんですよ。最初、読書会で読まれた時の皆さんの反応はどんな感じでしたか。
　　かれこれ60年近く前、半世紀以上前ですからね。読書会をやった場所などは

---

29) オーラルヒストリー研究会編『「中小都市における公共図書館の運営」の成立とその時代』JLA、1998.

鮮明に覚えているのですが、そこでどんな話をしたのかは覚えていませんね。あなたが言われたように、確かに冷静な文章ではありませんね。盛り上がったら、なにかの形で表現しておこうとか、合意はないけれどもこんな意見があったということを書いてみたり、行きつ戻りつして、ある段階で書くけれども、これはまだ結論にはならないというようなことを書いていますね。普通論文を書くときにはそんなことまでは書きません。思いをそのままぶつけた、しかし、そこがホットだったから、ある意味ではいろんなことを模索しているような連中に、一つの励ましになったり、方向づけになったり、あるいは問題提起になったり、そういう受け止め方は結構しただろうな、と思います。

　逆に、こういう本ですから、共感する人は鼓舞されるけれども、反発する人も多かったんです。「中小公共図書館こそ公共図書館の全てである」と書いているわけですが、考えてみたらこんな非論理的な文章はないわけですよね。「中小こそ」と書いてあるわけですから、大は図書館ではない、ということです。論理的に言えば。そういうふうに言われる対象として一番大きいものは、当然県立図書館です。だから県立図書館の館長さんなどは、「わしらは公共図書館に入らんのか」と言うわけです。また「県立図書館は中小図書館の後ろ盾」と書いてあるわけですから、県立図書館の人が反発したのはそこです。「後ろから支えるだけか？」「そんな黒子みたいな存在か？」という受け止めもありました。これまで公共図書館の中心だと思ってきた県立図書館が図書館でないような書き方をされたものだから頭にくるわけです。奉仕対象人口５万人につき262万円の図書費が不可欠だという提言も、人口300万の大阪市に当てはめるとざっと1.5億円です。実際には、大阪市の当時の図書費は１千万円余りでした。どう考えてもそれは絵に描いた餅であって、この本自体が「絵に描いた餅だ」と批判する人もありました。それはそうですね。大阪市でもそこそこ奮発したところで１千万円で、日本の中では結構高いほうでした。政令指定都市のようなところを外して考えると、当時１千万円の資料費を持つ図書館は全国で僅かに六つでした。仙台市とか大田区とかで人口は20万とか30万とか40万、そういうところがやっと１千万円というような時期でしたから、人口５万人で260万円出すような市長がどこにおるか、それだけ金をもらったら色んなことができるだろう、と言う人もいた。

　個別に見ていくと、この本の中にはそんなことがたくさんあった。そんなところに、批判をする人たちは食いついた。検閲官と、本を選ぶ図書館員の違いはどこにあるか、を論じたアシャイムの有名な論文[30]では、検閲官は本に傷を見つけ

たら、傷があるからこの本は買わないと言う。図書館員は、本には探せばどこか必ず傷がある、しかし傷があってもこういう特徴があるから、この本は蔵書に入れようと言う。そうすると蔵書が広がっていく、というのが司書の「選択」である。それと丁度似たようなところがあるわけで、『中小レポート』にひかれた人たちは傷があるから面白いと思った。逆に、ネガティブに見る人から言えば、中小図書館こそ図書館である、とか、大図書館は図書館ではない、といった非論理的なところがあるだけでもう許せないとなる。だからこの本を受け止める当時の図書館状況は完全に二分された。どっちが多かったかはわからないけれども、両方とも結構あったということです。そういう意味では論争的な問題提起の本でした。

　この7年後に出たのが、『市民の図書館』でした。その時にはすでにそういった議論はなかったと思います。その間に日野の図書館の活動があって、人口5～6万で1千万円の図書費をつけたわけですからそれももうクリアした。そういうものを間に挟んでいるから、この時期にはもう頭からこの提言を否定する人は大図書館の人も含めてなかったのではないかと思います。

　そういう意味でも、この1963年から70年代の半ばという時期は、前も申し上げた通り大変元気で面白い変化の時代でした。そういう雰囲気の中で読書会をやったメンバーたちは、それに乗って行くような連中が集まったということは言えるでしょう。個人貸出よりも団体貸出が重要だとか、夜間開館のところとか、資料を保存するのは一部の好事家のためだとバッサリ切り捨てているところなんかは、個人的にはどうかなあと思った。大きな図書館で働いていたので資料を残すことも大変大事だと思っていたし、こういうところはちょっと言い過ぎではないかというところもありました。日曜なんかも開く必要はないと書いてあったし、利用者のことを考えているとは言いつつ、この報告をまとめた中心メンバーは、例えば、前川恒雄さんは石川県の七尾という小さな市の図書館にいた人でしたが、森崎震二さんは国会図書館だし、清水正三さんは区立図書館の館長さんでしたから、人口4～5万ではないですし、石井敦さんは神奈川県立図書館、黒田一之さんは当時の都立図書館でした。というように、だいたい大図書館の人ばっかりだったわけです。前川さんはその時点でもうJLA事務局に入っていましたし、中小図書館の現場で働いている人っていうのは、中心メンバーの

---

30) Asheim, Lester "Not Censorship But Selection", *Wilson Library Bulletin*, 1953, p. 63-67.（「検閲でなく選択を」）. メアリー・ダンカン・カーター／ジョン・ウォーレス・ボンク共著、小野泰博訳『蔵書の構成』JLA、1964、p. 209-219に参考資料として掲載。

中にはいませんでした。

　だから各地の図書館調査をやる時には、地方委員として地元のこれという人を、多くは図問研もしくはその周辺の人を活用してるんです。そういう人たちが入ることで現場に近いところの声は上がったとは思うけれど、集まってくるメンバーは、大きなところの図書館で当時の状況に飽き足りずというような人たちですから、どこまで利用者の生の声を知ってやったかといえばどうかな？というものを含んでいたかもしれません。その辺はあとの聞き取り調査の本の[31]中で「よくわかっていなかった」という人もおり、委員自身の中でも考え方の違いがあったと思う。そういうところを、山口源治郎くんなんかは、「引っかかりながらこの本を受け止めていく必要があるだろう」という言い方をしています。

　—『中小レポート』のはじめのあたりには、中小公共図書館の歴史として戦前の図書館の考え方、例えば国の思想善導の考え方といった図書館観とか図書館像が書かれています。そういう古い図書館像をまだまだ引きずっていた時代だったということが言えるでしょうか。

　まだまだというよりもむしろそうした考えが現場では強かった。それとまず格闘しなければならなかっただろう。歴史の部分は当然石井敦さんが中心になって書いたのだろうが、そうした考えと戦わないといけない。そのためには思い切ったことを言わねばならないというような気持ちが委員の中では共通していただろう。

　・『あゆみ』と『ペチカ』

　—『中小レポート』を読む集いですが、読みあった内容をまとめて活字にしてどこかに発表するというようなことはされなかったのですか。

　それはなかったですね。丁度読書会を始めたのが1963年7月で、8月に図問研の大会がありました。この読書会を2回やったくらいの時に、図問研の大会が横浜であるということの案内が来たので、石井さんが図問研の中心メンバーでもあったし、『中小レポート』の事をやりますということが案内にも書いてあったので、石井さんから直接この話が聞けるだろうと、これは誰か行かないといけないだろうということで、読書会の成果を持っていかなくてはいけないということではなかったけれど、読書会の主催者が私だったので、私が行くことになりました。読書会が終わってからどこかに発表というようなことはありませんでしたね。

31）前掲注29）

——では館内でこういう取り組みをやって何かの形で還元しようというような
意識はありましたか。例えば先生は組合の図書館
分会の機関紙『あゆみ』を発行されておられまし
たが、その中に盛り込んだり書き込んだりしたこ
とはなかったのですか。

その組合の機関紙はこれですね（『あゆみ』を綴じ
たもの登場。右写真）これが『あゆみ』の創刊号から
です。自分で主にガリを切ったものです。丁度時期は
重なっていますが読書会のことについては書いてない
と思います。一部有志の勉強会ですからね。組合の機
関紙であり、こんな交渉をしたというようなことの記
事が中心なので。ただこの読書会で得た経験や考えたことが、この後に続く市
立図書館の改革改善の活動につながっていくのは当然でした。

ついでに言うとこんなもの（職場新聞『ペチカ』）があります。60年代の組合
活動につながるものです。当時は「職場の民主化」ということがよく言われま
したが、そのための一つの手段がこうした職場新聞でした。職場で情報を共有
することが職場の民主化のための基本的な活動だ、ということをみんな思って
いましたので、図書館はその典型というか、先鞭として、私らの同期で非常に親
しくしていた府立図書館の西田博志くんが日刊新聞を作ったんですよ。Ｂ５の
紙１枚ですが、毎日出しました。絶対仕事中には作業をやらなくて、仕事が終
わってから作るんです。そのためには自分で情報を集めているわけですが、幾
人もの仲間があちこちにいて情報を持ってくるんですが、自分でも取材をして
いました。今日はこんな利用者が来て、というような何でもないことでしたが、
一日一枚作っていました。晩のうちにこしらえて、次の朝一番に館内に全部に
配るんです。これを６年ぐらい続けてやりましたね。今ここにあるのは1507号
ですが、「５周年突破記念特集号」とあります。

大阪府立図書館で西田くんがこれをやって、私はそこまではとてもできな
かったけど、大阪市立中央図書館ではより組合活動に近いものをと考えて、『あ
ゆみ』をもう少し後に作りました。府立図書館にいて福岡県立図書館に転職し
ていった職員がいたのですが、彼も福岡県立図書館で『ぶらりあん』という職
場新聞を始めました。国立国会図書館でも若い連中が西田くんに刺激されて職
場新聞を作っていました。こんなふうに当時あちこちで作られていましたが、
図書館での原点は西田博志だと思っています。『あゆみ』も西田くんに刺激さ

れつつ、組合の図書館分会の機関紙という性格で作ったんです。ガリ版というのはなぐり書きができませんからね。きちんと切らないといけないわけです。この技術は前にお話したように中学時代に担任の先生から学びました。ガリは丁寧に書かないといけません。

　西田くんは『ペチカ』の一番の読者はエライさんだとよく言っていました。庶務課長なんかが「今日は私のところへ来ていない」と言って取りに来たりもしたそうです。よく読まれていたんでしょうね。しかも、自分たちが気がつかない日常がいっぱい出てきますしね。そういうエネルギーがありましたね。

　――『半世紀』(p. 17)に「このレポートづくりに図問研は全力を注いだと伝えられているが、刊行直後の図問研での位置づけはこの程度だった」とあります。図問研の活動に先生も参加されていたわけですが、図問研の中で『中小レポート』の扱いはどんな感じだったのですか。

　ここに図問研の古い会報があったら一目瞭然だったのですが。1962〜4年ごろの図問研の会報というのはひどいものでした。会費を取ってようこんなものを配るな、と思うぐらいでした。もちろんガリ版刷りでしたが、私の『あゆみ』みたいにきちっと書いてなくて、文章が途中で終わっているのにそのままで配ってしまうとか、字も乱暴だし発行も不定期ですし、本当にひどいものでした。

　その時期は『中小レポート』を作っている時期でしたが、確かにあそこに出てくるメンバー（『中小レポート』を書いた人たち）は、前川恒雄さんは「私は図問研ではない」と一時期言っていましたが、他の清水正三・黒田一之・石井敦・森崎震二らはみな図問研の中心会員でしたね。もしかすると、『中小レポート』の方にやりがいを感じて力を注いでいて、図問研の活動がおろそかになっていたのかもしれません。有山崧さんから課題を与えられて一生懸命やり出したわけです。図問研のことを忘れたわけではないでしょうが、黒田さんが『「中小都市における公共図書館の運営」の成立とその時代』のインタビューの中で、図問研のオルグの機会にもなるかと思って参加したという気持ちを肯定されておられますが[32]、地方の図書館に出向いて調べるわけですから、その機会に会員を勧誘することができるだろうと考えたわけですね。そんなことを言う人もいるぐらいで、かなり裏表の関係にあったのでしょうね。だからまあ図問研の活動の方に手が回らなかったと言えるかもしれません。私らはまだこの時期は図問研にさほど深入りはしていないし、内情もよく知りませんでした。

32）前掲注29)p. 114及び p. 155-156.

　ともあれ、本が出たわけですから、図問研の活動にそれがどう反映するのか、というところも含めて、石井さんの話が聞きたかったので1963年の図問研の大会に参加することになるのですが、一泊二日の横浜のガールスカウト会館で行われた図問研の大会では（会館の前で撮った写真を見る）、参加者はせいぜい40人ぐらいでしたが、二日間の大会で、いきなり横須賀にアメリカの原子力潜水艦が来ることになったということについて延々と話が続き、全日程の7割か8割がこの話題でした。『中小レポート』の話はさっぱり出てこなくて、その話を聞きに来た私なんかはかなりイライラしました。終わり頃に2時間ぐらいこの本についての報告めいたことがありましたが、この『中小レポート』を踏まえて図問研が何をするかというようなところまでの話はなかったです。そのことを指したのがさっきの『半世紀』の文章です。

○　図書館像を探る
・「10・22スト[33]」の経験から

―図問研の雑誌『図書館評論』(5)の特集が「10・22スト」です。1963年の『中小レポート』発刊から2年経っています。ストは中止になりましたが、統一ストをどのように段取りして、どう受け止めてどういう感想を持ったか、ということを会員が書いているのですが、利用者の目線で書いているのは先生だけです[34]。図問研もまだまだ利用者の方に目が向けられていなかった状況にあったのかとこれを読んで思ったのですが、先生は「図書館はこの程度だ、これでいいのか」という論調を展開されています。どうしてそういう他と違う見方ができたのでしょうか。

　なかなか難しい質問ですね。『中小レポート』から学んだというよりもむしろ、今あなたが評価してくれたようなことがあるとすれば、そういう目をもともと持っていて『中小レポート』を読んだと言った方が正確ではないのかなあ。この後話すことになっていた大阪市の業務改善や大阪市の市民運動から分館づくり、という流れの話につながっていくのではないかと思うのですが、さっきの

---

33) 法政大学上原社会問題研究所編『社会・労働運動大年表Ⅲ』（労働旬報社、1986）p.16の1965.10.20の欄には「公務員共闘、人事院勧告完全実施要求で10月22日の半日スト指令。10月21日戦術ダウン指令」とある。経過は『資料労働運動史昭和40年』（労働省、1967）p.369-438の第一編第五章秋期年末闘争に詳しい。

34) 塩見昇「大阪市における10・22の経験」（特集10・22スト）『図書館評論』(5)、1966.6、p.11-14.

「囲い込み」も含めて、利用する人たちがもう少し評価をしてくれるような、見直してもらえるような図書館活動をということは割合素朴に早くから思っていたことでした。

　その1965年の「10・22スト」は公務員がストも辞さないと言って大規模な行動を起こしたものでした。図書館では誰が言い出したのかは分かりません。『図書館評論』というのは不定期で思い出したように出るものでしたが、それに集中して書く、ストが打てるくらいの労働組合がそこそこ組織されているところの様子を報告してもらおうということで作ったのではないかと思います。後にも先にも図問研を含めて図書館界でそんな労働運動の特集を組んだことはありません。前代未聞の特集でした。編集後記は誰が書いていましたか。

　—特集の編集後記には名前がないですね。この号の編集委員は石井敦さん・石坂武さん・酒川玲子さん・鈴木健吾さん・立川晃二さん・細田弘えさんです。

　—この中で、先生は「図書館利用の時間が短かくなることにそれほど強い関心が集っていないという事実を我々は認めざるを得ない。（中略）図書館はあるにこしたことはないが、なくても特にどうということはない。という現在の公共図書館の社会的な位置づけを10・22のとりくみを通じて得たものとして考えなければならないと思う」と述べています。

　—図問研のこの特集では、それが何のストなのかがわからなかったんです。

　論調から言うと公務員の労働条件のことではないかなあと思うのですが。

　そうだと思います。いわゆる「国際反戦デー」のように図書館も含めて自治体労働者が立ち上がるというようなそこまでのものではなく、むしろ公務員の労働問題に関して大きな変化を産みそうだということで、これは一大事だと、公務員労働者が何かをしようとした。そして結構それなりの関心が広がったということだったと思います。

　—その頃、公労協（公共企業体等労働組合協議会）のスト計画[35]もありましたね。

　事務系の労働者がストをするというのはあまりないことで、ボーナスの話などでストをするぞと構えはするけれども実際にやって、しかも全国的な規模でといったことはそうそうないので、大変珍しいことだったと思います。公務員の職場では緊張感と面白さも含めて盛り上がったという気がしています。あの特集を見ても内容は分かりませんか？

35）1964.4.17に公労協は国鉄幹線の全列車を対象とするなど、当時としては空前の半日統一ストを計画したが、中止になった。（『世界大百科事典』改訂新版（29）、平凡社、2007、p.282「よんいちななすと」）

　—これを読んでも内容は全然出てこなくて、いきなりうちの館ではああしま
　　した、こうしましたみたいな感じです。

　—それでも読者にはわかったんでしょうね。

　—その頃は皆知っていたことなんでしょうか。

　そうだったんでしょう。図問研の会員であるくらいの図書館員だったら、自
分のこととも関係しているので関心があったでしょう。それで取り上げて特集
を組んだということでしょう。『図書館評論』でなぜそこまでやったかと思い
ますけどね。

・強く印象に残っている原体験

　1960年代の前半だと思うのですが、組合活動と関係していますが、大阪市労働
組合連合会(市労連)で市長選挙をやった時期がありました。中馬馨が大阪市長
になった時ですが、初めは市労連が担いだのです。まだ選挙期間には入ってい
ませんでしたが、市労連で彼を推すということになって、「大阪市民100万署名」
とか大阪市政への市民の生の声を聞こうというようなことを選挙の準備運動と
してやったわけです。選挙を表立ってというよりは行政サービス改善のため市
民の声を聞こうという活動でした。うちの図書館からも何人か出してくれとい
うことで10人ぐらい出して家を一軒一軒訪ねました。「職員組合のものですが、
市役所の仕事やサービスについて感じておられることがあったら聞かせてほし
い。私どもも公務員の立場でそれが活かされるように頑張ります」というよう
な口上を言って話を聞きに行きました。

　その時にせっかく図書館から行くんだから図書館のことも含めて聞こうじゃ
ないか、ということを提案して、「図書館に行ってはりますか?」というような
こととか、図書館に対する希望だとかを聞くようにしました。比較的図書館に
近い地域、距離的にも200メートル離れてるかどうかというぐらいのところをま
わりましたが、伺った家で一人のおばさんにさっきの口上を言って、「私は図書
館で働いています」と言ったら、途端に「普段から息子がお世話になっており
ます」とお礼を言われるんです。要するに息子が3階の800人の座席のところ
でずっと勉強して、おかげでこの春大学に受かった、大変ありがたいと言って感
謝をしてくれたわけです。「それは良かったですね」と話をして、「ところでお
母さんは図書館に行かれたことがありますか?」と聞いたら途端に後ろに1～
2歩下がって、「とんでもない私なんか図書館なんて」と言われました。これは
私の一つの強く印象に残っている原体験と言えるでしょう。図書館はすぐそこ
に見えているあそこですから、来てもらったら入ったところに楽しい読み物な

どもありますし、貸出もしていますし、というような話をしても、「いや私なんかはもう結構です」「行くのは恐れ多いです」というような言い方をされるんです。その経験は、改めて、ごく普通の市民にとって図書館はまだ遠い、敷居が高いということをまざまざと感じさせられた、ということで、私の記憶の中には強く残っています。

西田博志くんは移動図書館の車で町に出て行って、そういうおばちゃんたちとの接点をとても大事にしていた人です。西田くんは当時の図書館の一番欠けたところはこの辺ではないか、と思っていたわけです。そして図問研も、当時確かに、こういう人が気軽に来て本を借りてくれるような図書館になるんだ、という目標を持った団体であることは確かでした。そういう意味で図問研には興味を持っていました。しかしそういう私の期待に応えるようなところにまだ図問研は行っていないということを同時に感じたということです。

図問研が本気でそういうことにチャレンジしようと動き出したのは1966年ぐらいで、1965年が「再建」鎌倉大会でした[36]。これは森崎さんが一番頑張ったところですが、彼が東京の電車図書館とか子ども文庫の活動を8ミリ映画に撮ったり、「ここに市民の図書館の原点がある」という彼一流の論理で言ったりした、そういう辺りから、「文庫に学ぶ」「市民とともに」といったスローガンを図問研が言い出しました。その辺りからちょっと片鱗が出て来だしたということはあったでしょう。そういう意味で図問研に私も興味を持って、1966年に関西で大会をしたいと言うのでそれに協力して、三鈷寺に会場の予約に行き、その後ズルズルと図問研には深入りして行きました。図問研が全て教えてくれた、というわけではないのですが、市民との距離の近さを図問研からは学びました。市民との距離の遠さが何とかならんかなと、当時思っていたことは確かですね。

図問研の大阪支部で勉強会を始めた頃のテーマが、『中小レポート』が出た後ですから「大都市の図書館」ということでやっていたのですが、全然手がかりがなくて、大都市の中でどうしたらもっと市民の図書館になれるか、ということを考えたのですが、頭の中で考える空念仏のようで、これはそもそも日本人の国民性ではないか、確かに日本人は自分で本を買うのが好きな人が多い。これは学生が言ったのですが、「借りて読むと本を返す時に読んだことも一緒に返して

<hr />

36）図問研60周年記念誌編集委員会編『住民の権利としての図書館を：図書館問題研究会年表：1945-2015・資料集1954-2013』（図問研、2019、p.11）には、「1965年11月22-23日第12回全国大会（神奈川鎌倉）『再建鎌倉大会：図書館は何をするところか、産業図書館化、専門職制、10.22ストライキ等を討論』とある。

しまうような気がする」「手元に置いておくと読んだことも残っているような気がする」というのですね。清水幾太郎のような、そうそうたる人たちが読書論を書いていますが、そういう人たちも本は身銭を切って買えと書いていますね。本を借りるような安直な考えでは身に付く読書はできないと言わんばかりの調子であることが多いので、日本人は借りて読むということが習慣としてないのではないか。日本人は三度の食事を2回にしても本を買う、しかも読んでいるかどうかわからないが積んである、というのが日本人の習性である、そういう国で図書館がはやるなどということは至難の技である。一遍閉じてみて、困るという声が出てきたら、そこから何かが生まれるのでは、というようなことを真面目に話していました。だったらどうしたらいいのかと考えても難しいなという話にしかなりませんでした。

　というような状況が強かったのですが、後に前川さんが『市民の図書館』の中で、"図書館不振の原因は本を読まない市民の側にあると思っている間は打開の道は開かれない"といったことを書いていて[37]、その通りだと思いました。私が前川さんの書いたもので一番最初に感心したのはそこのところでしたが、まさに今まで言ってきていたところから抜け出さなければならない、というのが、1960年代後半の考えになっていくわけですが、そういうところにいたことは確かです。そこで手探りをしていた時期がありました。

〇　大阪市立中央図書館の業務見直し
・貸出手続きを見直す

―自館の貸出システムの見直しに取り組まれることになったのは、やはりそういう日常的な体験や、おばさんとのやり取りのようなことが印象にあったからなのですね。

　当時は、まだ図書館に入る時にも入館票を書かなければならない頃で、借りるためにはまた別の紙が必要でした。入館票が座席と閲覧する資料の請求に連動していることが多かったですね。入館票をもらって決められた座席に行く、それを返さないと出られない、という仕組みでその紙にいちいち名前を書かないといけない。席を借りるだけで、なんで住所や名前を書かなければならないのだ、職業まで書かないかんのかというようなことが論議されるようになっていきます。私自身も1962年4月からは奉仕課で利用者と直に触れていたのですが、

37）前掲注12）

名前を書く入館証にその時直ちには疑問を持ちませんでした。開館から４年経って全館で貸出も始めるのですが、その時点でやっていた貸出方式は３回足を運ばないと一冊の本が借りられないというもので、そのことにも最初は疑問を抱きませんでしたね。２〜３年やっているうちに、そこを変えていくのがまず必要、多分そういう動きが図問研などでも始まっていて、そこに大きな課題を見つけてやったというのが、1960年代の半ばのことですね。

（図書館活動論の講義で使っていた貸出券申込票を見せてもらう。）1961年から66年ぐらいまで大阪市立中央図書館が使っていた申込書がこれです（右写真）。授業の時にはこれを見せて、この中で自分が問題だと思うところを探させることをやりましたよ。そもそも名称がまず「証書」でしょう。収入印紙もいるし、これは市民と公的機関の間の契約・貸借関係ということですね。本人、保証人の印鑑も必要でした。

1971年に図問研大阪支部で府下の図書館調査をやったのですが、一つずつ尋ねて調べてもらった時に、保証人は「公職にある者」でなければならない、という規則のある図書館がありました。公職の人を保証人にする、というのは難しくて、学校の先生はまあ公職でしょうが、町内会長や自治会長のことですかね。大企業の社長でも民間はだめなんだろうかとかよく言っていました。普段は付き合いもあまりない町内会長さんのところへ、図書館の本が借りたいんですと言って保証人を頼みに行かないと一冊の本が借りられないわけです。しかもその申込書を書いて出す時に、図書館から出す保証人宛のハガキを持って行かなければなりません。最初行って申込書をもらって帰る。２回目はハンコをついた申込書とハガキを持っていく。３回目に図書館が出したハガキを保証人から受け取ってそれを持って行って、初めて本が借りられる。そこまでのことをして本を借りる人がいたという方がむしろ不思議だと言えるでしょう。しかし私も２〜３年はそこに大きな疑問を感じることもなかったので、その話をする時にはいつも「慚愧に堪えない」と言っていました。それでも、２〜３年して、これはやっぱり変えなければならないと思って、改革の取り組みを始めました。

―さっき外国帰りの人の話が出ましたが、『中小レポート』にしろ、図問研に

しろ、「海外に学ぶ」というようなことが全然出てこないのがとても不思議なのですが、海外に情報を求めたり、海外の情報が入ってきたり、ということはなかったのですか。

前川恒雄さんは JLA から派遣でイギリスに行ってきたのですが、『中小レポート』を終えた後で、折々にイギリスで多くのことを学んだと言っておられました。そのことを別にすると、サービスの実務のことで外国でどうしているというような話はまず出てきませんでした。なぜかというのは私にも分かりませんが、外国帰りの人がしきりに「外国では」と言うのに対して、反発するところがあったのかもしれません。やはり日本の現実から出発しないといけない、ということを強く意識していたので、日常の実務のことでアメリカではとか、イギリスでは、というようなものの言い方はしなかったのでしょうかね。本当に知らなかったのかもしれませんが。

清水正三さんは海外に行かれましたが、何かにつけて外国の話を持ってくる人が一部いたために、そういう人たちへの反発があってなのかもしれませんが、ほとんど外国に学ぶということはないようでした。海外の例を参考にしながら日本の現実の改善に向けてものを言うというようなことは、意識してやらなかったのかどうかわかりませんが、なかったことは確かですね。

前川さん自身は、自分が日野市の図書館経営をするにあたってイギリスで学んだことというのは非常に大きかった、と言われています。「『中小レポート』を実践に移したのが日野」とよく言われますが、日野は『中小レポート』だけを下地にしたわけではない。前川さんを経由してイギリスから学んだことも大きかったと思います。前川さんは『中小レポート』の中のあそことあそこは明らかに間違いである、というようなことをよく言っていました。『中小レポート』は特に子どもに対してはネガティブだったし、個人貸出よりも団体貸出を優先する、というところは間違っていると言っていました。『中小レポート』べったりというような捉え方はしていなくて、もうちょっと相対化した捉え方をしていました。子どもについては森崎震二さんが一番熱心だったらしいですよ。清水さんも子どものことには関心があった。石井敦さんは子どもなんか、という感じでしたね。大人のしっかりした利用者に使ってもらえる図書館を、ということが強かったのでしょう。

　──『中小レポート』の中でも、児童図書館員について「子どもたちに親しみながら次第になれてゆけば、最も初歩的な奉仕活動は十分果すことができる[38]」と書いてあります。小中学生室の開館は午後からと書いてありますが、

そんな感じだったのですか。

子どもは午前中は学校へ行っているということでしょうね。図書館に幼児が来るなんていうことは、その頃は考えてもみなかったんでしょうね。大阪市では、1971年から分館づくりが始まって、その資料（右のチラシ）にある西淀川図書館は公設市場の二階に地域図書館の第1号館として1972年に出来たのですが、幼児から図書館利用者として本格的にサービスを行ったところです。

—例の「草の根を分けても資料を探し出す」と言ったのも西淀川図書館が最初で、それが全国にだんだん広がっていったんですよね。

そうです。その広告は公設市場の新聞折り込みチラシの下に入れてもらったものです。その公設市場が阪神国道に面しており、その国道に面したショーウインドウに図書館の掲示を出してそこに「草の根を分けても探します」と書いたのが注目されたのです。³⁹⁾そういう意味では、市民にアピールする図書館運営を行ったわけです。この図書館で活躍した直井勝くんは後に兵庫県の滝野町でもそうした感覚の図書館づくりを通したわけです。その時の同僚が三苫正勝くん、寺田道夫くんで、やりやすい同僚関係でもあったでしょう。

—これが1972年ですよね。その前に市民運動があって、「草の根を分けても」のアピールがあって、それが全国に広まっていくわけですね。

大阪市の図書館が動き出した、まさに出発のところですね。その前に市民運動があって、その市民運動を引っ張り出すきっかけとして、森耕一さんが天王寺で始めた団体貸出、BM活動があったわけです。1964〜65年ぐらいのことで、それについては後に詳しくお話します。⁴⁰⁾

・人事異動のルール化、松岡享子さんのこと

—大阪市立中央図書館では、短い間に整理課から奉仕課に移られましたが、奉

38）前掲注11)p.125.

39）塩見昇「公立図書館づくりの進展と直面する課題」『こみゅにか：大谷女子大学コミュニティ関係学会誌』(3)、2005、p.30-41.には「その入り口に掲げられた『お求めの本は草の根を分けても探します』というアピールは、この時期に定着する図書館活動を示す象徴的な文言として広く全国に膾炙された」とある。『図書館の発展を求めて：塩見昇著作集』(塩見昇先生古稀記念事業委員会編、日図研、2007)p.86-106.にも掲載。

40）大阪市立天王寺図書館では1965年6月から団体貸出がスタートした。

仕課の方が自分に合っていると思われたのでしょうか。

　その通りです。私はもともと整理の仕事には興味がありませんでしたから。創設事務の間は整理しか仕事がありませんでしたが、それを1年半ほどやって中央館ができて、次の春に館内の異動で奉仕課に替わりました。希望とか何とかというものではなかったのですが、館内で異動のことでトラブルがあって、私自身は十分納得したのだけれど、中には納得しかねるという人もいて、そこから組合の対応がいろいろあって、今後は人事異動については組合と協議してルールをつくるというような話になっていきます。それが実は松岡享子さんの話につながっていくわけです。いつまでも小中学生室におれるわけではないと、やんわりとですが、彼女が『子どもと本』の中に書いているのがそのことです。[41]

　―高橋樹一郎さんが書いた『こども文庫の百年』の中にも松岡さんのことが書いてあって、「当時、市当局と組合の間で、3年毎に異動することが決められており」とあります。[42]どうして3年毎に異動することになったのですか。

　そのことで言えば、彼女が大阪市に定着できなかったのは私にも一端の責任があるのですよ。そういう意味も含めて松岡さんが『子どもと本』を出版したときにこの本をくれたのかどうかは分かりませんが。松岡さんとは頻繁に会うことはないのですが、そこそこ仲良しではあるのです。そこに書かれていることを少し話しておかないといけないでしょう。松岡さんのことを話すためには、その前に、この本の中の「児童図書館員一年生」という章があるのですが、彼女[43]が慶應義塾大学で勉強してアメリカに行って大学院で勉強をして、向こうの図書館の現場で働いた時期があります。本の中には、「晴れてイノックプラット公共図書館で児童図書館員としての一歩を踏み出すことになりました。27歳でした」と書いてあります。

　1965年の1月だったと思いますが、その頃はまだ図書館には宿直や日直が[44]あって、年末年始も日直があって、元旦に当たった人なんかは悲惨だったんです

41）松岡享子『こどもと本』岩波新書、岩波書店、2015、p.45.「結局、様々な事情から、貴重な機会を捨てて、二年余りで退職することになってしまいました。職員はほぼ3年毎に異動することが決まっていて、将来もつづけて児童サービスを担当できる見込みがないことが、いちばん大きな問題でした。」
42）高橋樹一郎『こども文庫の百年』みすず書房、2018、p.251.
43）前掲41）p.39-44.
44）松岡の大阪市立図書館入職は1964.6.1966.7退職。東京子ども図書館 Web サイト「文化功労者松岡享子名誉理事長特集ページ」より。なお、松岡は2022.1.25に86歳で逝去。

よ。2日の日に松岡さんと私が二人で日直になったのです。児童室は3階建ての建物の中の2階でちょっと離れた独立した部屋でしたから、小中学生室の人たちはそこにこもってあまり出てこないもんだから、他のところとは接触が少なかった、ということはあるのですが、特に彼女は他の職員と個別に親しくなるというようなことはなくて、時間があると本を読んだり、勉強をしたり、おはなしを覚えたりしておられたのかな。だから別に疎遠ではないけれども、特別親しかったわけではなかったのですが、その彼女と一日朝9時頃から夕方まで一緒にいることになったので、その日は初めて何やかやと親しく話をしました。

　その中で彼女に聞いた話がとても印象的でした。それがここに書かれているのですが、イノックプラットに勤めた初日に当時の館長さん、その方はアメリカ図書館協会の会長にもなったような人でしたが採用された6人にこういう話をされた。「わたしたちは本は良いものであると信じる人たちの集団に属しています。わたしたちの任務は、できるだけ多くの人をこの集団に招き入れることです。どうかしっかり働いてください」。要するに本は素晴らしいものだと信じている人たちがこの図書館で働いている仲間なんだ。あなた方も今日その仲間に入った。まさにその同志ですというようなことを言って、私を仲間に入れ、歓迎してくれた、というようなことが書いてあります。ところが、そこからが彼女の言いたかったことで、大阪市立中央図書館に勤めた初日に奉仕課長が彼女を呼んでこう言ったそうです。「あなたは大阪市の公務員である。公務員は市民全体に対して奉仕をするものだ」。まあ個人プレーをしちゃいけないということを注意したわけですね。彼女はイノックプラットと大阪市立中央図書館の初日のメッセージの落差に、初日にしてここをもう辞めたいと思ったというわけです。

　私は、まあ半年くらいでそう言うな、比べる相手が悪いというようなことを言いました。その課長というのは行政マンで、司書の資格は通信で取ってきたという人でしたから、アメリカの専門家の館長さんが言うようなことを求めるのは無理だ、まあそう短絡化させないで、といったことを話しました。初日でアメリカと大阪市立中央の課長との違いを余程痛感したのでしょう。

　もう一つ、図書館員の社会的な地位と身分の確立というのは大事だということを、会うたびに彼女はよく言うし、手紙をもらったこともありますが、この本の中にも職員のことについて触れたところで、「当時の日本の状況からいえば、大阪市立中央図書館は、公共図書館としてはもっとも進んだ児童サービスをしていたといっていいでしょう」[45]、これはそうだと思います。ちゃんと独立した

部屋を作って、ストーリーテリングはもちろん彼女自身が持ち込んだわけですが、お話をしたり、ブックトークをしたり、そういうことを子どもの部分だけに特定の人が四人張り付いて行っていましたからね。一人は辰巳義幸さんで、公共図書館の児童部門では名前が知られていました。

　「小中学生室という専門の部屋があり、そこに専任の職員が四人も配置されていたのですから。それでも、図書館サービス発達の頂点に達したといってよいアメリカの図書館を経験した身には、驚くことが数多くありました[46]」。そしてそこに座席のことや順番待ちのことやらが書いてあって、「大阪市立中央図書館に勤めはじめて二ケ月ほどたったときでしょうか、貸出冊数が46を数えた日がありました。それがわたしの知る最高記録だったので、大喜びして日誌に書いた[47]」というようなことが書いてあります。人気のある本でも複本で購入することが許されなかったというようなことも書いてたりして。そして自分はここで働いたのだけれども、いつまでもこの図書館で働き続けることができないということになっていたから辞めた、というふうにこの中には書いてありました。まあ初日から辞めたかったのですが、それが強かったかと思っていましたが、それはそれとしてやっぱりなるほどなあと思ったのと、そこには私に一端の責任があると思ったんです。

　それは先ほどの「３年ごとの異動周期」ということで、私が整理課から奉仕課に移った最初の人事異動で、私は全然文句はなかったのだけれど、通勤の事情とか奉仕課の方へ替わると夜勤が出てきたりするとか、そうした個人的な事情で辛いという人もいたりして、人事異動に際しては本人の希望を聞くとか、事前に丁寧な話し合いをするとかをやるべきだ、というようなことを組合で求めていくようになります。つまり、異動については事前協議制と事前意向調査みたいなものを新しい図書館のルールとして作る必要があるというような提起をして、職制の方もルールを作ってスムーズに行くのならそれに越したことはないと乗ってきて、館長と組合役員の代表（私がやっていました）が、協議してルールを作ったんですよ。

　主題室の中で、人文科学から自然科学に移っても大した労働条件の違いはないが、子どもの部分は４人で特別な部屋になっているし、また夜勤もないし行ってみたいという人が比較的多かったんですね。800人の高校生を相手にすると

45）　前掲注41）p.199.
46）　前掲注41）p.199.
47）　前掲注41）p.203-204.

ころなどはみんなが喜んで行くところではないので、まあ３年もやったらそこから出してほしい、という人も出てくるだろう。奉仕と整理の勤務時間の違い、分館は天王寺と小さい桜宮分室しかなかったのですが、奉仕課の中の子どもとおとなと高校生、整理課、天王寺と桜宮というくらいの単位で一応それを１グループと考えて、３年を周期にして原則として人事異動があるということ。それを３回ぐらい繰り返して、ある程度自分の主としてやりたいことを選ぶ、というような選択もできる、というようなルールを作ったんですよ。３回りで自分が長期に定着したいところに行けるかどうか考えたらなかなか保障のかぎりではないが、まあ10年も経てばいろんなことが変わって辞める人もいるだろう、というように考えて、とりあえず３年ごとに３か所ぐらいを経験して自分の適任を自分で見つける。希望が集中するところには、行きたいという人はいるけれども誰かが動かないと他の人が行けない、そうすると居心地のいいところに収まったらもう動かない、というのも他の人のことを考えたらまずい、と。だからまあ席を空けるということも必要だろう、ということもあって、今のようなルールを作ったというのが組合と職制との交渉の最初の頃の協議題でした。

　アメリカでキャリアを積んだ松岡さんが日本の公共図書館の児童部門で働きたいのだけれど、初めはどこも受け入れるところがなかったんです。松岡さんは雑誌『図書』に、「理想の子ども図書館をめざして」という文章を書かれたの[48]ですが、そこに「私が入れるところが日本にはなかった、その中で唯一機会を与えていただいたのが西藤寿太郎さんだった」というようなことを書いています。この人は戦前から大阪市の図書館に入って、子どものことについてもちゃんと文章を書いたりしてなかなかの人だったんです。中央図書館を開くにあたって２年がかりで50人ぐらいの司書をとったんですが、1960年の４月に私も含めた８名が、翌年４月にも10数名、開館直前にも20名ほど、皆有資格者で、高卒の人もごく僅かいましたけれど、ほとんどが大卒もしくは短大卒でした。専門職の採用試験をして50人ぐらいとったわけですから、その点では西藤さんはよくやられたと思います。その中で松岡さんも採用されたわけです。だから、自分が児童部門で働ける唯一の機会を大阪市が与えてくれたが、入った大阪市立中央図書館はこれこれこういうことであったというようなことが書かれています。彼女は児童サービスがやりたくて、他の部門がやりたいとは思っていないのに異

---

48)『図書』(297)、1974.5、p.24-29と『同』(298)、1974.6、p.28-43に連載。松岡享子『こども・こころ・ことば：子どもの本との二十年』(こぐま社、1985)に再録。

動がある。やっぱりここは自分が長くいるところではない、と思ったと本の中に書いています。日本の公共図書館では私は児童サービスの専門家として仕事ができなかった、情けなかった、残念だったということをここに書いていますが、それはこういう意味だったんです。

　この本を読んで、その点では気の毒なことをしたな、でもそれも仕方がなかった、彼女だけを特別というわけにもいかんしな、というふうに改めて思いました。その後、彼女とはそのことについて直には話していませんが、東京子ども図書館[49]には何回か学生を連れて行ったことがあります。国立国会図書館の子ども図書館の建設構想の時、私は JLA の理事長だったので、松岡さんと一緒に構想策定委員会の会議に出たこともありますし、なにかの会合で会った時には「職員問題ねえ」というような話をするという関係で来ています。彼女のキャリアとやりたいことを考えたら、児童サービスの専門家を育てるという職員配置は、当時の公共図書館では無理だっただろうなと思います。彼女もそれが分かっていて公共図書館には根づけなかったけれど、理想の児童図書館を目指して東京子ども図書館をつくったということですね。

　—私が子ども文庫というものを知ったのは大阪の十三（じゅうそう）にあるミード社会館です。1976年ごろ、館内に月曜から土曜日まで毎日開いている文庫があり手伝ったのですが、後で聞いたらそこの選書は松岡さんがなさったということでした。私が関わった時は、まず「鴨の子文庫」に行って間崎ルリ子（大月ルリ子）さんのレクチャーを受けてから、子どもたちに絵本の読み聞かせやおはなしをすることになっていました。松岡さんからのつながりだったのでしょうか。松岡さんは大阪にいたのは本当に短い期間だったけれど、種をまいて行かれたんだなあと思いました。

　間崎さんは松岡さんの先輩にあたる人で、やはり慶應からアメリカに勉強に行かれたのだが、彼女が帰ってきた時には日本にはそういう人の働く場がなかったので、自分で「鴨の子文庫」を開いたんです。だから「私の時には日本の状況がちょっと開かれた時だった」と松岡さんが「理想の子ども図書館をめざして」に書いています[50]。

---

49) 1950年代から60年代にかけて都内4カ所ではじめられた「石井桃子のかつら文庫」「土屋滋子のふたつの土屋児童文庫」および「松岡享子の松の実文庫」を母体として1974年に設立、2010年に公益財団法人になった。「東京子ども図書館」Web サイトより。
50) 『図書』(297)1974.5、p. 27には「二年早く帰国した間崎さんには開かれなかった公

○　1960年代の大阪市立図書館の変化

・森耕一さんのこと

　大阪市立中央図書館が開館したのが1961年の秋で、1962年の『図書館雑誌』に大阪市立中央図書館を紹介するという、ちょっとした特集記事が掲載されました。[51]（抜き刷りを見せていただく）図書館に依頼があったのでそれを図書館として原稿をまとめて発表したというのがその記事です。私もその記事をまとめる作業には多少参加していたのですが、記事はこんな計画をしていますというものをまとめたもので、ちょっと自分の受け止め方とは違うなあと思っていました。その直後に図問研の会報で「大阪市立中央図書館の主題別部門制における一考察」[52]を書いたというのは前回お話しました。

　動き出した大阪市立中央図書館というのは、当時の図書館としては特徴のある大きないい図書館だったことは確かだと思います。全体で約6,800㎡、地上三階地下一階5万冊の新しい本ばっかりを開架で揃えたというのも、当時としては珍しかったと思います。場所としても大阪市内で難波の繁華街に比較的近く行きやすいところでもありました。近くに高校もあり、利用者も結構多かった。今から見ればその前からあった天王寺図書館と桜宮の小さい図書館と合わせて三つですから、大阪市としては地域サービスが貧しいままで、10年ぐらい過ぎたわけです。それが1960年代の半ば頃、65〜66年頃からちょっと変化が出てきて、1970年代にさっきの公設市場の2階に地域図書館が出来、それからは毎年1館2館と地域の図書館が出来ていきます。大阪市は24区あって、中央図書館のある西区以外の23区に地域館が出来、トータルで24館が、10数年で揃いました。ずいぶん早いピッチで分館整備が計画的に進んでいきました。丁度日本の公共図書館が全国的にも急激に変化していく時期ですね。

　そういう大阪市の劇的な変化がどのようにして生まれたか、その中心にいた森耕一さんの話をあわせてしておきたいと思います。大阪市の中央図書館が開館する少し前ですが、1年目は創設事務室で7人ぐらいのスタッフが流れ作業で本の整理を始めて、次の4月に新しい人たちが10人余り入ってきて、開館までには5万冊の本を揃えるという専ら整理の仕事をしていたというのはお話しました。いよいよ開館が近づいたというので、1961年の夏ぐらいに採用試験があって、前歴のある人も2〜3人は含めて14人を10月に採用しました。その段

立図書館への道が、わたしには開かれたことで、仲間も希望をもった」とある。

51）前掲注3）
52）前掲注2）

階でかなりいろんな人が加わってきたわけですが、同時に職制の方も整備しないといけないということになったんでしょうね。整理課・奉仕課・庶務課、まあ当時の伝統的な組織編制ですが、3課構成になりました。そして整理課の課長として、1961年の9月に着任したのが森耕一さんでした。

　関西の大きな図書館の専門職の館長さんとか課長さんたちは、結構日図研にいろんな形で関わっている人が多くて、特に当時の大阪市立中央図書館の館長西藤寿太郎さんは、日図研の理事もやっていました。そうした研究会仲間でもあったので、森耕一さんが中央図書館の整理課長で大阪市に来ることになったんです。森さんは新中央図書館の資料整理の基本方針を専門家として助言する立場にも就いており、ご縁が既に深かったのです。その前に同じようなキャリアの石塚栄二さんが和歌山県立図書館から4月に準備室の方に来られていたので、森・石塚という日図研の整理畑のリーダー格のメンバーが、大阪市に加わったというわけです。おそらく西藤さんが先輩として強く推奨したのだろうと思います。創設事務室の主任である片山良爾（かたやまりょうじ）さんも研究会のメンバーでした。森さん自身は、前任は和歌山医大の物理の先生でした。京大の理学部を卒業して、物理の研究者としてスタートしているはずです。郷里の鹿児島の女学校の先生をやりながら、図書室に関係されたようです。分類などに興味があったらしく、学校の教師をしながらその学校の図書室にも関わったというところで図書館の世界と関わりを持ったということだったようです。その後、和歌山に出てきて、日図研の和歌山のグループや大阪地区の研究グループの中で整理技術の分野に興味があって、分類法や目録法の専門家としてスタートしているわけです。

　目録の世界は私自身が詳しくないし、興味がありませんので正確な話はできませんが、日本の目録規則は大きく言うと二つの流れがあって、皆さんが学んだのは主たる標目を決めるというやり方だったと思います。カードの真ん中に著者を表す言葉があって、その後書名からずっと書誌事項を書いていく。頭の一番大きな見出しのところに何が来るか、本を成立させている一番大事な要素は著者であるから、著者を中心としたこの本の属性・特徴を表す最も重要なキー概念は何かと言うと、大体は著者が主要な手がかりであるという「著者主記入」という方式が目録の伝統的なやり方でした。だから本を整理する時には、この本のメインは何か決めることがまず大事というところから始まった。そういう勉強を皆さんもしたと思います。

　それに対して、検索手段としての標目とその本の特徴を表す記述、ページや大きさなどを切り離して別個の作業として進めて、どれがその標目の中心かとい

うようなことは検索にあたって大して意味がない、と。著者であろうが書名であろうが必要なものは標目として作るというように割り切って行ったらどうだ、ということでこの記述と標目の分離という方式をある時期に提案するわけです。それを言い出した代表の一人として森さんがいた。日図研の整理に強い京都の藤田善一さん、石塚さんなどいく人かの人たちは、日図研目録研究グループとして「目録編成規則」という JLA の NCR（日本目録規則）とは別途の規則を提案しました。まず記述を書いて後で標目を入れるというやり方です。そうするとそれによって主標目という問題がなくなり、その部分が相対的な１つということになるので整理が簡略化されるわけです。これを森さんたちが提案したのですが、大阪市立中央図書館の準備作業が始まる時期が丁度そういう時期だったのです。だから、記述と標目を分離した目録の作り方を、大きな規模の図書館で日本に導入した第一号が、多分大阪市立中央図書館だったでしょう。私たちはそんなことは知らないので、言われたことをマニュアル通りにやっていました。

　そうしたことがあって、準備室が採用している整理方式を考案した人たちが、課長と係長としてやってきたんです。ある意味では来て当然だったかもしれないし、逆にそういう人たちの考え方を図書館運営に反映させていくという構想も、初めから持っていたとも言えるでしょう。1961年の11月に開館して、三課体制の中で整理課には森さんがいるという形が始まりました。

　西藤館長さんが強く来るように奨めて勤めることになった私たちとはなかなかしっくりいきませんでした。西藤さんは松岡享子さんに試験を受けるように勧めたということでもわかるように、戦前から、特に子どもに関心のある熱心な図書館員であったことは確かです。私たちが入った時には丁度日図研の理事で組織委員長をしていましたから、入職手続きの書類を書くときに何も言わずに日図研の入会申込書を配ったので、その時の８人は自動的に全員入会したことになりました。そんな人なので熱心な人ではあるのですが、自分が呼んだはずの森さんとの間も必ずしもしっくりいっていたわけではありませんでした。

・天王寺図書館の団体貸出

　森さんは1964年の７月に天王寺図書館長に替わるわけです。そのあたりのことを、森さんの追悼論集『公立図書館の思想と実践』の中の「公立図書館への開眼—大阪市立図書館時代の森耕一：その思想と実践」[53]という少し長めの文章に書きました。森さんは大阪市立天王寺図書館時代に公立図書館についての目

53）塩見昇、『公立図書館の思想と実践』森耕一追悼事業会編、日図研、1993、p. 1-20.

を開いたということを書きました。そこにも触れていますが、天王寺の館長に
なったことで、それまでは森さんを「整理技術のオーソリティ」というように
周りは見ていたのですが、そこから公立図書館経営・運営の専門家というように
大きく変わっていく、大変大きな経験をしたのがこの天王寺図書館の館長に
なった数年間でした。1964年ですから、丁度『中小レポート』が出た次の年で
す。『中小レポート』が出て賛否の意見が分かれて、という話を先ほどしました
が、図書館界の比較的上層部に近いような人たちの中でこれを評価した一人が
森さんでした。割合早くから「賛同の感想」を書いたりして、整理の専門家だ
けれども『中小レポート』に関心を持ったということは確かです。

　これは私の推測なのですが、森さんはこの転任をあまり喜んでいなかったの
ではないか、何と言っても始まったばかりの大図書館の整理課長と、天王寺公園
の中にある学生の勉強場というイメージの図書館の館長、どっちが偉いかとい
う話ですね。課長職としては同格ですし、独立館の館長としてはその方が上だ
と思う人は思うかもしれない。しかし森さんとしては、やっぱり分館に出され
たという受けとりをしていたのではないでしょうか。彼がそう言っていたわけ
ではありませんが。西藤さんとはある意味では仲間には違いないのだけれど、
相当肌合いが違っていました。森さんはまだまだ学者タイプなところがありま
したし、それはそれでいろいろ顰蹙を買いました。騒いでいる女子職員数人に
「やかましい！税金泥棒！」と怒鳴ったりして組合から注意をされるというよ
うな、素朴といえば素朴、単純といえば単純なところがありました。役人の世界
の中では50名近い新人を２年がかりで採用するなんていうことは大変なことで、
そういうことをやってきた西藤さんと、まだ大学の先生気分が抜けない森さん
とは、あんまりしっくりはいっていなかったんだろうなと思います。（西藤―森
の確執についてはいくつかの事実もあるが、ここでは詳述しない。）

　当時の天王寺は、利用者のほとんどは高校生で、貸出もしていない、そういう
小さな図書館ですから何をしたらいいかというところがあったんでしょうね。
こんなところでわしに何をせいと言うんだというぐらいの思いを持ったかもし
れない。そこで森さんは、彼なりに一つの公立図書館経営のあるべき方向を自
分なりに探ろうとしました。簡単に言うと、『中小レポート』を彼はこの天王寺
でやろうとした。

　森さんは最初に何をしたかと言うと、団体貸出を始めるわけです。『中小レ
ポート』の中で後には批判されるのですが、個人貸出よりも団体貸出の方がや
りやすい。まとめて利用者がつかめる。一人ひとりだと手間がかかるが、まと

めて団体に貸せば間接的にではあるが多くの市民と接点を持つことができるということです。だから個人よりはまず団体というのが『中小レポート』の提起でした。日野市立図書館は個人貸出を始めて『中小レポート』のあの部分はおかしいということになるのですが、森さんは天王寺に行った次の年から団体貸出を始めました。中央館では当初はポピュラーライブラリーと子ども室だけで貸出をやり、全館に広げたのは1965年5月です。天工寺では大人の貸出をまず団体貸出という形で始めたわけです。森さんは1965年に団体貸出を始めて、団体ですから窓口になる受け皿の人がいります。そうした利用者代表に集まってもらって話をするという、利用者と図書館の懇談の場のようなものをつくるわけです。その辺から、市民の手を借りて脱皮する方法はないかというのを探ったのが森さんのやり方でした。

　初めはグループの代表者が図書館にやってきて本を借りていくわけですが、何十冊もの本を運ぶのは大変なので配本の仕組みができたらいいのに、という声が当然出てくるわけです。図書館としては貨物車、軽トラを借りて業者に運んでもらう、という本の配送サービス（巡回配本）を始めて行きます。そういうことから団体貸出を利用する人たちの代表者が「図書館友の会」を作っていきます。要するに、利用者を組織化したいということがあったんでしょう。友の会の発会式には、森さんは思い切ったことをやったと思いますが、尼崎市のBM（移動図書館）に、大阪まで来てもらっています。図書館界の中に仲間を持っていることをうまく使ったのでしょう。よその町のBMが会場の前に並んでいるわけです。そこで友の会の発会式をやって、市長や市議会議長に来てもらったわけですから、結構なデモンストレーションをうまくやったことになります。利用者の人は、あんな車がうちの街にも来てくれたらいい、と思うわけで、そこからそういう声が上がってきて、市長に陳情することにもなります。どこまで森さんが計算していたかはわかりませんし、そんなことが上手だったとも思えませんが、一つは西藤さんに対する意地みたいなものがあったのでしょう。

　そんなこともあって、利用者の友の会が読書会・勉強会のようなものを作っていきます。おばさんたちが多いのですが、結構レベルの高い読書会で「憲法を読む会」とか「教育を語る会」とか、後に大教大の同僚となる先生が講師に呼ばれて行ってますが、そんな読書会をしたりする会でした。そういう中から1960年代の後半に、名古屋の友の会と大阪の友の会が交流会をやっています。その発端のところで友の会の会長が名古屋を訪れた際、名古屋のBMが更新され、古い車が廃車になるという話が出てきます。市民の間の話ですが、それを大阪

市に譲ったらどうか、もらったらどうか、というような話になっていくんです。恥ずかしい話ではありますが、大阪市が名古屋市で廃車になった BM をもらって運用するという話が、市民レベルで進んでいくわけです。結局それを譲ってもらい、名古屋で廃車になった BM が大阪市内を走り出します。1968年1月のことです。そうしたことが市民主導で進んでいったわけです。

　最初は団体貸出で借り上げた軽トラで業者に頼んで運んでもらっていたのが、名古屋からもらった廃車の BM で団体貸出の本を持っていくということになっていきます。これに先立ち、森さんは担当者として専任の人をつけます。後に京都府八幡市立図書館、精華町の図書館長になった澤田種治くんで、御用聞きのように会社や工場に訪ねて行って図書館の宣伝をして歩く。何十という団体が利用の申し込みをして、それを図書館利用団体グループとして組織していくわけです。そういう事が進んでいく中で、もらった BM でいつまでも行くわけにはいかないので、大阪市としてもそれを新規事業として認知するという話になっていきます。1967〜68年ぐらいのことです。

　ところがここで一つ隘路が出てきます。大阪市が査定で認めたのは BM 用の図書費と借り上げ車の運行経費だけで、人はつけない、つまり専属の運転手をつけるとか、新規事業として要員をつけるというのはやらないという話でした。新しい事業として BM をやるには、どうしても天王寺の20名程度のスタッフではこなしきれないので、一人なり二人なりの新たなスタッフがどうしても必要だ。それから、運転手についても、大阪市は職員組合と従業員組合に分かれていて、事務系は職員組合に、運転手は従業員組合に入っていました。従業員組合の方が、車は買うけれども運転手は借り上げをするという半委託方式はまかりならんという要求を出した。こうして思わぬところで BM が頓挫するわけです。森さんが始めた巡回方式の貸出市民グループも結集して、組織化が出来てきます。そこでかなりレベルの高い学習会も始まってきた。市民サイドの図書館ニーズが顕在化し、配本というところまで事業が進むのですが、要員の問題でデッドロックに乗り上げてしまった。司書の増員をなんとかしないと、天王寺のスタッフだけで新しい BM 事業は難しい。車を動かすためには運転手がいるが、従業員組合は専任のスタッフを雇わなければいけない、委託は駄目だということを言い出した。これは私たちも予期していなくて、結果的には思わぬ援軍になったのです。要員問題をどうするかという課題が出て来たというのが1967〜68年の大阪市でした。

・職員組合の立場から

　長い前置きになりましたが、要するに、整理のオーソリティとして全国的に知られた森耕一が、一つの図書館を預かることになって、彼なりの意地みたいなものがあって、公共図書館運営に何かやろうという気持ちを持った。そして、『中小レポート』が一つの下敷きになった。団体貸出で利用者を結集するという利用者の組織化を狙ったのだと思うのですが、それが芽を出してきた。そしていよいよ BM となった時に、要員問題で引っかかった。簡単に言うとそういう話なのですが、大阪市の図書館に在職して私自身がやった仕事で一番大きかったのが、この閉塞状況に職員組合の立場から、図書館事業の将来展開を探るというコミットの仕事ではなかったかと思います。『大阪市立図書館50年史』[54] などには一切出てきません。こういう公式のものは、個人のことは基本的には書かないし、館として記録するときに労働組合が協力してこれができたというようなことは書きませんね。それから森さんが中央図書館の館長になった直後に作った本ですから、逆に森さん自身が、自分が直に関わったこと、市民運動の部分だとかはほとんど書いていません。丁度50年の境目であったこともあり、この時期の動きはほとんど書かれていません。こうして出来上がった「歴史」は本で見ると実際と大分違うというのは否めません。司書の増員と運転手をどうするかというのが大問題で、これが1960年代半ば過ぎに大阪市の図書館が直面した課題でした。

　組合の図書館分会の機関紙『あゆみ』の中に、図書館の現場で行われた組合の交渉の記録があります。管理職だった西藤中央館長、庶務課長がいて、その頃は整理課長としての森耕一、奉仕課長はあの松岡享子さんに公務員の心がまえを諭した人、一館長三課長で、それから組合の役員は図書館選出の代議員が何人かいて、私が職場の代表で、教育委員会の支部長という立場で私と同期の谷弘行くん、それからもう一人の私と一緒に京大から入った八木勇くんが市職本部の執行委員で図書館問題の時は同席、大阪市へ来いと言った人が交渉の相手の中心にいるという因縁がらみの団体交渉(話し合い)でした。

　そういう労使間で協議する問題にやがて天王寺の配本、BM 問題も上がってくるわけですが、それは西藤館長が退任し、一年前に副館長に就いていた三木肇さんが中央館長に就任し、行き詰まり状態だった天王寺の BM 問題を市立図書館全体の問題だと捉え直す段階をクリアしてからのことでした。1968年のこと

54) 大阪市立中央図書館編・刊、1972.

です。新中央館長から、これまで天王寺で行ってきた BM 事業を今後は市立図書館の事業としてやっていきたい、それには天王寺内部の司書のやりくりには限度があり、中央から人と資料を回して全館で対処していきたいので、理解と協力をお願いしたいという申し入れでした。

　実はこういう話ができる条件がこれまでなかったわけです。中央と天王寺のトップがあまり仲良くないものですから、そんな話が進むような関係が組織的にはうまくいっていませんでした。私もその段階では、今大阪市で市民が図書館整備に向けて少し動き出した時に、大阪市の図書館全体がこれから動いていくためには、BM 活動の整備は政策的にも大変大事な芽だと考えました。だからこの問題をいつまでも天王寺の BM という狭い捉え方をするのではなくて、大阪市の移動図書館事業と捉えるべきではないか、そのためには大阪市の図書館業務と組織を一度見直して、一人でも二人でもいいから天王寺の移動図書館に力を注ぐ方が、大きな目で見たら大事なことだというように考えました。労働組合的に発想してそれはどうかというのはいろいろあるでしょうが、そういう発想を私はそこでやり、組合の基本方針をそのようにリードしました。ある意味では森さんと私との間に共通した暗黙の目標が、相談したわけではありませんが、ある方向性を持って噛み合うところができてきたわけです。

　丁度中央の館長が変わったということもあって、新館長は、そうした方向性の話を内々にする中で、隘路に陥ってしまった天王寺の移動図書館の新車事業を、大阪市全体の事業として進めていきたいという図書館側の申し入れに舵を切るのです。そうなれば、これまでは天王寺が開拓した読書グループにしか本を運んでいなかったのを、今後は中央図書館の読書グループにも BM で本を運ぶことにします。要するに BM は大阪市全体の BM としてやっていくことにするので、中央からとりあえず出向という形で一人職員を回してこの事業が進行するように何とかしてほしい。運転手の従業員問題は別途考えるというような話し合いになっていきます。労働組合の団体交渉の中でそんな話をしたのですね。組合の方から示唆した方向で新館長の方からそういう提案が出てくる流れをつくりました。

　いろいろやり取りをして、職場集会をやったりしながら、中央図書館の職場集会（組合員の集まり）の場に天王寺の森館長と利用者開拓をやってもらった澤田種治さんがやってきて、「研修会」という形で天王寺のやっている BM がどういうものか、どういう現場か、どういう問題があるか説明するわけです。かなり変わった話ですが、そういう場をこちらが設定して行うというようなことを重

ねて、結局は天王寺へ中央図書館からとりあえず1名出向という形で人を出すということを職場集会で合意に持ち込みました。それを折衝の中で館長に伝えて、館長の方から、ご協力いただいてありがたい、これからは大阪市の事業として進めていくという方針を述べて一応の決着を見た、という話です。

　これが1968年7月です。しかし、要員は出向という暫定的な印象が強く、運転手の問題も残っており、この事業を大阪市全体の事業としてどう進めていくかという課題が継続することになった。そこに出てきたのが、先ほどの貸出方式の改革などいろんな課題を含めた中央図書館の業務見直しの問題でした。

・「事務事業の再検討の全体討議のために」

　『あゆみ』56号（1969年1月）に「事務事業の再検討の全体討議のために」という、私の書いた文章があるのですが、事務事業の再検討というのは、結論的にはどこからか1人か2人を天王寺のBM要員に持っていくということになるのだけれど、自分の中では大阪市の図書館の将来を考えるとそのことはきっと大きな芽として育っていくだろう、だから中央図書館の仕事を一度見直して、組織の再編と人員配置の見直しをすることで天王寺を強化することが、大阪市全体の図書館の将来のためにいま必要だ、それをみんなの納得の中で作り出すということを考えたわけです。全館的に見れば中央の人員配置にも見直してよい箇所もあったが、そこからだけ抜くと当然反発が予想されるので、この機会にスタートしてから数年経っていることもあり、市史編集室への出向問題、書庫出納の増加など新たな要員の課題もあり、大阪市立図書館の事業全体を見直す必要があるだろう、と大義名分を考えました。

　その見直しの中に、私が1963年に書いた主題別部門制みたいなそんな大げさなことを考えないで、大規模な開架を中心にした発想をすべきだというようなこともあるし、よく考えてみると貸出手続きのように何とも煩わしい利用者の邪魔をするような図書館運営しかやってこなかったのではないか、というようないろいろな問題が当然出てきているわけで、そういうことを全部ひっくるめてこの際市民サービスの向上という観点から、大阪市立図書館の事務事業の総点検をすべきだ、その中に天王寺で始めた新規事業も大阪市全体の事業として位置づけて捉え直していくという、図書館組織全体をひとつにあわせて考えるような構想をしてはどうか、ということを組合の立場で全体に提起したのです。皆がどこまで十分に理解し、納得してくれたかはあやしかったが、かなり強くこの方向にリードしました。

　この一連の取り組みの中には開館時間のこともありました。当初は朝9時か

ら夜9時だったので、夜9時までやる必要はないのではないかと言って、夜間開館の時間の短縮もその中に込めました。閉館時間を繰り上げるというのは労働問題ですが、多くは図書館運営の問題が焦点でした。今この事を進めることが大阪市の図書館の将来にとって極めて重要だという捉え方をすべきだということを、組合という立場でありながら踏み込んで、労使協調みたいな要素を多分に含んでいましたが、職員間の合意を作るという難しい仕事でしたが、言ってみれば職制ではできないことを、組合の場で条件整備としてやりました。開館時間中に手の空いた人が集まって、交代してでもそういう議論をする、それをまた持って帰ってまわりに報告すると次の人が出てくる、というようなことを仕事と並行してやりました。

　結構この「事務事業の再検討の全体討議のために」の中には、各パートごとに調査相談室がこんなことをやったらどうかとか、三つの主題のカウンターは横に並べてこうしたらどうかとか、相当踏み込んだ、おそらく担当課長が作らなければならないような構想の文章を書いたり、提案をしたり、職場全体で議論をするということを半年余りやったんですね。随分大変な仕事でしたが、そんな中から一定の中央図書館の業務再編成みたいなものを、最終的にはもちろん職制の方から提案をするという形に持っていくわけですが、職員間の合意があらかじめできているんだから、考えてみれば課長連中にとっては有難かったでしょうね。

　そんなことをやって1969年ぐらいの中央図書館の中もだいぶ変わっていきました。高校生の部屋も10人いたのを7人くらいにしました。大人の貸出も1965年から段階的に手続きや方法の改善も進めました。さっき見せた面倒な申込書についても、セクションだけで23人職員がいますが、全員が合意するのは大変な作業で、例えば、保証人一つ減らすだけでも大変なことでした。いろんな意見がありますからね。判子ひとつ削ったらえらいことになると言う人もいましたし、そんなのをいろいろ議論を重ねて、随分時間がかかりましたが、貸出手続きを簡略化したこともその中の一つです。それから、職員の配置状況をかなり変えた。二人ほど人の余裕が生まれたので、天王寺図書館へ出向ではなく、はっきりと天王寺の職員に切り変えるということもその中でやりました。

　1968〜69年ぐらいに BM が動き出します。丁度これが動き出したところで、1970年2月に『朝日新聞』が社説で大阪市の図書館行政の貧しさを取り上げ、[55]

---

55)『朝日新聞』1970.2.18朝刊社説「図書館の充実に一層の努力を」の中に、「図書館購

秋には「大阪市の図書館をみんなのものにする会」という大阪市で初めての図書館要求を掲げた市民運動が始まりました。枚方市や松原市がまだ動く前の段階なので、図書館づくり市民運動としては、大阪府でも初めてと言っていい運動です。議会で図書館問題が論議にのぼり、請願が採択され、いよいよ大阪市がひとつの決断をしました。議会の中で市長（中馬馨）が計画的に新しい地域図書館をつくる、という答弁をすることになるんですね。ついては、その将来構想を図書館として立てろ、と。要するに、段階的に一区に一館作るのであれば、出来上がった体制はどのようなものになるか、バラバラに作るのではなく、全体の整備計画を図書館で作りなさい、という指示が教育長から出ます。

　1970年には図書館としてもこうした動きを受けて将来計画を検討することになりました。将来計画をどのように作るかというのが、職制もそうだし組合も大事な課題だと考える、これが大阪市の大問題になっていきます。この時期になると新聞も図書館の整備についてどんどん書くようになったし、議会でもよく話題になって、議員さんもこれは政策課題になると思ったら食いつきますから、議会でも図書館が随分話題になりました。このように図書館問題が高揚する時期が1970年頃にやってくるわけです。

　そこに行くために初期の段階でエンコしかけた BM を新しい車にして、天王寺の BM ではなく大阪市全体の BM として位置づけたという部分の判断が政策的にも大きな意味があったと思います。その過程で、職員全員が参加する形で、自分たちの仕事の見直しを行い、合意形成を大事に図書館運営の方向をつくりだした、それを組合が管理職と共同しながら進めたというのは、あまり例がないし、珍しいことではなかったかなと思います。振り返ってもこれは大事なことであったし、『大阪市立図書館50年史』には書きづらいことであったのも確かだと思います。11年間大阪市にいて私がやった一番大きな仕事は記録には出ませんが、ここだっただろうなと思います。

　―組合の自治研的な活動から当局と交渉をして、市民サービスや図書館運営
　　を変えていく、その時の先生のお年が31歳です。先生が中心になって活動
　　されたのでしょうか。

　図書館選出の代議員で考えました。自分では元々そんなに組合活動みたいなものが好きだとか、向いているとは全然思っていませんでしたが、なんとなく成

入費が、人口三百万の大阪市で年間千四百万円前後に過ぎないのに、わずか八万の人口で年間千万円もの予算を投じている東京の日野市のような例もある。やればやれるのだ」とある。

り行きで図書館の分会長のような立場になり、こういう方向を主導することになりました。

　―ということは森耕一さんが進めていこうとされたことに共感して、それを
　　　天王寺だけではなくて大阪市立図書館全体のものにしていこうとみなさん
　　　に呼びかけたのは先生だということですか。

　それはそうですね。大阪市立図書館在職11年の経験と図問研等で学んだことを基に、自分なりに考えた図書館論と図書館づくりの筋道ですね。ただ森さんが当時どれだけのことを考えておられたかはまったく知らないし、後から考えてみると結果として、森さんの思っていたことを随分助けてあげたことになるなあ、というふうには思いました。森さんとは、その時期の直面する状況を直接に話をするというような関係では全然ありませんでしたから。

　森さん自身は交渉の中ではあまり楽しそうではない憮然とした顔をして、大抵黙って座っていることが多かったです。直接自分に関係すること以外はね。変わった後の中央館長さんが「これまでは我々の方のコミュニケーションがうまくいかなくて、皆さん職員に大変ご迷惑をおかけすることが多かった。これからはそういうことがないようにいきたいので、よろしくお願いしたい」とずいぶん踏み込んだ話を、縷々交渉の席でされましたね。天王寺がらみの話の時には、森さんは「よろしくお願いします」と横で頭を下げるというような感じの関係でした。森さん自身と直にやりあうことは、私の在職中にはなかったです。彼が中央館の館長になったのは、私が退職した1971年の６月ですからね。

　―先生が取り組まれた組合の自治研活動はどんなものでしたか。

　図書館でやった自治研的な活動というのは私が言っているだけで、大阪市労連全体でそういう自治研活動が盛んだったかどうかは、何とも私には言えません。あくまでも私は、図書館労働運動はこういうものだというところを多少意識しながら、あまり教育委員会支部全体の活動の中にそれを、図書館出身の支部長もいましたが、そういう関係付けは意識することはなしに、あくまでも図書館の問題としてやりました。だから逆に他の本庁の各職員等々から見ると、図書館というのは妙なことをやるところだという見方もあったかもしれないと思います。少なくとも八木、谷くんとの間では共通認識を確かめてやりました。

　この間の動き、事実についてはもうちょっと一連の記録を表に出しておいたらよかったかな、という気もします。この件については私自身がおよその方向が固まっていよいよこれから具体化にという時期に図書館を出ましたからね。『あゆみ』のファイルを見てもらったらわかりますが、辞めた後のも２〜３号綴

じているんです。図書館の仕事が終わってからも、仲間がその後のことを知らせるために送ってきてくれたんです。そんな形で関係が続いていたということもありましたが、私自身がもうそこに関わっているわけではないから。別な立場で、その当時一緒にやっていた拝田顕くんが、『図書館界』にちょっと長めの「市民と図書館」という論文でそういう経験を少し書いたのもあるし、森さん自身も自分の書いた『図書館の話』の中でちょっと触れているのと、『図書館界』[56]に「1970年の大阪市立図書館」を書かれています。[57]私自身は、森さんのことを書いた「公立図書館への開眼」[58]を書くまでは、大阪市のその時のことは文章にはしていません。自治研活動としての集約とか報告としては人に見せる形では書いていませんね。出しておいても良かったかなという気もしますけれど。[59]

・図書館友の会

　—先生ご自身は、天王寺図書館でできた「友の会」の皆さんとの関わりは何かありましたか。

　「友の会」は天王寺のサービス活動の中でできているので、読書会などには全く縁はありませんでした。しかし「大阪市の図書館をみんなのものにする会」とは若干の接点はありましたね。代表の中野照子さんとはよく話をしました。議会請願とか市議会でこういう答弁が出てきたが、ここからどういうふうに進めるか、というような類のことを話しました。ただ、あまり私自身が大阪市のその人たちと表で強く接触することは、当時はなかったと思います。

　後に森さんが亡くなったときに、図問研『大阪支部報』の追悼特集に、中野さんにも書いてもらったのですが、その中で中野さんは「なぜ自分はあそこまで大阪市の図書館のために走り回ったのだろう。今から思うと不思議だ」ということを書いて、最後の結びは「これはきっと森館長さんにうまく使われたに違[61]

56）拝田顕「市民と図書館（1）読書普及運動から図書館運動へ」『図書館界』24（4）、1972.11、p.144-149／「市民と図書館（2）市民運動の経過と課題」『同』24（5）、1973.1、p.230-237.

57）森耕一、至誠選書（3）、至誠堂、1966、p.7. ほかに、森耕一『公共図書館』日本図書館学講座（4）、雄山閣、1976、p.173-176。

58）森耕一、『図書館界』24（1）、1972.5、p.44-16.

59）前掲注53）

60）このことについて塩見はずっと後に、以下で詳しく記述している。「1960年代半ばから70年代初頭の大阪市立図書館：地域館整備に向けての歴史的な転換の背景をたどる」〈図書館・文化・社会〉6「公立図書館の思想・実践・歴史」相関図書館学方法論研究会編著、松籟社、2022.4、p.3-56.

61）中野照子「静かに森先生を偲ぶ」『大阪支部報』（293）、1992.12.

いない」とありました。森さん自身が期待したことは間違いがないが、期待以上のことを市民の中野さんたちがやったんじゃないかと思うのです。森さん自身が上手にそういうことができる人ではなかったし、そのことに関して、誰か参謀がいたわけでもないです。だからまあ、大阪市の図書館の状況が市民の目から見てもいいタイミングだったのかな、いい時にそういう熱心な人たちがいて、森さんも思いをかけたのがいい形でかみあったのかなという感じがします。

　　―確認ですが、『大阪市立図書館50年史』の後ろの年表に、1969年「天王寺図書館友の会を大阪市立図書館友の会と改称した」とあります。「友の会」と「みんなのものにする会」とは別のものですか。

　別のものです。「友の会」は天王寺図書館に事務局を置く図書館の利用者の団体です。最初は団体登録している団体の代表者と使っている人たちが、友の会を作って、そこで読書会をやったり、見学会をやったり、というようなことをする。「みんなのものにする会」はあくまで大阪市の図書館行政に働きかけるという市民運動ですから別のものです。メンバーはもちろん重なりますがね。「友の会」というのは、図書館の団体だから記録に掲載されるけど、「みんなのものにする会」はオフィシャルな歴史には載せなかったのですね。

　　―友の会の人たちは大体文庫の人たちですか。

　文庫の人も多かったですよ。結構レベルの高い読書会で女性史や憲法を読んでいましたからね。

・図問研事務局長に

　　―図書館在職中に図問研の本部を関西で引き受け、事務局長に就かれます。

　1969から1972年にかけて3年間、大阪を中心に関西で本部、具体的には常任委員会と事務局を引き受けることになりました。私が初めて全国大会（横浜）に参加したのが1963年、翌年にその報告を合わせて支部結成の集まりをもち、1965年の再建大会に数名が参加し、1966年に三鈷寺で全国大会をお世話。「貸出しを伸ばそう」という方針を決めた1967年の富山大会を経て、会としての日常的な活動がようやく具体化しかけた1968年の大会で、次には是非関西で事務局をという話が表面化してきた。どう考えても性急な展開であり、図問研そのものがまだよく分かっていないし、とてもやれないと固辞したが、その後のやり取りでぜひという話になり、1969年の大会で決定された。

　動き出しには体制づくり、事務所の設定など、基本的なことから難航しました。当初なかなか委員長が決まりませんでした。図問研は前にお話したように"幽霊説"があって、大して力があるわけでもないし、激烈なことを行動や言葉でや

るわけではないのに、特に大きな図書館の館長さんあたりからは図問研というのはとにかく、恐ろしいというか、あまりよろしくない組織だ、困った連中だといった幻想や幻影があって、これを図問研自身も"幽霊説"と言っていたわけですが、幽霊として存在するというイメージがあったわけです。だから図問研の委員長を引き受けるというのは現職者にとっては風当たりが相当強いのです。長年、戦前から東京の区立図書館で働き、館長さんも務めた清水正三さんが図問研の象徴のようにずっと委員長を引きうけてくれていました。関西に移って誰が委員長をやるかという話になってもなかなか結論が出ませんでした。

　結局、非常に図問研らしからぬやり方でしたが、委員長だけは遠隔の清水さんにそのまま残ってもらって、実質はこちらでやりますからということで、「象徴委員長」という形でスタートせざるを得なかったんです。当時の関西がまだまだ弱かったということです。事務局長は私が引き受けることは早くに決まっていましたので、石塚栄二さんが副委員長になって、委員長不在の中で準代表者に、同時に同じようなクラスで入ってもらったのが栗原均さんでした。栗原さんは大阪府立図書館の係長で、石塚さんは大阪市立図書館の係長で、どちらもキャリアのある図書館員でした。全国的に有名な大図書館の係長であった栗原さんでもすぐに委員長というわけにはいかなくて難しいところでしたが、事務局が移って2年目に、いつまでもこの形ではいけないということで、わしが思い切ってやろうかと決断してくれて、栗原さんが委員長になりました。

　事務所をはじめは府立図書館でと想定してスタートしたがどうしても難しく、最初は石塚さんのお宅に置かせてもらい、半年後に私の自宅に変えました。家を連絡先にすると、毎日十数通くらいの手紙が届き、事務局員の仕事としてその処理が大変でした。この頃がおよそ会員数500人くらいだったと思うが、2年ほどするとほぼすべての会員の名前を覚えましたね。

2-3　大阪市立図書館を出る

　大阪市立図書館の将来構想、分館計画も含めて計画づくりがいよいよ動き出すという時期に、私は図書館を出ることになりました。積極的に自分から出ようとしたわけでは全然ありません。これまでお話してきたそういう流れ、いわば自分で招いた動きの中にいますから、今これからしばらくはとても大事な時期だと自分でも分かっていました。責任もあるし、見届けないといけないという思いが強かった。図書館を出る話が進むとは思ってもいなくて、迂闊といえば迂闊ですが。1970年の秋頃に大教大の図書館学担当教員の公募の話を天満隆

之輔さんから聞きました。梅田のガード下の立飲み屋で大変強く勧められて、とても無理だと強く固辞していたのですが、まあ書類だけは出しておくか、と応募の書類を出しておいたところ、1971年2月に「あなたに来てもらうことに決めた」と言われてびっくりするわけです。

　交渉でしばしば顔を合わしていた庶務課長さんと仲良くなっており、この人なかなか面白い人で交渉の前段階でしょっちゅう話に行ったりしていたので、彼のところに行って「困ったことになりました」と言ったら、「なんちゅうことをするのだ」と言ってえらく怒られました。こんな時期に辞めたらあと補充が出来ないという問題もあり、そんなことはあんたが一番よく知っているだろう、と言われてその時はひたすら頭を下げるばかりでした。最後はその人から大学の相当な人に割愛申請に来てもらって、筋を通しなさいと言われてなんとか助けてもらって図書館を出たんです。ですから3月の30日まではずっとこちらの仕事をしながら、31日に辞めて、4月の10日から大学で授業をするわけですから、この時期は尋常ではない大変さ、忙しさでした。学校図書館については全くの白紙でしたから。出るときに、先ほど話した直井勝くんなどは、最後私と一緒に学習室にいたんですが、「私らを、大阪市立図書館を見捨てるんですか」と責められた時にはこたえましたね。辛かったです。

　そんなふうに職制の立場ではなかったけれども、組合の代表という形で図書館運営に関わって、市民を意識した図書館のありように一つの節目になるような決着をつける一端を担うということにはなったのかなと思います。3月31日に辞令をもらいに市役所に行って、帰りに天王寺に回って館長室の森耕一さんのところへ退職の挨拶に行ったら、「ずいぶんお世話になったね。これからもよろしく」と言われました。森さんとはそもそもは整理の専門家だということだから、在職中は私はそんなに仲良くなったわけではありませんし、親しみを感じたわけでもありません。しかし、結果的に天王寺の館長になった彼の目指した図書館運営のひょっとしたら一番の理解者だったかもしれません。そんな関係がしばらくあって、辞めてから彼は日図研の理事長であり、私もすぐに日図研の理事になって、それからあとは何か問題が起きると一緒に図書館人として働くということが多かったですね。森さんとは亡くなる直前まで親しく付き合いました。日図研の事務局長として、葬儀委員長も務めました。そんなことが大阪市立図書館時代の終わり頃の話です。

第3章　大阪教育大学での仕事

3-1　大阪教育大学(大教大)へ

○　教員生活が始まる

　大教大で今まで図書館学をやっていた先生が定年で辞めることになり、教育学教室は新たな採用人事においては現任者よりも若い人を採るということを基本にしていたので、若い人で図書館学を教える人が必要になったのです。図書館学と社会教育、それに同和教育を担当できる人を合わせて3人を公募することになったのです。その頃はまだ日本では図書館学の研究者養成などまともにやっていませんでしたから、若いので図書館学を教える訓練を受けた人なんか探してもまずいなかったわけです。教育学教室の先生が組合の委員長をしていて、当時図書館の係長で組合の仕事にも熱心だった天満隆之輔さんに誰かおらんかと聞いたんでしょうね。そこで例のマッカーシズムの研究を一緒にやっていた私と天満さんとのお付き合いの中で、大阪駅のガード下の立ち飲み屋で、天満さんが是非これに応募したらどうか、と私に強く奨めたというのが発端なんです。1970年の秋です。

　当時は先にお話したような大阪市立図書館の改革のことがずっと進行している最中でしたから、とてもじゃないが、今は辞めるわけにはいかない、という話をしました。それと、大学の教師になることに全然興味がなかったと言うと嘘になるかもしれませんが、司書としてのキャリアも乏しい若手が大学の教員になるということは、当時日本にはまだ全然例がなかった。大体どこの大学も、当時は図書館学の先生というのは研究者なんか期待していないわけですよ。要するに司書の資格を出す課程の先生しか期待をしていないというのが大方で、あの京大でさえ小倉親雄先生が苦労したという話は前にお話しましたが、東大、京大、慶應あたりの研究者養成を主とするごく一部の大学を除くその他の大学の図書館学は、要するに司書課程の資格を出すためにいてもらうんだ、別に研究してもらわなくても、というのが大方の状況の中で、図書館学の先生というのはどこかの図書館の館長さんとかまあせいぜい課長ぐらいの実務経験があり、それ

1）塩見昇・天満隆之輔「マッカーシズム下の図書館」『図書館界』20(5)、1969.1、p.156 -170.（同号には「マッカーシー下の図書館」とあるが、次号でこのタイトルに訂正された。）

を教えられる人、そういう人が定年退職後に就くのがほとんどでした。だから若手の図書館学の先生というのは限りなくゼロに近い職種だった。

　長倉美恵子さんはアメリカの大学で勉強して学位を取って帰ってきて、後で図書館短期大学の助手になったのだけれど、そういう女性がひとりふたりいるとしても、他にはほとんど例がありませんでした。だから大教大の先生も、この領域については自分たちでは探しようがないから、天満さんに誰かいないかと尋ねたんでしょうね。唯一の例は『図書館法成立史資料』をまとめた小川剛さ[2]んでしょう。私より少し年長で、東大の教育学部で図書館学を勉強し、大学院を終えてお茶の水女子大に教員として入っていますが、それは図書館学ではなく社会教育の先生としてでした。私と同期に河井弘志さんが京大を出ていますが、彼が大学院に進んで教員になるのはずっと後のことです。

　加えて大きな問題は、大教大に行ったら教員養成の大学ですから当然学校図書館のことをしなければならないが、学校図書館のことは本当に何も知りませんでした。学校図書館法(以下、学図法)があるぐらいのことは知っていました[3]が。だから大学で教えるのはとても無理だと言って断ったのだけれど、かなり執拗に薦められて、まあそこまで言われるのなら、とても無理だろうが応募の書類だけでも出すかと書類を出したのが10月か11月でした。その後は、事務事業の再検討のことで走り回っていたのでもう忘れてしまっていましたが、2月に入るぐらいの頃に「あなたに決めた、着任を待つ」という電報みたいな手紙をもらってとてもびっくりしました。

　3月30日までは市立図書館の事をやっていて考える余裕がなかったから、4月10日までの10日間で1回目の授業を準備しました。そこに『教育学論集』という雑誌がありますが、それは私が属した教育学教室が出したものです。私が大学に入った次の年に創刊されたのですが、その第1号に、とにかく一年経ったのだから図書館学の教師であるという証になるものを書かなければならないという思いで書いたのが、その中の「『教育の自由』と学校図書館：わが国における学校図書館運動の史的考察のためのノート[4]」でした。1年間かかって学校図書館について私が勉強したことのほぼ全てを出したのがこれです。本当に学校図書館についてはゼロからの出発でしたから。少し前に読み返してみたら、まあそこそこちゃんとしたことを書いているなあとは思いました。ゼロから始め

2）裏田武夫・小川剛編、JLA、1968.

3）学校図書館法（1953年法律第185号）

4）塩見昇、『教育学論集』(1)、1972.3、p.193-205.

て1年間でものすごく苦労して書いたものです。これは大教大の機関リポジトリから読むことができます。

・「三兎」も「四兎」も追う生活

1971年4月に大学に移ったのですが、その2〜3年前そして移ってからの2〜3年、トータルしてこの6〜7年のところを、私もこの『半世紀』[5] で読み直していたのですが、自分で言うのもなんですが、これだけ高密度で厳しい時期は前後になかっただろうと思います。結構面白いというか、大変な時期だったなあと思いつつ、実は当時はそれほど大変だと思っていなかったのではないか、という気もしたりするんです。本当に大変だったと思います。「二兎を追う者」と言いますが「三兎」も「四兎」も追っている。1960年代の終わりぐらいが大阪市の図書館が大きく動いていくときで、普通なら職制がやらないといけないところを組合が相当かぶる格好で、むしろ実質的に条件整備を組合がやって、職制がそれに乗っかる形だけれども、大阪市の図書館が変わるための仕事にかなり勢力を割いた時期が1967年から1970年頃でした。そこから市民の運動が出てきて、議会や市長も図書館に興味を持ち出して、大阪市の図書館の将来の問題が動き出すわけです。私は1971年3月に大阪市を出ましたので、そこから先のことは関わりがないわけですが、大阪市の将来計画の下ごしらえの動きに職員組合のサイドから直接関わっていたのがこの時期です。

1971年に大学に移って、ここで全然違う経験が始まるわけです。毎日毎日、毎週毎週の授業、教師の給料をもらっているわけですからやらなければならない仕事ですが、逃げようのない仕事をほとんど手ぶらでやらないといけなかったわけです。さらに1969年に図問研の事務局をやることになって、先ほども言ったように委員長が決まらなかったのと同時に、事務所も決まりませんでした。それまではどこかの図書館に間借りしながらやっていた時期があったのですが、だんだん図体が大きくなっていくと、図問研の看板がナントカ図書館内にあるというのはやっぱり具合が悪い。委員長問題以上にどこの図書館も嫌がって、大阪府立図書館からも「ちょっと無理だな」と言われ、大阪市立図書館には交渉もしなかったと思いますが、とにかく難しい。ですから最初は副委員長の石塚栄二さんの自宅が図問研の事務所でした。1969年の8月末から1970年の5月までです。古い会報で確認したら5月号までが石塚さんの住所が書いてありました。6月号からは京都市の私の自宅になっています。これが2年半、東京に

5）凡例参照

事務局を返すまで続きました。

　図問研の事務所があるということは、毎日10通前後ぐらいは図問研宛の手紙が来るわけです、退会やら入会やら。当時、だいたい会員数が500ぐらいでした。2年半、事務局員としての仕事、毎日そうした郵便物を処理する仕事、1972年までは事務局というよりも事務所の仕事をやっていたことも事実です。それから図問研が直面する課題、この時期ににわかに図書館法を社会教育法に統合するという問題が出てきた。図問研の本部としてこの問題にどう対処していくか、その方向を全国に伝え、課題を提起しないといけない。事務局長としてこれはこれでその研究もしなければならない。このことと明日、学校図書館の授業でやることは全く関係がない。両方準備しなければならないわけで、こんなことをやっていたのが1960年代の終わりから1970年代の初めの6年間くらいでした。我ながらよく三兎、四兎が追えたもんだなあと思いました。

　が、それと同時にその時それほど大変だとは思っていなかったんではないか、なんとなく両立させて使い分けしながらやっていた、我ながらそれなりによくやっていた時期と言えるのかなと思います。どこにしわ寄せがいったかと言うと、1970年から1975年、実は私の山行きの記録が一切ないんです。本当に行ってないんですね。完全に止まっていました。もちろん、当時のライフスタイルの問題もあります。学生時代の1957年ぐらいからずっとやっていた社会人の「山の会」がジリ貧になって、だんだん人が来なくなって、1969年に私が計画して誰も来なくて、一人で歩いたことがあって、次の月ももう一度同じことがあって、誰も何とも言ってこないので、自然に休止状態になってしまいました。1975年になって会員の一人である米屋さんがコメの配達に来てくれた折に、ボツボツ再開しようかと言って再開したら、子ども連れで25人ぐらい集まりました。この間の5年ほどは個人としてもほとんど山に行った記憶がありませんので、やはり、山行きにしわ寄せが行ったと言えるでしょう。ほぼ近い年齢の世代が多かったので、結婚して子どもができて、というのもあり、まあ、四兎くらいを追いかけながら、なんとか両立させて動いていた時期がこの時期でした。

6）1970年10月、文部省は全国社会教育委員協議会に「図書館法、博物館法を社会教育法に一本化すること」を問いかけ、翌年1月には全国社会教育主管課長会議に「社会教育法の全部を改正する法律案（試案）」を示した。（山口源治郎「補章　戦後図書館法改正史：三社会教育法改正問題と図書館法の擁護：七〇年代の法改正論争」『新図書館法と現代の図書館』塩見昇・山口源治郎編著、JLA、2009、p. 352-356.）

・桃山学院大学司書講習

　—話は変わりますが、図書館在職中から大学の授業をやられていたのですか。

　そこに『資料・日本の公共図書館活動　その歴史と現状』[7] という冊子がありますね。1968年に省令改正があって1969年に司書講習の新カリキュラムが始まったのですが、新カリキュラムになった時にはまだ大阪市立中央図書館に在職中でした。木原通夫さんという資料整理が専門の人で志保田務さんの師匠に当たる人ですが、この木原さんが桃大のスタッフで、桃大の司書講習で授業をしてくれないかという話が来ました。私が中央図書館でレファレンスをやり、「新しい参考図書」の解題をしていたので、そういう依頼がきたのでしょう。「人文科学・社会科学の書誌解題」という授業で、これが全然面白くない。200人ぐらいいるところで、ナントカ総索引というのはこういうものだ、このような使い方ができる、と現物を見せて説明しても、誰もそんなものは触ったこともないし、ナントカ目録やナントカ索引の話をしても興味が湧くはずもない。しかし書誌解題ですから解説しないといけないわけで、それが主、そして少しは触ってみないといけないのでレファレンス演習みたいな形で書誌を使ってものを調べる練習を、桃大の図書館を使って、ちょっとはやりました。それはそれでひとつの実習になったわけですが、いずれにしても目録とか索引とかの解説だけの話というのは面白くないので、もう嫌だと断ったら、「何だったらできますか？」と聞かれ、「図書館サービスの話ならやってもいい」と言いました。他の先生が当然やっているわけですが、調整をしてもらったようで、2年目からは図書館活動（サービス）の話をすることになりました。

　講習事務室で教科書を指定すれば斡旋する、自分でプリントを作るのであれば事務室で作りますという話があって、1年目にいきなりできたわけはないですが割合早い段階で作ったのがこの『資料・日本の公共図書館活動』です。サブタイトルが「歴史と現状」で日本の公共図書館サービスの発展のあとを追う資料です。私の大学の授業に一番合う教材が資料集という形式で、普通はプリントを作って配ります。しかし細かくやりだしたらきりがないし、作るのも大変だから、あらかじめこういうものを使ってやろうという講義のイメージさえできたら、はじめからその資料を体系的に1つに集めておいた方が便利だし、それを冊子にすればいちいち配る手間も省けるし、別に売って儲ける話ではないが、一定の実費で頒布すれば学生もその方が便利だろうな、というので、講習の

7）塩見昇編、私家版、1973.（国立国会図書館蔵）

中でもこういうスタイルがかなり早い段階から固まりました。これをしばらく使っていて、仲間内の人にあげていたら、森崎震二さんが食いついてきて、それが「図書館学教育資料集成」になったわけです。(→p. 67)

　司書講習のことで余談ですが、今では考えられないような話として、桃大の講習の時に、学生が「講習生組合」という組合を作って、主催者の桃大の当局と団交をやるといった時期がありました。私が行きだしたごく初期の頃、1970年のことです。その資料がこれです(ガリ版刷りのビラ 右図)。

　この経験があったから、大教大へ行って学生との団交があっても、それほど驚かなかった。実は多少の経験があったんです。交渉の時、学生たちは居丈高になって「おま

え一」てな調子でやるわけです。同じ子が少人数のゼミに出てくるととても礼儀正しいのですが、交渉の時には人が変わったようになるわけです。そういう雰囲気を桃大で多少は知っていたのです。別に私に向かって何かを言ったわけではないのですが、これが受講生が作った組合の呼びかけ文です。一つには受講料が高いということでした。例えば、一人ひとりから1万円を集めて100万円とすると、先生にはどれだけ支払われたのか、その差額はどうなっているのかといったことを追求しています。もっともなのは、資格を出すだけではなく就職先を斡旋せよということでした。先生たちは皆講義の中で資格を取っても就職先がないというわけですが、学生にしてみたら高いお金を払って来て、勉強しだした途端に資格を取っても行き先はないよと言われたら、がっくりきますね。やっぱり事務室当局はそれに対してしっかりと進路指導をせよ、情報を提供せよということです。掲げていることはもっともです。

　彼らが講習で一番よく単位を落としたのは整理関係「分類・目録」でした。この科目はやっぱり評価が厳しいから不人気なんですよ。私の科目なんかはそういう意味ではよほどのことがないと落としませんし、やっている話も図書館サービスですから。西村一夫くんが私の講義を聞いて司書になりたいと思いましたと言ってくれていますが、まあまあ気楽に聞いてくれたと思います。森さんが「図書館概論」をやって、私が「サービス論」をやって、まあこの二つが初めの方で気楽に聴ける授業だったと思います。それに比べて「分類・目録」と

いうのは分類をしたり、カードを書くわけですから、試験をやってカードが書けなかったら単位を出すわけにはいかない。評価基準がはっきりしているので、単位を落とす人もいるわけです。追試は基本的にはしない、という方針を取っていたので、落とした人間がもう一度チャレンジする機会を作れという要求もありました。いちいちもっともでした。

　クーラーも何もない時代ですから、桃大の大教室で大変な思いをして、夕食の時間にはみんな風呂に行きました。そのために受講生はタオルや石鹸を持って講習にきていましたね。そうした劣悪な条件に、さすがにクーラーを入れろとはまだ言っていませんが、扇風機を増やせといった具体的な要求もしています。講習に来ているのも現役の学生たちもたくさんいましたから、その人たちは昼間行っている本来の大学の学生運動の雰囲気をそのまま持ってきたということもあったでしょうね。そんな時代もありました。2年か3年続きましたが、その後はそういうことはもうありませんでした。司書講習にもこんな歴史がありました。もうこんなことを知っている人もあまりないでしょうね。

　―その頃、桃大はべ平連の拠点で、小田実が桃大に張り付いているという噂を聞いたことがあります。

　『現代のファシズム』を書いた有名な政治学者の勝部元さんが、桃大の学長の時期もありました。そういう傾向の先生もいた大学でしたね。自分の大学の学生運動の雰囲気を持ち込んだのかもしれませんね。桃大の中にももうこんな資料は残っていないでしょう。司書講習の中の一つの歴史です。

　―貴重な資料だから、大学に引き取ってもらったらいいのに。

　あっちこっちに行って、ほかしてしまう（捨ててしまう）んじゃないですか。

○　学生から学ぶ
・学生運動とS君問題

　―大教大に行かれた頃は、丁度大学紛争とか障害者への差別問題があった頃ですね。

　学生運動には2回大きな波がありました。1回目が60年安保の時。この時は安保改定という問題がメインで学生が頑張ったというものだし、学生運動自身も国民的な運動の一環として、共感や支持も割合強かった。ところが、1970年代

8）「ベトナムに平和を！市民連合」の略称。1965-1974に活動。代表は作家の小田実。
9）勝部元、岩波新書、岩波書店、1955.

の学生運動は、よりラジカルにというか、セクト化し、暴力的になって学生運動に対する世の中の見方も随分変わりました。あの時は大学の管理運営の在り方が問われたわけですが。特に医学部の問題だとか。安保だったら学生運動だけでどうこうなるものではないのだが、大学の管理運営となると大学の執行部の管理体制と学生が対峙するというのが1970年の学生運動の中心だったでしょう。

　私が大学に移った1971年になると一応学生運動も下火になりかけたと思うのですが、実は大教大には、大教大の第二次学生運動がありました。1971年の入学試験で「Ｓ君問題」が起こります。Ｓ君というのは、肢体不自由の受験生の姓だったと思います。教員養成大学でしたから、当時は免許を取るのが卒業資格取得の要件でした。卒業すると教師にならないといけないわけではないですが（昔の師範学校は授業料を取らない代わりに卒業したら何年か教師になってご奉公をする義務がありましたが）、卒業要件に免許の取得が入っていましたから、そのためには教育実習に行く。少なくとも、教師経験というのは絶対に卒業に必要なことでした。当時の大学の関係者からすれば、むしろ親心だと思ったかもしれません。卒業間際になって「あなたは教育実習には行けない」とか、「教育実習で体操の指導ができないだろうから卒業できません」と言うのは、かえって学生を苦しめることになるという親心で、入り口で教師になる道は難しいということを、その子に言ってあげた方が親切だろうと考えたんでしょうね、おそらく。だから身体の不自由を理由にして不合格にしたようです。

　いちいち不合格の理由を公表するわけではないのだけど、「身体障害を理由にして不合格にしたのはけしからん」という学生の反発が合格発表以後に起きた。３月20日ぐらいに合格発表があるのですが、その直後くらいからその問題が大教大の学生運動と学生自治会の課題になっていきました。それで大学執行部に対して、「Ｓ君問題」という名前で「Ｓ君の不合格は不当だ」「入学を認めろ」という学生運動が始まりました。その最中に私は大学に移ったわけです。この頃の学生運動はテレビで見ていますから、日大闘争や東大の時計台闘争（1968）もあり、「あー、これが大学か」と思いました。大教大には300人くらいの教師がいましたが、300人と団交するというのは学生もできませんから、学科とか講座の単位毎にそれぞれが先生の集団と交渉して、不当であることを認めろと迫って、個人的には合格させた方がいいと思うよというような言質を一つでも二つでもとって、それを学生の要求達成に積み上げようということでした。

　私が参加したのは教育学科（教育学教室、心理学教室）で35人ほどの先生がいて、ちょっとした学部のような規模でしたが、当然団交の時には、４月に一緒に

入った新入りの教員が3人いたのですが、私も端っこに並んでいました。が、学生は古かろうが新しかろうが関係なく、一人ひとりどう考えるかと問いかけてくるわけです。入ってほとんど初日くらいからそういうことを経験しました。テレビで見てはいましたが、カルチャーショックでした。そんな場面に飛び込んだということがありましたが、しばしば授業が抜けてそれはそれで助かりましたね。交渉が紛糾すると学生はすぐストだと言うし、教授会ができないとか、大学運営にも学生対応で時間が取られて授業もよく抜けました。そうすると一回でも授業が延びるわけですから、授業準備の不備が助かって、その点ではありがたかったですね。それが秋ぐらいまで続きました。結局、再判定をして、肢体不自由を理由として不合格にするのは適当ではないという結論を教授会が出して、年度途中にS君の合格を認めました。学生が勝ったわけです。その子は、その後よく頑張って確か卒業したと思います。

　肢体不自由であれば健常者と同じように体育の指導ができないということはあるかもしれないが、それが出来ないからといって教師ができないという話ではないので、言い分としては学生の主張はもっともだと思いました。一人ひとりの教師もそう思った人が少なくなかったのではないでしょうか。それ以前にそういうことで不合格にしたことがあったのかどうかは知りませんが、教育実習という条件があるということなども含めて、小学校教員養成課程は体育とか音楽という実技科目をやるのが当たり前ですから、そういうことを考えると、肢体不自由の学生が大学に入ってもその学習権を保障する条件整備ができていないということはよく言っていました。障害者の受入れに理解と実績のある関西学院大学などもそういう言い方を随分していたようです。階段をスロープにするといったことでもすぐに出来るわけではない、予算もないから十分な学習を保障できないので、かえって来てもらうことはその学生にとってよくない、といった理屈で多分不合格にしたのだと思います。それはやはり優先的にでもそういう努力をしていかなければならない。その代わりいっぺんにできないことは学生にも納得してもらって、というような感じで落ち着いたのですが、妥当な落ち着き方だったと思います。

　そういうことが1年目にありましたので、非常に異様な雰囲気があったのも確かですが、授業の準備が不十分な者にとっては正直言って大変助かる、一息入れられる時期でもありました。同時に、障害者とは何か、ハンディキャップがあることは確かだがそれと教師の仕事をどう考えるか、あるいはハンディキャップは本人が好んでなったわけではないので、本人が背負っているそういうもの

を前提にして学べる環境を整えるというような課題を考える必要がある、ということを気づかせてくれたのが、この「S君問題」でした。私には障害者問題を考えるいい勉強の機会でもありました。図書館でもそういう課題が顕在化する時期でもあったので、有難い経験でしたね。

・図書館と学習権

　大学の先輩で、同じ大阪市立図書館に勤めた松本昌三[10]さん、四つぐらい上の人ですが、その人は学生時代から強度の弱視でした。就職してからどんどん進行してしまって、私が図書館に入った頃には全く見えないわけではないけれども、ほとんど全盲に近いくらいの状態になっていて、さらにその後進みましたけれども、そういう人も図書館の中にいました。図書館も人手が十分ではない中では、そういう不自由な人は、職員の中では率直に言えば重荷になるわけです。目さえ見えれば他の人の方がいいというような雰囲気は否応なしに、言葉には出さなくてもある。職場のお荷物・厄介者というような見方が、障害の度合いが進めば進むほどなっていくということはあるわけです。そういう人を抱えた職場であるということも含めて、丁度図問研の事務局をやったのがこの時期でしたから、我々も会報づくりをやっていたので、その中に「図書館と障害者」について埋め草記事のようなものを私も書いたりしました。[11]

　世間一般でも障害者問題が社会的に話題になりかけた時期が1970年です。視覚障害者読書権保障協議会（視読協）という団体があるのですが、視覚障害者に読書権・読む権利を保障するという、これは目の不自由な人の大学進学をサポートするという東京の学生の運動だったのですが、そのために図書館がどういうサービスをするか。都立日比谷図書館で初めて対面朗読が始まるのが1970年で、これは視読協が要求して、一人の学生がそこで本を読んでもらうということが始まったのです。そのすぐあとの1971年ですから、まだ視読協の運動も動き出したばかりで、ちょっとそういうことが図書館でも話題になりかけた時期でした。「S君問題」を契機にして私自身が障害者のことに目を向けだした。大阪市立図書館にいた松本さんのこともあり、「図書館と学習権」ということを言い出したのもこの時期でした。障害者サービスは大きな課題だということを図問研でも言い出したのがだいたい1970年から1971年ぐらいでした。そういうことがあったので、「S君問題」は事務局長としての私にとっては、ひとつの新しい

10）松本昌三は『わが心の風景：白杖エッセイ』盲人たちの自叙伝(54)、大空社、1998. などを出版している。

11）塩見昇「身体障害者の図書館利用を考えるために」『会報』(121)、1971.9、p.10-11.

目を広げることになっただろうなと思います。日図研の研究大会のシンポでも「障害者と図書館」を取り上げています。[12]

　当時、学生ストがよくありましたが、先生は教室に行かないわけにはいきませんから、教室に入って学生がいなければストだということが分かるといった具合でした。そんな時に大教大平野分校、これは障害児教育課程のあった一番小さな分校でしたが、そこに聾課程の学生でしたが、一人熱心な受講生がいて、ストだけれども時々その子が教室に来るんですね。学生が来ると先生が先に帰るわけにはいかないし、さりとて一人だけで講義を進めるわけにもいかないので、来た学生と雑談をするというようなことがよくあったのですが、その学生を通じて聾の人というのはどういうものかということを初めて学びました。目の見えない人や肢体の不自由な人は見ただけでわかりますが、聾というのは一番わかりにくい障害ですね。会話をして初めて耳が不自由なのだということが分かります。聞こえないことが喋れないことにつながるのですね。聾ということがどういうことなのか、私の身近にはそういう人がいませんでしたし、全く知りませんでしたが、ある時、その学生がこんなことを言ったんです。絵本に一寸法師があるでしょう、あれを子どもに読み聞かせをしてあげている時に、"恐ろしい顔をした鬼が"というような形容詞や形容動詞を例に挙げて、耳から普通に言葉が入っていく子ならその言葉で何がどう恐ろしいのか、恐ろしいということがどういうことなのか、伝わるでしょう。ところが、耳からそういう言葉が入らない子は、目で見て恐ろしいとか、可愛いとか言われても耳から入ってくる言葉の裏づけがあって初めて可愛いというイメージがわく。それを抜きに形容詞を単語として受け取っても、全然伝わるものがない。だから、絵本というもの、絵というものが大変大事になってくるし、そういうものが総合的にカバーして、その子に、ある一つのメッセージを伝えられる、ということが必要なんですということを、その学生が雑談の中で教えてくれました。その学生に連れられて聾学校を見に行ったり、ずいぶんたくさんのことを学びました。

　そんな経験もあって、言葉で体の不自由な人に対して気の毒だというだけではなくて、そのハンディをカバーする具体的なものを考えなくてはいけないということ、言葉ではそれまでも考えていたけれども、例えば、聾の子というのはそういうことなのか、といった不自由な中身というものをその子から教わるこ

12)　1976年1月、第17回研究大会シンポジウム「障害者と図書館」。記録は『図書館界』27(6)、1976.3。塩見は研究委員長として「テーマ設定の趣旨と問題状況」を述べている(p.205-206)。

とによって、そこまで踏み込んで、では図書館はということを考えていかないといけないのだろうなと思いました。そのことと「S君問題」は直接はつながらないのだけれども、丁度そんな時期に障害者の問題に目を向けさせてくれた一人の学生として、とても印象に強く残っています。

　この時期、学生はしょっちゅうストをやったのですが、二部（夜間部）の学生の中にはストライキで授業を拒否するということに対してものすごく反発する学生もいて、二部には現職の人もいますから余計そうなのでしょうが、ストの時に子どもを育てながら来ている女性が一人だけ教室に来ていました。授業を受けに来ているのに帰れというわけにはいかないので、その学生と話をしていたら、「私は実はこの大学の二部に通ってくるために義母と非常に厳しい話し合いをして、何曜日と何曜日は大学に行く、その代わり他の日にはどうこうというように、親ときちんと役割分担をして苦労してきているのだ。だから、他の学生のようにストになって喜んでいるわけにはいかない」「大学に来るということはどういうことなのかということを私は毎日考えている」と言うわけです。これはもっともな話ですね。勤労学生というものの一面をその学生を通じて教わりました。これも印象に残った学生の一人です。

　一年目の新米先生は、学生からずいぶんたくさんのことを教えてもらって嬉しかったですね。学生運動の余波、副産物みたいなことですが。大学とか教育について考える貴重な機会をたくさん得ました。これらは私の実践の糧になることでした。

3-2　大阪教育大学教員時代の活動

〇　教授会や大学運営にかかわる

　大教大はその頃から移転統合という問題を抱えていたので、学生とは関係ありませんが、教師間の対立とか意見がなかなか合わないとかという類のことで教授会が紛糾するということが続きました。結構会議で疲れる大学だったと思います。会議の成立要件もあって、教員300余人のうち200人ぐらいが集まらないと成立しないのですね。200人近い会議はまともな会議にはなりにくいですよね。その会議の時が生きがいというような幾人かの人が論陣を張るのだけれど、まあ普通の会議のようにはなかなかなりません。執行部とその足を引っ張ろうという人たちの対立関係の構造というのがあって、なかなかしんどい会議でした。そういう会議は面白くありませんから出たがらない人もいてなかなか成立しないんですね。3人足らんとか5人足らんとかいうことで、一時間半ぐ

らい待って、結局流会になるということも少なからずありました。こういう教授会が結構続きました。

　他の大学では教授会の運営は執行部中心のやり方にだんだん変わってきて、管理運営が「近代化」していき、学長や学部長が仕切るという形が普通でしたが、大教大は全学教授会で、しかも全員で投票して議長を選ぶという議長団選出の教授会だったんですよ。民主的といえば民主的ですが。誰がどう仕組んだのか分かりませんが、その全学教授会の議長に私は5回ぐらいなりましたね。再任はできない仕組みなので、1年は空けての選出です。10年余りたってからですが、議長に3回、副議長に2回ほど選ばれました。これは面白いことは全くなくて、しんどい仕事でしたが、そういう形で大学運営にも関わりました。それから退職前の5年間は教養学科長や図書館長になって執行部の方に入りましたから、そうなると議長団には入りません。まあそんな形で大学の管理運営にも結構関わったということもありました。これは有難くはないが、文字通り大変な経験でした。最後の1年には附属池田小学校の事件もありました。

　—教授会はどのくらいの頻度で開催されていたのですか。

　移転統合問題が続いている時期には月に2回ぐらいやりましたね。今みたいに管理運営が「近代化」すると全学での教授会は年に数回ということが多いでしょうが、大教大は月1回は必ずやりましたね。なかなか移転統合が進まないと、文部省があんたのところの概算要求は受け付けないといった脅しをかけてくる。そういったトラブルを相当重ねながら、何年もかかって移転をやりましたから、会議は相当多かったですね。移転統合というのは天王寺と池田と平野にあった分校を統合しようというもので、結局池田と平野をなくして奈良に近い柏原市に移転しました。誰があんなところに決めたのか、黒い噂があったらしいと週刊誌に書かれたり、敷地の下には断層があって危ないので誰も手をつけなかった土地だ、などと言われたこともありました。教師は北の方に住む人が多かったので、本音ではそんな奈良の境に近いような南までと思っていましたのでなかなか決まりませんでした。私なんかも正直なところなるべく延びた方がいいと思っていた方です。そんなとこへ行ったら通勤に時間がかかりますしね。それに学長のポスト争いなども絡んで。教師というのはなまじ理屈をこねて格好をつけるので余計始末が悪いですよ。大学でしか通じないような議論が結構ありました。そういう議論に筋道をつけるのが議長団の仕事です。こんなことに関わりをもつのはある程度年数をかさねた1980年代以降の話ですが。

○　大教大の組織改編

—1980年代半ばから大教大で図書館司書養成のカリキュラムもスタートした
とのことですが、それまでの学校図書館に理解のある教員を育てるという
立場から、図書館への就職につながる有資格者の直接的な養成という立場
へ、大きく役割が変化したのではないでしょうか。

　私が行ったのは教員養成を主とする大学でしたから、そこでやる図書館学は
学校図書館学だということで、7科目8単位（当時）の司書教諭資格の取得に必
要な省令科目をベースにしたカリキュラムでした。これはどう考えても学校図
書館の専門家を養成すると言えるような学習内容でないことは始めから明らか
だった。私自身は大教大への着任からずっと、司書教諭を育てるための7科目
8単位の、年間2種類の「学校図書館学A」「学校図書館学B」というのをやっ
た。そこでやれる内容は、学校図書館の専門家養成ではなしに、学校図書館のこ
とに興味を持てるような、あるいは自分で学校図書館のよさを実感して、児童生
徒にそのことを伝えることができる、そういう先生を育てることが最大ギリギ
リのことだろうと思ってやってきました。

　もともと大教大に行く発端からして今一つ乗り気になれなかったのは、大教
大に行ったら学校図書館をやらないといけないことがはっきりしていましたか
らね。どう考えても諸手を挙げて応募しましょうという気にならなかったのは、
そこが一番不安だったからです。そういう意味では、大教大に入って、大学の教
員というのは授業をやることと研究をすることが職務ですから、研究部分の面
白さを非常に経験させてもらったというのは、あとでお話しする「学校図書館
前史」から始まる戦前の学校図書館問題、これは振り返るとしんどかったです
けれども大変面白かった。なるほど研究というのはこういうものか、ものが分
かるというのはこういうことなのか、いかに知らないかということが分かる、と
いうことの面白さ。そういうことを経験できたというのは非常にありがたかっ
たけれども、これは振り返って言えることで、その時期その時期は、明日行って、
明日の授業は何をするかということを探りながらですからね。本当にしんど
かった。しかもそれを一方でやりながら、図問研の事務局をやったりして、我な
がらよくやったと思うけれど。面白い時期には違いなかったですね。しかし大

13)　1998. 3. 18「学校図書館司書教諭講習規程の一部を改正する省令について（通知）」
　　（文初小第80号）によって、2000年度より5科目10単位になった。

14)　「特集・学校図書館前史」『学校図書館』(136)、1962. 2、p. 8-29／『同』(137)、1962. 3、
　　p. 36-50、p. 63-65.

学の授業そのものが自分として納得のいくものになるには結構時間もかかったし、常にずっとそういうしんどさは抱えてきたと思います。

　質問にある1980年代の半ばぐらいに変わったというのは、これは私が変わったということよりも時代が変わり、教員養成大学というものの在り方が変わり、という大きな変化ですね。一週間ほど前（2019年9月頃）に、大教大の「元教官の会」という、退職した先生の同窓会が天王寺のあたりでありました。ひところは30人ぐらい集まっていたのですが、だんだん減ってきて近年は10人前後ぐらいの固まったメンバーが「やあやあ、久しぶり」といって集まるような会で、私はできるだけ顔を出しているのですが、そこでいつも現役の学長が出てきて近況を話すのですが、ちょっと凄まじいですよ、今は。文科省の大学再編、国立大学の再編というとまず一番槍玉に上がるのが教員養成。教員養成というのは今文科省サイドから見ると子どもは減る一方、先生は余っている、余っているのかどうか見方によって違いますが、20人学級をやればいっぺんに足らなくなるのですが、まあ先生もそんなにいらない、同時に教師はもっと力をつけないといけないということが関心らしくて。

　ちょっとだけ脱線しますが、基本的には日本全国必ず一県に一箇所、国立大学に教育学部もしくは教育の単科大学があります。兵庫県がちょっと例外的ですが、神戸大学が発達科学部になって、その代わり新構想の兵庫教育大学ができた。今のところはどの県にも教員養成を主とする大学・学部があるわけです。しかし、その原則はもういらないと文科省は考えているそうです。教育の単科大学は二つくらい最小限残しておかなければいけないところだけ残す、それが一つは東京学芸大学で、それは決まっているのですが、もう一つが大教大か、北海道になるのか、それとも愛知になるのか、今の学長は当然、大教大だと言っていますが。国立の教育系は統廃合により法人として二つぐらいになるのではと言われているそうです。各県ごとに教育学部、教員養成の拠点があるということはおそらく消えてゆくだろう、という凄い話を聞きました。

　というわけで、大学の再編だとか縮小再編みたいなことを考えると、教育系の大学というのは数が多くて、文科省から言えば一番整理のしやすい、矢面に立ちやすいとこらしいです。おそらくこの3〜4年くらいの間に、小学校の先生を養成するのは私学でよいということを文科省が公言しているという話をその時にちらっと聞きましたが、果たして本当に私学だけでそんなことができるのか、各府県の教育委員会は今まで曲がりなりにも地元の各教育学部と連絡を取り合いながら教員の養成や研修をやってきたのだけれど、この世界から国立大学が

抜けても大丈夫というふうに県の教育委員会が思っているのかいないのか、県教委の方からもそういうことが上がってくるのかどうか聞いていないので分かりませんが、教員養成の先行きが流動的なことは確かなようです。

　これのはしりみたいなことが始まったのが、いま話題にしている時期だったんです。子どもの数がぐっと減っていって、振り子ではないけれども戦後すぐに子どもがバッと増えた時期がある。それがまた減っていって、それに合わせて教師の数を考えていったら、教員養成計画なんかおそらく計画にならないでしょう。目先のそういうものに振り回されることになって。そんな短絡的な発想で、丁度子どもが減る、学校の先生は新しい人をそんなに採用しない、それで教育学部の縮小、統合をということが、1980年代の半ばに出てくるわけです。それで全国の教育学部がどこかと一緒になるとかならないとか、あるいは教員養成課程というのは卒業要件の中に教員免許状を取ることが初めから必須条件になっていますが、それを、免許状を取らなくてもいいという、「ゼロ免課程」とか「新課程」という言い方をしましたけれども、そういうコースを作ることで大学の縮小を何とか回避しようという、そういう方策を探った時期がありました。多くの大学が教育学部の中に教員養成課程とゼロ免課程という教員免許状を取らないコースをつくる。教育学部に入って免許状を取らないで何をするのか、そこに生涯学習が出てきて、生涯学習の分野の指導者養成だとかいろいろ名目をつけたりしたんですが。規模の違いはあるけれども、どこの大学もがそういう対応を探った時期がありました。

　その中で大教大というのは、そういう全国共通の教育学部の再編という課題と同時に、柏原キャンパスへの移転統合という積年の大きな問題がもう一つありました。私が入ったその年に柏原キャンパスへの移転ということで、大学は早くから移転先の統合地の購入をし、そちらに移転統合することを決めたのに、あんな不便なところにとか、あそこは実は断層が走っているとか、足を引っ張る話がいっぱい出てきて、長年にわたって統合が進まない。文部省からもあそこはもう見放したと言われて、概算要求を持って行ってもあんたのところはこの統合にケリをつけないとといって拒否されるという最悪の状況も一時期抱えつつ、どうしようもない自治能力を欠いた大学と言われかねない時期がありました。そういう問題と全国共通の再編という問題が重なって、まあ大変な経験をするのです。

・教養学科での生涯教育計画論

　そんな中で大教大がとった道は、教員養成の単科大学ですから学部は教育学

部だけですが、その中に他の学校のようなゼロ免コース・新課程というものではなくて、もう少し大きな学科というレベルで教養学科をこしらえた。それが1988年でした。そういう流れの中で先生の首を切ることはできませんから、今いる人をみんな活かさなければならないので、担当する授業科目でこれならできるとか、この辺までならちょっと横に動いても構わないとか、そういう現任のスタッフを活かすことを前提の再編でした。私は教育学の教室なので、自分のところが持てる教員養成以外の講座ということで生涯教育計画論という講座をつくりました。教育学のスタッフがいく人かそちらへ移るという形でやって、一学年の学生定数は約千人だったのですが教員養成が6百名、教養学科の方が3百数十名、事実上の2学部ですね、そういう学部に近いような教養学科をつくったというのが1980年代半ばに内部でやった再編でした。

　統合も進めるということになったので文部省としても応援しようという話になって、教育学の中から教員養成を分離するとしたら一番わかりやすいのが学校教育と社会教育で、つまり学校教育が教員養成、社会教育が教育の中で学校とはちょっと違う世界というので生涯教育という単位を分けるというまあわかりやすい再編だった。社会教育をやっている人と図書館学と教育人間学の先生でそちらを担うことになった。ということで、やっと長年苦労してやってきた学校図書館の授業から少し距離を置けたというのがこの時期です。

　　―大学教員時代の後半に生涯教育の方に行かれたということで、先生は学校
　　　図書館と生涯学習の関係を論文で書いたり、講演をしておられます。この
　　　時代に学校図書館との関係などを考えられたということでしょうか。

　大学では特に教養学科に移ってからは、教員養成ではないので学校図書館についてはほとんど授業もやらなくなったし、学生自身も図書館の勉強はしますけれども、学校図書館を勉強するというのはほとんどいなかったですから。箕面[15)]の学校図書館に行った連中も、学生時代は学校図書館のことはほとんど勉強していません。だから学校図書館と生涯学習という捉え方は、授業とか私の個

---

15)　大阪府箕面市では1992年に最初の学校司書が採用され、順次増えて1998年には小中に全校配置された。(「年表『箕面市の学校図書館をめぐる動き』」『箕面市学校図書館白書：本とであう人とであうふしぎとであう』箕面市教育研究科図書部会・箕面市学校図書館司書連絡会編、箕面市教育委員会、2002、p.113-114.)なお、後述の大阪府豊中市では、1993年に最初の配置があり、2005年に小中全校配置。(「学校図書館を考える市民の会」作成冊子『子どもたちの豊かな学びを求めて：学校図書館を考える市民の会20年の歩み』2012、p.22)

人的関心、あるいは学生が卒論などで取り上げる自主的テーマの世界の中には逆にほとんどなかった、そんな感じがしますね。生涯学習の一部には違いないけれども、あえて学校図書館をそこで取り上げるということはほとんどなかったという感じがします。別に避けたわけではありませんが。

　――「教育の中身をつくる協働―学校図書館と公共図書館との連携の新展開」と題した論文[16]で、先生は「基本的には学校の学びに応えられる学校図書館そのものの整備は当然として、公立図書館と学校が、生涯学習者としての子どもたちの成長にどうかかわるかの課題を共有し、それぞれの役割なり特性に基づく『協働』を探ることが必要である」と書いておられます。それともう一つ「学校図書館のこれからを考える―"人"の在り方を中心に」と題した講演の記録[17]の中でも、質疑応答のところでレイ・ブラッドベリの「もし図書館を使うことが学習の最終目標でないのなら、学校に行くのは無益だ」という言葉を引用して、「要するに、生涯学習の考え方です」と言っておられるので、学校図書館を生涯学習の観点からも捉えられたのかなと思ったのですが。

　もともと従来から「公共図書館と学校図書館の関係、あるいは連携・協力」というテーマは存在したし、重要な課題の一つではあったわけで、私も幾度も話したり書いたりしてきました。教養学科に移ってからは、対象とする図書館が公共を主にすべての館種となりますので、生涯学習の関連から、学校図書館が学校教育のための機関であるのは当然だが、むしろ学校が生涯学習にとって重要な機関だという観点から捉えるという見方が、意識的に強くなったかもしれない。あるいはそういう面から取り上げることが多かったということは言えます。すくなくとも教育の面では、学校教育の中での学校図書館のありかた、ありようを正面から取り上げる場面はなくなっていったことは確かでしょう。生涯学習の観点をかなり強く意識をしたというのはおっしゃる通りだと思います。講演などで外からそういうテーマを求められたということもありましたね。

　――教養学科に移ったことは、すごく意味があったということでしょうか。

16)『生涯学習時代における学校図書館パワー:渡辺信一先生古稀記念論文集』同論文集編集委員会編、同書刊行会、2005.『図書館の発展を求めて:塩見昇著作集』(塩見昇先生古希記念事業委員会編、日図研、2007、p.231にも再録。
17)『ぱっちわーく』事務局編集・発行『100号記念　ぱっち FOUR らむ「これからです。学校図書館」記録集、2002、p.65-83。講演は2001.8.26。前掲13の『図書館の発展を求めて』p.279-305にも再録。

　前にも言ったけれども、学校図書館とちょっと距離を置くというのは、あまり強調すると皆さん嫌がるでしょうが、図書館学教育というものから言うと、学校図書館よりも公共図書館の方が幅が広いですよね、一般的にですよ。元々、私自身は公共図書館の出身でもあるし、知的自由の問題等々から言うと、学校図書館の方がやや特殊な面が強くなってくるので、当然、公共図書館が一番メインの領域だということがあります。教員養成課程においては、学校図書館をやるしかなかったのだけれども、公共図書館をメインにしつつ、学校図書館も含めた図書館を考えることが、職務上も可能になったという点では、やりやすくなったことは確かです。学校図書館と公共図書館との関連付けを考える際には、生涯学習という理念を間に据えることで問題を一連のものとしてとらえやすくなるということはありましたね。

　まあ、教育学をベースにした人間が生涯教育ということでやっていくとすれば、社会教育やら図書館学をやっている人が移るのは、それはそれで一番馴染むことには違いなかったので、結果としては良かったに違いない。別に学校図書館から逃げたということではなくて、結果的にはそれ以後も皆さんとのお付き合いをずっとしてきてますし。「学校図書館学の先生」というイメージはさほど変わってないのではないですか。

・卒業生の進路

　教養学科の生涯教育に移ってからは、学校図書館の授業をやる人がいないので、非常勤の人にも助けてもらいながら出来る範囲で私も続けてはいましたけれど、主な対象は学校図書館ではなく公共図書館に移るわけですね。それまでは教員養成課程で、教員になる学生に図書館のことに少しでも興味を持ってもらおうとして、図書館に関心のある先生を送り出すというのが主眼でした。ただその中からチラチラと図書館員になりたいというのが出てきたんですね。私としてはそういう人が出てくるのは大いに歓迎するのですが、大学や講座の役割からいうと、教師にならない卒業生を作るというのは教員養成課程から逸脱した感じがするわけで、負い目とは言わないけれど、なんとなく忸怩たるものを一方で持ちながら、まあそういう人が出てくるのも結構なことではあるので、大教大の中で司書の資格は取れませんから桃大の司書講習に送り出して、こっちが桃大に出向いて行ってうちの大学の学生に教えるということもありました。

　そんな形で公共図書館に入った教育学部の専攻学生も何人か数えるほどでしたが、いるのはいました。それは大学や教員養成課程の趣旨からいうと「落ちこぼれ」になるわけで、なんとなく居心地が悪かったのは確かです。しかし新

学科の生涯教育の方へ移ってからは、そこを卒業した子は大手を振って図書館員になれるわけですからね。そういう点では教育上では非常に気が楽になったのは確かです。私が図書館員になれと積極的に言ったことはないですが、図書館に興味があるという学生にはできるだけ図書館に行ってくれるように支援はしました。図書館への進路を励ます、紹介する、相談も受ける。在学中から自主的に実習に行って図書館の現場を経験するとか、それは私自身が現場といろいろつながりを持っていますから、そういう点ではかなりいろんなことができたと思います。

　そんなのが大学教員の後半、大教大に31年いましたからその半分ぐらいです。後半の新学科に移って以降に、私が所属する生涯教育計画論講座の専攻生を主に司書になる子がずいぶん出てきました。丁度箕面で学校司書を採用する時期でもあったので積極的に推薦もし5〜6人入っています。生涯教育の学生定員は20名ですが、一番多かった年には約半分が司書でした。そうなると図書館学専攻といっても過言でないくらいです。その後も割合図書館に行きたいというのがいました。数えてみると私の在職中の卒業生で60人やそこらはいますね。[18]

　関西では図書館に勤める人の出身は桃大の講習がかなり多く、学部卒の場合は同志社大と大教大、それから桃大と関西大、大体そういう感じだったでしょう。司書コースとしては。京大は元々入るのが難しいし、志望者もそれほど多くはないのでそれはちょっと別にして、そこそこの子が行く学校で司書の資格が取れる関西のコースというと、大教大と同志社が一番受験情報としては流れていたのではないでしょうか。それに見合うぐらいの卒業生を実績として出したことは確かです。だんだんと雇用が難しくなっていき、非正規の占める割合が高くなり、なかなか難しいのですが、なりたいという子は頑張るとなんとか図書館に職を得ることが、ある程度はやれたんではないか。それなりに教員として私自身はかなり力は尽くしてきたと思います。採用試験の模擬授業をこちらがやるというような直接的な援助はまったくしていませんけれども、学生自身が自分たちで過去の問題を集めてきたりして、自分たちで勉強をするというようなことをやったりしていましたので、そこへ情報提供するというようなサポートはしました。就職試験に受かるように直接何かをするというようなことは一切

18）後日、塩見は、大教大定年退官時に作成した『大阪教育大学ですごした31年』（2002、私家版）の巻末で「卒業生の図書館への就職状況」を収めている。「私が承知している範囲で学年、館種別に53名（内、生涯教育専攻が24名）と集計している。これ以外にも幾人かがいるはずである」と語っている。

やってはいません。学生たちが自分たちで学習会などを、ゼミ生を中心としてやっていたように思います。そういうのが大教大の教員としての後半でした。

　——1980年代と90年代、2000年代とでは司書の雇用環境、採用状況も大きく変化していきました。学生たちが司書として働きたい、けれど十分な受け皿がないということで悩まれたことはありませんか。先生が在職されていた頃はまだ指定管理者制度はなかったのですね。

　まだ私の在任中にはありませんでしたね。それほど学生の進路でそのことを深く考えないといけないとか悩まされるといったことはなかったですね。

　——毎年、採用試験の合格者を出したと『半世紀』(p. 36)に書いておられますが、ある程度勉強ができる学生が入ってきているので、公務員試験もちゃんと受けて職員として採用されていくという時代だったのでしょうか。

　まあそういうことでしょうね。採用試験も一般教養と専門科目があって、ある程度の基礎学力が当然必要ですよね。だから図書館員になったらいいなと思う子でも、やっぱりそういう点で足りないという子がいることも事実です。まあ大教大の卒業生は、そこそこの競争に対応できるような学生だったし、比較的、図書館を志望するのは割合できる子が多かったです。同じ講座に社会教育の先生がほかに２人いるのだけれど、20人の専攻学生に何を中心に卒論を書くかと申告させるわけです。専攻分野をまったく自由意志で選ばせるのですが、他の社会教育の先生が、できる子がみんな塩見先生の方に先に行ってしまう、私らのところに残るのはとよくこぼしていました。図書館は図書館で進路がはっきりしているのだけれど、社会教育は公民館や社会教育主事で採用があるわけではないですから、そうすると図書館以外の社会教育で就職先を考えたら、市役所の行政職員になって社会教育分野に回してもらえるというのを待つしか仕方がない。後はカルチャーセンターのような民間ですが、そこもそんなに採用があるわけではないので、結局、社会教育や生涯学習で進路というのはあるようなないような。どこへ行っても生涯学習と関係ないわけではない。民間企業で研修課に配属されてというのも考えてみれば生涯学習ですから。だから進路が始めからはっきりしているというのは、生涯教育の学生にはあるようなないような、そういう意味では学生にも戸惑いがあったと思います。その点で図書館ははっきりしており、学校図書館を含めて図書館へ行きたいと言ったら採用試験は公務員試験ですね。要するに進路がわりかし早くにはっきりしている、希望がはっきりしているというような子がだいたい図書館を選ぶわけです。

　先生は３～４人しかいないから、私も図書館しかやらないわけではありませ

んよ、生涯学習という間口ですから。卒論では教員養成の方にいた時には特別な子が、図書館とか子どもの読書で卒論が書きたいというと私のところへ来た、年に2人か3人でしたが。生涯学習になってからは学生が20人で、先生一人が6～7人持つわけで、図書館しかやらないというわけにはいきません。比較的図書館プラスアルファと守備範囲が広い。その辺で子どもの遊びの問題とか児童館とか、こちらも児童館の話なんかはよくわからないのですが、学生が卒論の題材に選んだら、こちらも学生と付き合える程度の勉強をしなくてはならないというので、そういう分野をちょっと勉強する事もありました。

　　―さきほど箕面の話が出てきましたが、箕面も正規職員ではありません。先生は学生がそうした仕事を選ぶことに対して反対されなかったのですか、非正規だから大変だよ、とか。

　そういう立場の仕事だということはもちろん言っていました。でも、「非正規だから行かない」という子はいませんでした。満足したかどうかは別ですが。非正規とは言いながら時給で働く、アルバイトのような雇用というわけではありませんから。箕面市などは、学校司書の位置づけとしては決して良くはないけれども相対的にはしっかりした方だったと思います。

　　―当時は非常勤職員で、1校専任、採用条件は司書資格を持っている人。勤務は週5日、1日7時間45分です。継続性は保障されていました。もちろん正規職員との差はありましたが、通勤手当、年次有給休暇、育児休暇など同じものもありました。

　学校司書の位置付けとしては相対的にベストではないがベターの次ぐらいの位置付けは、箕面にしても豊中にしてもやってきている。学生が進路として行ったところは主にそういうところですね。

　　―丁度近畿圏で小中学校に学校司書が入り始めたのは「学校図書館を考える会・近畿」(以下、「考える会・近畿[19]」)が活動を始めた頃で、自治体としてもしっかりとした学校司書が欲しいという時でした。

　ゼミの学生は司書の勉強を中心にして生涯学習をやっているから、必ずしも学校図書館のことをそんなに勉強していないんですが、まあ学校図書館も図書館のひとつなんだし基本的に図書館員には違いがないので、後は「考える会・近畿」という"PTA"(応援団)もいるし、もう先輩も入ってるしということで、そ

---

19)　1991年発足。活動の記録は、『学んだ、広げた、「学校図書館」:「考える会・近畿」20年』(学校図書館を考える会・近畿、2012)や多数の記録集に残る。2013年に閉会。

こそこ安心して行ったんじゃないでしょうか。「考える会・近畿」の代表の北村
幸子さんがよく研究室に出入りして、いろいろ助言してくれたことも大きかっ
たと思いますよ。

　──卒業生は就職した後も先生のところで勉強会とかやってましたよね。

　そこで勉強したかどうかは知らないけれども、まあ、つながりはありましたね。
「大教大卒の司書のつどい」のような集まりを不定期にやっていました。

　──箕面も豊中も市の司書連絡会の研修などに塩見先生が呼ばれて、教師もで
　　すが学校司書も勉強して、学校図書館に学校司書がいたらどんなことがで
　　きるかということを教師の方にもずっと訴えてこられました。そういう研
　　修制度がきちんとしているから、安心は安心ですね。

・夜間大学院

　──話は少し変わりますが、夜間大学院で教えられたのはどういう人たちだっ
　　たのでしょうか。

　さっき教員養成でない学科を作ったと言いましたね。新学科の方でも大学院
を作ろうという話が出てきて、新しい大学院を作るに際して文部省とのやり取
りの中で、新しくチャレンジするような企画が欲しいというようなことを文部
省が言ったのかどうか、社会人を対象にした夜間の大学院というのが当時まだ
ほとんどなかったので、うちの生涯学習と健康科学講座で大学院を拡張してい
くひとつの目玉というか、文部省の受け入れやすい構想として、そんな案が出て
きたんです。修士課程に対する社会的ニーズとして、健康科学専攻という名称
をつけてやったのです。その当時としては非常にはっきりしているのが、看護
学校を拡張していくに際して看護学校の先生が必要になること。その先生のた
めには少なくとも修士課程を終えている人が必要だということで、まさに現職
者が昼間は仕事をしないといけないので夜に学びながら勉強をしてキャリア
アップをして、今度は看護師養成の方に回るという構想が出てきました。それ
で保健をやっている人たちと、これも言ってみれば生涯学習といえばみんな生
涯学習ですからね、社会教育を主にした生涯学習と健康科学が主になって、日本
にはまだない新しい大学院だと言って、夜間にやる社会人を主とした大学院を
作ったというのが、1990年代に入った頃でした。

　実際に運営していく中では、看護学校の先生になる人を養成する看護の領域
と、社会教育・図書館を内容とする生涯学習をどう関連づけ、一つの専攻として
育てていくかは、難しいというか無理なことでもあったと思います。生涯学習
で毎年3〜4人、そのうち図書館関係は1〜2人の入学がありました。図書館

情報学で入学してきた人は結構多様で、大学で既に教えている人、公共図書館、大学図書館、専門図書館で司書として働いている人、小学校の先生などで、看護のように将来大学の先生を目指しているという人がそんなに多くいたとは思いませんが、結果的に大学で図書館情報学を担当する人のキャリアアップを支えることになった面もありました。

　図書館で働く人が、働きながら学ぶ大学院というのは、その後、慶應義塾大学、図書館情報大学（後に筑波大学に統合）、大阪市立大学、同志社大学などにも広がっていきますが、大教大が先鞭をつけたことは確かです。特に、夜間だけの大学院ということでは、大教大の他では後発の大阪市大だけです。

　―学部の中からは行かないのですか。

　学部の中からは基本的には来なかったですね。社会人が主となっているから、卒業したら社会人になるけれどもその前に入学試験がありますからね。普通の大学院のように、そこで勉強した人が大学院に上がるというコースではなかったですね。今、日図研の事務局長をやっている松井純子さんもその中の一人ですし、目録の大家の渡邊隆弘さんもそうです。目録についての彼の修士論文なんかは私が全然わからないことなので、私が関与するのはほんのわずかのことでした。向こうの方がよっぽど専門家でしたからね。好きなようにやってもらいました。ただ大学院を終わるためには最小限の単位を取らないといけないので、もちろん彼も目録だけをやっているわけにはいかないので、生涯学習とか幼児の発達とかそういうことについても勉強をしました。まあ来たら自分で勉強してキャリアアップをしてという場でした。木下みゆきさんなんかは自分の好きなことを勉強できる場として高く評価をしていましたね。一人だけ小学校の先生できた人がいて、その人が学校図書館について修士論文を書いたのですが、これが逆に一番難しかったですね。そんなに普段から学校図書館のことをやってきたわけでもなし、大学院に行って、娘が大教大の学生なので娘の入っている大学で親子で勉強しようというので、割合気楽な気分で来た人でした。選んだのが学校図書館というテーマだったのですが、実務経験はないし、割合早くに定年で辞めましたから、あまり活かす場もなかったでしょう。まあ学校図書館をやる人もいたということです。

　この夜間大学院も今また大きく再編が進行中のようです。

・教員養成課程での学校図書館の学び

　―教員養成の課程に、学校での図書館を使った授業の在り方みたいなものを
　　入れるというような方向は、今でも全然ないのでしょうか。そうしたらど

の先生も学校図書館を使ったらこんな面白い授業ができるんだとわかって、学校現場で誰を司書教諭にしようかと悩まなくても済むし、司書教諭という職もいらなくなるのではないでしょうか。

　教員養成課程で教員になる学生が１科目でもいいから図書館のことを勉強して教員になるように教育課程を開いてほしいと全国SLAなどがずっと言ってきています。大教人の場合だと、新課程ができるまでは一学年は千人ぐらいで、１年間に学校図書館の授業を受ける子が、最初に登録するのと最後までやるのとは差がありますけれども、まあまあトータル200人ぐらいでした。だから５人に１人ぐらいが一応図書館学を、司書教諭につながる７科目８単位をとろうとした、最終的にとったかどうかはわかりませんが。その子らについては今言うような意味合いで、一応図書館のことは勉強して教員になっていました。

　──でも例えばそういう人たちには図書館の活動みたいなものをかなりしっかりと言っておられたのでしょうか。現場には司書がいないわけですから、いない時にしないといけないのは司書教諭の先生ですから。整理の単位だけでよかった時もありましたよね。[20]

　「図書の整理」２単位だけでよいというのは現職の先生が講習を受けるときの話で、通常の大学の授業を受ける学生の場合は７科目８単位です。大教大ではそれで開講していました。もうそれ以上は限界なので。まあしかし、他の教員養成課程で専任の先生がいないところだと、非常勤の人がちょっと学校図書館のことを１科目開いているとか、全然やっていないところもありましたからね。図書館のことをいくらかでも勉強して教師になるというのは、全体で言えば１％から２％ぐらいおったかおらんかというぐらいだったでしょう。司書教諭のことを念頭に講義はされているでしょうが、学校司書がいる場合といない場合などを考慮しての司書教諭の仕事を丁寧に話せる授業は、そうどこでもやられていたとは言えないでしょう。

　──学生の進路に責任を負わなくてはいけないというのはかえって大変なので

20）1954年に制定された学校図書館司書教諭講習規程附則第5項には、実務経験があれば「図書の整理」2単位のみの履修で司書教諭資格を取得できる単位取得軽減措置があった。「学校図書館司書教諭規程の一部を改正する省令」（1998年、文部省令第1号）により、1999.4.1～2003.3.31の経過措置期間を置いた上で廃止された。省令及び通知は、『学校図書館法関連資料集：1997年6月の「改正」を中心に』（『ぱっちわーく』事務局編・刊、1998、p.93-109.）なお、塩見は『図書館界』46(5)、1995.1、p.212-216に「『図書の整理』2単位：学校図書館の専門的職務にみあう養成教育を考える」を投稿している。

はないかと思います。

　司書教諭課程だけの頃は、進路についての責任はまったくありませんね。

　―司書資格課程を担当するようになると採用試験の合否が問われるように
　　なって責任が大きくなると思うのですが、その点はプレッシャーには感じ
　　られなかったんですね。

　就職率を問われる形で、大学教員が評価を問われることはなかったですね。
私の方から何らかの折に、これくらい図書館に進んだ卒業生がいるということ
を教務係や就職案内室に伝えることをしてはいましたが。司書資格の取得を強
調し、進路としての司書合格を強く期待される私学の場合には、合格の実績が
折々に問われるということはあるかもしれませんね。

　―司書課程があるのになんで正規採用がゼロなのかとか、ならば資格課程を
　　廃止しろというような話を聞くことはありますね。

　司書課程を持っているところは全国に100いくつありますからね、過去数年間、
誰も図書館員になっていないという司書課程もいっぱいあるわけですから、そ
んなところの先生は辛いと思いますよ。幸い大教大ではあるレベルの学生がい
ましたから、そういう心配は全然ありませんでしたが。後は学生の力次第でし
たから、自分が努力するかどうかという話で。（就職口が少なすぎますよねえの
声）。採用は少なくてもあることはあるのだからあとは、その穴をこじ開けるか
どうかはお前さんたち次第だということですね。機会がなければそれは学生の
責任ではないので。採用試験がないかといえばないことはない、そうするとあ
とはどれだけ学生が本気になるかどうか、どれだけ力をつけるか、それは教師の
責任とは違うという関係で、私の場合はやってきたと思いますね。もちろんあ
る程度の支援はしてきたつもりですけどね。

　―大教大の卒業生で、司書教諭資格を持った卒業生の教員採用率というのは
　　高いのですか。

　採用されたのが司書教諭資格を持っていたのかどうかということはデータが
ないのでわかりませんが、最近、聞いて「えっ？」と思いましたが、採用試験の
時に司書教諭資格があるとちょっと有利なのだそうですね。全く同じ点数の子
が二人いたら司書教諭の資格があるほうが合格をする、資格保持で少し加算さ
れるらしいです。

　―採用試験で加点すると決めている教育委員会もあるそうです。

　教育委員会のそのサイドに近い人からも直に聞いたことがあります。それは
例の1997年の法改正の成果ですね。12学級以上だと司書教諭を置かなければな

りませんからね。置くためにはどの学校にも現教員の中に資格者が一人は絶対にいなければならない。一人では交代もできないから複数だということで、その程度の有資格者はどうしても必要ということなのでしょう。だから司書教諭資格のある人を一定数は確保しておかなければならないということはあるようで、採用試験の時にはそういう配慮があるようです。学生自身もそういう意味で司書教諭の資格を取れたら取っておこうと今の学生は思っているようです。

　　—さっきの大学再編の話ですが、今年(2019)大教大の天王寺校に教えに行ったら、講師室のようすが変わったりしてとても落ち着かなくて、まるで大学がなくなるみたいな感じがしたのですが。

　天王寺学舎の土地は大きな財産ですから、あそこを大阪府教委と一緒になって8階建てかなんかの大きなビルを作ってというような構想が動き出しているらしいです。大教大の拠点としてあそこを整備するということは差し迫って動いている課題らしいです。

　　—夜間大学を柏原ではできませんよね。夜間がなくなるということでしょうか。

　どことも大学が都心帰りしていますね。天王寺を核として大阪の教育の拠点に、みたいなことを、府教委が今まで以上に密接な関係を作っていこうとしているのかも知れません。

〇　日本図書館研究会(日図研)・日本図書館協会(JLA)との関わり

　　—大学も含めて、図問研、日図研などで、新しいことを作っていく部分に関わられてきたのですね。

　どこの世界にも世代交代というのはあって、日図研は戦前に青年図書館員連盟というものがあって、戦後の早い時期にそれを引きつぐ形で出発しました。従ってこの日図研の戦後復活の初期メンバーというのは、戦前に図書館人だった人たち、あるいは青年図書館員連盟で発言をしていた人たちが中心になって始まりました。大体がそういう人たちが1950年代までリードしてやってきて、1950年代の終わり頃、新しい世代がだんだん出てきました。その中の一番年長が森耕一さんぐらいですから、大体見当をつけてもらったらいいと思います。森さんあたりが筆頭格で、彼に引っ張られる形で天満隆之輔さん、酒井忠志さんたち、私から言うと10歳ぐらい上の人たちですが、そんな人たちが古い人たちだけの研究会運営に対してもっと新しい空気を入れていかねばならない、と言い出した時期があったようです。だいたい1960年代の半ばぐらいからです。

　1971年にそういう人たちが、役員選挙のやり方を変えてもっと若い連中を理事に入れようということを話して、研究会の構成の刷新を考えたりしていました。雑誌『図書館界』の内容などについても、例えば、天満さんが中心になって「新しい参考図書」というような継続欄を作ったり、研究大会の持ち方にも酒井さんのアイデアで新企画の動きが出てきました。その中で天満さんが編集委員長をやっていたのですが、新しい参考図書の紹介をやることになって、私が仕事でレファレンスをやっていたので、依頼を受けて私も参考図書の紹介記事を書いたりして、だんだん日図研と関わりを持つようになっていきました。マッカーシズム下の図書館の研究を天満さんと一緒にやることになり、それがその後にとっても意味のある大きな契機になりました。1971年、結果的には私が図書館を辞めて大学に移った時と重なるのですが、初めて一番若い者ということで、私が日図研の理事になり、その時期に武内隆恭さん、拝田顕さんも理事になっています。その2年後に私が推薦して伊藤昭治さんが入り、だいぶメンバーが変わっていくんです。日図研の世代替わりに関してはそういうところです。

　私の場合、図書館界の中のいろんな組織との関わりは、前回お話したように図問研が一番早くて、大阪市立中央図書館が始まった1961年か1962年ぐらいからです。図問研とはかなり急速に関わりを深めていって、1966年に京都でやる全国大会の会場設定を引き受け、1969年からは常任委員会をやっていますから、1970年代の初めまでは図問研が私にとって一番関わりの深い場でした。同時に関西ということもあって天満さんや酒井さんを通じて日図研の活動に次第に関わりつつ、1971年から理事会に入って、森さんとは在職中は上司だけれども、大阪市を出てからは研究会の大先輩という感じで関わりが深まっていきました。

　三つの中では JLA は一番遅いんです。私が持っている『図書館雑誌』の一番古いのは1963年からです。長年にわたって『図書館雑誌』を読む以上の関わりはほとんどありませんでした。1970年ぐらいから「図書館員の問題調査研究委員会」[21]というのができて、そこが倫理綱領を作る。図書館員の専門性とは何か、図書館員の配転問題というようなことが起きてきたので、それを窓口としてJLA に関わりがなかったわけではないが、委員会のメンバーに入ってというような関わりは自由の問題が起きてからです。自由の問題は、1973年の山口県立図書館蔵書隠匿事件[22]があって、JLA に専門委員会を作ろうということになって、

21）1970年1月に JLA の中に設置され、2001年に役割を終えた。（JLA 図書館員の問題調査研究委員会編『「図書館員の倫理綱領」解説増補版』JLA、2002、p. 82）。倫理綱領の改訂は図書館の自由委員会が引き継いでいる。

図問研は私らの後を継いだ酒川玲子さんが委員長の時ですが、図問研と大学図書館問題研究会（大図研）が一緒になって JLA に働きかけます。それに賛同して側面から協力する関わりをしたのが1973年ぐらいの話です。ややこしいですが、自由に関する委員会を設置するかどうかということを検討する委員会に、図書館員の問題と自由の問題について関心のある人ということで、関西ということもあったと思いますが、「図書館員の問題調査研究委員会」から推薦されて検討委員会に入りました。そして委員会を作る必要があるという結論を出して、そこから「図書館の自由に関する調査委員会」（現・図書館の自由委員会　以下、自由委員会）が始まりました。その検討委員会のあたりから、組織としての JLA に関わり始めたということになります。

　JLA はその後、自由委員会から図書館政策特別委員会へと森耕一さんの委員長に協力する関係が続き、さらには理事、常務理事にと組織的な関係が深くなります。そういう中で、図問研は1979年から引き受けた二度目の本部・事務局の仕事を1982年に関東に返しましたから、だんだんと図問研からは手が離れていきました。三つの団体のどれにも同じように関わるというのは時間的にも無理がありました。日図研は関西にありますからそのまま引き続き関わって、JLA との関係がだんだん深まっていったということです。

○　『教育学論集』の創刊

　―先生が大学に行かれた次の年に丁度『教育学論集』創刊号ができているようですが。

　私が1971年に大教大に入った時に、教育学教室には17人ぐらいの先生がいました。小さい教育学部ぐらいの規模です。私が大教大に入った時は、私も含めて新しく３人入ったのですが、私の担当した学校図書館学、もう一人がやっていた社会教育、その二つはどちらも定年、あるいは亡くなった先生の補充という形の採用でした。そしてもう１人は、丁度同和教育がクローズアップされている時で、大学でも同和教育の授業をやるということを文部省も奨励していましたので、もう一人はその同和教育をやる人でした。だから、１名は増員だったので

---

22) 1973年8月新築開館間もない山口県立山口図書館で、約50冊の主として政治的思想的な内容の資料が書庫の奥に段ボール箱に詰められ放置されていた事件。（JLA 図書館の自由に関する調査委員会編『子どもの権利と読む自由』図書館と自由(13)、JLA、1994、p.52-60）ただし、ここでは「山口県立図書館図書抜き取り放置事件」という見出しになっている。

しょうね。

　教育学教室の運営は民主的といえばとても民主的で、例えば昇任人事をやるときには、教室主任など一部に権限が集まることを極力排し、審査に入る発議の基準を明文化し、審査は全員でその人の研究業績を読んで議論する、といった方法をとっていました。だから一人の人の審査をするためにはその人の書いた数点の論文を全員が読んで、17人の会議の中で議論するわけですからなかなか大変でした。私なんかにはどれもこれも目新しくて、そういうものを通して教育史や教育方法など、教育学全般の勉強をし直したようなもので、しんどかったですがいい勉強にはなりました。そういう中で、ある一人の先生がその前年に亡くなられて、その先生への追悼という意味を込めて、新しい人も入ってきたことだし、教室としての自分たちの研究発表の場を作ろうということになっていったと思います。創刊号（1972.3）は「ヒューマニズムと教育」という特集になっています。

　大学の紀要との違いですが、紀要というのはどこの大学でも持っていますが、学術的な研究成果を発表する場としては一番社会的にレベルが高い、信頼度が高いのは学会誌で、レフェリー制度もしっかりしていて、そこに発表すればその分野で一人前の研究者として認められるというものです。各分野にありますが、その学会の歴史や規模によりますが、なかなか学会誌には載せてもらえるものではない。そこで研究者が自分の研究成果を発表する場を大学が自ら保障しないといけないということで、どこの大学でも作っているのが紀要なんです。だから大学は紀要を出すのが当たり前ですが、紀要論文は学会誌の論文に比べると、一般論ですが、世俗的評価は1ランク低いものという見方が常識的にはあるのです。それが正当かどうかは別ですが、そういうことになっています。だから、例えばどこかの教員採用に応募したりする時には、学内の研究紀要だけだと、この人はまだ学会にちゃんと認められていないというようなことがあって、ネガティブな評価につながる可能性があるということです。その意味で学会誌と紀要は違います。

　紀要も、総合大学だったら学部単位で出しますが、そこそこ教員がいますから、誰も彼もとすぐに載るわけではない。特に若い研究者で、大学院修士課程ぐらいで、修士論文を基にしてもう少し研究したいというようなレベルの人が発表できる場というのがない。いきなり学会誌というわけにはいきませんし。図書館学会だったらあまり書く人がいませんのですぐに載せてもらえるかもしれませんが、伝統のある学会、哲学や社会学というような大きな学会誌では、大学院

生がすぐに書けるようなものではない。そうなってくると大学の紀要、それも十分に門戸が広いわけではないということになれば、教室や学科単位で紀要のちょっとマイナー版ぐらいのところで、特に若い院生なんかの研究成果が出せるようなものを作ろうというのが、多くの大学でやっていることです。

　大教大の教育学教室ではそういうものをまだ持っていませんでしたので、丁度一人の先生の追悼ということと、新しい教員が3人入ったから勉強させないと、といったこともあったのでしょうか、教室の論集を作ろうということになったのです。大学の研究発表の場として、学会誌・大学紀要・教室（講座）単位の論集という三層構造になっていて、その順番で載せやすい場というものをなるべく作って、新しい人若い人が発表できる場を作っていこうというのがあったと思います。『教育学論集』はその後毎年刊行が続いています。途中で私は教養学科の生涯教育の方に変わりましたから、教育学の教室からは離れましたが、元の仲間という感じで、教育学教室・教育学論集とは付かず離れずの関係を退官まで持ち続けていました。

3-3　大学での授業

〇　学校図書館の研究

・ジョン・デューイの図

　―学校図書館の授業をする中で、ご自身が大学で学んだことは役立ったのでしょうか。

　大学で学んだことが講義をする上で役に立ったというようなことは格別ないのですが、何回も言うように、学校図書館についての蓄積がないままに授業をするというのは大変、というよりも本来あり得るはずがない、という類のことだったと思うのですが、それだけに自分で教育学の勉強を一からやり直す、否応なくやらざるを得なかったというところがありました。資料を整理していたら大学の時の井内龍三先生の学校図書館の授業の時のノートが出てきました（→本書表紙）。割合きちんと書いているから授業中に書いたわけではないんで、多分メモでもしておいて帰ってから書き変えたんでしょう。見直してみると、あーそうかこういう授業だったのかと思いました。大学で自分が授業をする時には見直したかもしれませんが、書いてあることはその頃の一番基本的な資料、文部省の『学校図書館の手引』[23]などを含めてそんなに目新しいことは書いてありませ

23）文部省編、師範学校教科書、1948.

んが、そういうものも含めて最初の1〜2年は手探りでやったのだろうと思います。このノートは、その時の一つの参考にしたのかもしれません。学校図書館についての半年2単位の授業です。前に、大掃除のため欠席したら講義が流れてしまったという話をしましたが、それはこの先生の授業でした。

　教育学部で学んだことと言われても10年以上たっているし、そう役立ちそうなことが残っているわけではありませんが、この前名前の出た教育学概論の鯵坂二夫さんは玉川学園のデューイ研究の直系の人ですから、ジョン・デューイのあの学校図書館の図（第3図：図書室が中央にあって作業室・織物室・台所・食堂がつながっている）は、有名な『学校と社会』[24]の一節であり、割合早くに見直し、確めてはいたはずです。私が紹介する前から当然どこかで紹介した人がいたと思いますが、神戸大学にいて後で甲南大学に移った三輪和敏さんが書いた本[25]があって、そこには例の井桁のようなあの図が「学校の中の図書館」ということで出ていたように思います。もちろん私が初めて見つけたというわけではなくて、元の本は教育学で学校図書館のことを取り上げている古典ですが、教育学者でその部分に格別の興味を持った人はそんなにいなかったのではないか、読み飛ばした部分ではなかったかと思います。

　—2018年にデューイの『学校と社会』を読む会があって参加したのですが、デューイについて学校図書館のテキストに載っているかを調べていた方がいて、それが最初の頃はほとんど塩見先生の本でした。そういう意味で学校図書館とあのデューイを結びつけて考えられたのは、塩見先生が初めてだったのかなあと思ったのですが。

　私が初めて書いた雄山閣の『学校図書館と児童図書館』[26]ではもう取り上げていますね。「図書館学教育資料集成」には当然入れているのですが、いつから使いだしたのか…、大正期の自由教育と学校図書館をつなげて考えていますので、デューイはこの流れの源流ですから割合早くからこの図は使ってはいますけれども、自分が最初ということはないでしょう。さっきの三輪さんは視聴覚の関係のテキストを書かれていて、その中に学校図書館のことをちょっと入れてこの図も入れていたのではなかったか。教育学サイドの人でなければジョン・

24）デューイ、宮原誠一訳、改訂版、岩波文庫、岩波書店、2005、（初版1957）. 図は p.96、解説は p.95-101.

25）三輪和敏『学校図書館通論』図書館学シリーズ（1）、図書館学研究協議会編、新元社、1959.

26）塩見昇・間崎ルリ子共著、日本図書館学講座（5）、雄山閣、1976.

デューイのことは知らないでしょうから、学校図書館プロパーの人はこの図については知らなかったかもしれない。井内さんの話には、デューイは一箇所ぐらい出てきたかもしれないが、授業で聞いた覚えはありません。教育学のサイドから学校図書館のことを書いていたのは三輪さんと信州大学の清水正男さんぐらいで、あくまでも教育方法学などが主専門の人ですね。

　　—それを学校図書館的な方向からクローズアップした人というのはいなかったのでしょうか。

　いなかったでしょうね。だから『教育としての学校図書館[27)]』の出版記念会の時に、尾原淳夫さんが、日本の人たちが学校図書館のことを知ったのはファーゴの『学校の図書館[28)]』の翻訳で、それの日本語版みたいなものだ、と尾原さんらしい大仰な言い方で私の本を紹介してくださったことがありました。「教育の中の学校図書館」「学校の中の図書館」ということについては今までの学校図書館論に希薄だった捉え方で、それはアメリカのファーゴの『学校の図書館』に匹敵するという紹介を尾原さんがしてくれたわけです。教育サイドの方からはそれまであまりまとまったものがなかったことは確かです。少し理屈づけをしようとすると、なかなか一からというわけにはいかないので、丁度手頃なのがあのデューイの有名な本の中のこういう図だったのではないか。私自身がいつからこれを使い出したのか、講義の時には多分あれこれ模索していて、大正自由教育に目を向けた結構早い段階から取り上げていたと思うのですが、いつ、どこで気づいたかはよく覚えていません。少なくとも市立図書館在職中にはこの図版とは全く縁はなかったはずです。

　　—学校図書館をどういうふうに捉えていこうかという模索をしている方向性が感じられます。学校図書館史を勉強しようとされたということと共通するものがあると思うのですが。

　学校図書館史を研究しようとしたというよりは、学校図書館とは何かを探っている時に『学校図書館』の特集「学校図書館前史」に行きあたって、そこに「学校図書館とは？」ということの一番基本的なことを私自身が見つけて、これだと思ったということで、結果として歴史研究に入ったということにはなるけ

---

27) 塩見昇『教育としての学校図書館：学ぶことの喜びと読む自由の保障のために』青木書店、1983.

28) Fargo, Lucile Foster, *The Library in the School*, American Library Association, 1939 (Library curriculum studies). 翻訳書名は『学校の図書館』(L. F. ファーゴ、阪本一郎・藤川正信・若林元典訳、牧書店、1957).

れど、歴史を勉強しようとか学校図書館史を研究しようと思ったわけではありません。

　どんな授業だったかは、大教大のリポジトリから検索できる「教員養成大学における図書館学教育〈その2〉『学校図書館学』－私の授業実践」[29]と「私の授業実践から」[30]を見てもらえれば概要がわかるでしょう。前者の最後に講義概要[31]も載せています。6年ぐらい経った1977年度の講義概要で、この頃にはだいぶ授業構成の骨組が出来上がってきたことを示しているかと思います。

　初めのうちは授業ではテキストは全然使いませんでした。私が講義で使うテキストは基本的に資料集成ですから、そのためには講義の輪郭が前もってできていないと無理ですね。学校図書館で資料集成ができるためには相応の時間が必要でした。だからテキストを使いだすのは何年かたってからです。白石書店から「図書館学教育資料集成」の『学校図書館論』[32]が出たのは1979年が最初ですね。白石にいた橋田常俊さんが分かれて作ったのが教育史料出版会です。白石書店は森崎震二さんが親しかったので、そういう関係からこの「図書館学教育資料集成」シリーズがはじめ白石書店から出ることになったのです。

・L. F. ファーゴと『学校図書館通論』

　—ファーゴの『学校の図書館』を検索していて『学校図書館通論』[33]に行き当たりました。「図書館学シリーズ」の第1巻で、三輪和敏さんが執筆されています。「あとがき」に「一昨年来関西地区図書館学科協議会で、何か図書館学シリーズをという話がはじまり、先ず学校図書館通論からということになった」とあります。このシリーズの編集責任者は、小倉親雄（京大）・小野則秋（同志社大）・仙田正雄（天理大）・三輪計雄（大阪学芸大）・三輪和敏（神戸大）となっています。付録には学図法、司書教諭講習規程等が掲載されています。この書の「わが国の学校図書館の歴史」では成城学園、玉川学園、明木小学校の学校図書館、明石女子師範附属小学校などにふれ、「新教育と学校図書館」「ジョン・デューイにおける学校図書館の機能的意義」「ファーゴにおける学校図書館の七つの機能」等が取り上げられ、デューイの「井

29）塩見昇「教員養成大学における図書館学教育〈その2〉『学校図書館学』：私の授業実践」『教育学論集』(7)、1978、p. 23-30.

30）塩見昇、『教育学論集』(14)、1985、p. 34-36.

31）前掲注29）p. 30.　→本書資料1 (p. 533)

32）塩見昇、図書館学教育資料集成(7)、白石書店、1979.

33）前掲注25）

桁のようなあの図」も掲載されています。大教大で授業をされるにあたり、この『学校図書館通論』やファーゴの『学校の図書館』はどのように受けとめておられましたか。

　大教大はもともと師範学校で、教員養成学校ですから、一通りこういった教育関係の本は大学の図書館に揃っていましたので、見るのは見ていました。しかし、こちらが期待したというか、望んでいたような本ではなかったので、まあ見たというぐらいのことで、それによってどうのこうのということはなかったと思います。デューイの例の図を知ったのは、あるいはこの本が最初だったかもしれません。

　ファーゴというのは戦後早い時期に、翻訳で出た2冊のアメリカの学校図書館の関係の本の1冊で、他に、ダグラスという人の『司書教諭ハンドブック』[34]がありましたね。ファーゴの方は三分の一くらいをコピーして綴じたものを持っていますが、結構大きな本です。改めて前書きの方から見ていくと、学校図書館を一通り解説するということよりも、教育活動とのつながりということを主として学校図書館のことを書いている。学校の中の図書館"The Library in the School"というタイトルなんですが[35]、それが特徴なので、それなりに参考になる本ではありました。日本の戦後初期の学校図書館に影響をもたらした本だと思います。

　ただ私自身が求めたのは、前にもお話をしたように、本当に日本の教師がどんなふうに図書館を必要としたのか、言い換えたら、なぜ学校の中に図書館が必要なのか、本が必要なのかということを、日本の教師たちがどう考えたのか、学校の中に図書館があることによって先生たちはどんな授業ができるのか、子どもたちはどんな学びがそこから可能になるのか、そういうことの実例、実践記録みたいなものが当時私は一番欲しかったものですから、そういうことから言うと、学校教育と結びつけて一通りのことが書いてある本には違いないけれど、それがうんと役に立ったということはなかったと思います。一応この『学校図書館通論』のことは承知はしていたはずですが。

　三輪和敏さんは図書館プロパーの人ではなく、むしろ教育学の人だと思うのだけれど、戦前は文部省に勤めていて、戦後、新制大学になった時に神戸大学に移って、神戸大学で教職科目や視聴覚教育や教育方法などをやっていて、図書館

34）M.P.ダグラス、裏田武夫・佐藤貢訳、牧書店、1955.
35）前掲注28）

の事にも関心のある人だった。あとの小倉さん、小野さん、仙田さんなどは日図研がスタートした時期の関西で図書館学を教えておられた人たちで、三輪計雄さんは大教大の私の前任者でした。この人が退職したのでそのあとに私が行ったということになります。関西の図書館学の主な先生であった人たちで、日図研にそれぞれいた人です。その頃日図研では随分出版活動をしていて、そういう中で図書館学研究協議会編の本、どんな本であったかはちょっと今具体的なイメージは出てきませんが、そうした出版企画が出てきて、その第1回でメンバーの一人であった三輪和敏さんが『学校図書館通論』を書いたということであったのでしょうね。似たような本がこの時期、他にもあったということは確かです。

　質問の中に成城のことや玉川や明木図書館など新教育のことが出てきていますが、三輪さんは小原国芳さんをはじめ新教育について関心を持ってらっしゃったので、学校図書館の基本的なところをちゃんと目配りをした数少ない先生の一人だったということだと思いますね。三輪さんの『図書館教育と視聴覚教育』[36]という本の中に、デューイの「井桁のようなあの図」を含めて、デューイのことも出てきたので、そういうものを通じて学校図書館についてこれまでどういう考え方があったのかということは承知していたと言っていいとは思います。

　——先ほど、尾原淳夫さんが『教育としての学校図書館』は「ファーゴの『学校の図書館』に匹敵する」と言われたと言われましたね。

「学校の中の図書館」「学校教育の場の中の図書館」ということがこのタイトルの中には出てきていると思うのだけれど、そういう面から、教育の施設として学校図書館のことを書いたものというのは日本の本の中には今までになかった。要するに、文字通り公共図書館の小さいものみたいなものが学校の中に部屋としてはあるけれども、それがどういうふうに教育活動と切り結び、教育のための場になっているかというようなことまでを押さえて書いたものというのは、尾原さんに言わせれば、今までなかったのではないか。ファーゴの本はそういう観点から書いているので、それに類するような本が日本にもやっと出てきたというふうに褒め言葉として言っていただいたということではないでしょうか。

　ファーゴの『学校の図書館』の前書きの中で、ここで使っている言葉で言うと、「司書としての専門的な学校図書館技術の解説よりも、その教育的適用の面

36）三輪和敏『図書館教育と視聴覚教育：コミュニケーションと教育』創元社、1970.

に力を入れて述べてある」というようなことが、訳した人の解説で書いてあります。だからそういう点に特徴のある学校図書館の本だということだったと思います。『学校図書館の手引』の作成過程でアメリカ側から日本の委員にこの本が紹介されたのは昭和20年代の初め頃ですから、図書館のある学校というのはまともにはみんな知らないわけですよね。学校の中にある図書館というのはこういうものだ、こういうところが町の図書館とは違うのだ、学校独自の図書館だというようなことを、この本を通して日本の人たちは知ることになった。そういう点において、このファーゴの本は当時としての意義があると見る人は見ていたということだと思います。今でももちろん読める本だと思います。

　──ファーゴを検索していて、『学校図書館通論』という本があることを初めて知りました。「学校図書館通論」は当時の司書教諭講習規程にある科目ですよね。それのテキストになるようなことを考えて編集されていると思いました。その中で「学校図書館の歴史」が項目として書かれていて、そこで成城の澤柳政太郎さんやデューイのことやファーゴのことやらを取り上げている。明治期からの学校図書館に目を向けられている研究者がいたことに驚きました。こういう認識を持って司書教諭の養成をされようとしたのかなと。戦後新教育は学校図書館の基盤がなかったからうまくいかなかったという面があるんじゃないかというところまで考えられたのかなあとか、そんなことを思いながら目を通しました。

　そして、ファーゴについて言うと、「サービス」という言葉を使っていて、この時代の「サービス」は今とは違うのでしょうけれど、「サービス」という単語がファーゴの本に出ていたのに、戦後の日本の学校図書館では「サービス」という概念が生まれてこなくて、「学校のなかの図書館」だと塩見先生が論じられるまですごい空白ができてしまったのではないか。「サービス」という言葉を使った翻訳本が1957年には出ていたのに、なぜ日本の学校図書館では「サービス」というのがみんなの中で認識されていかなかったのか、それは公共図書館もまだまだだったからだろうか、それとも学校にある図書館だから教育だというふうになったのか、やはり人がいなかったからだろうかなど、そんなことをいろいろ考えていました。

とても大事な指摘だと思います。サービスの件については、アメリカが戦後早い段階で、昭和20年代の初期に、日本に図書館を紹介する中では「ライブラリーサービス」という言葉はごく当たり前に使われているし、学校図書館の本でも、ファーゴの中でも、訳語は「奉仕」だったかどうか、今は確認ができない

のですが、「ライブラリーサービス」という言葉は当然使われて出ていると思います。私がよく紹介していますが、文部省が最初にこしらえた「学校図書館基準」の中で、学校図書館の機能を、指導的機能と奉仕的機能というように「奉仕」という言葉を使っていますし、法律で言うと、国立国会図書館法が1948年にできた時に「奉仕」という言葉が出てきます。また、1950年の図書館法にも「図書館奉仕」と出てきますので、学校図書館も含めて図書館が「奉仕」機関だということは決して知らなかったわけではないし、その言葉を文部省自身も使ったことはあるけれども、なぜか学図法のところまで来ると、ここには「奉仕」という言葉が出てきません。だから意識的に「奉仕」という言葉を削っていったかどうかは、今の話を聞きながらどうかなと思うのですが、決して学校図書館は「奉仕」の機関ではないということは、当初からそう思われたということではなくて、むしろライブラリーサービスをするというのが図書館だということはファーゴの本でも入っているし、それはそれとしてまず当たり前のこととしてあった。それを意識的に避けるようになっていったとすると、それは大きな問題です。「サービス」を取り上げようとすると、図書館活動、サービス活動を担う専任スタッフの存在を取り上げないわけにはいかないですからね。

　三輪和敏さんの『学校図書館通論』のほかに、学校図書館の歴史として大正期の新学校に言及している文献として、信州大学教育学部の清水正男さんの紀要論文があります。この二つだけだと思います。ともに専門は教育方法の系統の先生です。この論文の存在は割合早くに知っていました。戦前に図書室を備えて、子どもたちに読書を奨励した学校があった事実を教えていただいたことは貴重でしたが、私が最も知りたかったこととは少しずれがあったことは否めませんでした。私が一番必要としていた情報は、その図書室や児童読み物を活用して、子どもたちに真に必要な学習、教育実践を試みた教師の活動であり、そのための図書館の存在でした。私としてはそういう観点からの事実を探る作業をさらに重ねていきました。

　ほかに一冊だけ『日本学校図書館史概説』、草野正名さんという埼玉の人が

37）後日確認したところ、「図書館サービス」「サービス」が使われていた。
38）深川恒喜・鳥生芳夫共著「学校図書館基準について」『文部時報』(865)、1949.10、p.25-33.
39）清水正男「わが国における学校図書館の発展過程の研究」『信州大学教育学部紀要』(17)、1967、p.1-37.
40）草野正名、理想社、1955.

書いた本があります。「学校図書館」とタイトルにあるけれど、中身は8割以上が大学の図書館のことなんで、戦前は学校図書館の中に大学も含んでいましたのでほとんどそっちの話です。特に小学校や中学校、初等教育の図書館のことなんかはほとんど書いていないと言ってもいいので、あの本はタイトルと中身が全然違ってちょっと紛らわしいので、その本は学校図書館の本ではないと受け取ってもらった方がいいと思います。

　—三輪さんの本の中では、『現代教育方法論』の中の「学校図書館の運営」に加筆したというようなことが書かれています。[41]

　多分、教員免許状のための教職科目のテキストがいくつかあって、大学で教員養成が始まって作られているはずなので、三輪さんは、先ほども言ったように教育方法の側面に関心を持った教育学の先生なので、先にそういう本を、おそらく個人ではなくて何人かの人が共同で作られたのでしょう。そういう教育方法の本の中で先に書いていたということなのかもしれませんね。だから、教育学の人たち、特に教育方法とか授業論とか、そういうことを専門に行っている先生たちが、教育の方法とか環境の問題として図書館にもっと目を向けてくれたらよかったのにな、ということを思いますね。新教育の気風がまだ強かった間にそういう先生が続かなかったというか、教育学者の中に学校図書館が関心として定着していかなかったというのは、振り返ってみると残念なことであったという感じがします。

　今度皆さんが買ってくれた『生活教育』もそうですが、戦前からの民間教育運動の継承者みたいな教育団体が、戦後割合早い時期から始まっていて、そんな中で結構、学校図書館にもつながっていくような芽を持っていた。そういう教育の専門家の人たちも戦後初期にはいなかったわけではなかったのだが、それがそれ以上に後へつながっていかなかったというのは残念な感じがします。大教大が1954年に第1回の司書教諭講習を引き受けた時には、教育学教室を中心に大学をあげて協力し、講義も担当したりしているのですが、後にはつながってないですね。だんだんと教育学の先生たちが学校図書館に目を向けなくなる。科研費で共同研究に加わってもらった船寄俊雄くんとか森田英嗣くんとか近畿の研究者の人たちもいくらかはいますが、数えるぐらいしかいませんから、それ

41）三輪和敏、理想社、1958。第2章「学校図書館の意義」は、自著の『現代教育方法論』の「Ⅳ学校教育の方法：4学校図書館の運営」に加筆したもの。

42）日本生活教育連盟編、2021年2・3月号、p.20-25.（特集「学校図書館を学びの宝石箱に」の一編として、塩見の論文「教育を変える学校図書館のはたらき」掲載）

は学校図書館としては残念なことです。『現代教育方法論』は、戦後早い時期の様子を伝えてくれる、そういう意味では大事な本です。

・学校図書館のライブラリアン像

　―ファーゴの『学校の図書館』の「訳者の序」で、阪本一郎さんは「この書はもともと、アメリカ図書館協会が、学校の図書館の司書となるものを養成するテキストを編集する目的で」と書いています。『学校図書館の手引』では「教師の中から選ばれる司書」とあります。学図法が成立する前の日本では、職員をどのように捉えていたのかがよくわかりません。学校図書館を何とかしようと思っていた中心的な人たちは、アメリカの本に書かれている「サービス」や「司書」をどのように捉えていたのでしょうか。

　アメリカの言葉と実態の差というのは私も十分には理解していませんが、"teacher librarian" というのと "librarian" という言葉があって、これが "teacher librarian" だったら司書教諭か教諭司書、どちらにしても教諭であって司書というニュアンスを二つ並べてくっつけています。図書館員プロパーの場合は "librarian" 司書という言葉も使っていることもある。それを訳す人もいろんな訳し方をするもんだから、日本語に置いた時にそれが日本で言う司書教諭に近いのかそれとも "librarian" 今でいう学校司書に近いのか、この辺のところは、言葉の上だけではなかなか理解しにくいところがあるんですね。だから理解がどうだというところと言葉の上で何が違うか、日本でも文部省が最初にこしらえた例の『学校図書館の手引』(1948)の次にこしらえた「学校図書館基準」(1949)の中で初めて「司書教諭」という言葉が登場する。その「司書教諭」と言った時にはこれは司書のウエイトが大きいのか教諭の方が大きいのか、これも使う人によって必ずしも一定ではない、というようなあたりのズレもあるので、大変分かりにくいというのはその通りだと思います。アメリカでも学校図書館は教諭である人が主として行った方がいいのか、あるいは、学校のライブラリアンがいいのかというのは、ずっと議論もあったみたいです。日本では先生たちが中心でスタートしますから、司書教諭というのは教諭である人が司書の仕事をやるんだという、そこから専任司書教諭というのが出てきて、あくまで教師がメインであって図書館をやる。今で言う学校司書のようなことを当時先生が考えたわけではない。そこらのところも言葉だけではなかなかどっちの方に力点があるのかわかりづらさはあると思う。

　ファーゴの本の中で言っているのは、おそらく図書館に精通した先生がかなり専任的に働く、そういう専門家をかなり意識しているだろうと思います。だ

から日本で言う専任司書教諭、全国 SLA が当初考えた専任司書教諭みたいなものに近いという点では、当時の日本のニーズに合っていたと思いますけどね。結果的には日本の場合は、先生が専任で図書館に携わるという制度はできなかったわけです。先生を補佐するものとして考えられた専任になるはずのライブラリアンの方の系統を、財政の都合で学図法から消してしまったわけですから。結局、専ら学校図書館に携わる専門家は、少なくとも現行の学図法では2014年に学校司書が出てくるまではなかったということですね。あくまで先生たちが片手間でやるというということでしか専門家を想定できないという制度でずっと来てしまったということがあり、日本で学校図書館サービスがイメージされないのはそこに起因します。そこが日本の学校図書館の限界であって、未だにそれが解消されていないということだと思います。アメリカの本の言葉と日本の状況を重ねる時には、言葉だけではなくて中身がどういうことを想定している職なのか、何をその言葉で指しているかというところまで見ないと、言葉だけを並べてしまうとなかなか理解ができなかったりずれてしまったりということがあると思います。

　このファーゴの本は、だからアメリカで言う学校図書館の専門家を養成するアメリカ図書館協会（ALA）が考えたことは確かですね。そのためのテキストと言うか、参考になる本ということで編集したというのは、阪本さんの解説の中で言っている通りです。私もそこを改めて見直して確認をしました。

　—ALA は1914年に学校図書館の部会を設立し、1920年から学校図書館基準などを作成しています。[43] このことが学校の中の図書館であるという認識のもとにどのような学校図書館員が必要かということを示してきたのではないかと思うのですが。日本の場合は全国 SLA、つまり教師が学校図書館の会を作って中心になった。JLA が中心になっていたらまた違っていたのでしょうか。

　全国 SLA ができて、全国 SLA が学図法を作る運動を進めていく、そのことにすでにあった図書館員の団体である JLA がどういう関係でそれに対処したのかというところは、実はいろいろ問題を含んでいたみたいで、私にもよくわからないところが多いのですが、そこがギクシャクしたというのが多分その後の[44]

---

43) 中村百合子『占領下日本の学校図書館改革：アメリカの学校図書館の受容』慶應義塾大学出版会、2009、p.118.

44) 深川恒喜「日本図書館協会と全国学校図書館協議会との関係について」『図書館雑誌』72(12)、1978.12、p.595-599. 及び「Ⅳ学校図書館−第三章：学校図書館部会の

図書館界における学校図書館の位置付けに決してプラスには働かない形になってしまったということがあるようです。だから、JLA の中に学校図書館部会がずっと後でできるわけですが、あくまで全国 SLA という学校図書館の本来の団体とはあまりいい関係を作れないままに、むしろそれとはちょっと違うものみたいな形で JLA の中の学校図書館部会ができてしまった、あまり良かったとは言えない形になってしまったというのは、おっしゃる通りですね。アメリカでは ALA の中に学校図書館員協会(AASL)があるし、「アメリカ学校図書館基準」なんかを作って来たアメリカ教育コミュニケーション工学協会(AECT)なんかが ALA と大変近い関係でやってきている事は確かなので、ALA と全然別個に無関係に学校図書館員の全国組織があるのではない。その辺は確かに JLA と全国 SLA との関係とは違った形になっているのはその通りでしょうね。

　さっきの質問に、関西地区図書館学科協議会[46]のことがあります。学校図書館を考える上でそんなに大事なことではないと思いますが、説明をしておきます。

　近畿では、図書館学を教えている先生たちの連絡会というか交流会が昔からあって、今も続いています。皆さんの中で今どこかの大学で教えている人がおられたら、メンバーになっているかもしれません。図書館学を教えている大学の協議会、実質は先生たちがそれぞれの大学から出るわけだから、図書館学担当の教員が作る協議会と言ってもいいかもしれないが、そういうものがあるんです。その頃、まだ昭和20年代の初めですから、小倉親雄さんとか、三輪和敏さんとかという当時の近畿で図書館学を教えている先生たちが集まっている中でそうした機会をつくる話題が出たということだったのでしょう。私が大教大に行って、この会合に出だして 2 〜 3 年目ぐらいの時に、年に 1 回顔を合わせてお互いの情報交換会みたいなことだったので、せっかくの機会だからもっと中身のあることをやったらどうですかと若造が言い出して、そんなこと言うのならまずお前がやってみろということで、この会合の中でそれぞれ自分のやっている授業実践の交流をするということをやったことがあります。それがずっと続

　　結成と活動』『近代日本図書館の歩み－本編』JLA 編・刊、1993、p. 376 − 396.

45）JLA 学校図書館部会は1948年に発足したものの運営は軌道に乗らず、休眠期間を経て1965年に実質的に発足。当時の JLA と全国 SLA との関係および部会発足の経緯については、JLA 編・刊『近代日本図書館の歩み：本編』(1993、p. 376-396)。

46）図書館学研究協議会編『学校図書館通論』(新元社、1959)の「あとがき」では、関西地区図書館学科協議会とあるが、現在は近畿地区図書館学科協議会として活動している。

いてきたということで、現在はどんな中身をやっているのかは知りませんが、年に1回続いています。そういう図書館学を教えている先生が、年に1回近畿ブロックで交流会をやっているという話です。こういうことをやっているところは他にはなくて、それだけ人がいないということもあるし、東京のように多すぎてできないというところもありますので、近畿だけにある珍しい組織です。

〇　学校図書館の授業
・学校図書館を理解する教師を育てたい

—大学で教員を始められたころの、学校図書館の授業についてもう少し詳しく教えてください。

先ほどの『教育学論集』(7)の講義概要(→本書資料1)を見てもらうと、私が何を大事と考えて学校図書館の授業をやっていたかということが見えるかと思います。この「学校図書館学A」と「学校図書館学B」は通年科目で4単位と4単位、合計8単位。この当時の司書教諭の資格取得に必要な科目は7科目8単位でした。「図書の整理」だけが2単位で、あとの「学校図書館通論」「管理と運営」「読書指導」「利用指導」「資料の収集選択」「図書以外の資料」がそれぞれ1単位でした。この7科目8単位を3科目4単位と4科目4単位に分けるとこの通年2科目に収まるわけです。これは私が考えたのではなく、私の前任者である三輪計雄さんがずっとこれでやっておられました。Aの方が広い意味で「資料論」に該当する科目で、「図書の整理」と「資料の収集選択」「図書以外の資料」を入れて、Bの方に概論的な「通論」「管理と運営」「読書指導」「利用指導」を入れて2科目にしていました。私はこのAとBの順序が逆だと思いましたが、途中で変えると混乱するのでこのまま通しましたが。

何年か模索の時代があって、1979年に初めてこしらえた「図書館学教育資料集成」シリーズの中の『学校図書館論』というテキストは、Bの範囲を全て収め、それに加えてAの方の「収集選択」「図書以外」も含めて一冊にまとめました。AとBに共通のテキストでした。「図書の整理」だけは日図研の『図書の目録と分類—図書館学講義資料』[47](NDCの骨格とNCRの主なところを収めたツールの簡略版みたいなもの)をテキストに使って、1年間のうちの半分弱ぐら

---

47) 日図研編『図書目録・分類法要覧』(1948)を、1959年に『図書の目録と分類：図書館学講義資料』と改題。改訂を重ねて1996年に『図書館資料の目録と分類』に改題。以来改訂を繰り返し、増訂第5版(2015)まで出版。NDC、NCR の改訂に伴い、2020年には『情報資源組織法』として出版。

いやりました。主題を考え、分類をして、本の特徴を取り出して、検索の手がかりとして目録を作るという作業は、実務的な内容で実際的で面白がる学生は案外多かったですね。目録と分類の授業は本の奥付をコピーしたものを用意して配って、実際の作業をさせました。私自身はさほど好きな作業じゃないのですが、できたかできないかもはっきりするし、時間も使いやすかったですね。残りの部分は資料を素材にして話をするということをしました。

　この『教育学論集』(7)[48]でも触れているように、何が狙いかというと、どう考えてもこの8単位で学校図書館の専門家が育てられるとは思えないのですね。この程度に学校図書館のことを理解してくれて、そういう人が教師になってくれると、教師がちょっとは学校図書館に興味を持つだろうし、学校図書館を使おうとするだろう。だから学校図書館を使える先生になってくれというのが、この8単位程度の授業の中で受講生に私が求めていることでした。教員養成大学でしたから、全員が免許状を取るために来ているので、司書資格取得のついでに司書教諭もというわけではないので、そういう意味では教職専門科目として学校図書館が使える先生、学校図書館に興味のある先生を育てたいというのが、まず主眼でした。ほぼ最初から狙いとしては通したことです。

　司書教諭の資格取得ということは、それを目的として設けた科目であることは間違いないが、それほど強く意識してはいませんでした。1997年学図法改正までは発令もほとんどないし、実態もなかったですからね。学校図書館の専門家養成、司書教諭という専門家を育成するには極めて不十分なレベルの内容だということを言って、授業をやっていました。一人の図書係の先生だけが学校図書館に興味を持ってくれても学校図書館はとてもよくならない。大事なのは学校の全部の先生が、それなりに学校図書館に興味を持つこと、だから一人の係の先生の献身的な努力というのではなくて、全教職員によってその意義が理解され、図書館及び図書館資料が積極的に活用されるような実態が作り出される、そのための核になる先生を養成したい。そういう意味での教職科目なんだということを、学生には常に言ってきました。

　どうしても講義一辺倒になりがちなのだけれども、大学の授業の中で私が最後の方まで通した基本方針は、できるだけ多くレポート課題を出して、学生自身にやらせることでした。結構しんどい授業にしたいということを毎年授業の初めには言いました。ただ言ったほどにはなかなかできませんでしたが。レポー

48）前掲注29）p. 26.

トを出すとこちらが読まないといけないですからね、こっちがしんどくなるんですよ。自分だけが喋って終わる、次の時はその続きを喋るというのが一番簡単で楽な授業です。レポートを出すと、出しっぱなしで返さない先生もいますが、出した以上はこちらが見たという証を返さないといけないので、必ず読んでサインをしたんです。サインだけではなくおかしければおかしい、クエスチョンマークをつける、面白そうだと思ったら二重丸をつけるというものを残しつつ、講義の中でも出来るだけコメントして受講生全体にレポートを戻すといっことは、提出させた以上はやらないといけないと自分でそう決めていました。しかしやろうと思ったらものすごく手間がかかって思ったほどできなかったけれども、どんな課題を出したかは『教育学論集』(7)に書いておきました。⁴⁹⁾それに対する受講生の感想も中に入れておきました。レポートが思ったより少なかったという学生もいるし、しんどかったと書いている人もいる。人さまざまですができるだけそういう授業をしようとしました。学生がそれをどう受け取ったかというところをこの論文で見ていただけると、どんな授業をしていたかは類推できると思います。

　分校が三つあると言いましたが、天王寺が大学の中心で主要教科の専攻(国語・算数・理科・社会・英語)の学生がここにいました。池田分校には芸術関係専攻(音楽・美術・体育)、平野分校は障害児教育でしたから学生は少なかったです。天王寺が一番大きくて教育学の研究室もありましたから、ここだけはＡとＢと、受講生が多いので毎年開講しました。それ以外にも天王寺に二部(夜間部)がありました。大教大の場合、教師の平均的なノルマが通年で講義が三つ、演習が二つぐらいなので、学校図書館の方は、講義だけで5つあって、教育学のゼミをやると7つになるわけです。明らかにオーバーでしたが、当時の他の先生方から言わせると、二つあっても学校図書館の話だから一つと同じだというような見方をしていたのでしょう。ゼミでもそんなに専攻生がいるわけではないだろうし、ほかの先生は自分の専門以外に「教育原理」という全学生対象の教職専門科目を持っていました。そこは一人しかいないので、社会教育と図書館学の先生は「教育原理」は免除する、その代わり一コマぐらい多くても我慢しろという雰囲気でずっと来たんでしょうね。それをそのまま引き継ぎましたのでちょっと授業のコマ数が多かったんです。

　池田と平野と二部はＡとＢを隔年開講して、天王寺だけが二つやるという形

---

49) 前掲注29)p. 25.

で、通年5科目の講義をやっていました。それでも天王寺は母体の学生が多かったですから100名を超える。多い時には160名ほど受講生がいたこともあります。平野なんかは数人で、私が京大で受けたような規模の授業でした。池田で30〜40人くらい、二部は50〜60人ということで、やる場所によって人数が違うので授業の中身も変える必要もあったんですが、基本は先ほども言ったように変えずに行ってきました。あくまでも学校図書館に興味のある先生になってもらいたいということを主眼としてやってきました。

・学校図書館の課題としての「自由」の問題

　―大学時代に学んだ「禁書」のことは、学校図書館の科目の中で早い時期から教えておられたのでしょうか。

　この講義要項の中のシラバスではそういうことは出てきませんよね。そういう類のことをどこでやったかと言うと、本当はBの方でもやった方がいいのですが、そこまではやれていなくって、むしろAの方の資料論の中の、「学校図書館資料の収集と選択」のところの、「選書」の問題として、あるいは「収集方針」の中で、または、「1.1学校図書館資料とは」というところの中で、「図書館の自由」と知的自由の話は多少はやっていました。ただ学校図書館の科目の中では、そんなに大きな柱として自由の問題を取り上げることは、できていなかったという気がしています。「学習の自由」とか「教育の自由」の問題については、Bの「3.学校図書館の成立と発展」のところで、歴史の中では一番喋りやすかったので、その中で読書の問題や教科書の扱いの問題、いわゆる「学習の自由」のことに触れることがあったと思います。しかし「禁書」とか「図書館の自由」そのものを正面から取り上げるということは、学校図書館の科目の中では私はあまりできていなかったと思います。

　―この頃は、学校図書館では「図書館の自由」についてあまり言われていなかったのでしょうか。

　Bの冒頭で「図書館とは」を話すなかで、基本的なことは少し触れています。JLA学校図書館部会の研究集会でも、私が大教大へ行って教師の仕事を初めて2年目ぐらいに、どういうところか一度覗いてみたいと思って飛び入りで初めて研究集会に行きました。日比谷高校で筒井福子さんとか廣松邦子さんとかがやってた時期ですが。そこへ行ってフリーのやり取りの中で貸出記録とプライバシーのことを話したら、廣松さんなんかは名前が残る貸出記録がなかったら学校図書館は成り立たないというぐらいの勢いで、みんながきょとんとしていました。ほとんどそういうことに興味を持つ人はなかったですね。1972年か3

年のことだったと思います⁵⁰⁾。

　その次に行った時には、もう貸出記録の扱いやプライバシーの問題を分散会で討議しましょう、というような話になっていましたから、ちょっと空気が変わっていました。それでも、各グループの話を出し合うと、どのグループも「学校図書館は違う」という雰囲気で、私が入ったグループだけがちょっと違うまとめになっていたみたいなことがありました。あれが、1970年代の終わりころでしょう。そのあと、「学校図書館の自由－貸出を中心に」というようなテーマの集会があって、それをまとめたのがこの赤い冊子⁵¹⁾です。愛知の禁書事件が1981年。その辺りでだいぶ変わってきました。1970年代から1980年頃には学校図書館の世界ではそういう言葉はまだ一般的でなかったということだと思います。

　―兵庫県の摂津丹波地区の学校図書館事務職員の研究会に来て貸出記録の話をしてくださったのが、1970年代の前半だったと思います。私はそれを聞いて、そんなこと言われても学校で「図書館の自由」のことなんて言えるわけがないと思って、この人はとても若い人なんだなと思いました。でもあの頃に研究会などで「図書館の自由」の話を聞いてわかっている先輩司書が少数だけれどいたのだと思います。

　それは求められて行ったのかな、それとも流れの中で「図書館の自由」の話をしたんでしょうか。

　―わざわざそのお話をしに来てくださいました。だから研究会の中にわかっている人がいて、そういう依頼をされたのだと思います。それが塩見先生との初めての出会いでした。

　土居さんがどこかで私のことを学校図書館の現場のことがよくわかる先生と書いていたけれど、別なところで、なんと現場のことを知らない先生だと思ったということを書いていたのはよく覚えていますが。初めはそういう印象だったということですね。その部分についての私の記憶はないんですよ。

　―1981年に御殿場（静岡県）の全国 SLA 第2回学校司書全国研究集会でまたお会いした時には、こちらも少しはその話が分かるようになっていて、あの時の先生だとびっくりしたことを覚えています。

---

50)　『図書館雑誌』67(11)、1973.11、p.469には、第4回学校図書館部会夏季研究集会「日本の教育風土の中で学校図書館の原点をさがそう」のプログラムに、〈まとめ〉として塩見の名前があるが、内容までは書かれていない。

51)　『学校図書館の自由：貸出を中心に』第16回 JLA 学校図書館部会夏季研究集会報告集、1985.「学校図書館の自由について」は、p.3-18に所収。

　学校図書館部会の中で度々その話をしましたが、最初の頃はみんなが特に幹部が違和感を持ったし、こちらもなんと喋りにくいところだと思っていました。

　──先生が初めて学校図書館とプライバシーの問題を結びつけて話されたのですか。

　先ほど学校図書館とデューイを結びつけたのが私が最初かどうかはわからないと言いましたが、学校図書館の課題として自由の問題を結びつけたのはきっと私が初めてだったでしょうね。そういう問題もあるんだということを提起しようと思ったはずです。1970年代には公共図書館の方ではすでに当たり前の考えでしたからね。

　──学校図書館は公共図書館とは違うという空気はありましたからね。いまだにそう思っている人もいます。

　日比谷高校の廣松さんなんかは、子どもが読んだらいかんような本を学校図書館に置くこと自体考えられない。だから学校図書館の本を読んでプライバシーや人権がどうのというような問題は起こるはずがない。そもそも教育というのは子どもの読書・興味・関心も含めて、子どものすべてを知るべきだし、子どもが読んでよいものしか学校図書館には置かないという価値観とか学校図書館観でしたね。さすが哲学者・廣松渉さんの奥さんという感じでした。確たる学校図書館観を持っていましたね。図書館の自由委員会の設置検討委員会にも学校図書館部会の委員として彼女は入っていました。全体の中でそういうことを否定する発言はなかったですが、学校図書館はそれと一緒にすべきではないというところは強かったですね。あれだけの見識のある人が指導したから、東京の司書教諭の人たちがそういう図書館観を持ったのは当然だったでしょう。

　JLA の自由委員会が発足後ですが、『現代の図書館』が 2 号続きで初めて「図書館の自由」の特集を組みました[52]。その 1 号目で、廣松邦子、鈴木紀代子、柿沼隆司さんが連名で「学校図書館における図書館の自由の問題」を執筆しており、学校図書館サイドから図書館の自由を書いたのはこれが最初だったでしょう。

・学校図書館の「機能」と「はたらき」

　──講義概要の「学校図書館学Ｂ」に「2.2学校図書館の機能」とありますが、先生はいろいろな所で「機能」という言葉を意識して使っておられるように思います。そこに「図書館の自由」も入ってきて、先生の考える学校図

---

52)「図書館の自由〈特集〉1」『現代の図書館』13(4)、1975. 12、p. 129-168.「図書館の自由〈特集〉2」『同』14(1)、1976. 3、p. 1-37. 廣松ほかの論文は〈特集〉1 の p. 45-48。

書館観になっていると思うのですが、「機能」ということを言われている人はほかにいたのでしょうか。

「機能」というのは、「何のために、どんなはたらきをするか、どういう役割を果たすか」ということだから、誰が授業を持っても扱わなければならないことだと思います。私が習った井内龍三先生のノートにも「役割と機能」という言葉は出てきます。だからその項目自体が独自のものではないし、自由のことを必ずそこに込めてというようなことでもないと思います。ただ「機能」といっても取り上げる人によってその内容では違いはある。私の場合は図書館の捉え方のベースを公共図書館に置いているので、図書館活動、図書館サービスという点を強調してきた。その担い手の不在には苦慮したし、迫力を欠くことは否めなかった。だからこそ人、その役割を担える専任の人が必要、という話を強調することになるのですがね。

このシラバスの中で他の人がやらなかったところと言えば、「3.学校図書館の成立と発展」の部分でしょう。特に戦前の厳しい状況の中で、本当に子どもたちに必要な教育とは、と頑張った先生たちが、図書館を自分でつくり、子どもたちに本を読む機会をつくった、それが学校図書館存立の原点だというところは、他の人の学校図書館論ではまずやらないところです。私の学校図書館論の一番の特徴でしょう。「1.図書館とはなにか」から入るのも、学校図書館を限定的に捉える人は、図書館一般の話から学校図書館を引っ張ってくるという話を喜ばない人もいると思います。学校図書館は図書館とは違うと言う人もいるそうですが、私の場合はここからしか、特に最初の数年は学校図書館に入っていきようがなかったから、図書館一般の話を少しやって、学校図書館も学校の中にある図書館として基本的なところは違いがないはずというところから話を始めた。まだ初めの頃は確信はなかったのですが。そして「1.図書館とはなにか」があって「2.学校図書館とはなにか」が出てくる。「4.学校図書館の運営と活動」は実際的な問題になってくるので現場を見せてもらったり、人のレポートを拝借したりして、実際の動きの部分を時間のある範囲でやるという感じの授業になっていったと思います。スライド、写真もよく使いました。「機能」というのは、そういう学校図書館が学校の中に存在することで果たす役割、学校にあることの意味などを話すことになるのですが、特に学校教育との関わり、図書館づくりに参画した教師の関わりでこの機能をどう捉えるかということでは、特徴があったかもしれないですね。

　―「機能」の他に、先生は「はたらき」という言葉もよく使われています。

　機能の話をする時にはやっぱり人の問題がセットになるんですよね。学校図書館に関するテキスト的なものの中で弱いのは、誰がそれをやるのかというところにおいて実体がない。人のことを抜きにして、そこから理論を立ててしまうと空論になってしまう。どうしたらそういう機能が果たされるのか、誰がそれを担うのか、どうやって担うのか、というところが抜けてしまっている。ここが大方の学校図書館論で一番弱かった部分ではないでしょうか。そこを私も感じていたので、特に「はたらき」をいう時には必ず、これは自然現象ではない、本が勝手に働きかけるわけではないので、人と常にセットにして、人がいないというのはその通りだが、そのことを前提にして議論する限りでは机上の空論になってしまう、というところは常に意識しながら喋っただろうと思います。

　―全国SLAのテキストには確かにその辺のことは書いていないですよね。

　その辺が既存のテキストを読んでいても、ピンとこないんですね。同じようなことはどこにも書いてあるのですが、何かしっくりこないなあと、どうしたらそうなるんだと、そこのところを書いてほしかった。自分が納得できない話をしても、当然迫力がありませんからね。誰かが書いたテキストを棒読みするだけなら時間は潰せるけれども、話す方がそのことに興味や確信がなければ、そんな話を聞いても学生が興味を持つはずがない、そう思ってしまうと授業ができない。だから自分の学校図書館論を持ちたい。それを突き詰めていくと、何のために学校に図書館が必要なのか、学校図書館は何をするところか、それによって学校がどう変わっていくのか。とにかく、自分の学校図書館論を持ちたいというのが私の模索の最初です。

　それが私の場合は、戦前に今の教師よりもはるかにはるかに厳しい条件の中でやっていた人たちが、図書館に行きついた、図書室づくりに行きついた。そこのところを突き詰めていくと、学校図書館存立の基本になりうるだろうということに気づかせてくれたのが、先にお話した『学校図書館』の「学校図書館前史」の特集であった。あれがなかったらもっと模索のしんどい時期が続いて、もっと何かをつかむのがつらかったと思います。

　―先生は「ひろば」とか「づくり」などひらがなを使われますが、「働き」もひらがなで「はたらき」と書かれることが多いようです。それはなぜですか。

　「はたらき」については労働の働を書いてしまうとなんか違うなというところはあるのですが、そうは言いつつも文章の中では両方が混じっていることもあり得るし、編集者が間に入った場合にはこのレベルで字を揃えてしまうということもあったりして、厳密な意味で必ず私がひらがなを使っているというこ

とは言い切れないが、自分の気持ちの上ではより次元の高いものをという意味で、どちらかと言われたら自分が使う時にはひらがなの方を使う、そういうことで来てると思います。

．喋った時にはどちらで喋っているかは分からないわけで、字に起こしてもらった時の流れでどちらかになったり分かれることもあると思うので、おそらく全体を通してみたら漢字も結構出てくると思いますけどね。機能とか漢字の「働き」、さらに近い意味では「役割」なんかもこれに近いかもしれない。使命とか役割といった時には、ちょっとやっぱりこのことは対象にしているものの次元が違うかなという気がしますが。もう少し上位のところでいうと使命とか役割に近いものがこの「はたらき」との関係でいうとあるような気がします。この中から出てくるものから言えば、使命とか役割を具体化するための作用としての機能、これに近いところにこの「はたらき」は当たるのかという感じがします。さっき本が勝手に働きかけるわけではないと言いましたが、自由に使える本が置かれていること自体がひとつの「はたらき」だ、といった側面を含めて考えています。

　結構早い時期から「ひろば」とか「つくり」なんかとあまり違わない時期に、漢字にしてしまうと人の手を介して動くことという面にイメージが固まってしまうので、もう少しいろんなものを包み込めるという、それから文字通り形のあるものを作るということではなしに、包み込んで表現したいという時に意識的にひらがなの方が馴染むと思って使い出した。文章を書いたりする割合早い時期に、それを意識していたのと違うかなと思いますけどね。元々私の書くものとか発想みたいなものの中には、運動的な側面が強いですが、そういう意味から言っても漢字よりもむしろひらがなの方が馴染むと自分では思っています。

　—森耕一さんの『図書館の話』[53]の第3章が「図書館のはたらき」で、ひらがなを使っておられます。内容は図書館とは何かとか、図書館の種類それから分類と目録とか閲覧ということですが、先生が先ほどおっしゃった役割・使命を具体化するための「はたらき」という捉え方とはちょっと違うように思いました。

　そうでしょうね　森耕一さんのそれは、「図書館とは」ということに近いものですね。その本なんかは専門家向けではなしに一般の人向けということを基本に書いている本だから、一般市民の人に「図書館とは」を伝えるのに「図書館

53）至誠選書（3）、至誠堂、1966.

のはたらき」と言われたのはもっともだし、よく分かるという気がします。そこに漢字を当てはめるとちょっと違ってくる。「働き」と言ってしまうと貸出がどうとか分類はどうするかというような類の、まさに図書館員が作業としてやっていることについての説明みたいなイメージですね。多分そこで漢字を使ったら中身が違ってしまったでしょう。「はたらき」と私が言う時にはおそらく機能に近いと言いましたが、かなり周辺的な要素を取り込んでの機能、はたらきという意味内容として使うことが多かったのではないかと思います。

　　——『学校図書館の教育力を活かす[54]』の中では、「機能（はたらき）」や「はたら
　　　き（支援）」と書いてあるところもあって、ここでいう「はたらき」はこの
　　　ような意味ですよということを、分かりやすく書いておられるのかなと受
　　　け止めて読みました。

　まあ好意的に読むとそうなるし、本人の中でも整理がついていないなと読む人もあるかもしれんけどね。あまりカッコで言い換えなんかをやると、曖昧という印象を与えるかもしれない。あんまり乱用しない方がいいかと思います。喋る時には相手がいますから、相手の顔を見ながら喋っていて、なかなか伝わっていないなと思うと、やっぱりそれを他の言葉で言い換えたりするでしょ。文章の中でそういうことをやると、それは読む人に混乱を与えるだけで、不信感を与えるかもしれない。言い換えをすることによってごまかしてるというふうに読めるかもしれない。だから曖昧さをあまり持たせないようにするのが、論理的な文章では必要なことだとは思いますけどね。

○　大阪教育大学での学び

　私の学校なり学校図書館への考え方がどんなふうに形成されていったかということの背景やら要因やらを探ろうということに皆さんの課題があるということを前提に考えたら、大学に在職中のことでそれに関係しそうな事柄として今まで話してないことをいくつか拾い出して補足しておきましょう。

・教育実習の指導教官として学校現場に行くことで学んだもの

　一つは、学校の授業について私がどのように勉強したかということで大きかったのは教育実習です。教員養成課程にいた時の話で、教養学科に移ってからはもうこのことはなくなったのですが。学生が教育実習に行くわけですね。

54）塩見昇『学校図書館の教育力を活かす：学校を変える可能性』JLA 図書館実践シリーズ(31)、JLA、2016.

そうすると一般の大学の場合には行く学生も多いし、大学の方も一方的にお願いしますみたいな感じで放り込むだけだけれども、教育系大学の場合には、教育実習は現場と大学が一緒になって学生を育てるところ、名目的には一応そういう理屈付けになっているので、必ず大学の方は一人一人の学生に対して指導教官をつけて、研究授業などの時には必ず授業を見に行くし、あとで一緒に授業研究をやるわけです。教育実習への指導体制、教育実習を遂行するための仕組みづくりみたいなのが、大教大では大事に考えられていたと思うんですよ、当然のことですが。教育実習の指導教官として学校に行くことで、学校の授業というものについていろんなことを勉強させてもらいました。

　自分自身は、大学で学生に対する授業はやっているわけですが、30人前後ぐらいの小学生を対象としたクラスにおける授業というものは、全然経験がないわけですから、それを頭で考えるだけでは、実際の具体的な先生から子どもに対する発問、あるいはそれを受け止めて子どもたちがどういう反応をするか、そして40分という非常に短い時間の中で所定の目的をどこまで達成するのか。一回一回の授業をきっちりと一つの教育内容の伴ったものにするためには何が大事なのかということも含めて、この実習の中で授業を見せてもらったことは、私にとっても非常に良い勉強だったという感じがします。

　一人の学生があるクラスで研究授業をやったら、終わると必ず皆で最終的なまとめみたいなものをやる。研究授業は、指導教官がついて、同じ学年のもしくはその教科の関係の何人かの先生が必ず見に来るわけですね。校長さんや教頭さんなんかも手が空いている時にはなるべく覗くようにしていた。放課後に一つ一つの授業についての合評会を、40分の授業について一時間半ぐらいやるんです。このときはなかなかしんどくて、私なんか一番素人ですから最初に感想やら気が付いたことを言いたいのですが、向こうからは大学の先生は最後にお願いしますと言われて、その時には何か違うことを言わなければならないわけだけれども、まあそういう意味でも非常に良い勉強になったという気がします。

　澤利政さんが、このごろ学校の研究会が駄目になったのは公開授業をやらなくなったからだと、よく言われてましたが、そうだろうなという感じがします。自分の授業を見せるということを今の教師はようやらん、あるいはそういうことができる先生が少なくなった、授業抜きの学校の研究会なんていうのは研究会にならん、と一昔前の先生らしくよく言っていましたが、まあそれは40分ぐらいの授業が持つ意味の大事さを言っておられたのだなという気がします。最初の先生の発問から始まって、子どもは当然いろんな反応、応答をしますよね。最

初の授業計画の中では、大体子どもはこういうふうに反応するだろうと予測し、子どもがこういうふうに受けてくれたらこういうふうに進むという計画を立てるのだけれど、なかなかそんなふうにはいかないのが普通なので、教師としては予想しなかった子どもの反応が出てきた時に、それをどう取り上げ、その後の展開に活かすかで腕を問われるわけですね。

そういうようなやり取りの中で、私はそれを見ながら、こういう授業の中で学校図書館はどこでどういうふうにつながっていけるのかな、あるいはどういうふうに資料の使い道があるかというようなことを考えながら見せてもらおうと思っていたので、最後の研究会でもそういうことを発言することが多かったです。そういう実際の授業、しかも学生がやりますから上手じゃないことは当たり前なのだけれど、それを初心者なりにどういうふうにこなしてやるか。大教大附属の学校では子どもが実習慣れしていて、ものすごく協力的で先生を助ける感じで子どもが動いてくれるということがあるんですが、一般校の場合はそういうことはないので、授業展開の節々の可能性、まさに授業というのは先生と子どもが一緒になって協働でつくっていくものだということが見える授業というのが良い事例ということがあるのですね。そんなことの様々を見せてもらって、そしてその授業の中に資料の活用、生かし方みたいなところを生み出し、つないでいく、そういう可能性を自分なりに考えるためにも、いい勉強の機会を持たせてもらったというのが一つ目です。

特に最初の年は学校の現場をまったく知りませんから。それでも2年目ぐらいからは、指導教官の配当責任を受けて学校に行くことをしましたので、結構一年の中のしんどいけれども楽しみでもあるそういう機会だったなという感じがします。

一見に行かれた授業の時には、図書館を使った授業がありましたか。

いえいえ、そんなことはめったにありません。大教大の場合には、教育実習に5週間ぐらい行きます。その総仕上げとして研究授業をやります。図書館を使った授業はほとんどありませんでしたが、時にはいろんな資料を教室に持ち込んできてやるということはありました。こちらは全然注文をつけるようなことはなくて、学生と指導していただく先生とでどれだけの授業にするかということは相談してありますから、それをいきなり見せてもらう。全くゼロからいきなり見て、その40分の授業について最後に皆さんが言った後で、よかったところ、問題点、課題など、それらしいことを何か言わなければならなかったので、なかなかしんどかったです。

　　―そういう授業を見られた時に、ここだったら図書館が入れられるなあというところがいろいろとありましたか。それともこうやって授業が進んでいるのなら、ちょっと図書館は遠いなあと感じましたか。

　それは中身が全然違うから、算数の授業もあったし、音楽なんかもありましたからね。図書館とそうつながるとは限らない。常にそういう面から見ていたわけではありません。そんなことよりも40分しっかり授業を横から見ながらついていくだけで精一杯だったかもしれません。図書館とのつながりの可能性を考えるということは、もちろん意識としてはずっと持っていたし、図書館を組み込むといいのになと思えるケースもときにはありましたね。

　　―教育実習に行かれた時に、その学校の図書館を見に行かれましたか。

　学校には最初と最後は学生を連れて行って挨拶をして、研究授業も見に行きます。その間にも一度か二度は行きましたね。行った時には必ずその学校の図書館を見せてもらいます。自分の授業の中では学生に、必ず自分の出身校なりの学校図書館を見て来いという課題を出していましたが、そういう意味からしても、こちらも学校図書館を見ておくということが必要なことだと思っていましたので、覗くことはしていましたね。初対面でこちらが図書館学の専門だということを自己紹介すると、うちの図書館を一度見てください、ご指導ください、と校長さんから求められることもありました。あんまりそう特色のある程の違いは、普通の公立学校の中にはありませんでした。小学校、中学校では。

　　―その時、学校司書はおられたんですか。

　いませんよ。まだ当時の大阪の小中学校にはゼロですね。

　　―まだ機能していない図書館だったわけですね。

　図書室ですね。使う先生が自分で鍵を開けて、必要な資料を取りに行くという、あるいは図書の時間に連れて行くという、まさに典型的な一昔前の図書館の状況ですからね。箕面・豊中にもまだ人が入る前ですから。図書館を使ったらというようなことは思うこともないし、そういうことを言っても、逆にその当時の現場の先生とは話が多分噛み合わないと思うから、資料の使い方みたいな、あるいはこういうふうな類の資料なんかは図書館の方にはないんですかねー、なんていうことを、資料の面から話題にすることはあったかもしれないが。図書館活動、図書館サービスの実態はまだないわけですから、それを使った授業はありえないわけです。今はちょっとは変わってきているでしょうが。

　　―今の話を聞いていると、教員養成課程全体で割り当てがあって、その学生の実習を見に行っていたという感じなのかなと思ったのですが、先生が教え

ているゼミ生の実習の見学に行くこともあったのでしょうか。

　学校現場に行ったのは私が教員養成課程にいる間なので、教養学科になって、学校図書館から公共図書館の24単位の方に変わった、それ以後の教養学科のころは学校に行くことはなかったですからね。大教大に30年ちょっといた中で、その半分ぐらいですね、学校に行っていたのは。割り当て云々というのは、教員養成大学ですから基本的にはこの実習指導に全部の学生が行くわけです。学生は一学年で千人ほどいますから、それを300人ぐらいの先生で持っているわけです。単純計算しても、１人につき３人や４人の割り当てがある。だから必ず行っていました。だいたい指導学生をそれぞれ担当することが多かったので、あなたのさっきの話と両方重なるのだけれど、自分のゼミ生以外の学生も当然いますから、逆に自分のゼミ生の場合だと「今度研究授業するので先生見に来てほしい」と言われた時には割り当てとは別にこちらが自発的に行く、あるいは学校の方に「見せてもらいます」と了解を取って行くということもありました。教育実習については、大教大では割合丁寧な指導体制を組んでいました。

　—先生のゼミ生だったら、学校図書館を活用した授業をやってみようというような学生もいて、先生が見に行かれたということもあるのでしょうか。

　学生の方が多少大学で勉強していることを、あるいは私が見に行く部分も含めて意識すると、図書館を使おうと考える学生も中にはいるんです。でも逆に、その学生の指導教官が、「学校図書館を使って何ができる。そんな研究授業に使えるようなもんとは違う」と言ったと、学生から「先生、あんな教師がおった」と言ってくることがありました。なかなかそういう教育活動に学校図書館を使えるような状況になっていない、もしくは使おうという教師があまりいない。教師の意識の中に学校図書館がないということを教育実習の学生が感じたという困った話ですが、そういうこともありましたね。状況的には無理からんことでした。

　—どのくらいのころまでそういう学校の状況が続いたと振り返って感じておられますか。

　教養学科になる前ですから、1971年から15〜６年、20年にはならないと思います。1990年代に入る前、その頃の学校ですね。丁度「考える会・近畿」ができたり、学図研ができたというあたりが、私が教養学科に移った時期になります。

　—教育実習とは別に、例えば図書館を使った授業を研究授業で見られたということはなかったでしょうか。

　澤利政さんが最後の校長をした西宮市立香櫨園小学校の時に、図書館教育研

究会として全学的に授業公開をされました[55]。澤さんの学校であと2～3回は見ました。当然研究会用に準備をした授業で、学生の授業とは違いますけどね。

　　—私も一回だけ見たんですが、澤先生の学校ではありませんでしたが、こんなんで図書館を使ったといえるんだろうかとがっかりした覚えがあります。

　そういうことはあり得ることですね。澤さんの退職記念だったか、ある種のイベントだったので、おそらく相当準備をして、予備研究をやって授業されたので、まあそんなことはなかったと思いますが。図書館を使ってと言いつつ、図書館の機能を使ったといえるかなというのはあったでしょうね。授業の展開の中で、図書館から持ってきた資料を使う、というレベルが多かったでしょうね。どんなのが図書館を使った授業か、まだちゃんとしたイメージが出来てるほど実績があったわけでもないでしょうからね。

　　—大教大の附属の小学校なんかは研究授業をいっぱいされていると思いますが、教育実習も受け入れられていますか。

　もちろん附属学校は、本来は実習のための学校のはずなので。

　　—大教大の附属の小学校で実習をする学生は何割ぐらいなんでしょうか。

　なるべく附属でやろうとはしているのだけれど、附属は附属でそんなたくさん言われてもという感じで、結構何人附属が受け持つかということで、毎回大学とのやり取りがあるんですよ。出身校でできる学生はなるべく出身校で引き受けてもらって来いというようなことをやりつつ、しかしやっぱり附属が相当程度責任を持たなければならないということでやっているのですが。近年の様子はあまりよく知りませんが、私がやってた頃なんかは、それでも半分以上はなるべく出身校と一般学校の協力でやってもらおうとしてたのではないでしょうか。大体半々ぐらいだったでしょうね。本来は、附属はそういう学校には違いないのだけれど、だんだん力が上がってきて、ノーベル賞の人（山中伸弥氏）が出たりなんかすると、どっちが附属かわからないみたいに言われたりするので、特に附属の高校なんかは大学に対して簡単に言うことを聞かなかったりしますからね。

　まあ、授業というのは教育を勉強するためにいい場面ですね、いろんな意味で。授業の中に入るというのは簡単ではないですが、学生にも私はできるだけ学校に行ってこい、とにかく教員志望なら学校にいろんな意味で触れる、学校を見てこいとよく言ってました。この頃は免許取得の要件として学校にボランティア

55）澤利政は1986.4-1988.3に西宮市立香櫨園小学校の校長を務めた。1987.11.20に阪神地区学校図書館研究会を香櫨園小学校で開催している。（澤利政『兵庫県学校図書館史』規文堂、1991、p.162〈年表〉）

で行くことが義務付けられたりして、行かないといけないから行くというようにかなり制度化されているらしいですが、まだ私の時はそんなことはなかったので、逆に自分から進んで学校を見せてもらったり、学校の図書館を見せてもらったり、ちょっとぐらい手伝いをさせてもらったり、そういう類の教育現場との接点をできるだけ持つようにということを学生には言ってきました。

　——豊中の私の勤務先の小学校には学生ボランティアが常時います。午前中授業に入っています。

　今はなるべく学生は行くようにしているんですね。行かないといけないというノルマがあるのかもしれません。教員免許状取るために、ボランティアを何時間以上しなければならないというのがあるんでしょうかね。

・教員採用人事における業績審査を通じての教育諸学の勉強

　これも自分の勉強になったという意味で、非常に厳しかったですが、大教大の教育学の教室がとりわけそうだったと思うのですが、教育学教室は結構何人も学長を出していたりして、大学の執行部に加わる人間も多くて、そういう意味では大学の管理運営に興味があるし、一方のボスになるような類の人もおったりして、大教大の中では目立つ教室でした。教育大学の教育学教室だから目立つのは当たり前なのだけれど、世俗的な意味でも目立ちがり屋みたいな人が結構いるところで。それから理屈が立つ人も多かったし、ある意味では大変民主的といえば民主的で、教室の中のボス支配みたいなものを極力排する気風を持っていたというところがありました。

　ここで挙げている教室の人事というのは、私は最初講師で入るわけですが、助教授、教授という昇任人事、それから採用の人事があります。人事における業績審査というのは、ものすごく丁寧と言うか厳密と言うか、どこでもそうですけれども、人事のためには3人ぐらいの人事委員会というのを作って、その人たちがいろいろと人事についての手続き的なことをやる。業績審査の実質的なことも人事委員会が行って、後は全体で承認するということをやるのが多いのですが、教育学教室の場合は、人事委員会があるんですが、採用、それから承認については、15〜6人いる全員が、全部の業績を読んで、中身についての議論をやるんですよ。こういうのは他にあまりないのではないでしょうか。結構これは時間もかかるし、厳密に皆で議論をやって、昇任の場合は最後に本人も参加して、言ってみれば、集団査問みたいな形になるんだけれども、別に意地悪をするわけではなく、勉強会という感じで、いろいろ質問をする。本人がそのことについては一番よく知っているわけなのでちょっと教えて欲しいみたいな感じで質問をする

わけですが、そういう事を通じて、これからさらにどういう研究をしようとしているかといったことを皆の前で話をする。そういうようなことをやるんです。いわば人事を通して皆でやる勉強会みたいなものです。

　私なんかからすると、市立図書館にいる頃は教育学の資料なんかはそれほど必要がないから読んでもいなかったのですが、1971年に大学に入って、初めの2〜3年は、領域は教育哲学から始まって、歴史があり、方法があり、授業論があり、学校運営があり、行政、制度など教育学の全般についてのいろんな領域でいろんな人たちが対象になる。昇任の時だったらその人の書いたペーパー、採用の時には1人を取るのに7〜8人の応募があるので、それぞれが三つか四つ業績をつけた審査論文を送ってきて、それを読んで議論するわけだから、まあこれはものすごく大変でしたね。ペスタロッチがどうの、ルソーがどうだと言われても10年以上読んでもいないわけですから、それを読んで、しかも理解するだけでも大変なんだけれども、それについてのコメント、評価をするということがあって、大変しんどい機会でしたね。

　年に一人ぐらい昇任人事がありますから、採用も結構あったので、このことのために業績資料を読む、読んだだけではなく、何かこれという話もひとつやふたつしなければならないということで、教育学の復習、勉強ということから言えば、大変良い勉強でした。これほど密度の濃い勉強はなかったですね。特に最初の3年か4年ぐらいで教育学全般の復習を否応なくやらされることになった。これが結局、教育についての私の認識や理解なんて浅いものだけれども、まあまあ、なんとかかんとか院生が読んでいるくらいのレベルのものを勉強はしたということにはなりますね。これはやっぱり、その後の学校図書館を考える上ではいろんな形で支えになったことは確かだとは思います。

　―先生はずっとこの業績審査に関わっておられたのですね。

　人事委員会に加わることも何回かありました。基本的な作業はそこでやりますが、全員がみんなの業績を読んで、公開審査と言うか、公開討論をやる。私も当然そこに列席しました。

　―普通は上層部の人だけがすることが多いのでしょうか。

　わけのわからない密室人事みたいになるのは好ましくないというのがあるので、極力そういうものはオープンにやろうという伝統が教育学教室にあったんですね。それはそれで結構なことなのだけれどもものすごくしんどくなる。人事委員会だけに任せておくというやりかたもあるだろうが、皆が読んで皆が討論をしましょうということだから。そうなると、この会議は欠席できない。お

互いしんどくなるのだけれど、そういうやり方を取っていたのが教育学教室だったということですね。

・卒論指導を通して学んだ子どもの文化

　教員養成課程の時には私の所に来るゼミ生というのは年に一人か二人、誰もいない年もあるというぐらいで、そう数はなかったんですが、教養学科の方になると、学生定員は年に20人ぐらいしかいませんが、先生も３人か４人ぐらいなので、一人の受け持ちが５〜７人います。学生が選ぶテーマというのも生涯教育というわけで当然多様であり、図書館のことしかやらないというわけにはいきません。私の場合には、子どもの遊びとか子どもの文化、子どもの環境みたいなこと、児童館だとか学童保育だとか、そういう類のことがテーマになることが多かったですね。そういうものを学生が卒論で書くということになると、こちらが知らないわけにはいかないので、学生と一緒に神戸の児童館を見に行ったり、そんなことをしていたので、そういう意味での図書館以外の、周辺の子どもの文化みたいなあたりのテーマの学生の卒論に付き合う形で勉強したというのも大きかったと思いますね。そういうことがないと自発的にはなかなかやる余裕はなかったと思います。そんな形でこの二つの面から、教育もしくは子どもの周辺のテーマを勉強することは図書館を考える上でも結構役に立ったのではなかったかと思います。

　──今、教養学科で図書館以外周辺の学問や子どもの文化に関しても勉強したと言われましたが、後年『学校図書館の教育力を活かす』を出すときに、不登校の子どもなどを取り上げておられます[56]。卒論指導の中で、新たな子どもの発見みたいなこともありましたか。

　不登校問題はあったと思います。ただ教養学科に移ってからは学校教育ではないもんだから、子どもというよりはむしろメインは生涯学習になるので、子どものことも入ってくるけれども必ずしも子どもの問題が主ということではない。学生の数と教師の数との関係から幅が広がるので、私にとってとんでもないような、付き合いかねるというようなテーマもときにはあって。

　教養学科で毎年必ず卒論のテーマに出てきたのは、デスエデュケーション、死の教育、死を迎えるための教育ですね。確かに、生涯学習、その最後の学習課題ですが、堀薫夫という高齢者の生涯学習問題を研究している、日本でも数えるぐらいの力量のある人が同僚の中にいて、その影響もあって、卒論でデスエデュ

---

56) 前掲注54) p.71-73.

ケーションというのは必ず一人や二人はあったんです。自分が主たる指導教官にはならないけれど、卒論を学生が書いてくると、卒論審査のためには主査・副査で、指導教官以外に一人か二人、他の先生も読んで合評みたいな形で審査をするんです。そういう意味ではデスエデュケーション関係の本も結構読みましたね。毎年やっていると力量のあるいい卒論も出てくるし、逆にかなりひどいものも出てきたりしました。そんなふうにものすごく幅が広がって、森絵都のなんとかというような卒論が出てきて、私は全然読んだことがなかったので、これもやっぱり読まなければならないと何冊かそういう本を読んだりしました。他にも、マンガの作家の場合もありましたし、自分の興味とは全然つながらないのだけれども、学生がやるという以上はやらざるを得ないといって興味を広げる、そういうテーマのおつきあいを結構しました。

　—森絵都さんの本は多分『カラフル[57]』ではないでしょうかね。

　書名は覚えていませんが。たくさん書いている作家ですよね。他にも、コスプレのナントカというようなテーマの時はお手上げでした。それと生涯学習がどう関係があるのか、その子に言わせるとその人なりの生き方の模索である、ということで、言われるとそうかなと。そんなわけのわからないものが出てきたこともあります。

・北村幸子さんのこと

　—卒論指導のゼミに北村幸子さん（「考える会・近畿」初代事務局長。2013年没）も参加しておられたそうですが、ゼミに参加された時に学校図書館のことで北村さんから刺激を受けたというようなことはあったのでしょうか。

　北村さんは最初はちゃんと聴講生の手続きをして授業を受けていました。司書の資格はもう通信かなんかで取っていたので、なぜか知らないが司書教諭の資格を取る、そのためには当時7科目8単位を履修する必要があるということで、最初は聴講で来たんです。それは一年で終わってしまったのですが、もうちょっといろいろなことを勉強したいと言うので、単位を取るためにはお金を払わないといけないが、単位をとってしまったら別にお金を払う必要はないので、ただ授業に参加してということならいいよ。結果的にはそれが5年6年となって、続けて聴講していました。彼女が来だしたのは教員養成課程の時代ですから、ゼミ生はもともと一人か二人ぐらいしかいなくて、本来の学生ではなくて、よそのコースの、例えば国語だとか、幼稚園だとか、図書館や読書に比較的

57）森絵都、理論社、1998.

縁のありそうなところの学生が、自分の興味としての図書館を勉強したいと、あるいは読書のことをやりたい、しかし本来の自分の所属するところの先生があまり興味を示さない、もしくは先生がいないという場合で、中には、その先生の了解を取って、よそのコースの学生が私のところに卒論を書きに来るという人もいたんです。割合そういうことに融通がついたので、国語のまだ松山雅子さんが来る前の段階ですけれども、児童文学の勉強をしている学生が私のゼミのところに来て、児童図書館についての卒論を書く、そんな学生が一人や二人はいました。

　「考える会・近畿」の活動にも参加した学生もいて、一人は数学科、一人は社会科でした。そんな学生がいる中に、また全然違う、もぐりのおばさんも居るみたいな感じだから、まあ言ってみれば４〜５人でやっているゼミというのはメンバーが多様と言えば多様なんです。そこに人生もキャリアも違うし、教師経験もあるおばさんが入ると、あの調子でいろいろと喋ってくれますから、読書の問題、子どもの問題、本の問題、当然学生にとってもものすごく刺激になりますね。そういうような感じのゼミを４〜５年ぐらい続けて、教員養成から教養学科に移った。ボランティアの助手みたいな役割をしてくれてましたね。彼女はもともと奈良教育大学の出身で、教師経験がありますからね。

　教養学科は柏原にあって、そこまでは彼女はしょっちゅうは来ませんから、本来の学生の方も増えて、彼女がゼミに来るのもだんだん少なくなっていきます。ちょうど教養学科への移り目ぐらいのところが、一番図書館の勉強をするという人も多かった。もうその後になると、彼女も体のこともありましたし、来なくなりましたから、北村さんからゼミ等の中で学生たちが影響を受けたのが多かったのは５年ぐらいの間ではないでしょうか。初めて大教大で司書の資格が取れるようになって、そして公共図書館にも就職し出すのが出てきたという最初の学年の子が、貝塚の図書館に行った学生あたりから始まりますが、まあ５〜６年ぐらい、彼女も含めた結構面白いゼミが続いた時期がありました。あちこちの図書館も見に行ったし、ゼミ旅行で松岡享子さんの東京子ども図書館や日野市立図書館、国会図書館に行ったりしたこともありましたね。そういうゼミプロパーの活動がやれたというのも、そういう構成の多様さみたいなもの、一色の学生だけではないというあたりがそういうことを可能にしたという面があったかもしれません。助手みたいな感じで、彼女が手伝ってくれた時もあるんです。ゼミ旅行のしおりをこしらえたりね。学生に対する影響力という意味では、こっちが言うよりも彼女が言う方がパンチがあったり、学生に刺激的であった

ということがあったかもしれませんね。それを彼女自身も楽しんでいたということがあったかもしれません。（→本書 p. 262）

・「私と図書館」

　これまでいろんな機会に話をしたので皆さんご存知だと思うのですが、私は授業の冒頭で「私と図書館」という作文を学生に書かせて、おそらくトータルすると何千枚という作文を結果的には見せてもらったことになると思います。授業の最初の1時間目は、この授業を取るか取らないか様子を見に学生は来ていますが、その時はこちらもこの科目でこういうことをやりますという心づもりみたいなことを喋って、1時間目は終わります。2時間目になると、それを聞いた上で履修しようと決めた学生が大体来ますので、その段階を利用して、授業の最後に20分ぐらいで「私と図書館」というタイトル、必ずこのタイトルで自分がこれまで図書館とどんな付き合いをしてきたかということについて自由に思いつくことを書きなさいということを求めてきました。一年目はそういうことをやる余裕がなかったのですが、2年目ぐらいからやりだして、おそらくそういうことは他にもやっていた人がいたと思いますが、よく私の授業の一つの特徴として紹介することが多かったので、私も真似をしてやっています、という人がずいぶんあちこちにいることは確かです。別に私が初めてやったわけではないだろうが、自分のアイデアでやったことは確かです。

　なぜそれをやったかと言うと、これから図書館のことを勉強していく、その時に図書館を学ぶ対象として、自覚的に振り返ってみろ、図書館との体験をだらだらと、小学校ではこうでした2年生ではこうでしたというようなことを書いてもらっても意味がない。要は図書館と言われるとパッと思いつくようなことに何があるか、その中で読書の自由とかプライバシーに関連することを書く子もいてもいいし、あるいは図書館でこういうことがあったという一つのエピソードみたいなことを書いてもいい。いずれにせよこれから学ぼうという図書館を一度対象化して、そして図書館についてこれから学ぶときに自分は何を考えるのか、どんなことを確かめたいか、そういう課題意識を確かめさせ、意識的に図書館を見直してみる、初めてそういう目を向けてみる、そういうことをやってくれと言って書かせるのです。

　結構、この中からいろんなことが出てきて、図書館で読んでいた西鶴の本のこと（→p. 367）を先生が教室で言ってしまったというようなプライバシーの問題やら、そういう面白い、大事な経験みたいなことが出てくるので、そういう話をいろいろなところで私自身も話題に使わせてもらったり、講演やちょっと書く

ときの枕に使わせてもらったということを随分しました。少なくともそういう形でこれから学ぼうとする図書館を対象化する、そういう経験をさせるということを、私は図書館に向き合っていく姿勢として大変大事なことだったというふうに思っています。私の図書館学の授業の中での大変大事な入口の所の、重視をした取り組みであったと思っています。時には私にとっても大変ありがたい話を学生から聞かせてもらうということになったし、それをいい意味であとにつなげた学生もいた。もちろん大勢の学生の中ではごく一部ですが、まあそういうことがあったのは教育の面から考えたときの、私と図書館のいい関係、いい経験であっただろうなと思います。面白い話を全部記録に整理すれば、これだけでも相当面白い大事なものになると思いますが、そこまではとてもやりきれないので、この作文自体は返さずにもう処分をしましたが、大変良い経験をさせてもらいました。

○　教員研修の講師として

　私が大教大で仕事をやり出してかなり早い段階、3年目か4年目ぐらいに、福岡県の教育センターでやっている県下の公立学校教員の研修プログラムに学校図書館のことがあって、4年ぐらい連続して依頼があり行ったことがあります。そういうことは他に経験がなかったので、その当時はまだそんなに多くなかったと思います。担当の教育センターの指導主事がプログラムを企画するのだけれども、学校図書館にかなり造詣の深い人がいるとそういうプログラムが入ってくるんでしょうね。大事なことだと思いました。初任者の場合と中堅クラスが参加する二通りがあって、教員研修のプログラムで学校図書館の活用とか運営とか利用教育だとかを取り上げているというのは、大変大事なことだと思いました。先生たちが県のそういうものに参加して、またそれぞれが自分の学校もしくはブロックで伝達をする。学校教育の中では伝達研修みたいな形式を取ることが多いので、そういう役割を果たしながら皆さんで力をつけていくということをやったと思います。県の教育センターでそういうことがありました。大阪府教委でも高校の学校司書や学校図書館担当教員などに行う研修があって、何度か行ったことがあります。

　近くでは、司書が入りだしてから豊中や箕面では、全市的にやるという形式もあるし、一つの学校で独自にやるということもありました。豊中ではいくつかの学校でそれぞれの学校の全員の教員研修で図書館を取り上げるということがありました。いずれにしろ教師の養成の段階では学校図書館のことを勉強する

機会が決して十分ではないので、教師になってからそういう経験がもてるというのは大事なことだと思いました。箕面や「考える会・近畿」の例の講座（'94学校図書館講座[58]）が刺激になって、こういうことは本来市民活動がやることではない、教員を雇っているところが公的に責任をもってやるべきことだと北村幸子さんたちもしょっちゅう主張していました。

　滋賀県の教育センターも、滋賀県立図書館長をされた岸本岳文さんの奥さん（岸本博子さん）がこのセンターのスタッフで、図書館勤務のキャリアもある人で、滋賀県の教育センターは、教員対象の研修に学校図書館や図書館教育を取り込むようにしており、私も幾度か行ったことがあります。こういうような形の会を持つこと自身に意味があると思うし、私もそういう機会を通じて図書館にいくらか接点を持っている先生たちと話したり、その人たちから色んな事を聞いたりということがありました。私が学校現場に接点を持つ上では一つの大事な機会であったなと思います。

　教育センターもしくは教育研究所、そういうところでは一つの機能として教員研修は柱になっています。教員研修は必ずやっているのですが、その中に図書館とか図書館教育をやってくれというのはあちこちで市民活動が要望するということはありますが、なかなか実現していない。しているところがそう多くないのかもしれませんね。

58）「考える会・近畿」主催の全6回の講座。塩見は「学校図書館とは何か」「図書館活動と図書館教育」「いま学校図書館が果たすべき役割」の3回の講義を行った。記録は、学校図書館を考える会・近畿編・刊『「'94学校図書館講座」報告集』、1995。

第4章　学校図書館の発見

4-1　学校図書館とは何かを探索する

○　図書館としての基本から考える

　1971年の4月に大教大に移ったわけですが、前にも申し上げたとおり、授業の準備をする時間はほとんどゼロに近い状態からの出発でした。教師の仕事はもちろん授業をするのがメインです。何かを先生が喋らないと始まらないというのが大学の講義ですよね。ところが学校図書館については喋るようなことを全く持っていなかったし、そのための授業の準備的なことは全くゼロに近い。4月の10日に始まりましたから、10日ほどの間に準備をやらざるを得ないという状況でした。

　本当にこの授業の準備は大変でした。授業をすることは桃大の司書講習で3年間やっていましたが、最初は「書誌解題」ですから、仕事でやっていたレファレンスの文献調べの紹介でいいわけです。しかしぜんぜん面白くないので断ったら2年目に「図書館活動」に変えてもらって、これは自分で興味をもって話せました。もちろん下調べは必要ですがさほどの苦労はありません。ところが学校図書館となると、話す中身が全くなかったので、そういう意味では授業をしながら授業の中身をつくるというのは、我ながら大変な仕事だったということです。学校図書館問題研究会（以下、学図研）では「学校図書館も図書館である」とよく言っていましたが、私からすれば図書館でなかったら学校図書館は分からないわけです。だから当然のこととして、私の最初の授業の入り方というのは学校図書館は図書館だと、学図研の皆さんの意味合いとはちょっと違うかもしれませんが、学校図書館のことを話す場合には図書館のことからしか話しようがないわけです。

　結局、図書館とは何かということを話しつつ、学校にあって学校教育に役立つものが学校図書館なのだというような理屈をやるしかなかったわけです。その中で図書館とは何かということを改めて喋る対象として考えていくわけですが、そもそも図書館とは何か、一体誰が図書館を必要としたのか、誰がどう図書館をつくったのか、誰がどう使ったのか、というようなことですよね。図書館の基本を探っていくと。

・石井敦氏の図書館史研究に学ぶ

——『半世紀』[1](p.23)に、「学校図書館前史」に出会って「学校図書館が成り立つ原点」だと感じたとあって、そのあとに石井敦氏の図書館史研究から学んだことを「学校教育の実践や運動にあてはめると、まさしくここにこそ学校図書館が不可欠なものとして意識される基盤を見出せる」と確信できた。そしてそれは「衝撃的な感動だった」とあります。先生の学校図書館研究の大きな転機だったと思われます。その時のお気持ちを詳しく聞かせてください。

　「転機」ではなく「起点」ですね。石井さんの『日本近代公共図書館史の研究』[2]についてですが、石井さんの歴史研究の大きな特徴は、図書館のつくられ方について、一つは権力者が自分の財産と地位と権威を象徴するものとしてコレクションし、誰かに整備を託して、文献資料を持っていることが地位の証明、あるいは権威の象徴であるという、いわゆる文庫の系列の図書館というものがあります。もう一つは石井さんが勉強されたような、例えば自由民権運動だとか、あるいは労働運動だとか農民運動というような、人が世の中を変えたい、そのために何かをする、いわゆる運動ですね。そういう時に手ぶらでは権力に勝てっこないので、強い相手と戦うためには勉強しなければならない。勉強するためには自分の持っている知識だけではなく、新しい知識を補強する仕組みを持たなければならない。それが自分たちで必要があってつくる図書館です。そういうものをもっぱら民衆運動の中から探っていくというのが石井さんの初期の歴史研究でした。そうした運動を元にして近代の公共図書館はできているわけです。図書館についてのしっかりとした研究書というのは、当時この本以外には思いつくものがない。ごく一般的なテキストのようなものを別にすると、研究書というもので読んで面白いと思えるものは、当時この本ぐらいしかありませんでした。だから現場にいる頃から都立図書館の館報『ひびや』に掲載されたこの本の元の論文など石井さんの書かれたものをよく読んでいましたし、そういう図書館の捉え方というのは、私が意識する、しないに関わらず、基本のところにあったと思います。

　結局、学校図書館も誰かが必要としなかったら本物は生まれてこないだろう。石井さんの研究では新潟県木崎村の小作争議[3](1923-1926)が出てきます。これ

１）凡例参照
２）石井敦、JLA、1972. なお、p.344の初出一覧には、Ⅲの3論文が『ひびや』所収であることが書かれている。

は木崎村の農民が地主と戦うために小作争議の運動をやるわけですが、そのために自分たちが勉強しようと文庫をつくったのです。そういう類の事例が石井さんの本の中には出てくるわけです。そういうものに相当するものを学校に求めるとどうなるんだろう、というのが、多分1年目の、授業をやりながら何かそこに確かな手がかりが欲しいなあと思って模索していた時期の出発点だっただろうと思います。

　子どもが本を要求してそこから図書館になっていくというのは、前にも申し上げたように、自分自身が小学校の時に児童会で「図書室をつくろう」といったような、素朴な読書の興味関心から、近くに図書館があったらいいなと思うことはあるかもしれないが、なかなか図書館づくりの主体に子どもがなるというのは尋常ではないですよね。だからやっぱり教師だろうなと。先生の仕事は当然、授業との関連で現れるもので、しかも子どもたちにとって意味のある良い授業をつくろうという先生はいつの時代にもきっといたに違いない。いたからいろんな弾圧をされたり、クビになったり、教壇を追われたりしたんだろうな、その頃のことを私はまだよくは知りませんけれども、いたに違いない。そういう教師たちが一体どんな授業をやろうとしたのか。その時に新しい授業をしようとすれば自分が勉強しなければならない、自分が勉強するためにはやっぱりいろんな知恵を借りなければならない、それは当然本になる。だから子どもの本というよりは、むしろ教師の教育のための、しかも研究書ではなくて子どもたちが学ぶための素材としての教師のための本、というちょっと回りくどい関係になりますが、そういう意味での子どもの本も含めた本、子どもにとって意味のあるような学びができる本、学びの素材になるような本が学校の中にはない。戦前の学校では国定教科書しか使わないことになっている。それは私も知っていましたから、国定教科書だけでは本当に子どもに意味のある授業はできないときっと教師は思っただろうし、だからそういった教師は弾圧もされたに違いない。そんな先生たちの仕事の中に、石井さんの仮説に従えば図書館のニーズが出てくるはずではなかろうか。

　そういう教師が活用できるような、学校の中に子どもたちと共有できる本を国定教科書以外に持たなければならない、つくらなければならない、欲しい、それがもしあったら、きっとそれが学校図書館というものの基盤になるだろう。

3）1922年から1930年にかけて起きた小作争議。1920年代の小作争議・農民運動を代表するもので、社会的にも大きな反響を呼んだ（『国史大辞典』(5)、吉川弘文館、1985)。前掲注2）p.233には、この争議の中で「村立図書館設立建議」が決議されたとある。

それを探るために、戦前の教育、教育実践の歴史を勉強しなきゃと思いました。だから初めに手にしたのは、民間教育運動、教育労働運動、大正自由教育の関係の本でしたね。そして直接には学校図書館の関係の文献にも目を向けましたが、およそそんな観点での文献には出会えそうにはなかったですね。

○　特集「学校図書館前史」との出会い

　全国 SLA の『学校図書館』という雑誌は、大教大にバックナンバーがありましたから仕事に就いた1971年4月1日以降、当然まず見ていたのですが、なかなか自分の求めに響くようなものは見つからなかった。文献としてはほかに、学校図書館についての本が大教大の図書館の書庫にはたくさんありましたが、これというものがない中で、多分1ケ月か2ケ月ぐらいたった頃だったでしょうか、たまたま見つけたのがこの「学校図書館前史」という特集記事でした。

　これを見たときに、ものすごくびっくりしました。私がまさにあって欲しいなあと思っていたことが、断片的ではあるがズバリ載っている。これを見て、学校図書館の基本として私が仮説的に思っていたことが、やっぱりそうだったんだということを見つけることができた。2号続きの特集で、国分一太郎・井野川潔・寒川道夫という戦前に学校現場で仕事をしていた先生で、戦後は綴り方教育や教育労働運動の研究会のメンバーで物を書いたりしている人たちでした。国分一太郎は「学校図書館以前の読書教育運動：局地的な概観」を、井野川潔は2号続きで「戦前の学校図書館・学級文庫：大正・昭和の新教育運動とのつながりについて」、寒川道夫は「生活綴方教育運動と学級文庫」、まさに子どものためにということで、当時の国定教科書を伝達する教育とは違う教育を模索した先生たちが自分たちで文庫をつくった、あるいは初めて行った学校に文庫があってそれを使って教育実践をやったという経験とその周辺のことが書かれていたわけです。この出会いは感動的でした。しかもこれは1号では収まらず2号続きになって、2号目は表紙からはこの特集のことが分からないのだけれど「学校図書館前史」特集の続きに違いないのです。誰がこんな特集を考えたのかというのは、その後の全国 SLA とのお付き合いの中からもわかりませんでしたね。この雑誌ではその後50年間、私の知る限り二度とこんな特集を組んだことはありません。大体年間スケジュールのように学校図書館実務や運営に即

4）「特集・学校図書館前史」『学校図書館』(136)、1962. 2、p. 8-29/同 (137)、1962. 3、p. 36 -50、p. 63-65.

して図書委員会の特集をやったり、オリエンテーションのこと、分類や目録のことなど実務のための特集が多いのですが、その中で本当に異例なものでした。

　この中で学校図書館が制度的に必要とされていなかった時代に、日本の教師の中に図書館を必要とした先生がいたということを初めて事実として発見できたわけです。これだ！と思って、学校図書館の話はここから始まらなければならないだろうと思った。暗闇の中に一つの灯りを見つけたような思いで出会った特集でした。ここで何から勉強しなきゃいけないかが見つかったわけです。

○　大正自由教育へ遡る

　この中で知り得た実践で一番面白かったのが戸塚廉だったわけです。だから学校図書館や学級文庫そのものをどうしたこうしたというよりも、戸塚廉という人そのもの、戸塚さんという人が一体どんな教師だったのかを知るのがまず先決というふうに思ったのです。あとでまたお話しすることになりますが、一つの事をやっていると「なんで、なんで」と確かめたいこと、新たな疑問が次々出てくるわけです。なんで戸塚さんはこういう教師になったのか、誰が戸塚さんにこういう教育を教えたのかという話になると、戸塚さんの先生にあたる人を知りたいということになります。これが野村芳兵衛です。

　東京の池袋に児童の村小学校という小学校があったのですが、大正自由教育の一つの流れを汲んだ小学校でした。戸塚さんはここで、この先生から学んだ。じゃあ野村芳兵衛という人はどんな先生だったのかということも当然知らなくてはならない。野村芳兵衛は一般的にいわれている大正自由教育の実践家ですが、自由教育にもいろいろあって、文字通りリベラルな教育を重視したものと、子どもの生活自体を直視するという教育もあったということで、自由教育の中にもいくつかの流れがありそうだ。そうするとそういうものも見ていく、とい

うようにどんどん遡っていく中で、自由教育の典型校としての成城小学校が出てきました。これは今も続いていますから、現地を訪ねようと成城にも行く。成城に行ってみると成城小学校における研究会が作っていた『教育問題研究』という雑誌があって、その中で普段は40〜50ページの雑誌が100ページぐらいの特集を出したことがあったのですね。それが読書の問題を取り上げた1925（大正14）年1月の「児童圖書館號」（右写真）でした。

　なんでこういう特集がつくられたのかと思って見てみると、実はその直前に文部省が国定教科書以外の教材を使う不届きな教師がいるということで副読本禁止の通牒を出した。成城小学校の先生たちは、国定教科書だけではまともな教育はできないと、自分たちが作ったいろんな教材を使って教育をするというのがひとつの特徴だったのですが、この通牒に対し、自分たちがやっている教育をオール否定するものだ、とんでもないことだ、と受け止めるわけです。教科書以外のものを使って教育をすることに対して「重々心得違いをすることのないように」という通牒が来たわけですから、そんな通牒は自分たちがやっている教育の否定である、これに対しては断固闘わなければならない。しかし戦前の時代に、真っ向から文部省批判をやるというようなことは許される話ではない。そこで読書教育についての特集を組んで、その中で、読み方教育のためにはいろんな本が必要になってくるのに、文部省からこんな馬鹿げた通牒が来たといって、その分厚い特集はそれぞれタイトルと書き手が違うけれども、言っていることはただただこの通牒がおかしいと、結果的には批判が書いてあるわけです。

　こんな特集を、しかも成城小学校の校長さんの澤柳政太郎という人は文部次官も帝国教育会の会長もやった人ですから、言ってみれば体制側にいてもおかしくない大物が校長をやっているような学校が、文部省の出した通牒に真っ向から批判をする特集を組むということだから、それ自体が極めて異例のことだったと思います。そういう学校の存亡をかけた文部省批判ということでひとつの特集を組んだ。そのテーマが読書であり、中身は教材、図書館のことなのです。こういう事実をこれまで誰も取り上げていない、気づいていないようだと知った時は、まさに飛び上がる思いでした。

　そういう「事実」があることが分かった。そうするとその澤柳さんという人、成城の教育というのはどういうものなのか、そういうことも確かめないといけない。そういう教育に対する批判として教育史の中でよく知られている当時の自由教育弾圧といえば、長野の松本女子師範の「川井訓導事件」(1924)があります。川井清一郎という松本女子師範附属小学校(今の信州大学附属小学校)の先生が、森鷗外の「護持院ケ原の敵討」を素材にして修身の公開授業をやったんです。その授業を見に来た長野県の学務課長、今でいえば県教委や市教委の指

5）塩見昇『日本学校図書館史』全国 SLA、1986、p. 77-78に詳しく紹介されている。

6）1924(大正13)年5月14日、文部省は各地方長官にあてて、「教育上尠カラザル弊害ヲ来スモノ」として教科書以外の副読本使用を禁ずる通牒を出した。『文部時報』(136)

導主事というような人たちが、なぜ教科書を使わないのか、文学教材を使った道徳教育はけしからんと言って、授業中に「そういう授業はやめろ」と指導したらしいんですね。これもまた異常なことでした。信濃教育会という信州の先生たちの組織があるのですが、そこが組織を上げてこの干渉と処分に対して闘いました。川井訓導への批判に対する反批判を行ったわけです。これが大事件になって、このことは戦前の日本教育史を書く人は大正自由教育に対する弾圧として必ず書く有名な事件ですが、この事件と副読本を使ってはいけないというのは大変近い時期のことで、これらは大正自由教育への一連の批判であったということが分かってくるわけです。

　「川井訓導事件」は有名ですが、副読本禁止というのは、『日本近代教育百年史』[7] という全十巻の大きな本がありますが、そこにも2～3行出てくるだけです。副読本禁止を対象にして誰かが何かを書いたということは私も随分探しましたがまずなかったし、そういうことに興味を向けた人は多分いなかったと思います。ないとするならば、その通牒の全文や背景、なぜこういう通牒が出たのか。成城の先生が言うように確かに馬鹿げた話で、教科書以外のものを使って授業をしてはならないというようなことを文部省が言うこと自体、あまりにも異常なことに違いない。なぜそんなものが出たのかと考えると、どうやらこれはある地域の、ある特徴のある教育を狙った弾圧であったのだろう。それが真相であっただろうということになっていくわけです。そして「川井訓導事件」が起きた長野自身が、この副読本問題でもやはりねらいの対象になっていたのではないか。そう思って見ていくと、そういうものが確かに『信濃教育』[8] の中から出てくる。

　私がこういうことをやっていた頃から10年くらいすると、戦前の教育雑誌のバックナンバーの復刻が随分進みました。私がお付き合いの深い教育史料出版会はそのために作った出版社と言っていいし、その後に戦前のバックナンバーや図書の復刻に力を入れる日本図書センターなどができ、広島大学附属小学校の機関誌や成城小学校などの民間で作った教育雑誌のバックナンバーを復刻してくれて、今ではそういうものを調べるのがとてもやりやすくなりました。検索機能もありますし。けれども私が調べごとをしたその頃はまだそういうものが出ていなかったし、現物を持っている図書館を捜して現地に行ってみるしか

7）国立教育研究所編・刊、1973-1974、全10巻。
8）1886年に長野県で創立された信濃教育会（現在は公益社団法人）の雑誌。現在も刊行。

ない。なかなか、もの自身を見るのも大変でしたが、『信濃教育』の場合にはマイクロフィルムになっていましたので大学図書館で見たり、大正13年の次官通牒を確認したりなど、やることが続出でした。

　話が広がってしまいましたが、一つの事をやっていると新しい疑問が出てきて、要するに何かを知ることによって知らないことがまだまだたくさんあるということが見えてくる。探索ということの基本はそこにあると思うのです。学校図書館では「なぜ」という問いを大事にすることが重視されるが、まさにそのとおりで、なぜということがあって、自分がよく知らないことが分かると、今度は確かめなければならなくなる。新しい何かを確かめるとまた新しい疑問が出てくるというように、遡及的に課題が広がっていく。この頃は本当に課題が次々と途切れることがなかったし、勉強することがほんとに面白い、私がこれまでで一番よく勉強した時期でしたね。忙しかったのはむちゃくちゃ忙しかったに違いないけれども、そういう時には忙しいとは思わない。

　よく忙しいからできなかったと弁解することがありますが、私はそれは嘘だと思う。本当にやる気になって、しかもやらんといかんと納得しておれば忙しいとは思わない。自分が納得できないことで仕事が多いと、それは確かに嫌になるだろうし、忙しい。自分が納得して自分が見つけた課題を取り上げていると、おそらく忙しいというのは仕事が進まない理由にはならないだろう。それはやってないだけの話だし、やり方がまずいからと結論付けることができるだろう。繰り返しになりますが、大変だったには違いないけれども、そう大変とは思わずに次から次へやるべきことが見つかっていったという端緒が、ここから始まっていきました。

　ここで取り上げること自身は、昭和の戦争前夜の時期の話なのだけれど、そこからずっと遡って大正の初めぐらい、ものによっては明治の終わりぐらいまで、その疑問の延長線上に課題が次々出てきて、そういうものがある程度進んできて、授業で話すことの骨組みにも目途がついてきた。そしてその成果をまとめたのが、この『日本学校図書館史[9]』でした。これは全国 SLA とのお付き合いの中で出てきた話で、初めからそういうものを作るつもりで勉強していたわけではありませんでした。

　余談ですが（『学校図書館』の50年ほど前のコピー登場。さらに当時塩見先生からのレファレンスに応える国立国会図書館からの回答の手紙が登場）、結

9）塩見昇『日本学校図書館史』図書館学大系(5)、全国 SLA、1986.

構このころは、図書館をフルに使っていて、それもいきなり図書館に飛び込んでというよりも、中に知り合いの人がいると何かと面倒を見てくれたり、書庫に簡単に入れてくれたりして、特に古い文献調べなどには図書館がいかに重要であるかを実感しました。高知市民図書館では高知の大正期の自由教育のローカルの実践記録や教育雑誌などの、東京や大阪ではなかなか見つからないものを探すときに、図問研の磯部巌夫さんという人に頼むと、丁寧に調べてくれて、この『日本学校図書館史』を書くのに役立ちました。富山の参納哲郎さんは、こちらがお願いした以上のものを探してくれて、訪ねていくと、一緒に学校訪問についてきてくれたりし、そういうことも含めて図書館機能というのは探索的な仕事にはものすごく大事でありがたいものだと感じたのがこの時期でした。国会図書館では新聞切抜室の平川千宏さんにずいぶんお世話になりました。図問研で知り合った仲間ということが多かったです。

・戸塚廉さんを訪ねる

　—1972年３月末に掛川に戸塚氏を訪ねインタビューをされ、「戸塚廉の図書館教育[10]」をまとめておられます。

　「学校図書館前史」の中で、井野川潔さんが戸塚廉さんのことを書いてくれていました。戸塚廉さんという人はよくものを書いている人だったということも幸いして、戦後はもう教師はやっていませんが、『おやこ新聞[11]』という新聞を出していました。いま私の手元にも『いたずら教室』のほか、戸塚さんの本をいくつか置いています。『生活学校』は青焼きのコピーを製本しているもので、そんな形で戦前のものをご本人が複製したのです。

　戸塚さんは治安維持法で教壇を追われて教師にはもう就けなくなって、戦前は自分の恩師である野村芳兵衛さんの学校（児童の村小学校）で講師として教師をやっていたんです。その野村さんの学校で出していた民間教育雑誌が『生活学校』で、戸塚さんはその編集を担当していました。戦後になってその復刻を青焼き（コピー）でやられたわけです。今はもう教育史料出版会から復刻で出ていますが[12]、青焼き版は自費出版のような形で作ったものです。それの一番前のところに「いたずら宣言」が載っています。自分が戦前にやっていた教育の複

10）塩見昇「戸塚廉の図書館教育」『大阪教育大学紀要』(21)、1973.2、p.35-43.

11）戸塚廉『おやこ新聞：もうひとつの教育』(NHKブックス、日本放送出版協会、1974)や、『戦後地域改革とおやこ新聞』(双柿舎、1978)に詳しい。

12）生活学校復刻刊行委員会編著『生活学校：戦前・戦後』復刻版全10巻、教育史料出版会、1979-1980.

製みたいな意味で作られたのだと思います。

　戸塚さんを訪ねて行って、いろいろ話を聞いて、結局一晩泊めてもらって、いきなり飛び込んだのに二日がかりでいろんな話を聞いて帰りました。戸塚さん自身がやった仕事を手当たり次第、手に入る限り見るということで、戸塚廉についてとにかく集中して調べた時期がありました。

　その中で一番私自身の興味関心につながったものは、「いたずら」という考え方でした。前に一度禁書との関係でお話したと思いますが、普通はいたずらするのは良くないことだということで、先生や親は、いたずらしてはいけないと叱る。しかし、なぜいたずらをすると怒られるのか。戸塚さん流の考え方でいうと、いたずらというのは皆が当たり前だと思っていることになんでだと疑問を持ち、ちょっと試してみたくなる、それがいたずらだ。意味があるいたずらとはそういうことだというわけです。『野に立つ教師五十年』三冊本の第1巻『いたずらの発見』Ⅲ章「いたずら教室時代」の冒頭に、戸塚さんが郷里の学校に赴任した早々に受け持ちの3年生の親たちにあてた謄写版刷りの挨拶状が掲載されています。それが「いたずら教育宣言」です。親は子どもにいたずらをするなというのではなく、できるだけいたずらをさせてやって欲しい、そうするとそれがバネになって子どもは成長するものだと言っています。それが、前にお話した"Banned　Books"から得た「焼かれる本こそ、よい本だ」ということ[13]とつながっていくというように私なりには考えました。権力者や有力者や親とか教師が子どものいたずらで手を焼いて困る。その人たちから見ると、子どもが成長したり発達したりしている証みたいなものだと思えるのかどうか。権力者から見れば、自分たちを批判するような本は好ましくないと言って没収する。しかしそういう禁じられた本が、実は世の中を変えるひとつのきっかけになるような本として後世に残るという、そこにつながるものがある。いたずら＝禁書ということになるんだろうなと、私なりに戸塚さんの話や実践から学び取り、それが図書館のもつ潜在力につながっていく基本ではないかと考えたわけです。

　―戸塚さんを訪ねたときの印象はどうでしたか。

　一番印象に残っているのは、先にも言いましたが、やっぱり「いたずら」という発想でしょう。普通の言葉としての「いたずら」というのは確かにプラスイ

13）戸塚廉『野に立つ教師五十年』双柿舎、1978. 1巻『いたずらの発見』/2巻『児童の村と生活学校』/3巻『戦後地域開発とおやこ新聞』。1巻の冒頭にある「いたずら教育宣言」(p. 176)には、「なるべくいたずらをさせてください。いたずらが子どもにとっては、もっともおもしろい勉強なのですから。」とある。

メージよりはむしろマイナスイメージで、いたずらしてはいけないというのが世間では普通のことなのだが、戸塚さんはそこをひっくり返して子どもはいたずらして成長するものだといたずらを全面的に肯定的に捉える。それが面白いと思ったのと、戸塚さん自身がズバリそういったわけではないけれども、「読書というのはいたずらだ」というのがあって、戸塚さんはものすごく子どもに本を勧めた。そこはあとで紹介する池田知隆さんの先生（棚町知彌）の読書論[14]ともつながるでしょうね。

　「図書館の教育力」というのはかなりの程度、本の教育力とも重なります。そうした子どものいたずらのきっかけをつくる、考えるきっかけをつくるというのは、人から教えてもらうということもあるけれども、自分で本を選んで読んでるうちになぜって思うこともありますよね。その辺のところから言えばつながっていると言ってもよいだろうし、それを膨らませる作用が「図書館の教育力」でしょう。教育力という言葉を私が意識して使って物を書いたりするのはもう少し後のことですが。

　──戸塚さんは学校の中でも学級文庫を作って、自分の家の二階にも文庫を作って、青年図書館みたいな感じのものもやっておられました。そこら辺りで図書館とはつながりがあると先生は感じられたのだなあと思いました。もう先生が訪ねて行かれた時には随分のお年だったのではないですか。

　もちろん随分のお年でした。先ほどの『野に立つ教師五十年』に肖像写真は載っていませんか。

　──1907（明治40）年生まれとあります。第1巻の巻頭に静岡師範専攻科時代（20歳）の肖像写真があって、その老成ぶりに驚きました。

　それじゃ私が訪ねた頃は60代半ばぐらいだったのでしょうね。私の父親と同じ年くらいです。精悍で、ごっつい感じの人でしたよ。おしゃべりな人でしたし。

　──一晩語り明かしたのですか。

　もちろん寝ましたけどね。喋っている間にどんどん時間が経って、帰ろうという時間も過ぎてしまって、ずるずると泊めてもらうということになったように思います。この機会にいろんなことを聞いておかなきゃ、と思ったのでしょう。普段からいろんな人がこの人を訪ねてきたのだと思いますよ。戦前からの

14）池田知隆『読書と教育：戦中派ライブラリアン・棚町知彌の軌跡』現代書館、2019。
　　池田については→本書 p. 326.

運動のこともあるでしょうし、『おやこ新聞』も出していましたし、地元の掛川の有名人には違いなかったですからね。

　　—戸塚廉「体験からの読書指導批判」の冒頭に、「大阪大学の先生で、全国の読書運動を指導している塩見昇さんが、この春ふいに訪ねて来られて、私の『いたずら教室』や『生活学校』の復刻版を読んで、私の戦前の読書運動は、今塩見さんたちが開拓しようとしている運動とピッタリ一致しているので、くわしいことを聞きたいという。ははぁ、そんなものかなあと驚いて、一晩とまってもらって話しこんだ」とあります。戸塚さんは先生のことを「読書運動を指導している」と理解されておられたのですね。

　大阪大学と間違って書いてありませんか。私が戸塚さんのことを全国 SLA の中心メンバーに伝え、全国 SLA から原稿を頼んだりしたのだったと思います。

　　—そうなんですよ。でもそうやって聞きに来たということに対して、「私はべつに新らしい道を切り開こうといったように気負ってやったものではなく、貧乏と無文化の中で苦しんでいる農村地帯の子どもたちに、わずかでも明るい光をあて、生きぬく力をつくり出そうと、自己流に、自信もなく手探りで、思いつくことをやっただけのことだが、おかしなことだと思っている」と書いてあって、教師ってやっぱりどこかで子どもたちに生き抜く力をつけて欲しいといった願いを持っているのだなと思いました。

　戸塚さんがどんな教師であったかは『いたずら教室』が一番よく分かりますね。いろいろ経緯や理屈を書いた文章も他にたくさんあるのですが、子どもの日常に即して書かれているので、その本がいちばんよくわかると思いますね。

　　—ここにある『いたずらの発見』は表紙裏にサインがありますが、先生が買われた本ですか。

　『おやこ新聞』で、今度こんな本を作ったので買って下さいといった発信をしていたので、直接申し込むと「連茶先生」というサインをしていただいたのです。『いたずら教室』の中にも連茶先生が出てきます。連茶というのは掛川での小さい頃の愛称だったようです。戸塚さんは師範学校を出て、まず掛川の小学校に赴任します。そこでちょっとトラブルを起こすわけです。左遷されて移ったのが故郷の雨桜村の小学校でした。『いたずら教室』の中にも出てくると思

15）戸塚廉「学図への提言19：体験からの読書指導批判」『学校図書館』(264)、1972.10、p. 65-68.

いますが、周りはあんなことをやったから飛ばされたというふうに見ていたけれども、ご本人はそれが嬉しくって仕様がなかった。要するに生まれ故郷で馴染みのあるところで、掛川みたいな大きな何十人も教師がいる学校ではなかなかできなかったことが小さい学校だからやれるというので、夢を膨らませながらワクワクする思いで学校の坂道を登っていったと、書いています。その村でやったのが『いたずら教室』の実践になるわけです。後に治安維持法絡みで二度ぐらい捕まって、最終的には教壇を追放になります。

　教師でなくなってからは、その生まれ故郷の村で子どもたちだけでなく青年たちに向けての地域活動を行い、免許状を取られてしまってもう正式の教師にはなれないので、野村芳兵衛がいる学校の今でいう非常勤講師として教壇に立っていた。主たる仕事は『生活学校』という雑誌の編集をやって、そういう運動で戦前を終わったんです。戦後ももう教師にはならずに、むしろ教育運動、地域の民主化運動のようなことをずっとやっていた。その一つが新聞づくりで、『おやこ新聞』でした。村会議員にもなられたようです。

　―教育史料出版会の『生活学校』の復刻版に戸塚さんの名前が出ています。
　『生活学校』には随分書いておられますね。編集者であり、執筆者でもあるわけです。

・「戸塚廉の図書館教育」

　―「戸塚廉の図書館教育」で、「図書館教育の原点を改めて追求することの重要性を、戸塚の実践は示唆している」と書かれています[16]。戸塚実践が後の「学校図書館の教育力」へと結実する核になったように思われますが、いかがですか。

　大学の教師というものは研究成果を論文にするノルマがあります。戸塚さんのところに行ったのが教師になって2年目でしたから、1972年3月に『教育学論集』(1)に初めて書いた学校図書館の研究ノート[17]を一歩進めたものとして『大阪教育大学紀要』(21)に書いたのが「戸塚廉の図書館教育」でした。これは戸塚さんのことだけを取り上げたもので、調べて読んで私なりに思った解釈みたいなものをペーパーにしたわけです。これの抜き刷りを全国SLAにも送った。1972年ぐらいからはポツポツと全国SLAと接点ができていた。そこでこれを全国SLAに送ったら、まるごと『学校図書館』に転載したんですよ[18]。あの雑

---

16) 前掲注10)p.42.
17) 塩見昇「『教育の自由』と学校図書館：わが国における学校図書館運動の史的考察のためのノート」『教育学論集』(1)、1972.3、p.193-205.

誌で、かなりの分量のある文章をまるごと転載するというのは、創刊号から見ても他にないのではないかと思うんですよ。だからあれを面白いと思う人が編集部にいたのだと思いますね。

　全国 SLA と付き合った最初の頃は、松尾弥太郎さんとは私は接点がなく、佐野友彦さんが中心でしたが、あの人をアクが強いと批判する人もいますが、なんといっても学図法を作る運動をした教師ですからね。あの頃の人はやっぱり筋があったのは確かです。佐野さんがいて、もう一人岩田斉さんという古武士みたいな雰囲気の労働運動からの叩き上げみたいな感じの人がいました。1981年に全国 SLA が第2回学校司書全国研究集会をやった時に初めて私も行って、宇原郁世さんがいて、私と宇原さんと岩田さんで写真を撮ったこともありました。この「学校図書館前史」の特集の企画は岩田さんかなと思うのですが、とにかくそういう人が事務局におられたので、私が送った「戸塚廉の図書館教育」をみんなに知らせた方が良いと思ったんでしょうね。

　そういうことも面白かったですが、「学図への提言」という外部へ依頼して2〜3ページくらいで書いてもらうというシリーズがあって、戸塚さんも書いています[20]。[19]

　戸塚さん自身は『おやこ新聞』をはじめとして、「日本の子ども文庫」シリーズ[21]に『いたずら教室』を書いていて（右写真）、結構学校に生活童話みたいな形で入っていた。このシリーズは、色んな人が書いていますが、その中で一番人気があったのは今井誉次郎の書いた『たぬき学校』で、これも昔の校長先生が生活童話として書いたものですが、子どもに人気があってよく読まれたようです。だからこの本も学校図書館に

入っていたのではないかと思えるので、作者として全国 SLA の目にも止まっていたかもしれない。ただこの人を学校図書館と結びつけたのは、私が論文を書きあげる途中に戸塚さんのことを話題にすることがあったからと思いますので、全国 SLA の方もそれなりの興味を持って原稿依頼をするというような接

18) 塩見昇「戸塚廉の図書館教育」『学校図書館』(273)、1973.7、p.47-54.
19) 『学校図書館』(246)〜(271)、1971.4〜1973.5に全22回にわたって掲載された。
20) 前掲注15)、並びに「学図への提言20：これからの読書指導」『学校図書館』(265)、1972.11、p.68-71.
21) 講学館、1958-70、全15巻。『いたずら教室』はシリーズ第2巻。『たぬき学校』は第1巻。

点が生まれていたのかもしれませんね。

　最初手探りで始めて、「学校図書館前史」の特集に出会って、そこで初めて知ったのが戸塚さんで、戸塚さんをいろいろやっている中から芋づる式に、遡及的にいろいろと次の課題を見つけることができた。6〜7年位は大体そのことに集中していました。大学の授業自身は骨組みがそうガラッと変わるわけではないのだけれど1年経つと明らかにそれまではまだ全く気づいていなかったこと、知らなかったことが分かっていくわけで、それが講義に反映されていくのですから、そういう意味では創造的な講義であったのは確かでしょう。1年ごとに内容が膨らんでいくものだったに違いなかった。受講者は分校ごとに数十人から100人余りの学生でしたが、皆が皆そういうことに気づき、興味をもったわけではなかっただろうが、まあ間違いなく10人や15人ぐらいは、今喋っている先生自身が進行中の研究成果を基に話しているということを感じ取ってくれていたのではないか、と思います。そんなふうに進んでいったのが70年代の半ばあたりまでの私の授業であり、学校図書館研究でした。

・『おやこ新聞』

　戸塚さんの『おやこ新聞』のコピーがこれです。こんなものでした。こういうような見出し、タイトルがあって、更紙（わら半紙 B4）の大きさかもう一回り大きいような紙を二つ折りにした裏表に、4ページぐらい、大体それが『おやこ新聞』の毎号の本体です。その中に、私が『日本学校図書館史』の中でかなり詳しく戸塚さんのことを書いたので、そのことをこの新聞の一番下の欄に「急告　素晴らしい夏休みのために」とあって、「この最後の校正の出る7月9日、全国 SLA から『図書館学大系』の第5巻『日本学校図書館史』と言う立派な本が届きました」、「この頂いた本の200ページの中の10ページが、『戸塚廉の図書館教育』というタイトルで書いてあるので、驚いて急ぐ校正を後回しにして読みました。私が子ども向けのノンフィクションの童話『いたずら教室』に書いた話は、戦前の変わった実践だとして、発行してから25年、次々と増刷されて読まれていますが、その中に『小さい先生』という題で、子どもたちが私の私設子ども図書館を全校生徒に読ませ、夏休みには本を自転車に積んで山の向こうの子どもに貸して歩いた動く図書館や、青年図書館の本を村の青年や大人にすすめた、そういう話が載っていました」とあります。要は、『日本学校図書館史』という本の200分の10ページ、5％を自分の昔の実践に当ててくれている本が出たというのが、この「急告」という見出しの記事の中身なんです。そして、「先生方やお母さん方が読まれれば、夏休みの子どもの指導に大きくプラスすると

思いますので、自己宣伝のようですがあえて書きました。読んでください」という格好で、この本のことを読者に知らせてくれているわけですね。

　ここにもありますが、『いたずら教室』を読んだ人はおわかりだと思うけれども、学校に子ども図書館を作りますよね。夏休み中は学校が閉まっていますから、2ケ月間は学校の中でその本が眠ってしまう。それを連茶さんのクラスの子どもたちが自転車の荷台に積んで山奥の集落まで出向いて行って貸し出す、という活動も『いたずら教室』の話の一つとして出てきます。この中には12〜3点の短い話があるのだけれど、一つ一つが面白い、いろいろと考えさせる話です。特に、「ツバメのうんこ」が私には一番印象に残っているのですが、クラスメイトの一人が腎臓の重い病気にかかって、ツバメのうんこを取ってきて丸薬にして飲ませると治るのだというので、子どもらが手分けをしてツバメのうんこ取りをするわけです。そんなことをしてなんとか助けようとしたのですが、結局はその子どもは亡くなるんですね。その子が亡くなって、お葬式に先生に連れられて子どもたちが行くわけです。先生は中に入ると親が気を遣うだろうと、お葬式がすんで、皆で野辺の送りをするのを外で待っていると、死んだ子のお母さんが出てきて、みんな中に入って簡単なものだけれどもご飯を食べて一緒に送ってやって欲しいということになって、ご飯を食べる。そこで白いご飯におみおつけぐらいの簡単なものを食べるわけですね。その時に、一人の子がご飯を食べながら、「また誰か死ぬといいね」と言ったというのですね。それを聞いて、お母さんがどっと泣いたということがあって、次の日の朝、戸塚さん（連茶先生）がクラスに行くと、その子を囲むようにしてクラスの子がみんなその子を非難していた。聞いてみたらクラスの誰かがまた死ぬといい、死ぬのを待っていると言っていじめられているわけです。

　それを聞いて先生が、そこからが彼の学級経営になるわけですが、何かそういうトラブルがあると学級会、要するに皆で討論会をしようというふうに持っていくわけです。後は子どもたちの自主性に任せるのですが、その討論会では、本当にその子はこのクラスの子がまた死ぬとよいと思ったのだろうかと問いかけると、みんな考える。決してそうではないということが当然わかるわけです。要は白いご飯を食べられたということが嬉しかった。百姓は自分がお米を作るけれども、白いご飯はお祭りとか、誰か死んだ時ぐらいしか食べられない。そういうことが、そもそも「次誰か死んだらいいね」という言葉の中にはあるんじゃないかというようなことが、みんなの討論で明らかになっていく。そういうことを通して、貧乏とは何か、なぜ日本の百姓は米を作るけれども食べられないの

か、ということを考えさせる、まさにこれが生活童話であり生活教育なんですね。

　そういうような教育が戸塚廉の学級経営だということが分かるのが、『いたずら教室』の中の一つの挿話で、そういうものが10数編入っている本です。その実践について書いた本が全国 SLA から届いたので、自分の『おやこ新聞』の中に、これだけのスペースを割いて紹介しているのです。

・成城小学校を訪ねる

―『日本学校図書館史』（p.77）で、成城の『教育問題研究』特集号を、1924年の次官通牒批判を展開していることで取り上げられているのですが、目次を見てもその充実度が分かります。当時の成城小学校の、図書館を欠くことのできない施設として利用していた教育という面からも、この内容について教えてください。

　成城小学校の特集の件ですが、戸塚さんに会いに行った後、割合近い時期に成城に実際に出向きました。2日ぐらいいましたでしょうか、熱心に対応してくれる先生もおられて、1970年代でしたが、戦前ではない戦後の成城、現代の成城の学校の様子も面白く見せてもらったのですが、戦前にやってたような大変ユニークなカリキュラムも相当残っていましたね。成城というのは、東京の高級住宅地の環境の良い街で、結構まだ森があったりするのですが、成城も学園の中に森があるというキャンパスで、「散歩科」という戦前から持っている教科が続いていました。「聴き方科」とか「読書科」とか、ユニークなことをやっている学校です。その成城小学校の先生たちの作った研究会が出したのが『教育問題研究』（成城学園教育研究所）という雑誌でした。

　今回、私の部屋の棚から『教育問題研究総目次』（1978）という古いパンフレットが出てきました。これに『教育問題研究』の創刊号からの目次が全部載っているので、これで改めてその当時まだ見落としていたようなものが見つかったりしました。ほかにも、この学校の創設者の澤柳政太郎という人をテーマにした「澤柳政太郎研究」という研究会を継続したりして、戦前からの成城の学校の教育実践をやりながら、成城教育の深化を関心のある人に発信していくということを、成城は単に学校を経営するだけではなく、研究成果の発信を今もやっているのです。もちろん現在も東京の成城大学も含めた幼稚園から大学である壮大な学園なのですが、そういった教育の核心みたいなところでは一貫して現在も行っているし、定期的に研究会もやっています。これもその当時もらったものですが、『第11回教育改造研究報告』という、毎年公開授業をやる研究会の成果を、こういう報告にまとめて出したりしています。

　非常に研究的なこの学校自身の教育目標として「科学的研究を基とする教育」というのが成城学園の設立の趣旨の中に入っています。50年、60年経ってもその伝統を続けているということです。そういうような成城学園を1970年代のはじめの頃に、いろいろ見せてもらったり、話を聞いたりして、いろいろな資料をいただいたりして、現代の成城というものを見ながら『日本学校図書館史』の大正期を書きました。[22]

　この質問なのですが、『日本学校図書館史』に成城のところを詳しく書きましたが、どんな教育だったかというのはあれをご覧いただいたら一番いいと思いますが、いろんな教科を通じて読書というものを重視していたということは確かだし、教材というのは基本的には自分たちで作るんだという、国定教科書を決して否定したわけではないけれども、国定教科書は教材のごく一部という認識は非常に強かった。むしろ主たる教材は先生たち自身が自分たちで作るのだ、という自主編集教材を中心として授業をやっていた。だから副読本を禁止するみたいな話が出てくると、自分たちがやっている教育の総否定というふうに先生たちは受け取った。そこで先生たちは、特集号を文部省批判というタイトルにするわけにはいかなかったので、「児童図書館号」という言葉を使うことによって、実は内容的には文部省の副読本禁止の通牒批判を一斉に展開する。決してそれは一回だけで終わらなくて、そういう主張をその後も繰り返しやる。この学校の教育に関心を持った人たちが全国的に結構あちこちにいて、そういう人たちがそれを受け継ぎながら、自分たちの日常の教育と図書室の関係といったものを、それぞれの場で考えたりもしていた。

　そういう広がりもあったと思うのですが、戦前の力関係の下で、大正期は何とかそれを乗り越えても、昭和の初めになってくると、副読本の使用そのものがもう絶対的に禁止みたいな形になっていって、それが行き着いたのが1933（昭和8）年の教員赤化事件[23]、全国で治安維持法で何百人という先生たちが教壇から追われるという流れになっていくわけです。成城はそういう意味では、戦前の私学の中でも相当影響力も強いと同時に、広がりを持っていた実績のある民間実践教育の場だったのかなという感じがします。この学校に直接触れ得たことは

22）塩見は『大阪教育大学紀要』26（3）、1978、p.145-155に、「成城の読書教育と学校図書館」を発表している。

23）長野県教員赤化事件。1933年2月4日長野県で教員などの一斉検挙始まる。4月までに65校、138人の教員を検挙。岩波書店編集部編『近代日本総合年表』（第3版）、岩波書店、1991、p.295.

私自身大変良かったと思います。

　成城については、面白いと思ったのは先ほども言いましたが、キャンパス自身が森の中にあるので、カリキュラムとして「散歩科」がある。とにかく先生と一緒にぶらぶらと1時間歩いて、いろんなものを観察する、そういうものが教科としてあった。当時もあったし、私が行った時にもあった、今もやっているということですが、そういうような変わったものもあったし、そもそも出発のところでこの学校は科学的研究を基にする学校をつくるんだという呼びかけで出発するんですね。科学的研究というのは、例の戸塚さんの「いたずら」に通じるのだけれど、成城に集まった先生たちが、何か疑問があったらそのことを解明するというところにそれぞれがこだわる、執念を燃やすというところが学校設立の基礎にあります。

　その一つの例がこの学校の先生たちが、開校した1年目に取り上げた児童語彙の調査です。子どもというのは学校に来る時にどれぐらいの言葉をすでに身につけてくるんだろうか。教科書というのは子どもが全く白紙の状態で学校に来て、初めて「あいうえお」の「あ」から勉強するという建前になっている。しかしそんなことはないのではないか。子ども自身は既に家庭生活の中で、あるいは学校に来るまでの5年、6年の暮らしの中で、いろんなものを身につけて入ってくる。そういう実態をもっと正確に捕まえて、そこから教育をスタートさせることが必要ではないかということが、いろいろ議論をしている中で出てきた。そういう気になることが出てきたら、ほっとかずにそれを確かめてみようということが、この学校のやり方なんで、何をしたかと言うと、児童語彙の調査をしたわけです。

　1年生に入ってきた子ども、といっても、一学年一クラスで30人ぐらいのわずかな数ですが、先生一人ひとりが手分けして、こういう言葉を知っているか、例えば、山と言ったら高いとか、木が生えているとか、いろんなことを子どもが言うと、ああこの子は「山」という言葉とその概念を具体的に知っているなということでチェックをする。「川」と言われてポカンとしていると、この子はまだ「川」ということは知っていないなというようなことを、一語一語何百何千と言う語彙をあらかじめ作っておいてインタビューをして、そこから調査をする。その結果分かったのは、子どもはすでに何千という言葉を知って学校に来ている。だとすれば、そういうことがまるで何もなかったようにスタートするのではなくて、むしろその事実から出発したらどうか、というので、それが結局言葉の習得、どういうふうにどういう道筋で子どもは言葉の経験をするのかという

ことになっていって、それと自分たちの教材を結び合わせて、「読方科」とか「読書科」とかということにつながっていく。

　その時に一つ気になったのは、そうは言うけれども子どもの環境というのは随分違うはずなので、あまりそこの前提に立って子どもは３千知っているのだから知っているということでスタートしてしまったらそれでいいのかどうか、そこには切り捨てられる子どもが出てくるのではないかというようなことを読みながら気にもなったけれども、少なくとも成城に来ている子どもたちの事実としてこういうことがわかった。じゃあ、こういうことを前提にして、前提というのは勉強が済んでいるということではなくて、その言葉を更にどう定着させるか、いろいろきめ細かなことを考えたと思うけれど、少なくとも子どもの実態をきちっと踏まえて、そこから自分たちが何をすべきかということを考える、そういうやり方を、この学校ではいろんな分野で一貫して行っているんですね。

　日本の小学校はやっと今英語を始めましたが、この学校は戦前からもう３年生以上に英語をやっています。それからあなた方の年代だったら早生まれ遅生まれは関係ないでしょうが、少なくとも５歳とか６歳の時にまる１年違うわけですね、４月生まれと３月生まれでは。その３月の子と４月の子を一緒のクラスにしていいのかどうか、そこには１年の違いというのを配慮する必要が全くないのかどうか、ということが気になる。気になると、ではどうしようかということになって、その辺は私学だから比較的自由にできるのでしょうが、月単位まで行ってしまったら集団教育の意味がないので、普通の学校は一年分をまとめて入学させるのだけれど、この学校は「春組」と「秋組」という形で４月と９月に２回入学制をとる。せめてその違いを一年ではなく半年に止める、そういうことをやったりしている。

　そういうように疑問があれば研究をする、研究して何かがわかればそれを実践に活かす、というようなことをやる教育方針というのは、大正自由教育の中でも、とりわけ成城は特徴的な学校でした。なかなか面白かったです。行った時に入手した『教育案内　成城学園初等学校』[24]、こういう大部な本ですが、この中に私が行った時期における成城の初等学校の教育実践が盛り込まれているんですね。普通、小学校では算数と言いますが、この学校では戦前から数学で通しています。そんなところもそれなりの信念があって、この学校の特徴と言うかユニークさのようなものがそういうところに現れている。それはやっぱりそもそ

24）教育案内編集委員会編、成城学園初等学校、1971.

も学校を作った時の学校のねらいとするものは何かという設立の趣旨に謳われて、それを忠実に追って行ったし、またそれをやろうという意思を持った先生たちが集まった、有志の学校であったということもあるのでしょうね。私学の一つの特徴だと思います。

・大正自由教育の教育観

―図書館を必要とする学校教育という面から大正の自由教育（新教育）の教育観に辿り着かれましたが、図書館を別にしても同じ教育観をもたれていますか。

大正自由教育の教育観については、「学校図書館前史」に触発されてあの時代の先生たちの実践に先に目を向けて、そこから大正自由教育を調べに行ったのか、大正自由教育を調べるということの中からそっちの方に行ったのかという前後関係は、今になるとよく分かりません。しかし、ほぼ同時並列的に、私としては図書館を活用するというような、国定教科書だけに留まらない、本当に子どもたちにとって必要な教育を考えていくと、多様な教材というようなものが持っている可能性を活用したいという先生たちの思いが、学校図書館・文庫を作るというところにつながっていったに違いない。まあ違いないというのは、仮説を設定してそういう実践を探そうとしていたということは確かにある。そういう中で、『学校図書館』の「前史」の特集を見つけて、そこから戸塚さんが出てきたり、当時の先生たちがやった実践を見ていたという、まあ同時並行的に進んでいっただろうと思います。

大正自由教育については、一番図書館と親和性のある、なじむ戦前の教育運動、教育実践の時代ということで、この大正自由教育の勉強からストレートに学校図書館が出てくるという保証はなかったけれども、学校図書館を生み出すような教育の土壌をしっかり自分としては勉強したいということがあって、割合早い時期に本を読んだ。その代表的なものが、中野光さんの『大正自由教育の研究[25]』という本なんです。中野光さんは、例の『生活教育』という雑誌を出している日本生活教育連盟（日生連）のひとつ前の委員長でもあり、あの雑誌の裏表紙のところに、和光大学を作った梅根悟さんのことを中野さんが書いている本『梅根悟：その生涯としごと[26]』の広告が出ています。この中野さんの書いた、今から思うとまだ若い頃に書かれた本ですが、『大正自由教育の研究』が、大教大

---

25) 中野光、黎明書房、1968.
26) 中野光、新評論、2019.

に入ってとにかく学校図書館のことをやらんといかんということで悪戦苦闘した時に、一番お世話になって勉強した本です。

　大正自由教育はそういう意味で、当時私が学校図書館の成り立つ教育というものを探して行く時に、一番可能性としても感じたし、それからまた実際に勉強してみて、学校図書館の成り立つ土壌といったものと近い関係にある教育実践の時代、あるいは、教育思想だったんだなと思ったといえましょう。ただ大正自由教育といっても一様ではなく、当時「八大教育主張[27]」と言われたように、いくつもの流れがありました。

　—戦前の新教育の中で必然的に生まれた学校図書館には、活動（サービス）と考えられるようなものはあったのでしょうか。貧しく厳しい環境の中で望むべくもなかったとは思いますが、当時の教師たちにそうした欲求は生まれなかったのでしょうか。あの教育が続いていたとして、活動が生まれたと思われますか。

　そういう戦前の学校図書館の実践が図書館活動、サービスということにつながるかどうかという質問ですが、これはやっぱり違う。違うと言うか無理だというふうに思いますね。起点が違う。あくまでも戦前の成城の場合にしても戸塚さんの場合にしても、ライブラリアンがいて、自分たちの仕事をサポートしてくれるサービスというようなことは、全然期待を、もちろん全然ないから期待のしようもないのだけれど、全然考えていなかった。むしろ自分が子どものことを考えたらどんな教育を子どもたちに対してしてやれるか、それは国定教科書だけでは不可能ということはわかりきっているわけですから、そこで必要な望ましい教育を考えていくとそこに主要な教材としていろんな読み物という教材が出てくる。コレクションを子どもたちの身近に作ってやることが必要だ、だから、これは誰かが、例えばライブラリアンという別の専門家がおって、その人がやってくれる話ではなくて、教師自身が自分で自分の思う教育のためにこしらえたというのははっきりしていることです。そこには図書館活動というようなものに期待をしたり、図書館活動の可能性を期待するといったことは全く考えてはいなかったというのは、戦前の学校図書館の大きな特徴でした。

　『日本学校図書館史』の中で、学校図書館における戦前と戦後の関係を書きましたけれど、そこには連続するものと断絶の部分がある。連続の部分というの

27）1921年に雑誌『教育学術界』主催で当時の新しい教育論の主張者8人による「八大教育主張」講演会が開かれた。（前掲注9）p.54-55）

は、本当に必要な教育はということを教師が一生懸命願って追求するという動きの中で、図書館が成り立つという点は連続する、むしろ本質的な部分です。しかし、断絶の部分は、戦後の学図法は明らかに学校図書館員というものを制度化し、少なくとも実態は法的には保障されなかったけれども、そういうものの存在を前提として作っていることは確かです。一方、戦前の場合にはそういう町の図書館の中にあるようなライブラリアンの働きを期待して先生が学校図書館をつくったわけではなしに、これは自分たちがつくるという、そこには学校図書館活動を行う学校図書館員というものは想定していなかったというところは明らかに違うところです。例えて言えば「図書館」ではなく「図書室」ですね。そうした部分が、戦後、専門の人間が入ってくることによって、戦前と戦後の継続している本当の教育はということを願う教師の教育実践と、ライブラリアンによる図書館の活動とが本当にかみ合ったら、そこで初めて強力な教育のための図書館が力を発揮することになる、可能だろうなあということは『日本学校図書館史』のあとがきの中でも触れたとおりです。

　この質問の戦前の新教育と図書館活動（サービス）について、サービスと考えられるようなものはありましたかということについては、そんなことは考えてもいなかったし、おそらくあの活動が続いていく中でも、そういう展開には多分なっていかなかっただろうなと思います。それはやっぱり制度として人の要素を含めた学校の中に学校図書館をつくるという条件整備が出てくることによって、教師と新しい関係が今後の学校図書館活動に出てくる、このために戦前と戦後の流れが必要だったというふうに思います。

　―学校図書館史を研究されて、戦後の学校図書館史についてはどのように考えておられますか。

　私は学校図書館史を勉強したというつもりはあまりありません。戦前というか、学校図書館を成り立たせる条件が乏しい中でつくろうとしたという背景を重視して、その時代のことに目を向けたということはあったけれども、学校図書館の歴史そのものは研究テーマにしたという思いはあまりないので、その延長として戦後の学校図書館の歴史について、あまり『日本学校図書館史』の続きみたいなことをやらんといかんという気はさほど強くは持たずに来たと思います。戦後は、戦後初期の非常に燃えた時期を別にして、学校図書館にとって、学校図書館が活発になっていくような、そういう条件を長い間ずっと持たないままに来ているので、その時期のことをあまり、あれこれとやってみてもさして面白いものが出てくるわけでもないし、戦後については格別私が何かをしなきゃ

いけない、そういうふうにはあまり思わないままに来てしまったので、学校図書館史研究としては昭和30年ぐらいのところで終わってしまった。何でその後やらないのかとか、その後のことも書いて欲しかったとか、いろいろそうした声を聞かないわけではないのですが、積極的にその時代をその変化を見なきゃいけないという思いになることはなかった。そういうことが、正直なところかなというふうには、今こういう形で問われてみると思ったりします。

　──図書館を必要とする学校教育というのからずっと調べて、学校図書館の基本というのを考えられて大正自由教育の教育観に辿り着かれたと思うのですが、その教育観に先生はやっぱり凄く共鳴されたんですよね。それは図書館ということを考えなくても、あの時代のあの新教育にとても共鳴し、自分もそれがいいなと思っていらっしゃったと受け止めてよいのでしょうか。

　そういうふうに言っていいと思います。あの頃は、成城もその一つですが私学か師範学校の附属小学校が大正自由教育の実践校の中心なんですね。成城の他には附属の関係で言うと、奈良女子高等師範の附属小学校とか千葉の師範学校の附属小学校というふうなところがあって、兵庫の明石もそうでしたが、そこには中心になった先生がいて、その人を核にして研究授業をやったり、研究会をやって機関誌を発行したり、全国各地の普通の学校で働いている先生たちにいろいろと語りかけるというようなことをやった。そういう代表的ないくつかの学校があって、そこで中心になった人物が、ナントカ教育論みたいに、自分たちがやっていることを広くアピールする、機関誌を通してあるいは研究会を通して発表したりする。そういうものの揃い踏みが「八大教育主張」です。学校というよりも新教育の主張なんですね。これが勢揃いして一斉に研究会をやる時期もあったんですね。

　「八大教育主張」の中に千葉師範の手塚岸衛さん、奈良女子高等師範の木下竹次さんなど、それぞれの核になる先生が出てきて、一斉に私たちの学校の新教育はこうですということを発表した。そういう新教育のデモンストレーションみたいなことをやったりしていたわけです。だからそれぞれ、その学校によって、あるいは中心になった人物によって、特徴は当然あるのですが、共通しているのは子ども中心であるとか、自由な教材の活用だとか、そういう中に比較的、読書とか、本を活用するというのが共通して入っていたような気がしますね。成城という一つの学校の教育思想に格別私が興味を持ったということよりも、こういう時代にそういう格好で競合するように一定の発展をし、大なり小なり文部省から同じように睨まれもした、この時期の日本の教育のパイオニアと言うか、

革新的な部分を担った学校の教育思想というのが、教育のあるべき姿として非常に私自身が興味を持った、感銘を受けた。そういうものの中身を見ていくと、あちこちにやっぱりこれは図書館とつながる部分だ、あるいはこういうことがあると図書館にかかわっていくんだろうなというようなことを感じていったということがあったと思います。

　一方で、個人の人物の方から見ていくと、例えば戸塚廉が習った野村芳兵衛という先生がどこで何をしたか、大正自由教育の中から自分の一つの教育理念なりを学び取った人だったということが分かってくるというようなことで、図書館教育の実践の面からも大正自由教育に近づいていった部分もある。けれども、大正自由教育そのものに興味を持って見ていくというふうなことで、図書館の成り立つ学校像みたいなものを理解する、把握するということにも役立ったという両方の面があったという感じがします。だから、仮に図書館ということから離れても、教育のあり方として大正自由教育に興味を持ったかと言われたら、そうだというふうに断言できると思います。

　──「児童の村」の野村芳兵衛さん、あの人たちのことを書いた『椎の木学校』[28]を読みましたが、すごく面白く、こういう時代のこういう教育にはワクワクするようなところがあると思いました。

　長野の『信濃教育』は今も続いている雑誌で、大正時代の八大教育主張とは違いますけれども、やっぱり共通したものを持っていたと思うし、結果的には文部省の課外読み物追放の一番の攻撃のターゲットがそこだったと言われるのはさもありなんという感じがしますね。

　──戸塚廉さん以外に先生が興味を持たれた先生たちがおられましたか。

　戸塚さんの他に、個人では、直接戸塚さんみたいにご本人に触れて話を聞いてみたのは、戦前の教員に関してはないので、同じようなというレベルでは言えないと思いますけれども、あの2号にわたる『学校図書館』の「前史」の中に出てきた戦前の、生活綴方運動で弾圧が厳しくなって最後は捕まったり追放されたりした村山俊太郎とか国分一太郎とか寒川道夫とか、教育労働運動の中で出てくるようなそういう先生たちが、やっぱり皆ほぼ図書館とか読書の問題には揃って興味を持っているので、やっぱりそういう人たちの教育実践というのは一つ一つ見ていくと大変面白い。今日もいくつかの資料を持ってきて積み上げています。かさばるので全部は持って来なかったのだけれど、例えば『昭和教

28）宇佐美承『椎の木学校：「児童の村」物語』新潮社、1983.

育史への証言』[29]、要するにあの厳しい時代に頑張った先生たちのことを編集して取り上げたという本がいくつか戦後になって出ています。そういうものを見ていくと、この人の時にはやっぱりこういう形で児童文庫を作っているんだな、ああやっぱりここに図書館の芽があるなというふうに思える話は、結構出てきますよね。教育労働とか昭和前期の教育運動実践記録集みたいなものは、もっぱら集中的にそういう文献を漁った時期があって、何人かの人たちがその中に出てきます。戸塚さんのレベルまでの紹介ということはちょっとできませんが。

○ 『日本学校図書館史』以後

—もう１回『日本学校図書館史』を丹念に読みましたが、やっぱり面白かったです。こんなものも載っていたのかと思うようなことがあって。

私自身も読み返してみてこんなことも書いてたんやなと思うこともありますね。皆さんに話すということもあって、私も最近読み直してみて、私と学校図書館とのかかわりについて考えることもありました。当然、1971年に大阪市立図書館から大教大に替わるということがなければ、学校図書館とは全く無縁のままで来たはずですね。これがひとつの大きな転機であったことは確かです。私が大教大に移って、学校図書館に関わり出して一番の課題というか責任は、教師を目指す学生に学校図書館の意義なり必要性をどう意識してもらうかであり、そのためにはまずはそのことを自分にどう納得させるか、ということでした。

とりわけ初年度、あるいは、初年度の夏休みぐらいまでは、本当に大変な時期であったと改めて思うわけです。その学校図書館への私の目の向き方、特徴は、やっぱり教師に主眼があったと思います。子どものことをそんなに考えたわけではない。学校図書館は常識的には子どもの図書館であり、子どもを焦点に据えて考えるのが当然でしょうが、正直なところ子どものことを見る余裕というのは無かったと思います。

その頃の大教大の学生は全員教師志望ですから、教師にならないのがいたらむしろドロップアウトということになるわけで、基本的にはみんな教師になるわけです。教師になっていく学生たちが、学校図書館について何を知る必要があるのか、何を学ぶ必要があるのかということでは、いつもよく言ってきたことだと思うけれど、なぜ学校の中に学校図書館があるのだ、必要なのだという、そこで子どもが入ってくるのだけれど、子どもとの関係を教育現場でつくろうと

29）海老原治善編著、三省堂、1971.

した時に、図書館が必要になってくる状況というのはどういうことなのか、どういう時なのか、あるいは、図書館があるということによって教育そのものがそうでない学校と比べたらどう違うかということについて、できるだけ具体的に目の前の学生たちが気づくことが一番大事なことだろう。決して、学校図書館員を養成する場ではない。

　司書教諭の資格と言っても、結局7科目8単位（当時 →本書 p. 127注13）ぐらいの話で、専門家を養成するわけではない。また司書教諭としてどっかで採用されるわけでもないし、あくまで教師が兼ねてやる仕事に過ぎないわけだし、まあ普通に考えたらどの先生もが図書館や読書教育についてこの程度の教養は身につけている必要があるだろうというレベルの学習をするわけで、その内容というのは今も言ったように図書館があることによって何ができるか、あるいは、どういうことを子どもにもたらすことができるのか、あるいはどんな教育をしようとした時にそこに図書館の必要性が出てくるのか、そこのところを学生に感じ取ってもらって、教師になった時には、そういう教師に学生自身がなってくれることが一番大きな課題だ。それは結果として、子どもたちに何をもたらすか、どういう良さをもたらすことになるか、そこで子どもは出てくるのだけれど子どものためにどうこうということではなくて、教師のありようを考えていくことの中に、目の前の学生に自分のやらなければならないことがあるだろうというのが当初は強かっただろうなあと、改めて感じます。

　そういうことをやっていって、丁度1年経った時に、その1年の間で考えられたギリギリのことを文章にしたのが『教育学論集』創刊号の「『教育の自由』と学校図書館」で、それをとにかく書き上げました。それが1年目に私のたどり着いたゴールでした。正味でいうと半年ぐらいかもしれませんが、なんとかかんとかたどり着いたのがそこであったということです。あの1年目のノートをいわば下敷きにしてアウトラインをそこに書き上げて、中身をとにかくつくって準備していくというのが、大まかに言うと1970年代だった。1971年から1978年ぐらいでしょうね。1980年代に、1970年代に蓄えたものを基にして吐き出したのが、1983年の『教育としての学校図書館』、そして1986年の『日本学校図書館史』です。1970年代に必死になって蓄えたものをこの2冊の本にしたということで、私が最初に学生を目の前にして、自分がやらなければならない課題

30）前掲注17)p. 193-205.
31）塩見昇『教育としての学校図書館：学ぶことの喜びと読む自由の保障のために』青木教育叢書、青木書店、1983.

は何かと考えたことの答えを何とか準備することができたのかなというのが1980年代です。

　1980年代の終わりから1990年代になってくると、こちらの足場や状況が変わってきたので、必ずしも学校図書館は私の主たる課題ではなくなっていくということがあって、少しは肩の荷が下りた、という気がしました。少なくとも大学教育においては。

　その後はこのことでの発展はあまりないような気がします。むしろ目の前の個別テーマがそこから出てきて、例えば、図書館活動と図書館教育の相互補完の関係だとか、あるいは学校司書と司書教諭の関係だとか、それから最近よく言う学校図書館の教育力の問題。個別問題はそこからいろいろ出てきますけれども、こういうことっていうのは後の質問に「学校図書館を考える会・近畿」（以下、「考える会・近畿」）との関係、市民活動との接点の捉え方というのも出てきますが、社会活動や運動面から必要として出てきた課題ですね。特に「考える会・近畿」の中で、毎年、北村幸子さんがとにかくやれやれと言うもんだから、十何年間か、毎年必ず総会で話すことをしてきましたよね。彼女が言ってくる時には、他の講演依頼みたいになんとか頼みますというのではなくて、直前までこういう話をとか、こういう部分は絶対に抜けてはいけないとか、注文が非常に厳しいわけです。結構それには付き合って、終わった後にはあそこはどうだったこうだった、それからこれについてはむしろ初めに注文をつけたことが悪かったと彼女がそう言ったりして、とにかく「考える会・近畿」で喋ること自身が、次々と各論的な課題を彼女が提起するうちに、その中からああそう言われればこの言い方をすることが有効なんだなと気がつくことがあったりして、個別テーマの展開というのは、特に「考える会・近畿」の学習会との関係の中で進んでいったということがあるけれども、トータルとしての学校図書館の把握といったことについては、さっき言ったように1970年代、1980年代の大まかな把握でだいたい行くとこまでは行ったのではないかと思います。これは皆さんとのこういう形での自分の仕事を振り返るということをやってみたという上で感じることです。

4-2　学校図書館の現況へのアクセス

○　学校図書館を見学する

・ハワイの学校図書館見学

　1975年に同志社大学の渡辺信一さん、彼はハワイ大学のライブラリースクールの修了生で、ハワイの学校図書館を見に行きましょうという企画をたてて呼

びかけてくれ、一緒に行きました。学校図書館を見る視点としては大変いい勉強の機会でした。渡辺さんは大学院をハワイ大学で勉強した人で、教えてもらった先生がおられるということもあって、ハワイの学校図書館とハワイ州の図書館システムを勉強しようというのがメインで、観光旅行もあって一週間くらいの旅行でした。ハワイの学校図書館の大きな特徴は、州立図書館を含めて公共図書館と学校図書館を一つに統括する大きな州の図書館部門があり、公共と学校図書館が密接な連携をしていました。

　一番興味を持ったのはライブラリ・アシストセンターという図書館支援の仕組みを既に持っていて、個々の学校図書館は、購入はするけれども資料の整理などは支援センターでやって、学校へ届けてくれることになっていたことです。日本の学校図書館は、人手もない中で、素朴にバラバラにコツコツと一冊一冊目録を作ってカードを書いてみたいなことを、大変丁寧に教えられたとおりにやっていたわけですが、集中できるところは集中してやれば手間も省けるわけですし、スタッフは専ら利用者と接する仕事をする、そういう仕組みを州全体のライブラリー行政として行うシステムが、ハワイ州という小さな州で出来ているということはなかなか面白かったです。こういうものを取り入れたら学校図書館にこそ有効だろうなあということを、考えさせてくれたことでした。

　実際に連れて行ってくれたのは名門中の名門というような有名私立学校の図書館でしたから、設備の立派さみたいなものに視察としては意味があったけれども、小さい普通の学校の学校図書館を見るということはなかったです。州全体の仕組みとしてのこうした組織ができているのは、アメリカの中でもどこの州もそうであるわけではなく、むしろハワイは特殊な方ですとその時聞いたような気がしますが、そういう仕組みを見ることができたというのがこの時の勉強でした。

　帰ってきて割合早い時期に、札幌が学校図書館の寄託図書館を始めましたが、[32)] あれを見たときにうまくいけばいいと思ったけれども、成功したとはいえませ

---

32) 札幌市教委の「学習に直接大きな関わりを持つ、学校図書館の充実をはかる」という基本方針のもと、1981年度に各学校図書館をバックアップする図書館として小学校28校、中学校7校に寄託図書館が設置された。翌年度にはネットワークの軸となる学校図書館情報センターが設置されている。札幌市学校図書館協議会「学校図書館のネットワークについて：札幌市の寄託図書館の現状と課題」『学校図書館』(376)、1982.2、p.36-45／泉美代子「ルポ：札幌市の寄託図書館と開放図書館」『図書館雑誌』78(11)、1984.11、p.729-731.

んでした。共通化、共同化という意味では、早い時期にかなり挑戦的にやった試みではありました。その前にハワイを見ていたので、それと比べながら見ることができた。特に資料整理なんかの集中処理は、日本でも教育研究所などで同一の市内の学校図書館でやれたらやった方がいいのではないかと、その後ずっと思いましたけれども。

　　—1982年に渡辺紘子さんが『学校図書館』にアメリカの高校図書館を訪問した際のレポートを書いておられて、カウンターに日本には必ずある個人カードがない、なぜかと聞くと、プライバシーの侵害になるので用いないという返事があって、「最近あの子はどんなものを読んでいるのかしらと思って、個人カードをパラパラと眺める癖のある私」は大いにとまどったとありました。先生はこの時にハワイの学校図書館の様子を見て、プライバシーのことや「図書館の自由」のことについて発見されたことはありましたか。

　それは特にありませんでしたね。ハワイ大学の先生で鈴木幸久さん、ALAの知的自由委員会にも参加された人ですが、私自身がそういうことについて興味があるということは60年代にマッカーシズムの論文を書いたりしていたので、ある人を介して鈴木さんが日本にそういうことに興味を持っている若い研究者がいるとご存じで、向こうの資料を時々送ってくださったり、鈴木さんが日本に来られると会ってお話をするということはあったのですが、この視察の中で特に自由の関係のことでどうとか、あるいは図書館の貸出とか記録とかそういう面で何かをということは特になかったと思います。それは私の個人的な関心事でしたからね。

　　—1975年の春にハワイに視察に行かれて、その年の9月の『学校図書館』に「地域図書館システムのなかに学図を―学図と公共図の連携を考える」を書かれています。ハワイでの見学が刺激になったのでしょうか。

　刺激になったかどうかわかりませんが、そういう視点で学校図書館と公共図書館を見ようという一つのきっかけになったかもしれません。元々は学校図書館と公共図書館を結びつけてとらえるというのは、私の中ではベースにはあるのだけれど、具体的にどういうことが両者の連携になるのかということになると、連携になるためには人がいないと連携にはならない、まずそれが先決だろう

33）渡辺紘子「学習と密着した学校図書館を見る：海外リポート/ニューヨーク州ダンズヴィルにて」『学校図書館』(382)、1982.8、p.37-47

34）塩見昇、(〈特集〉学校図書館・公共図書館連携の現在)『学校図書館』(299)、1975.9、p.9-12.

というのがありましたから。ほとんど人がいない状態の中で連携と言っても、結局は公共図書館がどういう支援をするかという一方的な関係になる。支援を受け止める側の主体がいなければ支援にもなるかどうかわからないということがあったので、ちょっと観念レベルに終わっていた。

　ハワイのように図書館行政そのものを公共と学校を大本で一つにまとめるというような発想もあると知ったことは面白かったですね。具体的に図書館支援センターを設け、共通化できる仕事は共通化して一体的運営を実際に進めるための立派な施設もあって見学したのですが、これは日本で考えるものとはだいぶレベルが違うと思いました。そういうことを考えるひとつの具体例として、実際の場面を見ることができたというのは収穫だったと思います。

・国内の学校図書館見学

　学校図書館のことを知るためには一つには文献を読むということになりますが、さっきの特集を別にすると、文献からはこれはと思うようなものとはあまり出会えませんでした。一方でやっぱり学校図書館そのものを見ないといけないと思って、なるべく学校図書館を見ようとしたのですが。質問の中に、印象に残っている図書館は小・中・高のどこが多かったですかとありますが、そうたくさん見たわけではなく、記憶的にもちょっと怪しいです。こんなすごい図書館があるんだというような学校図書館と出会ったという経験は少ないですね。研究指定校としてよく取り上げられていた田園調布小学校（東京都大田区立）はさすがという感じだったし、長野の筑北中学校はオープンなつくりの面白い学校でした。学校司書はまだこの頃は小・中にはほとんどいなかったですから、学校図書館としての活動があるのは高等学校ですよね、ほとんどは。

　大阪府立高校の司書とはどうして知り合ったのか定かでないですが、多少接点があって、大阪府立高校の学校司書の研究会が「学習のための情報源」という冊子、情報機関の名簿のようなものですが、それを皆で手分けして作っていた。それは地道ないい仕事だと思って感心したことがあります。（→本書 p. 224）

　全国規模では図問研の関係で森崎震二さんから学校図書館にはこんな人がいますと紹介され、群馬の八木清江さんと連絡を取り合うような関係ができて、それがきっかけで群馬の日高教（日本高等学校教職員組合）の研究集会に行ったことがありました。「教育運動としての学校図書館」について話しています。雄

---

35) 2019年度までは麻績村筑北村学校組合立筑北中学校であったが、筑北村の脱退による学校組合解散に伴い、2020年度より麻績村立となった。

山閣の『学校図書館と児童図書館』[36]が出たのを見て、岡山の宇原さんが手紙をくれたのが、岡山とのつながりのはじめでした。群馬に行ったのが1978年でしたから、大体同じ頃でしょうか。70年代の間は学校図書館の現場を見ようとしたのは確かですが、そう何かが得られたとか印象に残ったところは少なかったように思います。そういう現状が確認できたということだったのでしょう。

　―本格的な学校図書館との出会いはもう少しあとということですね。

　まだ私自身が学校図書館のはたらきを具体的に捉えられてなかったですからね。なんかのきっかけにこういうところがあるとわかると大学の教師は比較的自由な時間がありますので、そこに訪ねて行くということはあったと思います。1980年代でしょうかね。

　長野県の筑北中学校、二つの村が隣り合わせにあって小学校も二つあるのだが、中学校を単独で作るには人口が少なすぎるということで、二つの村が共同でひとつの中学校をつくったという組合立の中学校です。松本から長野へ善光寺平を越えていく聖高原にある中学校で、子どもの数も数十人という学校なのですが、校舎の真ん中に立派な学習センターがあって8教室分ぐらいの広さがありました。まさにアメリカの図書館紹介などで出てくるような図書館を中心とした学校、ラーニングセンター、学習センターですね。それを長野県の小さな村が組合立で作っているのです。どこで見たのだったか全国SLAの新しい図書館紹介だったでしょうか、これはいっぺん見なきゃと行ってみた[37]。小さな村ですから村の将来は子どもの教育だということで、何をさておいても子どもには良い教育環境を作らないといけないと、村長さんが熱心に外国視察までして作ったということでした。図書館機能を中心とした学習センターが真ん中にあって、その周りに教室が配置されているという外国のメディアセンターの紹介例のような実例があった。日本でオープンスクールが話題になる前の話だったと思います。この学校には学校司書が配置されていました。

　そういう事例紹介があるとそこを見に行く。堺の小学校で社会科の学習で図書館づくりを研究授業のテーマに取り上げる授業があるということを、堺の公共図書館の職員から教えてもらって、じゃあその研究授業を見せてもらおうと出かけました[38]。そんな感じで、学校現場とできるだけ縁をもとうとしていたよ

36）塩見昇・間崎ルリ子共著、日本図書館学講座第(5)、雄山閣、1976.

37）小柳津次清「長野県学校組合立筑北中学校の教科学習と学習センター」(〈特集〉教科での図書館活用事例)『学校図書館』(403)、1984.5、p.25-34／塩見昇「長野県筑北中学校の学習センターを訪ねて」『教育学論集』(14)、1985.3、p.56-61.

うな気がします。そんなところに行くとメモでも残しておかねばと思って、『教育学論集』の中に2〜3ページ書いておくというようなことをしてきました。

○　全国 SLA とのつながり

「兵庫大会にみる学図」の特集が『学校図書館』の1972年12月号にあります。私が大教大に行ったのは1971年の4月ですから、1年目はまだ全国 SLA と接点をもつほどの余裕もなかったし、直接の接点はなかったと思います。1972年に兵庫で全国大会があって参加したのが最初でしょうか。西宮市立図書館の新図書館構想の会議が始まっていて、1972年の夏頃にはその事務局側のメンバーだった澤利政さんとの付き合いが始まっていたので、澤さんから誘われたのかもしれませんが、とにかく兵庫で全国 SLA の大会があるというので一般参加で行ってみました。それがおそらく組織としての全国 SLA との接点の最初かなと思うのですが。その時に全体会議で「学校図書館診断」というのをやったのです。全国的な学校図書館の状況が分かりそうだと思って、結構楽しみにして行ったのですが。その大会の終わった後に12月号で「兵庫大会に見る学図」という特集をやったんです。学校図書館診断がこの時のセールスポイントだったので、その感想を参加者から集めようとし、私にも何か一言と依頼が来たのです。大教大は東京学芸大学と並んで教員養成大学としては大きな学校で、学校図書館学の専任がいる数少ない大学なので、全国 SLA の人も、そこに今度来た教師が大会に参加してくれたということでとにかく一言ということだったのか、頼まれて書いたのがこの12月号のコメント[39]です。

　学校図書館診断という企画自身にはがっかりでした。この頃はよく公開の集まりで聴衆が〇か×かのボタンを押すとどこかが集計するというようなシステムが流行りだしたころで、学校図書館の現況についてあなたの学校はどれですか、A か B かボタンを押すとそれが集計される、そういうふうな類の診断だったのです。だからここにも書きましたが、学校図書館の診断というからには何を診断するかその視点が大事だということ、それから学校図書館の現状を答える人がある程度の共通の問題意識というか、捉え方ができておらず、漠然と

38）塩見昇「図書館づくりを社会科で学ぶ子どもたち：堺市立光竜寺小学校の研究授業から」『教育学論集』(12)、1983.3、p.31-39.

39）「特集：兵庫大会にみる学図」『学校図書館』(266)、1972.12、p.9の「〈アンケート〉私のみた兵庫大会：第18回全国学校図書館研究大会参会者による」の中に、塩見の「『学図診断』に異議あり」がある。

ABCから一つを選んだ結果から日本の学校図書館がどうだといった判断はあまりに雑駁だといったことを書いたのが、この「『学校図書館診断』に異議あり」という文章でした。タイトルは私がつけたか、編集部がつけたか忘れましたが。こういう形で兵庫大会のセールスポイントにちょっと斜めから見た感想を寄せたのが、全国SLAとの接点のスタートだったと思います。

　教育大学で学校図書館のことをやっている専任の先生は日本で二人か三人でしたから、向こうも大事にしないといけないと思ったのでしょうか、ちょいちょいと全国SLAからも何か言ってくるという関係が、この大会に参加して以後1972〜3年頃に始まっています。その中で私も書いたものがあると全国SLAにも見ておいてもらったほうがいいと思って、さっきの戸塚さんについて書いたものとか、その前の『教育学論集』のコピーぐらいは送っていました。

　「学図への提言」というシリーズに「学図問題へのアプローチ」を書いたのが、『学校図書館』誌に学校図書館のことで少しまとまったものを書いた最初だったのではないでしょうか。[40] 2号続きの依頼原稿です。一つ目は「公共図書館運動から学ぶこと」として、公共図書館を通じて私が図書館と子どもについて考えたこと、その頃文庫なんかで盛んに言われた「本の嫌いな子どもがいるなんて言わないでください」というのが文庫の人たちの声だったのですが、1970年代のはじめですから公共図書館が活発になる動きが出てきたところで、そういうものから学校図書館は何を学ぶかということを書きました。二つ目は少し成果が出かけていた戦前の教師の学校図書館づくり、そして教育の自由との関係で書きました。

・『学ぶものの立場にたつ教育を：21世紀を生きる教育　教育改革への提言』[41]
　東京の全国SLAの本部は近年建て替えて綺麗になったそうですが、飯田橋からちょっと入ったところの古い時の本部の建物に出かけていくような関係が、70年代半ばまでに始まっていました。全国SLAとの本格的な関係で言うと、一つは学校図書館界として日本の教育改革の議論が盛んになってくるなかで、全国SLAが提言委員会を設け、教育改革について学校図書館運動の立場から意見を寄せるということで4〜5回連続して検討会を開きました。委員長が栗原克丸さん、埼玉県立高校の司書教諭で全国SLAの中心的な幹部の一人でし

40）塩見昇「学図への提言21：学図問題へのアプローチ1」『学校図書館』(270)、1973.4、p.68-71／「同22：学図問題へのアプローチ2」『同』(271)、1973.5、p.68-71.

41）全国SLA提言委員会編『学ぶものの立場にたつ教育を：21世紀を生きる教育　教育改革への提言』全国SLA、1985.

たが骨太の感じの高校の先生でした。私もこの委員会で出会ってしばらくはお付き合いがあり、著書をいただいたりしました。委員として学校図書館関係の先生が二人、山崎哲男さんは練馬区立の小学校の校長さんで、鈴木喜代春さんはここでは児童文学者となっていますが、そうに違いないけれども確かこの人は元学校の先生で、全国 SLA の中心メンバーでもあったと思います。このお二人がいて、外部からは教育と学校図書館の専門家という立場で宮城教育大学の武田忠さん、教育方法学の先生です、まだ割合若い先生でしたが。そして私が入ってこの四人が委員なんです。それに事務局の中心メンバーとして佐野友彦さんと笠原良郎さんが入っていました。これが提言委員会のメンバーです。そこでまとめたのが『学ぶものの立場にたつ教育を』でした。

　最終的にはその本をまとめて文部省など関係機関に訴えました。北村幸子さんがその提言をとても良い提言だと、彼女は教師経験もあるから学校というものに対する彼女なりの捉え方があったので、そういう学校教育について提言する内容として、こういうものはとても大事だと評価してくれました。そういうものを作って提供する、教育改革をアピールするというのを全国 SLA でやりました。中身はなかなかしっかりしたものになっていると思いますけれど。それに参加した武田忠さんは、自分の書いた教育学関係の本の中で学校図書館のことをかなり取り上げた、学校図書館に目を向けた数少ない教育学者の一人だと言えるでしょう。全国 SLA の大会などにも来てもらったことがあると思います。いい視点を備えた研究者でした。そういうような人も含めて教育改革へ提言をしていこうということを全国 SLA がやった。それが出たのが1985年ですから 2〜3 年かけて作りましたね。

　それから、例の「学校図書館前史」特集に寄稿されていた井野川潔さんが皆さんご存知の早船ちよさんという文学者とご夫婦だったことがこの提言を読み直していて分かりました。この本の中に、この提言についての各界の人の意見を聞くということを一緒に収めているんです。現物を見てもらったら分かりますが。「教育改革への提言に寄せて 〈学識者の意見〉」の中に10人くらいいろんな分野の人が書いているのですが、その中の一人に早船ちよさんがいて、あとは加古里子さんとか柴田義松さん、この人は教育学の大家で教授学の人ですが、早船さんが書いたものの中に、「実は私の主人の井野川潔というのは、戦前は小学

---

42) 早船ちよ「各学校のどの教室にも文庫を」前掲注41)、p. 161-164. また、塩見も、前掲注38)の論文を転載している。(p. 201-209)

校の教師をしていて、学級文庫とかそういうことをやっていた」というようなことを書いているんです。私はそれで、そうだったのかと気づいたし、そういう意味で井野川さんを理解してもらってもいいし、早船さんという人との関係があったということです。

　　——この提言について、『学校図書館』に「教育改革論議へ：私たちならではの参画を」を執筆されていて、「個人的には、やや一般化しすぎて学校図書館にかかわる立場ならではの部分が希薄かなという感がしないでもない」と書かれています。

　性格としては、むしろ学校図書館の関係団体が意識して教育全般についてのかなり広い視野と言うか、大きな意味での学校改革・教育改革への提言をまとめようということで、あまり学校図書館プロパーの問題には立ち入りすぎずに、という感じで作ったと思いますね。趣旨から言ってもそういうことです。タイトルが「学ぶものの立場に立つ」で、この「学ぶものの立場」というのがこの本としては出したかった中心だと思います。「21世紀を生きる教育改革への提言」というサブタイトルをつけています。

　「一般化しすぎて」云々というところについては、確かにその時はそういう感想を書いたのかもしれないですが、この提言自体としては、全国 SLA からまた同じようなことを言っている、司書教諭を発令しろとか教員養成大学で学校図書館の授業をやれとか、そういうことを強調するというよりは、教育全般についての提言をまとめて出したいということだったので、そういう内容に結果的になっていることは、むしろ当然だったし良かったのではないかという感じがしています。この感想の前後関係が分かりませんが、そう否定的に書いたということではなかっただろうと思います。ただそうは言っても、学校図書館の団体からの意見らしい何かみたいなものがもっとあった方が良かったかなという感じがしないでもないです。比較的教育全般に対する一般的な、そう珍しいことをいっているわけではない提言だったかなと思います。

　　——佐野友彦さんは、提言（案）に対して「個人的に意見を寄せられた方は現場の教師のほかに、学者、作家、編集者、芸術家、主婦など、実に三十名を越えた」と書かれています。「主婦」にはどのような方がいたのかご存知ですか。

　これには３年ほど時間をかけているのですが、第一次提言というのをまとめ

て、それを全国 SLA 傘下の組織に流しているんですね。各支部、県ごととか市町村の単位くらいでどういうレベルで行ったのか分かりませんが、下部討議に付したというわけです。全国 SLA としては珍しいやり方ですが、地方に流して皆さんの意見を聞いて、それを集約してということを第一次ではやりました。二次段階で配って書いてもらったのがこの10人で、それを含めて最終的にはこの本にしたということです。佐野さんが30人の人に聞いたとありますが、多分これは第一次をまとめた段階でいろんな人に読んでもらって意見を聞いた、全国 SLA の組織内の討議の問題とは別に依頼をして意見を出してもらったということなんだろうと思います。ちょっとそこはさっき話題になった「速報版」の方を見ると、この辺のことが出てくるのだと思いますが。[45)]

　「主婦として」というのは誰のことかということですが、これはわかりません。ただ、この本の最後の方の学識者からの意見というところには、主婦という人が一人入っています。10人の名前がここに出ていますが、中畑道子さんは教育評論家として名前の知られた人ですし、読書運動か文庫をやっている人が一人入っていて、主婦と書いているのはそういう人かと思いますが。

　　—1985年『こどもの図書館』に「『学ぶものの立場に立つ教育を』—学校図書館を通しての教育改革への提言」を寄稿されています。[46)] 意外な感じがしたのですが、文庫関係者や子どもの本に携わる人にこの提言を知ってもらいたいという思いがあったからですか。

　確かに私が児童図書館研究会（児図研）に原稿を書いたことはあまりありません。私が進んで投稿したわけではなく、多分向こうから学校図書館の団体からこういうものが出たから紹介しようということで、提言委員会のメンバーに私の名前が入っていたので、依頼があったのではなかったでしょうか。なるべく内容そのものを広く多くの人に読んでもらった方がいいと思ったからだったのでしょう。「多くの人に知ってもらいたかったからですか」と言われればそうだったと思います。

・「図書館学大系」

　『学ぶものの立場に立つ教育を』と前後して「図書館学大系」というすごい企画を全国 SLA が立てたのですね。学校図書館協議会がなぜ図書館学全体を

45)『学校図書館速報版』(1007)、1982.7.25に「21世紀を生きる教育を」(案)を発表し、最後に一般に意見を求めている。『同』(1015)、1982.10.15では、「現場からの積極的な発言を！」として、再度意見を求めている。

46) 塩見昇、『こどもの図書館』32(9)、1985.9、p.7-9.

カバーするような出版をするのか、それは風呂敷を広げすぎではないかとも思ったのですが、この「図書館学大系」の企画会議に参加してくれと言われて行きました。全国 SLA と一番緊密なお付き合いをしたのがこの頃です。この会議を始めたのがいつだったかを確認しきれていないのですが、1970年代の終わりか1980年ぐらいの頃にこれが始まっています。最初に何冊か軸になるような本を執筆者を含めて決めなければいけないと話をしているうちに、私が学校図書館史をやる担当に決まってしまったので、えらいことを引き受けたと思いつつ、これがひとつの私の大仕事になっていくわけです。

　結局この「図書館学大系」は７巻で止まってしまいました。当初は全40巻ぐらいの体系的な企画だったのですが、ほとんど出ませんでした。出たのは森耕一さんの『公立図書館原論』が最初で、長倉美恵子さんの『世界の学校図書館』（第３巻）とあと５冊で終わってしまいました。全国 SLA もその後うんともすんとも言わなくなりました。提言と同じ頃でした。

　―どうして全国 SLA はそこまで風呂敷を広げたのでしょうか。

　それは分かりませんね。佐野友彦さんの企画だったと思いますけどね。その後の事務局長の笠原良郎さんも、この時には一緒に会議に入っていました。当初の計画ではすべての館種を網羅した大系を考えていたのですが、結局執筆できたものをその順に出して、止まったところで終わってしまった。出版できた７冊には何の大系、脈絡もない。せめて学校図書館学大系ということだとなんとかなったかもしれないですね。ただ私にとってはこの中で学校図書館史をまとめることができたのは結果として非常に大きな成果だったし、その後のためにも重要な仕事になり、有難かったですね。初めはえらい無謀なことを引き受けたと思ったのですが。

・学校図書館職員養成計画

　もう一つ全国 SLA でやったのは、法改正へ向けた学校図書館職員の養成計画でした。学校図書館員の養成プラン、要するに学校図書館専門職員、その当時ですから学校司書とか司書教諭とかいろんなことがありましたが、要するに学校図書館のプロを養成するためにはどういう教育が必要かということです。当時の７科目８単位は司書教諭の資格取得に必要な科目ではあるが、とても学校図書館の専門家を養成する内容といえるものではなかったですからね。

47) 第2巻：服部一敏『マイクロ資料論』1984/第4巻：鈴木四郎『公立図書館活動論』1985/第5巻：塩見昇『日本学校図書館史』1986/第6巻：埜上衛『世界の公立図書館』1986/第7巻：井沢純『読書教育原論』1989.

　それは丁度四者合意ができて、対立せずに学図法改正がやれるかもしれないという雰囲気ができた頃です。そのためには次のステップとしてどういうプロを育てるか、その養成カリキュラムを作る必要があって養成計画の委員会を作るというように、次々と提言の委員会、図書館学大系の委員会、そして養成の委員会を企画したのですね。それに合わせて私も頼まれて随分、東京の飯田橋へ足を運んだ時期がありました。足代ぐらいはちゃんとくれたから、私も東京へ行く楽しみがありました。その頃はまだ JLA にはそんなに頻繁には行っていませんでしたから、この頃はむしろ全国 SLA の方によく行っていました。カリキュラムの方の委員会も、一応養成計画を作って終わったのです。19単位くらいのカリキュラムを作って、当時としてはまともな仕事をさせてもらったということがありました。

　—その学校図書館職員養成計画委員会のメンバーはどんな人たちでしたか。

　先ほどの武田忠さんはその頃全国 SLA がよく仕事を頼んでいましたので一緒にやったかもしれませんね。他に古賀節子さんが入っていたかもしれません。学校図書館の関係で言うと、東京では長倉さんと古賀さん、後は全国 SLA の中心幹部だったと思います。

　—現場の人は入っていなかったのですか。

　現場からは司書教諭が入っていました。浅井昭治さんは協議会のメンバーでしたから入っていましたし。栗原克丸さんとか。あの人は面白い、信頼できる人でしたね。親しくお付き合いした時期もありますし。まあ全国 SLA としてはかなり力を入れて、動員できる主なメンバーをかなり入れていました。そういうのは1970年代の終わりから80年代ですね。その辺で大体一区切りついた頃から、なぜそうなったのかわからないけれども、あまり向こうからも私に声がかからなくなりました。

　養成計画委員会のことですが、全国 SLA 討議資料「現代教育と学校図書館」[48]があります。これがこの委員会の第一次のまとめです。全国 SLA はこんなふうにまとめて皆さんで討議をしてくださいということだったのですね。これは学習指導要領の改訂に際しての「現代教育と学校図書館」と言う提言でした。全国 SLA は割合そういうものを出しているのですが、それがどれくらい学校図書館の現場に届いたか、どれだけの範囲の人たちがそれを見たかは分かりませんが。

---

48)「特集・現代教育と学校図書館」『学校図書館』(306)、1976.4、p.9-25.

　養成の委員会というのは、話は四者合意から始まると思うのですが、四者合意は日教組と日高教麹町派と一橋派、全国 SLA で話し合いをしたということですが、結構そのやり取りはシビアだったらしいです。司書教諭と学校司書を配置するというところでは原則一致していたのですが、「司書教諭の指示のもとに」という文言が全国 SLA としては最後まで譲ることが難しかった、難色を示した。あくまで司書教諭がいてその司書教諭が指示をする、学校司書はその指示を受けてやるという上下関係ですね、ここが最後の最後まで全国 SLA としては固執して、最終的に四者合意にたどり着くためにやむを得ず譲った、最後のポイントがそこだったわけです。組合の方が最後までこだわったのは、教育職 2 等級。教育職 2 等級になって悪いわけではないが、全国 SLA としてはこれは先生と全く同格になるわけですから、それは制度としてあり得るはずがない。全国 SLA としてはそこはもう少し柔軟にすべきだと言ったけれども、組合は頑として譲らなかった。最後にはやっぱりさっきの全国 SLA が言っていたのと同じ意味で、組合側も教育職 2 等級は「原則として」目指すという表現になりました。

　結果は、法制局が全く同格の人を職務内容も曖昧なままに二職種置くのはできないと言ったそうです。[49] まあそうでしょうね。だから結果的にはこの四者合意は潰れるのですが、両方全国 SLA と組合サイドが最後まで頑張ったのはそこら辺のことでした。そういう意味ではそうかもしれないなという感じもするし、そこはやっぱりあえて合意にたどり着くために両方それぞれが折れた、それによって成り立ったのが四者合意だったということです。

　そういう四者合意を基にして全国 SLA では次の段階をと考えた時に、では学校司書と司書教諭というのはどこでどんな勉強をした人をそれにするのか、それをあらかじめ準備する必要があるということで、四者合意ができたその直後に全国 SLA が手掛けたのが、学校図書館職員養成計画委員会だったわけです。[50] ここに頼まれて参加したのが、私が全国 SLA に組織としてというか委員

49）1980年3月1日の人事院折衝で、司書教諭と学校司書の職務権限・内容に差があるのに二職種を同格で置くのはできないと言われた。(『図書館年鑑』(1983)JLA、1983、p. 292.)

50）『学校図書館速報版』(818、1977. 4. 25)には、「学校図書館専門職員養成計画委員会発足」とある。委員は、古賀節子・栗原克丸・笠原良郎と佐野全国 SLA 事務局長・芦谷・岩田両次長。塩見は、1979年の学校図書館職員養成計画拡大委員会から参加。(『同』(910、1979. 11. 15、p. 1)

会という形に参加した最初でした。その後で教育改革の提言が始まったわけです。職員問題に焦点がある学図法改正への四者合意は1974年。1970年代に学図法の改正案がいくつも出て、衆議院を通った、参議院で潰れた、参議院で先に通ったら国会が解散になって流れた、ということを繰り返したというのが1970年代の学図法改正の動きでした。それが四者合意で一歩進み、それを前提にしたこの委員会が1976年くらいに始まって、第一次案が出てきます。

　最終的なまとめはこれも「速報版」[51]を見てもらったら出てくると思うのですが。ただ一次案(1978)と二次案(1980)がそうガラッと変わったとも思えないので、だいたい一次案というのはこういうものだということを、当時全国SLAのまとめたパンフレットを基にして大教大の学生に、あんたたちはこういうものになりたいかというアンケートを、学校図書館の授業を受けた学生にやった、その資料が出てきました。(全国SLA「司書教諭および学校司書の資格基準(第1次案)」に対する大教大学生の反応」を回覧。)

　興味があったら見てもらったらいいですが、はじめぱっとこれを見た時になんでこんな司書教諭を考えたのかな、司書教諭の勉強をするのに20単位以上とあるのですね。充て職発令の司書教諭と考えたら、そんなものはおかしいわけです。しかし全国SLAとしては、四者合意はなるならんを別として、全国SLAの本来の趣旨から言えば専任司書教諭を求めていたわけですから、組合の方も教育職二等級を強く言うし、全国SLAも専任の司書教諭と言って、両方とも専任を考えていたのが四者合意の前提ですよね。だから法制局に潰されたわけで、この養成計画委員会が想定した案も専任の司書教諭養成計画なんですね。それからもちろん専任の学校司書。専任の司書教諭ということは、要するに教員免許状に相当するぐらいの学校図書館の先生ですね。だから8単位とか10単位といった話ではなくて、これで見ると「司書教諭の資格は学士の資格を有し、教員免許状を持っており、次に掲げる学校図書館の科目を32単位以上修得した者」とあります。だから国語の先生、算数の先生に相当するような中身を学校図書

---

51)『学校図書館速報版』(867、1978.9.5)には、全国SLA学校図書館職員養成計画委員会の名前で「司書教諭および学校司書の資格基準(第一次案)」掲載。司書教諭、学校司書共に32単位。委員会構成員の名前はない。『同』(910、1979.11.15)には職員養成計画拡大委員会発足、「その第1回大会(ママ)を11月16日に開く」とある。『同』(937、1980.8.15)には第2次学校図書館職員養成計画委員会による検討結果として「第2次案」掲載。司書教諭は24単位。学校司書は24単位と教職に関する専門科目10単位。委員は、北島武彦・芦谷清・岩田斉・裏田武夫・笠原良郎・黒岩高明・佐野友彦・塩見昇・杉山久夫・松本龍雄・竹内悊。

館について勉強してもらおう。32単位以上で必須科目が8科目22単位、それに選択科目として10単位以上、合わせて32単位ですね。そういう司書教諭です。

　これはこの時のこの話だけで終わってしまい、その後専任司書教諭養成というようなことは、どのレベルでもどこも本気で考えていません。あくまでもこの時に出た案止まりでした。教科の教員に匹敵するような学校図書館の先生と考えると、こういうものが考えられないといけないだろうなという、プランとしては一時的なものに止まってしまっていますが、それなりの根拠を備えていると思います。そこでどんな科目が上がっているかは、2次案を見てもらったらいいと思います。

　私としてはそういう学校図書館の先生みたいな先生になろうと思うかということを授業の学生に聞いてみたら、全体が38名でしたが、32単位の勉強をしてもなりたいというのが9人、なってもいいというのが8人、合わせて17人です。なりたくないというのが21人ですから6：4くらいでなりたくない方が多かった。なりたくない理由は何かと言うと、やっぱり学級担任がやりたい、教員になろうと思ってきているわけですから図書館のことしかやらない先生というのは興味がないというのが4人、教科の教師で行きたいというのが4人、曖昧で何をやるのかよく分からないというのが4人というような、なりたくない理由はそのようなことでした。なってもいいよという人があげた不安の要素が、何をやるのかわからない、自分にできるかどうかわからない、担任がないのは寂しいだろうな、他の教師とは違った存在として孤立しないだろうか、というようなことをあげていました。まあもっともでしょうね。

　その後に充て職の司書教諭の講習会で、現職の先生が圧倒的に多かった場ですが、その人たちに「仮に図書の専任にという話になったらなりたいか」と聞いた時には、9割以上がなりたくない、教師は授業をやるのが当たり前という答えだった。だから養成検討委員会については、専任司書教諭を前提として考える司書教諭であって、それと合わせて学校司書を、こちらは司書資格に準じた形で24単位ぐらいだったでしょうか、そういう学校司書像を描いたのが第2次案だったということです。

　「情報資源」だとか「メディア」というような言葉を使ってその種のことを考えるのが、全国SLAの検討会議は割合早い方だったかもしれませんね。そういうハイカラな言葉、アメリカのメディアスペシャリストに通じるようなイメージの言葉を使っていましたね。

・その後の関係

　JLA と全国 SLA も、相当昔から、学図法をつくる運動ぐらいまで遡るらしいのですが、何かとわだかまりがあったようです。学図法をつくること自身に、JLA はあまり協力的でなかったらしいのです。図書館法には学校図書館を含んでいませんから、別に学校図書館法をつくるのはおかしいことではないのですが、学図法の制定について、JLA が総力を挙げて応援しましょうという雰囲気ではなかったらしい。中にはそんなものがとか、そんなことは無理だというような声もあって、斜めに構えて見る人もいたということに全国 SLA の人たちが怒ったという、遡るとそんなところまでいくようです。そこは私には全然わからないところですが。

　1990年代になってくると、私もだんだんと JLA の方のいろんな仕事に深入りをし、常務理事に就いたりしますので、だからということでもないのでしょうが、全国 SLA からもあまりあれこれ言ってこなくなった。学図法の改正についてカリキュラムも一緒に作ったこともあったのだけれど、法改正が具体的に学校司書と司書教諭の関係に焦点があたってくると、全国 SLA はちょっと考えたのでしょうね。なんといっても全国 SLA は先生である司書教諭を表舞台でちゃんとした存在にするというのが第一なので、学校司書というものが学校図書館には必要だし、ちゃんと位置づけなければならないということは分かっているんだけども、あんまりそこがしっかりしてくると司書教諭が霞んでしまうという、これは学図法の基本的なジレンマなのだけれど、そこの懸念というのが全国 SLA はとても強かったのです。そこはもっともなのだけれども、学校司書の制度化を進めるような学図法改正に、総力を挙げて取り組むということにはなかなかなりづらい。私なんかが法改正の話をするとそっちの方の話になるので、だんだんと向こうも一緒にやりにくくなったのかもしれない。ということで、決定的にこれという理由があったわけではないはずですが、あまり向こうへ出向くこともなくなったし、縁が薄くなったということはありますね。

4-3　学校司書と出会う

○　学校司書との出会い
・宇原郁世さんのこと

―岡山の宇原郁世さん（2006年没）との出会いは先生にとって、学校図書館（特に小中学校）を考える上でどのような変化をもたらしましたか。

　宇原さんからもらった手紙があったのですが、確か学図研の準備会にかかわ

る一連の資料として当時の学図研事務局に渡した中に多分綴じたままで一緒に行ってしまったように思います。雄山閣の「日本図書館学講座」というシリーズの中の『学校図書館と児童図書館』、私が学校図書館の部分を書いて間崎ルリ子さんが児童図書館の部分を書いたのですが、かなり調子の違う内容が二つ並んだ妙な本ですが、あの本を読んで宇原さんが手紙をくれました。岡山の司書の人たちがボツボツ勉強会のような活動を始めた頃で、そういうこともあってあの本を読んで、当時としては今までの学校図書館について書いたものとはちょっと違うということで「何かを感じた」ということだったと思います。それで岡山へ行きました。宇原さんとはその手紙をもらうまでは面識はありませんでした。

　学校図書館観がどう変わったかということですが、まず一つは岡山へ行って彼女といろいろ話をすることを通じて、後で知ったと思いますが、文部省の図書館職員養成所が、図書館短期大学に丁度変わる時期の一期か二期が確か宇原さんですよね。一年上に松岡要さんがいます。二人はとてもよく知った関係でした。養成所から短大に、養成所はあくまでも各種学校で、それが短大ですが正規の大学になった。何かと短大自身も変わろうとしていた時期でした。なかなか大学自身もそれだけの力・内容が揃っているわけでもなく、丁度移行の時期にはいろんなトラブルがあって、学生自治会がカリキュラムなどについて発言をしたり、図書館短大の学生らしい『ぱぴるす－図書館短期大学学生自治会総合雑誌』[52]という名前の自治会の機関誌を出して大学批判をかなりやったんですよ。あの大学としては前後に例のない学生運動があって、丁度そういう時期に宇原さんも一部担っていたかもしれないし、その洗礼がおさまってから入ったかもしれないが、丁度そういう時期、図書館短大自身の変革時期だったのでしょう。図書館員養成の機関としては国が設置した唯一の正規の学校ですから、そこを出た人というのは司書養成の最もメインのところだったわけで、そこを出た人が小中学校の図書館に行くのか、ということが、私にとっては大変強い印象だったですね。

　義務教育学校の司書というのは、もちろんそういう人がいることは知っていましたが、私のそれまでの小中学校の司書のイメージは、以前にお話したように、私の中学校の同級生で私の卒業したその学校の図書室の司書になったという人です。その後も同窓会でよく会う長谷川(旧姓浅野)芳子さんという人です。彼

---

52) 図書館短期大学学生自治会発行、1966-1971、全5号。

女が卒業して高校には行かずに、花嫁修行ではないですが家で格別何をするということはなしにいて、ちょっと仕事でもしてみたいと思って出身中学を訪ねて行ったら、丁度相談に行った担任の先生が図書の係で、「仕事がしたいのならうちの学校の図書室をやらないか」と声をかけた。それでやってみますということになった。昭和でいうと27〜8年、(1952〜3年)くらい、全国 SLA が発足する頃の話ですが、まさに日本の学校司書の第一世代で、多分小中の司書になる典型だったろうと思います。

　学校では図書室は誰かがいてくれないと、熱心な先生方もいましたけれども、なかなか係の先生だけでは、できるわけではない。ちょっと手伝ってほしい、だけども別に市からお金が出るわけでもない、お金は PTA にでも相談してみる、学校の中の余剰のお金をやりくりしてなんとかできないか、生徒から集める図書費をやりくりして、というのがもっぱらで、それでも誰かにいてほしい、そして頼む方からすればそこそこいい子で、在学中から図書室にもよく出入りをしたし、しっかり本を読んだし、本も好きだし、そうなるとやっぱり女の子でしょうね、というわけで進学してない就職してないしっかりした子というあたりが雇いやすかったのではないか。まさにその私の同級生がぴったりで、中学校の図書館の仕事をやりだすわけです。もちろんいろんなケースがあっただろうと思いますが、学校司書のはじめはそういう人が多かったと思います。そういうことから言えば、文部省直轄の養成所で、しかもその養成所を継いだ短大の卒業生が、一地方都市の小中学校の司書に、ということがあるんだなと非常に印象的でした。私の偏見でしょうが、その頃の小中学校司書のイメージから言えば。まだ職業として未確立、と思っていたはずです。

・さまざまな学校司書との交流

　——全国的なことと言えば、岡山以外の地域の小中学校とは、全く接触や交流はなかったのでしょうか。

　一つかなり早い時期に、こっちがかなり意識をして訪問をした学校の一つが東京の大田区立田園調布小学校でした。ここは全国 SLA が割合早い時期からモデル校的にかなり力を入れて図書館教育をやっていました。そもそも伝統のある小学校だと思いますが。田園調布というのはどんなところだろうということも含めて、見学に行きました。「学習センター」という言葉を使っていて、1970年代の初期ですが、『田園調布小学校の学習センター』[53] という冊子を入手しまし

---

53) 田園調布小学校の出版物としては、東京都大田区立田園調布小学校編『学習セン

た。そこなんかは、公立学校でわざわざ足を運んでいったものとしては早い時期の一つでした。

　前にも紹介した長野県の筑北中学校、二つの村で共同の組合立の学校ですが、中学校に大変熱心な司書の人がいて、随分授業にも接点を持つというような司書活動・図書館活動をやっていたのですが、そこへ行ったのは1980年代になってからだと思います。1978年、1979年の時点で言うと、私学は別ですが、公立の小中学校の学校司書についてはまだほとんど知っていなかったと思います。そういう意味では、先ほどの私の同窓生のイメージからいうと対照的な宇原さんがいたということで、こういう人も小中学校の司書になるんだなということは、大変印象的なことだったし、学校図書館像を改める大事な契機になりました。強く記憶に残っているのはそういうところでした。

　むしろ私学ですが、大阪私立中学校・高等学校図書館研究会はずっと継続的に研究をしているところで、地元でもあるのでそこには二度三度声をかけられて話しに行きました。行ってそこの学校を見せてもらったりしたことがありましたが。天王寺の近くに愛泉高等学校という学校があってそこが事務局をしておられました。中高一緒の場合はどちらかといえば高校が中心で中学がくっついているという感じでした。

　福岡は杉テルミさんと面識があったかという質問がどこかにありましたが、確かあったと思いますけれども、福岡の場合は北九州の３人の司書が雇止めの裁判になったことがありましたが、そういう関係であそことはちょっと接点ができて、裁判所に出す意見書のようなものを書いたことがあります。判決が出た段階で『図書館雑誌』と『みんなの図書館』に同じような依頼を受けたので、両方に同じような報告を書きました。[54] あの３人の人とはその後しばらくの間は、通信上のやり取りがありました。それくらいで学校司書とはそんなに深い関係があったわけではないと思います。

　高校の司書との出会いは、大教大の仕事を始めてから、先程も言った大阪府立高等学校図書館研究会の人たちです。これが彼らのつくった『学習のための情報源─大阪府を中心として』(増補改訂版)です。[55] もともと最初に作ったのは1973

　　　ターの活用を通して』東京都大田区教育委員会、1978. がある。
54)　塩見昇「北九州市3人の学校司書解雇訴訟の判決によせて」『図書館雑誌』78(5)、
　　　1984,5、p. 256-258/「北九州市三人の学校司書解雇訴訟の判決にふれて(北九州市
　　　学校司書の不当解雇：83年11月判決について)」『みんなの図書館』(82)、1984.3、
　　　p. 61-64、p. 75.

年で、大阪における学習情報源として大変好評で、在庫
もなくなって、その後何回か手直しをして作りました
というのがこれです(右写真)。

　私が大学へ移ったのが1971年ですから、頼まれて何
か話に行ったのかどうか忘れましたが、ある種の出会
いがあったことは確かです。今のようなデータベース
などは全然動いていない時代ですから大阪を中心とし
た近畿にどういう情報機関があるか、自分たちで調べ
たという労作です。結構みんなで手分けして調べたと
聞きましたが、よく頑張ってやったなあと、本気で活用するつもりなら先生から
こんなことを調べたいと言われたらこんなところがありますよ、そこにはこん
な資料がありますよ、貸出していますよ、といったことがガイドできるわけです
から、レファレンス・サービス、レフェラル・サービス、情報源サービスのツール
としても大変大事なもので、こういう仕事をやっていたのが大阪府立高校学校
司書の人たちでした。私にとって具体的に学校司書を知ったのがこの人たちが
最初だったと思います。小・中に司書として配置された人は、公的にはまだ大阪
や京都には誰もいませんでしたから、会ってないですし、宇原さんに会うのは大
学に行ってからもう7～8年経っている時期になりますね。

○　岡山の『学校図書館白書』づくりに加わる

　—1979年の第1回の「学校図書館を考える集い」[56]での講演時に、どんなお話
　　をされたのですか。例えば「図書館の自由」の話などはされたのでしょう
　　か。

　いや「自由」の話はしなかったですね。学校図書館の役割、意義というよう
な内容だったんじゃないですか。記録は出てないはずで、詳細は覚えていませ
ん。

　—「図書館の自由」が問題になるような時代ではまだなかったですよ。当時
　　はまだ多読者表彰とか読書記録を残してというような旧態依然としたもの

55)　学習のための情報源改訂委員会編、大阪府高等学校図書館研究会、1985.初版は、
　　大阪府高等学校図書館研究会学習のための情報源委員会編、1980。
56)　学校図書館を考える集い実行委員会(岡山市職員労働組合ほか)主催。『学校図書
　　館の夜明けを岡山から』(岡山市職員労働組合、1989)によれば、1984年第6回まで
　　開かれた。

でした。

―高校の方では「図書館の自由」の話はあったのですね。

　JLA の学校図書館部会で、貸出との絡みでプライバシーがどうのというのは1970年代にもいっぺんやっていますからね。[57]

―「学校図書館を考える集い」での先生の講演に対して、学校司書の方々からはどのような意見や反応がありましたか。当時の小中学校司書の方々の学校図書館に対する思いを知りたいです。

　それは私に聞かれてもちょっと難しいですね。『学校図書館白書』[58]作成のために講演会の後でもう一度行って、その時は泊まりがけで話しましたね。私が白書を作れと言ったわけではないのですが。ここ以外に島根県の人たちが図書館白書みたいなもの、要するに自分たちの仕事の日常を書き綴ることをこの直前にしていました。[59]島根県の柳楽宏さんという先生が島根県 SLA の高校の事務局長みたいな立場でしたが、島根県立高校の司書の人をバックアップしていた。熱心な人でした。私が島根県に頼まれて行ってそこで柳楽さんと会って、いく人かの県立高校の司書の人たちとも会った。そういう話をしている中で、白書のようなものをすでに作っていたか、あるいはそういう形で自分たちの仕事の日常をみんなではっきりさせる作業をすることが必要ということになったか、そんな話があって、島根県は実際にそういう白書を作っています。

　和歌山県の高校も割合早くから司書採用をやっていましたから、熱心な何人かの人がいて、和歌山県高等学校図書館白書のようなもの、スタッフマニュアルのようなものかもしれませんが、比較的早い時期に作っていました。[60]そんなことが岡山の前後にあったことは確かです。岡山に 2 回目に行った時には、白書を作るということはもうはっきりしていて、それはどんなものかとか、どういうものにしようかという話の会合ではなかったでしょうか。

―1980年の 7 月から作り出して、1981年の 2 月28日から 3 月 1 日に骨子討議の会で塩見先生と司書 8 人で討議したと『学校図書館白書』(次頁写真)の巻末年表「学校図書館白書ができるまで」に書いてあるのですが、その時に来ていただきました。市の粗末な施設で、時間がなくてお風呂にも入っ

57）本書 p.159に出てくる JLA 学校図書館部会の研究集会のこと。
58）岡山市職員労働組合・学校図書館白書編集委員会編・刊。第1号は1981年刊行。
59）島根県学校図書館協議会の編集による『学校図書館白書』は1980年刊行。
60）和歌山県高等学校学校図書館運営基準作成委員会編・刊『和歌山県高等学校：学校図書館運営の基準』、1985.

ていただかず、失礼な話でしたが、時間もなくて夜を
徹して討議を行いました。

　白書づくりは現場の図書館員の共同学習の大事な仕事
だと考えていたと思います。島根県のそういうものを見
たということもあったでしょうし、JLA でも図書館白書
を作りましたが、白書というのは出来たものよりも作る
過程が大事だと思っていました。白書を作るとなるとま
ず自分の足元をちゃんと見ないといけない。自分一人で

やっていることを書いただけではそれは手記みたいなもので、それを一度表に
出して、人からもああだこうだと批評してもらって対象化する、客体化する。し
かも白書ですから読んだ人たちにわかりやすいものでなければならない、とい
うことを考えたら、白書づくりというのは、共同で自分たちの仕事をアピールす
るためには非常に大事な手法だと思っていました。

　多分これとそう遠くない時期に、各地の白書づくりを紹介する、あるいは図書
館白書づくりをやることが大事だとか、あるいは JLA が図書館白書をつくるこ
とは JLA の大変大事な仕事だということを、『図書館雑誌』の投稿欄に書いた
ことがあります。[61] その一つに図書館白書づくりというのは、共通の学習の手法
としてもっと重視すべきではないかということを提起したことがあったと思い
ます。そういうのはやっぱりこの岡山の白書づくりに加わったという経験が先
行経験としてあったと思うし、いくつかの白書を見た上で言ったのではないか
と思います。ただこれを作るための会議や講演の時に、司書の皆さんがそれを
どう受け止めたかは私には分かりませんが。

　―（永井）関わった者の一人として発言します。『学校図書館白書』づくりは
　　1980年から始めましたが、前年の1979年から「学校図書館を考える集い」
　　に取り組んでいます。２つ同時並行です。「白書づくり」によって自分た
　　ちの仕事を見直し、「集い」で教師や市民と共に学校図書館を考えていこう
　　というのが、取り組みの趣旨です。

　　　これは第３回目の「学校図書館を考える集い」の資料ですが、見ると学
　　校司書以外の方も参加されていることがわかります。

　懐かしい人の名前がありますね。長崎からわざわざ来ている高校の先生は図

61）塩見昇「いくつかの学校図書館実態調査・白書にふれて」『図書館雑誌』76(8)、1982.
　　8、p. 440-441.

書館にとても熱心な人で、まだ年賀状の交換は続いています。岡山市立図書館の司書の人もいますね。学校図書館についてはいろいろ斜めに考える視点も持ちつつ、早くから関心を持っている人でした。

—（永井）元々岡山市職労と、岡山県高教組と、私立学校の組合の私教連との三者で始めたことで、1979年から1984年まで6回、毎年やりました。手元の記録で確認できるのは最初が塩見先生で、2番目が巽寛さん、3回目が森耕一さん、4回目が高山智津子さんです。

　　学校図書館充実運動は小中学校だけでなくて、高校も一緒にやらなければと始めたのですが、宇原さんが岡山市立中学校の司書、高校は綾野静子さんが中心で動いていました。私は1978年の9月に、落陽子さんは同じ年の4月に就職しています。「集い」とか白書づくりを通じて、仕事の見直しをしました。これが後のスタッフマニュアルにつながっていくのですが。当時は学校間格差があって、小学校では毎日全学年に貸出をしていないというような学校もありましたが、どの学校でも最低このくらいの仕事はしようというものを作らないといけないよねということで始めたと思います。また、資料提供や図書館サービスという意識も弱かった時代でした。

　　さっき先生も言われたように白書づくりは過程・プロセスが大事で、あまり長い時間をかけたら古くなってしまうので、短期決戦でやり始めたら1年以内くらいで仕上げるというのが目標でした。1980年に取り掛かって、翌年の6月末にはだいたい出来ていました。1年以内に成し遂げたということです。白書を作るのだからということで、教育白書や子ども白書というような関係の白書は全部読んでみようとか、学校図書館のことだけではなく、今の子どもが置かれている状況や教育の現状もちゃんと踏まえて作らなければということで、勉強しつつ作っていきました。

図書館白書の先行例・実物がこの時期にありましたか。

—なかったと思います。デスクワークの手順なんかを書いたものはあったように思うのですが、子どもの状況や教育の状況に触れつつ書いた白書では本邦初だと宇原さんも言っていました。知る限りではなかったと思います。この白書づくりは、岡山市職員労働組合が主導で、自分たちの職場を見直して良い仕事をしつつ市民に理解してもらって市民とともにということで打ち出したものでした。この市職労の提起を宇原さんが受け止めました。これは白書ができた時に教組の集会で報告したレジュメです。『学校図書館』にも書いています。[62]

市職労が提起をされて、宇原さんがそれを受け止めたということですか。

―そうです。学校図書館だけではなくて全ての職場で白書づくりをやろう、自分たちの仕事を見直しながら白書づくりをして、それで自分たちの仕事を作っていき、「市民とともに考えていく」という方針を市職労が出したので、宇原さんは組合の執行委員もやっていましたので、いち早くやりました。「学校図書館も白書を作らにゃいけん」と言って、「市民とともに」というのは輪を広げていくことだから、絶対必要だということで白書を作るということに決まったのだったと思います。

それはわかります。教研活動に熱心な組合なんかはそういう職場の白書づくりで職場の民主化を、市民と提携をすることを目指していくという、そういう活動の中に白書づくりがあったと思います。

―自分たちの仕事を見直してより良い仕事を作っていく、市民とともにそれをちゃんと検証していく、そういうことが必要だということです。後になって学校給食の「給食白書」とか「公民館白書」とかができますけども、1980年代に作ったのは学校図書館だけでした。私も就職したばっかりでしたが、「集い」や白書づくりに最初から関わることになりました。ただ作る過程はなかなか大変で、司書会なんかで呼びかけて、自分たちの仕事の見直しをする、どこの学校でもこのぐらいのことをしようと提起すると、組合は仕事をさせるのか、仕事を増やすのかというような反応があり、特に年配の方なんかには反発もありました。

岡山にはそれ以前からずっと司書もそこそこの数がいたわけですからね。

―岡山市では、1952年に最初のPTA雇用の学校司書が1名清輝小学校（大土井校長・当時）に配置されます。その後、岡山市で開催された1958年SLA全国大会をはさんで1961年には、PTA雇用の学校司書が29人になっています。1961年、初めて市議会で学校司書の問題が取り上げられ、1962年と1963年の2年間でPTA雇用から岡山市の正規職員化が実現しました。その後、数回の正規職員の採用試験が実施されています。宇原さんは最後の滑り込みの正規職員だったんです。その後はしばらく正規職員の採用はありませんでした。後は嘱託での採用です。私と宇原さんは同じ年ですが、正規採

---

62) 宇原郁世「『学校図書館白書』づくりにとりくんで」『学校図書館』(373)、1981.11、p.51-53.

63) 永井悦重「学校司書全校配置への道のり」『岡山市政の今日と明日』(8)、岡山市職員労働組合自治研推進委員会編・刊、1990、p.21-31.

用されたのはかなりの開きがありました。

—宇原さんのときも（現在も）司書採用で、公共図書館に行く可能性もあったということですか。

—そうです。宇原さんは市立図書館を希望していたようですが、学校図書館に配属されたのです。岡山市が合併を繰り返して学校が増えましたが、旧市内の小中学校には正規と嘱託の学校司書がいたけれども合併地区には全くいないわけです。まずは全ての学校図書館に学校司書をという運動、そして引き続き正規化の運動も併せてやっていきました。より豊かな図書館活動を目ざして、学校司書の専門性の向上と正規職員化の運動を統一してやりました。

『図書館雑誌』に「いくつかの学校図書館実態調査・白書に触れて」と言う文章を書いています。いくつかのとありますからこれ以外にもあったはずです。投稿欄に書いたのです。

○　学校図書館問題研究会（学図研）発足とのかかわり

—学図研は元々図問研の軒先を借りて始まり、1984年に「図問研・学校図書館問題研究会をつくる会」を立ち上げました。当時図問研に学校司書の会員はどのくらい居たのでしょうか。私はたまたま1982年の図問研・京都大会に出席して、学図研ができるのを身をもって経験したのですが、水面下ではどのような動きだったのでしょうか。『半世紀』(p.31)では、「岡山の宇原さんたちとのお付き合いの発展であり、群馬の八木さんから学校図書館にも個人加盟の全国組織が欲しいという強い希望を受けていた」とありますが、学図研結成に尽力された福岡の杉テルミさん、熊本の坂田房さんなどとのかかわりはありましたか。

杉さんは割合早くから図問研には出ておられましたね。坂田さんはあまり出ておられた印象がないのですが。坂田さんが学図研の代表になるという段階で、私には坂田さん自身についてはあまり印象がなかったように思います。

—平湯文夫さんと坂田さんは一緒に学校を見て歩いたりされていましたね。

平湯さんは結構九州の学校を回って図書館や人を繋げる役割を果たされていましたね。

---

64)　塩見昇『図書館雑誌』76(8)、1982.8、p.440-441. NEWS 欄に掲載。全国SLA(1980)・文部省(1981)・公明党大分県本部(1980)・岡山市職労(1981)・長野県教組(1981)の調査を取り上げている。

――『みんなの図書館』の編集に坂田さんは関わっておられたのでは。

　杉さんもそうだけれども、宮地美智子さんの方が窓口として私とは関わりが深かったように思います。杉さんは割合早く亡くなられましたよね。そんなこともあって名前は早くから知っていましたが、そう顔を合わす機会があったというわけでもなくてあまり覚えていませんが。

　図問研に何人ぐらい学校図書館の人が入っていたかという質問がありましたが、大学図書館員は結構いましたが、図問研の会員として1970年代にそうたくさんいたという記憶はないですね。私は事務局をやっていましたが、その頃は600人ぐらいが会員で、ほとんどの会員の名前を憶えていました。毎日10通から20通の手紙がくるという関係の中で、学校図書館の人というのはいたかどうか。1970年代の終わりから80年代になると入ってきた人が多少いたかもしれないけれども、70年代の前半ぐらいから図問研の会員でしたというのは、八木清江さんは確かですが、そんなには。当時の会員名簿で見ればわかりますが。

　これも資料を見ていてへえと思ったのですが、八木清江さんが、私が個人的に知る前に全国 SLA の『学校図書館』にかなり早い段階で例の「授業に協力して」という、私の『教育としての学校図書館』に書いてくれたあの文章に近いものを書いていたんですね。森崎震二さんがこんな人がいますと言って私に紹介してくれたのが八木さんで、結果的にはその前に書いていて、しかも「寄稿」とあるので依頼原稿ではなく、八木さんの方から進んで出したようでした。そんなこともあって八木さんとの接点は私が思っていたよりもちょっと出会いが早かったかなと思います。

　彼女を知って一緒に群馬の高教組の会合に行ったりしている中で、八木さんが言った言葉で印象的なのが、「学校図書館にも歴史が欲しいです」というのと、「個人加盟の全国組織がほしい」。要するに図問研の中でそう感じていた。図問研の中で彼女がどんなことをしたのかは知らないけれど、こういうものが学校図書館にも欲しい、彼女は組合と全国 SLA という二つの場所しかない、それとは違う第3の場が学校図書館に欲しいと常々思っていたのでしょうね。そういう声があって、それから宇原郁世さんが宇原さん独自の発想の中で、そういうものへの必要性というところがやっぱりあった。宇原さんと八木さんは『教育としての学校図書館』の中で同じ協力者としては出会ってくれているのですが、

65）八木清江「教科学習に協力して：化学の課題学習」『学校図書館』(316)、1977.2、p.49-54.

どこかで出会って学図研の構想を図問研以外のところで話し合ったのかどうかは知りません。

　私が当時もったいないなと思ったのは、学校司書の熱心な人たちは大体組合サイドで交流をしているのですね。そうすると親団体が違うので、横のつながりが無いんですよ。それが非常にもったいないと思ったので、そういう限界を宇原さんなども感じつつ、個人加盟の組織ということを考えた一つの要素はそこにあるんだろうなと思います。それと小中と高の違いですね。私の目から見たら全然交流がない。それぞれがそれぞれを知っていないなと強く感じたんです。そういう校種の違いと所属組合の違いという、これを超えた学校図書館のことを考えられる、全国 SLA の下部組織というのとは違い、上部組織の方針に影響される組合とも違う、個人の司書として自由に参加できる何かが欲しいというのが、学図研という組織を生み出していった共通の思いだったんだろうと思います。それが大事なことだと思ったので、私もそういう組織の誕生に協力したわけです。それに関わる集まりにはかなり顔を出しています。それに向けて具体的に誰がどう回して、どうなったというようなことは私が知る範囲を超えていますが。土居さんもその辺はまだですね。

　—（土居）私は1982年の図問研の京都（堀川）大会で初めて宇原さんたちに出会い、分科会に出た後の集まりのなかで、学図研を作ろうという下準備ができたように感じていました。

　永井さんもその件については、宇原さんからそんなに早くからいろいろ聞いたというわけではないのですね。

　—（永井）私は司書になったばかり。それでも宇原さん、落さんなどと一緒に最初から関わりました。福岡や名古屋など色んな所に出かけて行って、学図研をつくる意義についてじっくり話をした記憶があります。

　—京都の堀川であった図問研の大会が、学図研結成に向けての公開の場で話をする初めてだったんですか。

　あの一、二回前の大会から学校図書館のことを話し合う分科会、交流会のようなものは始まっていましたね。図問研として学校図書館の人たちの希望に応える、何らかの支援をすることの必要は意識されており、その役割は私が受けるほかなかろうと思っていたので、この頃は分科会等にはいつもそこに出てました。1981年秋までの３年間は関西で２度目の本部を担っており、私が副委員長をしていたので。

　—その次の長野での図問研大会の時は、ちゃんと学校図書館の分科会はあり

ました。

　図問研の分科会としては馴染まないけれども、この場所を一つ設定しないと、今のこの課題が進まない。そのための会ということで割り切り、そういう場を何回かもったのです。

　1970年代の初めに、大学紛争があって、それを契機に大図研が一歩先に出発していますが、それを何かの機会に紹介したこともあったと思います。学校図書館の個人組織、全国組織をつくるとなると大変なことになるよと、私なんかは「やれ！やれ！」と言うつもりはなくて、中途半端に手をつけたら大変ですよと、むしろ折々に言ったような気がしますけどね。まあしかし動き出した時には馬力がありましたから。

　—準備会なんかはもの凄かったですね。会議が終わったらまたえんえん酒を飲みながら夜を徹して話をしていましたから。

　—1985年学図研結成大会の基調講演「なぜ、いま学図研か」で、「私たちのその課題は、戦後教育を再生し、阻害されてきた理念を実現していく幅広い運動の一役をになうことにもなるのではないか」と述べられています。学図研が実践を理論化して広めていくこと以外でどのような期待をされましたか。

　繰り返しになりますが、学校の中に図書館サービスの実態ができるというのは、司書がしっかりしないと生まれっこないということがあったので、そういう力をどう組織的に蓄積していくのか、広めていくのかということへの期待が強かったことは確かだと思います。

4-4　図書館界における学校図書館

　—日図研では、他の研究会と比べて、学校図書館が研究対象としてかなり平等に扱われていると思います。それは大体1980年頃からで、先生が研究委員長をされたころ（1975～78年度）、しかも岡山の司書との出会いのころとも合致します。例えば研究大会では、1981年に岡山市学校図書館問題研究会が発表し、82年には岡山市職労学校図書館白書編集委員会、83年には「兵庫県学校司書交流会」実行委員会と続きます。1985年のシンポジウム〈テーマ：再び、日常生活における「図書館の自由」を考える〉でも学校図書館の立場で、私をパネラーにしていただきました。図書館の世界で学校図書

66）塩見昇、『がくと』創刊号、1986、p. 15.

館が公共図書館や他の図書館と対等に扱われることはほとんどなかったこの時期に、なぜそうする必要があると思われたのでしょうか。抵抗はなかったのでしょうか。

　日図研での学校図書館というテーマの取り上げ、扱いについては私が言わなければそうならなかったというのは、ほぼ間違いないと思います。私が学校図書館を意識的に引っ張り出そうとしたのはそうだったでしょう。仕事柄も学校図書館のことを頭に置きながらこういうことをやっていたのは確かなので、結果的には学校図書館とその他の図書館を横並びで扱われるようになることに力を貸したのは事実だろうと思います。学校図書館だけをどうこうではなく、ほかの館種と同じように扱ったということですけどね。私の方ではごく当たり前だというふうには思っていたので。そのことでの抵抗はありません。

　もともと日図研の研究大会の持ち方というのは、研究委員長が私の前が武内隆恭さん、その前が酒井忠志さんで、酒井さんの頃に日図研が助成している研究グループの一年間の研究成果を、多少なりともお金を出しているのだから、成果を発表するというのは責任だという感じで、研究グループの交流ということを研究大会の柱の一つにすえたのです。それが酒井さんの頃から始まっていたのですが、ただそういう中で日図研の助成している研究グループだけでは面白くないんですね。それで私の前からもそういうことがあったのですが、他の研究会でされている研究グループにも発表の場を提供することで、そのグループのためにも役に立つし、日図研の活動を活性化するためにも意味があるということで引っ張り出した。

　私の前では、例えば図問研東京支部に「貸出を阻害しているものをチェックする」と言う調査をやっていたその成果を発表してもらったのがあります。これが1969年、まだ酒井さんの時代ですが、グループ発表として「大学図書館とその課題」というのが、のちに大図研の誕生とつながっていく初めですね。「貸出を伸ばすための実態調査をめぐって」を図問研東京支部という名前で発表しています。[68] いずれも私がきっかけを拓いており、こういうことを既にやっていた

67) 1981年第22回研究大会「学校図書館の働きを創造する実践にとりくんで」『図書館界』33(3)、p.155-160/1982年第23回研究大会「白書作りから学んだこと」『同』34(3)、p.234-237/1983年第24回研究大会「学校司書の身分確立に向けて—兵庫県の歩み」『同』35(3)、p.130-137。1985年第26回研究大会のシンポジウムのパネラーは、ちばおさむ・土居陽子・中村幸夫・鍵本芳雄。『同』37(3)、p.97-118.

68) 1969年日図研第11回研究大会において、図問研東京支部(小島惟孝)が発表。概要

ので、この延長線上で岡山に発表してもらおうということになった。

　そんなことをやって別に抵抗も何もないし、むしろ日図研の研究大会そのものを活発にするということにもなったと思うし、そのグループが全国規模のところに出てきて話をする機会を得るということにも意味があった。そういうふうな感じで日図研についてはやったと思います。それが学校図書館も一人前に扱ってもらった、ということになったのでしょうかね。

　——1982年に『図書館年鑑』(JLA)が創刊し、塩見先生は初期の10年間は近畿ブロックの編集委員、その後は資料編の監修をなさっています。『ず・ぼん』に栗原均さんのインタビュー記事が掲載されていて、その中で栗原さんが「要するに関西は、森さんもそうだし塩見さんもそうだと思うけど、各館種の差をあまり感じないのよ。近畿だけでしょ、塩見さんが最初『図書館年鑑』のブロックの責任者やってた時から、大学も短大も公共も学校も全部一緒、総合的に概況報告がでてくるのは。塩見さんは全部その線で見ていく。おまえの館種はなんで情報をくれんのやと」と述べています。[69] 栗原さんのお話のとおりだとすると、なぜ近畿ブロックはそのようなことが可能だったのか、また「総合的な概況報告」をまとめる視点はどのようなところにありましたか。

　『図書館年鑑』の話はちょっとまた別の話ですが、各ブロックの代表と言うので、北関東とか近畿とか、出発はそもそもブロックで図書館概況をまとめるというのが年鑑のブロック概況の本来の趣旨だったんです。ただ結果的には、4つか5つの県をまたいだ、しかも館種を超えた様子がわかるというような人がいるか、書けるかということがあって、だんだんやっているうちに県ごとに分担し、県の中で館種ごとに分担してというように、細かく細かく分かれて分担執筆になっていって、結果的に全部がそうなってしまった。近畿だけは私がやっている間は2府4県の各館種の状況を書くということを基本にやって、その後も西村一夫くんらが極力続けてくれた。別に私がそうしたわけではなくて、本来の趣旨をいつまでも続けたのが私だけだったということです。

　実際問題、公共図書館にいて大学図書館のことがわかるか、県立図書館にいるから県内の大学や学校図書館のことが分かるというものではないということで、視野に入らないということになっていったのは必然かもしれないし、あるいは

限界というか狙いが初めから高望みすぎたかもしれません。私のやっている限りにおいては、そう特別なことではなかったのだけれど、そういう事が成り立ったのは何でかと言うと、やっぱり近畿の場合は日図研という場があり、もともとそういう相互の近しい関係があった。県を越えてとか館種を超えてとかいったものを日常的に持っている、そういう意味でそれが成り立った。後に、ちょっと分厚くなってからの図書館白書、『図書館はいま：白書・日本の図書館』[70]はまさしくそうした付き合いの人間関係を基盤にして生まれた。人間関係の独特のつながりがあってやれた、それが大きかったのかなとは思います。

　館種の中で学校図書館を特別扱いにするつもりなんか全然ありませんでしたよ。教育大学に移る以前だったらあまり視野になかったかもしれませんが、学校図書館はもともと図書館の一つの館種だということは、私の中ではごく当たり前にありましたし、もっと学校図書館が図書館界の中で表に出てくるようにすることは大事なことだし、今がその時期だと思っていたでしょうね。各館種を横並びに見渡すことは私のなかでは当たり前のことなんだが、それは私が教員職であることとは関係があるでしょうね。但し、図書館学の大学教員がみなそうだとはいえませんけどね。

　―今でもあんまりないでしょう、そんなふうにシンポジウムとかする時に公共も大学も学校もとか。

　並べればいいというものでもありませんがね。分担するだけかもしれませんけれども、お互いにそういう機会を通じてお互いを知る、そのことだけを取り上げたら大事なことには違いありません。

　―「学校図書館はちょっと違う。司書教諭が必要でしょう」という人はおられますよね。公共図書館の人で。

　―多分先生の自由な考え方、学校図書館も大学図書館もみんな図書館というところでは同じところに立っているという考え方が、矮小化されない教育改革とつながっていくんだろうなあという気がします。

　学校図書館だけで学びの保障が十分やれるなどまかり間違っても言えない。そこまで言い切れるような学校はそうあるわけではない。「学校以外の図書館も使おう」と言わないと、徹底した調べ学習はとてもできないでしょう。

70）JLA 図書館白書編集委員会編、JLA、1992・1997。塩見が編集委員長で、関西のメンバーで作成した。

・「学校図書館は図書館ではない」のか

―塩見先生は学校図書館も図書館の一つであるという捉え方をしておられますが、「学校図書館は図書館ではなく、学習センター・情報センター・読書センターだ」と言われる研究者もいます。拠って立っている位置が違うんだなあと思います。

そこまで言うんですか。ちょっと私には意味が分からないですね。図書館であるからこそ、学習センターであり、読書、情報センターであり得るのじゃないですか。

―いろんな場面で学校図書館が使えれば子どもの選択肢や可能性が広がっていくと思うのですが、あくまでも、本に近づけるけれども強制的にさせるところではないと私は理解しています。そう言う人は、強制的にでも子どもたちにそこまで読んで考えるところまで持っていくのが、学校図書館の役割だという考えではないのでしょうか。

「指導」ということについての考え方が違うのではないでしょうか。

4-5　市民の図書館づくり運動とのかかわり

○　子ども文庫の人たち

―先生が大学教員になられた1971年に、大阪府では豊中子ども文庫連絡会が発足しました。そして翌年には寝屋川と松原でと、それ以後も文庫連絡会ができる自治体が増えていきました。1976年には大阪府子ども文庫連絡会（大子連）も結成されました。[71] 文庫の人たちとの関わりは、先生が大学教員になってから強くなったのではないかと思います。近畿圏での文庫の人たちとはどのような関係だったのでしょうか。

文庫活動、文庫を踏まえた図書館づくり運動の広がりに私が直接かかわっていることはありません。すごく印象的なのが、文庫づくりから公共図書館の図書館づくり運動、これはかなりすっとつながっているのですが、この人たちが学校あるいは学校図書館にどういう関心を持ったかということからいうと、運動あるいは活動の担い手、具体的には文庫活動の第一世代ぐらいの人たちの参加のあり方にはかなり大きな一つの変化があるのですね。

明らかに子ども文庫の第一世代、大阪で言えば中川徳子さんや安達みのりさ

71）大阪府子ども文庫連絡会編・刊「大子連のあゆみ」『本・こども・おとな：大子連20年の記録』、1996、p.14-20.

ん、新井せい子さんなどの文庫のおばさんたちというのは、新井さんはほかから移ってこられてちょっと遅かったから違うかもしれないが、必ずしも学校教育とか学校図書館に初めから熱心だったわけではない。むしろ文庫活動に熱心な人というのは教師の読書指導に対する不信感が強かったから、学校が教科でない読書にあまり口出しをしてほしくないという感じがありましたね。せっかく子ども文庫で子どもが本を好きになるようないろんなはたらきかけをやっているのに、学校がそれを潰すという、例の読書感想文とか、比較的ネガティブにとらえやすい読書指導に対する反発かもしれないが、そういう感じがあって、公共図書館の整備については熱心な市民運動であっても、学校に向けてはすっと目を向けたわけではない。時期的には明らかにずれがあります。

　文庫活動を踏まえた人たちを主とする公共図書館づくり運動というのは1960年代の終わりから始まって70年代80年代、学校図書館運動は80年代以後、むしろ90年代ですから。その中の主な担い手は文庫をやり、かつてあるいは今も公共図書館整備にいろいろ関心を持っている人たちが、同時に二枚看板的に学校図書館を考える会をやっているというふうになっている。この辺が微妙なところで、おそらく第三者的に論評したい人から見たらすごく面白いテーマであるかもしれない。実際にはそこにはちょっとギャップとか、ずれというか、時代の変化の中ですっとそっちの方へ行ったと言っていいのか、あるいは担い手自身が少し変わったのか、その辺が岡目八目みたいに軽々な言い方はできないのですけれど、微妙な問題を含んでいるということはあると思います。学校図書館づくり運動と市民の図書館づくり運動はどういうふうにつながっているのか、つながっていないのか、担い手は相当程度共通しているのだけれど、中身的にどうだというのは丁寧な見方をしないといけないという感じがしています。

　　─先生は学校図書館づくり運動と市民の図書館づくり運動の両方にかかわってこられたと思うんですね。1990年代に学校図書館に目を向けた文庫の人たちの学校図書館観というのは、図書館に関する学習会で聴いたことやいろいろな図書館を実際に見学に行ったという、学びと経験が土台になっているのではないでしょうか。

　その点はそうだと思います。だから子ども文庫と学校図書館はダイレクトには結びつかない。子ども文庫はやはり子どもと本・読書というところでの、ある市民と子どもの関係ですね。そういう意味では子どもが本を上手に手にするか、子どもにとって本はどういう意味を持つのだろうとか、いい本とはという関係の中に、訳の分からない教師が口を挟むと困るという迷惑感のようなものが、特

に初期の文庫のおばさんたちには強かったです。本の選択の問題もありますね。だから子どもの世界には先生が口を出すのは困ると言う、読書に興味のある先生は良い先生ではなくて、むしろこの世界はそっとしておいてほしい、あるいは変な読書指導を学校ではしないで欲しいといったような関係でしたね。

　ところが、そのおばさんたち自身が、もちろん文庫だけで止まった人もいるけれども、文庫から動き出して地域の子どもの読書環境を問うようになり、それが図書館づくりになっていった人も大勢いたわけです。この人たちが図書館員との付き合いもあるけれども、文庫活動から出発して図書館というものを中身として理解してくるわけです。図書館自体も変わっていきますね。丁度そんな頃に子ども自身が実は文庫にもだんだん来なくなるという客観情勢があった。子どものことを考えていくと、公共図書館も待っててもなかなか子どもが来るわけではない。文庫にはもちろんみんなが来るわけではない。学校の中で子どもがどういうふうに本と接するか、そこのところを考えていかないと、図書館に来る子どもを見てるだけでは子どもの問題を総体として考えられない。否応なく学校のことを考えざるを得ないということになる。それから学校図書館ということがボツボツ読書の面だけではなしに、教育とか子育てとか、いろんな面から社会的にもだんだん関心が高まっていき、という流れがありました。

　そんなことの中で、自分たちが文庫から出発して頑張って地域に培ってきた図書館の良さみたいなものを感じている人たちであればあるほど、いま話題になりつつある学校図書館の中に入っていかないと、子どもと読書の問題もこれ以上進まないと感じ出した。市民一般ということで言えば、図書館の良さを感じた市民の人たちが学校図書館に目を向け出したというのが1990年代から後のことではないだろうか。そこでごく初期には子どもと読書の問題としてむしろ学校不信、教師不信でいた人たち、その同じ人たちが、学校という世界が持っている良くも悪くも子どもに対する影響力の大きさをむしろより良い環境にしていくことが必要、その時にポイントになるのは、無人の図書室を掃除しに行く話ではなくて、やはりそこに人がいて、開いている図書館、動いている図書館の重要性だということに気が付きだした。そういうことが20〜30年ぐらいのインターバルの中にこの活動を置いたときに言えることではないかと思います。もちろんすべての場合がそういう過程を踏んでいるというわけではないですよ。

　だからさっき言われたことは私もそのとおりだと思うし、私自身はそういう両方の場面に結果的に立ち会うというか、そこにいることになったというのは、言ってみれば、時間の拘束からわりあいフリーな人間はそうたくさんいません

し、いたとしてもそういうことに興味を持たない人は初めからものを言わない
わけですから。まあ大阪とか近畿圏の範囲で考えたら、文庫のあたりから始まっ
て、1970年ぐらいから動き出す地域の公共図書館づくりの部門にもそれなりに
関わりを持ちつつ、さっき言ったような、ちょっと状況が変わった中での学校図
書館づくりにもと考えたら、そんなことについていくらか分かっていそうな人
というのはそうたくさんいるわけではないから、大体どんな場面にも私が、とい
うことになりがちだったかもしれませんね。結果として市民の図書館観の深ま
りに多少のかかわりを持てたかもしれません。当時、大教大の天王寺の私の研
究室は彼女らがよく出入りしていたし、附属図書館の会議室も大子連などの集
まりにもよく使ってもらっていましたね。足場もよかったですしね。

・大子連の学校図書館実態調査

　　　―『本・こども・おとな―大子連20年の記録』に「大子連と学校図書館」とい
　　　う項目があって、「学校図書館の取り組みは1980年に始まる」とあります。
　　　そして「助言者塩見昇氏からは『地域の図書館づくりに大きな成果を上げ
　　　て来た文庫は今後地域の学校図書館づくりに目を向けてはどうか』と言わ
　　　れ、1981年にもパネラー宇原郁代氏から『学校図書館を学級単位ではなく、
　　　学校全体と考えるべきである。又、学校図書館には司書が必要である。そ
　　　のことから公共図書館と文庫が結びついて働きかけをすべきである』と言
　　　われている」と書かれています。[72] だから、先生も大子連の人たちに図書館
　　　づくりの関わりのところから学校図書館に関する話などもなさっていたの
　　　かなと。

　　学校図書館に目を向けなさいというような煽動はした覚えはありませんが、
子どもが育つ環境として学校の大事さを示唆することはあったと思います。大
子連自身が大阪府下の学校図書館実態調査(1987)をやることになるのです。[73] あ
れは大子連の自己変革のひとつのステップ、学校図書館問題に積極的にかかわ
る上での大きなステップでしたね。

　　　―1970年代に文庫ができかけた頃に、講師で行かれて、公共図書館のお話をし
　　　たことで、公共図書館づくりで文庫の人たちとつながって、それが後の学校

72)　前掲注71)p.76.
73)　前掲注71)の p.90-91によると、大子連は1987年と1992年に学校図書館実態調査
　　を行っている。1987年の調査は、1988年2月の「学校図書館と地域の連携を考える：
　　パネルディスカッション」(大子連主催、講師：塩見)の交流会資料のために活用し
　　たとある。

図書館に目を向けさせる転機になったということでしょうか。

　そう一直線につながっていったのかどうか、今度、中川徳子さんたちの『「雨の日文庫」から図書館づくり運動へ—子どもと本の出会いの場を求めて[74]』という冊子ができたのですよ。中川さん自身から聞き取った内容を、脇谷邦子さんが自分の文章で書くというような構成ですが、それなどを見れば、中川さんの場合はあんまり松原では学校図書館整備のことには踏み込んでいませんが、安達みのりさんは公共図書館のことをやりながら学校図書館に非常に入り込んで、しかも公共図書館のことをずっと継続して行っている。彼女が学校図書館にいつ、どういうことから興味を持ったのかは、ご本人に聞いてもらえばいいのだが、私自身が別に大子連の中で学校図書館にもっと目を向けることが必要ですというようなことを強く言った印象はありません。ただ学校との関連を問われ、学校の在り方や学校図書館の展望について話すことはありましたね。むしろそのことでは北村幸子さんの影響が大きいのではないでしょうか。彼女は大子連とはそんなに以前からのかかわりはなく、新井せい子さんなどを通して大子連に学校図書館を強調する役割を果たしたかもしれませんね。

　　—安達さんは、大子連ができて活動をどうつくるかという話になった時に、塩
　　見先生が学校図書館に目を向けたらどうかと言われたので、大子連として
　　取り組んだと言われていたんですけれど。安達さんがそのように受け取っ
　　ただけかもしれませんが。

　大子連が大阪府の学校図書館の実態を知ろうというので皆で手分けをして調べた。そのもう10年も15年も前に図問研大阪支部が大阪府下の全市を訪問して図書館の設置状況、実態を調べ白書づくりをやりました[75]。その活動自身には中川さんと武田瑠美さん、大子連の初期の世代も入っていますし、他の人も経験している。自分の足元だけではなく大阪なら大阪というひとつの地域の中で現状をまず押えて、そこから考えて、という手法は一緒にやった経験がありますからね。そんなことのもつ意味、重要性については話したこともあっただろうし、折に触れてそういう経験もしているから、学校図書館にちょっと目を向け出した時に、大子連という組織で、それぞれ自分の自治体ごとに、自分たちの足を運んで学校図書館の現状を知ろう、確かめようということを割合早い時期にやったんですね。それが、大子連自身が学校図書館問題に取り組む一つの大きなきっ

74）中川徳子・脇谷邦子・中西美季編著、マックス・知書之屋本舗、2019.

75）図問研大阪支部編・刊「大阪府の図書館政策を考える(1)」『大阪の公共図書館白
　　書』(1973)、1973。府下31市の内未設置は15(48.4%)と書かれている。

かけになったということは確かでしょう。

　誰が最初に言い出したかということになるとちょっと記憶のレベルの問題もあるし。私はあまり言った記憶はないのだけれど。子どもの読書を考える上で学校図書館はこれからの大きな課題だという話はよくしていたでしょうね。

　——先ほど先生が言われたように、子どもたちが随分変わってきて、それを公共図書館でも気にしていたけれど、むしろ文庫の人たちはもっと気にしていて、子どもたちが文庫に来なくなったし、指示待ちの子が多くなって自分で考えて行動するというような子が少なくなった。こんなんでいいのかなという話を1980年代の初めに文庫の人から聞いた記憶があります。その時に学校図書館の調査を数年前にしたが、手付かずのままで置かれていてあまり役に立っていないという話も聞きました。80年代の初めの頃に学校図書館に目を向けて、動き始めた文庫の人たちがいたということではないでしょうか。[76]

　——それは大子連の調査ではないかもしれませんね。

　はっきりした目的があってこのために調査をと、一斉に同じレベルで調査をするといったことが大阪全域でできる状況でもなかった。出かけてみたけれども、よく見たら学校図書館は全然開いていないというような町もあったでしょう。そんなところはおそらく調査もしてないでしょうが。初めから大きな一つの構想があって、その一環として学校図書館調査をやったというほどのものではなかった。ただ大子連として大阪の学校図書館の状況を、それぞれの地域（自治体）の状況に応じて可能なやり方で確かめようということだったのでしょう。

　——先生の学校図書館の研究がスタートしたのと同じ時期に市民が図書館を学び始めたように見えます。多分、大阪市立中央図書館を出られる前にそういうものが高まっていた。先生としては出にくいところを出られたから、それを引きずって文庫に関わられたのかなという気がするのですが。

　普通の市民の人が、読書と子どもということで、忙しい中で何かを始めている。そういうことはとても大事なことだという気持ちはありました。だから、私が何かを推したからそうなったという話ではなくて、そういう動きを、こっちはそこから学ばなければならないという、そこからいろんなことを教えてもらわな

76）塩見昇「学校教育の改革と学校図書館」『教育学論集』(9)、1980、p. 33に、「東京の三鷹市、大阪の富田林市の母親たちが手わけして市内の小学校の図書館訪問（調査）を行ない、その実態を報告するとともに、学校図書館をよくすることに私たちがかかわれることはないかと課題をさぐっている」とある。

いといけないということで、文庫を訪ねることはかなりやりました。大学に移ったことで動きやすくなったということはありますよね。それがあったから、結果としてそういう時期になったということだっただろうと思いますけどね。そこは先ほども言いましたが、比較的時間が自由になる仕事だったし、忙しい時にはいろんなことに手を出す余裕はありませんでしたが、それでもそれは手を出さないといけない、大事なかかわりの世界だとは思っていたのですね。私の最初のゼミの学生は、見学で「雨の日文庫」に連れて行ったことを契機に文庫の手伝いをし、中川さんの人柄と活動に魅せられて文庫で卒論を書いています。

　　―以前先生の傘寿のお祝いの会をした時に、京都家庭文庫地域文庫連絡会(京庫連)の人たちが、私たちが文庫連の最初なんですと言われたのにとてもびっくりしたのですが、京都と大阪の文庫連の活動の仕方は違うものだったのですか。

　　文庫連の活動もちょっと違いましたね。それぞれ特色があって。

　　―京庫連は活動として学校図書館に目が向いたりはしなかったのですか。

　　やっていないわけではないですが、やや子どもの本の勉強会的な側面が強いのと、それから例の「平和を考える本」「戦争を考える本」のような本についての実践的な勉強とそれを広げる活動をするという傾向が強い[77]。京庫連が学校図書館について発言した時期もありました。

　　―佐々木美紀子さんが『朝日新聞』の「論壇」に「学校図書館に専任司書望む」[78]を書かれたりしていました。全然やっていないわけではなかったと思います。関心がなかったわけではないでしょう。

　　図書館づくりでは、例えば京都市の委託問題にも京庫連は盛んに取り組んだ時期もありました。その後には京都府立図書館の改築問題では子ども室を設けること、子どもの本をどう扱うかといったところに焦点を据えた働きかけをやりましたね。

　　市や町の図書館づくりの進み方も大阪と京都ではちょっと違いもありました。文庫の人にも、図書館づくりに興味の向かう人たちと子どもの本に関心の強い人たち、大子連でもそういうところがありますよ。中川徳子さんなども、私は図書館のことはもういい、文庫が大事だと思うお母さんたちが出てくる中で、彼女は挫折というか、いろいろ難しさを感じたようです。その時々の関心がどこに

---

77) 京庫連は、『きみには関係ないことか：戦争と平和を考えるブックリスト』(京庫連編、かもがわ出版、1984)を出した。2011年の第5集まで出ている。

78) 1995年9月26日朝刊

あるのか、図書館にあるのか、文庫にあるのか、子どもの読書にあるのか、そんな単純には分けられないのだけれど、一体として取り組めるかどうか。一つの町でも違うし、町と町の間でもカラーが違ったりします。学校への関心の度合いも違いがあります。市民活動の内実というのは難しいですね。

○　「図書館づくり住民運動と地方自治」

―先生が書かれた「図書館づくり住民運動と地方自治」[79]について伺います。

　戦前のように中央図書館制度があって図書館を法や制度によってつくっていくという考え方に対して、図書館サービスの充実とそれを利用して図書館のよさを実感した利用者をふやすことによって図書館をつくるということを意識して書かれたと受け止めてもよいでしょうか。

　その話をするとまた話が広がってしまうかもしれませんが、今、別の作業でやっているのが日本の図書館法の変化[80]というか、図書館法をめぐってどんな動きがあったか、図書館の整備と図書館法の関連がどのように進展してきたかについて、戦後ずっと通して見ているところです。そのことにも関係すると思うのですが、図書館法はご存知のように1950年にできて、すぐに改正運動が始まるんですね。図書館法の制定に、当時の皆さんが戦後の図書館の発展への期待を込めた。図書館界には戦前と戦後の世代交代がなかったということがそれにつながるのですが、戦前に活躍した人たちが戦後も引き続きリードするという傾向が強かった。そういう人たちが頑張って図書館法を作ろうということになっていったわけだけれども、結果的にはそこで期待したことがほとんど実現しなかった。それが、今話に出ている中央図書館制度の確立もそうですし、図書館の義務設置、あるいは図書館整備にしっかりした国庫からの助成制度ができるとか、専門職制度の確立とか、いろいろ、戦前から図書館界が悲願としていたことを、今こそ好機だと求めながら、結果的にはほとんどそれらが容れられずに出来上がった図書館法は、図書館奉仕、サービスする図書館のありようについて、高らかにうたいあげた一方、規制力の伴う力のある法律にはならなかった。それが頑張った人たちには不満だったものだから、早々に図書館法改正運動が始まるわけです。1960年頃までそれが続くわけです。

79)　塩見昇、『図書館づくり運動入門』図問研編、草土文化、1976、p.199-240. 塩見昇先生古稀記念事業委員会編、『図書館の発展を求めて：塩見昇著作集』日図研、2007、p.115-144にも再録。

80)　1950（昭和25）年法律第118号

　その中で、今言われたような図書館の整備とか振興というのは、どこを基点にするのか、何に依拠して進めるのかというのについては、しっかりとした強力な法制度を作って、法とか行政の力を活用して図書館の発展を図ろうという、そういう考え方が一つある。それに対して丁度1960年代というのは、『中小レポート』[81]や『市民の図書館』[82]などにつながっていくのだけれど、図書館がいいサービスをする、それを利用者、サービスの主体である市民がしっかりと利用する。使う人たちの中に新しい図書館のイメージとか図書館への期待感が出来上がり、もっとそれを広げたいという意思表明につながっていくと、それが図書館整備の一番大きな力になるはずだという考え方が、1960年代には強くなっていくわけです。

　結局その綱引きがあって図書館法を改正しようという志向は大体1960年代の初めぐらいに終わる。ということは言ってみれば、そこに一つの図書館界の世代交代があったという見方ができるだろうと思います。法とか制度を擁して図書館の振興を図ろうという考え方を強く持った人たちはもう退いていく。そして戦後に育ってきた若い世代の中で、丁度時代としては1960年代の『中小レポート』以降の図書館が盛んになるという実態が出てきたもんだから、その実態に即して図書館の制度は利用者と図書館員の間の共通の認識がどうサービスの実態を通してできていくか。確かに図書館はいいもんだと実感できるいい図書館が目の前に出来てくると、そういうものが欲しいという期待感が生まれてくるわけです。そこから図書館の発展が進むのではないか、これが図問研など戦後育ちの比較的若い層が、1960年代の図書館の発展を踏まえて、だんだん確信を強めていったことだと言えると思います。

　二つの図書館整備についての考え方があって、それが丁度交代していく時期、今お話した後者の方が主流になっていく時期というのが大体1970年代になる。もう一つの戦前から引き継いだ考え方というのは、比較的高齢者が多く、戦前からの人が多かったということもあるけれども、1960年代前半の頃からはそういう考え方というのはぐっと影を潜めて行く。要するに図書館法をめぐってそういう考え方は比較的薄くなっていくというひとつの交代期にあたったのが、1960年代の終わりから1970年代にかけてでした。

　そういうふうな意味において、図書館づくりというものにはいろんな考え方

81）正式名称は『中小都市における公共図書館の運営：中小公共図書館運営基準委員会報告』JLA 編・刊、1963.

82）JLA 編・刊『市民の図書館』、1970.

はあると思うが、大別すれば大きな二つの考え方があって、対立する考え方の一方に力点が移っていく、担い手が移っていくという時期があっただろうと思います。で、この「図書館づくり住民運動と地方自治」というのは、図問研が出版した『図書館づくり運動入門』の中の私が書いた文章のことですが、この本が出る前段というのは、図問研が、丁度私どもが常任委員会をやっていた1969〜72年に、最初は各地の住民運動の例を集めた資料集を作ったということがまずあって、その改訂版が出て、それをベースにこの本の企画になっていったということがあります。

左から森崎震二・塩見昇・久保輝巳

　この本を巡っても、実は市民の人たち、住民運動のおばさんたちの中には、みんな論客でもあるし口も達者だし、いろいろ考える人たちですから、結構シビアに発言しています。当時の市民運動の人たちがくれた手紙や関係書類を探していたら一部ですが出てきたのですが、ここに東村山（東京）の川島恭子さん、例のプライバシー保護の条例を作ったことで一番中心になった人ですが、川島さんと、枚方の住民運動の中心になった学校の先生・橋詰淳子さん、この二人が『こどもの図書館』に、「私の本棚『図書館づくり運動入門』を読んで」を書いているんです。そのページだけコピーをして送ってきてくれたのですが、橋詰さんは割合素直に図書館づくり運動に役に立ったと書いているのですが、川島さんはかなりネガティブに、これは私も同感なのですが、「『図書館づくり運動入門』とあるが、それは"入門"するものなのか、いかにも図問研が市民運動の指南をしますという雰囲気がタイトルにあって、本全体のつくりが悪い」と、かなりシビアに批判しています。（お手紙を見せてもらう。）

83）図問研本部教宣担当編『図書館要求（請願・陳情）事例集稿1972』図問研、1972/図問研図書館要求事例集編集委員会編『図書館要求（請願・陳情）事例集1973』図問研、1973。

84）東村山市では、1974年に東村山市立図書館設置条例を作成。（利用者の秘密を守る義務）として第6条「図書館は、資料の提供活動を通じて知り得た利用者の個人的な秘密を漏らしてはならない」とある。東村山市立図書館 Web サイトより。

85）『こどもの図書館』24(4)、1977.4、p.14-17.

『「雨の日文庫」から図書館づくり運動へ』をさっき紹介しましたが、その中でも中川徳子さんは、松原市（大阪府）で自分たちがやった文庫を中心とした図書館づくり運動について、彼女が松原を出た後、「雨の日文庫」の後を継いだ人たちと一度大喧嘩をしているのです。言ってみれば一旦断絶してしまったのですが、なぜそうなったのかというと、例えば運動ということでも、文庫は運動なのかどうか、そのような考え方の微妙なズレみたいなものは結構あるので、図書館員がどっちがどうだというようなことを変に発言するとトラブルの元になる。あるいは図書館員の捉え方についても「住民とともに」という言い方をずいぶんしましたが、図書館員が住民とともにつくる運動というのは、何か運動のお手伝いをする、会報を印刷するとか配るとか、そういうことを応援することは図書館員が「ともに」ということでやることではない、とシビアに批判するおばさんたちも結構いる。あんたらにはあんたらの役割があるだろう。自分たちのやっていることを手伝うという話ではない。しかしそこに献身的に協力すると「良い図書館員だ」みたいな思いを持つ人もいたりして、なかなか住民と図書館員の関係とか、「ともに」という関係とか、運動という捉え方とか、この辺のことについては、そういうことが盛んになればなるほど微妙な違いというのは結構あったと思います。

　そういったことも含めて、あの『図書館づくり運動入門』は各地の経験を、図問研が整理して提示した。そういう意味では、そういうことをまさにやろうとしている人にとっては入門的手引きになったかもしれない。初めの部分は運動の当事者が書いているのですね、そこは川島さんも共感している。しかし川島さんのあの本に対する一番シビアな指摘は、本体のところが、各地の運動を整理してパターンを分けてそれぞれバラバラにして紹介している、それが気に入らんということなんです。そんなふうに各地の運動をいわば上から目線で整理をして、提示をして、さあこれが参考資料ですよ、請願する時にはこういうやり方がありますよ、PTAでやるんだったらこんなやり方もありますよ、みたいな感じで提示する、そういうものとして捉えられたくない。川島さんたちの仲間の一人は、「私は運動をしているわけではない、運動と言われるのが嫌だ」そういう人がいると文章の頭から書き出しています。

　「考える会・近畿」の中でも、北村幸子さんなんかは「運動」という言葉についてはネガティブだったでしょ。しかしやっていることは「運動」に違いない。しかし「私たちは『運動』をしているわけではない、『学習』をしているのだ」と言った。この辺の違いというのは、多分、安達みのりさんと新井せい子さんで

も微妙な違いがそこにあるだろうと思います。新井さんはそれに同感だと思うし、安達さんはやっぱり「運動」は「運動」と言わなければならないと言ったと思います。そういう辺りも含めて、いいとか悪いとかいう話ではなくて、そういう違いみたいなものはあるのが、この図書館づくりの微妙なところだったのですね。川島さんは、この私の書いた巻末（3部）の「図書館づくり住民運動と地方自治」と、各地からのレポートや実践報告を「入門」として整理し提示している本編（1章から5章）とでは、基調が違うというのですよ。私はそこまで意識したつもりはないのですが、私の書いた3部のところを先に読んでじっくり検討した上で整理をしたら、もっと違った本になっただろうという言い方をしています。まあそんなこともあったりしつつの、図書館づくりということだったと思います。

　図書館づくりについてはお話しましたけれども、そんな要素も含めて非常に難しいものでしたね。市民の動きを「迷惑だ」というのは、あまり市民に干渉されたくないという感情で、図書館づくりにおける図書館と市民の協働を考える上ではネガティブな受け止めでしょう。「住民とともに」というのは図問研もずっと謳い文句にしてやってきましたが、住民とともに進める図書館運動というのは、そこにおける図書館員の役割は何かというあたりについてはやっぱり混沌としたままでずっと来ていると言えるのではないでしょうか。

　（川島さんの手紙や書評のコピーを見て）そんなものをちょっと読むだけでもそれぞれその時期をリードした代表的な図書館づくりの担い手であっただけに、結構この頃若い研究者が、文庫の調査やアンケートをやったりして修士論文を書くとか、あるいは図書館運動をテーマにして論文を書いたりするのだけれど、そんなところをどこまで理解できるのか、アプローチできるのかと感じますね。まして残った文献だけで見ていくと、なかなかそういうものは出てくるわけではないので。中川さんなどはそういう点でもっと厳しいことを言っていましたよ。その本にもちょっと出てきますが。

　―この本が出来た時に、図書館員の側はどう思ったのでしょうか。

　どうだったでしょうね。便利な本だという捉え方は当然あったでしょうが、確かにそんな本は今までになかったですから。図書館員の方が意識としては弱かったし、市民の動きを身近に知っている人はまだ少なかったでしょうね。

・社会教育法と図書館法

　―先生が1973年の『図書館雑誌』の特集「住民運動と図書館」に「"図書館づくり住民運動"関係文献リスト」[86]を載せておられますが、当時これだけ

あったんだなあと思ってみていました。

『図書館づくり運動入門』が1976年で、図書館法の制定直後から始まる法改正運動が1960年代、さらに1970年代早々に文部省サイドの動きとして図書館法を社会教育法に統合するという、これは図書館界の内側から出たものではなくて文部行政のサイドから図書館法がもういっぺんクローズアップされる時期があったのです。図書館界が図書館法をめぐって大騒動になるわけです。1959年に社会教育法の改正は実施されて、社会教育関係団体という民間団体に国庫から補助金を出すかどうかが大きな問題でした。社会教育関係団体に補助金を出すということは行政が市民活動を抱え込むことにつながるというので、社会教育の人たちが反対したわけですが、結果的にはそういう改正が通ってしまって、当時「パンを求めて石を与えられた」[87]という有名な言葉が喧伝されました。思ったものとは全く違うとんでもない結果が出てきたという意味で、そういう言い方で総括されたのですが、社会教育法にはそうした大きな動きがありました。この社会教育法が変わる流れの先に、図書館法を総合社会教育法に吸収してしまうという文部省内での動きがあり、これは大変だと、この時は図書館界は先にお話した二つの視点の違いを超えてみんなが一致して反対しました。

図書館法・博物館法を社会教育法に吸収するという1970年代当初の構想そのものは計画段階で終わってしまったのですが、そのなかで図書館法を改正するのではなく図書館法を守ろうという、あるいは図書館法の理念を実践しようという考え方が、図書館法をめぐっては非常に強くなるわけです。文部省の動きに対する反対運動の中から出てきた考え方でした。そういう中で図書館法を守るということはどういうことかというと、図書館法の理念・精神を形にすることだ、図書館員としてそういう実態をつくる活動、実践が大事なのだ、これが当時の公共図書館の世界で大体共通認識されていた考え方だったと思います。丁度私どもが図問研の本部をやっていた時期であり、その運動に力を結集しました。これも私が「三兎、四兎を追った」時期の一つの課題でした。

そういう時期に先ほどお話した図書館づくりのもうひとつの、市民の共感に

86）塩見昇、『図書館雑誌』67(6)、1973.6の特集「住民運動と図書館」p.4-20の内、p.9-10に掲載。第Ⅰ部（住民運動の意義・動向・運動論・資料集）として15件、第Ⅱ部（個々の事例の報告・実践記録など）として38件の文献が並んでいる。

87）この言葉は、1959年の法案反対の檄文に使われたもの。「戦後社会教育実践史39:パンを求めて石を与えられた　34年社教法改『正』反対運動」『月刊社会教育』15(4)、1971.4、p.92-100.

支えられながら、市民の中に良い図書館イメージを作り上げる、それが回り回って図書館をつくる力になる、このことが空念仏ではなくて一定の検証・実証を伴った考え方として力を持ってきた。ここに丁度図書館づくり住民運動が重なってくるわけです。だから図書館づくり住民運動自身の言葉として、あるいはそういうものを図書館を整備する力として捉えていこう、位置づけていこうという考え方が台頭してくるというのが1970年代の初めでしょう。その表れが、『図書館雑誌』の1973年の特集「住民運動と図書館」です。『図書館雑誌』で図書館づくり運動の特集を組んだのはそれが初めだったし、それまでは記事もあまり出ていなかったように思います。単発的に、運動の紹介・レポートは出ていますが。

　『月刊社会教育』などには雨の日文庫に始まる「松原の図書館づくり運動」というようなものはすでに1970年前後から出てきてはいましたが、『図書館雑誌』が、図書館づくりの運動として市民の活動を特集に取り上げたのは、多分それが最初でしょう。その時に私も頼まれてこの文章を書いたので、そういうことについてこれまで散発的には出てきていたけれどもまとまって取り上げてはいなかった。私の論文にはこの関係の文献目録をつけています。私が自主的にやったのか、参考文献を作ってくれと言われたのかそこは忘れましたが、そういう関係の文献をこの機会に一覧できるようにしておこうというので。目録を作ったのが私であるのは間違いありません。そういうような時期にあたったと言っていいと思いますがね。その3年あとに『図書館づくり運動入門』が出たわけです。

・公民館と図書館

　―先ほどの社会教育法の改正に図書館界が反対したという話ですが、そのことで公民館と図書館の関係は悪くなったのでしょうか。同じ頃に『図書館の発見：市民の新しい権利[88]』が出ていますが。

　それと公民館と図書館の関係性の話は関係ありません。社会教育法は公民館法だと言われるほど、中身としては社会教育一般と公民館のことしか規定していません。図書館と博物館は別の法律をもってこれを定めるとあって、そこから放り出してしまったので、社会教育法は図書館・博物館が社会教育施設であることを規定しただけで、それ以上のことは一切触れていません。公民館のこと

88）前川恒雄・石井敦共著、NHK ブックス(194)、日本放送出版協会、1973。2006年に『新版図書館の発見』、NHK ブックス(1050)が出ている。

だけということになっています。図書館と博物館については、戦前から中身は
ともかくあったけれども、公民館そのものは戦後のスタートですよね。まあ戦
前にも公民館みたいなものがなかったわけではないですが、「大人の学校」とい
うような意味で、社会教育の中心は公民館という考え方がつくられたのは、戦後
初期の状況と社会教育法が出来てからです。

　公民館が出来ることによって、戦前から一時は3千もあった小学校に付設の
図書館、町や村の図書館、今で言う公民館図書室のようなものが、皆、社会教育法
の中に位置づけられた公民館の方に行ってしまった。もうちょっとこの機会に
ちゃんとしようと残ったものが図書館になったわけですから、3千ほどあった
図書館がいっぺんに何百ほどに減ってしまった。そんな中で公民館と図書館と
いうのは両立するものなのか、あるいは総合化していくものかというような議
論はありつつ、行政的には社会教育の拠点としては公民館、これは文部省の社会
教育振興の確固たる方針でした。だから、公民館ほどには図書館を文部省は大
事にしない、とそんな疎外された視点で図書館関係者が公民館を見る、という雰
囲気はあったと思います。

　公民館が図書館の発展を阻害する、と強い調子で公民館批判を行ったのが、石
井敦さんと前川恒雄さんが書いた『図書館の発見』でした。その中では公民館
みたいなものがあるから図書館がうまくいかないというような言い方をしてい
ます。社会教育の関係者はかなり反発をしましたが、図書館の中には結構そう
いう考え方がありました。公民館図書室を大事に図書館に発展させようという
意見もありましたが、なかなかそうはうまくいかないので、公民館図書室がある
とかえって町立図書館が育たない、あるいは公民館図書室でいいのではないか
という意見も出てきて、図書館振興の邪魔になるというような捉え方は早くか
ら図書館界には結構強くありました。この法改正の検討が公民館と図書館との
関係を悪くした、ということはありません。

　今でも筑波大学の吉田右子さん、最近もオランダの図書館のことを紹介した
りしていい仕事をしている人ですが、日本の公民館と図書館の関係のことに随
分関心があるようで、メールで問われてやり取りをしました。今の研究者の人
たちもそれなりに現代的な関心で、公民館と図書館のことを取り上げる人もい
ることはいます。どういう視点から捉えるかにもよりますが、生涯学習とか社
会教育の振興ということの中での図書館と公民館との関係を考えている人もい
るし、それは大事な課題です。

　今度、6月1日（2019年）に社会教育学会から頼まれて久しぶりに話をします。[89)]

社会教育学会の六月集会です。5年前（2014）にさいたま市の公民館での俳句サークルの事件、「梅雨空に『九条守れ』の女性デモ」という俳句が最優秀作品に選ばれ、最優秀作品は公民館だよりに載るという3年ぐらい続いている慣例があったのに、公民館の職員が「偏っている」「政治的主張だ」と言って載せなかった。丁度国会でも憲法九条の問題が出ていた時です。職員がこれは「公民館が九条守れと言っているように誤解されかねない」と言ったらしい。そこで作者や俳句サークルの人がおかしいと言って結局裁判になって、東京地裁から東京高裁にいってそこで結審しますが、その地裁と高裁での判決の大事な拠り所になったのが、実は2005年の船橋西図書館蔵書廃棄事件の最高裁判決でした。[90]「新しい歴史教科書をつくる会」の人たちの作品が大量に廃棄されたという事件で、裁判で捨てられた本の作者にも権利があるということになって、船橋市が負けたという裁判でした。これは最高裁が差し戻しをしてそういう判決になったのですが、この判決が「九条俳句」の判決の重要な一つの根拠になったのです。

　そこで社会教育の人たちが、社会教育における学習の自由、公民館における学習の自由について自分たちもこれまで考えてきたが、これを契機にしっかりと考え直す必要がある、この点については図書館の方が極めて先進的だということで、船橋西図書館問題の判決、及び図書館界の「図書館の自由」についてのこれまでの豊富な蓄積を踏まえて、社会教育の世界における学習の自由について問題提起をして欲しいという依頼を社会教育学会からもらったわけです。大変だなあと思うのですが、久しぶりに行こうかと思っています。

　ここで公民館と図書館ということの話も絡んでくると思います。戦後一貫して文部省が社会教育の拠点として重用してきた公民館の現況がどうなっているか、という問題が基本にあります。いま公民館は限りなく影が薄くなっていっている。以前は2万、3万もあったものが現在1万数千に減っているし、名前が「市民センター」などに変わっているところもある。名前が変わると、公民館の時は比較的まだ無料が多かったのだけれど、市民センターになったら当たり前

89）塩見昇（講演）「九条俳句訴訟と船橋事件の最高裁判決」〈プロジェクト研究『学習の自由』と社会教育〉、日本社会教育学会六月集会、2019.6.1。記録は、『社会教育学研究』（56）、2020、p. 25-26.

90）2001年船橋市西図書館で、所蔵していた「新しい歴史教科書をつくる会」とその賛同者の著書107冊を除籍・廃棄した事件。JLA図書館の自由委員会編『図書館の自由に関する事例集』JLA、2008、p. 32-41.

のようにお金をとる。それについてはあまり公民館関係者も問題にしないというところもある。一番弱いのは公民館が部屋貸しの場所になって、職員体制が図書館よりもはるかにはるかに弱い。今の俳句の問題にしても、学校かどこかにいた行政職の人がたまたま回ってきて俳句を受け取って、こんなんおかしいと言ったというレベルから始まっている。ひょっとしたら、被告のさいたま市はとばっちりを食ったのかもしれないが、訴えられたら市長も教育委員会も公民館を守るという立場でやらないといけないので、初めから勝ち目の乏しい裁判で、最終的には敗訴して市長が謝った。教育長も謝った。そして、お粗末ですが、問題の俳句を公民館だよりに載せたということで終わりましたが、そもそも司書も弱いけれども、公民館には司書みたいな専門家がいるとも言えず、どんどん名称も変わり、教育機関とどこまで言えるのか、という問題が、図書館よりはるかに深刻です。理屈の面では強いけれども、社会教育が持っている現場である公民館は、図書館と比べると非常に弱いと思っています。

　　──尼崎（兵庫県）で市立高校の統廃合問題が出た時に、地域の住民が反対したんですよ。公民館を会場に借りようとしたら断られて、すったもんだの末に最終的に OK になった。同じ市の施設だから市の方針に反対するような集会はあかんという反応なのですね。社会教育がどういうものかというようなことを、ちゃんと職員が勉強していないんですよね。

　同じような話だと、日教組の教研集会が会場探しに苦労している、ということもありますよね。もっと小さな集会でも、「政治的に偏向している」とか「公民館が片一方に肩入れしていることになるから」と言って断るといったことがこの頃多いんです。今国会で新しい地方分権推進の一括法案が出ていて、これまでずっと燻ってきた首長部局に社会教育の所管を移そうという方向に大手を振っていこうとしている[91]。この「九条俳句」のことはまさにそれに警鐘を鳴らしている。首長部局になれば当たり前のように、市長の方針に反するような作品は載せられないとか、場所を貸さないというようなことがもっともっと出てくる可能性がある。そういうこととつながっていきますね。

　今度話に行った時に最後に話したいと思っているのは、図書館法第17条というのは図書館についての規定だけれども、社会教育や生涯学習を考える上で、もっと大きな視点でこの17条を考える必要があるのではないかということです。

───────────

91）2019年6月の第9次地方分権一括法により図書館を含む社会教育施設を首長部局が所管できるようになった。

社会教育の人たちが特に生涯学習ということを考えるのであれば、義務教育の延長線上にそれとつながった一連の原則という捉え方をすべきではないかということを、改めて社会教育の人たちに提起しておきたいと思っています。公共サービスで今無料ということが法的に決まっているのは図書館しかないんです。人が生きるために必要な水でさえお金を払うのに、なぜ図書館は無料なのか、という質問が出てくると、誰もが納得するような説明は難しい。社会教育では図書館しか無料の原則がない。博物館法第23条には「入館料その他博物館資料の利用に対する対価を徴収してはならない」というのがありますが、その後ろに「博物館の維持運営のためにやむを得ない事情のある場合は、必要な対価を徴収することができる」とあります。「必要な」「やむを得ない事情のある場合」というのがどういう時なのかはよく分かりませんが、逆に、お金を取らない博物館にはたいしたものがないんだろうと人は思ってしまう。お金を払うから行くに値する展示会だろうと思う。公民館については元々、料金についての規定が全くない。

　図書館法第17条は図書館についての条文としてのみ捉えるのではなく、社会教育や生涯学習の公的施策として、公共サービスを支える原理として捉える時には、「無料だからこういうことができる」ということをもっと広げて捉えるということを、公民館についてもこの機会に考え直したらどうか。これは、今の時代の流れから言えば逆行した発想かもしれない。市場原理から言えば図書館が無料であることの方がおかしい、17条を変えたらいいという考えの方が今の政治の流れから言えば合うかもしれないけれど、「そういう条文があるんだから」という形で課題を共有してもらうことが、図書館にとってもありがたいことです、という話を今度の6月集会でしたいと思っています。

　—箕面では1986年に、20年ぶりに2館目の図書館が建設されることになりました。それを知った市民の人たちは、その前年に「みのお図書館を考える会」を立ち上げて図書館づくりの運動を始めました。その時に公民館で部屋を借りて、みんなで勉強したり会報づくりなどをやりました。お金を払って部屋を借りてということであったら、自分たちの学びの場という認識を公民館には持ちづらかったと思います。それが今は無料でなくなるどころか、公民館そのものが減ってきている。

　確かに減ってきているんです。施設そのものは看板を変えて存続しているのでしょうが。3階の部屋を借りるのにはお金がいって、1階の図書館に降りてくるとお金がいらないというのでは、どちらも市の施設ではないのかという素

朴な疑問に答えきれないでしょう。図書館、公民館というのは捉え方によって
いろいろな問題を含んでいる、近くて遠い施設なのです。

○　1980年前後の文庫活動

――次の論文で文庫の方たちの活動や動きに触れておられます。「学校図書館
の昨日、今日、明日」(1979)、「尾原淳夫：私と学校図書館」(1979)、「学校教
育の改革と学校図書館」(1980)。先生は、いつ頃から市民(文庫関係者)の学
校図書館に対する関心が出てきたと思われますか。

学校図書館の振興とか活性化のために、市民の人たちが学校や学校図書館に
関心を持つことが大事というように考えだすのは、先ほど申し上げたように図
書館の基盤づくりから考える大阪市の市民の図書館づくり運動の延長線上で考
えてもらったらいいし、学校図書館についても、市民というのは親という立場で
もありますね。市民の子どもたちが行っている学校の図書館が良くなることに
向けて、もし親である市民の人たちが目を向けてくれたら、学校図書館がその存
在意義をアピールする大変大事な場面になるだろうということを、基本的には
ずっと思っていました。

ただ以前にお話したように、1970年前後から始まる子ども文庫のお母さんた
ちは、全員とは言わないが初期には概して学校や学校の読書教育に対して懐疑
的であったということがあります。文庫の人たちは自分たちの方が子どもの本
に関してはよく知っているし、よく勉強しているという自負が結構ありました
し、学校は読書に対してあまり手を出してくれるなという感じが強かった。そ
れがいつ頃変わってきて、いつ頃から市民の人たちが学校図書館の整備に関心
を向け出したか、というのはなかなか難しい問いですね。

梅本さんの方がその辺は詳しいのではないかと思いますが。市民サイドの学
校図書館を考える会とか、そういう市民活動がどの辺から始まったか、いつだっ
たかあなたに聞いたことがありますね。考える会は一番早いのはどこかという
話をして、「考える会・近畿」は比較的早い方だと思うけれど、それ以前にどれだ
けあったかというようなことで、埼玉の１～２の例が若干それよりも先にあっ
たかもしれない。「考える会・近畿」は1991年でしたから、1980年代の終わりあ
たりから学校図書館について考えよう、何かしようという市民の地域活動的な

---

92) 塩見昇「学校図書館の昨日、今日、明日」『学校図書館』(340)、1979.2、p.15-20/「尾
原淳夫：私と学校図書館　第11回研究例会報告」『図書館界』31(1)、1979.5、p.58/
「学校教育の改革と学校図書館」『教育学論集』(9)、1980、p.29-36.

ものが動き出したと言えるでしょう。

　—1985年を過ぎたあたりから親地連が機関誌で学校図書館の特集を組んだり[93]、東京で学校図書館をテーマにした集会が開かれました[94]。

　そんな時期だろうと思うんですね。文庫をずっとやってきて、子どもの状況もだんだんと変わってゆく、子どもの数も減っていき、文庫に来る子もだんだん減ってきた。文庫や公共図書館に来る子どもは限られている。全ての子どものことだと考えると、良くも悪くも学校というのは無視するわけにはいかない、という面からの学校への関心も高まっていった。それから先生の方も子どもの読書のことについて興味を持つ教師もだんだん増えてきます。公共図書館も学校との連携が話題になってくる、そうすると連携の相手として誰も人のいない学校図書館ではどうしようもない。やっぱりそこにはちゃんとした窓口を担ってくれる人がいることが重要だ、というようないくつかの要素が出てくることで、文庫をやっているお母さんたちの中にも学校図書館を前向きに捉えていく、協力関係とか仲の良い関係を作っていかなければならないという発想が次第に増えていった。そういう意味で第一世代とはちょっと違った第二世代の人たちの考えが変わってきたでしょう。そういう動きの中で「考える会・近畿」の活動が与えたインパクトは大きかったと思います。

　図書館整備ということで言えば、学校図書館の整備と公共図書館の整備は、両方が並行して進んでいったわけではありません。例えば日野市は公共図書館のメッカのように言われていますが、学校図書館については全く何もなくて、やっと動き出しても後々問題をはらむような人の置き方でしたし、なかなか公共図書館とは並行していないのですね。逆に学校図書館でかなり早くから人の問題なんかも含めて力を入れていた福岡や長野では、公共図書館の方が遅れている。子どもには学校図書館があるから公共図書館の方は手を出さなくてもよいという発想も結構強かったと思います。公共図書館がやっているから子どもの楽しみ読みの世界なんかは学校図書館でやる必要はない。だから学校図書館は教科の学習参考書だけを置けば良いというようなことで、両方がともに育っていくというのは初めの頃は伴っていませんでした。とても両方手が回らないということだったのかもしれません。

---

93)「〈特集〉"人"のいる学校図書館を」『子どもと読書』(195)、1987.11.

94) 1990.2.24、主催：親子読書地域文庫全国連絡会・学校図書館問題研究会・児童図書館研究会・図書館問題研究会、於：都立中央図書館。記録は、同編集委員会編・刊『記録「シンポジウム学校図書館に専任の専門職員を！」』、1990.

　その中で文庫のお母さんたちが公共図書館の充実を願うと、学校図書館があるからと行政に逃げられることも出てくるわけですね。じゃあ学校図書館はどうなっているのとなる。大子連は比較的早くに調査をやりましたが、公共図書館運動をやっている中で学校図書館というのはどうなっているんだろうということで、学校図書館のことを一度調べてみようというところから始まったということもあったのではないでしょうか。学校図書館を積極的にどうするというのではなく、図書館づくりを公共と学校の関係で見ていくと、学校図書館を放っておくだけではだめなのではないか、ネガティブに捉えるだけではなしに、やっぱりこっちのこともとお母さんたちの発想の中に生まれていった、ということはあり得ることだと思います。それがいつであったかと言われるとちょっと分かりませんが、まあ1980年代の後半というのはそういう時期ではなかったかと思います。大子連の関心はそこでも早かったと思います。

　　―学図研の大会に、文庫のお母さんたちがたくさん参加されたのは、第4回・
　　　第5回(1988・1989)なんですよ。第10回の長野(1994)でやった時もかなり
　　　来られたし、そういう意味で言っても年代的には合致していますね。1990
　　　年代の直前です。

　かなり活動がまとまってくると、「学校図書館を考える会」というような学校図書館をターゲットにした活動体が動き出す。それが1990年代ですね。だから「考える会・近畿」なんかはそれの比較的早い時期に、相当大きなまとまった力になったということで、いろんな意味で「考える会・近畿」はちょっと違うというようなこともあったけれども、一つのモデルにされてきた大事な活動だったと思いますね。

　　―契機になったのは、文庫の人たちだったと思うのですが、『ぱっちわーく』
　　　を発行した1993年頃は特に「文庫とも関係がないひとりの親ですけれど
　　　も」という人から、割合問い合わせを受けていました。
　　―日図研の研究例会報告「尾原淳夫：私と学校図書館」[95]を先生がレポートさ
　　　れていますが、その中に「子ども文庫にかかわるお母さん」とあります。
　　　どなたが出席されていたのでしょうか。

　尾原さんの研究例会については、私がかなり積極的に提案をして、尾原さんの話をきちんと聞こうじゃないかと言ってやったことは確かです。で、その結果を『図書館界』に報告として書いたわけです。その中の「子ども文庫のお母さ

95）前掲注92）

ん」が誰かという話ですが、『図書館界』に案内が載るだけですからそんなに広く周知されているわけじゃない。まあ大子連とか京庫連の会報に案内が載ったぐらいでしょうから。この頃に参加する人があったとすれば、確かなのは富田林市(大阪府)の武田瑠美さんでしょう。武田さんは割合早い時期に大教大の授業を聴講に来ていて、北村幸子さんが出てくる前に市民で潜りで授業を聞きに来たのは、この武田さんが初めてでした。

　3年ぐらいよく来ていました。誰でも来たい人はいいよと言って授業に入ってもらっていましたから、武田さんも3年ぐらい来ていました。彼女自身は「ありんこ文庫」を富田林で、南海バスのバスをもらって、それを公園に取り付けて、日野の電車図書館に通じるバス文庫をやっていました。それが「ありんこ文庫」です。そこが富田林の図書館運動の起点になっていきます。だからこの会に瑠美さんが来ていた可能性があるなあと思います。瑠美さんも確か教師経験のある人で、学校にも興味がありましたからね。彼女も私と同世代です。

　—研究例会では尾原さんは戦後の学校図書館を5期に分けてお話してくださいましたね。

　文部省が戦後早々に作った『学校図書館の手引』の伝達講習参加、全国SLAの結成から始まる尾原さんご自身の学校図書館とのかかわりの体験を5つの時期に区分して話していただきました。これは是非一度きちんとお聞きしておきたいと考え、私が持ちかけて実現した企画でした。5つの時期区分は、発生期(昭和20年以降、夜明けの時代)・建設期(25年以降、ツチ音の聞こえる時代)・公認期(28年以降、陽のあたる時代)・安定期(33年以降、みのらせる時代)・停滞期(43年以降、無風時代)です。ただ非常に印象的だったのは、ご自身の生涯をかけた学校図書館とのかかわりの最後、現在に至る時期を「停滞期」とされたことです。そう言わざるを得なかったのでしょうが、さぞ悔しい思いだったことだろうと思いました。

○　市民の図書館づくりの意味

　—市民が関わる学校図書館づくりの意味、なぜそれが必要なのかについて、先生がどうお考えなのか聞かせていただきたいです。

　学校図書館に関心を向ける市民の活動が必要かということですが、私なんかよりむしろ梅本さんが一番接点が大きいでしょうが、私が知る限りで言うと、学校図書館にすっと入っていった市民活動よりも、やっぱり町の図書館づくりとか、子ども文庫の活動とか、そういうものがあって、そこにひとつワンクッショ

ン入って、学校図書館に目を向けて行ったというのがむしろ多いです。そこには、図書館づくりと言うか、文庫活動という形で子どもと読書の関係を相当程度考えてきた、結構そこの積み重ねがある人たちが核になって、学校に目を向けて行った。そこに学校に目を向けざるを得ないという一定の客観的状況や背景があって出てきた活動と、私の場合は接点が多い。

　こうして問われると、そういうような市民の人たちの活動というのを頭に浮かべながら考えるのだけれど、全国各地にずいぶんいろんな形の学校図書館に対象を絞った会がありますね。

　同じように言えるかどうかわかりませんが、そんな図書館づくり運動や文庫の経験を持っている市民活動の参加者の場合には、最初は学校の先生の読書に対する関わりについては、非常に信頼度が低かった。一方、子ども自身があんまり文庫や町の図書館に来なくなる、あるいは子どもの数が減ってくる、特に義務教育、小学校・中学校ですね、高校は全然違うと思うけれど。義務教育の学校の子どもたちが行っている場の中での、子どもと読書の関わりというのが、自分たちがやってきた、あるいは行っている活動の手の出せない部分に関わる非常に大事な部分というふうに感じ出して、それが学校図書館をよくしよう、何とかしようという活動になっていった。全部が全部そうだとは言えないけれど、そういう要素がかなりあるようにも思います。さらに言えば、読書と教育、子どもの育ちの関係を大事に考え、そのためには学校図書館の充実を、という関心もありますね。最初は先生や学校に批判的だった人たちが学校に関わり出したことの意味合いというのは、結構大事なのではないかなという気がします。

　それから学校側からいうと、子どもの読書や本の問題というのは先生には手の出しにくい分野で、市民の学校への関わり、何らかの形の参加については、むしろ市民の人がやってくれるのなら歓迎みたいな感じで、教師は教師以外のものが学校に入ってきて口を出すことについてはネガティブなんだけれども、読書の問題については割合簡単に門戸を開くようなところがありました。中川徳子さんなどは、こんなことまでやって、なんとか学校と信頼関係というか人間関係を作って、それから入っていったということを縷々話していたこともありましたが、まあ割合学校の方も、お母さんたちをこれについては受け入れるという部分を比較的持っていた。そういう両方の側面から、市民が町の図書館や文庫に来る子どもとの関わりとは違う関わり方を、学校という全ての子どもがいる場面の子どもとの関係で持った。そういうことの意味合いというのは、学校がトータルに果たす役割の中で、わりかし重要な意味を持つかな、あるいはそうい

う可能性を持っているかなと思ったりもします。そんなことをこの問いの中からイメージしました。問われたこととちょっとずれますかね。

　──今の質問とは直接関係ないのですが、先生は市民にものすごくよく関わってくださった。その中で、先生が説かれる学校図書館像というのは、市民の人たちに受け入れやすかったんじゃないかなという気がするのです。公共図書館の機能を学校の中にという考え方なので。例えば読書でも、いい本をという考えに凝り固まっていたら市民の人は入りにくいし、授業のことでもこれは教師のものというふうに囲い込んでしまっていたら入りにくいのだけれど、先生の学校図書館の話を伺っていると、学校図書館もいいなあとか、親近感がわいてくる。それまでイメージされていた学校図書館像だったら、多分市民の人は入ってこれなかったような気がします。

　私が出会うのは、ある程度学校図書館に興味関心を向けはじめた人ですからね。私の話で学校図書館に市民の人たちが興味を持つようになる、一般向けの講演会ではそういう人もたくさんの聴衆の中にはおられたかもしれないが、少なくとも何か話をしてくれとか、これこれの集まりをというような恰好で言ってくる人たちは、もうすでに学校図書館に目を向けている人だから。もちろん学校図書館に興味を持ってもらうためにやるわけだから、それでなかったらいかんのだけれど、どうでしょうかね。ごくまれにPTAとか家庭教育学級での話などを頼まれた際に、そのなかに図書館や学校図書館のことを込めて話す時には、図書館ってこんなにいいもんですよと、その働き、活用の仕方などの面から話すことはあったと思います。

　確かに比較的初期、こちらがまだ1970年代の初めは、再三言っているように学生に話をするだけで精一杯で、全然余裕がなかった。だけど世の中では、教育大学で学校図書館のことをやっている人だということになると、結構早い時期から教育委員会や担当者からまるでその道の専門家みたいに紹介をされたり、ということがありました。だからある程度、学校図書館に目を向けてもらおうと公共図書館とか文庫活動をやっている人たちに向けて学校図書館に目を向けてもらうガイド的な話をしたこともあったかもしれない。

　私が市民向けに話をする時には、もちろんそういうことを意識して話をするわけだけれども、そうした面での有効性と言うか、馴染みがあるような話ができていたかどうかは自分で判断は難しいですね。市民の人たちが、読書とか町の図書館というものをすでに一定程度知っており、それを知ったうえでの学校図書館に次の関心のステップをということに向かうケースとは違って、私の話の

中には、町の図書館のことやら文庫で頑張っている人たちの話などを入れつつ進めるのだけれど、しかし、学校というのはそれとちょっと違う、全ての子どもがいる場だといったことを感じてもらう、だから私たちがやらなければならないということにすぐになるかならんかは別として、学校という世界の独自な面に気がついてもらうきっかけになるような場面があったのかもしれませんね。

　―今の話でちょっと思い出したのですが、「考える会・近畿」ができる前の学習会で、文庫の人たちから、「公共図書館みたいに学校図書館になぜ司書がいないの」と聞かれて、「学図法では司書教諭を置かなければならないとあるが、附則で当分の間置かなくてもよいとなっている」「では司書教諭を置いたら良いではないか」「いやいやそれは充て職で先生は授業を持ちながらそんなことはできません」「じゃあ学校図書館のことを勉強しないといけないわね」ということになり、その後「今の学図法のままだと、地元の小・中学校に司書を入れることはかなり厳しく、自治体の努力に期待するしかない。でも自分たちの子どもや孫の行っている小・中学校の教育環境を良くするために、学校図書館を充実させて欲しいということを、市民だから当然言えるのではないか」という話になった。これは、税金を払っている納税者が、自分たちの地域の学校の施設を充実させるという直接民主主義に近いような形の運動ではないですか。それは箕面の教育委員会の重松剛さんも言われていたのですが、文庫の人たちが学校現場や教育委員会に行くのは「人を置いてくれ」という運動ではなくて、学校司書も含めた教育環境の充実という教育要求なんです。だから行政の方も動けたし、一般の人にも理解されたのではないか。文庫の人たちと話をすると、やっぱり子どもたちに良い本を与えてほしいという主張が結構あります。でも実際に学校に来る子どもたちからはいろんな要求が出るわけで、やっぱり有資格の学校司書がいてきちんと仕分けをして、学校の教育内容や子どもの実態を考えて選書をしたり資料提供する。そういう意味で専門職なんですよね。

　今のあなたの言葉を継いで言うと、さっき学校の先生は教科とかそういうことでは、市民や親があれこれ言うのは決して歓迎しないのだけれど、自分たちがよく分からない部分として、子どもの本とか読書の問題、しかもそれが今のあなたの言葉で言えば、教育とかかわる問題として子どもの本がある、読書がある。その部分は日常的に文庫活動をやっている人なんかはずっとそのことをやっているわけで、子どもの読書とか本が子どもの育ちとか教育に非常に大きな役割を果たしているということはよくわかっている。しかもそのことについて教師

はそんなに知っているわけではないという意味で、言ってみれば評価とか採点にも関係がない世界ですから、一番受け入れやすく参加の門戸を開きやすい、そういう部分として読書の世界が、あるいは図書館につながっている世界があったということは言えるのかもしれない。だから親が学校に目を向けてくれることの中で、教師としてはあまり抵抗なく受け入れる、しかもそこで上手く教師の方も馴染んでいくと良い関係がつくれる。共同関係が成り立つ世界として図書館問題、読書問題というのがあったということは言えるかなと思います。そういう関わりが増えていくことの意義ということから言うと、学校教育をより広い国民みんなのものとするという点で意義があったという気がします。

・学校図書館を考える会・近畿

—「考える会・近畿」について、塩見先生は『学校図書館の教育力を活かす』の中でも、先生自身も立ち上げから深く関わってきたということと、活動内容がユニークと書いておられます[96]。先生にとって「考える会・近畿」の活動はどういう意味があったのでしょうか。それから、同じところに、総会の時の講演などには、会の「求めに応じて」と鈎カッコつきで書かれていますが、鈎カッコには何か意味があるのでしょうか。

　先ほども触れたように、かなり綿密なきっちりとした注文付きで頼まれる時は頼まれる。しかも何年かやってるうちになんとなく近畿の定例総会は私が話をする、もしくは話をしない時にはコーディネーターみたいなことで、何か一つの仕事はするということがそう決まっているような感じがしたので、そういう意味から言うと、要するにただ頼まれるという一過性の話ではなくて、これからこういう形でこの会の中身をつくっていくことに協力してほしいというかなり突っ込んだ綿密な注文の上でやる。そういうことで、「注文に応じて」「求めに応じて」だったといえましょう。私の方から進んで今度はこんな話をするということではなしに、あくまでも「求め」があって、しかもそれには確かな方向性、見通しがあり、それに対して応えるというような関係で、毎回関わってきたというようなことを、こんな鈎カッコで表現をしたのだったでしょう。

　そこで取り上げるテーマもカリキュラムの問題とか、学習指導要領とか、そんなことを取り上げて市民がやる図書館関係の勉強会というのは、他にはないので、そういう点では非常にユニークな市民活動であったということは確かです

96）塩見昇『学校図書館の教育力を活かす：学校を変える可能性』JLA 図書館実践シリーズ（31）、JLA、2016、p. 41-43.

ね。それは別に私が関わったことでそうなったというよりは、むしろ何と言っても北村幸子さんの個性と視野、問題意識が生んだ部分が大きいと思います。なぜ、「考える会・近畿」が学習指導要領のことを勉強せんといかんのか、なんで学校五日制のことをテーマにするのかということを、彼女は彼女なりの理屈を持っていて、そして設定をしている。そういうことを仲間内でも議論をしている。教育課程のことでは大教大の長尾彰夫さん、後に私が辞めてからですが学長になっていますが、彼なんかにあたりをつけて、彼にカリキュラムの話をしてもらう。そんなことはまあ普通の読書運動とか図書館づくり運動の人たちがやる交渉の範囲をはるかに超えていますね。そこには彼女自身が教師であったというキャリアと、自分の子どもを含めた子どもと読書の問題について、相当突っ込んだ経験を重ねた力量を持っており、それから教育の問題として読書や図書館を考えるという彼女独特の捉え方があった。ああいうプログラムをあの人一人がやったわけではないし、彼女が独断でやったわけでもないがリードしたことは間違いないので、そういう「考える会・近畿」の特徴みたいなことにふれたのが、さっきの質問のところのようになっていたのかなと思います。

　彼女が大教大に来たのは、司書教諭の資格を取れる授業の聴講をしたいというところから始まって、そのままズルズルとゼミ等に潜り聴講で講義に参加するようになり、さっき言ったような形の「考える会・近畿」のプログラムへの参加にもつながるのですが、そういう経験の中で、他の講演のように依頼のあったところへ行って話をして帰ってくるだけではない、後にいろんな格好で残る部分がありました。先ほど申し上げたように1980年代以降の、いわば各論的に詰めていったいくつかのテーマは「考える会・近畿」の話をきっかけにして、そうか今日はああいうところをああいう言い方をしたけれども、それは違うなと改めて整理してみると、やっぱりこういうふうに捉えた方がいいんだなということに気づかせてくれるみたいな、そういう経験がいくつかあったように思います。だからこちらにとっても勉強になる、ただ話に行って、話をして終わりというのではなく、それだけでは済まないという部分があったし、一杯飲みながら今日の話はああだこうだと彼女と詰めることもありましたし、割合プラスアルファ的な部分もありつつ、結構密な学習にはなったのだろうと思いますね。もうちょっとあれが続いていると、またもう少し違った面が生まれていったのかなという気もしますが。しかし、最後の冊子づくりはよく仕上げましたね。私[97]

97）学校図書館を考える会・近畿編・刊『学んだ、広げた、「学校図書館」：「考える会・近

の方も「考える会・近畿」ではいい勉強をさせてもらいました。

　「考える会・近畿」を立ち上げるきっかけになった1991年の大阪でのシンポジウムの記録集『シンポジウム「学校図書館を考える」記録集』[98]を見ると、土居さんが冒頭で「実行委員会の話し合いの中から」で発足までの経緯を述べ、シンポジウムの詳細な記録がまとめられています。私は討論の司会をやっているのですが、最初に論点の整理のようなかなり長い話をやり、最後にも長めの感想を述べています。90頁の立派な記録集です。1991年1月15日、エル・おおさかが会場ですね。

　――「考える会・近畿」の学習会もたくさんあったけれど、大体全部文字に起こしています。

　よく残しましたよね、これは大事なことです。前のものを見ると、この時にここまで話していたんだったら別に丁寧にもう一度読み直してもらう方がよっぽどいいのではないかと思うことがあるぐらいの読める記録を、たくさん作ってきていますね。これは森耕一さんがよく言われたことだけれど、図書館員は文献を扱うのだから、自分たちの記録をもっと丁寧に活かすべきだということを言われたことがあります。これだけのことをやっても結局前やったところまでしかいかないので、それは記録を読んだらわかることだと、そこにちゃんと出てるはずだと、もっとそれを大事に生かすべきだ、その上で次のことを考えるのが重要だというようなことを、何かの機会に一度ならず森さんが言われてました。振り返って、今みたいにコロナ禍で行き来ができず何をしようかと思うほど「自粛」の時間がある時期には、過去の記録を読み直すのが非常に生産的であると思ったりしますね。

○　多くの講演等の機会を得たことで

　私がこれまでに求められて行った講演ですが、頼まれたことは忘れてはいけないので、手帳に時期とどこから何のテーマでということをメモすることを習慣にしてきたので、それを数えてみると年間30件を超えるようなことも何年かありましたね。一番多かったのは梅本さんからの『ぱっちわーく』の連続講座（全国縦断「学校図書館を語るつどい」）[99]、あの辺りの時期がやっぱり一つのピー

畿」20年』、2012.

98）シンポジウム「学校図書館を考える」実行委員会、1991.

99）1994年10月–1995年3月にかけて富山・鳥取・北海道・東京・長崎・香川で開催。正式名称は“『ぱっちわーく』創刊1周年記念：全国縦断「学校図書館を語るつどい」”。

クだったと思います。頼まれて出向いたことだけで年間30件を超えるということは、月に2件以上ですからね、よう行ってたなという気がします。そんなに違った話ができたわけではないですが、特に啓蒙的な意味合いでやる話というのはこちらもやること自身が一つのまとめであったり、整理であったり、勉強であったりということがあります。自分がやった図書館についての認識や理解を広げるということにおいて、学校図書館はその一部ですが、自分が社会的な仕事をするという意味では一番大きな活動であったのではないかなと思います。学生に話をするよりは、いろんな違った大人を対象に話すほうがはるかに反響も違うし、こちらとしても面白かったし、勉強になる良い機会になった。ちょっと振り返ってみると、30件を超える時期は1990年前後の数年間で、まあ大体20件ぐらいはずっとあったと思います。そういう意味ではよく出かけたなと思います。

　逆にこういうことをするうえでは大学の教員という仕事はありがたいなと思います。授業だけはやらないといけないが、授業と決められた会議に出ることをすれば、あとはかなりの時間がフリーでしたからね。出勤簿に毎日ハンコを押すということもしなかった。原則はもちろん毎日押すのですが。どこへ行くかということも、公費を使う場合でなければ出張届を出すこともそんなに厳密にはしなかった。執行部に入ってからは事情が違いますがね。最近はだんだんと何をするにも届を出さないかんというふうに厳しくなっているのかもしれませんが、まだまだ私がやっていた時期は自由業というような性格があったので、こういうことができたのだと思います。そういう立場を、私みたいな使い方をする人と、逆に文字通り研究室で自分の研究に邁進するという人もいます。もちろんそれも自分なりのやり方ですから、どちらが良い悪いというのではなく、そういうような形で社会活動に、あるいは研究に力を注ぐことができるという環境ですから、それは活かさないといけないだろうし、活かしようがあると思います。そういう意味ではありがたい仕事でした。

　——この時期というのは、あちこちの理事長とかそれ以外のお仕事もあってすごくお忙しかったのではないでしょうか。

　まあそうでしょうね。前にも言いましたが、忙しいというのは忙しいから出来るとか出来ないとかいう話ではなくて、逆にこれはやらないといけないと自分が納得する時には、忙しいとは思わないのですよ。そういうものではないか

「つどい」の概要は、梅本恵「『ぱっちわーく』の活動から」『がくと』(11)、1995、p. 107 -112。

と思います。ものすごくハードな中で、いつも課題を掲げて3兎も4兎も追うという話をしましたが、4兎を追っていても追っているターゲットが自分で納得がいって大事なことだと思ったらやれないことはないです。やり方によって。

　やっぱり忙しいという時期の方がこういう仕事はついてくるし、逆に最近みたいに物を頼まれることがなくなってくると、こっちに刺激もないし、もう終わりだなという感じがします。頼まれ仕事が多かった時期というのは、それなりにこちらも仕事をしていた時期だし、社会的にもある程度のニーズや期待感があったというか、しっかり仕事をしろという刺激もあった。両面じゃないでしょうか。まあ忙しい時期であったことは間違いなかったと思います。

　古稀記念『図書館の発展を求めて』の最後に著作一覧がありますが[100]、講演の記録が何かの冊子になっているものだけは著作として載せています。自分で話して自分で記録化するということは私はやっていません。ナントカの会から頼まれて行った時には、その会が後で記録の冊子を作る中に、講演記録として入れてくれている、それは他の人が読めるわけですね。そういうものは文献としてそのリストにあげていますが、喋りっぱなしで終わったものは、数からいえばはるかに多いのです。そういうものは私のメモの中には残っているので、丁寧に整理をすれば件数としては8〜9割ぐらいは再現できるかもしれませんが。

　―『ぱっちわーく』は主催者が公表している場合にはイベント情報で「何月何日に塩見先生の学習会があります」というようなことはできるだけ拾ったので、『ぱっちわーく』のバックナンバーを見れば、いつ頃どういう演題でお話をされたかというのはある程度は拾えるし、記録になっていると思います。ただ、特に会が始まった頃は一つひとつの学習会について主催者がテープ起こしをして冊子にまとめるというところまでの力がなかったので、聞いた者が要点をまとめてみんなに広めたり、考える材料に活用させていただいたりというようなことからのスタートだったと思います。

　大子連の場合だったら、毎月出しているニュースの中にダイジェストみたいな感じで報告は載せるということはあっても、一つひとつの講演そのものの全貌に近いようなテープ起こしをし記録化するということは、特別な時にしかやらないということになるので、それ以外は大体やりっぱなしになっていますね。

　―そうした勉強会には謝金は発生しないものですか。

100）塩見昇先生古稀記念事業会編『図書館の発展を求めて：塩見昇著作集』日図研、2007、p.433-461.

　それは頼まれ先によって全然違いますよね。公的機関や研究所が頼んできた話ならそれは仕事ですからちゃんとやることをやって、もらうものはもらいますが、市民のナントカの会みたいな時には、金がないのは分かっているからそんなものはいらないという形でやったこともありますし、それでもこれは参加者から集めたからと言われてもらうこともありました。受け取ったうえで活動費にカンパしたこともありましたね。その辺は臨機応変と言うか、あまりこだわってはいませんでした。本務で給料は貰った上の余業ですから。

　―塩見先生は無料でもお願いされたら行くというお気持ちで。

　まああんまり断らんとたいていは行きましたね。無料だから行かない、ということはなかったと思います。

　―どんな団体からでもでしょうか。

　ある程度頼んできそうなところと、まあそこからは言ってこないだろうというところがありましたからね。相手がどこだからということで、断ることは多分ありませんでしたね。都合さえつけば割合応じていました。ある宗教団体系の一般誌に依頼で書いたこともあります[101]。特に市民サイドの会合なんかは、都合がつけば極力対応するようにはしてきました。

　ついでにぶっちゃけたことを言うと、行く先によって、これはぜひ行こうというふうに強く思うときと、それほど触手が伸びるというほどではない時とかありました。それまでにあまり行っていないところには気張って行ったように思いますね。私の趣味として、行った先で郵便局を回ったりしますから[102]、これまであまり行っていない県なら是非といった感じで。沖縄はこれまで3〜4回しか行っていないけれども、これは是非行かなきゃ、と思いましたね。

　―沖縄でも講演されていたんですか。

　優先すべきもののある時は行けませんがここだけは機会があれば是非行きたいという所には万障繰り合わせてでも行こうとしました。沖縄でも二、三度は講演しています。

　―沖縄の学校司書の方たちと交流はあったのでしょうか。

　ありましたね、小・中は結構あったと思います。最初は平湯文夫さん（当時：長崎純心大学短期大学部教授）が間に入って沖縄に行ったと思います。図書館

101）塩見昇「本を楽しめる先生に：大学教授の“ひとこと”提言」『灯台』(289)、1985.7、p.42.

102）塩見には『郵貯探訪：〒めぐりで得たもの、思ったこと』(教育史料出版会、2014)の著書がある。

大会よりは前の話です。その頃は平湯さんも高校にはあまり接点を持っていませんでしたから、小・中が多かったと思います。小・中にはそういう関係で行ったことがあります。

　―私の感覚では、年に30回よりももっと沢山行っておられたという気がします。例えば学図研の初めの頃の数人の準備会の時にも来てくださって。

　そういう少人数の集まりなどは今の数には入っていませんね。頼まれて、テーマがあって喋りに行った、いわゆる講演という格好で喋ったのが30数回ということです。

　―きちんとした講演というのではないのでも、とてもたくさんあったような気がするんです。私は学図研の最初の頃の塩見先生のお話は、『図書館の発展を求めて』の講演録には載っていないけれども、すごく感動しました。20人もいないぐらいの少人数の、夜の、それこそお金なんか一銭も、もしかしたら交通費も先生が自腹を切って来られているのではないかと思われるような会に、新聞の切り抜きとかメモとかいっぱい持ってきて、鞄の中から次々と資料を出してお話をしてくださるんですよ。その時に大学の先生にもこんなことをしてくださる方がおられるんだと思って驚きましたね。私はあの頃の話は忘れられないですね。

　その点は大学の教員というのは時間の融通が利くというのはありがたかったですね。大学の中の仕事は極力、授業以外の仕事は努めて引き受けないようにしていました。大学の中の、例えば大学の職員組合の役員には頼まれても引き受けないようにしていました。教授会の議長や常置委員会の委員など選挙で選ばれたりする仕事はやむをえませんが、あまり大学の中のことで時間を取ることは極力やめて、その分をむしろ世の中の方に、社会の方でやろうとした。これは一つの自分のポリシーだったということがあります。最後の5年間は大学の執行部に入ったので、そういうわけにはいきませんでしたが。

　『半世紀』の中にも書きましたが、これだけは自慢しても間違いないと思うのですが、31年ぐらい教師をやりましたが、1回も自分の健康上の都合で休講にしたことがありません。どこかに話に行って、どうしても大学の方に穴を開けたということはありましたが。どうしても出ないといけない類の会議と授業という以外の部分については、結構大学に行かない日が多かったです。かなり時間を有効に使わせてもらいました。国家公務員ですから元手は税金という意味では、薄給には違いありませんが、税金ですから社会に還元するという方向で使ってきたということは言えるだろうと思います。

　市民の人が図書館振興という形で活動するということはものすごく大事なことだし、そういう動きが始まった時期ですから、そうしたところから相談や求めがあれば、極力役に立つんだったら応えていこうという気持ちはあったでしょう。これは自分が行った方がいいのかといったことで迷うことは、頼まれることの中ではなかったと思います。

　内容的にちょっとこれはしんどいなというのは、ものによってはないことはなかったです。いっぺんだけ、大学図書館から整理に関する話をしてほしいと、ごく初期の頃に言われたことがありました。私がやる話ではないなと思ったけれど、まあなんとか理屈をつけて、関西学院大学であった私立大学の研究会でしたが、要するにサービスのための整理だというふうに結論づけてやりましたが、そういう面から苦し紛れの話をしたことがあります。まあめったにそういう分野では頼まれることはないですから。私に頼まれる話はそうやろなあと思うようなことだったので、あまり先ほど言われたような、こういう背景があるから受ける、受けないということはなかったと思います。

　―私立の全国私学教育研究集会が兵庫県であった時に、私の学校が事務局をしたので先生にお話に来ていただきました。[103]

　それもありましたね。

103）2005.11.10第53回全国私学教育研究集会学校図書館部会（於：神戸ポートピアホテル）の講演「めざすべき学校図書館像」。記録は『平成17年度第53回全国私学教育研究集会兵庫大会研究集録』全国私学教育研究所、2006、p.185-189。

第5章　学校図書館職員論

5-1　学校図書館法改正をめぐる四者合意

——四者合意[1]に先生は関わられたのですか。

それには全然関わっていません。

——関わっておられたという "都市伝説" があります。

全くないですね。これがまとまった事については、いがみ合って、足を引っ張りあったり、こっちが作ったらこっちの組織が反対する、こっちのものが衆議院を通ったら次の参議院の方へ行くと流れるというようなことを、1970年代にずっとやっていたので、そういう不毛なことを止めて、少なくとも学図法がちょっとでもよくなるのであればその中身を探るというのは基本的にはいいことだし、四者合意がまとまったことは大事なことだと見ていましたが、これは運動組織の協議であり、つくる過程には一切関係していません。

——四者合意の過程で、集まって話をする中心になった人は誰だったのですか。

その経緯も知りません。日教組のほうか日高教のほうか、どちらが熱心だったのかは知らないけれど、どっちかがどっちかを誘いつつ、全国 SLA としては笠原良郎さんがやったんだと思いますが。なんとか一緒に手を結ばなければならないということを素朴に確認したのでしょうね。

——司書教諭と学校司書という職務範囲と権限の異なる二つの職を同じ教育職
　　2等級(現・2級)の同一労働条件にすることについて、衆議院法制局から法
　　案作成前に疑義がだされ、その後、人事院からも同様の指摘があり、"二本立
　　て論" は法案提出に至らず頓挫しました[2]。全国 SLA はなぜそんなことが

---

1) 1974年に全国 SLA と日教組・日高教(一ツ橋派、麹町派)の四者は学図法改正に向け共同で運動を進めるための協議を開始し、1975年に覚書を交わした。1977年には「学校図書館法改正法律案要綱」をまとめ、司書教諭と学校司書配置についての方向性を示した。『学校図書館法改正：その課題と展望』全国 SLA、1983、p. 260(年表)より。

2) JLA 編・刊『日本の図書館の歩み：1993-2017』(2021、p. 64-65)には、「法案作成の段階で『学校図書館に司書教諭と学校司書を同じ教育職2級で配置する』という矛盾点が明らかとなり、1980年3月に人事院からこの点を指摘され、法案に至らなかった。日教組は1979年に『免許制司書教諭』を組合員討議に付し、その後学校図書館法第5条第2項の『教諭をもって充てる』という規定に基本的問題があることに注

できると思ったんでしょうか。

　全国 SLA は先生中心の組織だから、どんな形にせよ、司書教諭というものを少しでもちゃんとしたものにしたいというのが悲願ですから。しかし、それが定数措置のあるような専任の職員にはならないことはわかりきっている。そこへの展望は全然ないわけだから、そうするとやはり学校図書館の仕事を担う人間が要ることもこれまた明らかで、しかも現場の実態がじわじわとそちらの方へ行っているという中では、この二つを制度化するしかない。だから全国 SLA もそれについてはどっちをより主にするかということはあるにしても、そう言うしかないし、組合の方もそう言うしかない。

　細かく見ていくと、司書教諭がどんな仕事をするか、学校司書とどんな関係になるかということを議論すると、おそらく分かれて行くかもしれないけれど、そこまで行く手前のところで合意をしたというのが四者合意でしょう。二つの職種を法律の中に何とか明示しよう、詳細は追って後ほどというような感じのところで手を打ったということでしょう。成り立つギリギリの線だったと思いますね。そこから、これは将来こうなっていくというのを全国 SLA は言っていないと思いますが、むしろ組合の方が言うと、それはちょっと違うというところが出てきたりして、四者合意がいつまでも意味のあるものとして存続するのかどうか。すでに2014年改正法に明記された「学校司書が専門的な職務だ」ということを前提に、それをより鮮明にしていく上では、現行の司書教諭の規定を見直さざるを得ないと思う。となれば、四者合意があいまいなままに合意したことの矛盾は包み切れないので、見直さないといけないでしょう。

　合意を抜きにどこかが何かを言うと、それはちょっと違うと他から何か言われる。丁寧に詰めてなかった矛盾が露呈するのですよね。

　──先生は司書教諭の養成課程の学生さんに対しても、この人たちに図書館活動を担わせるというのではなくて、図書館をどう使うか、使う側としてどう興味を持ってもらうかということに腐心して教えて来られた。その一方には必ず活動を支える人、はたらきをつくり出す人が要ると考えていた。だから先生は最初からぶれておられないんだなという感想を持ちました。

　そこがぶれたらどうしようもなくなってくるので、そういうふうにはずっと考えてきました。

　目して1988年に専任司書教諭制度確立を方針化した。一方、全国 SLA は1983年の総会で、四者合意の内容を基本とし全国 SLA 主導で独自に改正運動を進めることを決議した」(堀川照代)とある。

　全国 SLA としても司書教諭が学校図書館の日常業務を担えるとは、おそらく思っていないと思いますよ。学校図書館活動についてのイメージも弱いですが。専任の司書教諭を看板としては降ろしていないが、実現性のある話としては全国 SLA もそんなに意思統一はできていない。やっぱり図書館長的な司書教諭がおって、補助的に実務を担う学校司書がいるという関係が全国 SLA としては一番わかりやすいだろう。

　だから、学校司書の全国研修会（学校司書全国研究集会）を始めた[3]というのは全国 SLA としてはとても大きな踏み込みだったと思います。そのだいぶ前に、松尾弥太郎さんが学校司書を激励して、あなた方は学校図書館運動の担い手だといって学校司書の名称をつけた[4]。

　—学校司書と言っていましたか、その頃。

　「学校司書」という言葉を初めて使ったのは全国 SLA です。行政的には学校図書館事務職員ですが、学校司書という名称をめぐっては、全国 SLA の第 8 回全国学校図書館研究大会札幌大会（1957）が一つの転機です[5]。そこで「学校司書は単なる事務屋でもなければ事務助手でもない。りっぱな専門職なのだ」と言って学校司書を励ましましたことははっきり記録に残っている。松尾さんが学校司書という言い方をしたことについては、組織内からも批判があったようですが、学校司書の存在を実体として認めたということには違いありません。この時点で全国 SLA は少なくとも学校司書を否定するような考え方は採らないと考えていた[6]。

　次のステップが1979年の「学校司書全国研究集会」の初めての開催だったわけです。この時にどれぐらいのものとして学校司書を考えていくか、全国 SLA

3 ）第1回は1979.8.1-3に開催された（『学校図書館五〇年史』全国 SLA、2004、p.67）。1996年の第15回で終了（『学校図書館』(563)、1997.9、p.70）。

4 ）松尾弥太郎「学校司書に誇りと自信を」『学校図書館』(99)、1959.1、p.8-10.

5 ）1957年8月、全国 SLA 札幌大会（第8回全国学校図書館研究大会）では、鹿児島から公費の援助も受けず参加した学校図書館専任事務職員の郡山幸子が苦悩を訴えた。（佐野友彦「学校図書館法改正運動小史」『学校図書館法改正：その課題と展望』全国 SLA、1983、p.226-256）。同大会では「学校図書館に専任事務職員を設置し、その身分を保証すること」が大会決議されている。また、『学校図書館五〇年史』（前掲注3）p.50には、「この大会参加の事務職員の話し合いによって「学校司書」の名称が誕生することになった」とある。

6 ）『学校図書館速報版』(99)1957.5.5の第8回全国学校図書館研究大会開催要項には「分科会(23)事務職員」とあるが、『同』(141)1958.7.5の第9回大会（岡山）開催要項には「分科会(26)学校司書」とある。

の幹部の中でもそこで想定している中身は同じではなかったでしょう。少なくともそういう存在が必要であるということと、この人たちが学校図書館を担っていくのだとは思っていても、この人たちに学校図書館を明け渡すわけにはいかない、その上にはやっぱり司書教諭がいる、これは譲れないというのが全国SLA の基本的な考えだった。それ以降も大きくは変わっていないでしょう。

5-2　司書教諭と学校司書

○　学校図書館の職員制度

—1974年の「学校図書館職員制度化を求めての歩み」[7]に、学校図書館の専門職員について書いておられるのですが、当時の司書教諭と学校司書の役割や関係をどのように考えておられたのでしょうか。

　学校司書が必要だというのはもう初めからずっと当然そう思ってきたし、法律の中にはそれがないわけだから、それをちゃんと明示するような制度を作らないといけないと思ってきたのはずっと一貫しているのですが、その時に司書教諭をどうするかというのはある時期にはっきりさせないといけない、特にこの前 (2014) の法改正の時にはそれを強く思いました。今から思うと、それ以前は司書教諭の問題をあまり突き詰めては考えてなかったという気がします。どんな形で司書教諭がいるとよいかということに関しては、専任の司書教諭になるという道は今の学校制度の中にはないわけだし、何よりも資格を持っている人がそうなりたいと思っているはずがない。というのも、卒業生の教師もたくさん知っていますが、専任の司書教諭になりたいというような人はまずいないわけだし、司書教諭講習に参加している先生たちに聞いてもそう感じました。どちらにしても司書教諭のことについてはそんなに突き詰めて考えていなかった。むしろ曖昧にしておいた方がいい、とさえ思っていた。

　それが1997年に司書教諭発令の法改正があり、それから学校司書の制度化がいよいよ日程にのぼりだして、その中で司書教諭をどうするかをはっきりさせなければ、学校司書の在り方や位置づけ、先行きも見えなくなる。それには思い切って司書教諭を学校図書館の「専門的職務を掌る」というところから外すことが必要だ、法律改正をするのは抵抗があるだろうが、実態として現にそうなのだから、学校図書館の実務をやる人とは違うということを文科省も認めて行政指導上も踏み切れということまで、この前の法改正の時には言うようになりま

---

7) 塩見昇、『教育学論集』(3)、1974、p.82-91.

した。それ以前、1970年とか80年の頃には司書教諭についてはどちらにしても実態がないし、誰も本気でそのことを考えている人もいないので曖昧にしておいて、学校司書をちゃんとすることでよいだろうと思っていた。しかしそれでは司書教諭だと自負している熱心な先生たちの理解と協力を得ることができないのはもっともで、だめだと思うようになりました。

　──1997年に法改正があって、2003年の４月１日から12学級以上の小・中・高には司書教諭が発令されるのですが、その前に校長が「喜んでください。司書教諭になれますよ」と勘違いして私に言いました。私は実習助手で、教諭で司書教諭資格を持っている人が発令されるので私はなれないと言ったら、そうなんですかと大変驚いていました。

　校長さんたちの理解はその程度だったのでしょうね。よく私も話の中で使いましたが、『朝日新聞』がまず間違いました。1997年５月９日付の朝刊に「司書を全校配置」という見出しで記事が出ました。[8] まあ校長さんあたりがそう受け取るのは当たり前だったのでしょう。

　──教師本人も知らない間に校長が市教委や県教委に報告して、後で自分が司書教諭になっていたことがわかるといったとんでもないことがたくさんありました。実習助手は教諭ではなくて、教諭の補助をするという扱いなのに、実習助手を司書教諭有資格者数に入れていたりして。

　給与表は教育職ではありますがね、３等級ですが。[9]

　──四者合意の頃から、全国 SLA のような司書教諭中心ではなくて学校司書中心というように塩見先生の考えが固まったのは、戸塚廉さんなどの研究を通して、必要なのは司書教諭ではなくて学校司書だと考えられたからなのでしょうか。制度的に難しいからということでしょうか。

　微妙なところですけれども、あらゆる条件を取っ払って、学校図書館はどんな制度で、誰が何をしたら一番いいのかということを純粋に考えるということが一方にあります。他方では何といったって、現実には現行の学図法があって、そ

　８）当日の見出しは「司書を全校に配置　図書館法改正案成立へ」とあり、５月13日には見出しを「司書教諭を全校に配置　学校図書館法成立へ」と訂正する記事が掲載された。ただし、９日の『朝日新聞』朝刊大阪本社版では「全小・中・高に司書教諭　学校図書館法改正案　今国会で成立へ」となっており、学校司書の身分保障を求めた附帯決議にも言及している。

　９）教育職３等級（助教諭・講師・実習助手・寮母）は2006年の人事院勧告で教育職１級となった。実施は2007年度より。

の不備を何かで補わなくてはならないということがある。この二つの間でものを考えざるを得ないわけです。全く一から日本の学校図書館の職員制度を作りましょうという話だったら、例えば今度出た『教育改革のための学校図書館』の中では、根本彰さんは大体これまでアメリカをベースに学校図書館を考えてきたが、ここではフランスの制度が参考になると強調しているんです。単純に、そういうことを考えるというのもそれはそれであり得るし、白紙で何かを作るというのならフランス方式を導入しても何でもいいけれども、現実にはあのままではどうにも動きようのない司書教諭の制度（実態はないのだが）があって、しかも学校図書館の仕事を一番やらねばならない人についての一切の手立てがないという現行法を前提にせざるを得ない。そういうように考えた時に、いつの時期からどう考えたということはわかりませんが、やっぱり純粋論だけではどうしようもないのも確かだし。といって今、形だけにせよ司書教諭の制度があるからこれを何とかするというのも、どう考えてもこれまた限度があるので、しばらく曖昧に司書教諭のことをしておいて、実態が広がりつつある学校司書のことを主に考えていこうとしたということだったと思います。

　だが本気で学校司書のことを何とかしようと思ったら、司書教諭のことに触れないでは無理だと今は思うのです。特に2014年法改正以降、学校司書をいよいよ制度化しようとなってきた時に、両者の関係をはっきりさせなきゃいけない。学校司書の中身を詰めていこうとすると、司書教諭のことも同時に考えなくてはならないと思っています。学校図書館の実務の"実"の部分を動かすのは、名前は何でも構わないが、学校司書に相当する専任職員がいることが絶対必要。しかしこれをもし教師と別に学校図書館員をおいたら、3人も4人も置けるのなら別ですが、大体1人でしょうから、その1人を学校の中で仕事ができるようにしようと思ったら、教師中心の集団の中で、学校経営と学校司書を繋ぐ役割として何らかのはたらきが必要だろう。そういう役割がよく分かっている人を今の法律の名目から切り離し、新たに実体化することが必要ではないか、ということが近年、『学校図書館の教育力を活かす』などに書いている中身です。

　要するに、司書教諭には、学校図書館のことを機能として理解して、学校経営や学校全体の中である程度影響力を持てるくらいの人が、図書館を生かす学校の在り方をしっかりと学校の中の世論としてつくっていく旗振りをしてもらわ

10）根本彰、東京大学出版会、2019.
11）塩見昇『学校図書館の教育力を活かす：学校を変える可能性』JLA 図書館実践シリーズ（11）、JLA、2016.

ないといけないし、学校司書がちゃんと仕事ができるように応援してもらわなければならない。しかも図書館のことは学校司書というプロに委ねて、そのように回っていくための環境整備の役割。その上で時間等の余裕があれば、図書館利用指導のような類の図書館科みたいな授業をする。これは別に新たな制度をつくる必要はないので、澤利政さんが西宮でやられたように[12]、学校の条件が許せば学校裁量でやっていったらいいと思います。少なくとも学校図書館活動の担い手には司書教諭はならない＝なれないという意味において、現行法の学校図書館の「専門的職務を掌る」という表現は、学校図書館のはたらきを担うという意味だから、これにはどう考えても合わない。あの文言をそのままにした上の司書教諭というのは、展望はないと私は思います。

　文科省も本気で考えたらわかるはずだから、そういう指導を文科省もすべきだと思います。法の不備を行政指導で越えようということだから、行政マンとしてはなかなかやりにくいことかもしれませんが、現に文科省はそういうことはしょっちゅうやっていることであり、この合意ができるかできないかというのが次に踏み出すためにはぜひとも必要なことだと思います。今の司書教諭については、私はそう思っています。

　―「掌る」という法律の言葉は、環境整備なども含めた活動の担い手というイメージで捉えておられますか。

　分掌の掌ですからね。学校教育法第37条に「教諭は、児童の教育をつかさどる」とあります。

　―管理的な、あまり仕事はしないけれども最後の責任は取るというイメージで捉えている人もいるのではないでしょうか。

　―学校の中では教諭というのはある程度独立性があって、教育実践に責任を持った仕事ができるという立場なわけですから、以前塩見先生が司書教諭の講習の中で、全ての教諭が司書教諭資格を取って図書館に興味関心を持っていろんな試みをやってほしいと言われていますが、教師がそうなれば学校司書は一人で大変でしょうけれども、学校全体が図書館教育にかかわる体制ができると思いますが。

12）兵庫県西宮市の小学校で図書館専科教諭を置いた。全国 SLA 編・刊『改正学校図書館法マニュアル：これからの学校図書館と司書教諭の役割』、1997（改訂版2000）. p. 16-17.

○　求められる学校図書館職員像

―学校図書館の人の配置について「学校図書館に人の配置を」に「いま必要
な学校図書館に置かれる人の役割とは、『教諭』であることによって解決さ
れるようなことではないと考える」(p.212)、「将来的には単一の新たな教
育専門職として学校司書の複数配置がもっともすっきりする」(p.213)と
書いておられます。日教組や全国 SLA がもめている時から、一貫して現
在求められる職員像を描いておられますが、当時の現場の人たちにはなぜ
それが理解されなかったと思われますか。

　議論の対象になったのは具体的には学校司書と司書教諭の関係ですよね。そ
の問題は一番基本的なのは身分とか位置づけとか将来のあり方みたいなことを
意識しながらの議論になってきているから、やっぱり拠って立っている組織と
いうか、足場の縛りというか、しがらみというか、そういうものが非常に強く作
用しながらこの問題というのはずっと議論されてきたと思います。四者合意も
そうだけれど、一方では全国 SLA という学校図書館組織があり、一つには該当
職員が所属する組合がある、この前提から全くフリーに議論するというのは、非
常に難しかったんだろうなという気がします。

　先に紹介したように、四者合意の中で最後の最後に残ったギリギリのところ
というのは、全国 SLA はもともと学校図書館に熱心な先生たちが作った組織
ですから、やっぱり教師、教師がやる司書教諭というものが、可能性を抜きにし
てもそこが中心になってやるということは組織の存立に関わる問題だろうし、
組合の方は組合の方で、様々な形で現に働いている学校司書の人たちを組織の
中に抱え込んだ。組織に入れなかった人もきっといただろうと思いますが、そ
ういう人たちの処遇というものが唯一絶対の命題です。だから、学校図書館の
在り方はもちろん、「学校図書館とは」という議論もあったでしょうが、最終的
にはやっぱり学校司書をどう位置づけるか、どうやって処遇するか、どう救済す
るのかということが最大の関心事とならざるを得ず、その縛りがあってその両
方を視野に入れての議論であり、学校図書館の在り方から人の問題を考えると
いうふうにはなりきれなかった。多分それが歴史的にはずっと続いてきたこと
で、そういうものからちょっと距離を置いて考えたい、学図研のような第三の場
を持ちたいというのはそこから出てきたと言えるでしょう。

13）塩見昇、『学校司書の教育実践』（土居陽子との共著、青木教育叢書、青木書店、1988）、
　　p.201-215.

　私には別にどちらの組織へのしがらみもないわけですから、そういう経緯の中から出てきた問題だということは十分認識はしながらも、あまりそれにこだわらずにこの二つがどういう形になり得るのか、あるいはなるべきなのかということを、フリーに考えることができた。ただそういうことを言ってきたけれども、やっぱり受け止める人はよりどちらかのサイドからそういう問題を見るものだから、もうちょっとみんなが理解してくれたらいいなあと思いつつ、なかなかそうはならなかったという感じはします。

　　―歴史的に見て全国 SLA の法改正運動と組合の身分確立運動がやはり全然主張が違うので、そこのところがずっと折り合わないできたものが、かろうじて四者合意で合意はしたけれども、結局それが破綻してしまった、それ以上進まなかった。司書教諭にしても学図法にしか出てきませんよね、法律的には。だから根拠がとても希薄です。

　本来、司書教諭の構想は、発端のところでは学校図書館専任の先生を考えていたのです。それが学図法の中では全然そうはならなかった。その段階で司書教諭についての発想が変わったかというと、元々学校図書館に専任の先生を仮に置いたとしても何をするかということを、そんなに詰めて出発したわけではないんですね。具体的に仕事の中身を詰めずに、図書館のことに熱心な先生が必要だという素朴なところで始まっているわけですから。司書教諭についての中身のイメージがはっきりしないままずっと来たんで、全国 SLA が何回かこういうパンフレット、これは1997年の法改正の後で作ったものですが、節目節目に「司書教諭とは」という全国 SLA としての考え方をもとにしたパンフレットを作ったりしている。しかしそれを読んでみてももう一つその中身がなかなかスッキリしたものにはなっていない。どこにもこれが司書教諭だと言える実体がないわけですからね。関西学院中・高のような文字通り専任専科の人も一方ではいるが、しかしほとんどは係教師に違いない。その中に熱心な人と義務でやっていた人がいるわけで、これが司書教諭だというイメージは全国 SLA としても持てない。持てないけれどもそういうものを幻想にせよ掲げないと、組織の目標にはならない。そこは全国 SLA も辛いところでしょうね。

　　―確かに小学校で担任をしながら図書館のことを一生懸命やっている先生な

14）全国 SLA 編・刊『改正学校図書館法マニュアル：これからの学校図書館と司書教諭の役割』、1997.

15）中高を通して図書館で授業を行う「読書科」があり、中高それぞれに専任の教諭がいる。関西学院中学部図書館・高等部図書館 Web サイト。

んかは、時間がいくらあっても足りないでしょうね。そんな先生と係教諭になったから仕方がなくとりあえずやっているというような人の意識とは、だいぶレベルの差がありますよね。

　確かこのパンフレットの中に唯一の例みたいな形であげているのが、兵庫県西宮市の亀尾博子さんたちのやった専科教諭、学校の配慮で澤利政さんみたいな校長さんのいるところでギリギリ例外的に成り立った事例[16]を、先進的なモデルとして掲げざるを得ない。ああいうことはどこででも成り立つわけではないですからね。

　四者合意が挫折した段階で、割合早くに日教組の方が、学校司書が移行する形での専任司書教諭を言いましたね[17]。ああいう主張が出てくると、全国 SLA は全く受け入れの余地がなく、それこそ危機感を持ったのではないか。そんなことになったら、全国 SLA がずっとやってきた学校図書館運動が根底からひっくり返ってしまうわけですから。それを議論の対象とすることはあり得なかったと思います。私は、あれは無理な主張だったと思いました。いろんな人たちがいる学校司書をひっくるめて専任司書教諭に移行するというのは、救済には違いないけれども、救済と学校図書館をどうするかという問題はやっぱり区別をしないと、大きな共通の目標にはなり得なかったと思います。

　――「学校図書館に人の配置を」の中で、「将来的には単一の新たな教育専門職として学校司書の複数配置がもっともすっきりする」と言われていますが[18]、例えば、私自身が箕面市や豊中市の小学校で働いてみて、大規模校の小学校だと図書の時間で時間割が全部埋まってしまって、図書館の仕事自体をとても一人では回せない、そういう意味で複数配置というのは分かるのですが、そうでなくても複数配置が必要だというようにお考えになったのでしょうか。

　それこそ学校の規模と、学校図書館に対して学校の中から各先生から期待とか求めがどれだけ出てくるかというのによると思うけれど、ほんとに学校図書館が機能するようになれば、おそらく一人が全て担いきれるわけではないと

16）亀尾博子「西宮市における図書専科教諭」『学校図書館職員論』塩見昇編、教育史料出版会、2000、p.136-154.

17）日教組が「専任司書教諭制度（案）」を正式に出したのは1986年。（日本学校図書館教育協議会編・刊『学校図書館と読書：「読書感想文コンクールって何だろ』学図教ブックレット(1)、1991、p.78)

18）前掲注13)p.213.

思っていました。だから違った種類の人、2種類の専門家が学校図書館にいないといけないかということは多分説明がつかないということを前提にすると、やっぱりそれはどんな形の人であれ、図書館を担う人が一人で無理なら二人ということで、あんまり深く考えたというよりもごく当たり前というように、複数の問題は考えていたと思います。

・『いま、学校図書館を考えるために—塩見昇講演記録集』

—先生は『いま、学校図書館を考えるために』の中で、今学校司書に求められているサービスの仕事は今の形の教師にはとても無理だと言われていました。図書館活動を担う人を、名前は何でもいいのですが「専任の人」という一つのポストを作って、そこにどっちからでも試験なり何なりの方法で行けるような形に、なぜならないのだろうかと思っていました。それは不可能だったのでしょうか。

　私も割合早い時期から、「職名にはよらずに」という言い方をしていたと思うのですが、教師でない学校司書ということをあんまり強調しすぎると共通理解が難しいから、それこそ「学校図書館員」とか抵抗のない別の名前になってもかまわない。要は学校図書館のサービスということを中心とした、もちろんそこには指導的な要素が入るのだけれども、はたらきを担う人、学校図書館の仕事に専念する人、要するに図書館の専科というか専任というか、そういう立場にあるということが絶対に必要だ。その場合にはそれを何と呼ぶかはむしろ先の問題としておいていいのではないか。要は図書館の仕事をやる人というのは、何かを兼ねてやるというのではとうていできる仕事ではないという、それは、一貫してずっと言ってきたことでした。

　その講演記録集は「考える会・近畿」で、初期にやった講演を三つ集めて読める形にしたものです。まあそこで言ったことというのは、今言われたようなことで、考え方としては始めからずっと考えてきたことという気がしています。先生の中には図書館の仕事がやりたいという人は確かにいました。その後のことで言うと、定年で辞めた先生が再任用で図書館で働くというケースが結構あり、教師でなく司書的な感覚で図書館の仕事をし、子どもたちからも親しまれている例があります。やはりその中身で考えていくことが大切でしょう。

19) 学校図書館を考える会・近畿編『いま、学校図書館を考えるために：塩見昇講演記録集』JLA、1994.
20) 1991.10.14(結成総会記念講演)「学校の中の図書館：今日的課題」/1992.9.15(第2回総会)「学校五日制と図書館」/1992.11.14「教師にとっての学校図書館」。

　ただ一方で、同時に必ず言っていたのは、図書館のことをやりたいという先生の思いは、本当に図書館が好きだとか、熱心だとかというのはもちろんプラスに評価すべきことだけれども、本来、教師で学校に入っているわけだから、授業という本来の仕事から逃げたい、極端にいうと授業にくたびれたとか、あるいはもう授業ができない、そういう先生がなるということもなきにしもあらずで、図書館の方に専念できるのならそれに越したことはないというような人が図書館の仕事を中心にやった時に、じゃあ、学校図書館に期待される働きを本当にできるかというと絶対に無理です。

　現に新聞の学校現場ルポのシリーズの中で、担任を持たせられない先生に、雇った教育委員会の方は馘を切るわけにはいかないから何をさせたらいいだろうかという話の中で、一つの話として図書の仕事でもやらせたらどうか、図書の仕事か学校園の花壇の世話とかそういうものが考えられるというケースを報じた記事をみたことがあります。これは有り得る話だなあと思いました。確かに持て余した先生、全国で何十万と先生はいるわけですから、なかにはそうした先生が出てくるのは当たり前ですね。そういう先生の処遇を考えた時に、一番差し支えがなくて、影響力もなくて、まあ誰かがやらなくてはならないというと、それが図書の整理だ、図書室の管理だというわけです。そういうイメージが出てくるというのもわからない話ではない。だから図書館をやりたいという先生がみんなそうだとは全然思わないが、まあそこにつながるみたいな先生がやったとしたら、図書館の担当者のイメージがものすごく矮小化されてしまうというのも一方では気にしながら、だから図書の好きな先生が図書の専任になったら良いというというふうになかなか言い切れなかったです。

　丁度司書教諭の発令があった時に、ある学校の校長さんと、やっぱり充て職にせよ、司書教諭が発令されるとすれば、資格があるというだけではなくて、何らかの条件が必要なのではないか、という話をしたことがあります。少なくとも何年か以上の教師の実務経験と、単に経験年数だけではなくて、その学校で教師の軸になって学校の中で先生たちを引っ張っていけるような力のある先生、だからいわゆる学校の中の教務主任に並ぶぐらいの力量があって教師から信頼される、そういう一定のキャリアのある先生がやらないと駄目ではないかという話をしたら、それはそうだと思うけれど、そういう人がいたら図書館に私は回さない、もっと他に使いたいと言われました。それももっともな話ですが。

　やっぱりそれぐらいの人が図書館に専念するのは難しいとしても、図書館担当の先生になったとすれば、それはそれでその人の力量で学校の中に図書館を

位置づけ、活かしていくという役割を果たすだろうということを、ある特定の先生を具体的にイメージしながら言った記憶があります。そんなところで、図書館を専ら担当する先生、それはやっぱりどんな人を図書館に集められるかということで変わってくる。そっちにも目を配りますというのと、もっぱらそこで仕事をしますよということでは、その人自身がやることが違いますが、その人が持つ学校全体への影響力、教師で置くならそういう人だろうなと。日常ずっと図書館で仕事をするならやっぱり専任でなければならない。二職種というのを私は積極的に支持するわけではないが、現にある司書教諭という制度をすぐに取っ払うことはどう考えてもできっこないし、SLA は絶対乗れないわけですから、やっぱり専任の司書と学校の中で図書館を活かしていくようなはたらきをする先生が要ることを、当面の策としては考えるのが妥当だろう。

　二職種は歴史的に生み出された所産だという言い方をよくしてきました。これを前提に考えざるを得ない。そうするとこの先生は図書館の日常の仕事を担当する先生ではなくて、図書館を活かす先生だ、図書館を活きるようにする先生だ。図書館活動そのものは学校司書に委ねるんだ、というようになぜそこまで皆考えないんだろうか。文科省もいい加減、司書教諭に変な幻想を持たずに、法律で「学校図書館の専門的職務を掌る」となっているのを現実的に考え、指導するべきだ。

　普通に考えたら図書館の専門的職務というのは図書館プロパーの仕事だと思います。それを「掌る」と言ってしまうと、学校教育法でも教育は教師が「つかさどる」となっているわけで、要するに一番普通の主要な仕事をやるということだから、それが司書教諭ということ自身、私は無理だと思っている。その法律を変えるのはとても難しいとすれば、解釈・運用の問題として、掌る人は別に考えて、学校図書館を活かすことが司書教諭の役目だというように文科省がちょっと発想転換をして、そういう指導性というか方向性を示せば、当事者も含めてすっと入っていけるので、ひとつの隘路を超えると思うのだが、学校司書が制度化された段階でもやっぱり司書教諭像そのものは中身を具体的に示さずに「学校図書館の仕事をする人」というところからまだ抜けていませんよね。

　文科省自身もそういうものが成り立つかどうか本気で考えたら無理だと思うはずだが、文科省の担当者も図書館のことばっかり10年も15年も考えている昔の深川恒喜さんみたいな人はいないわけですから、まあ2〜3年やったらすぐに変わってしまうので、そんなことばかり考えていられないというのが正直なところでしょうが。全国 SLA はやっぱり「学校司書が主人公です」というと

ころまではとても言い切れない。数十年来のしがらみの中から司書教諭と学校
司書という二職種を前提とした場合でも、仕事の中身としての共通理解が成り
立つのを難しくしているなという感じは抜けませんね。

　　—講演記録集の中で、「図書館教育をするのは基本的に教師」とされているの
ですが、最初に読んだ時にはこの教師というのは司書教諭のことだと思っ²¹⁾
たのですが、1991年に講演された時の記録なので、これは、司書教諭ではな
く一般の教師を想定されていると考えてよいでしょうか。また、そういう
図書館教育に熱心な先生たちが図書館を使っていろいろしようとすると、
専任の学校司書が必要になりますよ、ということでよいでしょうか。

　　その講演記録集の中で図書館教育と図書館活動の違いを言っているように、
図書館教育というのはクラスでそれぞれの先生がやることだということですね。
どの先生もが教科の授業や学級運営の中でやるということです。だからその役
割と、図書館のいわゆるサービスというものにつながっていくようなプロパー
の仕事とははっきりと違う、担い手も違うし中身も違います。

5-3　1997年と2014年の学図法改正

○　JLA 学校図書館問題プロジェクトチーム

　　—1996年発足した JLA 学校図書館問題プロジェクトチームで座長をされま
したが、検討中に法改正が実現してしまいました。報告書として出された
「学校図書館法一部改正について」(1997)と「学校図書館専門職員の整備・
充実に向けて―司書教諭と学校司書の関係・協同を考える」(1999)との違い
はなんでしょうか。²²⁾

　　プロジェクトチームのまとめが「学校図書館専門職員の整備・充実に向けて」
の方で、JLA としてその作業の過程に行われた法改正をどう受け止めて、どう
いう問題があって、今後何が必要になるかということについて書いたのが「学
校図書館法一部改正について」の見解です。内容的にはつながっていますが、
別の文章です。メンバーはそのチームの中で原案を作ったから一緒です。ただ
最終的には JLA の声明だから、それを常務理事会でオーソライズして、JLA の

---

21)　前掲注19)p.31.
22)　1995年に JLA は常務理事会のもと、学校図書館問題プロジェクトチームを設置。
　　発足は1996年(塩見昇『学校図書館職員論』教育史料出版会、2000、p.182)。前者は、
　　『図書館雑誌』91(8)、1997.8、p.616-618. 後者は、『図書館雑誌』93(6)、1999.6、p.477
　　-482.

名前で出しました。プロジェクトの報告は定例の理事会、評議員会にも出して確認を得ていますが、プロジェクトチームが2～3年かけてやった作業の報告書・まとめということです。どちらの文案も私が起草しています。

　—1999年の報告書では、司書教諭の配置が決定したうえでのまとめにならざるを得なかったと思いますが、法改正前と後ではどのように変わっていったのでしょうか。

　まとまったJLAのプロジェクトチームの報告については、結構学図研でもシビアな見方をする意見もその後だいぶあったんですね。そういう場面を確かに私も経験したことがありましたが、こういうプロジェクトチームをなぜJLAが作ったかというのがあって、それからどういう構成にするかという段階があり、ギクシャクもしたけれども一定の議論をして、そんなに決定的な対立は生まないで、設置した目的にかなうような集約をしていかないといけないというのは、皆の共通理解としてずっとありました。その最中に国会の方が進んでいって、法改正が成った。そうなった段階で、あの法改正をどう捉えるかというJLAの1997年法改正についての見解の原案をこのチームで出したんです。その後でそれまでの議論を整理する格好でこの報告書が出来上がったという流れになりました。確かに法改正という現実が動いたということが間に入って、これは大きな要素だったと思いますが、そのことによってプロジェクトチームのまとめの基調が変わったとは私は認識していません。

　学図法改正がいよいよ国会の場に持ち込まれるという雰囲気が法改正になる数年前からもうありました。私は1997年の報告書の最後に書いているのですが、[23]その段階があの法改正を生んだのは、学校図書館に寄せる市民の熱い思いが、いろいろ経過のあった学図法を国会に引っ張り出して、そこで十分な議論があったかどうかは別にして、司書教諭の配置ということになった一番大きな力だった。それまでの学校図書館運動にはなかった市民という要素でした。あの1997年法改正について図問研やいろんなところが見解を出しているけれども、市民の力がそれをしたということをはっきり書いたのは多分このJLAの声明だけではなかったか、私はそういう印象を持っています。あるいは、学図研は書いたかもしれませんが、[24]市民の力があったということが非常に大きかった。

---

23) 前掲注22)の前者の最後に「今回の国会論議をここまで盛り上げた最大の力は、全国各地の自治体における司書配置の施策、学校現場の実践、地域における学校図書館整備を求める住民の熱い願いの蓄積にあった」とある。

24) 声明ではないが、学図研第12回大会総会「私たちの課題」には、「1990年代に入って

　市民の期待にも支えられて学図法の改正の動きは進むだろうが、その内容が具体的に問われるようになると、職員の位置づけや処遇に関して問題の焦点は何ら変わってないので、1970年代と同様、一方が賛成すれば他方が反対するという構図を繰り返すことになろう。それを回避し、ことを進めるためには、学校図書館職員をめぐる共通理解を探り、広げることが欠かせない。できることなら全国 SLA や組合や JLA がひとつのテーブルについてというようなものをまとめたい、そういう整理が必要だろう、それは JLA がやらなければおそらく他からは出てこないだろうということを、常務理事会の中で私が話をしたんです。

　栗原均さんが理事長の時代でしたが、それはそうだという話になってこのプロジェクトチームを作った。混沌としている学校図書館問題について、人の問題を中心とした緩やかにせよ共通のイメージを作りたいというのが全体の目的でした。そのためには誰が出てきたらいいのか、出てくる人によって議論が大きく変わっていくだろう。しかし明らかにどこかの立場に固執するような構成では、設置したそもそもの共通認識を作ろうという前提が、初めから偏ってしまう。やっぱりいろんな層を代表する人を網羅しなければならない。しかも、その人が自分のところの主張の代弁者みたいな役割に徹してもらっても、これは困る、というので、「誰が」というのはずいぶん難しかったです。松岡要くんがある段階で総務部長として人選に入って、いく人かで結構そういう話をして、結果的に全国 SLA の役員自身に入ってもらうことはしませんでしたが、東京の専任司書教諭の人、全国 SLA サイドの考えも伝えてもらえそうな人も加えました。学校司書としては、宇原郁世さん、高橋恵美子さん、市民として高橋由紀子さん、北村幸子さん、公共図書館は松岡くんが事務局を兼ねて入りました。まあ学校図書館を考える上では、いろいろな立場の人をわりかし網羅したということは言えるのではないでしょうか。研究者として後藤暢さんもおられました。[25)]

　　から学校図書館をめぐる状況は大きく変化しました。『ぱっちわーく』が発刊され全国に900の読者が存在すること、50を超す『学校図書館を考える会』が活発な運動を展開し、その成果として学校図書館に職員配置が進んでいること、文部省の学校図書館充実施策等々。子どもたちの豊かな教育・読書環境の整備を願う父母・市民が、学校図書館の働きを知り、地域住民の手によって学校図書館への職員配置に取り組み実現させたという、日本の教育史を紐といてみても、まったく新しいタイプの運動が今作り出されているといってよいのではないでしょうか」とある。『がくと』(12)、1996.12、p.89-90.

25)『ぱっちわーく』(73)、1999.6によれば、座長：塩見昇、委員：宇原郁世・北村幸子・後藤暢・鈴木昌子・高橋恵美子・高橋由紀子・廣松邦子・本間ますみ・松本雅貴(97年8

　そういう目的だということは初めに十分説明し、そこは大事にしましょうというところから出発をしたと思います。だから二職種の問題については、私自身はこの段階で「即一職種」というのは不可能というふうに思っていましたから、司書教諭という現にある制度・職種は残さざるを得ない、それから学校司書はちゃんと位置付けなければならないとなると二職種になる。問題はその二職種の間がどういう関係かというので、サブタイトルが「司書教諭と学校司書の関係・協同を考える」。「協同」という関係があって両者をどういう関係におさえるかということを前提にした職員の整備充実だということが、最終のタイトルになっているわけです。

　出発からそう考えていたので、法改正によってこのプロジェクトのまとめの方向が変わるということは私はなかったと思うし、大体初めから私の思っていたような方向の話としてずっと通した。その点では、あまりしがらみにこだわらない北村さんのような立場の人がものすごく大事だと思いました。彼女は大きな役割を果たしました。それから宇原さんがものすごく苦労して、広い視野で、学校司書の立場であるけれどもこのテーマを考えようとしたと思います。メンバーの中では、北村・宇原が、一番話をまとめる方向で苦労し中心的な役割を果たした人ではなかったかという印象を持っています。成った法改正についてはそれをどう考えるかということでかなり厳しい見方をしているというふうに思いますが、皆さんはどう読んでくれたでしょうか。

　「学校図書館法一部改正について」の最後のところに、ここまで来たのは学校図書館に寄せる市民の人たちの声があったからだと書きました。確かに議員さんたち自身も国会で「うちの地元の市民が…」という発言を随分していましたから、やっぱりいろんな人たちが出身議員に直に訴えたりした。そう言われるとそれがどっちの立場の市民だとかいうことは関係なしに、「うちの選挙民がこう言った」という話を、結構あの時国会議員も言っていました。この問題はとにかく一定の結論までは持っていかなければならないという勢いを、かなり議員さんたちに与えたという要素があったのだろうと思います。

　─1997年の改正の前くらいにやっと「考える会」があちこちにできてきた時期なので、司書教諭も学校司書も違いがよく分からないという市民の人たちが多かった。議員に、法改正が必要だというような声を伝える人がいた

月より）・松岡要（96年3月まで）。この会議は1996年1月9日〜1999年3月29日の間に計23回開催されている。

のかなあというのが疑問なんですが。

　あの法改正は学校司書を制度化しようとしたものではなかったのだが、実際に国会でなされた議論の半ば以上は学校司書の配置の話でしたよね。そこがものすごく印象的だったんですけれども、文部省の答弁する人が最後にイライラしていたというのがよく分かるのだけれど、「これは司書教諭の話で学校司書のことではないのです」と何回も言っていました。

　─法改正の前に問題点を『朝日新聞』の「論壇」に宇原郁世さんが書かれて[26]
　　世に問うということがありました。あの記事はプロジェクトチームの論義
　　が相当踏まえられているのでしょうか。法案の四つの問題点という形で整
　　理されて書かれていましたけれど。

　あの中で彼女はあの場(プロジェクトチーム)で言ってきたことを書いたのだと思います。1997年法改正は、学校司書の件は当事者間に合意がないので今はふれない、今回は司書教諭のことだという基本線で国会は動いた。にもかかわらず、国会の議論は司書のことに流れがちで、学校図書館問題の焦点はそこにあることを明らかにしたということは大きな意味があった。残した課題は大きいが、一つのステップだったと言えましょう。

　─確かにプロジェクトチームのまとめは、法改正にはいろいろ問題があって
　　これからが勝負みたいなことが書かれていたので、どんな立場から読んで
　　も納得はできたのですが。でも私が最終的に見たのは改正案が通ってし
　　まってからなので、改正案が成立してしまったら今更ダメだとか言えない
　　わけだから、あとは成立した法律をどううまく使うかしかない。だから、ま
　　とめはそうなるよなあ、と思ったんです。

　─すごいダメージを受けましたよね、あれは。

　そこがちょっと違うんだと思いますね、私の受け止めとは。

　─ダメージというのは法改正がなったということで、プロジェクトチームの
　　まとめという意味じゃないんですよ。まとめを読めば、プロジェクトチー
　　ムとしては法改正に対して反対であったというふうな論調はありませんが、
　　話し合いの中では法改正に反対の意見はなかったのかなと思ったのです。

　法改正を阻止するとか無くすとかそうならないようにするというのは、プロジェクトチームの出発段階の目標ではないんですよ。法改正にいよいよ手をつける段階へ進む情勢が出てきた中で、必ず焦点になり、デッドロックに乗り上げ

26)　宇原郁世「論壇:学校図書館法「改正」は後退になる」『朝日新聞』1996.7.24朝刊.

かねない問題についての共通認識の基本を提起したい、それがいま必要だ、というところを重視していましたから。

　―目標ではないけれども、そういう話は出なかったのかなと思って。目標にできない状況があったと先生も言われたように、今の時点で全国 SLA は絶対引っ込めないし全国 SLA の力を考えれば司書教諭をすぐにナシにするなんてことはできないけれど、将来的には一職種と決めて、後々そこになんとか皆でたどり着くような方法を考えるとかそういうふうなのはなかったのかな、と私は思うんですが。

　目指すところをどこに置くかということの違いだと思いますが。このまとめの中でも、本来は学校図書館に二通りの専門家を置くというのは理屈の上では成り立たないというのは、書いたと思います。学校図書館の専門家は一職種です。それは教員ではない。その上で、学校図書館が有効に活きるためには教員の理解と参加が必要であり、それを引き出し、力にする役割として現行法にある司書教諭を使うことで共通理解を得たい、と考えたのです。

　―だから将来的には一本化みたいなことは言えなかったのでしょうか。

　そこは将来的にみたいに言ってもいいけれども、そこまで言ってしまうとこの時点では言い過ぎではなかったか。しかし、学校図書館に二通りの専門家を置かないといけないというのは、どう考えても説明がつかない。将来的に一職種というのは、もうずっと私は思ってきたし、そのように言ってきました。この時も当然そうなんですよ。それは緩やかには、このメンバーの中では、それがより教師サイドであるか、より司書サイドであるか、これはまあ微妙だけれども、積極的に「学校図書館の専門的職務を掌る」二通りの人がいるということは理屈として本気で正面から言う人はいなかった。多分今でもそれはないと思いますよ。みんなに説明できるような学校図書館に二通りの違った人を専門家として置くという必要性については。

　そういう意味では学校図書館専門職員というのは、これはひとつの、より教師に近いとみるか、より司書に近いと見るか、それはまあ見方の違いがあるとしても、学校というのは教師だけで成り立っているものではないというのは多分当たり前になってきているので、学校図書館職員というものが担うというのは当然のことで、目指すべきはそこだ。だから将来的に二職種というのはそういうあたりを緩やかにまとめたらこうなるのだけれど、「二職種配置ではなく」と言ってしまうと、二職種配置はできるだけ早く無くさないといけない、そういう方向性を明確に出せるかと言ったら、そこにものすごいエネルギーを使うこと

は無理なことだ。それよりは現実的に、しばしばいうように歴史的所産としてそうなったんだから、それはそれとして前提にしつつ、内容的に二人いても無理はないあり方というかそれなりに理屈づけをして、しかしそれはわざわざ二つを積極的に置く理由ではなくて、長い目で見ればそれが一つになっていくということは望ましいというくらいのあたりなんです。

　だから、この質問の受け止め方を間違いとは言わないけれど、「二職種配置ではなく、将来的に一職種でまとまった経緯」と言われると、「まとまった」と言えるかどうかというのは、ちょっと微妙だという感じがします。その上で言っている内容は先ほどから話したことだから、前提にするということはそうだ、ただ学校司書はこの段階ではまだ制度になっていないから、だから市民の人たちが今必要なのは、そんなごじゃごじゃした話は別にして、宇原さんが言うとおり、欲しいのは学校図書館をちゃんとやってくれる人。そういう人を学図法に明記しないと必要な人が置けないのなら法改正を、というぐらいのわりかし素朴なところで法改正に対する期待が市民から出た、ということではないでしょうか。

　―市民から出たんですかね、そこら辺が。

　国会議員にそこまで思わせたのは、やはり市民、有権者の声でしょう。ただその理解は、「人が必要だ」というところまでだったでしょうが。議員の中には市民の声を直に聞いた人もいると思います。ただあんまり細かいところまで分かっていたわけではない。要するに学校司書の問題はややこしい、意見が分かれるから棚上げして、ということで与党の小委員会から法改正に動いた。ややこしいというのは、あんたらの方がまとまらんのにこっちへ持ってきても困るという話で、まず第一段階として今回は司書教諭だというのでやったわけですが、まあまとめる方も受け取る方もいろいろあって、とにかく学校図書館を担当する人についての制度が必要だ。だからそのことを、内容的には学校司書の問題になるのだけれど、提案する方は司書教諭の問題だと。それが混線してしまって、専ら司書の話ばっかりで説明側がイライラするというふうになったのは、あの段階では無理からんことだと思うけれど。

　あの法改正が成らなかったら良かったと言う人もいるけれども、あれが成ったからその後17年かかったけれども、学校司書の法制化へつながっていったというのも確かで、もうちょっと放っておいたら市民の求めがよりすっきりしていって受け取る方も国会の場でもっと焦点がはっきりしたかというと、それは分からないでしょう。

　―1997年の学図法改正は司書教諭の粗製濫造を生んで、力のない名前だけの

司書教諭がいっぱいできたわけですよ。日教組を支持する一部の学校司書は、自分たちが専任の司書教諭になれると思い込んでいました。東京都の「学校司書切替選考」で発令されたのは、すべて充て職の司書教諭であり、中には司書教諭になれず、教科教諭についた人もいました。[27]神奈川の組合などでは「司書教諭の有名無実化」みたいなことを言っている人もいました。[28]

　司書教諭の発令では何も変わらないということがむしろはっきりした。一つのステップとしては意味があった。やっぱり図書館はそれに携わる専任の専門家がいるということは、逆にはっきりした。司書教諭は専門家にあたらないということもはっきりした。ただそのことを公式に認めるということは、文部省にしろ全国SLAにしろ、なかなかそれはできない。先程来のなぜ単一職種でなかったのか、ということにつながるわけですね。充て職司書教諭の発令というのは、あの制度が実態としてそこから何が生まれるかということを明らかにするためには、無駄な話ではあるけれども、必要なステップではなかったか、むしろ私はそう思います。17年は長すぎますがね。

○　2014年法改正後の学校司書の状況

　2014年の法改正で、「学校司書」が法制上明記され、それが「専門的知識及び技能を必要とするもの」であることが公認された。しかしここまで各地の努力や創意で生み出されてきた多様な「司書」を、いかにしてこの専門職にみあう中身に創りあげていくかの筋道はまったく混沌のままです。一番の責任を負うべき文科省は「規制緩和に逆行する」という奇怪な理屈で責任を果たそうとしない。何が問題なのかははっきりしている。問題はそこをどう動かすか誰がどこでどう発揮していくのかというところで止まっている。放っておくとジワジ

27）2001年4月東京都は「学校司書の教諭切替選考の実施について」の通知を出し、2002年度から2004年度の3年間、学校司書のうち教諭・司書教諭有資格者を対象に選考試験を実施することを示した（『がくと』(17)、2001、p.85）。2002年度の合格者11名のうち4名は司書教諭にはなれず、発令された司書教諭も専任ではなかった。また、2002年には都は学校司書の削減を打ち出した『同』(19)、2003、p.90)。

28）2003.2.16学図研主催「いっしょに〈一緒〉を考えよう！：司書と司書教諭の協働を考える会」記録集(2003.4、p.22)には、対県交渉の中で「司書教諭はあくまでも発令はするが、有名無実で、協力してもらえるのなら協力してもらいたい。しかしあくまでも名前だけの発令の司書教諭にしておこう」という発言があったという、神奈川の高校司書からのレポートがある。

ワとそのレベルが固定化していったり、あるいは人がいるということが非常に浅いレベルで広まっていくという困った状況が、今です。

そこに会計年度任用職員だとかが出てきたりして、今現にいる人自身の状況も良くなるよりも、むしろ悪くなりかねないという方向に、残念ながら、今の政治状況の中では流れている。ただ学校図書館の人の問題というのは何だということをはっきりさせて、課題が明確になったというのは、1997年と2014年の法改正はそれなりの貢献はしていると思うし、それもなかったら、もっともっとボランティアのような人が学校図書館の仕事をやっている、そういうことを常態化するようになっていったのではないかという感じがします。

5-4　図書館政策

○　司書資格の認定

―「図書館員の専門性とは何か―委員会の中間報告」[29]で、司書資格の認定に関して、「現状では国家試験による外ないのではないかとする意見もある。当委員会でも、今後の問題として検討する必要があるであろう」という記述があります。この意見はその後、どう扱われたのでしょうか。

その後はそういう発言はほとんど見ることがなくなったと思いますね。司書の資格をレベルアップしたいという、期待の中には、やっぱり医者とか弁護士のような国家試験で認定されないと、なかなか専門職は社会的な位置付けは得られないだろうという考えが、一般論としてはあるわけですね。そこで司書についても、司書資格を国家試験でやったらどうかという考え方は図書館法制定時[30]にもあったし、図書館員の専門性とは何かという JLA の図書館員の問題調査研究委員会が設置されて、その委員会が最初にやった検討の中でもあったようです。ただその後はどうかといえば、実現性もみこめないし。まとまった運動として目標としてそれを進めていくということはまずなくなったと思っていいのではないでしょうか。

図書館法を作る過程と図書館法が出来てから10年ぐらいの間に、何度か図書館法を改正しようという動きが出てくるんですね。その初期の10年間ぐらいの最後に、改正反対と言う意見が図問研とか当時の比較的若い世代の人たちから出てきて、結局それは潰れてしまうのだけれど、その中で「図書館法改正草案」[31]

29）図書館員の問題調査研究委員会、『図書館雑誌』64(11)、1970.11、p.18-20.
30）1950(昭和25)年法律第118号
31）JLAの図書館法改正委員会が、『図書館雑誌』51(12)、1957.12、p.554-558に「図書

というのがあって、司書の資格身分を社会的に向上させるためには必要な処置ということで、国のちゃんとした検定というか試験があってそれに受かった人だというふうにすると社会的な評価も高まるだろうというので、検定試験がその草案の中に盛り込まれていました。

　その草案は潰れたのでそこで終わってしまっているんですが、そういう形でむしろ調査委員会が提案する以前の段階で、旧世代の人、図書館法を作った人たちというのは戦前から割合継続している、戦後初期も県立の館長さんなんかでいろいろ頑張った人たちが少なくないんですが、そういう人たちの発想の中には結構それが強かったということがありました。以後はそういうことを言う人もなくなったし、あまり現実性のある話とも思われていないと思います。

　　—国家試験によるという話がもう出なくなったというのは、司書資格が国家試験になじまないという考え方からくるのでしょうか。

　どうだろう、国が認定している資格であることは間違いないが、その必要性が差し迫って感じられている状況にはないでしょう。

　　—教員免許も同じように教育関係は国家試験がないのですが、やっぱりなじまないということでしょうか。

　そんなことを言っても取り上げられる可能性があるかと考えたら、国家試験があるのは医者と法曹関係、あといろんな技術者の資格がありますが、建築士とか危険物取扱者とか、看護師とか薬剤師もそうですね。どれくらいのレベルのものを想定するかにもよりますが、教育の世界では、教師を一律の検定試験でということを言う人はいないですし、教育学会なんかでも国の試験に教師の資格を入れろというようなことは誰も言いませんので、それと同じような認識ではないでしょうか。

　ただ司書の資格というのは簡単に取れすぎるというのがあって、社会的評価を上げようとすれば各大学が自主的に高める努力を、という意見もあるが１単位や２単位増えたところでそう変わるわけでもない。大学の受講によって取得する資格というのとは違う性格付けをやることによって、権威付けをしたいという願いでしょう、検定試験を構想する人は。この「図書館員の専門性とは何か」という文章だって進んで検定試験を推奨しているというよりも、「現状では国家試験による他ないのではないか」とあって、要するに国家試験でもやらんことには、今の司書の資格イメージを大きく変えることは無理ではないかとい

　　館法改正委員会報告」として発表。

うニュアンスの中で書かれたのではないかなあと、これは現在の私の感想ですが。まあ、書いた人も本当に実現するとは思っていなかったし、それがものすごく良いことだとか大事なことだとまで考えたかどうかよく分かりませんね。

　　―「図書館員の専門性とは何か」では、「2．高度の図書館学教育と権威ある資格認定制度があること（2）資格の認定」のところで、「本年（1970年）3月の協会評議員会で協議題として『日本図書館協会で司書資格を認定することについて』が提案されたが、とくに深い討議もなされなかった」とあります。

　　―資格養成と任用の問題で、医者とか法曹界というのは大体みんな養成されたら任用されるじゃないですか。ほぼ100％近く。医者の資格を持っているが医者をやっていないというのは本人の希望で、そういう人はいるかもしれないが、他の資格は教員免許もそうですが、免許は持っていても実際に利用されるかどうか分からない、各自治体でその後試験があるので。そういうズレの問題ではないですかね。

　国家試験をやって有資格者を乱発するというのは国がやる仕事としてはなかなか根拠に乏しいですね。少なくともこれだけの需要がある、それを保障するために国が試験をやって、一定数の人材確保をするという計画養成がはっきりしていると、成り立つのかもしれませんが。教師や司書の場合は、採用される候補者としてのレベルを確認する資格という理解です。

○　図書館事業基本法

　　―1980年代の図書館事業基本法要綱案[32]では、資格の話は触れているのですか。
　国家試験のことまで言っていたかどうか、この基本法は、強い法律で図書館全般の振興を図ろうということですからね。法や行政の力で図書館振興を図ろうという発想は1960年ごろでほぼ消えたと先ほど言ったけれども、それがもう一度ちょっと担い手が変わって再燃した形で上がってきたもので。これ自体は2年ぐらいでポシャってしまいました。[33]

32）1978年図書議員連盟が発足し、全国図書館網の整備について検討。1981年図書館関係の11団体が集まり図書館事業振興法検討委員会（事務局は JLA）が発足。その後「図書館事業基本法要綱案」を含む「図書館事業の振興方策について」が発表されたが、多くの批判が寄せられ、関係団体の意見は一致せず議連の段階で見送りになった。（是枝英子ほか編著『現代の公共図書館・半世紀の歩み』JLA、1995、p.190）。

33）塩見昇・山口源治郎共著『新図書館法と現代の図書館』JLA、2009．

　―この図書館事業基本法に熱意を持った人たち、要するに国の力や法制度の
　　力で図書館を整備しようという人たちがこの時代にもおられたということ
　　ですが、世代交代でみるとどういう関係にあるのでしょうか。

　なかなかそこは難しいところですが、基本法は図書議員連盟から立法化の用
意があるというエールが送られての始動だったので、この気運を活かそうとい
う反応が生まれたのでしょう。確かに行政施策的にことを進めようとすれば、
そのための強力な法の拠り所が要ることは要りますよね。法律はいらないとい
う話で全部無法状態ではことが進むものではない。確かに法や制度がいること
はいる。問題はその法や制度を誰がどう活用するか。私は「制度の民主的統制」
という言い方が適切かと思うのだけれど、やっぱりそれが必要なんですよね。
ただそういうふうに制度を活かしていく力が伴っていなければ、結局どっちが
その制度をうまく活用するかといえば、やっぱり権力サイドがいいように使う
という可能性が強いですよね。だからこの事業法というのは、私は、100％否定
されるべきものではなかったと思います。

　その後、比較として一時評価されたのが韓国で、各館種を全部網羅した図書館
法と、それから大統領府に図書館政策委員会を作って、そこが図書館政策につい
てかなり積極的に提起をした、韓国の図書館をその後飛躍的に発展させたと一
時紹介されたことがあります。[34] その後、韓国はいろいろと逆のトラブルが多い
ですが、そういう大統領府が直接発言するような図書館政策委員会がありまし
た。アメリカでは図書館振興は基本的に州政府の役割ですが、図書館サービス
建設法など連邦政府が直接手がける施策もあり、それを ALA（アメリカ図書館
協会）は結構うまく活用しながら運動に結びつけていますね、そういう面もある
んです。そういうことについては100％否定されるべきではない。しかしそこ
に委ねるという発想に入ってしまって、しかもそれを活用するだけの自分たち
の力がなかったら、1959年の社会教育法改正のように「パンを求めて石を与え
られた」（→本書 p. 249）ということにもなりかねない。この難しさの問題があ
ると思います。

　図書館事業基本法の問題というのは、まさにそこのところが焦点なんです。
戦前からの当初の図書館法を求めた人たちがこの時代にまだ生きていて頑張っ
たという話ではなくて、もうその人たちはほとんどいなくなっていました。図

34）金容媛「韓国の図書館」『図書館概論』塩見昇編著、図書館情報学テキストシリーズ
　　（2）、JLA、2008、p. 252-6.

書議員連盟ができて、すべての館種にわたる国の図書館政策を作ってはどうかと言い出して、それに乗ったということです。JLAの当時事務局長の栗原均さんが、この事業法を進めるための委員会の連絡役をやったので、結構JLAが推進したと言ってたたかれる立場になったりして、栗原さんも非常に苦労をして、苦い思いをしなければならなかったと思います。この中には、韓国やアメリカにあるような図書館政策の基本を定める委員会のようなものを国が作るといったようなことを含んでいたので、批判も結構ありました。特に館種を全部横断する組織で検討しようとしたので、全国SLAはそれで懸案課題を進められるのではという期待もあって、非常に積極的だったと言えます。

　──佐野さんが書いておられますね。[35)]

　司書教諭の問題などで法律をずっと求めてきて、学図法の改正をずっと要求しながら全然進まなかった、ここで全館種を統合する図書館政策の中でやっと目鼻がつけられるのではと、一番熱心だったのが全国SLAでした。逆に大学図書館は、学術情報システムが丁度動き出す時期でもあり、公共図書館や学校図書館のドロドロしたものを全部ひっくるめてひとつの図書館政策などというのはありえないと、国立大学図書館協会は一番強く反発して早くに抜けると言い出して、そこから壊れていったというのが、だいたいの真相だったと思います。全館種が足並みをそろえた図書館政策を考えるということ自体がそもそもあり得るのかどうかというような議論もあったりして、委員会で一定のまとめも出たのだけれど、それ以上は進まなかった。図書議員連盟の方も、これはもう無理だなということで図書館界というのはなかなか難しいところだなと議員さんたちもあまり深入りしないということでポシャった。

　先ほどの質問の「国の力や法制度の力で図書館を整備する」つまり「制度に依存する」ということですが、それがどういう方向を向いているのかと、そういう方向で活用しきれるだけの担い手・主体がいるのか、あるいはそういうものを支持する国民的基盤・土壌がどれだけできているのかということとの総合的な理解の中で考えていかないと、一面的に強い法律や制度を求めるということだけでは、そう良い発展にならないのではないかということは言えると思います。

---

35)　佐野友彦「学校図書館法改正運動30年」『学校図書館』(393)、1983.7、p.28-51. この中で「四者共闘がはかばかしくいかない状況で『図書館事業基本法』はひとつの活路である」と述べている。また、全国SLAは「図書館事業基本法の付則で改正されるべき学校図書館関係法律案要綱」(1981.9)を図書議員連盟に提出している(この要綱は、『図書館年鑑』(1983)、JLA、1983、p.309に掲載)。

第6章　学校図書館の教育力

6-1　学校図書館と教育改革

○　教師が学校図書館を知ること

—1973年に論文「『学校図書館の利用指導』を成りたたせる要件」[1]で利用指導が狭義のものになっていると批判されていますが、利用指導に着目されたのはなぜですか。また、今の教育研究者に、戸塚廉などの図書館教育の実践や研究が引き継がれてこなかったのはなぜでしょうか。

　利用指導については、確かにそこに書いています。年に1回は『教育学論集』に書かないといけないと自分でも決めていたので、これは歴史のこととは別だけれども、この頃の学校図書館への私の関心がそこにあったということを反映しているのは事実でしょう。大教大は教員養成大学ですし、しかもその頃は司書養成をまだ行っていませんから、卒業生は基本的には学校の先生になるわけです。先生になる人が勉強する図書館学ですので、基本的には子どもが図書館を使えるようになるための教育が必要だろう。子どもが図書館を使えるようになるためには、本の並び方や分類などを利用指導の内容として考える以前に必要なこととして、子どもが図書館を使いたくなるように仕向ける先生のあり方が大事だ。教員養成大学としてやらねばならない図書館学は、子どもにどう利用指導をするかというよりも、利用指導の意義を自覚し、利用指導のできるような教師を一人でも増やすことが大事だろう。図書館が好きな先生、自分のためにも図書館が使える先生。図書館がいいものだと思ったら、そういう図書館の活用を子どもたちに奨めようと考えるだろう。自分が使ったこともないのに利用指導したって子どもが喜ぶはずはないし、そこから子どもたちが図書館を使うはずがない。だからまず利用指導というのは、特に教員養成大学における授業として利用指導を考える時には、子どもを図書館好きにできるような先生をどう養成するかということが大事なのだということがありましたね。

　そこから私は比較的早い時期に、学校図書館とは何かを追求するための歴史的な研究とは別にして、学校図書館の現代的な問題として利用指導について書いたんだろうと思います。利用指導を、要するに子どもたちへの図書館や資料

1）塩見昇、『教育学論集』(2)、1973、p.139-146.

の使い方の指導だと捉えるのは狭い。もっとトータルに図書館を使うことによって自分の勉強がこんなに広がっていくとか、こんなふうに勉強の仕方が変わっていく、勉強が面白くなる、そういうガイドだというように考えた方が良いのではないか。そのためには、戦後初期には「図書館教育」という言葉があったのですが、この頃には利用指導という言葉にだんだんに絞り込んでいったので、改めて図書館教育というように概念を広げて考えた方がいいのではないかと思い始めたということがあったと思います。だいぶ後で「『図書館教育』の復権」を『図書館界』に書いたことがありますが、この頃の発想としては、繰り返しになりますが、図書館が好きになるような子どもを育てる教師になってほしいということが、この利用指導をテーマにする狙いだったと思います。

　戸塚廉さんのお仕事を含めて図書館の持っている教育力になぜ研究者が目を向けないかということは、私自身がずっと思いつつ、科研費の関係で船寄俊雄さんだとか木幡洋子さん、森田英嗣さん、今年（2018）亡くなられましたが神戸大学の土屋基規さんらと一緒に仕事する中でもずっと思ってきたことですが、なんでかなあ、もうちょっと教育の研究者が図書館に目を向けてくれたらいいがと思いながら、現状はあんまり変わってきていないのですが。

　教育学の研究者、教育学の専門家というのは教育の中身の問題、教科書とか教育内容の方にものすごく関心を持って、それは当然なのですが、同時に学びが成り立つための環境や条件づくりの方にはあまり関心を向けないですね。教育環境学という言葉もあるのですが、あまり真正面から教育が成り立つための環境みたいな外側のことについて目を向けるというのは、教育の研究者も実践家もメインの関心になかなかしないというところがある。学校図書館はそういう意味から言えば教育環境の一つということになる。主たる関心の目が届きにくい、それよりもむしろ中身の問題だ、あるいは方法の問題だということで、当たり前のことではあるが、そちらへの関心の方が先行しているのでしょう。

　教育学の世界が学校図書館に目を向けてくれるということの少なさの中で、いくらかそういう部分のきっかけになったかなということの一例を紹介します。『日本の教育史学』という教育史に関する学会誌ですが、日本の教育史学会の合同の紀要みたいなもので、この分野では有名な雑誌なんですが、その中の研究動向、一年ごとの教育史の成果のレビューの中に、私の『日本学校図書館史』の簡

２）塩見昇、『図書館界』56(4)、2004.11、p. 214-222.

３）塩見昇『日本学校図書館史』図書館学大系(5)、全国SLA、1986.

単な紹介をしてくれていて、「学校教育史の分野で注目すべき労作が著された」と、学校教育史の研究成果だということを認めてくれている。さらに「本書は『どのような教育をめざす時に教師が図書館を必要としたか』という斬新な視点に立って、教育活動の創造的取組から生まれた学校図書館の歴史を描いた作品である」とこの本のことを紹介してくれている。[4]教育大の同僚である教育史の先生がこんな本が出たと学会に紹介してくれたからですが、教育史の専門書の中でこういうことがあると目を向けてくれる人がちょっとは広がるわけですから、私としては中身はともかくとして大変ありがたいことだと思いました。

　―1980年に、「学校図書館の問題を教育改革の課題としてとらえ、学校図書館のはたらきを通して現代の学校改革にどう関与し得るか、その可能性と展望をたしかめたい」と書かれています。[5]学校図書館の問題を教育改革の課題ととらえられたのは、学校図書館の実践や文庫の人たちとの活動を通して考えられたのでしょうか。

　前にもお話したように、学校図書館が学校の中で生きて機能するためには先生の仕事と結びつかないと駄目だろうというのは、かなり早い段階から一貫してそういうふうに思ってきました。教師にもいろんな人がいますが、少なくとも子どもたちのために良い教師であろうとする先生の授業実践に役に立つ、というところで、初めて教師が図書館を信頼するだろうし、図書館を活用したら教師として良い仕事ができるという実感を教師にもってもらうためには、というのが、教員養成大学で学校図書館を考える私の立場から言うと、一番大事な立脚点だっただろうと思います。

　だから先生自身が、まず図書館についてよく知ることが大事ですし、図書館についての質の良い認識を持たなければいけない。それは教員養成の大学の授業で教えたらそうなるという話ではなくて、先生一人ひとりがそういう実感を持つためには、教師に対するサービス、教師に対する図書館活動が非常に大事。普通は子どもに図書館の使い方を教えるのが利用指導でしょうが、それが成り立つためにも、子どもにどう利用指導をするかという前に、しっかりとした図書館活動がなければならないというところですね。『教育学論集』では当然、教育改革とか学校改革ということをたえず教育学の研究者として共通のテーマに取り上げていましたので、そういうことに図書館が関係するとすれば、今言ったよう

4）花井信「日本教育史の研究動向」『日本の教育史学』(30)、1987、p. 208.

5）塩見昇「学校教育の改革と図書館」『教育学論集』(9)、1980.3、p. 29-36.

な視点での学校図書館についての認識を先生になる人たちにしっかりもってもらうこと、あるいは現に学校の教師でいる人たちにそういう体験ができるような場面をつくっていくことが大事。学校改革や教育改革と図書館の関係の基点は、私の場合はそこであったと思います。

　—全国 SLA の先生たちや他のいろんな人が「学校図書館で教育を改革する」と言われる場合、授業との関わりのところで止まってしまう、そこの中におさまってしまう人が多い中で、先生は普段の図書館活動の重要性を取り入れておられます。例えば、図書館の選書にしても、いろんな意味で授業と直結するようなものだけではなくて、普段の児童生徒が自由な読書でも十分喜ぶような、使えるような図書館をある程度容認されますよね。そこの違いは何なんでしょうか。

　授業と直結というけれども、先生が授業で図書館を使うという関係になるためには、さっきも言いましたが、先生自身が「図書館っていいものだ」という実感を持たないことには、ほんとに意味のある利用指導はやれないと思います。教師であるから当然子どもに対して図書館の利用指導をするべきだという観点から出発するものではない。先生自身が、やっぱり図書館っていいものだと思えば思うほど、こんなにいいものは子どもたちと共有したい、子どもたちに使えるようにしてやることが結果として子どもの学びを豊かにすることになるということを、理屈ではなくて感覚として経験し、教師自身が確信することが大事だと思います。そういうことが授業と結びつく図書館であって、普通に授業と直結すると言ったら、テクニカルに図書館を使って調べ学習をさせるとそれが図書館を活用したことになるわけですが、ちょっとそこのところが違うのかもしれない。だから、まずは対教師の利用指導に結果するような、教師を意識した日常活動が重要だと思っていたのでしょうね。

・市民に学ぶ

　そういう発想がどこから来たかと言うと、やっぱり遡っていけば1969年ぐらいの大阪市の市民の人たちの活動との接点が、そういう発想をする出発点であったという気がします。あの大阪市で、とにかく図書館問題は、大きな都市になれば市議会の中で図書館が話題になることなんかありえないという状況の中で、1969年ぐらいに大阪市議会の中で図書館をどうするこうするというようなことが、おそらく初めてと言ってもよいでしょうが話題になるわけですね。その市民活動は、前にお話したように、大阪市立天王寺図書館友の会をつくって、森耕一さんが館長をやっていた時の天王寺図書館で、読書会をやったり団体貸

出を利用した経験を通して、大阪市民のお母さんたちが図書館というものを身近に感じ出したこと（→本書 p. 101）。『朝日新聞』の社説の影響も大きかったですが、大大阪に図書館が二つか三つしかないのはおかしい、もっと身近にということを市民自身が言ったことが議会で取り上げられて、議員の中にもこれは先々政策的にも大事になる問題かなと思った人が現れだし、とにかく話題になってそこから分館づくりに動き出すわけです。[6)]

　やっぱり起点は市民が声を出したことですが、市民はいきなり声を出したわけではなくて、そのためには市民が図書館をいいものだと感じるはたらきを図書館がした、森さんを含めた大阪市立天王寺図書館の活動というのは大きなインパクトになっただろうと思います。そういう展開を予想して重点をしぼった方向で大阪市の図書館として力を入れる方向づけに努めたのが、私の在任中の最後の仕事になるわけですが。

　あの経験があって、住民運動のところでお話した図書館づくりの二つの考え方（→本書 p. 245）というのはそこにつながっていくし、それを実証した一つだったという気がします。住民とともに請願の手伝いをしたわけでもありませんが、あのおばさんたちが議会に意思表示をするようになるそのプロセスになにがしかの関わりをしたと思うし、あるいは自分が直接したかどうかは別にして、そういう市民がいるということによって大阪市の図書館行政が動いたという事実、これはやはり身近な実体験として大きいことだったと思います。その点では後に学校図書館を考える時にもやはりそういう関係は公共であろうが学校であろうが大学であろうが違いはない、一緒のはずだというふうに思ったというのが大きな出発点ではないでしょうか。

○　科研費による教育学研究者と共同の学校図書館総合研究

　—科研費による学校図書館をテーマとした研究について教えてください。

　これについてはこれまで度々申し上げたように、学校図書館は大事な学校の教育環境には違いないのだけれど、教育学の先生で学校図書館に関心を持つ人は必ずしも多くない、多くないどころかほとんどいない。そういう状況の中で、私としては教育学教室のスタッフだった時期がありましたので、できるだけ近

6）この経緯は、森耕一追悼事業会編『公立図書館の思想と実践』（日図研、1993、p. 1-20）や、「1960年代半ばから70年代初頭の大阪市立図書館：地域館整備に向けての歴史的な転換の背景をたどる」『〈図書館・文化・社会〉6「公立図書館の思想・実践・歴史」』（相関図書館学方法論研究会編著、松籟社、2022、p. 3-56）に詳しい。

くの教育学の研究者が学校図書館に目を向けてくれることを期待しながら、折に触れて多少の働きかけはしてきたつもりです。しかし教育学全般の領域からいくと、学校図書館はほんのちょっとした領域でしょうね。なかなか大事なことはわかるけれども、ちょっとそこまでは頭が回りきらんというようなところがありがちでした。

　その中で、これは私が言い出したのではなく、木幡洋子さんが、広島大学の法学の出身で、教育法学を専門にし、教育学部で助手をしていたことがあるものだから、教育法学、学図法、学校図書館ということで、学校図書館に大変強い関心を持って、私の本を読んだりすることから学校図書館の総合研究を科研費（科学研究費助成事業）を申請してやりたいのでその代表者になってほしいと言ってきたのが発端です。

　木幡さんが広島時代から馴染みの船寄くん（学図研でも講演を依頼していますが）に協力者に加わってもらい、船寄くんは大教大から神戸大学の発達科学部に移っていたので、そこの中心で実力者でもある教育法や行政の専門家の土屋基規さんに船寄くんを通じて入ってもらい、そして「考える会・近畿」でもいろいろ仕事をしてもらった大教大の教育工学の森田英嗣さん、こんなスタッフで科研費を申請しました[7]。

　丁度私が大教大を終える頃だったんですが、3年プランでちょっとまとまったお金、何百万かくれたものですから、それを使って実地調査などをやりました。その成果の一つとして『学習社会・情報社会における学校図書館』という大きな本をつくり[8]、それの普及版みたいな形で『教育を変える学校図書館』を風間書房から出しました[9]。

　科研費をもらってやるとその成果を一つの文書の形にして示さないといけないのです。その共通の報告の仕方というのでこういうもの（数十ページの冊子）を作ります。大きな本にするかどうかというのは出版助成金というものが別にあって、出版社にすれば何十万、何百万というお金が入ってきて、入ってくると安心して出版できますからね。ノルマとしての発表はそういう大きな単行本を作るということではなくて、せいぜい数十ページぐらいの冊子ですが、何々の科

---

7 ）このスタッフを集めるときのいきさつについて、木幡が『学習社会・情報社会における学校図書館』（塩見昇・船寄俊雄・森田英嗣・土屋基規・木幡洋子共著、風間書房、2004)の「あとがき」(p. 271-273)で、詳しく語っている。

8 ）前掲注7 ）

9 ）塩見昇編著『教育を変える学校図書館』風間書房、2006.

研費に基づく研究成果はこういうものだというものを作って出す責任があるわけです。その報告書がこれです。[10)]

　この中にはそう詳しく書いてあるわけではないけれども、この総合研究としてはどういうメンバーで、どういう趣旨でどういうことをやったか、調査をしたり発表したことの概略みたいなものを載っけて報告書として提出をする。これは200か300部ぐらい作ったと思いますが、科研の成果を知らせるために方々の大学や図書館に送りました。もうあまり手元には残っていません。

　この中に聞き取りの調査が2つ入っていて、一つが沖縄に行った時に沖縄の学校図書館行政の中心的な役割を長い期間にわたって行った元沖縄県立図書館長の島元巌さん（2021.4没）。それから、千葉県市川市の山口重直さん。教育長で学校図書館に読書教育の予算をつけました。有名な学校司書の人がいましたね、高桑弥須子さん、何人かの熱心な先生たちがいて、市川全体として読書教育を中心とした学校図書館活用ということをやったことではかなり知られたところです。山口さんのお宅に伺って、いろいろ当時おやりになったことなどの話を伺いました。そのインタビューの、完全記録ではありませんが、ある程度の内容みたいなものがここに出ています。

　沖縄の方については、それとは別に『大阪教育大学教育実践研究』の9号に、[11)]「沖縄の学校図書館」という我々がやった一連の仕事の部分を特集みたいな感じで、40〜50ページぐらいあるんですが、その中に島元さんについてのインタビューの記録を載せていますので、島元さんについてはこの両方に記録が載っているということです。

　そういうことがあったもんですから、土屋さんは神戸大学の紀要の中に、学図法についての自分の単独の研究論文を発表しました。[12)]日図研でも研究大会で講演をやってもらったことがあります。[13)]ご本人としても学校図書館のことを書いたり喋ったりということを少しやってくれました。森田さんは自分でも発表し

10)　『平成11・12・13・14年度科学研究費補助金基盤研究B(1)「学習社会・情報社会における学校図書館の総合的研究」研究成果報告書』課題番号11410073.

11)　大教大教育学部附属教育実践総合センター編、2000.12、p.55-123. この中に、塩見昇「I.総合研究の趣旨と沖縄調査の概要」「研究ノート：沖縄の学校図書館」／島元巌・木幡洋子「占領下における沖縄学校図書館の発展：島元巌氏への聴き取りをもとに」が掲載されている。

12)　土屋基規「学校図書館法の成立と展開」『教育科学論集』(4)、2000、p.11-23.

13)　2006年図書館学セミナー「教育基本法と図書館」の中で講演、タイトルは「教育基本法『改正』と日本の教育」。記録は、『図書館界』58(6)、2007.3、p.336-342。

たりしていましたし、船寄くんも講演をしたりしています。教育学のいろんな領域を専門にする研究者の人たちが学校図書館に目を向けて、共同で一つのものをまとめたというのは、おそらくこれまで全くなかった仕事だと思います。

　内容自身の是非はともかくとしても、そういう形で学校図書館研究を進める動きをつけたことは意味があることだと思います。学校図書館を法律の制度の面から取り上げた坂田仰さんが、学校図書館について熱心に発表したり書いたりしてくれていますが、たくさん例が出てくるというところまでは行っていません。この本について中村百合子さんが学校図書館の年間の研究動向をレビューしたものの中で、そういう形での学校図書館研究についてはかなり高く評価して、中身の簡単な紹介もしてくれていました。もっと広がってくれるといい一つの大事な試みではなかったかと思います。

　その後、東大の根本彰さん等が占領時代のことで継続したいくつかの研究をやっていますが、まだまだ図書館の領域では科研に基づく研究成果というのはそんなに多いわけではありません。大学のスタッフだけが資格があるわけじゃなく、もっともっといろんな人がやったらいいと思います。大学の正規の人、専任の人でないと代表者になれないという制約があり、研究は大学の正規のスタッフがやるものだという思い込みみたいなものが強い気がしますが、図書館の人たちはもちろん皆研究者で十分その資格があるわけです。こういう科研費なんかに基づく研究、あるいはいろんな分野の人たちが一緒にやるやり方というのは、もっともっと皆さんが取り組んでいくようになったらいいのではないかなと思います。こういうことは今まで話題にしていなかったと思いますので、ちょっと補足をしておこうと思いました。

　――普及版の『教育を変える学校図書館』の方ですが、教育学者が学校図書館に関する本を出したということに励まされたということと、私は提起された図書館の教育力も関心事だったので、5章で学校司書などにハッパを掛けられた部分が大変印象に残っています。「現行の職員制度の不備を矛盾として露呈することにならざるを得ないほどの実践と成果の高まりが必要

14) 坂田仰編著『教育改革の中の学校図書館：生きる力・情報化・開かれた学校』八千代出版、2004 ほか。
15) 中村百合子「学校図書館に関する日本国内の研究動向」『カレントアウェアネス』(282)、2004.12、p.24-28.
16) 根本彰「戦後教育文化政策における図書館政策の位置づけに関する歴史的研究」課題番号14510267 ほか。

である」とあります。

　それは私が書いたところですね。複数の教育学の研究者がまとまった本にする形で出したものはそれまでにはなかったと思います。そういう点ではやっておいて良かったなと思います。丁度私が大教大を辞めて大谷女子大学に変わった時期で、私がこのチームの代表者でした。これは公的なお金なので、この活動の事務手続き的なこと、出費だとかお金の管理などをみんな大学の会計がやるんですね。だから途中まで大教大の事務局が引き受けてくれ、大谷女子大の会計に引き継がれるということで、事務局には大変ご苦労をかけました。

　―（鈴木）この時に森田先生が私の所にインタビューに来られました。塩見先生はどのようなアドバイスとか助言をされたのでしょうか。

　この研究は別に私が助言をするというような話ではなく、共同ですから全くそれぞれがそれぞれの領域の中から学校図書館を自分の関心に引きつけてやりました。5つぐらいの領域で総合研究になるのかどうか分かりませんが、総合研究みたいな名前をつけていました。各自がやったので、そう一人一人に対して何かを働きかけるみたいなことはやったわけではなく、実践を見学する対象として、どこの学校にどんな人がいて、どういう特徴があるかといったことを紹介したくらいでした。もちろん学校図書館について私が一番精通しているのは間違いないので、このメンバーの中で考えたいことはどういう課題になるのか、あるいはそれぞれの方が自分はこういう面から考えてみようというときに、そういうことだったらこの辺のことに目を通して考えてみてほしいというようなことを少しアドバイス的に言うことはやったと思います。あくまで皆で、何と言っても各自が自分の関心領域から学校図書館にアクセスすることが前提ですから、どんなふうに学校図書館と関わり得るかで、特に土屋さんなんかは随分戸惑いがあったと思うけれども、いろいろ考えていくと結構大事なものだと気がついてもらう。そこから先は各自の教育学者としてのセンスと力量の問題ですから、皆さんの方でそれぞれ切り口を見つけていったということです。

　そういうきっかけみたいなものを拓くには、そこは図書館なり学校図書館をやっている人間の方が意識して水を向けていかないとなかなか他の人たちは関心領域が広いし、それぞれ自分の課題を持っていますから、彼らの方から自発的にやってくれることを期待するのは難しいので、やっぱり我々の方がどう働きかけていくかが必要だと思いますね。

---

17) 前掲注9) p.180.

　森田さんは教育工学とか教育方法の面が専門なので、そういうサイドからの実例みたいなものを、どこに行ったらいいだろう誰に聞いたらいいだろうということで、箕面の大教大の卒業生や鈴木さんのところ、私が紹介したのか土居さんを通じてだったかもしれませんが、お邪魔して話を聞かせてもらったということがあったのですね。

　―科研費というのは文科省に申請するのですか。

　広い意味では文科省の領域ですが、そういう共同研究を推進奨励する仕組みがあって、そこに申請をする。それぞれ領域ごとに上がってくる計画書に目を通す審査があります。みんなやっぱりお金が欲しいというのも基本的にあるし、各自が積極的に申請して研究費を自前で確保せよ、と文科省が奨励する雰囲気が強くなっています。取れるか取れないかは結果の問題ですが、まず申請をしないと当たりませんよね。最近は大学の研究者なんかの業績審査の中にもそういう研究費を取ろうとしているかどうかという、申請すること自身が研究者として努力の審査対象に入ってくるものだから、大学の事務局なんかも大学の評価にもつながりますので関心が高いです。おたくの大学には科研費を申請するような先生がいませんな、ということになれば大学の評価が駄目になってしまいます。

　だから図書館学でも申請する人が出てきているようですが、それに対して出てきたものを公平に判断して、これは助成に値するということを誰かが選ばないといけないわけです。そういう選択をする人を、領域ごとに、図書館学だったら図書館学で学術会議に登録しているところは日本図書館情報学会と日図研とあと一つ二つあるかどうか、そういうところが一応推薦する格好で申請を評価する仕組みを作っています。そこが選んで年間に何件という格好で研究助成をするという仕組みです。それに応募する必要があります。

　若い人の場合には萌芽的研究といって、まだ育つかどうかわからないがアイデアとして大いに将来に期待をかけて援助しましょうというのも、額は少ないですがあります。それからそこそこ実績のある個人またはグループで申請をする。中身と構成によって助成する金額なんかも違いますから、若手の個人で50万円くらい、何人かの場合だったら何十万から何百万ぐらいになってくる。自然科学系になると桁違いの助成があるわけです。そういう仕組みです。特に国公立大学も独立行政法人になりましたから、国からの直接のお金というのは非常に減っています。いろんな機関が出している学術支援もあるので、自前でそういう外部の研究費を取ってそれでやるべきだ、それがひとつの法人の努力だ

というふうになってきています。最近はいよいよこうしたものに対するチャレンジを奨励する気風が強くなってきています。

　——それはなかなか通らないものなのですか。

　どれぐらい申請件数があるかということが一つはあるし、計上されているお金の総額のことがあります。いいものだったら必ず当たるというものでもないので、やっぱりハードルが高いということになるのでしょうね。だから誰が審査をするかという審査の仕組みも問題になってきますね。

　図書館領域の場合には日本図書館情報学会が今のところ中心になって、日図研も学術会議のメンバーですから相談にはあずかっていますが、私が理事長の時代（1995－2007）に学術会議に入るとか入らないとかを議論した時期があって、主として情報学会の方でやってもらったらいいよというのが当時の話です。川崎良孝くんが日図研の理事長で、東大の根本彰くんが情報学会の会長であった時には、審査の仕組みの委員をどういうふうに推薦するかということについて話し合いをして、ひとつの了解の線でその後は動いてきていると思います。

○ 「図書館のはたらきを通して学校教育の変革を」

　ここにあるのは、教育史料出版会から「新編図書館学教育資料集成」の『学校図書館論』[18]を出した時に、その本を見てくれての手紙です。以前申し上げた八木清江さんのコンビであった高橋精一さんの手紙で、4ページにわたる詳細なものですが、この中で八木さんの実践についてのコメント、それから『教育としての学校図書館』に八木さんが森田先生の「化学の授業に協力して」[19]という、百科事典なんかを使って化学の授業に協力したというなかなか良いレポートでしたが、そのことについての高橋さんの受け止め方、高橋さんもやっぱり化学の先生でよく知っている先生のようで、森田さんの化学の授業と私のやっている授業ということを書いてあったりして、面白い手紙でした。

　その手紙の中で、学校図書館が発展しないのは日本の教育の悪さだと誰もが言うし、そうなんだけれども、それに対して、私（塩見）の普段の言動なり、『学校図書館論』というテキストの構成の仕方も含めて、学校図書館が良くなることで、それが日本の教育を変えることにつながっていく、そういう展望をあげている。それは真に壮大な野望で、そうに違いないけれども尋常なことではなるも

18）塩見昇、新編図書館学教育資料集成（9）、教育史料出版会、1989.

19）八木清江「実践レポート①化学の授業に協力して」『教育としての学校図書館』青木教育叢書、青木書店、1983、p.94-120. なお、森田先生の名前は不明。

のではないと、やや斜めに構えた捉え方をされています。

　『学校図書館論』の一番頭に（完全に忘れてしまっていたのですが）、私はこんなことを書いています。「教員養成大学で学校図書館について講義するようになって20年近くなるが、話をしながら自分でも歯切れが悪いな、喋りづらいなという思いが依然として抜けない。その理由は二つある。一つは、学校図書館のはたらきを必要とするような教育の実態が、学校のなかに乏しいことである」。間を飛ばしますが、「二つ目には、学校図書館のはたらきについて話す際、活動の主体が不在で、『本来、図書館に人がいればできることだが……』といった弁解がましい言い方をついついしがちなことである。専任の担当者がいない小・中学校の図書館について、奉仕機関としての役割を取り上げ、『図書館サービス』を語ることは非常に難しい。図書館の働きを必要とするような教育を学校がしてくれるならば、といった教育の変革待望論を採ることは好まず、これまで一貫して『図書館のはたらきを通して学校教育の変革を』という認識で講義を進めてきたが、そうあろうとすればするほど、この二つのことでのもたつきは我ながら歯がゆいし、苦痛でさえある。"学校図書館は重いな"との感がいまも強い」というようなところを、『学校図書館論』の序文の書き出しに使っています。

　ここを読みながら、昔、宇原郁世さんが、私が岡山に話に行った後の感想で、「学校図書館を重いと言ったあの先生が重いんだから、私らが重いのは当然だ」と、手紙だったかなんかに書いていたのを思い出したんですが。いずれにせよ、学校図書館のはたらきを通して学校教育を変えるという、これは一貫して言ってきているのだけれど、そのことが尋常のことではないということを高橋精一さんが縷々この中で書いてくれています。最終的にはやっぱりこういうところに賭けるしかなかろうというところでは、別に異論ではないのですが、そのことが口だけの話ではなくて、どうしたらこうなるのかという課題としては「大量の教師を巻き込むほかなかろう」と言われています。「私は昭和23〜28年のまばゆいばかりの図書館づくり運動を見、携わってきました。もう一度あれを引き起こせないかと思っています」と学図研への期待も述べられていました。

　これは今回問われたことではありませんが、関連資料を探している時に出てきたもので、大事な資料だと思い紹介しました。

6-2　学校図書館の教育力という捉え方

○　学校図書館の教育力

　――「学校教育の改革と学校図書館」[20]の中で、「学校図書館の独自性（特性）―共

有、主体性、個性の尊重、サービス性、組織性——が生かされるとき、少なくとも生かそうとされるとき、学校教育が変わる一つのインパクトをもたらすことにはなるだろう」と事例を整理されておられます。これが「学校図書館の教育力」につながる最初のものになりますか。また、「学校図書館の教育力」という言葉を使われたのは、論文「学校図書館の教育力[21]」が最初でしょうか。

「学校図書館の教育力」ということを表現したのはこの「学校教育の改革と学校図書館」が最初だと思いますが、「学校図書館が、学校教育において欠くことのできない基礎的な設備」（学図法第1条）とされるのはなぜか、それは学校図書館が備えるどのような特性によってそうなのか、と考える時、必ず向き合わねばならない課題であり、「学校図書館とは」を考え出した初めの頃からずっと意識してきたことだったと思います。

　——『教育としての学校図書館[22]』の中でも「学校図書館のもつ教育力」と言われていますね。

学校図書館とは、を表現しようとすれば、その文中で触れることは当然あったと思うし、要は学校図書館にはどんな力があるのか、教育が変わり学校が変わるために図書館というものがもっている力もしくは可能性は何か、可能性という言葉は結構使ったと思いますが、それは大事な内容であり、学校図書館を考えるかなり早い時期からずっと意識をしていた。それを「教育力」ということでまとめて表現しようとしたのは、ある時期ということになりましょうが。最近の本『学校図書館の教育力を活かす[23]』なんかは、もう学校図書館にはどういう教育力があるかということ自身をなるべく端的に紹介することを主眼にしたので、それがタイトルにもなっているのですが、いつからそれを言葉にしたかはあまり意識してないですね。

なぜ学校の中に図書館が必要なのか。それは少なくとも図書館が何をすることによって学校や教育の変化につながるような作用を生むか、学校図書館には

20）塩見昇、『教育学論集』(9)、1980、p. 29-36.

21）塩見昇「学校図書館の教育力：教育改革への一つの糧として」『教育学論集』(16)、1987、p. 23-30.

22）塩見昇『教育としての学校図書館：学ぶことの喜びと読む自由の保障のために』青木教育叢書、青木書店、1983.

23）塩見昇『学校図書館の教育力を活かす：学校を変える可能性』JLA 図書館実践シリーズ(31)、JLA、2016.

図書館として備える教育に果たす固有の特性があるはずだが、そういう力が本当に発揮されるには、どの図書館もが常にそうなるという話ではなくて、それを活かして活用しようとすることとの関係の中で初めて出てくることだ。そういう意味の教育力を明らかにしていこうとすると、キーになるのは一人ひとりの先生がどう図書館を認識し、どういう力を引き出そうとするかという問題で、結果的にそれが力になって現れるのは、子どもたちがそれを使って何が生まれてくるのか、そういう関係をトータルに把握して、学校にある図書館の独自な役割というものを表現する必要があるだろうというのが、最後の本の中で言おうとしたことだと思うのですね。だから教育力という言葉を使うことで言えるというのは、ある時期から意識的にそうしようとしたことは確かですが、内容的にはずっとそれにつながることを言ってきたと思います。それを遡っていくと、やっぱりなぜ学校に図書館が必要なのかということを、できるだけわかりやすく、誰もが納得するように、表現しないといけない、何よりも自分自身が確信としてどう持つかというようなことが、考えてきた流れだったろうと思います。

○　学校図書館のもつ教育力の中身と構造

—学校図書館を説明されるのに、「学校図書館のもつ教育力の中身と構造」として三重円の図を発表されたのは1987年ごろの岡山での研究会でした（図

①）。あの図と初めて出会ったとき、大変明快で、ストンと胸に落ちる気がしたのを憶えています。「司書と司書教諭の専門性」[25]を書いた時にもあの図を使わせてもらいました。その後は「学校図書館の教育力」として、円になったり縦になったりしているのですが、私にはあの三重円が、ひとの働きもちゃんと見えて、一番わかりやすいような気がします。あ

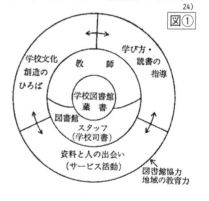

図①[24]

れを考え出されたのはどんな背景があったのでしょうか。

よく皆さん図解を示されるので、そういうことができたらいいなと思いなが

24）塩見昇・土居陽子共著『学校司書の教育実践』青木教育叢書、青木書店、1988、p. 7.
25）土居陽子、『ぱっちわーく』(113)、2002. 10、p. 2-4.

らあまり図示するのは上手じゃないので、それほど深い意味を表現できている
かどうか。要はどこに焦点を据えて、何を強調するかによって図解の着眼点も
変わってくるのですが、この時は図書館スタッフが何をするか、何ができるかで
あり、それをだれがどう分担するか、それが子どもたちの学び、教授＝学習過程
に何をもたらすかの相互関係をトータルに整理し、表現しようとしたのだった
と思います。

　　—図①には人の役割もあって、全部が双方向に矢印があって、お互いにいかに
　　　関係し合っているかとてもよくわかります。

　　—1987年の『教育学論集』の論文にも、同じ三重円（図①）が載っています。[26]

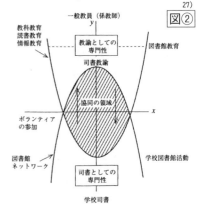

図②[27]

　図解するときのポイントは、相互の関
係と上部と下部の構造を何とか絵にでき
ないかと工夫します。もう一つ放物線を
使ったものがありましたね（図②）。主要
には、先ほど担い手の話も出たけれど、教
師が図書館に関わる部分と、図書館プロ
パーの職員が担う部分と両方があって、
その部分は必ずしもスパッと分かれるわ
けではなくて、職員がどういう位置づけ
で置かれているかによって随分変わって
きますよね。かなり相対的なものがある。

だから放物線だったら上開きと下開きで重なる部分があって、それがある意味
では大事な部分だし、これが状況によって大きくもなるし小さくもなるという
ようなことを示したかったというのがあります。この時も要するに教師と図書
館のスタッフが担う部分があってその周りにはたらきが書いてありますよね。
どちらも上手な図だとは自分では思えなくて、もう少し的確に表現でき、人によ
く伝わるように描けないか工夫するのだけれど、難しいですね。その頃はコン
ピュータなんかは使っていなかった時期だし、あれを使って絵を描くというよ
うなことは私の技術では出来ませんし。

　　—担い手を図で示されたのは図③が最初でしょうか。

26）前掲注21）p.24.
27）塩見昇『学校図書館職員論：司書教諭と学校司書の協同による新たな学びの創造』
　　教育史料出版会、2004、p.192.

そうです。それは二職種の役割を単純に比較しただけで、図書館のはたらきを構造化するものではありません。その絵はもともと全国SLAが司書教諭と学校司書の職務の違いを説明するのに使っていたものですね。

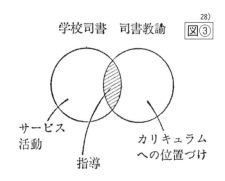

　—図①は、学校図書館の構造ではなく、学校図書館の教育力の構造とか機能の構造を示した図なんです。

やっぱりあれが学校図書館の機能を表していてしかも行き来がある、影響しあうというのがいいと思います。

　—あの図にはひとの働きもしっかり入っていますよね。最近の『学校図書館の教育力を活かす』の図④にはひとの働きがちょっと…。

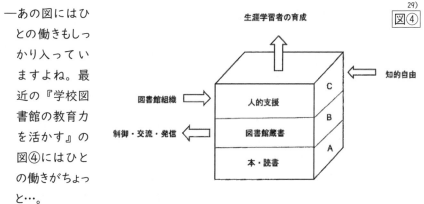

　図④は、要するに何が基礎になるかということを言ったもので、前川恒雄さんが『図書館の発見』の中で言われていることを下敷きにして、学校図書館のはたらきを構造化するというところを書こうとしたので、担い手のことはほとんどその図の中には表現していない。さっきのものを発展させたというわけではないですね。それを並べてどう進化したか発展したかと言われたらちょっとためらいますね。

　—順番に発展しているのかなと思っていました。

　見る人がそう見てくれたらそうかもしれないし、その辺はお任せします。その時点における関心の焦点に即して、それをなんとか図解して説明できないか

28) 前掲注22) p.214. 図のタイトルは「司書教諭と学校司書の職務分担」。

29) 前掲注23) p.75. 図のタイトルは「学校図書館の教育力の構造」。

30) 前川恒雄・石井敦共著、NHKブックス(194)日本放送出版協会、1973.

と苦労した結果だったはずです。

　図⑤は台形のものですね。構造を絵にしたのはそれが最初ですね。さっきのものから何がどう変わったか、要するに学校図書館の教育力というのは、一番根っこにあるのは本の力だ、本を読んで初めて人は影響を受けるわけだし。ただ本そのものは学校図書館とイコールではない。個人が一冊の本と向き合って、そこから影響を受けるということが当然あるわけですね。だからそういうものが一番の基礎で、ただしそれはまだ図書館の力ということではない。

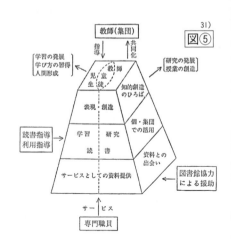

31)
図⑤

　学校図書館の蔵書、コレクションというのは、図書一般の中からそれぞれの図書館の狙いどころやら目的やら期待やらに応じて集めて構成したもの、building、要するにコレクションに作り上げたもの、だから本一般の持っている力が当然前提としてあるけれども、図書館の教育力と考えるためには、図書館蔵書というのは本一般の中から選ばれたある一つの塊、それが中心になっているのがこの図①の三重円の真ん中ですよね。その資料が、しかし本棚に並んでいるだけではすぐに力を発揮するかどうかは分からない。当然利用者によって手に取られて、初めて本は生きるものだ。では利用者がその図書館蔵書にアクセスをして手にとって読んでみるためには、そこに人の要素が加わる。人と本とを結びつけるはたらき、そこで人間が必要ということで、その人間は図書館に関していうと、当然図書館プロパーの職員が入れば直接そのことに集中できる。

　しかし、多くの学校図書館の現状では、そういう人がいなくてもそれこそできる条件の中で、係の先生が、図書主任の先生が、そして子どもたちを図書館に連れて行く一人ひとりの教科やクラスの先生がいる。教科の先生というのは、司書教諭の先生だけではなくて、それも含んでの教師です。図①で教師と図書館スタッフを仕切る線をこんな変な線にしたのは置かれ方が固定してないという意味を表現したんでしょうね。要するに人の要素が加わって初めて学校図書館の蔵書が生きます、というのがこの一重二重の円。そしてそういうような関係

31) 前掲注22) p.71. 図のタイトルは「学校図書館機能の構造」。

で、利用者に働きかける利用者を活かす学校図書館というのは、学校図書館の
持っている機能とか役割を表現するとすれば、サービスのはたらきが土台だと
いうことで、三つに積み上げた一番下に「資料と人の出会い（サービス活動）」
を持ってきたのはそういう意味だったと思います。その上に広がる部分として、
「学校文化・創造のひろば」という言葉を使って、これは船寄俊雄くんが「曖昧
な言い方で私は賛成しない」と言ったところですが、学校の中で、文化というの
はいろんな人のものの考え方や行動などから成り立つようなものなので、学校
の中で生まれる営み・学びというのは学校の文化と私は捉えているので、そうい
う言葉でここに書きました。

　それから「学び方・読書の指導」は、多くの人がいうように、図書館のはたら
きそのものは自然に生まれてくるものではなく、働きかけのようなものがなけ
ればいけないだろう。そういう意味では、学校図書館は一つの指導機関という
か、それ自体が教育の機関だということが同時に備わっている、という図書館の
三つの働きを、サービス活動と図書館が子どもたちとの間で生み出していく文
化、そして教師による働きかけがあって、しかもその間もサービスと指導にはっ
きりと線が引けるわけではないという意味で、矢印が両方にまたがるような相
互補完的なものとして表現しようとしたというのがこの絵だったと思います。

　学校図書館を一つの絵で表現できればと思い考えた図です。学校図書館が学
校教育の中で、個に対する徹底したサービスに努めることが基礎であり、その中
で子どもたちが自分の興味関心から出発して、関心を広げたり、課題解決をは
かったりする、それが図書館活動の基礎の部分であり、そこでの体験を通して、
図書館の場から授業や教室の勉強とは違う何かが生まれていくという、そこの
ところを大事にしたいというのが、「学校文化・創造のひろば」というように表
現しようとしたと思います。

○　もう一つの学校

　『学校図書館の教育力を活かす』の中で「もう一つの学校」[32]という表現で説
明しようとしたのは、当然、学校の中心的な活動というのは教室における授業、
教科の学習を通して子どもたちは学ぶ、そのために子どもたちは学校に来てい
る、それははっきりしていますが、そういう教科の学習が本当に子どもにとって
の生きた学びの体験になるように、あるいは子どもたちが学んで良かったと感

32）前掲注23）p.71-73.

動するような、そういうものを生み出していくためには、教科の学習指導が基本なのだけれども、それ以外にそこをもう一つ広げ、深めるような何かの営みが必要だろう、という部分を担っているのが学校図書館であると考えたんです。

　だから、図書館での学びは教科の学習の単なる延長ではない。学図法第2条の「教育課程の展開に寄与し」というのは、授業をサポートするというように普通は言われがちなのだけれど、そういうことだけではないのではないか、もうちょっと踏み込んだ部分を学校図書館は力として持っているだろう、それは教科とは関係なく子どもがふらっと行って何か興味のあることに出会うということもあるだろうし、あるいは自分の興味関心から出発して、教室とは違う自分が見つけ出した課題を探究したり、という部分もあるだろう。そういう学びの体験を持っていることが、今度は教科の中で先生から、あるいは教科書を使って教えてもらう、仲間と話し合ったりし、教室で発見することをさらに進めていくためにも、そこにその力が還っていくだろう、という関係を重視したいと思ったのが『学校図書館の教育力を活かす』の中で言おうとしたことのひとつです。

　だから昔に比べると、学校図書館は、教科の学習を深めるものとか発展するとか支援するということを、誰もが今は言うようになっていますが、そこからもう一歩踏み込んだ学校図書館のはたらきを見ようとしたのが、今言ったことの根拠になるわけで、単なる教科の学習のサポート機関という以上のものがある。それが学校図書館という場が持っている本の力なども含めて、学校図書館スタッフが提供するアドバイスとかがあって、そこで教科の学習からは相対的に独立したある学びを、子どもは学校図書館でするだろう。そこで身につけた経験や力が今度は教科の学習の中で、問題解決の学習の場面などにおいて有効に働くことになるだろう。子どもたちが日ごろ図書館で出会う体験の積み重ねが、教科における自発的な学習の力をすすめることになるだろうという相互関係ですね。そういうことで言えば、学校の中にある「もう一つの学校」と言ってもよいのではないか。もう一つの学校の学びの場、そういうものを持っているということを皆がもっともっと理解すると学校図書館は単なる学校の付属機関ではなく、それ自体が自立した学びの場であり、同時にそれが一人歩きするものでもない。学校の中心的な教科の学習と相互に結びつきつつ、ある程度自立した場というものを強調することが、学校図書館の独自性が大事だと理解されるために必要ではないか、ということがその本の中で言おうとしたことです。

○ 「ひろば」としての学校図書館

—最初の本『教育としての学校図書館』の中で「知的創造のひろばとなる」
　と言われていますよね[33]。私はこの「ひろば」のところが大好きでした。例
　えば、クラブで図書館を使って活動したことが教科にも影響を及ぼし、蔵書
　にも反映されサービスも広がるように、ここにいろんなものが入り込んで、
　どんどん膨らむのが楽しみだったので。

　箕面で学校司書をしていた久野和子さんが、「第三の場」について述べる時に、
私が「ひろば」として表現したことをいつもベースにしながら喋るんだけれど
も[34]、学校図書館が学校の中のどういう位置を占めるかということを考える際の
一つの捉え方ですね。学校の特別教室は、教科の付属というか教科の学習を深
めるための専門教室みたいなところですよね。図書館もそういう特別教室の一
つには違いがないのだけれど、音楽室や理科室の場合はそれ自体が機能を持っ
ているというところまでは言えないが、図書館の場合はそこに人の要素が加わ
ることによってそれ自体が一つの教育機関といってもいい側面を可能性として
持っている。それをどういうふうに教科や授業に活用するかは教師の力量にも
よるし、子ども自身がそこで普段にどういう体験をどれだけ積んでいるかに
よっても違ってくるので、固定的には言えないけれども、そういう学校が教科の
学習を中心として日常的にやっている部分よりも、もうちょっと違ったある一
つの世界をつくる。「ひろば」と言うのは、それを使う人が自由に、好きなよう
に工夫して活用する側面を重視したいからです。それを「第三の場」と言うの
なら言ってもいいが、という感じで彼女の話を聞いているのですが。そんな事
を思いつつ、この場としては学校図書館が持つ可能性というような意味合いで、
教育力を取り出して意識的に言う必要を感じつつ、今のようなところになって
きているのかなと思います。

　—蔵書の教育力だとか書架の教育力だとかそういう言い方をよくされますが、
　学校図書館そのものが持っている教育力みたいなことを、そんなふうに
　言っていただけるのはありがたいなと。

　「教育力」という言葉は教育の場でよく使います。そこには教育の成果を生
み出す上で、学び手の学びや成長・発達をもたらす教育作用に内在する力と、そ

33）前掲注22）p.69。Ⅲの「二　学校図書館の機能」に、「(5)学年、学級などのカベをこえ
　　て、児童生徒、さらに教師が交流し、共有する知的創造のひろばとなる」とある。
34）久野和子『「第三の場」としての学校図書館：多様な「学び」「文化」「つながり」の共
　　創』松籟社、2020、p.209.など。

れが発揮されるために必要な要件との相互関係を意識して使われるところが重要だと思います。教育学者の齋藤孝さんが『教育力』という本を書いていますね。地域の教育力とか、そういう言い方で昔から教育を説明する時に使ってきた言葉に違いないですが、学校図書館が指導機関ということだけでいうと、教えて身につけさせるみたいなことに短絡化しがちな、あるいはそういうものを図書館にも強く求める考え方が、先日の「学校図書館は図書館ではない」という人たちの根っこにもあるんだろうと思います（→本書 p. 237）が、そういうことではなくて、図書館というもの自体がそういう力を持っている、それを引き出すのは子どもであり、それに関わる教師だという人間関係の観点の中で生まれてくる。そこで身につけたものがその子どもの授業の中だけに止まらず、子ども自身の生きる力であり、そして当然学校の中心的な働きの基礎を支える力になっていくだろう、という相互の関係みたいなものですね、相対的な関係。そんなところが広く理解されて、学校図書館というのは、学校の中の本の置いてある場所というだけではない、一つのはたらきを備えた有機体だというふうにいろんな人に理解してもらえるレベルになると、学校図書館の捉え方がもう少し深まっていかないかなと期待しつつ、探ってきたということになるのでしょうね。

　　――「広場機能」という言葉が最近随分使われだしていますが、この「広場」「ひ
　　ろば」という言葉を使われたのは結構初めの頃からですか。

　私はもともと図書館を「ひろば」として捉えることを前提にしてきました。図書館で「ひろば」というと普通は集会室の問題がまず出てきます。私と古い付き合いのある墨田区の千葉治という図問研の委員長もやった人ですが、彼が「広場」という言葉をよく使いました。墨田の図書館は彼が集会室のようなものを自由に使ってもらう、開放して市民に気軽に使ってもらう場所として、そこでは何をやっても構わない、将棋をするとか、音が大きくならない限り、カラオケをやるというようなものも含めて、市民が集まって自由に使える空間が街の中には必要だということで、集会室を備えた図書館を拠点とした文化活動を、企画事業だけではなく利用者が自分たちで何かを好きにやるというようなことを、八広図書館という新しい図書館を作ってやりました。彼と出会ったのが図問研の初めの頃、1970年代の初めの頃だと思いますが、そんな頃にそういう部分を強調した人でした。私も、別に図書館で将棋をしなくても他でやればいい、それこそ公民館でも、と思いつつ、図書館というのは市民の人が自分の興味関心でやっ

35）齋藤孝、岩波新書、岩波書店、2007.

てきてそこで何かをするというのも、資料提供の延長線上に広がる展開として捉えようと考えました。それをもっと広げて街中の自由に使える集会場を図書館の大事な要素として考えた典型が千葉さんでしたね。その主題の本も一冊出しています。[36]

　学校図書館を考えて行く時にそういうものを一つイメージしつつ、決められた本の読み方や本に触れるというだけではない、利用者が寄って来て、本に触れる中から自発的に何か自分がしたくなるとか、本によって刺激されて新しい興味が生まれるとか、そういうふうに広がっていく部分を図書館は一つの可能性として確かに持っているだろう。そこに利用者・読者の主体性を見ることが重要です。「文化の創造」というとえらく難しいように聞こえますが、「文化」というのは立派な芸術作品という意味ではなくて、文化人類学では人間の行動を「文化」と言いますから、複数の人が共同で持っているものの考え方とか、その結果生まれる発想とかいうものを、全部ひっくるめて「文化」という。そういうふうな意味から言う学校の中の子どもたちの文化、複数の営みの中で生まれてくる文化。確かにそういうものが生まれる可能性を持っているし、その根っこにあるのが刺激としての文化財である「本」だろうなあと。本の持っている可能性を人間が引き出して、複数がお互いに交流する中で共通意識として定着していくと、それはひとつの文化になっていきます。

　そういう場として学校図書館を捉えていくと、そういう空間がある学校とそういうものが全くない学校と、そこに違いが出てくるだろう。そういう体験の中から、子どもたちのいわゆる「自発的」とか「問題解決の学習」とか、問題解決学習には、自分で問題に気がつく力と同時に、解き明かしていくノウハウを含めた力が必要ですね。そういうものがどこで培われるかというと、そういうものを培う一つのかなり大きな力として日常の学校図書館利用があるのではないか。そんなところで「ひろば」というものを、しかもそれを漢字で書いてしまうと物理的な空間みたいに見えるので、ひらがなで書きます。私は「ひろば」だけでなく「つくり」「づくり」などもひらがなで書くことにこだわるのですが、それは物理的な空間だけでなく、ひらがなで表現したほうが人の動き、作用を込めることができるし、それぞれの人の主体的な参加が柔軟に広がるという、そんな意味合いでひらがなを使うのですが、「ひろば」を学校図書館にも意識し

36）千葉治『図書館長の仕事：「本のある広場」をつくった図書館長の実践記』JLA、図書館実践シリーズ（10）、JLA、2008.

て使ってきたかなと思います。

　—学図研の結成大会の時に八木清江さんが「図書館の広場機能を考える」という分科会発表をされています。[37] 私も「ひろば」というのは学校の中で大事だし、いろんなものが「ひろば」に入るじゃないですか。例えば、『赤毛のアン』が大好きな人が集まって「アン・フェア」としてテーマ展示やアンにまつわる小物の手芸をやったりとか、いろいろ授業とも関係してくるし、そういうことが先生の三重円の左側にあることによって、なんでもそこに入れたらみんなつながって行くというのは、学校の中で図書館は何でもできるところみたいな感じで捉えていたので、やっぱりあの図が好きなんですけど。そういうふうに考えれば、やっぱり学校図書館は図書館なんですよ。そこがなかったら学校図書館は図書館だとは言えない。

　—岡山で横山由美恵さんなんかがやっていることもそうですし、[38] 古いですけれども兵庫の川端俊之先生がされていることも、[39] みんな「ひろば」ですね。

　—授業の中で新聞なんかを作ったらそれを図書館に貼りだしたりすると、そこからまたへ〜こんなんだってと話が起きて、これについてみんなで喋ろうみたいになったりすることがうちの学校でもありました。それで読書会をしたり。それって全く授業と関係ないけれどもまさしくひろば機能で、ひろば機能ができてると思えてすごく嬉しかったです。

　今大学で盛んに言われているラーニングコモンズなんかも、要は、基本のところは同じだと思いますね。大教大の図書館の新聞コーナーが留学生の交流、情報交換の場になっていることを知りましたが、さもありなんと思いますね。

　—昔から「ひろば」という形で、ラーニングコモンズ的なものは学校図書館にも必要だと考えられていたんですね。

　—それは全部またサービスに還ってくるんですよ。そのために公共図書館か

37）八木清江「定時制高校の図書館：ひろばの機能を考える」『がくと』創刊号、1986、p.16-35.

38）横山由美恵「岡山市の学校図書館：これまでとこれから：専門性を追求して」『がくと』(27)、2012、p.33-45。学校図書館は「文化と創造を育む広場であり、自分の居場所であること」として、夏休みなどの行事を通して子どもたちの活動が広がっていく様子を伝えている。

39）川端俊之「動き出した学校図書館：司書がいない学校図書館の5年間」『がくと』(8)、1993. p.39-43。図書館係教諭として学校図書館に子どもたちを取り戻そうと、「広場」と名付けた図書委員会誌を中心に子どもたちの活動を支援、子どもたちの居場所づくりを推進し、ついに学校司書配置につなげた活動を報告。

ら本を借りてきたりして提供するとか。だから「ひろば」を追求すると「図書館の自由」が必要になってくるんですよ。生徒が今関心を持っているものというのが「ひろば機能」ととても関係が深いわけだから、学校文化を創造しているんだと。

　八木清江さんの話が出たから言うと、八木さんが初期の頃に働いた場が農業高校で、それから夜間高校でしたね。彼女が書いているのですが、夜間高校にしても農業高校にしても、本なんか読む子は基本的にはほとんどいない。だから図書館には子どもはめったに来なかった、から書き始めていますよね。でもこの子たちに本を読んでもらうためにダイレクトにブックリストを作って配るようなことは全然しなくて、彼女の文章で、うろ覚えですが、ほとんど来ないんだけれどもゼロではないので、たまに1日に一人ぐらい来るかもしれない、そういう子どもにすぐに話しかけるのではなくてじっと待った。彼女は「ひたすら待った」と盛んに言っていましたね。それで、また子どもたちが何か始めた時に、それが自分の仕事の中のどこかにつながっていく。そしてそういう子どもたちがそこで何かをやりだす、それが夜間高校における何か一つの生徒文化が生まれていく根っこというか芽みたいなものになったんでしょうね。ひたすら待つという「待つ図書館活動」というものを随分強調されてました。

　そこからゼロではない何か、あるいはそれまで全く見向きもしなかったような子どもたちが何かの拍子に本を使うということをやりだした、それが全日高校における「化学の授業に協力して」につながっていく。そういう可能性、ほとんど図書館に来ない夜間高校や農業高校の子どもたちとの経験を別個に持っているから、我慢強く待つことによってそういう芽が自分で見つけられたということでしょう。そこが子どもに読書指導をする、利用指導をするという視点でずっと子どもを見ていると、逆に生まれなかったかもしれない。そういう関係は、極端にいうと図書館から一番遠そうな学校における八木さんのやったことというのはすごいと思うし、教師がダイレクトにある目標を持って計画的にやる授業とは違う形の学びのサポートに違いないし、学びを生み出すことだったんだろうなという感じがします。そういうことでは彼女の初期の話などからこちらが教えてもらったことが多かったです。

40）八木清江「定時制高校の図書館：『聞くこと』と『待つこと』を続けて」『読む自由と図書館活動』JLA 図書館の自由に関する調査委員会編、図書館と自由（11）、JLA、1990、p.103-116.

41）前掲注19）

―（二宮）似たような経験が僕にもあります。定時制高校の湊川高校に6年間いたのですが、ゴン太（腕白）連中で本なんか読まないのは当たり前で、ただ共通しているのはみんな運転免許が欲しいんですよ。大っぴらに乗れますからね。そうすると教本や法令集を読まないといけない。そうするとわからない文字だらけでルビもうってないし、「先生これ何と読むねん」「辞書で調べなさい」「引かれへん」ということでいちいち教えないといけない。「交差点の手前30mで、方向指示器を出し、交差点の中心の直近を曲がる」とか書いてある。「方向指示器って何や」「ウィンカーだ」「なんだウィンカーか」、横文字は知っていても日本語で正式に何ていうのかわからないとか、「直近」というのがわからなかったり、そんなのをいちいち言うわけですよ。結局それを理解したら試験は通るから、「先生取ったで」と免許証を見せて、「これさえあれば食いはぐれはないんや」。免許証があったら雇ってもらえるし、ほとんど中卒みたいなもんですから、高校も卒業できるかどうかわからないくらいですから、それでも今まで使いっぱしりだったものが自分で運転して配達にも行ける、だから雇ってくれるところが極端に増えるわけですね。そういう意味では進路保障にもなるわけで、そういう子どもたちがいたことは強烈な印象でしたね。

まさに生きる力ですね。

―そうです、実学です。

教科の学習とは違う世界ですね。そのことは必要な経験でしょうし必要な力なんでしょうね。

―今、ひろばの話題が出ていますが、「ひろば」という言葉自体はALA（アメリカ図書館協会）の「図書館の権利宣言」に関わってくると思うのですが、「思想・情報の広場」[42]の方が早いんでしょうか。

権利宣言の改訂は1980年ですから、もちろんこちらが後ですね。英語ではforumですが、一番早くに日本語にして紹介したのは私だったと思います。自由委員会の出している「図書館と自由」第4集にアメリカの権利宣言の改訂を紹介して、前後して『みんなの図書館』[43]にも載せたかと思います。その時にforum

---

42) 「図書館の権利宣言」（1948）には、「アメリカ図書館協会は、すべての図書館が情報と思想のひろばであり、以下の基本方針が、図書館サービスの指針となるべきであるということを確認する」と書かれている。1967.1980.1996に改訂。JLAのWebサイト「図書館の権利宣言」より。

43) 塩見昇「ALAが「図書館の権利宣言」を改訂」『みんなの図書館』(37)、1980.6、p.34

を何と訳すか、私はそれ以前から「ひろば」というのを意識していたので、「思想や情報のひろば」と訳して、川崎良孝くんなんかもそれがいいと言うので、その後自由委員会による定訳でもずっと「ひろば」で通していますね。

　――ということは、先生が「ひろば」という言葉を学校図書館に関して使われるようになった時には、「知的自由」のことを想定しておられたということでしょうか。

　自由な心の開放の中でのいとなみという意味ではそうですね。しかし自由宣言の「知的自由」を学校図書館にイメージして使ったというのは言い過ぎになるでしょうね。

　曖昧だという人もいますけどね。確かに漠としているし、物理的な公園みたいにイメージする人もいるし、もっと心の遊びの空間みたいなものをイメージする人もいるし、いろんなイメージができるし、ひらがなに変えておくことによって、いろんなものを包み込めるし、それがいいのではと思います。わたしは「広場」は使いません。厳密な規定をしようとするとかなり曖昧な言葉には違いありません。好き勝手にみんなが使うというところがあるから。

・戦後初期の学校図書館づくり

　――先生の学校図書館論の中にそういうひろば機能のようなものが入っているというのは、多分学校図書館史研究と関係があると思っています。戦後に学図法ができる以前の学校図書館から生まれた学校図書館論を先生から感じる度に、単なる授業との関わりというような狭いものではなくて、子どもの育ちという中から生まれてくる図書館の発想だと思うのです。だから、単なる学図法の学校図書館に入りきらないところがあると感じていました。

　学校図書館の場合は、割合早くから、貧しいからそうなったということもあるけれども、それこそ階段の踊り場に本を並べてそれが図書館だと言ってた時代がずっとあって、逆にそうするしかなかったわけですが、学校に図書室を作るというのは別に特別な部屋が初めからあるわけではないし、独立した建物があるわけではない。『学校図書館の手引[44]』にもそういうことが書いてあるし、みんな学校に図書館を作るというのは、下駄箱の空いているのを持ってきてそれを廊下に並べて何十冊か本を置いたらこれがうちの学校図書館ですというような時

-35/塩見昇「ALA[図書館の権利宣言]の改訂：その経緯と改正点についての一考察」『図書館と自由をめぐる事例研究　その2』JLA 図書館の自由に関する調査委員会編、図書館と自由(4)、JLA、1981、p.52-65.

44）文部省編、師範学校教科書、1948.

代から出発してきてるんです。そういう人たちがイメージする図書館というのは、まさにちっちゃい「ひろば」ですね。たまり場みたいなもんですね。そういうものも図書館だというふうに言って図書館を作り出してきたというのがスタートで。学校には図書館・図書室が必要だという規則ができたから動き出したということもあるわけだけれど、その時に考えた最初の図書館というのは、むしろそうした踊り場図書館みたいなのが典型であったと言ってもいい。

　そういう意味であまり形にこだわらない、本があったらそこには自然と子どもが寄ってくる、あるいは本を手にした子どもたちから何かが生まれてくる、あたたかく図書室で見ていきましょう、というように初期の人は思っていたんじゃないでしょうか。そこに教え込んできた今までの教育とは違う教育の芽があるということで、初期には図書館にロマンを感じて、かなり大勢の先生がそれに興味を持ったということがあったのではないでしょうか。そういうものはすぐに冷めていくのですが。

　—戦後の金もないモノもない何もない時代に、みんな苦労して学校図書館を作ろうという運動が始まって、学図法の制定があって、それでも私が小学生だったころにも、岡山では校舎はバラックのようなつっかい棒がしてあるような校舎でしたが、図書館だけは平屋だったけれども綺麗な図書館が出来ていて、PTA雇用だったけれども学校司書が配置されてというのを最初に体験しました。その頃の教員で、後に小学校の校長をしておられた澤利政さんは「学校図書館法制定のころ」[45]の中で、戦後の新教育の一つの所産を学図法ととらえている。その新教育のコア・カリキュラム（例えば、中心に社会科をおいて社会の仕組みを教え、その理解に必要な国語や算数や理科などの基礎教科を周辺に並べて総合的に学習する学習方法）は、準備・資料・時間を必要とする授業のため基礎学力が欠けるのではないかという批判がでた。新教育運動が日の目を見たのは、わずか4〜5年だった。「私は、あのとき長い目で見る余裕があれば、もうひとふんばりができておれば、日本の学校教育は、もう少しいい方向に展開したのではないかと思います」と書いておられます。

　初期に学校図書館づくりに情熱を傾けた澤利政さんや尾原淳夫さんのように、その関心とエネルギーをずっと持ち続けたという人は必ずしも多くはありませ

---

45)　澤利政、『わがまちの学校図書館づくり』学校図書館を考える会・近畿編、教育史料出版会、1998、p.170-179.

んでした。図書館で頑張った人たちの中から道徳教育にその関心を変えていった人たちが多かったということを、澤さんか誰かから聞いたことがありますけどね。教師というのは結構時流というか流れにキョロキョロする人が多かったというふうに言う人はいます。あまりそういうものに惑わされずに、かなり頑固に一貫して学校図書館を担ったという先生もかなりいたということで、まあ学校図書館に興味を持つ先生そのものが、ある時期まではムード的に結構多数であったが、だんだん少数派に変わっていったというところもあります。澤さんなんかは一貫して、校長になってもなお図書館経営に興味を持つという珍しい先生でしたが、そういう人からすると、こういう思いで戦後新教育の変化を見ておられたというのがよく分かる文章で、そうだろうなあという気がしますね。

　さっきの図書館の作り方でいうと、学図法ができるちょっと前の本だと思うけれど、『私たちはこうして学校図書館を作りました[46)]』というタイトルの小さい本があります。古い図書館だったら今も書庫にあると思いますが。その中には今言ったような下駄箱を引っ張り出してきて図書館を作ったというような経験を、何人かの先生が書いています。十数人の先生の短いレポートを集めた本だけれども、そんな本はあるにはあるので、特に、研究的な立場で学校図書館の出発点みたいなものを考える時には、そういう本なんかも視野の中においてみたらいいと思います。

　そういうようなところから、子どもたちが体験する学び、生きる力といえばまさに生きる力なのだけれども、それを全体として学力として捉えたら、今大事なのはそういうことではないだろうという考えが出てくるわけですね。戦後新教育に対する批判というのは、科学技術教育の流れからの批判だと思うんですね。新教育が基礎学力を果たして身につけているのかというので『新教育への批判[47)]』といった本が出てくるのが1949〜50年ぐらいでした。科学や技術の勉強のためには基礎学力が必要だ、体験して身につける自発的な文化の創造というような夢みたいな甘い話ではなくて、シビアに基礎学力をきっちり身につけるためにはそういう学習はほどほどにすべきだというので転換していく、新教育からもっと教えるということに傾斜していくのが教育の変化でした。その中で学校図書館に対する関心が鈍っていくわけです。

　学習指導要領は1947年に初めて「試案」とつくものが公表されました。これ

46）鳥生芳夫、万世書房、1949.
47）矢川徳光『新教育への批判：反コア・カリキュラム論』刀江書院、1950.

はあくまでも先生の参考までにということを強調したものが出来て、1951年、1955年になると一律指導ということが強調されたものに変わっていきます。その時期が結局科学技術教育への志向ということだったと思うので、澤さんのこの言葉を借りるなら、もっと長い目でじっくりと見る余裕があれば違ったでしょうね。丁度回り回ってこの前の「総合的な学習の時間」、あれと一緒だと思うけれど、あれだってやっぱり小学校でいうと入学した子どもがやっと6年経って卒業するのだから、いくら短くても6年はやっぱり成果を見とどけろよ、と思うけれど、2年か3年経ったらこんなことをやっていたら学力がどうなんだというような話が出てきてスーッと引いていく。ある意味、日本の教育、特に方向づけをするような教育行政の関係者というのは我慢が全くできないようになっていて、まさにそれの繰り返しだと思います。「ゆとりの時間」の時の学習指導要領の方向に対して一番シビアな批判をしたのは、数学の先生。大学生で掛け算ができないとか、分数ができないとかという話が出てきていましたが[48]。

　学図法制定の時期、学図法と理科教育振興法が同じ時に国会にかかっていたのですね。理科教育振興法は結構校長さんたちも運動したけれども、学図法については校長は何も言ってこない、学校図書館には力がないと文部省は判断した。この違いが後に振興法の違いになったと深川さんから聞いたことがあります。理科教育・技術教育・科学教育なんかと割合対比的に、図書館教育・学校図書館・読書教育というのが見られるということも振り返ってみると結構あるんですね。ゆとり学習の時の数学の先生のように、まあどっちが悪いとか良いとかいう話ではないのだけれど、そういうものとの背中合わせ、対極みたいな形で捉えられがちな世界として、学校図書館や読書の世界があったということは確かです。だから逆に、そこにあんまり即効力みたいな形での読書なんかの成果をせっかちに求めるべきではない、という答えも出てくるかもしれない。「教育力」という言葉は教育の場でよく使うし、それこそまさに教育力ですよね、学校図書館がどれだけ大事なものかということと、どういう特別なはたらきなのかということを言おうとすると。やっぱり教育というのは、短絡的に結果を追うのではなくて、ゆとりとか長い時間でゆっくりとといったものが必要だと思うけれど、なかなか行政マンはそういうことを好まないですね、すぐに成果をどうだとかこうだとか、自分がやっている時に成果を出したいという。3年や4年

48）例えば、岡部恒治・西村和雄・戸瀬信之編集『分数ができない大学生：21世紀の日本が危ない』東洋経済新報社、1999. など。

で何が変わるわけでもないんですが。

　澤さんは、こういう無念という思いを持ちながら、最後までそういう意味では一貫した先生でしたね。よく言うことですが、教育政策というのは、教え込みと自主的な学びの重視が振り子のように繰り返されてきました。新教育批判がすぐに出てきたように、だんだん教え込みの弊害が出てくると反省が出てきて、もっと子どもたちの自主性をとなって、それを続けていくとまた子どもたちの基礎学力が足らない、だからもっときっちり教えないといけない。教えるということと学ぶということは違うということを極端化して捉えてしまうんですね。大事なことはきちんと教えなければ確かな学びは始まらないわけで、さっきの話なら、交通法規を読むためにはやっぱり文字が読めなくては始まらない。何のためにこんな言葉を覚えないといけないのだというけれども、こういうこととつながって初めて納得すると自分の力を引き出すわけですね。やっぱり辞書の引き方も知らなければならない。自ら学ぶというのと必要なことを教えるということを別のことのように捉えてしまう。そこには必ず弊害が見えてくるわけです。それが大きくなるとまたこっちだというように、教育政策はそういうことを繰り返してきたのではないでしょうか。

○　学校図書館研究の中で出会った人たち
・深川恒喜氏
—『学校図書館の教育力を活かす』に、「深川恒喜への筆者の聞き取りで披露された話。1985年6月1日に深川宅で採録」とあり、文献も明記してあります[49]。深川氏に関しては『日本学校図書館史』にもいろいろ記載されています。深川宅での聞き取りの様子や内容などお聞きしたいです。

　深川さんの聞き取り記録はこんなもの「戦後初期の日本における学校図書館改革：深川恒喜インタビュー記録[50]」になっているんです。ページ数にすると30ページぐらいの記録ですが、私が深川さんのお宅を訪ねて3時間ぐらい率直な話を聞かせていただいて、それは、あくまで私が深川さんが活躍した時代の状況を知るということにとどめるということで、深川さんもまだ存命している人が出てくる話なので、人に関するものについては少なくともその人が生きている間はあんまり公表はしないでくれという話でした。そこでずっと私の手元で留

49)　前掲注23)p.68.
50)　塩見昇・安藤友張・今井福司・根本彰著、『東京大学大学院研究紀要：生涯学習基盤経営研究』(35)、2010、p.67-94.

めていたのですが、安藤友張くんという図書館学の先生ですが、学図法の成立の過程を含めて、学図法の初期のことについていろいろ調べており、深川さんから聞かれた記録を活かすことができませんかと言ってきました。彼が懇意にしている東大の根本彰さんの研究室で作っている紀要に、深川さんのインタビュー記録を掘り起こして活字化するのを認めてほしいという依頼をしてきて、まあ深川さんも亡くなっていたし、具合の悪い話はもう話の時にテープの中から消すということにしているので、問題はなかろうと判断して、活字にしたのがこれなんです。20〜30部もらったんで、興味のある人にあげました。

　この中でいくつか、例えば学図法成立の過程で、贈収賄事件が起きているんですね。何でと思うかもしれませんが。出版界との関係があって、教科書会社、全国 SLA、それから、法律の制定のために頑張った兵庫選出の大西正道代議士、日教組の執行委員をやっていた人ですが、そんな悪質な贈収賄ではありませんが、法律に抵触するということで裁判になって有罪になっています。全国 SLA の松尾弥太郎さんなどが連座しています[51]。そんな事件もあって、それは話はするけれどもテープは止めてと言って、2箇所ぐらい深川さん自身の希望で記録は残っていません。割合率直な話もいろいろ聞かせてもらいました。深川さんの学校図書館への関わりや当時の状況についてはこれに出てきます。

　深川さんは、自分が学校図書館に関わったことについて紀要論文を残しています。一つは学図法の成立に関わるもの、それから深川さん自身が文部省の行政官として学校図書館にどう関わっていたかということを元にしたペーパーです。この二つはあの人ではないと分からないことを書ける範囲で書いおり、貴重な文献です。東京学芸大学と慶應義塾大学の紀要に書いています[52]。この聞きとりはそれを補うものと言えましょう。

・池田知隆氏

　——『学校図書館の教育力を活かす』に池田知隆氏の「明るい不登校」が引用されていて[53]、彼とはある接点を介して以前から知己の間柄であったとあり

51）この事件については、全国 SLA 編・刊『学校図書館五〇年史』、2004、p. 223にも「1959年1月に第1審無罪、第2審有罪（罰金刑）、最高裁への上告は棄却され、第2審判決をもって終結した」とあり、一連の経過が述べられている。

52）深川恒喜「戦後におけるわが国の学校図書館発達史試論」『東京学芸大学紀要 第Ⅰ部門 教育科学』(26)、1975.3、p. 182-191/深川恒喜「学校図書館法の発達史試論」『library and information science』(13)、1975.10、p. 13-30.

53）前掲注23）p. 71.

ます。学校図書館がよくわかった人だとお聞きしたこともあります。何か
エピソードなどありましたらお聞かせいただきたいです。

　池田さんのことですが、教育や文化問題を扱った毎日新聞の記者をやって、そ
れから編集委員で論説を書いたりして退職した人です。大阪自由大学という名
称で、社会人を対象にした、誰にでも門戸を開いていますよ、興味のある人は来
てくださいというフォーラムをいま継続して行っておられる人です。何人かの
仲間で今もそういう活動をやっているジャーナリストですね。私が池田さんと
知り合った発端は、青木書店から『教育としての学校図書館』のあとに、1989年
に『知的自由と図書館』を出した時に、酒井忠志さん（2019. 8没）の提案で、日
図研の特別研究例会で、この本について合評会と出版記念会をという企画があ
りました。「マッカーシズム下の図書館」という、天満隆之輔さんとやったあの
仕事も酒井さんが発端になってやったという経過があって、この自由の問題と
日図研との関係になると天満さんと酒井さんが私の周辺では深い関係がある
のです。そんなこともあってこの合評会は、まず昼間の部では酒井さんが最初に
口火を切って、その後池田さんにこの本についていろいろ喋ってもらうという
ことをやった。二人の話を受けて、私がそれに答えたりちょっと感想を述べた
り、2時間ほどの会合を持ちました。

　ここで池田さんの名前が出てくるのは、『毎日新聞』に、「今どきの図書館」と
いう囲みの連載があって、その中で「図書館の自由」を取り上げました。これ
が池田さんのお仕事だったのですが、その関連で私の方に取材があり、それに応
答したことで、「お世話になりました、私のために貴重な時間を割いていただい
て」というような手紙をもらっているのです。そんなことがあったもんだから、
酒井さんから、『知的自由と図書館』を論評するのに図書館界以外で誰かしかる
べき人で話をしてくれそうな人はいないかと言われ、それなら池田さんが多分
他とはちょっと違う切り口のコメントをしていただけるかもと紹介しました。

54）池田知隆オフィシャルサイト参照
55）塩見昇、青木書店、1989.
56）日図研特別研究例会「合評討論『知的自由と図書館』」『図書館界』42(3)、1990.9、
　　p. 204-205.
57）塩見昇・天満隆之輔共著、『図書館界』20(5)、1969.1、p. 156-170.　（同号には「マッ
　　カーシー下の図書館」とあるが、次号でこのタイトルに訂正された。）
58）『毎日新聞』大阪版朝刊1989.7.3-8.28に池田知隆氏の署名記事として8回連載。①
　　世界の窓②子どもと共に③AV 時代④地域還元⑤障害者の読書権⑥多文化サービ
　　ス⑦「サンボ」の波紋⑧ネットワーク。

そういう経過で、先のような会合に来ていただきました。

　その後のことですが、日本教育学会が不登校の問題を扱ったシンポジウムをやったことがあるんです[59]。私は記録を見て初めて知ったのですが、この不登校を扱った日本教育学会の研究大会のシンポジウムに池田さんが出て、ここで不登校の子どもの事例を紹介されています。池田さんらしい切り口で不登校の子どもの生き方の問題として、学校に行かないで毎日図書館に通って自分で立てたプログラムで勉強している子どもの例を取り上げ、学校に行くよりもよっぽどこの方がこの子にとっては良いことだという話をされたのです[60]。日本教育学会の研究大会では相当ショッキングなことだったろうと思います。そこにいる人はみんな学校教育の専門家で、学校に行かないのも大いに結構、図書館がその代わりを十分にしているという話を聞いたわけですからね。私はそのことを後で『教育学研究』の研究大会記録を読んで知り、幾度か文章や講演の際に使わしてもらいました。それが池田さんとのその後のお付き合いになります。

　そんなことの延長線上で、以前紹介した昔の池田さんの先生の読書論の本『読書と教育』[61]が出てきたのは、そういうような流れだったということです。ですからジャーナリストで、ご本人も本をよく読んでる人で、特に1989年昭和天皇が亡くなるということでXデーがいつになるかということが本社でもものすごく大きな関心だったでしょうが、丁度その頃に池田さんは京都支局にいて、京都支局でXデーを追求する京都の動向みたいなものをずっと新聞に書いていたのですが、その取材をもとにして『陛下にヨロシク』という本を作ったりしているんです[62]。そんな中で図書館が知的自由と関わっているという見方というのは、自分たちマスコミ・新聞社の報道の自由とか、そういう問題と非常に大きな接点があるし、図書館の人たちが知的自由でこういうような取り組みをしているということは、大変目を開かされたということで、率直に池田さん自身が喜んでくれた。その後、結構図書館の問題をよくいろんな機会に取り上げていただいた。ジャーナリストの中でも大変図書館に理解がある方です。

　―特に学校図書館ということではなく、図書館がよくわかった人だということだったのですね。

59）日本教育学会第58回大会（1999年）：課題研究「いま、子どもをどう理解するか」。

60）池田知隆「子供たちのシグナルをどう受けとめるか。不登校と『倫理』をめぐって」『教育学研究』67(1)、2000.3、p.68-70.

61）池田知隆『読書と教育：戦中派ライブラリアン・棚町知彌の軌跡』現代書館、2019.

62）毎日新聞社京都支局編『陛下にヨロシク：昭和終末取材日誌』長征社、1989.

　そうですね。不登校のその部分を図書館にというのは、学校図書館のことではなくて町の図書館のことですが、私としては学校の中の図書館、もうひとつの学校ということに論理的にはつながるというふうに捉えて、『学校図書館の教育力を活かす』で紹介した時にはそういう文脈で取り上げました。池田さんは学校図書館のこともちょっとくらいはどこかで書いているかもしれません。

　学図研などの講演でも、協力してもらうといい人だと思います。

・学校図書館研究を行う上で印象に残る人たち

―ほかにも学校図書館研究を行う上で影響を受けた方はおられましたか。

　以前お話したように、大正自由教育への招きをしてもらったという意味で、中野光さんの『大正自由教育の研究』[63]は大変影響を受けました。日本の新教育を広く紹介するという仕事をやった人では当時の人で、小原国芳さんという玉川学園を作った人がいます。日本の新教育の関係では有名な人で、『日本の新学校』[64]という本があって、これは日本全国各地の新教育を実践している学校を紹介するという本ですが、この中で唯一学校ではない教育施設を新学校として紹介しているのが、山口の明木(あきらぎ)図書館[65]です。明木図書館は、こういう人から見ても新教育、まさに新教育の実践校と言うに値する。伊藤新一という超人的な活躍をした人の図書館ですが、学校付設の図書館なんです。この明木図書館を新学校として紹介したことで印象に残る人です。

―以前、「古武士のような一匹狼の、それでいて力のある人が案外図書館長をやっていることが多くて、そういう先生が司書を一番守ってくれました」というお話があり（→本書p.28）、また、本でも「校内で弱い立場の学校司書にとって最も強力な理解者であり、サポーターであった」と書かれています[66]。このような先生方は学校司書の職務をどのように理解し、守ろうとし、サポートされたのでしょうか。

　私が具体的に一番はっきりイメージしているのは埼玉の栗原克丸さんですけどね。和歌山に行った時にも、一人同和教育に熱心な先生で、なかなか精悍な感じのまさにこういう形容詞を並べてもいいような人がおられた。そのほかの地域にも2〜3人そんな方がおられたし、私自身が前にお話をしたことのある時事問題の科目で、厨川白村の現代の恋愛観で1年間授業をやったという先生（→

---

63)　中野光、新評論、2019.

64)　小原国芳、新學校叢書、玉川学園出版部、1930.

65)　詳しくは前掲注3）p.44.

66)　前掲注23）p.150.

本書 p. 28)、これも図書の主任さんみたいな要するに図書館の中にいつも座っていた先生でした。この人はもうちょっとスマートな感じで、あまり古武士というイメージではないのですが。そういう人たち・図書主任がひとつの学校あるいはひとつの地域の司書会の強力な支え役をやってはったなあと、そういう人に出会った印象は強いですね。

　司書ということをどのぐらい理解していたかは分かりませんが、学校というのは教師と教師でないものの差が大きいですよね。教師にあらずんば…みたいなところがある世界には違いないので、そういう中で学校図書館の専門家として司書の人たち、学校図書館の事務職員の人たちの働きの場を、強く守ろうとした、少なくとも結果的には支え役みたいな感じで頑張ったという先生が結構いた。これは高校の話ですが、小中の場合はその前に司書がいませんから、あくまでも司書がいて、それに関わっている主任の先生の私の印象の中に残っているいいイメージの部分というのがこういう先生かなという話なのです。あまりその人が学校司書とか学校図書館員ということについてどう考えているかというようなことを話したという経験があるわけではないですが。

　栗原さんとは全国 SLA の仕事を一緒にやったこともあって、結構ある時期いろいろお付き合いをした。栗原さんの教員の生涯記も書いておられて、それ[67]をもらったこともありました。なかなか生き方にも面白いものを感じたし、埼玉の高校の司書も、信頼感を強く持っていたのではないかな。全国 SLA でもこの人は話ができる人という感じで、かなり要職を、大事な仕事をいくつか担ったりされていました。学校司書ともいい関係を作った人ではないかという感じがします。固有名詞をあげて具体的に知っている人がそんなに多くいるわけではありません。

　―和歌山と言われたら、先生がおっしゃっている方は思い当たらないんですけれども、そういう方がいらっしゃったんだろうなあと思うのは、和歌山は司書の雇用条件がしっかりしていることがあります。実習助手なんですが、必ず辞令の後ろに（学校図書館）と一言書くようになっているんですよ。実習助手だけれども学校図書館から動くことはない、ということです。だから和歌山の司書の人たちはいい仕事もしていました。

　割合そういう理解のあった先生たちは年齢的にも早くに現場を離れておられ

---

67)　栗原克丸『若き一読書人の思想の遍歴：戦争の時代(1937〜1946)』高文研、2004/『ある「戦中派」教師の証言：おまえは何をしてきたかと風が問う』高文研、1985.

ますね。私が初期の頃に、高校司書部会なんかに行った時に、まずそこに出てこられて、ちょっと顔合わせをしたというような時に、そこそこの年齢だったし、もう何年か経つうちには、栗原さんも含めて現場からは去って行かれました。そこから世代がひとつ変わって、その次の若い人がそういう役割をするかと言うと、おそらく状況も違うので、その人たちがやったような役割をする次の世代の先生はそんなにいなかったでしょうね。戦後の比較的早い時期の、学校図書館にいっぺんは日が当たってそれからだんだんと厳しくなっていくそういう時期に、その人自身もちょっと一匹狼みたいなところがあって、そういう人が高校の司書を支えたのと違うのかなという感じがします。これは限られた、いく人かの人との接点だけのイメージですので、一般的に言えるかどうか、その辺については自信がありません。むしろあなた方の方がご存知かもしれません。土居さんが授業で接点を持った吉田卓司さんとか、八木清江さんのお付き合いがある森田さんとか、そういう形の関わりとはちょっとまた違うと思いますけどね。

第7章　学校図書館における「図書館の自由」

7-1　「図書館の自由に関する宣言」改訂—学校図書館に関連して

　―学校図書館の話に入る前に、「図書館の自由に関する宣言」[1]（以下、「自由宣言」）改訂の時代背景について、お聞きします。『図書館の自由に関する宣言1979年改訂のころ[2]』には、「『自由宣言』は1954年にできたけれど、長年にわたって何か事件があると思いだす程度のものだった。しかし、そうした中でもいくつかの顕在化された例があった」のあとに、「このように、ようやく70年代が近づくあたりで図書館の自由の問題と日常との接点が見えだしてきたことは、自由の問題が70年代に進んでいくための大事な助走であった」と書かれています。安保闘争など、政治や社会の問題に対して声を上げるなど国民の意識が大きく変わっていった60年代から70年代にかけての「自由宣言」改訂前段階は、市民や利用者に「図書館の自由」のことが意識され始めたということも関係していますか。

　改訂の直接の発端になるのは1973年の山口県立図書館の事件（→本書 p. 141）です。あれは林さんというキリスト教会の牧師さんが反戦運動をやっていて、その関係の本を図書館に探しに行ったら軒並み無いということが分かって、これはおかしいと新聞社に告げた、と伝わっています。本当は図書館の人が先に見つけたとも言われていますが、利用者が自分の見たい本を見に行って、その本が無いという異常に気づいたところから、自由の問題が始まったというのがこの事件の大きな特徴です。そういう関係というのは60年代の初期にはまだおそらくなかったでしょう。読みたい本を求めて探しに行って、開架で探せなくて、というような形で市民が蔵書の異常に気がつくという、そうした気がつき方自身がひとつの時代を示しているだろうと思われます。求められた資料要求には必ず応えることが大切だという図書館活動が強まる中で、図書館の自由に込められるような図書館のあり方が市民（利用者）に支持され、期待されるという関係が醸成されるということでは、明らかに一つ新しい段階になってきた、という

---

1 ）1954年の日本図書館協会総会で採択された。1979年に改訂。塩見昇『図書館の自由委員会の成立と「図書館の自由に関する宣言」改訂』（JLA、2017）など、資料多数。

2 ）塩見昇『図書館の自由に関する宣言1979年改訂のころ：塩見昇講演会記録集』JLA、2018.文中の引用箇所は、p. 14-15を要約したもの。

ことは言えるでしょう。そういう流れの初期における象徴的な出来事として1967年の「練馬テレビ事件[3]」がありました。

○　「すべての図書館に基本的に妥当する」

—「自由宣言」の副文「ここに掲げる『図書館の自由』に関する原則は、国民の知る自由を保障するためであって、すべての図書館に基本的に妥当するものである」について、1979年の改訂の時に学校図書館関係者が参加しておらず、最終的に学校図書館研究者の塩見先生が学校図書館も含まれるとされたようですが、「すべての」があることで現場の学校図書館担当者の大きな後押しになっています。当時、他の委員の反応はどうでしたか。

あまり積極的な反応はなかったように思いますね。浪江慶（なみえけい）さん[4]が一番初めの草案ですらっと「全く教育上の必要から、学校において図書館利用者の利用歴を調べることは拒否されない」とお書きになったのは、当時としてむしろ一般的、常識的な考え方だったでしょう。基本的にこの原則が学校図書館にも同じように当てはまるというふうには、そう皆が積極的にそうだと考えたわけではない。むしろ JLA が作る宣言だから、できることなら、JLA に加盟をしている館種すべてに共通するものにしたい。しかし検討の過程で主として議論されたのは公共図書館のことでした。大学図書館でもそんなに多くなかったけれど、しかし酒井忠志さんをはじめとして幾人かは大学図書館員として初めから委員会に入っているし、特に大学図書館問題研究会（大図研）がこの時期すでに動き出していて、酒井さんが大図研の委員長ですから、大図研にはこの宣言のことを折に触れて議論をしてもらいました。そういう意味で大学図書館までは、まあ同じ原則が当てはまる。だから問題は、専門図書館と学校図書館がどうかということだったですね。

特に専門図書館は私立図書館、私企業の図書館を多く含みますから、例えば松下電器の図書館に市民の読書の自由なんて言っても…まあ常識的にもそうだろうなあということで、しかし図書館である限りは専門図書館の運営の中で、図書

---

3) テレビドラマ「特別機動捜査隊」の脚本に、練馬図書館の利用記録が捜査に使われるシーンがあり抗議した結果、脚本の書き直しが行われた事件。（「練馬テレビ事件：『凶水系』をめぐって」『図書館の自由に関する事例33選』JLA 図書館の自由に関する調査委員会編、JLA、1997、p.140-147.）

4) 塩見昇『図書館の自由委員会の成立と「図書館の自由に関する宣言」改訂』（JLA、2017）p.237-240（資料編4）に「副文修正第一案（浪江案）」掲載。

334 塩見昇の学校図書館論 第Ⅰ部：インタビュー

館の自立性とかそういうものを一つの原理として当然認識しておくというのは
しかるべきだろうという話で、無理もあるけれど除くことはないというのが専
門図書館についての合意でした。

　学校図書館がそういう意味では残ったわけです。当時よく出たのが私立学校
の建学の精神、しょっちゅう話に出てきました。キリスト教系の学校で、教義と
相容れないような類の、例えば創価学会の池田大作の本などが、馴染むか馴染ま
ないかという話ですね。そらその学校は買わないだろうな、でもそれは「図書
館の自由」がどうとかいう話ではなかろうということで、あまり深く話題になっ
たわけではない。まあ教育指導上の扱いと、学校の教育方針とか、それに相容れ
ないような類の教育的配慮、これはなかなか悩ましいというようなところが、そ
こそこ話されはしましたが、まさに原則としてそうあるべきだということで、入
れておこうというところに落ち着いた。「基本的に妥当する」ということにつ
いて、委員会の中で積極的な反対というのはなかったと思います。これがどん
なふうに学校の現場の中で具体化するのかというのは、学校図書館界における
今後の経験、検証にかかるところだという解説に記された表現で終わっていま
す。改訂直後に丁度いいタイミングで愛知県立高校禁書事件[5]が出てきて、学校
図書館における適用に具体性が生まれたわけです。

　―この時、全国 SLA とかは全然何も言ってこなかったのですか。

　格別何もなかったですね。宣言の改訂については全国 SLA も「速報版」で
紹介したりしていたと思いますけれど、こちらが進んで意見を求めようとした
こともなかったし、これをやっている時はまだ私も全国 SLA に顔を出してい
る時期だったと思いますが、このことについて佐野友彦さんなんかと話をした
ということはなかったと思います。「自由宣言」の改訂そのものについても、全
国 SLA から求められて話したということはなかったと思います。少しは話し
ておけばよかったなと思いますが。まあ格別記憶に残るような反応はなかった
ですね。

　―宣言改訂のころの講演記録集の中には、学校図書館からの反応がなかった
　　というのは書いてある[6]のですが、「学校図書館には教育基本法があり、大学

5）1981年愛知県高校教職員組合が「愛知県立高校図書館で管理職の一方的介入に
　　よって購入禁止となった図書リスト」をマスコミに公表。大きな論議を呼んだ。
　　「愛知県『禁書』問題の経過報告」『学校図書館と図書館の自由』図書館と自由(5)、
　　JLA 図書館の自由に関する調査委員会編、JLA、1983、p. 29-38.
6）「学校図書館部会は東京の専任の司書教諭が中心で、図書館の自由については関

には学問の自由が認められている。公共図書館はわれわれと直接的なもの。この憲章の対象は公共図書館と考えている」という韮塚一三郎氏の発言も書いてあります。その辺で宣言について、皆さんの反応みたいなものは。

　今、言われたのは、この宣言が1954年に採択される際、どの範囲の図書館にあてはまるのかと質問された時に、大学図書館については、大学の自治という原則があって学問の自由から引っ張り出して処理をする。学校教育については、教育基本法がそういう問題への拠りどころとしてある。公共図書館はそういうものが何もないので、これは公共図書館が主として対象となるものだと提案者が説明したという話ですね。宣言の改訂期のことではありません。

　自由委員会が発足し、宣言の改訂が論議に上る段階では具体的に事例として上がってくるのは公共の話ばっかりで、ごくまれに大学図書館のことが話題になる、そういう意味において、積極的にも消極的にも、学校図書館を素材にして「自由宣言」が議論されたというのは、ほとんどなかったと言っていいと思います。愛知の禁書事件が出てきて、学校図書館の場合でもこういう形で、資料収集に関わって、外からあるいは内部の教育的な配慮からこういう判断が出てくることもあるのだ。だからやっぱり図書館としての有り様というのは、自由の原則のルールを学校図書館も考えていくべきだということが、主として収集の面から出てきた。その質問のところは、宣言制定期にそういう言い方をした人があったという話で、教育基本法から引っ張り出して学校図書館のありかたを知的自由の機関としてちゃんと考える人がそういたとは思えないですね。

○　貸出記録に関する解説書の変化[7]

―（山口）「自由宣言」が1979年に改訂された際の解説書（以下、「1979年版」）と、1987年の解説書（以下、「1987年版」）を比べると、学校図書館での児童生徒のプライバシー保護と教育的な要請との対立について書かれた「外部とは」という部分に大きな変更がみられます。「1979年版」では"先生には

心がそれほど強くなかったためか、宣言改訂の中では学校図書館からの参加はほとんどなかった。参加できる人がいなかったということだと思います。」『図書館の自由に関する宣言：1979年改訂のころ：塩見昇講演会記録集』JLA Booklet(3)、JLA、2018、p.19. 次の韮塚の発言は p.17.
7）自由宣言の解説書としては、1979年に『図書館の自由に関する宣言1979年改訂』、1987年に『「図書館の自由に関する宣言1979年改訂」解説』、2004年に『「同」解説第2版』、2022年に『「同」解説第3版』が出ている。前2つは、JLA 図書館の自由に関する調査委員会編。後ろ2つは、JLA 図書館の自由委員会編。出版はすべて JLA。

貸出記録を見せてもよい”、「1987年版」では“先生にも貸出記録は見せて
はいけない”と、全く反対のことが書かれています。1979年当時の学校図
書館関係者の雰囲気は、ご著書や論考の中で触れておられますが、「1987年
版」で大きな変更が加えられた当時のことはあまり書かれていない印象が
あります。宣言改訂後、学図研が発足し、実践などの積み重ねがあってのこ
とかと思いますが、宣言解説書改訂の経緯や当時どのような議論が自由委
員会内でなされたか、改めて教えてほしいです。

　これは事実誤認ではないでしょうか。「1979年版」と「1987年版」に基本的
な違いはないと思いますが。

　―（山口）「1979年版」（p. 30）には、〈外部とは〉という項目のところに「した
　がって、この矛盾は教員と児童・生徒・学生の信頼関係と、その読書事実は児
　童・生徒・学生等の教育指導以外には使用しないという読書の自由に関する
　教員の深い理解によって解決されなければなるまい」とあります。とする
　と、「1979年版」が発行された段階では、例外的に先生が読書指導や生活指
　導などの教育指導のために貸出記録を使うところまではセーフだけれども、
　それ以外には使わないようにしようね、と理解できると思います。ところ
　が「1987年版」では、この部分が「従って、読者の人格の尊重と教育指導上
　の要請の兼ね合いは、教員と児童・生徒の信頼関係と、読書の自由への教員
　の深い理解にたって解決されなければなるまい」（p. 32）と書かれていて、
　教育指導上の目的での貸出記録の活用の是非の解釈が変わっているように
　思われます。元の文章にはあまり手を加えずに、上手に変更しているよう
　な感じです。ぱっと読むと同じことが書いてあるように見えるのですが、
　やはり違うことが書いてあるのではないかと思います。

　わかりました。逆のことが書いてあるというわけではないのですが、教育指
導上は許されるというようなニュアンスの部分を削除しているということです
ね。

　―（山口）この部分は「2004年版」だとさらに強めに書いてあります。文章は
　ほぼ同じなのですが、最後に「児童・生徒の利用記録が容易に取り出せない
　ような貸出方式を採用することは、その前提であろう」（p. 38）と加えられ
　ていて、教育指導目的では貸出記録は使っていけないよということがより
　強く書かれていると思います。

　そうですね。「1979年版」の作成は、起草委員の4人で書きましたから、私も
非常に深く関係していましたが、「1987年版」の方は私も自由委員会の委員には

違いはありませんでしたが、委員長が石塚栄二さんの時期で、石塚さんを中心としてその後の委員会の中で手直しをしたと思います。私自身がこの2冊目の改訂に深く関わったという記憶はあまりないのですが、もちろん委員会のメンバーですから関わっていたことは確かです。初めに当時の委員会内での学校図書館と自由の関係がどう考えられていたかをお話しておきましょう。

　委員会が副文の改訂案を提案する過程で最初に成文化されたのが浪江虔さんが作った「浪江試案」、これは外へ一切でなかったものですが、宣言改訂の経緯をまとめた私の最近の本『図書館の自由委員会の成立と「図書館の自由に関する宣言」改訂』の資料編に収めています。改訂案が変化する過程を見ていただくための一つの資料です。これが1977年の2月段階で、改訂は1979年ですから改訂作業の始まった大変早い段階ですが、どういうふうに宣言を変えるかという変えるべきポイントを委員会で整理して、これを雑誌で公表して検討していったことはこの中に書いてあるのですが、それを踏まえて委員会で一度たたき台としてどういうものになるか文章化してみよう、まだ大衆討議の前の段階で委員会の中の作業でしたが、その時にじゃあ私が書いてみましょうと浪江さんがまず最初の文案を書いたわけです。それについて議論をしました。

　浪江さんは自由委員会の関東の方のメンバーでしたから、その議論を踏まえて関西の方の小委員会でもその浪江さんの第一次案を元にした第二次案を天満隆之輔さんが書いて、「天満試案」と委員会では呼んでいました。浪江さんの文章の中にこういう文章が学校関係のものとして出てきます。「利用者のプライバシーを守る」ところの最後に、「全く教育上の必要から、学校において図書館利用者の利用歴を調べることは拒否されない」とあります。学校の中の図書館利用者の利用歴は、教育上の必要があった時には守秘対象の範疇には入らないということを、はっきりと浪江さんは書いています。委員会ではこれはちょっとまずいのではないか、そう言ってしまうと、学校図書館は「自由宣言」と関係がないということになりかねない。そこでかなり議論があって、これはまずいということになり、この段階でこれは消えるんです。

　その次に「天満試案」があって、そして公開討論の材料になった「副文第一草案」というのが出てくるのですが、この間には2ヶ月ぐらいしか経っていないんですけどね。1977年の9月の「副文第一草案」では、教育上の記録の扱い

8）前掲注4）

9）前掲注4）p.241-245（資料編5）.

によってこの宣言が該当するとかしないとかいうことをもう言わないことにした。その上で、まだ議論の途中なのでこういう議論の余地もありますというのを、いくつか並べています。この中に「教育上の配慮からやむをえないもの（例えば学校図書館などの読書指導上の必要）の場合を考慮に入れて、『利用者のプライバシーを守る』という部分を再考する必要があるという意見がある」と書いています。多数意見にはなっていないけれども少数意見としてそういうこともあるということを、あえて＊印をつけて挙げています。浪江さんが第一草案ではっきりと拒否されないといった部分は消した上で、やっぱりそういう側面からの再検討がなお必要ではないかという意見がありますということを＊印で入れているというのが第一草案の段階で、第二草案ではそういう部分は消えてしまって、そういう観点からの利用は特例だというようなことは一切なくなったということがあります。この内容について非常に議論があってということではないが、教育上の利用について守秘義務の対象かどうかを断定的に言うにはなおためらいがあった、ということが伺える経過だったと言えます。ただこうした論議の前提として、学校図書館の大方では、先生が図書館の実務をしているという常態があることに留意が必要です。高校はともかく小・中学校には司書がいないことが普通だったことをみておかないと理解しにくいでしょう。

　だから最初の宣言解説に、さっき山口くんが読んでくれたようなところがあったのはちょっと書きすぎだったかな、とは思います。ただ最初の解説は議論の途中でどういうことがあったか、宣言には反映されなかったけれども、こんな意見もありましたというふうなことをできるだけ入れて、この宣言自身をさらに理解してもらうための手引きという感じで作っているので、まあ検討の経緯ということでちょっと入れ込みすぎたかな。でもさっき読んでもらったようなところの文章から言うと、はっきりと読書指導上はいいというふうに読めるということで、いささか書きすぎやったなあという感じが、今私はしました。この部分はこれまで私は問題点として気づいていなかった個所です。

　──「天満試案」はどこかに公表されたのですか。

　「浪江試案」「天満試案」ともに自由委員会での副文改訂の作業の初期に、委員会の討議の中で出され、論議の対象となったもので、これ自体外部に公表されたものではありません。『図書館の自由委員会の成立と「図書館の自由に関する宣言」改訂』で改訂作業の経緯を示す資料として「浪江試案」を巻末に収録しましたが、「天満試案」はスペースの関係等もあって収めませんでした。従って、委員会の内部資料にとどまり、委員会の資料及び当時の委員個人の手持ち資

料でしか見ることはできません。

　前にもお話したように、この宣言改訂の経緯では学校図書館の人は誰も関わっていなかったわけです。委員もいなかったし、幾度も草案や改訂案への意見を公募しましたが意見を出す人も全くいなかったので、私がまあ学校図書館のことをいくらか代弁するような形で進んだ。だから私自身がかなり強く言うと、皆そんなもんかということでそうなるし、誰もそれほど反応がないわけです。しかし一般的な受け止め方でいえば、この浪江さんの最初に書いた文章というのはごくもっともだったと思うんです。学校ではそうだろうなと、読書指導のためであり、しかも学校図書館は先生が運営しているわけですからね。まだ学校司書の存在や主体性が印象としてそれほど強くない段階ですから。だから先生たちが読書指導上子どもの記録を折に触れてみるというのはむしろ熱心な先生であり、いいことという受け止め方の方が常識的だったと思うので、そういうことを浪江さんがすっと書いたのはごくもっともだし、それについてはそこまで言うのはちょっとということで消えたけれども、内容的にみんなが十分に合意したという話ではないので、そんなあたりの経過がさっきの解説のところに現れたのかということで、一つの時代の証言みたいな感じもします。

　山口くんが言うみたいに全然反対のことを次の解説で書いてあるということではないので、ここまで書いてしまうと確かに議論の中ではそれがあったことは確かだけれども、委員会自身がすすんでそのように考えていると受け止められるとすればこれはちょっと行き過ぎだったな、あるいはどこからかそういう批判が出たのかもしれませんが。なぜその部分が消えたかということについて私には記憶がありません。

　――(山口)1979年版の解説書の段階でも、貸出記録を教育指導上使ってもいい、とまでは載せないでおこう、というところまでは合意をしていたけれど、何かの手違いでそれとは違うことが書かれてしまった、ということですか。

　そういう議論もあったということを記録に残そうとした、ということでしょう。しかし、そのことが肯定と受け取られるような表現はよくないから、後にその個所を除いて手直しをした、ということだったのでしょう。

　この文章を改めて読むと、見せるか見せないかの是非がメインではなしに、読書事実を巡っての教員と児童との信頼関係がこれこれだという理解で解決されなくてはならない。要するに信頼関係がこのことを考える基本だということがこの文章の言おうとしている趣旨なので、間に挿入しているのは、教育指導以外には使用しないという読書の自由に対する教員の深い理解にもとづく信頼関係

を、子どもと教師の間につくっていくことが大事ですということを言おうとしている文章には違いないですね。仮に制約があるとしてもぐらいの感じで、この教育指導以外には使用しない、この「使用しない」というのがこの文章の中であくまでも私は、強弁するわけではないですが、主だと思います。では全く先生がそういうものを見たりしないかと言うと、教育指導上そういうことはあるかもしれないけれども、仮にあったとしても、「読書」というのは内心のことだという共通理解にそって扱われなきゃいけないという、むしろ流れから言えばそういう文章がここの基本だったはずです。だからここから読書指導の時には先生がそれを利用するのは当然、というふうにまでは読んでくれない方がよいと思います。しかし、それはあくまで例外ということで、書いている以上はそちらは良いということに論理的にはなりますね。やはり適当ではなかったです。

　　—（山口）1979年前後の学校図書館関係の文献を見ていくと、「信頼関係」という言葉は、教師と生徒の間に信頼関係があればプライバシーなんか気にならないというような文脈で使われることが多くて、「図書館の自由」や「読書の自由」に反論する人たちの根拠になっていたように思います。この「1979年版」の文章では「信頼関係」という言葉をそういう意味で使っているのかなと思って、信頼関係がまずあってそれがあれば教育指導に使ってもよい、というふうに読んでしまったのですが。

　一般的な信頼関係ではなくて、あくまでも読書ということについてです。「読書の自由」は内面の自由ですからね。なんだかんだ言っても当時一般的な常識としては、教育の論理の中では教師は子どものすべてについて知らなきゃいけない、子どもについての一切のことを知ることがいい先生である絶対条件みたいなことが、むしろ常識的に言われていたんです。そういう中で、読書というのはたとえ親・教師であろうが、僕が今何に興味を持っているかというのは私個人の問題であって、そこまでは先生や親であっても干渉されたくないというのは子どもにも当然あるだろう。太宰治は、自分が本を読んでる姿は後ろからでも人に見られるのを嫌がったという話を聞いたことがあります。読書というのは「密室の営み」という言い方をよくしますが、人から知られたくないというのは基本的にそれが読書を支えているのだ。そのことの理解というものを前提にすれば、その上で熱心な先生があえて読書指導とか教育指導上子どもの読書記録を見るというような場合は、おそらく生徒の方もそういうことだったら見てくれていいですよ、というように思うかもしれない。そういう関係ができている中で、後で「教師は第三者か」「誰が内部か」という話の時に言おうと思ってい

たことだけれども、私は単純に教師を第三者とか外部だというふうに言うべきではないし、同時に、では内部かと言えば内部でないことは明らかで、学校図書館の場合にどういう位置に立つかというここは微妙な問題だと思うんですね。外部か外部ではないか、第三者か第二者かというように選別するものでもない。むしろボーダーラインみたいなところでどんな関係をつくっていくかが非常に大事だと、今日の話の全体を通じて私が一番言いたいこと、そこにつながっていく話になるんです。ここの信頼関係というのはそういう意味での信頼関係だと私は理解したと思うし、ここは私が原案を書いたわけではないですけれども、まあそういう理解で最終的な原稿に同意したんだと思います。山口くんの受け止め方とはちょっと違いがあるかもしれませんが。

　この1987年の手直しで一番問題になったのは「人権またはプライバシー」のところなんです。そこについて2冊目の解説はちょっと踏み込んで書いています。人権・プライバシー条項はピノキオ問題以来の論議が継続しており、石塚栄二さんが理論集会での個人発表を基に書かれた論文「自由宣言『人権またはプライバシーを侵害するもの』条項について」をベースにした内容となっています。今の子どもの読書指導の問題は全然議論にはなっていなかったと思うので、皆さんの関心にものぼらなかったかと思います。ただ誰かがちょっとここまで言ってしまうと誤解を生むということもあって、それを省いたのだと思います。そこを抜いただけで他は変わっていませんよね。第三者とか他の部分は全く一緒です。だから「1979年版」から「1987年版」へのメインの大きな変更点の中では、特に意識された問題ではなかったということです。ただ結果としてこれは、山口くんがそのように読んだように、大きな変更でしたね。

　「1987年版」では分量が増えていますが、増えたのは今の人権のその辺りといくつかの問題、プライバシーの関係が主でしょう。この2冊の間に貸出記録に係るプライバシーの基準なども新たに生まれてきたので、その関係なんかもかなり増えていると思います。2004年の「解説第2版」になると委員会がその後に蓄積した経験などもあって、だいぶ手が入っているんですよ。これはもう私

10)『ピノキオ』の中に身体障害者差別を助長する内容があると回収要求があり、閲覧制限をめぐって、3年にわたり多くの論議が行われた。(JLA図書館の自由に関する調査委員会編『『ピノキオ』回収要求と閲覧制限』、前掲注3)p.104-115)
11)石塚栄二、『図書館評論』(21)、1980、p.60-64.
12)「貸出業務へのコンピュータ導入に伴う個人情報の保護に関する基準」(1984年5月、JLA総会決議).JLA Webサイトより。

は委員会に居りませんから、内容には全然関係していません。これは三苫正勝くんが委員長の時代で、この部分が新しくなりましたと前書きでことわっています。法の問題とかいくつかの項目が拡大されて、逆にそれ以外のところというのはほとんど触っていないという部分的な手直しで、以前はまだ書けなかった新しい問題を書き加えましたというのが「解説第2版」の改訂です。

・親による制限

—子どもの知る権利の保障の「範囲」についてお聞きします。学校図書館向けの研修で「図書館の自由」について説明する際に多く寄せられるものが、ライトノベルや BL 本、マンガなどを想定した「子どもの要求にどこまで応えるのが知る権利の保障対象となるのか」「学校図書館でも公共図書館と同じように子どもたちの要求に応えるべきなのか」という質問です。「1987年版」まではっきりした説明がなく、「2004年版」では「子どもの権利条約」を参照しつつ、児童の福祉に有害な情報及び資料から児童を保護する配慮は必要だが、「その責任は、まずは父母または法定保護者にある」[13] とあります。ALA の知的自由関係の文書に見られる "図書館員は親代わりではない"[14] という考えをベースにしているのかなと思うのですが、先生が1991年に書かれた論考「子どもの権利条約と図書館の課題」[15] の中では、少し違う解釈も示されているように思います。

「自由宣言」の中で、属性、特に年齢という要素でこの宣言の適用の範囲だとか適用の仕方の違いがあるのかないのかということは、いろんな時にいろんな機会で話題になることはあります。子どもに対する配慮の問題ですね。学校図書館の場合は「教育的配慮」と言われる場合もありますが、「教育的」という言葉を外したとしても未熟な子どもに対して大人のありよう・関わり方として、子どもを良くも悪くも保護する・庇護するという側面から、そうそう子どもの好き勝手・自由に何でも読ませていいのか、これは常にある議論ですね。「自由宣言」の中でこの "年齢" という要素を特別なものと見るのか見ないのかということ

13) 『「図書館の自由に関する宣言1979年改訂」解説第2版』JLA、2004、p. 30.
14) アメリカ図書館協会評議会文書「未成年者の図書館へのフリーアクセス」には、「親が反対したり、反対しそうだからという理由で、未成年者のアクセスを制限する図書館員は、自分たちの立場が(中略)決して親代わりではないことを銘記すべき」とある。『子どもの権利と読む自由』JLA 図書館の自由に関する調査委員会編、図書館と自由(13)、JLA、1994、p. 43.
15) 塩見昇「子どもの権利条約と図書館の課題」、前掲注14)p. 35-52. 初出は『図書館界』42(5)、1991. 1、p. 272-278.

は、1979年の宣言改訂の時にはあまり大きな議論になったという印象はないのです。もっとあってもしかるべきだと思いましたが。

アメリカの場合には1967年の「図書館の権利宣言」改訂の際に年齢の問題だけで大論争をやって大変な議論を重ねた中から、年齢という要素を権利宣言の適用条件にしない、年齢によって区別をつけないという所に落ち着いていくわけです。そこへ行くまでにものすごい議論をやった経過があるんですね。それはそれとして『図書館の原則』の中にそういうことを書いた資料が出ていますから詳しく見ることができますけれども。「自由宣言」の中では子どもの問題については、そのアメリカにおける経験というのは私どもも知ってはいましたから、「人種、信条、性別、職業、あるいは生まれによって・・・」というように列挙していく中に、年齢ということを入れることについてはものすごく努力をして入れたとか、ものすごい議論の末に入ったというようなことではなくて、当然入ってしかるべきではないかというぐらいの感じで初めから入っており、それはおかしいという議論もそれほどなかったんで、あまり日本では年齢の問題は宣言改訂に絡んではやってない、と、私は言い切っていいと思います。

ただそういう問題が現場ではないかというとそうではなくて、常に子どもの問題というのは、学校図書館に限らず児童図書館の世界でもずいぶんやってきた問題です。そして、おそらく今だってまだ皆が全く納得したとは言えないし、皆が同じ考えになっているなんてとても言えない、そういう問題だろうと思います。そういう中で、ライトノベルやBL本やマンガというふうに質問に書かれていますが、この種の資料のことを正直に言うと私はほとんどモノを知りませんから、何とも言えません。ただし、図書館というのは、扱う資料についての図書館員の個人的な好みには禁欲的であるべきだと基本的にはそう思っています。もちろん、あってほしくないという本は実際ありますよね。前川恒雄さんも『われらの図書館』の中で見せたくない本とか図書館に置きたくない本というのはあると書いていますが、それはおそらく誰が見たってそういうものはあるとは思います。しかしそういうことを図書館に備える本の基準にすべきではないということは、そう揺れのないことではないかと思います。

16）Library Bill of Rights. 1948.6.18、アメリカ図書館協会採択、1961.2.2、1967.6.27、1980.1.23、1996.1.23改正。(JLA 自由委員会の Web サイトより)
17）アメリカ図書館協会知的自由部編、川崎良孝ほか訳『図書館の原則−図書館における知的自由マニュアル』改訂4版、JLA、2016、p.126-149（第3章子どもと若者）.
18）前川恒雄、筑摩書房、1987、p.91-92.

　だから、ライトノベル、BL、マンガについてどうのこうのということは、あまり一点一点の個々の本のことについては、正直なところ私自身が見てもいないし、確信をもってなかなか言えませんが、基本的には図書館員としては本に対する個人的な好みやなんかは、本を扱う基準の中に持ち込むべきではないということで、キワモノ的な本を例に取り上げての議論には深入りせず、読みたいものをきちんと保障することの大事さ、そのことでの信頼性の確立を重視するということで、あまり深くそこには考えを及ぼすことのないままにここまできているので、マンガの話などはなるべく発言は控えてきたというのが正直なところあっただろうと思います。

　「子どもの権利条約」については、子どもであることによって人としての基本的な権利が規制をされたり、軽減されたり抑制されたりということはあってはならないということが原則の条例ですから、採択される以前の段階から、これはとても大事なものだから、図書館で子どもの問題を考える基本になるものだと思っていたので、この条約のことを図書館の世界で文章にしたのは、私が最初ではなかったかと思います。この「子どもの権利条約と図書館の課題」は、最初『図書館界』に書いたものですが、『子どもの権利と読む自由』にも転載し、『学校図書館』にも載せたいと言ってきて、載せました。[19]　あの中に、子どもであることによって権利に違いがあってはならないということと同時に、大変重要なのは子どもを守るという側面があることです。よくない環境から子どもを守るというその中に、あまり好ましからぬ本がどういう形で入ってくるのか、なかなか微妙な問題だと思います。そういうふうな問題を残しつつ、「子どもの権利条約」そのものに子どもが育つための良い環境をつくるのが大人や社会の責任であるという部分が入っているので、ここのところをどう解釈するか、ここに図書館の選書におけるある種の配慮がどう絡むか、絡ませないのか、議論としては当然残る部分だとは思いますね。そんなこともその論文の中ではちょっと触れていたのではないかと思います。

　それから子どものことについては、伊藤昭治くんが森耕一さんとアメリカに行って見てきたことの中で宝物のように強調していましたが、子どもについて責任のある判断ができるのは親だけだということを、言っていましたね。確かにALAの知的自由委員会の公式文書にもそういうことが入っていたという気

19）塩見昇「プライバシーの尊重」、〈特集〉子どもの権利条約、『学校図書館』（507）、1993.1、p. 27-32.
20）前掲注14）

がしますが、要するに子どもについて判断できるのは親だけだから、まるで親であるかのように児童図書館員が子どもを保護する立場で子どもの本について見せるとか見せないとか、見せない方がいいんだというような行動はすべきではないとアメリカではなっているということを、彼は鬼の首を取ったように、ことあるごとに言っていましたね。アメリカではそういう捉え方というのは、かなり一般的であったということでしょう。リリアン・スミスとかの古典的な児童選書論に対する批判の議論の中で出てくるものです。アメリカでも100人が100人とも一緒かというとそんなこともないだろうと、おそらくやっぱり子どもの図書のセレクトに対するある種の配慮、そう簡単に一つにスキッと誰もが納得する問題ではないというふうには思います。公共図書館でもそうですから、学校図書館になってくると一層教育的な配慮というのが働きがちだというのはあると思うので、誰がどう言うたから、必ず納得して一致するかというとそういう問題ではないテーマだという気はしますね。

　　一親が「うちの子に読ませないで」と言っている場合に、その本を図書館員は子どもに提供しなくてよいのか、という問題は確かにあると思います。しかし、親がその本を本当に読ませたくない理由があって、子どもが納得していればそれでよいし、逆に、親の言うことに納得できない子どもがその本を読みたいと言うのであれば、それは親子間の問題で解決するべきことで、図書館はそこに介入しないでよい、子どもが親に内緒で読みたいと言ってきたら、図書館員は本を届けるのだ…、「2004年」版の解説書全体を読んでいくとそんなふうに読み取るべきなのかなとも思います。こうした解釈について先生はどう思われますか。

　これはちょっと逃げみたいなところがあるのかもしれませんが、親だったら制限できるという話ではなくて、伊藤昭治さんもそのような言い方をしていましたが、図書館員はまるで親であるかのように、親の身代わりのようにこれはいいこれは悪いというように判断すべきではない、判断するのは図書館員のすべきことではない、一番言いたいところはそこだろうと思います。だからといって別に親が制限したらいいのかとか、あるいは制限する権利があるのかということについては、これは別に図書館の問題ということではなくてあくまでも親と子の関係の問題。そう言ってしまうと何か突き放したみたいですが、まるで親であるかのように振る舞う図書館員のありようというのは、これはやっぱり対子どもという関係の中ではすべきことではない。あくまで一人の市民として読む権利を持った主体に対する、職業人としての図書館員の姿勢ということか

ら言えば、まるで親であるかのように踏み込むようなことはすべきではないということが基本になっている考え方だと思います。

　親が子どもにとっての良し悪しを判断する責任のある権限のある人かどうかということは別に考えるべきことであって、私も自信をもってよう言いませんが、子どもの権利条約の一番もとから言えば、どんな小さな子であっても子どもは一人の人間として自分で判断する主体であるというこがあくまでも前提で、ただそこに全く何も関わらないのが親の一番いいやり方かといえば、これはこれでいろんな考え方が当然あるだろうと思います。親は自分の子どもが自由にのびやかに育つことを期待するとともに、良い環境の下で生きるように守る責任も負っている存在です。そういう意味で言えばこれは問題が当然残ることでしょう。いろんな考え方があり得る世界ではないかなというところまでですね、言えるのは。

　親と子の関わりというのは常に一般化できるわけではないし、あくまでも個別の一人の親と一人の子どもの関係としてあるわけだから、別の親子の関係の中であることがそのまま成り立つかどうかというのはこれは全然別問題だから、一般化しにくい問題ですね。親と子という関係の中で判断すべき事柄の中に、この子にどういうものを読んでほしいのか、どういう学びをして欲しいのか、どういう子どもに育って欲しいのかという中の一つとして、与える品の判断も当然入ってくるだろうし、そのことと同じレベルに図書館員が踏み込むということは図書館員が判断すべきことではないということが、権利宣言の考え方の中で基本にあるのではないかと思います。

7-2　学校図書館と「図書館の自由」

○　愛知県立高校禁書事件

―「愛知県立高校禁書事件[21]」が顕在化したのは1981年で、衝撃的な事件だったと思いますが、当時の学校図書館界での受け止め方はどのようなものだったのでしょうか。

　どうだったでしょうね。JLA の自由委員会、それから図問研の愛知支部の関係者周辺以外であんまりこのことを話題にしたりすることはなかったのではないか、という感じがしますけどね。

　私どもがあの事件のことを知ったのは多分愛知の方から、名古屋の自由委員

21）前掲注 5 ）

会、小木曽真くんあたりを通じてではなかったでしょうか。自由委員会として聞いたと思います。話を聞いてから後は事柄の大事さと、ダイレクトにわかったほうがいいということで、学校図書館界では愛知の丹羽努さんという高校の司書が自由委員会の方へいろいろ伝えてくれたと思います。それからこれは県高教組の調査で顕在化した問題ですから、副委員長の見崎徳広という方と直接お話をしたこともあったし、愛知だから「ピノキオ問題」以来ずっと自由の問題に中心になってやっていた中村幸夫さんを通じて県高教組の見崎さんあたりに連絡を取ったりしました。私も一度名古屋に行って、直接向こうの人から話を聞くということもやりました。もちろんマスコミも大きく取り上げましたから、注目もされたし話題になることはあったけれども、学校図書館界としてどういうふうに受け止めたかという話になると、かなり限定的ではなかったかなあと。学校図書館の人たちが、愛知以外でどの程度に関心を持ったかについては私としては何とも言いようがない。ただすぐ後に千葉の問題が出てきたのは、この愛知のことと連動していると思うし、自由委員会の関係か組合サイドか、どこが千葉との関係づけをやったのか、千葉の事情が表に出てくるようにきっかけづくりを誰がしたのか、ちょっとその辺はいま記憶の中にはありませんね。[22]

　確かに JLA との接点は学校図書館の人たちにはそんなになかったこともあるし、こういう話自身が学校図書館の世界の人たちに伝わっていくというのも、やっぱり弱かっただろうなと思いますね。

　1981年ですから「自由宣言」の改訂のすぐ後ですね。自由委員会の中でのやり取りで、愛知の中で学校の問題として初めて出てきたというので、愛知の人も目を向けたけれども、それまで、そう学校図書館と縁があったわけではない。丹羽さんは図問研の愛知支部には入っていましたから、おそらく最初に愛知の禁書事件のことを図書館界の人たちへ伝えたのは愛知高教組⇒丹羽努という線から中村さんや小木曽くんへということではなかったかと思います。学校図書館関係では、このことをこの時期に特別意味のある問題として取り上げて、どうこうということはあまりなかったのではないでしょうか。全国 SLA で取り上げるとすれば「速報版」でしょう。そこに出ていれば学校図書館界の受けとめがいくらかわかるかもしれませんね。それ以上は分かりません。[23]

22) 前掲注3) p.38によると、1984年に千葉県高教組によってアンケートが実施され、事実が明らかになったと記録されている。愛知の組合のアンケート調査の後、JLA が学校図書館の会員に行い、その後、千葉の組合がアンケートをした経緯がある。

　ただ、以前からお話しているように学校図書館における「自由」の事柄というのはほとんど表に出たことがそれまでなかったわけですから、あくまで考え方というレベルに留まったので、そういう意味ではこの事件が表に出てきたことは学校図書館でもこういう問題が起きるんだという具体的な、しかもかなりマスコミも注目したショッキングな出来事だっただけに、「自由宣言」と学校図書館のつながりみたいなものを、当然あってしかるべき、というか、学校図書館もそうなんだと受け止めたという意味では、変な言い方ですが、大変良いタイミングでこの問題がこの時期に顕在化したということはあったと思うし、私もそういう受け止め方をしていたと思います。

　千葉県立高校でも同じような禁書の問題がありました。ちょっとしたレポートみたいなものも出ていましたね。愛知ほどではないけれども調査報告みたいなまとめがあったと思います。当時そのことをきっかけとして、いわゆる管理教育の問題点が議論になった。教育委員会主導の管理的要素の強い高等学校、そういう考え方で作られた新設高校での問題だという受け止めがありました。

　　―県教委がそういう管理教育をしようとしていた中の一環として、校長が本も自分が管理しようという考え方があって起こった問題だったと思います。

　　　愛知のアンケートで13校が書名などをあげたと思います。

　愛知と千葉という東西の管理教育に熱心な傾向の高校における共通した出来事という受け止め方が当時強かったと思います。やっぱりそういうことになるんだなー、ということで、管理教育の一端をこの禁書事件で見たというのが、当時この事件を解釈する人たちの受け止めとしてはあったような気がします。

　　―これが問題になることで管理教育はある程度改善されたのでしょうか。

　多少それはあったかもしれませんね。マスコミも「管理教育」という表現で捉えていましたから、風当たりは強くなったでしょうね、全国ニュースにも取り上げられましたし。2～3分ではなく、もう少し長い時間テレビのニュース特集で取り上げられましたよ。

　　―ニュースの中で校長先生が自信を持って喋られましたね。生徒たちを迷わせるようなことをするのはどうかというように。

　私はある意味で、あの校長さんは偉いなと思いました。確かに役割としては大変損な役割ですが、マイクの前で事件を擁護する話をするわけですから。で

23）『学校図書館速報版』(993)1982.3.5、p.16「ブック・トラック」(編集後記)欄に、「某県では、学校図書館の図書購入をめぐって、校長が干渉し平和の問題や子どもたちの自立を説く本を禁書扱いにするという事態が起きていると聞く」とある。

も私はそういうように考えてやりましたと、教育というのはそういうものだと、かなり自信を持って言っておられた。ある意味では信念を持った人だと思いましたけどね。子どもを迷わすことは教育としてどうか、と言ってましたね。私は疑問を生み出すことは、それこそ教育の大事な要素ではないかと思いながら聞きました。迷わすのではなく、はっきりと道筋を示してやるのが教育だと胸張って言われたのは、それはそれで一つの見識でしょう。

　—「子どもの権利条約と図書館の課題」の中に、取材に応じた校長が『田中角栄研究[25]』を図書館に入れるのを拒否した理由として、いまだ評価が安定していない本であり、未熟な生徒を迷わせることは教育の場の図書館としては好ましくないと答えていると書かれています。[24]

　それはテレビの取材の画面を通じて知ったことでしたね。そこまで言えるというのは立派である。教育委員会なんかに言わされたのではなく、ご本人がそう思っていたということですから。そういう方針で作った新設校がいくつかあって、そういうところに共通して起きたという気がします。管理教育のメッカというように当時言われていたので、そういう学校の特徴が、学校図書館の選書の問題に現れたということだったのでしょう。

　—あの時、確か生徒もインタビューされてたんですよね。生徒はやっぱり「自分が選ぶ前に選ばれていたなんてイヤな気持ちがする」と言っていましたよ。

　先に見られているような気がするというやりとりがありましたね。

○　論文「学校図書館と図書館の自由」

　—論文「学校図書館と図書館の自由[26]」を書かれた当時、図書館の自由という観点から描いておられた理想の学校図書館像はどのようなものだったのでしょうか。

　学校図書館を「図書館の自由」や読書の自由という面から書いたというのは、1976年の講座の一冊『学校図書館と児童図書館[27]』が最初で、当時はそれほどそのことが大きな学校図書館論の軸になるところまでは行っていなかった。1979

24）前掲注15）
25）立花隆『田中角栄研究：全記録』講談社、1976.
26）塩見昇「学校図書館と図書館の自由」、前掲注5）、p. 6-12.
27）塩見昇・間崎ルリ子共著『学校図書館と児童図書館』日本図書館学講座（5）、雄山閣、1976.

年に『学校図書館論』を作った時には、資料論の面からいくつかの資料を入れた程度でした。学校図書館にどんな資料を集めるかという学校図書館資料・蔵書構成の問題として処理しており、学校図書館とはというところでは、「図書館の自由」とか「知る自由」というようなところから入ったわけではなかった。収録している資料が「学校図書館憲章」、それからアメリカの学校図書館の蔵書が裁判で争われたという大滝則忠さん（後の国会図書館長）がまとめた文章ですが、そういうものを例にあげて、蔵書構成とか資料収集という面から取り上げたぐらいでした。これが1979年で、1970年代はそんなところです。

　初めて学校図書館のことを勉強する中で、自由の問題を正面から文章化したのが、1983年１月の『教育としての学校図書館』でした。ほぼそれと同じ時期に自由委員会の『学校図書館と図書館の自由』が10月に出ました。だから『教育としての学校図書館』が出た直後ぐらいから準備して書いたということです。これは愛知の禁書事件があったので自由委員会として学校図書館のことを初めて『図書館と自由』に一冊として取り上げ、その巻頭に総論的に書いたもので、読み直してみて私が学校図書館における「図書館の自由」について書いている中でこれが一番よく書けていると思います。

　今の質問で、あるべき理想の学校図書館像があって、それを基に云々と言うほどそんなものがあったわけではなかった。今回のようにその頃どう思っていましたかという類の質問はなかなか難しくて、そう思ったかもしれないし、いやそこまで考えていたかどうかはいまとなってはという感じですね。

　まあ教員になってから10年は経ったし、『日本学校図書館史』も書き終えて、という段階になって、私なりには学校図書館というものがどういうものかということについての捉え方は、ある程度のところまでは行っていたというふうに思います、この時期として。具体的な愛知並びに千葉の例をちょっとはさみな

28）塩見昇『学校図書館論』図書館学教育資料集成（7）、白石書店、1979.

29）School Library Bill of Rights for School Media center Programs. アメリカの学校図書館員協会によって1955年採択、69年改訂。なお、『学校図書館論』（教育史料出版会、1989）には、「学校図書館の権利宣言」と記載。

30）「学校図書館蔵書の扱いをめぐる法廷論議」前掲注28）p. 138-140. 大滝則忠「図書館蔵書の扱いと憲法問題」『レファレンス』（291）、1975.4. から転載。

31）塩見昇『教育としての学校図書館：学ぶことの喜びと読む自由の保障のために』青木教育叢書、青木書店、1983.

32）前掲注5）

33）塩見昇、図書館学大系（5）、全国 SLA、1986.

がら、図書館について考えてきた「図書館の自由」と学校図書館を重ね合わせ
て書いたのがこの「学校図書館と図書館の自由」です。もうちょっとやさしい
言い方をすれば良かったのかなと思いますが漢字の多い文章になっていますけ
れども、言わんとすることは、だいたい今の考え方とそれほど違いのないような
ところまでは来ていたのではないかと思います。

　「『図書館の自由』という理念を掲げ、その実態を強める主体性、自立性の確立
を主張することは」というのは学校の中にある図書館として、当然学校の一機
関には違いないのだけれども、学校を貫いている原理原則が、図書館運営のすべ
てをそのまま支配する世界だけではない。学校から離れてしまうということは
あり得ないのだけれど、学校の中にありつつ学校の図書館だということの、一つ
の判断の仕方とか拠り所みたいなものがある。それを主張もするし、日常の運
営や活動の中でそういうものが見える形になっている、そういうものが生まれ
ていかないといけないということがまずあったと思います。

・なぜ学校の中に図書館があるのか

　そういうことを通して、逆になぜ学校の中に図書館があるのか、図書館がある
ことによって一体学校がどうなり得るのか、なかった場合とある場合の違いが
そこから浮かび上がってくる、そういうような関係が生まれてこないといけな
いだろうというのが、おそらくこの頃もすでに思っていたのではないか。この
「学校図書館と図書館の自由」の中に書いた「図書館界の大きな連帯のなかに
位置づける[34]」というのは、学校の持っている数百冊数千冊の蔵書ですべての学
校図書館に向けられるニーズをカバーできるわけがないわけで、むしろこれは
早くに私は「大きな広い図書館の世界の一つの、その学校の子どもと教師にとっ
ては一番身近な入り口だ、窓口だ」という言い方をすることが多かったと思う
のですが、学校図書館の背後に図書館総体の大きな組織があるということで、図
書館の相互協力です。学校の先生も目の前の一部屋の中の資料だけを見て図書
館を感じるのと、背後にあるものを視野に入れて考えられるかどうか、そこに大
きな違いがあって、使い勝手と言うか頼りがいというようなものが出てくるは
ずだ。そういうことを意識すると、そういう世界を自分の教育指導の中に取り
込んでやったら何ができるか、教科書と目の前の参考書だけで判断するのとは
違う世界が広がっていくはずだ。教師にとっての学校の中にある図書館という
世界が持っているひろがり、ある可能性みたいなもの、これは大変大きなものが

34）前掲注26）p. 5.

あるだろうなと考えた。

　それから子どもの側から言うと『学校図書館の教育力を活かす[35)]』の中で言っているように子どもたちにしてみれば、教室で習う教授＝学習過程、授業が学校の主要なものであることは間違いないのだけれど、その中から触発されて生まれてきた興味関心は、子どもにとって大事な成長の芽に違いない。そういうことに応えてくれるというのは担任の先生と教科の授業の中だけにとても委ねきれるものではない。一人ひとりの子どもが気づいた興味や関心、疑問に責任をもってくれるわけではないですからね。一人ひとりの子どもを見落とさないようにと言うけれども、一人ひとりの子どもに徹底的に付き合っていたらとてもじゃないがクラス全体を統括しての教師の仕事なんかできるはずがないわけで、やっぱりあるところで手を打たざるを得ない。そこから先の個別の課題について面倒を見てくれる世界として図書館があると考えれば、学校図書館というのは「学校の中にあるもう一つの学校＝学びのしくみである」と言えよう。そこから子どもが自分の気づいた課題から出発して、どこまでも自分の判断で進めていける、そういう学習過程が学校図書館を活用した学びですよね。

　そこからは授業の中で得るものとは違った見解も当然出てくるだろうから、そういう経験が広がっていくと、一人ひとりの子どもがそういう経験を持って授業の中でグループ討論なんかをしていくと、先生の指導の予想を超えた展開が生まれてくることも予想できる。先生は教案で授業計画を立てるときには予想される子どもの反応をあらかじめ自分で記録するんです、ちゃんとした研究授業の時なんかは。ところが若い教育実習生が授業に臨むと、予想していたものと違う回答が授業の中で出てきて立ち往生するということはちょいちょいあるのですが、そういう先生が予期した以外の展開も生まれてくる。そういう学びを授業以外の場で子どもたちが積んできた、そういうものが持ち寄られて授業が展開していく。それをひっくるめてトータルとして先生の授業の裾野も広がっていく。そういう意味において学校図書館は「もう一つの学校」、学びの場だと思い、最近こういうことをよく書いています。

　そういうものが見えるようになってくると、それこそ学校の中の図書館の存在意義がはっきりしてくるのではないか。だいたいそれに近いことを当時も考えていたのと違うかな、今のように「もう一つの学校」というふうにはまだこ

35）塩見昇『学校図書館の教育力を活かす：学校を変える可能性』JLA 図書館実践シリーズ（31）、JLA、2016.

の頃は言っていませんが。図書館のはたらき、役割とか可能性みたいなものについては、そういうものをだいたい1985年ごろには感じ出していたのではないかと、しかし本当にその時そう思ったかというのは今では分からないですね。1990年ぐらいになってくるとそこからは私の学校図書館観もそれほど成長しているとは思わない。私のやらないといけない仕事も広がり、校務も増えてくる、仕事の中で学校図書館が占める割合も徐々に下がってくる、というところで、その後は場面場面に応じた対応やら勉強をしてきたのではないかということです。私の学校図書館論みたいなものを「自由」の側面から言えそうなことは、だいたいこの段階で文章になったのではないかという感じがします。

・「学校図書館が内包する危険な性格」

　問題がある資料なんかはそれこそそれを教材化して活かせるのが学校だ、学校でしかやれないというのが自分でもそうだそう言わなければならないんだ、と気づいた時に自分なりに感動したことがあったのだけれど、それと前後して土居さんが『完全自殺マニュアル』についてまさにそういう類の対応をやった[36]ので、そうだこれが学校図書館なんだと私も確信したということがありました。あのケースが顕在化したのは1996年頃で、学校図書館像の骨格みたいなものをそういう面からも確信できるようになっていった。JLA 学校図書館部会で話をした「学校図書館の自由について」、あの赤い冊子[37]、あれがあった段階はまだ特に貸出を中心としてという時でしたが、まだ受け止める人たちの中では半信半疑で、それは公共図書館の話でというのも一方でありつつも学校図書館部会ではこれが二度目の講演でしたね。

　そういう問題についてもずいぶん環境も変わってきた時です。

　—この「学校図書館と図書館の自由」を初めて読んだ時に「学校図書館が内包する危険な性格」[38]ということを実際には感じたことがなかったので、え〜そんなことがあるんだ、でもそう言われたらそうかなという感じでしたが、その後いろんなことを体験する中で、なるほど言われる通りだったんだなあと思ってすごい先見の明があったのだと、後でも感心しました。

36)　土居陽子「『完全自殺マニュアル』の予約をめぐって：学校図書館における『図書館の自由』」『表現の自由と「図書館の自由」』JLA 図書館の自由に関する調査委員会編、図書館と自由(16)、JLA、2000、p. 112-125.　→本書 p. 360

37)　『学校図書館の自由：貸出を中心に』第16回 JLA 学校図書館部会夏季研究集会報告集、1985。「学校図書館の自由について」は、p. 3-18に所収。

38)　前掲注26)p. 5.

「危険な性格」というのは、以前、禁じられる本こそ良い本だというような話をした時に、残念ながら日本では図書館はないよりはあったほうがいいし貧しいよりは豊かな方がいいというレベルの話だけれど、本当に図書館が図書館の果たしうる力を発揮したら、そう誰もかれもがいいところだと気楽に受け入れているわけにはいかなくなるだろう。ただそのことを言ってしまうと、そんなものになり得るのだったら図書館の整備はほどほどにしておこうと貧しい段階でふたをすることにもなりかねない。とすれば、危険な存在みたいなことを軽々に見境なくあちこちで言ったりしてはいけないと自粛をしつつ、しかし本来そういう側面を持っているのも図書館、だからこそ出来上がった感のある公教育がここから変わっていく余地がなきにしもあらず、そういう可能性を含んでいる世界だというところは、自分なりに７〜10年ぐらいの模索である程度たどり着いた学校図書館論の中では大事なところだという気がしています。いつそう思ったかというのはなかなかそういう決定的な瞬間があるようなドラマチックなものではないので。

　―そんなドラマチックなことがないのになんで考えられたのでしょうか。

　やはり講義をするためには、自分で納得できるものを持たなきゃいけない、授業をやらないといけないという制約を受けている。趣味でやっているのならいつ出来上がってもいいわけだけれど、そこが給料もらっている代償ですからね、お返しなんだから。何かそういうものをまとめないといけない、自分で納得できるものを掴まないといけない。「そうなんだ」と自分でも感動できるような瞬間、気づきが重要ですね。学校図書館をつくっていくメインは、やっぱり教育とか教授＝学習過程との関連で存在感を実感できること、それがなかなか掴めなくて、みんなが非常に悩んでいる問題であると同時に、そこに学校図書館が絡んでいけないかというのが主な模索であったのは間違いない。そういうものを探っていくときに「図書館の自由」とか「知る自由」とかいう側面を図書館は持っている。そういうものが絡むことによって学校の出来上がった非常に固いがんじがらめの教授＝学習過程がちょっとゆるむというか広がるというか、そういう余地を生み出す可能性が学校図書館にはあるのではないか。なんとかその辺のところを探ろうとして丁度たどり着いた段階で、これを文章化しなきゃいけない客観状況が出てきて、この「学校図書館と図書館の自由」を書いたのではなかったでしょうか。

・学校図書館の主体性・自立性

　―この論文の中の「図書館のはたらきがあることで成りたつ実践をさらに蓄

積し、交流することで、それを教育運動として構築していこうとする胎動も生まれつつある[39]」について。具体的にはどのようなことを指していますか。学図研設立にむけての動きのことでしょうか。

　学図研は1985年に設立されました。学校図書館の「自立性」という言葉がその論文の中に出てきますが[40]、これは熱心な係の先生が時々やってきて動かしている程度ではできないわけで、学校図書館の主体性・自立性という話にはならんわけです。学校の中の一つの独立した役割や機能を備え、一定の運営方針を基に、学校の中であるはたらきをしている、と言えるような存在になるには、少なくとも学校図書館には判断の主体があります、あるいは図書館としての運営の方針、目指すものがありますということを言えるようになるためには、やっぱり専従の人がいないとどうしようもないわけです。そういう意味で学校司書が各図書館にいて、そしてそこを軸に図書館が動いているということが出てくることが、どうしても前提としては必要なことで、学図研の準備会は3年ぐらい前から始まっていますから、丁度この本が出た頃はそれが動き始めた時期くらいですね。それを含めて、とりわけ岡山の学校司書の人たちが動いているという状況が、一番私の頭の中にはイメージとしてはあったと思います。まだ大阪は動いていない時期ですからね。

　―岡山の学校司書の方たちの働き、現場を見られてどう思われましたか。

　直接見たのは限られており、『本があって、人がいて』のビデオを見て知ったことが主ですが[41]。『学校図書館白書』を読んで司書の働きをある程度推察はしましたが[42]、これぞ学校図書館というような現場にぶち当たったというようなことはあまりありませんでしたね。司書がいることによってそれまでの図書館とは違うものになってきている、それは一人が個人として頑張っているということではなく、ある程度つながった組織的な活動が始まっているということが、恐らく当時のこの文章の背景にはあったと思います。丁度そういうタイミングで、学校司書の集団としての活動が動き出した時期だったでしょうね。

　―この論文の中の「学校図書館が学校運営のなかで、独自な判断と行動をなし得る相対的自立性を備えているといえるかという現実の弱さによってい

39）前掲注26）p. 7.

40）前掲注26）p. 11.

41）岡山市学校図書館ビデオ製作委員会編・刊『本があって、人がいて：学校図書館と子どもたち』、1991.

42）岡山市職員労働組合・学校図書館白書編集委員会編・刊、1号は1981。→本書 p.225

る」について、相対的自立性とは具体的にどのようなことを指しているの⁴³⁾でしょうか。

時々司書の中に、この図書館は私がやっていますと言って、他の人に触らせない、本は誰にも干渉させないで私が選んでいますという人が高校なんかにいることがあります。そういうのは、私は決して良いことだとは思わない。それはそうではなしにやっぱり学校図書館なんだから、学校の総体がいろんな形で関わりながら、みんながつくっていくという形になっていかないといけないわけで、そういう意味で言うと絶対的な自立性ではなくて、あくまで相対的であって、学校という組織の一部であるということから良くも悪くも離れてはいけない、その辺のところを言おうとしたのではないかと思います。

相対的にそういうものであるからこそ、図書館への教師のスタンス、距離感が大事だと思う。教師が立ち入ってはいけないところみたいな形で取られてもおかしいし、といって教師がそのすべてにズカズカと踏み込むというようなことも違う。そこにはやはりそれぞれの独自性を認め合うそれぞれの節度が当然必要だろう。学校の中の一つの自立した機関、相対的に自立しているという機関であることを望ましいと考えていたのだろうと思います。

―相対的に自立した学校の中の機関というのは学校図書館以外に他にあるのでしょうか。給食室とか保健室とかは人がいると言えばいるような気もしますが、ちょっと違いますよね。やはり学校図書館だけでしょうか。

確かにそうかもしれませんね。これもどこかに書いたことがありましたが、⁴⁴⁾やっぱり学校構成要件から言うと特別教室のひとつなんですね、理科室とか図工室とかと同じで。しかし他の所と決定的に違うのは、そこには固有の人がいるということです。授業でそこに行って使うというのはどこも共通しており、まさに授業を中心とした学校教育のために整備された特別の場所であることには違いないが、そこに専任の人間がいてその部屋としての運営方針をもち、そして独自のはたらきを日常的にやっているとなると、理科室や図工室はそういう働き方をしませんよね。給食室は給食を作り、子どもたちの健康増進を支えるところだからちょっとまた違う話だろうと思うので、相対的自立性みたいなものが当てはまって学校の中で一定の機能を持っているところと言うと、保健室は近接性が高いでしょうが、子どもが進んで自主的に何かをするわけではない。

43）前掲注26）p.7.
44）前掲注35）p.60-61.

結局、図書室だけではないでしょうか。だから図書室が図書「室」ではなしに図書「館」であるということになっていく必要があるわけです。

　　—最近、「館長を校長に」という動きがありますが、相対的自立性とのかかわりではどう評価されますか。

　　—校長を図書館長に、というのは納得のいかない話です。なぜかと言うと、学校長というのはそもそも学校経営の責任者ではないのかと考えたら、学校図書館の、それこそ塩見先生の言葉を借りれば、はたらきとか機能とかを学校経営の中に位置づけることを含めて学校経営というのがあるからこそ、いろんな教科とかクラスの教育活動に活かされるわけで、別途にまた図書館長となるとそのつながりが全然私には理解できません。学校経営というところで包括されている話であるはずなのに、なぜ図書館長とまた言うのかというのが、全然私の中ではストンと落ちないんです。あの文科省の「学校図書館ガイドライン」[45)]の中に出てくる「校長を館長に」という話って、学校長に学校図書館のことを考えさせるための短絡的な方策ではないのか、むしろすごくマイナス面の方が多いのではないかと思うのですが。

　学校長は学校の校務全体を掌握して、当然図書館も含めて統括するということは間違いないわけで、そこにあえて名前をつけるかつけないかという話で、つけるとすれば主任でも構わないです。相対的自立性ということからいえば校長がなるのは好ましくないですね。

　図書館の包括的責任者という意味では、校長は図書館の代表者をも兼ねているというのは理屈から言えばそうなので、それをあえて館長という職責で強調すると、館長としての何かをしないといけないのかということで、ここからまた判断の問題とか権限の問題というのが出てきたりするかもしれないですね。

・学校図書館での実践と検証

　　—この論文の中の「図書館の自由がどのように『妥当』するかの検証は、なお今後の実践と研究を待つべき課題として残されている」[46)]について、ここでいう「検証」とはどのようなことでしょうか。

　学校図書館における自由の事象がどのように顕在化し、論議されるか、「妥当するか」を具体的な事例を通して確めるという課題を今後の蓄積に期待した表

---

45) 「学校図書館の整備充実に関する調査研究協力者会議」の報告「これからの学校図書館の整備充実について」(2016)に基づき文科省が定めたもの。「例えば、教育委員会が校長を学校図書館の館長として指名することも有効である」とある。

46) 前掲注26)p. 8 .

現です。その蓄積を通して学校図書館が学校の中で相対的自立性を承認され、その中に自由の原則が重要な位置を占めていることが共有されることを期待しての表現だったと思います。

　—学校図書館の問題または学校の中のことに限って言うと、表に出にくいことが多いと思います。何か問題が起こった時に調査をしようとしても限界があったりするんじゃないかというのが根本にあって、検証という時に起こったことを正しく把握するための調査が必要だと思うんですけれども、そういう調査を含めての検証というようなイメージなのでしょうか。

　自由委員会とか、外部が云々というよりも当事者の中でどんなふうに、今言われたように学校の中のこととしては表に出にくいのが表に出てくるようにまずなっていくのか、そしてその当事者のところでどういうふうに、例えば問題点があるとすればそれを学校の中で共有していくような、そういう働きなどを含めて、問題の顕在化をまずは考えたと思います。図書館に関わる事象、問題がこの学校の教育に、こんな形で関わっているという気づきが確かめられることでしょう。検証と言っても検証のために何かの作業をするとかしないとかではなしに、そういう表面化し顕在化し、学校図書館にもまさに「図書館の自由」が当てはまるんだ、あるいは当てはまらなければいけないんだという理解、認識が広がっていくことを期待していた、ということだったと思います。

　—私は先生のこの論文を読んで触発され、検証するということをずっと自分の課題にしてきたところがあります。例えばリクエスト制度が学校図書館にも必要だとする根拠を、先生が書かれた「学校図書館は、学校における教育の内容と方法を『あてがわれたことを型どおりおしえる』のではなく」、「子どもたちと教師に近いもの、教育現場の実態に即して選びとり、創意工夫に富んだものとするためにこそ生まれた。…それが学校図書館が『学校のなかの図書館』であるゆえんである」[47]というところから、子どもが本当に興味を持っていることから授業が始まったら面白がるんじゃないか、それにはリクエストされた本を使うのはどうなんだろうかとかいろいろ考えて、学校行事やクラブ活動にも目配りをしていました。

　『本当は恐ろしいグリム童話[48]』がリクエストで読まれ、次々に貸し出されたものですから、それを国語の先生に「こんなのがリクエストされて図書

47) 前掲注26)p. 6 - 7 .
48) 桐生操、KK ベストセラーズ、1998.

館に入ったけれども、この本をこのまま生徒が読むのは心配なので、ちょっと一言授業で言ってもらったりした方がいいんじゃないですかね」と言ったら、先生がこの本を読んで、「これは面白いから授業で言います」と教材にしてくださるということもありました。『完全自殺マニュアル』なんかも、リクエストになんとか応えたいというところから授業でも取り上げられ、図書館でも展示に発展して、結果的には検証になったのではないかと思います。

　今の例はまさにそうだと思います。学校行事やクラブ活動の指導も学校の教育課程のひとつだけれども、やはり、一番長い時間は授業、教授＝学習過程の中で子どもは学習している。子どもが日常的に図書館を使うのは学校行事やクラブ活動というのだけではなく、授業の中から出てきて一人ひとり自らの意思で図書館を使う。そういう場面の全てを通して使うのだから、図書館は授業だけではなしに、学校行事やクラブ活動など学校の全ての教育課程に目配りしていく、そこでの子どもの動きみたいなものに応えていくという順序かなと思います。

　例としては「学校図書館の蔵書には読書要求」、子どもからのさまざまな要求、とりわけ「学習過程の多様さ」。共通な教材で学んでも、それによって触発される一人ひとりの子どもの学びは一様でないし、授業の枠組みの基になる教育課程というのは、本来個々の学校が学校現場の状況を子どもと共有しつつ、現場から組み立てていくものだと言われてきたものですからね、それは非常に多様なものだ。そういう学習過程の多様さ、それから授業の中で、子どもたちは先生が初めに想定した通りに学びが進んでいくわけではないので、いろんな受け止め方をし、そこから広がっていく、本来多様に展開するもので、そういう多様さに「対応できるだけの幅の広さと奥行きが図書館の応じられる資料には不可欠である」ということをここは言おうとしたと思います。

　―（土居）西宮東高校の吉田卓司先生の授業なんかはまさにこれにぴったりだったと思うんですね[49]。年間を通してのグループで調べて発表するような学習で、そのための資料を集める努力をずいぶんしました。図書館にあるのだけでは資料が足りなくて公共図書館から借りてきて、次の年はちゃんと買っておくとか、常に目配りして授業に合わせた資料を用意するとかし

---

49) 吉田卓司との連携については、塩見昇・土居陽子共著『学校司書の教育実践』（青木書店、1988）や、『学校図書館と私：土居陽子さんを食べ尽くす会記録』（学図研兵庫支部編・刊、2008）などに詳しい。

て、蔵書が変わってきました。またそこから授業とは関係なく借りてくれる生徒もいたりしたので、それも嬉しかった。

　土居さんが言われたところの吉田先生との関係なんかは、吉田さんは教師だから、内部か外部かとか第三者かとかという話ではなくて、まさに図書館をつくる担い手の一人、司書とは立場が違うけれども、それぞれの異なる役割・立場を持ちつつ一緒に図書館をつくっていった。そういう意味で言えば内側で、しかし図書館員でないことは明らかで、土居さんと吉田さんとの関係というのは似たような関係が他の学校でもないこともないし、そういう先生が一人でも増えていくことが良い学校づくりになる。結果的には学校図書館をつくるというのはそういうことだと思います。そういう理解が大事なのではないかなと思います。土居さんと吉田さんとの関係なんかは本当にドンピシャみたいな関係だったんと違うかな。

　―学校図書館で「図書館の自由」を考える時に、リクエストに必ず応えるというのが学校で本当に必要かと問われる場面があるじゃないですか。それに対して、どういう場面で「だからリクエストが必要だ」と言えるのかいろいろ悩んだんです。生徒のリクエストが授業をつくっていったり図書館の蔵書を広げていったりしたらいいのになあとずっと思っていたので、先生方に、こんな本が読まれているとリクエストされた本について伝えるというのは、わりとやったと記憶しているのですが。

　一般的にリクエストに必ず応えるという原則はあっても、現にこの本をどうするかという時には確かに難しいことはあると思うし、またそれが話題になりそうな本が例に上がってくるわけです。ええ～こんなものここまでは考えていなかったというような類のことが事例になるので、どこまでこれを一つの教育の論理とか図書館の論理とか自由という議論の中で、誰もが納得できるようなところに行くか行かんかというのは、これはもうちょっと尋常ではない課題ではないかな。

　―(土居)だからそれをずっと課題に持っていたから面白かったです、おかげさまで。

　―それは学校図書館の永遠の課題でしょうね。

　どうなったら解決したという話とは違う。そういうことが日常的に話題になる、論議の対象になるということが差し当たっては大事なことでしょうね。

・『完全自殺マニュアル』の予約をめぐって

　―(土居)『完全自殺マニュアル』の予約への対応[50]の中で、授業を見学して「批

判的に読む」ことができていない生徒の実態を知り、無条件にリクエストに応えていいのか悩みました。ある生徒が「私が死ぬならこういう方法で」という発表をしたのでぞっとしたんです。その時は吉田先生の授業の中でしたから、みんなで話し合って考えることができたのですが、大抵の場合はそういう機会があるとは限らない。何のこだわりもなく書架に置いておけば誰でもが自由に読むわけです。その時にどうすればいいのか、こんなふうに読んでいるんだったら怖いとつくづく思ったんですよね。だから本は書庫に入れておいて、申し出た子にだけ貸すという方法で妥協したのですけれども。ほんとうは情報教育をきちんとするべきで、学校全体の先生にもっと考えてもらわないといけないと思いました。定年退職前で結局何もできませんでしたが、一方でそういうことがあれば学校の中で問題視してもらえるチャンスにもなるということだと思います。批判的に読むようになる教育なんてあるんでしょうか。

—今はそういう情報リテラシー教育でクリティカルリーディングをしようということにはなってきていますが、なかなかそういう授業をするのは難しいです。先生たちは、批判的に読んだり、考えたりする学びを経験していないので、私たちもそうですが。やり方を学んで取り組んでいく必要がありますね。

—（土居）だから無条件にリクエストに応えるというのも考えてしまうんです。さっきから話が出ているように一般的にこうするって決めてしまうんじゃなくって、個々のケースで考えなくてはならない。常にリクエストについては悩んだり考えたりするのは、それが宿命だと思いますよね。

こういうやりとりの先が見えませんからね。そういうこともありうるわけで、授業の中で教材化して取り上げるということがあることであの時は成り立ったわけですが、教材化して取り上げてその展開の先というのは他のものみたいにたどり着くゴールが見えているわけではないし、まさにどういうクラスのどういう関係の中でなされたかという展開の仕方も違うでしょうからね。

あの本はその後どうなったんでしょうかね。[51]

—（土居）書庫に一応入っているので。話題性がなくなれば読みたいと言って

---

50)　前掲注36）

51)　兵庫県では青少年条例の有害図書個別指定基準に「犯罪」と「自殺」が追加された（2006年4月施行）。JLA 図書館の自由委員会編『図書館の自由に関する事例集』JLA、2008、p.69.

くる子はほとんどいないのでは。

—今の大学生の中には、この本を読んだという学生がいましたよ。「『完全自殺マニュアル』の予約をめぐって」を使って授業をやった時に「読みました」という学生がいたから、聞いてみたら、ネットかなんかでこんな本があると知って読んでみたということでした。何かでひっかかることがあれば読むんだなあと思いました。

—（土居）自分が読んだ時には何ていやな本だと思いましたが、あれで死ぬことを免れたという人もたくさんいて、本当に読み方というのはいろいろあるんだなあ、とそこでもまた思わされましたね。

でもやっぱり嫌な本ですよね。確かに。

—（土居）嫌悪感は絶対ありますよね、普通の人が読んだら。

私も読んでおかないといけないと思ってお金を出して買いました。教材としての投資だと思って。なんでこんな本を作るのかなあと思いましたが。

—手渡す時に何か会話はしましたか。

—（土居）書庫から出してこないといけないので必ず話はしました。何でこの本を書庫に入れてるかというと、リクエストが出たんだけれども、書架に置いておいて誰でもが読んだらいいという本でもないから書庫に入れてるのよ、だけど読みたかったら読んだらいいから、というような会話はしましたね。無制限に開架に置くということはあの時点でようしませんでした。先生たちのご意見もあったのはあったのですが、私自身もそうだったし、開架にして自由に読めるようにしたら、後々他のことができなくなるだろうなということもあって。

私はそういうこだわりがあっても、別に当たり前と思うけどな。そういうケースがしょっちゅうあるのもどうかと思いますが。その本の場合は、そのこともちゃんと関係性が成り立っているし。確かあのレポートの中に「やっぱりクレームが付きましたか」とその子ども自身が言ったとありましたね[52]。言ったからといってそうすらっと聞いてもらえるものではないということと、それを買うか買わないかでいろんな苦労をしているということに何か感じた、と生徒が言っていましたね。

—（土居）結局最初にリクエストした生徒には卒業までに貸出できませんでしたが、話はいっぱいしました。「ほんまはもう友達から借りて読んだわ」っ

52）前掲注36）

て言ってましたけど、「でも、入るか入らないかには関心を持っています」
と言っていました。

それは、学校図書館に対するその子の評価ですね。

7-3　学校図書館とプライバシー

○　学校図書館でのプライバシーの尊重

―先生は、1993年に「プライバシーの尊重」の中で、「私が学校図書館の場（日
　図協・学校図書館部会の研究集会）で、返却後にも記録の残る貸出方式を利
　用者のプライバシーとの関係で話題にしたのは、もう20年も前のことにな
　る。おそらくこの問題が学校図書館界でとり上げられた最初だったのでは
　なかろうか」と書いておられます。当時、読書指導や本の管理上の観点か
　ら学校図書館はニューアーク方式でしたが、学校教育においても子どもた
　ちのプライバシーを尊重することを提言されるに至った経緯と、話題にさ
　れた時の皆さんの反応（反発）はどうだったでしょうか。

　私が初めてであると自分で言った記憶はないし、そうであったか否かは厳密
には誰も言えないのですが、学校図書館とプライバシーの問題、何かがあって頼
まれた原稿だと思いますが、1993年ですからかなり時間が経ってからの話で、こ
の初めてということに相当するのは前にお話をしていますね（→本書 p. 159）。

　いわゆる学校教育を貫いているプリンシプル（原理）とはちょっと違うかもし
れないけれども、一人ひとりの子どもの内面や興味・関心を大事にし、他人がそ
こに踏み込むことはしない、といったことにこだわり、それを共通の価値判断に
しようとするのが図書館の世界であり、論理なのだということを意識して伝え
ようとしてきたと思います。読書や調べごとといった内面に深くかかわる仕事
には、そういう配慮が必要だし、そこでの共感が成り立たないとうまくいかない
んだ、ということを公共図書館での事例や経験も紹介しながら説いていったの
でなかったかと思います。学校教育の場ではプライバシーというのはそれほど
日常的に意識することは乏しいでしょうからね。

　そういうことを取り上げる、問題にする、そこにある種の疑問を感じるという
のは図書館の理屈なんだということを、学校図書館についてのことを話すため
に、一つの切り口としてこの自由の問題とか、プライバシー・読書の自由にこだ
わるとか大事にするとかいう側面があるんだということを、多分初期の頃には

53）前掲注19）

私も意識して言ってただろうと思います。だから公共図書館ではこうなんだけれどもという言い方をしながら、学校図書館についても実は課題として考えていくべきことではないかというような意味合いのことは、頼まれた話の時なんかには、多少意識的に織り込んで話をしました。

　―全国 SLA は『学校図書館運営細則』では、ニューアーク方式がふさわしいと言っていましたからね。[54]

　―学図研は早くからプライバシーと言っていましたね。

　初めからそれは言っていましたね。

　―1985年の神戸の学図研結成大会より前から私はプライバシーの話を聞いて、私たちの地域はちょっと遅れてるんだなあと思ったのを覚えています。

　愛知や千葉の事件は選書の問題なので、プライバシーの事について学校図書館で具体的にこのことが話題になったのは何だったでしょうか。神奈川県で個人情報保護条例の問題から、これはよくそんなことに気がついたなあとあの時は感心したのですが、高等学校でやっている貸出方式が、記録が残るという意味では問題であると指摘をされ、記録が残らない方式に変えたということがありましたね。[55]

　学図研ができたのが1985年ですから、その頃から学校図書館がかかえる一つの問題点として関心を引いて、よく話題になった時期があったと思うのですが、

　―神奈川の個人情報保護条例の施行は1990年10月ですね。

　だからそれよりも前、もう5～6年以上前に取り上げていますね。

　―1989年の学図研の大会で大阪の井上明さん（大阪市立住吉商業高等学校　学校司書）が「勝手に Mr. ブラウン」という話を[56]、それでかなり一般的に会員は認識したと思います。ニューアークでは駄目だということを。その頃にはもう学図研の人たちは、プライバシーは守らないといけないという意識はあったと思います。

　この「プライバシーの尊重」は何かがあって頼まれたものだと思うのだが、神奈川の先の個人情報保護法との関係があって全国 SLA としてもちょっと取

54）全国 SLA 編・刊『学校図書館運営細則 1』（加除式）、1979.

55）1990年に神奈川県では個人情報保護条例が施行され、学校図書館にも貸出事務の見直しが要求された。「神奈川県個人情報保護条例と学校図書館の利用情報」前掲注 3）p.166-170.

56）学図研第5回全国大会でのブラウン方式に変更した実践報告。『がくと』(5)、1990、p.43-49。なお、現在の校名は大阪府立住吉商業高等学校。

り上げようかということになったんだったかな。これは単独の原稿でしたかね？　特集ではなかったですね？

　—「子どもの権利条約」の特集です。

　『学校図書館』で「子どもの権利条約」をやったんですね。だったらそういう依頼があってもおかしくないですね。私の書いたものも送っていましたから。

　—1991年に別の雑誌に、子どもの権利条約と図書館について書いておられますから、それで依頼があったのでしょうね。[57]

　ただ学校図書館の世界でプライバシーと貸出記録というような類のことは、1970年代には、まだ非常に唐突なというか、何でというような要素が強かったと思いますね、受け止める側としては。1990年代になるとこういうことを考える人ももちろんいたし、逆に学校ではそういうことはあんまり気にすることはないという人も当然いたということです。

　—1970年代ぐらいにJLAの学校図書館部会でそういうふうな話をされたということですね。

　研究集会のテーマもその後2度取り上げていますからね、部会の方では。[58]

　—（土居）北海道の渡邊重夫さんが学校図書館と「図書館の自由」の本を出されましたでしょ。あの中に、学校図書館で「図書館の自由」についてはほとんど取り上げられていないと書いてあって、私は『図書館界』に書評を書いた時に、そんなことはない、私たちは「図書館の自由」をずっと意識してたというようなことを書いたことがあります。[59][60]

　あの人はもともと法律の分野の人で、割合早くから「図書館の自由」ということについては関心を持ってる人で、学校図書館においても、どういう切り口でそのことを取り上げていくかということはあるにしても関心は強かったし、学校図書館の中でそういう問題の捉え方をする人が広がっていく上で大きな役割を果たした人であることは間違いありません。

　—そうだと思いますがもう少し現場を知ってほしいという意味で私は反論し

57）塩見昇「子どもの権利条約：プライバシー権の波をかぶる学校図書館」『現代の図書館』29(4)、1991.12、p.209-215.

58）JLA学図部会夏季研では、1983年は「学校図書館における選書の問題」、85年は「学校図書館の自由・貸出し中心に」がテーマになっている。

59）渡辺重夫『子どもの権利と学校図書館』青弓社、1993.（著者名は本に表示のとおり）

60）土居陽子「書評：子どもの権利と学校図書館」『図書館界』46(1)、1994.5、p.23.

たんですが、具体的にそういう場面をご存知なかったのでしょうね。

〇 子どもの読書とプライバシー

―学校図書館とプライバシーの問題を考えるとき「たいていの子どもは先生
に貸出記録を見られても構わない、だから公共図書館のようにプライバ
シー保護は問題にならない」という意見があります。塩見先生が学校図書
館でもプライバシーの尊重が大切だと考えるのは、1人でもそういう子ど
もがいればきちんと守っていかないといけないということでしょうか。

　読む本によって違うんじゃないですか。『図書館学概論』とか学校図書館の
本を読んだということが人に知られて嫌な思いをするということはないわけで、
知られて困る本というのは自ずとある種の本についてのことです。ついでに誰
かがアメリカの学校図書館員協会が1955年に採択した学校図書館権利宣言[61]の話
を質問に書いていますが、そのために久しぶりに『学校図書館と児童図書館』[62]
を読み直して自分が書いていたことをすっかり忘れていたのですが思い出した
事が一つありました。

　子どもの読書の自由、プライバシーということは、学校図書館の授業を始めた
かなり早い段階から比較的意識をしていた問題には違いありません。私がそう
いう問題を考える原点というのは、大阪市立中央図書館の学習室の高校生の部
屋で仕事をした時に経験したことで、とても印象に強く残っていることなんで
すが、ものすごくよく子どもが読んで表紙がささくれだって毛羽立っているよ
うな本、手垢にまみれて色も変わっている。しかしながら、一回も貸出記録が
ブックカードに書かれていない本があったんです。その本は時々書架の中で背
表紙が後ろ向きに突っ込まれていたり、本が並んでいる奥に入れられてしまっ
たり。皆さんも職場で経験されたと思いますが、要するに自分がこの次来た時
に読みたい、しかし借りては帰れない、次に来た時に読めるようにしようと思っ
たら人に取られないように奥に隠しているんですね。『ぼくらの性の悩み　その
相談に答える』[63]という本なんです。1967〜8年頃の話ですから今とはだいぶ違
いますが、非常に素朴に若い子たちが SEX について悩んでいる、自分はこんな
ことをしていて発達に支障はないかと悩んでいる話がいっぱいあって、そんな

---

61) School Library Bill of Rights for School Media center Programs.アメリ
　　カの学校図書館員協会によって1955年採択、69年改訂。
62) 前掲注27)
63) 大山昭男、文理書院、1968.

本を読んだだけで解決するわけでもないだろうが、やっぱり自分がまさにぶつかっている悩みに答えてくれる本なんです。

　学校図書館にもそういう本があったかどうか知りませんが、中央図書館はすぐそばに大阪市立西高校があってそこの生徒がよく来ていました。そういう子たちがずっと読み継いできた本なんですね。なぜもっと新しい本を買い替えてやらなかったかと後で思ったのですが、とにかくその時はその汚い本をそういう方法で読んでいるわけです。しかし借りようと思うと図書館のおっちゃんやおばちゃんがいてるカウンターに持って行かないといけない。そんな所で出したらお前はそんなことで悩んでいるのかと言われるのではないかと考えたら、借りる手続きはとれない。無断持ち出しは別として、図書館に来た時にはおそらく閲覧室ではなくて書架の間に隠れるようにして読んでいたのではないか。また次に来た時に読むためには人に取られないように背中を裏向きにしたり奥に入れたりしたわけです。この経験は、中学生高校生くらいの主として男の子でしょうか、本と向き合う特殊な、しかし極めて普遍性のあるケースでした。

　「『学校図書館権利宣言』（アメリカ学校図書館員協会）が、学校図書館も『図書館の自由』が妥当だと思われたきっかけになりましたか？」という質問をあげてくれていて、こんなこと書いたんだなと思い出したのですが、この「学校図書館権利宣言と『読む自由』[64]」の中で、これを再読する機会をもらって、思い出したのが、私がこの問題を考えるひとつの大事な原初体験なのですが、大学の授業で学生に書いてもらった「私と図書館」という文章です。時々はっとするような、私の財産になるような文章を書いてくれることがあるのです。（→本書p. 176）

　その一つなのですが、「中学3年のある午後だった。急に降りだした雨で、ふだんあまり行ったことのない図書室に入って、あれこれ本を手にするうち、日本の古典ものに興味をもち、それがきっかけで古典全集を次々と読んでいった」。なんとなく手にした本をきっかけにして、次々と本を読んでいったということでしょう。「よく分らないものが多かったがとにかく読んだ。とくに西鶴にひかれたが、なんとなく西鶴を読んでいることを人に知られたくない気がしてきて、こっそり読むことが多くなった」。西鶴というのは、ある子にとってはこんな本を読んでいたと自慢できるかもしれないけれども、ある子にとってはなんとなく後ろめたさを感じることもあるというわけです。かなりこの子は読んで

64）前掲注27）p. 86-88. 以下の西鶴のエピソードは p. 88。

いる子なんでしょうね。「そんなある日、授業で近世文化を学習することになり」、中学校3年生だとそういう授業が出てくるんでしょうかね。「先生が一冊の本を図書室からもってきた。僕が読んだ『好色一代男』だった。先生はそれを皆に紹介しながら、ふと本のうしろに入っている貸出カードを見て、僕に向かって『お前よんでるな』と言って卑わいな笑い方をした」。この子はその時の先生の表情を「卑猥」と感じたんでしょうね。「僕はひどく恥づかしかった。あとで友だちがいろいろたずねてきたがなにも答えなかった。僕が図書室から本を借りなくなったのはそれからである」というのがその文章です。これがその子にとっての図書館との出会いだったわけです。とても重大な経験ですね。

　これを読み直すと、これとさっきの公共図書館での『ぼくらの性の悩み』という二つの経験が、学校図書館というよりもむしろ図書館と子ども、しかもその子どもは小学生ぐらいだったら西鶴は読まないと思うけれども、少なくとも中高生ぐらいになると、これは間違いなく生ずることだろうなと思います。この二つを原点にして「学校図書館は図書館だ」ということが私の原点ですから、そうなると学校図書館においても、こういうことは大事な基本原理として押さえておかないといけない。このことは、学校図書館を考えるとき、司書や教師や子どもたちの中で共有のものになっていかないといけないだろうという気がします。皆さんの質問で、昔の体験を思い出させてもらったことは大変ありがたかったです。

　話を元に戻すと、この二つから考えても『図書館概論』を借りる借りないで気にする人なんていないが、少なくともある種の本についてはそういうことがあり得る。『図書館概論』を貸す時と『ぼくらの性の悩み』を貸す時で方法が違うわけではない。そうすると、嫌だと思う人が非常に限られたジャンルの本について、しかもごく一部の人が思うことかもしれないけれどもいる。そういうことが現実にあるとすれば、そのために借りることを止めたということがあるとすれば、それに抵触する方法はとらないほうがいい。これは数が多い少ないの問題ではない、制度がある種のものの読書を阻害するということになっているとするならば、その制度は採らない方がいい。そこを重視すべきで、引っかかる人はそんなことは特殊な例だ、ちょっと変わった子の場合だ、そんな特別な本の場合だけのことで、一般化すれば、当然そういう読書記録はむしろもっと積極的に活用すれば意義があるという考え方をする。だからここは多い少ないの問題ではなくて、どこを採るかと言う判断の問題で、私はやっぱり貸出方式の中に一人の子の利用を阻害する要素があれば、それは採るべきではない、やめた方

がよいと考えています。

　これはいつからと言われてもわからないのだけれど、この『学校図書館と児童図書館』は1976年の本で、1971年から学校図書館の授業を始めたわけですから、はっきり言ってまだこんな本が書けるような段階ではなかったのです。10年ぐらい経ってやっと自分の学校図書館論にたどり着いたわけですから、5～6年といえばやっとそこそこ授業ができるようになった模索の頃でした。学生時代に非常勤講師として来ていた岩猿敏生さんにレファレンスワークの授業を習ったのですが、1973～4年頃に、当時京大の事務部長だった岩猿さんからちょっと来てくれと言われて行ってみたら、あなたに一冊学校図書館の本を書いてもらいたいと、いきなり言われてびっくりして、そこから始まったのがこの本なんです。そういう段階ですから、まだ私なりの学校図書館論というのはそれほど固まっているわけではない。手探りの中の材料を放り込んでなんとかかんとか書いたという、早すぎた一冊とよく言ったものです。

　この本を見て宇原郁世さんが他の本とは違うと感激してくれたというのですが、まあ素朴なところがよかったのでしょう。そういう段階での、一つの要素としてやっぱり図書館を踏まえて学校図書館をなんとか模索していた時期ですから。それでどなたかの質問にあったように、アメリカの「学校図書館権利宣言」は、まあ学校図書館にもこういうものがあったのかと、おそらくこの頃いろいろ模索している中で、こういう先鞭がアメリカにあるということを知ってたことは間違いないでしょうが、ここから学校図書館の自由を引っ張り出したというほどのことはまだないと思います。しかし、アメリカでは学校図書館も「図書館の自由」・知的自由を大事にしている世界だということを確認したという意味はあっただろうと思います。まあそんな段階の本で、アメリカの宣言だけを書いたのではとても埋まりそうになかったので、その頃の学生から教えてもらった貴重な材料があったので、そのことを入れて「学校図書館権利宣言と『読む自由』」という小さなセクションに、仕上げたということだったと思います。

・「外部」とは

　――「学校図書館と図書館の自由」の中の「図書館が守るべき利用者の秘密とは、利用者が何を読んだか（どういうことに関心をもっているか）ということである。具体的には貸出記録が貸出し―返却の処理という本来の目的以外に、第三者に知られてはならないということであり」[65]についてですが、小

65）前掲注26）p.10.

　学校の場合、図書の時間の貸出返却を教師がすることがあります。そうい
う事例は多いのではないでしょうか。学校司書がいたとしても「私がしま
す」という教師もいます。授業中でもあることから、この時教師は「第三者」
と言えるのでしょうか。

　まず「外部とは」という話ですが、先生も図書館委員会とか、図書館担当とい
う先生がいますよね。司書教諭がいない時にはそういう先生が中心だったわけ
ですからね。それからクラス担任であり授業も行っている先生がいるわけです
がそういう教師をひっくるめて、すべての先生を同じレベルで捉えるというの
は微妙な問題だろうと思います。少なくとも図書委員会・図書係・係教師、まあ
これも学校によって随分違いがあるようですが、一人の人が係教師という場合
もあるし3人か4人あるいは大きな規模なら学年から一人ずつ出てきてその先
生たちがやっている。そしてその人たちが何をしているかというと、名前だけ
の場合は別として、図書館の運営についての基本的なことを決めたり話し合っ
たり、ことがあった時に相談をする、そういう部分と日常の活動をその先生が
やっていますという場合があります。

　学校図書館については、言葉と実態の間には学校によってものすごく大きな
差があって一概にはなかなか言えないという部分があると思います。この場合
まず司書がいるかいないかで全然違うわけですが、まず司書がいるということ
を前提とした上で、それプラス図書係の先生が幾人かいる。そのチームで日常
の図書館運営と活動をやっている場合に、その先生が外部であるはずがない。
第三者でもない、おそらくそれは図書館そのものには違いない。しかしそれで
は図書館の内部か、図書館員かと言ってしまうと、先生たちはそれをメインで仕
事をしているわけではないから、熱意と興味関心でかかわっているわけで、本職
はあくまで教科の先生であり、学級担任の先生であるわけですから、図書館の内
側とは言えないはずだ。しかし外部という形で切ってしまったら、チームで仕
事をしている中で、私は外部であんたは内部というようなことでは仕事になり
ませんから、そんなふうな線引きは、私は意味がないことだと思います。

　その学校の図書館の中で司書がいた場合、司書プラス教師がどういう関係を
作っているか、どういう形でこの図書館が動いていくかということによって、そ
の実態は当然変わってくるわけだから、あんまりこんなところでその線引きに
こだわることは意味のないことです。むしろ図書館というのはそれこそ理想的
なことを言ったら、その学校の司書プラス全教職員、さらに言えば子どもたちも
一緒になってつくっている世界だというふうに言った方が、はるかに理想的で

す。そういう場合、学校の内側はあくまでも内側に違いないわけで、外部とか第三者とか言うこと自身も、むしろおかしい。しかし実態は、校長さんやらナントカ主任は常に監視的な立場で図書館と向かい合っているかもしれない。そういう時に、そこを内部とかなんとか言ってしまうと、また問題になるでしょう。

　一概に線引きするのではなくて、学校の中で司書プラス教職員・先生がどういう関係をつくって学校図書館が動いているか。そのことによって子どもが図書館をどのようなものとして認識するか、こういう関係の中で初めてノーマルに積極的に動いていくのが学校図書館という世界だろうと思います。ここらが『学校図書館の教育力を活かす』[66]で述べたように、学校の中にあるもうひとつの学びの場みたいなものに学校図書館がなっていくというのが、理想的な本来的な学校図書館の在り方だろうと思います。その中で、教師が内部か外部かというのはもっともっと相対的なものだと思います。

・読書ノートと内面の自由

　―学校図書館にとっての「外部」についての問題を考えるときに、図書館の日々の運営にはかかわらないクラス担任などの教員が、教育指導上の目的で貸出記録を見たいと言ってきた場合にどうするかという問題がよく取り上げられます。自由宣言の現在の解説書(2004年版)では、そうした教育活動は学校図書館の貸出記録とは切り離して、子どもたちに直接先生が「どんな本読んだ？」と聞いて、子どもたちが読んだ本のことを先生に伝えるというような関係の下で行われるべきだと書かれていると受け止められます。[67]担任の先生が子どもたちの読書の様子を把握するための一つの方法としては、子どもたちに読書ノートをつけさせるという指導方法もありますが、先生はどう思われますか。

　読書ノートについてですが、指導という言葉にしてもそれも教師がどっちを向いているか、子どもが歓迎するような指導をしてくれるのならそれは大いに使ってくれればいいし、子どもたちも納得して自分の方からむしろ、僕はこういうものを最近読んだとか面白かったというようなことを言ってくれるという関係を前提として、初めて読書を教育の素材とする教師の関わりが成り立つと思います。先生に向かって子どもが心にフタしている時に、それをこじ開けて「あんたは何を読んだか」と聞き、憶測で「だからこんなことをするのか」という

66）前掲注35）
67）前掲注13）p.38-39.

ようなあまり指導的ではない指導に流れていくことだってあり得るわけで。ここでもやっぱり子どもと教師の間でどういう関係が築かれているのか、その先生自身が子どもの読んでいる事実について、読書というのはこういうものだという認識を基本的に持っている場合と持っていない場合がある。持っている人たちだったら聞きたくてもあえてそこまでは立ち入らないということもあるかと思います。そういうことを抜きにして読書記録が教師の指導素材になるかならないかということに白黒つけようとするのも、私は無理なことではないかという気がします。もっと前の段階の関係がどう築かれているか、先生自身が子どもの読書というものをどう理解しているか、子ども自身がその先生に対してどういう信頼感を持っているかということの中で生まれてくる。読書ノートをつけることについて、教師が子どもたちにどんな使い方をするのかを含めて提案し、子どもたちとの合意の上で採用することが重要でしょう。

　読書ノートのことで言うと、内容がどんなものかというのは決してどこかで決められているものではないから、うちの学校で言ってる読書ノートはこういうものだ、あなたのところはそんなことを書くのかというように違う場合もあるだろう。読書ノートが云々というのも前置き抜きにはそう簡単には言えないと思います。自分が読んだものについて何を読んだ、その感想みたいなものを自分の意思で書き留めておくものが読書ノートだとすれば、それは何のためかと言うと、本来子どもが、自分が読んで、読んでも忘れることもよくあるから読んだ記録として残しておきたい、その中から興味のあった所とか、覚えておきたいフレーズを書き写すとかいろんな書きたいことがあるでしょうが、要は自分のためにやるのが読書ノート。教師が指導上クラス全員に向かって必ず読んだら記録を取りましょう、感想をつけましょう、後で先生に見せて貰います、というようなことをいうのは、先生の指導の一つとしてあったとしても、子どもの方は全員が同じように受け止めるわけではない。読んだけれどもこの本については書きたくないとかいうことがあったら、子どもは書かない自由があるわけで、それは当然読書ノートの使い方の自由の問題です。ところが読んだのになぜ書かないかと言われたら、これはもう子どもは読んだ本の記録を残すという趣旨から言えば全然違うわけですから、あくまで子どもの管理のための資料ということになるわけですね。それを同じ名前の読書ノートと言って議論をしても、議論は噛み合わないでしょう。

　読書ノート云々という議論も学校の中で、あるいは解説の中に書き込むとすれば、それこそ読書ノートとは何かという最小限誤解を生まない定義くらいの

ことをつけて書かないと、多分後でまたいろんな議論の余地や疑義の種になる
かもしれない。そういうことを前提としての読書ノートの指導の話は、やっぱ
り子どもがまず自主的に自分で本を読んだ記録を自分で書くというのがあくま
でも主で、そこには積極的に先生に僕はこんな本を読んだよと自慢したい子
だって当然いるわけです。こんなんが読めた、見てほしいという意味で書く場
合もあるだろう。それから読んでるけど先生には知られたくない、だから書か
ないというそれだけの幅があるということを教師の方が理解してそれを見るか
見ないか、これも大きな前提になってくることでしょう。そういうことを抜き
にして、読書ノートは指導上許されるとか許されないという話はナンセンスだ
と私は思います。要はこういうことというのは、子どもが自分の自由意志で書
く書かないも含めて、そういうものとして先生がそれをいい意味での指導資料
にするのならしたらいいと思います。生徒と良い関係を持っている先生でな
かったら、これをいい意味での指導資料に使えるということ自体難しいのでは
ないかと思いますけどね。要は教師と児童生徒の間に記録することの共通理解
ができているかどうかが大事でしょう。

　山口くんが事前の質問紙に「貸出記録は先生にも見せてはいけない理由」と
してあげている、「①貸出記録はあくまで貸出の記録で、読書の記録ではない（借
りただけで面白くなくて返した本の記録が含まれる、自宅で買ってもらった本、
友人から借りた本、公共図書館で借りた本が含まれないため子どもの指導資料
としては不正確）」について、これはその通りだと思います。貸出の記録でしか
ないわけですから。そこから余計な憶測をする素材として使う、それは恣意的
な使い方になるかもしれない。むしろ誤解を生むことになりかねない。

　また、「②先生が子どもの読書の実態を知る方法はほかにもあるので、教員・図
書館員がより適切な方法を選択せず、不適切だけど簡単な方法を選ぶのはよく
ない」については、これはあくまで本当に知りたければ読書というのはそうい
うものだということを教師が十分にわきまえた上で、子どもたちとの間に、子ど
もたちが読んだ記録を先生に提供してくれる、そういう関係をどう作っていく
かということを前提として、それが成り立つような関係であるなら、そういう記
録を求めることもあってもいいだろう。見る方がそういう丁寧な見方をしない
といけない。「何のため」をきちんと説明し、納得を得ることが大事です。

　だからこの①②は、技術的方法論的にはそうなのだけれど、この前提にあるの
は、読書というのは内面の自由である。その子がこのことに関してはたとえ親
であろうが教師であろうが、ここは踏み込んで欲しくない世界だ、私の心の内の

秘密の世界だ、秘密と言うと悪い事のように見えるかもしれないけれど、誰からも覗かれない窺い知られない、そういう独自の世界だということ、そのことの大事さということが前提にあるわけです。図書館の貸出記録というのは、それを不本意ながらも提供しなければ図書館は本を貸してくれないから残したもので、決して子どもは進んで貸出記録を作っているわけではない。本を借りるための方法として提供した情報なのだ、そういうものだということを、たとえ誰であれそれを活用しようという人があるなら、そこは十分そのことを認識して扱わなければいけない。それから、それが例えば先生に提供されるとすれば、そのことはやっぱり本人の承諾、本人が承知をしているということが大事だと思います。それを抜きに図書館員と教師の間で提供するとかしないとかを決めるのは、子どもの内面の自由ということから言えば侵害になってしまうだろう。

　ブックカード方式の貸出記録にはいろんな受けとめもあって、そこにいつも出てくる知人の名前を見て、僕もきばって読まなきゃと励まされた、ということもあるし、そこに名前を残すことが嬉しくて、読みもしないのに借りる手続きをしたがる、といった子もあるわけです。

　しかしあそこに名前を書いて知られたい、あるいは読書ノートに書いて先生によく見られたいということは、本末から言えば末の方の問題ですね。むしろそれを書くためにこの本を私は借りるのを控えた、借りられなかったというそっちの方が、軽重から言えばはるかに重い。だから、貸出記録は個人の内面の秘密の問題だから第三者に無断で提供したりはしないのだというそちらの方の論理を取るわけです。白か黒か100か0かの中で決まるわけではない。ウエイトから言えば10から20ぐらいのウエイトで、あそこに名前を書くことが誇りであるとか楽しみであったという子どももいると思います。そういう子がいたとしても、それは残したければもっと違う方法で、こんな本を読んだということをいちいち先生のところに言いに行けばいいわけで、方法は別にあるわけです。この本を借りるためにはここに名前を書かなければならないということが引っかかって、自分はこの本が読みたいのだけれども借りられなかったということがたとえ一人でもいたとしたら、そちらの方を重く見るという考え方から出てきたのが、この「貸出記録は読書の秘密です」という理屈になるわけです。

　―読書ノートを先生が子どもたちにつけさせてそれを見たとしても、本に詳しくなければ何も読み取れないという意見もあります。そもそも教員は読書指導がどこまでできるのかという問題についてどのようにお考えですか。
　私は「読書指導」という言葉は使っていませんが、「読書教育」という言葉を

よく使いましたね。読書指導というのは戦前からある言葉で、ちょっと引っかかって使い分けをした時期もありましたが。読書についての教育というものがないことはないと思いますよ。まともなものだったらね。

　先生がしっかりした見識を持ってやった時には良い読書教育というのは当然あるだろうが、この前に紹介した『読書と教育』の中で池田知隆さんが書いている棚町先生ではないけれども、個性的な先生で、指導された生徒が後で評価をするという関係もあるだろうが、一般論としてそう軽々に出来るものでもない。子どもが本を読むことが好きになるような働きかけとして読書教育は大事にしたいが、重要なのは読書ということについての先生の認識が、ある一定のレベルにあること、その上でならそういう話が子どもと出来ることもあるだろうし、やったって空回りすることもあるだろうというレベルの話ではないでしょうか。単に知識の有無の違いではなく、人格と人格のぶつかり、感性のとっくみあいですからね、読書経験の交歓というのは。司書が利用者の読書にかかわる場合も同じことが言えるでしょう。

7-4　資料収集・提供の自由と教育的配慮

○　資料選択の主体と教育の自由

　―（山口）学校図書館での資料収集・提供の自由を実現しようとするときに、学校司書が主体的に本を選べるかどうかということが大きなポイントになってくると思います。現場では「何を買うかは学校司書に一任されて、迷った場合のみ係教諭などと選択委員会を開いて検討し、学校長の決済は形式的」というケースと、「常に選択委員会での了承を得て学校長がリストをチェックして、購入が却下される場合もある」というケースがあるようです。「教育の自由」の考え方では、子どもたちのことを一番知っているのは教壇に立つ教師だから、子どもたちにどのような教育が必要か授業内容は教師が主体的に決定できるという考え方があります。とすれば学校図書館では、日常的に子どもの読書に接している学校司書が子どもたちにどんな本が必要かを判断できる。学校長よりもその判断は尊重されるべきという考え方も成り立つでしょうか。「教育の自由」と「図書館の自由」「資料収集・提供の自由」との関係について、どのようにお考えでしょうか。

　事前にもらった質問の中で、文字面にこだわるわけではないですが、ちょっと

68）池田知隆『読書と教育：戦中派ライブラリアン・棚町知彌の軌跡』現代書館、2019．

気になるところがあります。何を買うかは「学校司書に一任されている」とあ
りますが、学校司書に一任されているということの意味合いですね。それから、
その続きで「教育の自由」で、子どものことを一番よく知っているのは教師だ
から「教育内容は教師が主体的に決定できる」という考え方、この意味合いが
気になります。

　まず、「学校司書に一任」というのは、司書が全く誰にも相談せずに、自分の判
断だけで買えるということが最も理想的な図書館かどうか。前に話しましたが、
全く学校司書が誰からも干渉されることなく、誰の意見も聞くことなく全ての
本を一人で買っていますということが、私は理想的であったり好ましいことだ
とは思わないです。一任されているというのは、物凄く積極的にも受け取れる
けれども、ネガティブに言うと誰も興味を持っていない、誰も関心をはらってく
れない、図書館はあの人が一人でやってるんだ、みたいな感じでみんなが見てい
る。そういう状況というのは、ものすごく問題のある学校図書館の運営だし、本
の買い方だという気がします。学校司書が一任されているという「一任」とい
う言葉がいいことだとは簡単には言い切れない。むしろ学校図書館が何を買う
かということに、学校図書館を構成しているユーザーである子どもたちと教職
員全部の思いが反映している、綺麗な言葉で言うとそういう問題ですね。

　学校司書が普段からこのことをよく理解していれば、ほとんどの本をひとり
でこれは買うこれは買わないというふうにしていても、おそらく問題はないだ
ろう。でも幾つかの部分については、やっぱりその司書は悩まないといけない
ことがある。それを全然悩まずに、私が決めますみたいなことで買っていたら、
それが一番良い買い方だとは思えない。その辺のことは学校図書館に限ったこ
とではないが、特に一人職場の学校図書館の場合には、司書の主体性は認めない
といけないと同時に、その主体性をサポートする学校のいろんな力学的な相互
関係が大事だということは、前提にしておかないといけないと思います。

　「教育の自由」の方でも、子どものことを一番知っていなければならないのは
教師だし、その教師がどういう授業にするかということについては自主的、主体
的に判断できる、それはその通りだと思います。だが教育内容を、子どもを知っ
ているから教師が全て決めるというのも、考えてみるとちょっと恐ろしい話で
はある。教師がどのように授業をつくるのかは、いちいち教務主任とか教科の
主任、あるいは校長の許可を取るというものとは違う。当然一人ひとりの教師
が自主的に判断するものです。そういう判断を支えているのが、教師の専門性、
その学校における教師相互の力、相互の信頼関係です。

　やっぱり教育目標とか学校目標みたいなものの根底に、そういうものがないといけない。本当の意味で、きちんと責任を取れるのが校長とか教務主任とかで、そういう人たちは役割を果たさないといけない。決してチェック役というわけではなく。その学校として必要な教育の方針なり、教育内容が計画的に進んでいくようにする責任は、校長や教務主任が負わなければ、その立場の責任を果たしたことにはならない。だから「教育の自由」という時には、先生が何でもできるということに取ってしまうと、これは問題が違うと思うので、その点で、学校司書の選書と教師が授業内容を決めるというこの話を一つの流れの中で挙げてくれているのは、むしろそこに共通した問題があるよということをわからせるという意味で大事なことだとは思うが、全く干渉されないことをもってよしとするような考え方が含まれているとすれば問題です。

　―（山口）質問の意図としては、その学校の中で信頼をされていることが前提にあって、そのうえで「司書に一任されている」ということを考えていました。学校司書がその学校の中で専門職としてきちんと認められているからこそ、責任を持って私の方で判断しますということは、学校司書として大切なあり方なのかなと思っています。この質問をする上で学校司書の方に話を聞いた印象では、ベテランの方で「選書は一任されていて、一応管理職にも購入リストを回すのですが、それで何か言われることもないし、言われないように選書することが理想だと思います」と言われる方もおられました。でも若い世代の学校司書は、「一応自分で選ぶけれども最終的なチェックは校長先生が行う、むしろチェックしてほしい（責任をとれない？とりたくない？）」と言う方もいて、どちらがいいのかなと思ったのです。

　購入の一般的な手続きとしては、手順の中に校長を入れる必要は私はないと思います。ただある程度、公金支出ですから、責任関係から言うと校長さんになるか、教頭さんになるかはわかりませんが、最終的に責任者として判子を押さないといけないということにこだわるのなら、それはそういうものかもしれない。本の買い方として、A小学校、B中学校の選書の手順の中に、最終的に校長の承認というようなことを設定することは、私は必ずしも必要ではないと思う。むしろそこまでは学校司書を含めた図書館委員会になるのか、図書部になるのかわかりませんが、日常的な実質的な責任は負っているところだというふうに考えていいと思います。

　ただ、ものによっては学校司書の方から図書部の先生たちや職員会議に、「この本については実は買うかどうか、いっぺん皆さんで考えてほしい」と提起す

ることもあっていいと思います。多分、『完全自殺マニュアル』の場面は、そういうふうに展開していったケースだろうと思います。むしろ司書の方から提起することは、司書の主体性を放棄することでもなんでもない。むしろ学校としてのあるべき本の買い方を、司書の方から提起してもいいのではないか。授業の場合も、やっぱりそこには親の問題も含んでいると思います。子どもに学校がやってくれている授業に対しては、親の信頼が前提にあって、先生が教育内容を判断できるというのはある。「教育の自由」における教師の、もちろん専門家としての力量、専門性を尊重した主体性をもってということなんだけれども。

　昔、日教組の文章の中に「親の信託を受けて教師は教育権を行使する」という言い方がよく使われました。少し別な立場の人が、親はいちいちそんなことを担任の教師に付託してないぞ、という人もあって、確かにいちいち全てを、全ての親から了解を取ってやっているわけではないという意味ではその通りですが、あんまり教師の方が、親の信託を受けてやっていると強調すると、学校に対していろいろ不信とか不安を持っている親はたくさんいるわけで、その辺で逆の議論も招きかねない。だからあんまり軽々に言うべきではないという批判をする人がいたんで、私もなるほどもっともだと思いました。そういうことを横に置いたとしても、やっぱり親も教師の授業の進め方やら内容等々について信頼しているという中で、教師の方は、教師の専門性に立って授業をやっている。いわばそういう持ちつ持たれつの相互関係が左右しているということもあると思うので、あんまり一人の先生が何でもできる、一人の司書が何でもできるということを変に錯覚して思うような人が出てくると、これは逆に大きな問題を含んでしまうというのを、この設問の中で私は感じました。別に山口くんが思っていることと違いはないと思うのですが。

　　―（山口）理想としては、専門家として親の信託を受けて、子どもたちのために自立的に授業ができるようにというのが教師の望ましいあり方ということですね。とすれば、学校司書も同じように保護者の信託を受けて自分の判断でいろんな要求をきちんと踏まえて、悩むときは周囲の先生たちにも相談しながら、司書が選書を任せられるということでしょうか。学校図書館の館長が学校長となると、学校司書の選書の権限の位置づけがあいまいになる印象もあります。

　学校図書館の館長を校長と位置付けるとしても、それは選書の大綱について承認し、最終的に判断する、というくらいの位置づけでしょう。個別の一冊一冊の本についてこの本を買うかどうかというあたりについては、昔はそのリスト

を全部教育委員会にまわして決裁を取って、それで本を買っているという話を
聞いたこともないではないですが、そういうことは日常的な図書館の運営に合
うはずもないと思うので、大きな基本的な原則のところ、例えば収集方針に基づ
いて日常的な選書はどういう仕組みで行うものか、あるいはこの図書館で重視
すべき購入はこういうものだ、あるいはこういうものは買わない、というような
大綱的な部分についての判断は組織のしかるべきところが負うというのがある
と思うけれど、少なくとも個別の本の購入に関しては、あなたがさっき言ったよ
うな意味の要件を備えた専門家としての学校司書、あるいは教授者としての教
師が、実質的に判断をするものだ、それが専門家だということです。

　改正学図法で非常に不十分な学校司書についての規定だけれども、それでも
一応「専門的職務」という言葉も入っているので、そこを含んでいると解すべ
きだと私は思います。

　―（山口）いまの学図法でも学校司書の主体性を読み取ることができる。積極
　　的に読み取っていくことが大切ということでしょうか。

　不十分ですけれどもね。専門職であるということで、学校司書という言葉を
法律の中に盛り込んだということだけは間違いがない。それでなければわざわ
ざ言葉を入れることの説明が、逆につきませんから。どの程度の専門家かとい
うあたりを、あの法律がどこまでちゃんと認めているかというところでは曖昧
だと思いますが。

○「禁書」だからこそ教材化できる

　―「学校図書館の自由について」[69]で、「学校図書館の場合、もし評価が別れる
　　ような資料が出てきた場合、むしろ、その評価がわかれるという部分を積極
　　的に教材化して使ってゆく、これこそ教育の場の図書館として、最もふさわ
　　しいやり方なんではないかと思います」と述べておられます。評価が分か
　　れる資料が教材となるというのは、"Banned Books" などについて話され
　　た禁書の問題が原点にあるのでしょうか。（→本書 p.42）

　禁書というのは最もその内容で評価が分かれる本です。評価の分かれる本は
図書館では扱いの悩ましいものであり、蔵書にすることが敬遠されたりしがち
です。ところが学校の場合は、学習のための教材として活用するという活かし
方があるわけです。教材というのはひとつの価値だけではなくいろんな見方が

69）前掲注37）p.9.

ありますというのが、テーマによりますが必要です。評価が分かれる資料を教材化することによって、学びが具体化し、ひろがることで生徒のその本への向き合いが多面的にもなるという展開が学校では可能じゃないか、むしろ積極活用によって問題のある本が有効に活かされるのではないか、というように考えたのだったと思います。焼かれる本こそよい本だという早い段階から考えていたことの、学校の場における活かし方ということもあったとはいえましょう。

　　―その考え方でいくと、教材化できないものは学校図書館の資料にしなくてもいい、買わなくてもいいということになりますか。

　それは無理でしょう。教材化に適しているということだけが学校図書館蔵書の選択根拠ではないです。

　　―学校図書館では、『完全自殺マニュアル』のような社会問題化するような資料だけでなく、ライトノベルや BL 本なども集めづらい資料として話題になることがあります。『完全自殺マニュアル』とは違って、これらはそもそも教材化が難しいのではないかと思うのですが、この点はいかがでしょう。

　　―「学校図書館の自由について」を読んですぐ思ったのは、原発推進と脱原発で両方の論理があるということです。両方の論を入れるとか比べるとか、そういうことが学校図書館での教材化ということでしょうか。

　そういうのは割合はっきりしているケースで、ライトノベルや BL 本などはおそらくもっと違う話なんでしょう。その手の資料については私自身がその本を知りませんから何とも言えませんが、子どもの読みたいという要求への対応です。教材とされることもまったくないとはいえないが、それは結果的にでしょうね。

　この前、蔵書のトラブルをめぐるある自治体の学校司書の研修会で、皆さんが実際に体験している例を事前に出してもらい、教育委員会が集めてくれたんです。最終的に 5 つに絞ってその日の資料に配ったのですが、この 5 つの事例は、今のようなことも含めて、いろんなケースが、大学の授業の材料になるようななかなか良い例が出ていました。その一番最後にそんなこともあるのだなと思ったのですが、「文学の本が全部『つばさ文庫』『青い鳥文庫』になっているがそれはどうか」というもので、9 類の単行本はそれがほとんどだったと書いてあった。「青い鳥文庫」は見たことがあるのですが、「つばさ文庫」はそれとどう違うのかどんなものなのか、本屋に見に行ったり、図書館で現物を見せてもらったりしたのですが、極端にある種のものだけがあってそれ以外はないということに、引き継いだ司書自身が悩んでいるという例でした。

―それは司書のブックセンスの悪さです。

　一つは前任者がどうやって本を買っていたのか、5千冊の9類の蔵書のうち800冊がそういう文庫だったということを書いていました。これに皆さんがどう答えてくれるかというのは話の材料としては大変貴重で面白いですね。子どものリクエストを主に収集していたらこうなったというのでしょうか。

○　学校図書館法における「健全な教養」

―（山口）今の質問に関連してよく現場の学校司書の方から聞かれるのですが、学図法と図書館法で書かれていることが微妙に違うので、学校図書館は子どもたちに自由に本を読ませるところではないというように言われることがある。学図法の第2条には「児童又は生徒の健全な教養を育成することを目的」とすると書かれています。一方で、図書館法には「その教養、調査研究、レクリエーション等に資することを目的」とすると書いてあって、同じように「教養」という言葉は入っていますが、学校図書館には「健全」というキャップがついているので、公共図書館が自由に集める資料と学校図書館が健全という制限をつけた上で集める資料は当然違うというふうに考える人もいるようです。そして、こうした考えは学校図書館には「図書館の自由」はなじまない、子どもたちに自由に本を読ませるなんてとんでもないという考え方にも展開していくことがあります。塩見先生もこういう質問を現場の方からたくさんされてきたのではないかと思うのですが、そういう時には先生はどう答えてこられたのでしょうか。

　面白いところに気付いたものですね。「健全な教養」の「健全」という表現の有無、それがついたときの意味について、私はこれまで違いやあまり深い意味をそこには見ていません。その違いを問われたこともありません。「教養」につける形容詞としてはごく自然な形容詞だと思います。「健全でない教養」があるかといえば、「教養」そのものは否定するよりもむしろ肯定するものであることが前提だとすれば、それに付くまあ言葉のあやみたいなもので、そう深く意味を込める必要はないのではないでしょうか。健全な教養のために格別のことをやるのが学校教育であるというように見てしまうと、学校教育がものすごくある一定の方向にバイアスがかかってしまうということになると思う。

　学図法の中で言う「健全な教養」の「健全」というのは教養にかかるごく自然な形容詞ぐらいの意味合いで、そこから学校と公共図書館の違いを引き出すという発想は採ってきていないし、あまり正面からそのことを問われたという

記憶もなく、そこ自身にはそんな深い意味はないと思う。ただ「教養」については私も書いたことはあって、健全であるとか健全でないということではなく、その中ではものの考え方の基本になることと捉え、健全だとか不健全だとかいう形で区分けをして、評価をすべき事柄というふうには考えてこなかった。

　学校図書館のありようを考える時にはあまり「健全な」教養というところにこだわって、集める資料のありようとか提供する資料の中身だとか、あるいは読書指導の仕方だとか、そういうことの中に一つ一つこれは「健全な教養」に導いていくような本なのか、あるいは「健全な教養」にガイドするための指導なのかというようなことで、その中身を吟味することは適切でないのではないか。むしろ、『学校図書館の教育力を活かす』の中で、学校図書館は「もう一つの学びの場」というふうに書いたその中でも触れていますが、教室あるいは教科の中での先生によって導かれる学習とはちょっと距離を置いたところで、子どもたちが自主的、主体的に授業で触発された疑問や自らの興味・関心から自らの学習・探究・読書計画を立て、それに取組み、そこで得た個別の学びの成果が学級での仲間と一緒の学習に回帰し、より豊かな展開にはたらくことになるといった関係が図書館の寄与する「健全な教養の育成」だ、というように理解することが適切ではないか。「良いか、良くないか」という区別ではなく、自らが獲得し、主体的に活かしていく学びの手法、態度の総体を「健全な教養」と捉えるのがよいのではないかと思います。

　だから「健全な教養」というところで、公共図書館と学校図書館の違いみたいなものをそこからあえて引き出すことは、図書館のはたらきによって形成される教養の育成を矮小化することにもなり、図書館の教育力をそぐことにもなりましょう。あまりそういう議論の場に私自身は身を置いてきたことはなかったと思います。

　　―（山口）「健全」という言葉にあまり意味を見出さないほうがいいということですね。図書館法のあとに学図法は成立していて、わざわざ「健全な」とつけたということは何か法律の制定の時に議論があったりしたのかなと

70）塩見昇「大学教育と教養：私の授業実践から」『平成14年度ファカルティ・ディベロップメント事業報告』大阪教育大学 FD 事業促進委員会、2003、p. 4-18. 塩見昇先生古稀記念事業委員会編、『図書館の発展を求めて：塩見昇著作集』日図研、2007、p. 369-394にも再録。

71）塩見昇「図書館＝もう一つの学校」『学校図書館の教育力を活かす』前掲注35）p. 70-73.

思っていました。

　変にこだわるといろいろ言わなくてはならなくて、ややこしい話になりかねないので、あまりそこには目を向けないようにしていたということもあるかもしれませんが。少なくとも私はそのことにこれまで留意してはいませんでした。学図法の成立過程における議論の有無は一度確認しておくとよいかもしれませんね。そのことでの国会における質疑はなかったと思いますが。

　──（山口）「教養」について、図書館法と学図法とは表現が違うという質問は現場の方から多いように思うのですが、私が現場の方から質問を受けたときは、もしその違いに意味を見出すとすれば「健全な」というところにはあまり注目せずに、公共図書館の方は「教養に資する」としか書いてなくて学校図書館の方は「育成する」とありますので、そこに違いを見出す方が前向きでしょうというようなことを説明しています。塩見先生は「資する」と「育成する」の違いには注目されたことはありませんか。

　一つ一つの言葉を図書館法と比べながら、ということは、まあ言われてみれば大事なことかもしれませんが、これまで考えてきたことの中には無かったですね。言われてみれば、公共では利用者が自分で本を読んで身に付けていくのに対し、学校では図書館利用教育などもあって、育むというはたらきがあり、そこから表現の違いが生まれていると言えるのかもしれませんね。学校教育の場だということは、その原案を作る中でそういうところの端々に出てきたのかもしれないですね。

　──何が健全で何が健全でないかということでさえすごく分かりにくいことだと思うので、私も一度「学図法には『健全な』と書いてある」ということについて聞かれたことがあった時に、いろんなものを読むことでかえって健全な教養って身につくんじゃないですかと説明したことはあります。

　──私も大学の授業で説明するのに「健全な」を調べたのですが、やっぱりバランスのとれた考え方というように書いてあるんですね、辞書なんかだと。だからバランスのとれた考え方をするためには多様な資料があって、そういう考え方を形成しないといけないから、図書館では良い本だけ置くのが健全なわけではないというような話をするようにしています。

　学図法の成立過程については、図書館法のように、その成立過程を丁寧に調べていくという研究はまだ誰もやっていないと思います。最終的に国会にあがってからの審議の逐一は議事録に出ているので、そういう中で「健全な教養の育成」について、学校図書館のありようの問題としてある種の議論があったかど

うか、私の記憶ではなかったと思います。

○　小学校の図書館でのリクエストへの対応

―小学生のリクエストに応えることの難しさを学校司書からよく聞きます。
　小学校の場合、リクエストに応えることの重要性と教育的配慮との関係を
　どのように説明したらよいでしょうか。

　実際に悩ましい判断に困るというようなケースは、多分日常的に少なからず
あるということだと思いますね。大変難しいと思いますが。図書館に対して子
どもがするリクエストもまさに様々でしょう。子どもがほんとに読みたがって
しているのか、他の子が見ているから自分も興味を持ったとか、リクエストの背
景もいろいろ違うんだと思いますけれども、子どもが自分の思いを素直にぶつ
けることができるところ、それに対してはまともに向き合ってくれるところと
いう関係が出来ているということがまず大事でしょうね。その上である種のか
なり特殊なケースについては、これはちょっとよう買わんよということが成り
立つことがあるかもしれないが、そもそもそういうことが言える前提を欠いて
いるような関係が日常にあると、その子自身は図書館にはもうやってこない図
書館拒否児になってしまうのではないでしょうか。

―うちの小学校の場合は、図書の時間が週1で必ずあるので担任に連れられ
　てくるのですが、担任に背を向けている子だと本も借りないという子もい
　て、「借りんでいいんか？」と聞くと、「いいんだ」というような子がいたり
　します。リクエストでも小学校の1年生でもたどたどしい字で書いて出し
　てくるから、これどんな本と言ってその子に聞いたりします。いま一番多
　いのが例の『鬼滅の刃[72)]』ですがとんでもない数のリクエストが来ています。
　そんなふうに子どももいろいろで、関係が作れる子とそうでない子とは全
　然違う、そういう状況です。

―先生がおっしゃったように自分の思いをぶつけることができる、それに応
　えることができる学校司書がいるということが大事ですね。

　リクエストに限らず図書館に対して、子どもが自分の思いやら希望やらを基
本的に言っていい関係なんだ、求めていいことなんだ、そういう場だということ
は前提としてかなりしっかりと持っていることが必要ではないかと思います。

---

72)　吾峠呼世晴、集英社。『週刊少年ジャンプ』で2016-2020まで連載、単行本が出版さ
　　れている。2019年にアニメ化。

そのことと、教育的配慮で内容によってある種の物を除いたり、ウエイトをつけたりするということとは、別の問題として考えた方が良い。そういう前提の中でいまの話のように子どもが言ってくるものはいろんなものがあるだろうし、そういうものも場合によっては聞いてやることも必要なことかもしれない。そういう中から、こういうふうに言ったけれども、実はその子が願っていることはこういうことだった、ということもあるだろうし、一つ一つのやり取りに個別に対応していくという部分が図書館という場における、特に本を仲立ちにした関係の中で生まれる、子どもの、自分の思いから出発した学びの場だ。

　学校の勉強というのは基本的に子どもが一から自分で立てた計画ではないわけで、学校教育というのは大きな一つの流れの中にあって、そこには教科書という教材があって、そして、できるだけ先生は子どものいろんな要素を配慮しながら進めていくわけだけれど、やっぱり子どもは仕組まれた計画された学びに参加していることは間違いがないんですね。それに対して図書館における子どもの学びというのは、きっかけは何であれ自分の思いから出発をして、自分が立てた計画で、自分のプロセスで学んでいく、それを横から応援してやって、全然別の世界に連れて行くという話ではないわけですから、そういう関係の中で子どもは自分の思いをどんどん図書館にぶつけてくれたらいいことだし、ぶつけていいところなんだということを受け止めてやることがまず前提なんで。その上でケースバイケースの判断が多分成り立つはずです。100％子どものリクエストが通ることがないこともあるかもしれないし、その時にはやっぱり1年生の子どもとどういう話ができるのか私にも分かりませんが、やっぱり丁寧な話をすることの中で、あーそういう関係か、ということを子ども自身も納得するかもしれない。そういう経験がまた子どもにとっての一つの学習になっていくかもしれない。そういうふうな関係がなかなか理屈だけですまない世界として、いろいろあるんだろうなあという気がしますけれどもね。

　子どもに対して基本的にどう対処するかというところの立ち位置をきちっと持っていることが一番大事なところで、そこが曖昧になってしまうと、希望を言いに行った時にこちらの都合でああ言うたりこう言うたり、あの時はこうだったのにこの時はとか、あの人にはこうしてなんで私には、というようないろんなケースが出てきて、結局不信というかもう行かないということになってしまうことの方がはるかにこわいのではないかという気がしますね。そんな関係を、学校の中で、校長さんやら一般の先生たちの中にどう分かってもらうかというところが、学校図書館運営としては難しい悩ましい課題でしょうね。

—授業で、リクエストについて入れられなかったら入れられなかった理由を子どもにちゃんと説明しないといけないという話をしたら、学生がとてもびっくりして感心していました。そこまでやってくれるんだと言って。

—教師が読ませたくないとする本を児童がリクエストしてきた場合の対応について、どう考えられますか。

　読ませたくない本というのもどういう意味で読ませたくないのか、先生の好き嫌いでということなら、人間だからそれはあるでしょうが、それで判断すべきではないと思います。

—小学校の場合は多分残酷なシーンとか、エログロなものとかというのは絶対あると思いますね。前にあったのは『ググるな危険：絶対に検索してはいけないワード156』⁷³⁾という本をリクエストしてきて「ほんまにこれが見たいんか」と言ったら「どうしても見たい」と言うので入れたけれども、別の学年の子が読みたがった時に、先生がその子には「見せないで欲しい」と言われて、「それでは学校で論議をしましょう」ということになって、情報教育部で話をして、そういう本をリクエストしてきた時にどう対応するかということを学校としての基準を作ることになりました。司書がこれはと思うことを感じた時には、情報教育部に相談をかけて入れるか入れないかを判断してもらう。入れる・入れないという理由はちゃんと本人にも伝えるというように対応しましょうということになりました。⁷⁴⁾

—そういう仕組みを作った時に、必ずそこで基本的には予約の本は貸すんだということはきちんと分かってもらっておかなければ、むしろそれが足を引っ張ることになる。そこがとても難しいところだと思います。

　対応としてはいまの話のようなことができるというのは学校の中でとても大事なことだと思うし、望ましい形ということになるんだろうと思います。

—それぞれの置かれた司書の立場もあるでしょうし、それを受け止める組織として情報教育部というのがあって、問題を投げかけ返して考えてもらうという組織があるということは貴重なことで、それがなかったらできなかったことだと思います。

　今言われたように、図書館は学校の中では基本的に子どもたちの願いにできるだけ応えるところだという前提の上で話をするか、いや教師などの価値判断

73）ダイアプレス、2017.

74）二宮博行「くまモン司書の小学校図書館で『読書の自由』を考える。」『学図研ニュース』(401)、2019.7.1、p.8-12.

で良いものを備えて置くところだという立場に立つかで全然違う話になっていくだろう、そこらのところが大事だろうと思う。そんな話を通じてその過程の一つ一つが、その学校図書館についての考え方、それこそ望ましい健全な学校図書館観になっていく一つ一つのプロセスになっていけば、ものすごく大事だし良いことだと思いますけどね。

・リクエストへの対応—収集と相互貸借

—学校図書館でのリクエストへの対応についてもう少し教えてください。子どもたちから、例えば『ググるな危険』のような悩ましい本へのリクエストがあった場合、公共図書館などから取り寄せてとりあえず提供するということもできると思います。公共図書館の場合でも、犯罪マニュアル的な本など蔵書に入れたら批判が来そうだけれども、知る権利は保障しなければならないからとりあえず取り寄せて対応しようと考えることもあるかもしれません。先ほど先生は「ある種のかなり特殊なケースについては、これはちょっとよう買わんよということが成り立つことがあるかもしれない」と話されましたが、そうした、子どもたちへの教育的配慮が必要となる学校図書館では、購入・収集することと、他館から取り寄せて提供することは区別するべきではない、購入しないのであれば相互貸借もするべきではないということになりますか。

それは分けない方がいいですね。うちでは買いたくないけれど、見たいというなら取り寄せて、という使い分けは、その本の内容的な判断で求めに応えるかどうかが異なるわけですから、図書館としての役割、はたらきに一貫性を欠くことになり、基本的に好ましくないと思います。公共図書館では利用者の求めには原則必ず応えることを約束する事業ですから、そのための方法として、購入、他館からの取り寄せを行うことは当然です。もちろん自館購入がまずなされるべきですが、入手困難な場合、明らかに非常に高価でその後の使用頻度のそれほど多く見込めそうにない資料の場合に、その資料を持っている県立図書館やあるいは大学図書館などから借りて提供するというのは、図書館の組織性を活用した必ずそうすべき対応です。かつてキワモノ的資料をリクエストされると自館では買わず、近隣の図書館の書架を捜して借りまくることに徹して、顰蹙を買った図書館がありました。こういうことはあってはならんモラルの問題でしょう。

問題は小学校の図書館ですね。学校図書館があらゆる資料要求に必ず応えると約束し、そのための方策に徹するべきかどうかは論議の余地があると思いま

す。もちろんあらゆる資料要求に応えることが図書館の使命だということを前提にしたうえですが、そこにはやはり学校図書館として何にこそ応えるべきかという役割に即した基本方針があるべきだし、応えきれない求めに対しては、それがなぜか、その理由をきちんと説明する必要があるでしょう。学校図書館も図書館の組織性による保障、図書館ネットワークを支えに活動すべきです。しかし、自館で買って提供したくないと判断したものを他から借りてなら提供するというのは首尾一貫しないし、理屈に合わないでしょう。かえって図書館に寄せる信頼を失いかねないと思います。

　——「収集方針」という言葉をよく使いますが、「提供方針」という言葉はないなといつも思ってて、どんな内容の資料であっても「提供」ということは限りなく自由であって、でもコレクションとして税金を使ったりすることについては、土居さんの『完全自殺マニュアル』への対応のように、その本に含まれる問題点をその人に説明しながら相互貸借であっても提供していく、でも毎回説明が必要になるような資料は書架には置けないし、そもそも書架に置けないものを税金で買うのか、だったら相互貸借でという考え方も現場ではあるのではないかなと思います。学校図書館でも『完全自殺マニュアル』のような資料については、そういう収集とは切り離した提供の仕方もあるのかなと思うのですが、先生はどう思われますか。

　収集については、もちろん児童図書館であるいは小学校の図書館で、ある種の職業の人が専門に使うような資料を読みたい人が出てくるはずもないし、先生は別にしてね、だから個々の図書館がその図書館の責任を持つべき蔵書をつくる、これはあくまで蔵書構成の問題として当然一つの方針にそってやらなければならない仕事ですよね。提供については、原則として図書館は断るということは極力あってはならない世界です。応えるための方法として、当然主たる資料は購入して普段から蔵書にしておかないといけないが、蔵書にないもの、言われてすぐに対応しなければならないものについては、有る所から借りてくるというようなことも一つのやり方であり、それができるのが図書館なんですよということで、図書館の協力ネットワークの問題あるいは館種を超えた図書館総体がひとつの世界です、という図書館のつながりの話になっていくわけです。

　——確認なのですが、学校内で慎重に話し合った結果、教育的配慮からある資料を蔵書には加えない・収集しないとなった場合に、公共図書館からそれを取り寄せられるとしても子どもには提供するべきではないということになるのでしょうか。今のお話を聞いていると、そうした簡単なことではないよ

うにも思いました。

　教育的配慮というあいまいな基準では説明はつかないのではないですか。「買いたくない」という論拠がはっきりしておれば、取り寄せという対応はあり得ないでしょう。取り寄せという対応は、自分のところで提供したくないから購入しないのではなくて、購入すること自体が難しい、あるいはお金の問題も含めてうちが買うべきものではない、収集方針などに照らしてね、そういうことで買わないけれども、取り寄せる方法でしか提供しようがないという場合には、当然それは求められているわけだから極力応えるようにすべきだ。借りて提供はあくまで「提供する」を前提としての対応です。

　——（二宮）僕が話した『ググるな危険』は公共図書館でも持っていませんでした。それで買うしかないなということで提供して、先ほどのような議論が始まったのです。もし、公共図書館がその本を所蔵していて購入する前に内容を確認できていて、会議で審議して、これは駄目ですねという結論が出ていたら、購入も提供もせずに本人には対応できない理由を伝えるという対応をしたかもしれません。

　——（土居）『完全自殺マニュアル』の時も、中身を知ってたら、公共図書館から借りて提供というのもあったかなと思うんですが、実際には公共図書館も持っていないかもしれないし買っていても予約がものすごくたくさんついていたんですよ。どっちにしても提供するためには買うしかなかったんです。でも後々授業でも何回も使われたし、展示なんかにも何回も使いましたし、買ってよかったと、買わなければならなかったと思います。何にもなくて公共図書館から借りていたら、あのような一連の出来事は起こっていないかもしれないので、やっぱり一冊一冊かなり丁寧に、購入が当然という考え方で対応したことが良かっただろうと、今になったら思います。

　ただややこしそうな本だから自館で買うことは控えておいて、どこかよそにあるのならそこから持ってきて、それで片付けようというのは基本的に私は取るべきではないと思います。やっぱりその前にこの本はうちで買うのか買わないのか、そこがやっぱり判断というか悩みというか、それが先にないと、何かタイトルから見てこんな本はうちには置きたくない、ふさわしくないなあ、嫌やなあというようなことで、でも本人が言うてきてるんやから提供せんといかん、だからどこかあるところから借りてきて、というのは、応えたとしても図書館の対応としては良い対応ではないですね。結論だけを短絡的につけただけの話で、図書館としてその求めに向き合ったとはいえないし、利用者との関係も、果たし

てそれでその後に続いていくような、そういう一つ一つの蓄積になるのかどうか。そういう点から言うとあまり褒められた話ではない。むしろその前の悩みを随分重ねる方が、面倒くさい話だけれども大事なことだし、そういうことを重ねていった中で、最終的に取り寄せて提供するという方法もあるかもしれないけれども、まずそちらに飛びついてというのは筋が通らない。

　相互貸借で、図書館の組織を使って、無い資料が提供できるというのは、本質的に図書館として大事なことなので。そこは学校図書館も図書館として力を注ぐべきだと思います。

〇　『はだしのゲン』閲覧制限事件[75)]を通して

　—特に小学校における「図書館の自由」に関わる事例として、島根県松江市の『はだしのゲン』閲覧制限事件がありました。『中国新聞』の先生の顔写真入りのインタビュー記事[76)]があります。この件について見解を詳しく知りたいと思います。

　この件は学校図書館で資料についてトラブルが起きる際の典型的な話で、そう珍しいことではない。類似のことが特にアメリカの学校なんかでは頻発しており、大抵親やグループの一人が、学校図書館にこんな本があるがうちの子どもには読ませたくないという調子でクレームをつける。それをきっかけに教育委員会あるいは教育長とかで、かねてからそんなことを何となく思っていた人が、そういう市民が出てきたことをチャンスだと、それを口実にして禁止の通達を図書館に出すというようなことがよくあるんですね。パターンとしては学校図書館の資料が問題になる典型的なケースです。こんな本はうちの子どもに読ませたくないという思いが先行するわけだけれども、学校図書館の蔵書というものがそもそもどういうものなのかを考えた時に、学校にある本というのは子どもに対する教育書であって、それを読ませるのが教育だとストレートに思い込む親であれば、こういうものを読ませる学校というのはけしからん、あるいはそ

75)　2013年8月島根県松江市の市議会に「誤った歴史観を植え付ける」として、マンガ『はだしのゲン』（中沢啓治著）を学校図書館から除去することを求めて陳情し不採択とされたところ、松江市教育委員会は12月の校長会で利用制限を要請。全学校図書館が全10巻を書庫に入れた。多くの批判があり、翌年の8月に撤回された。（『図書館年鑑』(2014)、JLA、2014、p.456-458.）
76)　樋口浩二「選定基準 利用促進が主眼：学びの可能性摘む『抑制』：塩見昇・JLA前理事長に聞く」『中国新聞』2013.9.26朝刊.

ういう学校にはうちの子どもは行かせたくないというような話になってくる。それに対して、図書館の蔵書というのは、そういう性格のものではないのだ、要するに子どもがいろんなことを学校の学習に絡んで調べたりする時に見るもの、参考にするものだから、色んなものがあるのは当たり前だろう。本の中にはある人にとっては嫌なものもあれば、ある人にとってはすばらしいと思うものがある。それが本というものだから、そういう意味である立場から一元的にけしからんとか、こんなふうな本はというようなことを言うのは、学校図書館の蔵書の見方としてはおかしいという考え方が一方ではあります。

　この事件の時も、一人の人が議会にこの本の排除を陳情して、議会で取り上げるかどうかを議論して、最終的には議会が決めるようなことではないということで、全員一致で却下し採択しなかった。そういう意味では議会が極めてまともな判断をしたということです。ところが、教育長かあるいは事務局のだれかよく分かりませんが、市教委としては一応提起された問題はもっともだということで、子どもに読ませるにはこの本はあまりに刺激が強すぎる、あるいは戦争というものを非常に極端化して描いている、天皇や国旗に対しての見方がおかしい、一面的な断定になっているということが問題提起であったらしいが、そういう事に共鳴する人が教育委員会のどこかにいたんでしょうね。そこが先行して通達を出したということで、現場としては委員会から通達が来たので、なぜそこで異論が出なかったのかわからないけれども割合簡単にそれを受け入れてしまった。そして、その指示がおかしいと外から指摘されると反論できそうな根拠がないので、通達の手順が悪かったという極めて形式的な理由で撤回したということで終わった事件です。松江に関しては。

　この時期あちこちで、例えば大阪府の泉佐野市でも教育委員会が指示をして本を片付けてしまったということがあったらしい。他にも、相当数の、ネットの中では30箇所ぐらいの自治体名が出ていましたが、あちこちで同様のことを教育委員会にクレームや要求として出したということがあったらしいんで、どこかにそういうことをやろうという組織的な動きがあったのかもしれない。

　それが出てきたことと、その時期にこれが出る必然性があったのかどうか、そこら辺はよく分かりませんが、これは松江単独の話ではなくて、複数で出ていたということを併せて考えることが必要でしょう。学校図書館の蔵書をめぐる話としてはアメリカではよくあるごく一般的なパターンですが、日本の場合にはそれほどこれまでこの種のことがあったわけではない。学校図書館の蔵書についての市民の関心の薄さだとも言えましょう。「考える会」のような人たちは

熱心に学校図書館の役割は何かということを考えて知ってはいるけれども、大方の人たちから見れば、学校に図書室があることは知っていても、それはまあ学校の勉強のために使う本があるんだと。子どもが楽しみで読むような本はむしろ町の図書館の方にあるんだと。だから学校図書館の蔵書について、アメリカの親のように関心を持つ人は多くないので、こういうタイプの問題はこれまであまり起きていない。より基本的なことで言えば、学校図書館の蔵書というのは何のためにあるのかを考えていけば、この『はだしのゲン』の問題を巡って出てきた問題はあり得ることだけれども、こうしたクレームはそれほど多くの共感を得、幅広い受け止めを生むような問題ではないだろうと思います。

・学校図書館の蔵書

学校図書館の蔵書というのは、層で考えれば一番中心にあるのは当然学校の教育課程の関係で授業の参考になる教材とそれを補うような発展させるような学習資料、先生が授業を進めるための参考資料、子どもがそこで習ったことを膨らませるために自主的に勉強するための資料、こういうものが学校図書館では中心になるというのは当然のことでしょう。その外側により広く子どもたちが日常的に、まあ町の図書館に求めてもいいのですが一番身近な図書館だから、子どもたちが自分たちの読書要求、興味関心に応えてくれるような、何か面白い本がないかなという類のニーズに対する刺激になるような本があるという構造が、学校図書館の蔵書だろうと思います。そういうことから考えれば、今のこの『はだしのゲン』の場合に、それがどの辺に位置づく資料かということが出てきて、決定的に排除しなければならないという理屈はおそらく出てこない。それから本に対する残酷であるとか、天皇に対する敬意を欠いているとかというようなことは、それぞれに見方があるわけで、そう思う人もいればそう思わない人もいるわけで、本というのはそういう類のものだ。

前にもお話しした(→本書 p. 80)が、本に対する評価をする人というのは、二通りあって、一つには本に対する傷を見つける人、これが検閲者の立場です。それに対して本を選ぶセレクションの立場というのは、本の中のある一つの特徴というかこれまでの蔵書の中には見られなかったユニークなことが書いてある、こういうことに触れている本なのだ、こういう点で今までになかった新しい見方というか解釈を主張している本だということで、その本の独自性、特徴、いいとか悪いとかいう話ではなくて、その本が持っている特徴、それが一つ加わると図書館全体の蔵書が膨らんでいく、蔵書の幅を広げる、蔵書全体が持っている力みたいなものを広げる、そういう要素があるとすればそのことを理由にしてこ

の本を買いましょう、蔵書に加えましょうというのがセレクションの立場です。それに対して、いやこの本の中に他に何が書いてあろうがこのことがあるからこれはけしからんということで本の傷を見つけ出そうという人が検閲（Censorship）をする人だ。"Not Censorship But Selection"（検閲でなく選択を）という、アシャイムがアメリカがマッカーシズムで荒れていたときに書いた[77]、図書館情報学では古典的な論文の一つと思っていますが、検閲は図書館のやる立場ではない、図書館司書は検閲ではなくて選択をする人だ。このことは図書館全体に通じることです。

　そのことを図書館の立場として前提にできるのなら、『はだしのゲン』のこの描写が残酷だ、中国の女性の体内から赤子を引っ張り出したというようなその場面だけを見ればおぞましい描写に違いないけれども、それがあるからこの『はだしのゲン』という本の総体が否定をされるのかといえば、えげつないところもあるけれども、本というのはそういう特徴をそれぞれ持っている、大なり小なり持っているというものであるという冷静な視点で見るということを取れば、この新聞記事の中でも蔵書に加える選択基準の話をしていますが、そういうことが図書館の本を選ぶ基準にはならない。そういう意味で、中には一部の人が眉をひそめるような場面があったとしても、別にこういう側面もあって学校図書館に買ってもいい理由がそこに見つけ出せれば、蔵書として充分な根拠になるだろう。ある種の本に対する好き嫌いは当然人それぞれにはあるわけで、それを自分の価値判断で揃えていこうとするのは、図書館の蔵書の持つ公共性を損ない、それは自分が言ってもいいことの範囲を超えるものだ。

　松江の教育委員会が通達を出して、批判を受け撤回したというのも、おそらくその中に『はだしのゲン』に対するアレルギーを持っている人が仮に1人2人いたとしても、そのことをもって教育委員会の学校現場から『はだしのゲン』そのものを締め出すという、あるいは閉じ込めるということを根拠づける、他の人を広く納得させるようなことのない指示の仕方や内容は適切ではなかったと判断して、ことが大きくならないうちに手続き論を理由に撤回した、引き下がったということではないかと思います。だから学校図書館のありように照らして、後に大きな問題を残したという格別な事件ではないのではないか。まあごくありふれた類の問題ではなかったか、という気はします。

---

77) Asheim, Lester "Not Censorship But Selection", *Wilson Library Bulletin*, 1953, p. 63-67.（「検閲でなく選択を」）. メアリー・ダンカン・カーター／ジョン・ウォーレス・ボンク共著、小野泰博訳『蔵書の構成』JLA、1964、p. 209-219に参考資料として掲載。

——『はだしのゲン』の問題については、選書や資料収集の問題としても捉えられますが、すでに所蔵しているものを読ませるか読ませないかという意味では、資料提供に関わる問題とも言えるのではないかと思います。この問題が起こった時に学校側は全面的に禁止しているわけではない、先生に許可をもらえば読むことはできる、逆に書架に置いて自由に手に取れるようにするとショックを受ける子どももいるから注意を与えながら読ませたいという意見もあったように記憶しています。『完全自殺マニュアル』をめぐる土居さんの実践（→本書 p. 360）では、書庫に入れて、生徒たちと話をしながら提供したというお話があったと思うのですが、それと似ている部分もあるように思います。『はだしのゲン』と『完全自殺マニュアル』を同じレベルで扱ってはいけないといえばそれまでなのですが、理屈としてはそういう考え方も成り立つかなと思いながらお話を伺いました。

　本には、『はだしのゲン』に限らず、この中で話題になった『完全自殺マニュアル』なんかもそのカテゴリーに入っているかもしれないが、小学校なら1年生から6年生までいるわけで、発達段階がずいぶん違いますから、読者一人ひとりを相手にして、まともな意味で色々な配慮をするということは図書館員としておかしいことではない。この年齢の子には、あるいは個別にその子の今の暮らしの状況、置かれた状況というものに照らせば今この子にこの本がふさわしいかどうかというようなことを配慮する、それは利用者のことを知っているからで、公共図書館ではなかなかそういう関係にはなり難いですが、学校図書館ではあり得ることだしそういう配慮があってもおかしくないわけです。むしろそういうことは、教員は第三者かどうかという話をしたが（→本書 p. 369）、単純に中とか外とかとは言い切れない。学校を構成している教員というのは大事な専門スタッフであり、図書館員も大事なスタッフですから、その子の置かれている状況を知っているということを前提に考えれば微妙な問題ですが、そういう配慮は考えてもいいことだと思います。それは「教育的配慮」一般といったあいまいな判断基準ではない。配慮の問題としてこの問題が出てきたのだとしたら、冷静にいくらでも話をすればよかったし、大事なことだと思います。

　ただ何故そうなったのかわからないけれども、教育委員会が一律に開架に置くなと言った。だから大抵のところは、積極的にぜひ置きたいと争うつもりがなければ引っ込めようということになったのだけれども、そういう対応しか取りようがなかった。けれども、むしろ丁寧な配慮がこの本についてはあり得るのではないか。その辺のところは十分に図書館の現場でよく子どもとの関係を、

あるいは生徒との関係を考えて、丁寧な対応をしてほしい、教育委員会がいわば親心として好意的にアドバイスをしますという文章を現場に寄せたのであれば、こんなお粗末な展開にはならなかっただろう。そんなことも含めて、図書館にある蔵書というのは、確かに先生の指示で課題で読ませたり、あるいはこの本はここから先は皆さんで自主的に勉強して下さい、参考資料にはこんなものがありますと先生が見てる限りでは、『はだしのゲン』をその中に入れるか入れないかは教師の判断が入るだろうが、子どもが学校図書館を使う時には、教授＝学習過程に関係するとは言っても、先生が構想する授業の範疇だけで図書館が使われるわけではない。子どもは授業に触発されて、授業ではこういうことになったけれどもちょっと私は違うと思う。言ってみれば自分の興味関心から出発して、どんどん自分の学習を広げていることもあるわけです。私が言ってきた「もう一つの学校」という意味合いも含めて、学校図書館が持っている力というのは、そういう先生が設定した教授＝学習過程だけではなく、それを踏み越えた子どもの自主学習の世界が当然あるだろう。そういう世界を子どもがどしどし広げ、そういう経験を持てば持つほど、子ども同士が集まって共同学習をした時に、それだけ先生の予想を超えてまで子どもの学習は広がってもいくわけで、そこが学校図書館の教育力の一番大きなところだと思います。

　そういうことを、学校図書館蔵書のありようの問題として議論するかしないかというところで、そういう教育委員会からの指示に対する学校の対応が様々であって当然だと思います。少なくとも配慮というのはまともな意味であってもいいと思うし、その配慮、教育委員会が指示する時には、それこそ配慮して念頭においた指示をすることも大事なことだと思います。学校もそういう受け止め方をしたら、教育委員会からのお粗末な文章でも、それをもう少しまともな議論のチャンスとして使うということもあるかもしれない。この『はだしのゲン』のケースも、最初の教育委員会の文書の出し様によって、もっと違った展開になったかもしれない。ひょっとしたらその議論ができたことは松江の学校図書館にとってよかったと皆が後で思うような展開でもしていれば、これは素晴らしいと思いますが、なかなかそうはいかんかもしれんけど、そういう余地もあってもいいと思います。それは学校図書館というものをどう考えるか、学校図書館の蔵書というものをどう考えるか、何のために蔵書が学校の中にあるのか、それはどのような使われ方をするのかというようなことについて、できるだけ広がりのある見方をすることで、そこで展開される議論が変わってくるだろう。

・学校図書館の資料提供

—以前、長崎で研修の講師を務めた際に、松江市での『はだしのゲン』の提供
　制限の是非についてグループワークで考えてもらったことがあったのです
　が、「長崎では『ゲン』を配慮するなんてありえない」「提供しないなんて
　考えられない」という意見を耳にしました。長崎は広島とともに原爆の被
　害を受けているのでそのような雰囲気があるのかなと思って、その時はあ
　まり疑問に感じなかったのですが、今の先生のお話を聞いて「こんな素晴
　らしいものを制限するなんてありえない」という考え方もよくないのかな
　と感じました。『はだしのゲン』をめぐる問題が起こった際には「制限す
　るなんてけしからん」という声も多かったように思いますが、もう少し冷
　静に、学校図書館だからこそ検討しなくてはならないことがあったという
　ことでしょうか。

　それはそうだと思います。『中国新聞』のこの記事をネットで探した時に、私
のこの記事の続きくらいに、ジャーナリストの藤代裕之さんの「学校図書の閲
覧制限『はだしのゲン』だから問題なのか」(2013. 8. 21) という見出しの記事が
あります。[78] 要は『はだしのゲン』が平和教育のために大変有用な本だ、今あな
たが言ったように長崎の人が「問題にする方がおかしい」というような、要す
るにバイブルにするような見方とか、あるいは世界的な名作である、平和教育に
不可欠なものだというところから出発して、あれこれ言うような人もいるが、そ
れも実は問題だというということをこの藤代さんは言っているんです。今あな
たが言おうとしていることにも繋がると思うけれど、いいものだというのとこ
れを批判するのはけしからんというのは、向いている方向は違うけれども、そこ
にあるのは自分は絶対的な善だという考え方、絶対的に〇だ、絶対的に×だ、絶
対的に〇だという人にとっては絶対的に×だということは考えられない、そん
な人がいるということ自体が考えられない。そうなるとこれは排除になってい
くわけです。逆の場合でもそうなって行きます。そういう意味で絶対的にいい
ものだとか、これは名作だからとか、これ抜きには平和教育はありえないという
感じでこの資料を思い込むということは、実は大変危険ではないか。藤代さん
はそういう主張をしています。それは私も大事だと思います。ある人から見れ
ばこれはいい本だと思うけれど、ある人から見ればこんな不快なということも

---

78)「Yahoo!Japan ニュース メディアとジャーナリズムの未来を追いかける（藤代
　裕之）」より。

あるわけで、しかしそういうものを含んでいるからこそ本なのだ、本というものはそういうユニークさを持っているから本なのだ。

　前にも話しましたが（本書 p. 44）、「焼かれる本こそ、よい本だ」と私が思うのはそういうことに通じます。いいものだから触ってはいけないと言っても、そのことによって何も主張は広がっていかない。共鳴者を作るわけではない。むしろ他の人との溝を深めるだけ。私はこの本についてここまで分かっていると言えば言うほど、他の人からすればわかっていないということを言っていることになる。だから議論の中で『はだしのゲン』の件についてのより幅の広い共有というか共感を広げていくという視点に立つなら、これはいいものだからという言い方ではなく、図書館にはいろんな見方があってしかるべきだ、それによって使う人はいろんな使い方をするわけで、A君にはその資料がとてもタイムリーかもしれないけれどもBさんにとっては今持っている関心から言えばむしろふさわしくないということもあり得るわけで、それが本だろうということですね。だから色んなものがあるし、色んなものを包み込む。そして多様性とか幅とか広がりを持っているものにいかに蔵書を広げていくかということが、先ほど言ったライブラリアンの専門的な役割です。そういうことが、Library Collection Building（蔵書構成）、蔵書構成というのはつくり上げるものですからこういう言い方をしますが、まさにビルドアップする方向というのは、そういう意味において一冊の本をめぐる共感をできるだけ広めていこうということとして認めていくべきではないかと思います。この記事はたまたま私の記事の直後に出てきたので、こういう見方をしないといけないなと思ったものです。

・学校司書の役割

　―私は、この『はだしのゲン』の問題についてとても残念だと思ったのは、書庫に入れるようにと言う要請が来たことに対して、現場からほとんど声があがらなかったことです。現場からおかしいではないかとか現場に任せてほしいという意見が出なかった。その原因の一つはやっぱり人の置かれ方かなと思います。そういう場合やっぱり誰かがこれはおかしいと言わないといけないですね。

　そうだと思いますね。学校司書の配置については鳥取が少し先行していましたが、溝口善兵衛島根県知事（当時）が、片山善博さん（元鳥取県知事）の学校図書館整備の施策が動き出した直後にそれに続きましたよね。小・中学校に対しては鳥取よりもむしろ徹底して行ったところなんですけれどね。2013年というのは、もうその制度が動き出した時期だったと思います。そこから先ほど教育委

員会の配慮という話もしましたが、教育委員会が開架に置くなということを言った、それを受け止めて引っ込めたという限りにおいて、司書は一切関与していないはずです。むしろ教育委員会から校長さんに来て、職員会議でこういうことが来ました、まあ仕方がないですねと言って書庫に入れたという話になっていって、ここにはせっかく学校司書が置かれていたはずだけれども、そこからの声が一切出なかったということは、私も大変違和感があったし、もう一つ言えば、子どもの声というのは全然この過程には出てきていませんね。子どもは全然無視です。知らないうちに昨日まであった本がなくなった、どこへ行ったと探した子もいたかもしれませんが、それ以上に子ども自身が『はだしのゲン』についてどういうふうに読んできたか。書架に並んでいる『はだしのゲン』に対して、このことが一切学校では問題になっていない。このことがとても問題ですね。

　一人の市民がけしからんと思い、それをいいタイミングとして受け止めた教育委員会の誰かが、これはやっぱり学校現場には相応しくないと思ったという話が、一律の通達みたいな感じで学校に流れた。そして本が引っ込んだという話ですから、特別な考え方をした2～3の人の関係だけでことが流れてしまって、せっかく議会がこれは議会が決めることではないと非常にまともな判断をしたにもかかわらず、それではこれは誰が考えるべき話かということを抜きにして、『はだしのゲン』だけが悪いということにずっと走って通達が出ることになった。やっぱり松江の司書の置き方、知事の学校図書館政策、確か司書配置ということで言えば三層ぐらいの種類があって、パートすれすれみたいなモノから三層ぐらいの職員配置だった[79]。ということは学校司書集団みたいなものから一つの力が出てくるようなことは想定していたわけではなくて、司書はおらんよりおった方がいいな、なるべくなら長時間働く人がいいな、しかしそれにはお金がかかる、だから安くてもいいからとりあえず、まずこのレベルの人を置きたいということで、百万人以下の県で学校数も少ないこともあって、非常に短い時間で人も結構置かれたけれども、そこからこういうような学校図書館の基本的な根源的な問いが問われた時に、司書の中から疑問が起きてくるような力はと

79）島根県の学校司書等配置事業（2009～2018年度）は、小中学校に学校司書等を配置する市町村に対し県が財政的な支援を行い、県内すべての学校図書館を「人のいる図書館」にすることを目ざした事業で、学校図書館支援員（有償ボランティア）のほか、学校司書は年間合計勤務時間数により3区分があった。島根県立図書館Webサイト「子ども読書県しまね」より。

ても育たなかった。島根県の人の置き方では。鳥取だって決してベストではないと思いますが、現在全校にわたって丁寧な司書の置き方をしているようなところは、おそらくほとんどないでしょう、残念ながら。

　しかしその中で先進的だと言われた鳥取や島根、その島根からあの問題について学校司書の声が出てこなかったということは、いかに島根県の学校図書館政策そのものが先進的とは言いつつ、こういう学校図書館の本質に照らして問題を含んでいる。おそらくその後何も解決していないんでしょうが。私もあの話を聞いた時に、学校現場の方からいろんな受け止め方があってしかるべきなのに、なぜ出てこなかったんだろう。仮にそれが力としてまとまらなかったとしても、うちの学校ではもう少し職員会議で話をしませんかといったことをやる学校があってもよかったが、そういうことはなさそうですね。通達が出て何日後にはもう全部書架から本が消えていたという話でした。その後どうなったという追跡の記事が出ていますけれども、割合短時間に徹底して通達通りの状況になったらしいですね。それを解除したのも早かったですが。

　—例えば校長なんかの指令で引き上げなくてはいけなかったとしても、司書が知らないわけではなかったでしょう。司書が関わらないでできることではないので。島根に限らず他にも同じようなことがあったわけだから、とても残念な思いがしました。

　人が置かれているということと専門職が置かれているということの違いですよ。そういうところにやっぱり違いが出るわけです。机がきれいになったとか花が飾られたとかカーテンが新しくなったとか、そんなことは誰が行ってもその気になればできるわけですが、図書館としての基本のところが問われるようなことがあった時に、何かの違った対応ができるかできないか、それが人がいるということの意味だと思います。だから私はよく鉤カッコ付きの「人」を使いますが、それも誰かがいたらいいということではなくて、特別な「人」、そのことをやるために、その気になって、そういう配慮のもとに、そういう期待のもとに置かれた「人」ということですと、話をする時には鉤カッコをつけて使ってきましたが、やっぱりそこの違いではないかと思いますね。

　—ある意味では大変大きなチャンスだったかもしれませんね。そこでいい話し合いをしていろんな方法があるのだということがおおっぴらになるということは、これからの司書の置かれ方にも影響があるかもしれないし、そういう意味でも残念なことでしたね。

　そういう体験を活かすためにも、やっぱり集団の中にある種のリーダーシッ

プも必要なことです。と言っても、一人誰かが突出した人がいればなんとかなるという話ではなくて、そういうリーダーシップも働きつつ、私がいるのは単に声を上げるだけではないのだなと、自分に求められている、課せられている役割みたいなものを考えるきっかけにして、集団全体が少しでも力をつけていくというような歩みができれば、今言った問題に対してもちょっと違った対応が出てくるかもしれない。どちらが先か後かわかりませんが、少なくともそういう機会になったら良かったですね。そういうような集団の発展の仕方を想定した人の置き方になっていないことが事実で、今の司書の人たちにそういう働き方を求めるのは酷であると言わざるを得ないような状況も結構ありますね。そう言ってしまうと頑張ってる人たちに悪いですが。

　　──先ほど閉架までの過程で子どもの声が出てこないとおっしゃってましたが、先生は著書の中でアメリカの学校図書館について、異議申立書みたいなものを使って子どもたちも意見表明ができるという方法を書かれています。[80]日本の場合はそういうものがほとんどないので、これはシステムもちゃんとしていかないといけないと思います。そういうものを出せる場が必要だなと私はずっと思っているのですが、日本の学校図書館でそういうことを出すということについてどう考えていったらいいでしょうか。

　フィッツジェラルドの紹介した「"三六五日"事件」[81]の中で、高校生が教育委員会を相手取ってこの本をパージするということに対して、私達には読む権利があるということを訴えて裁判みたいなものを起こしてという話があります。日本の高校生も最近参政権を手に入れたわけですから、そういう権利の存在なんかも高校生が知っていてもいいのですが、アメリカでは学校図書館の蔵書で僕らが読んでいる図書館の本を第三者がパージするということに対して、自分たちの読む権利を侵害すると言って提訴して戦うわけです。そして勝訴するという展開を書いたものです。私の書いた「子どもの権利条約と図書館の課題」[82]の中に出てくると思いますが。

　そんなことが日本の子どもにもあってもいいと思います。それが子どもの権利条約で言うところの子どもの姿だと思います、本当は。だから子どもがそういうことで提起ができるような制度か仕組みのようなものができていればそれ

80）前掲注31）p. 233-235.

81）フィッツジェラルド（冬川亘・訳）「レーガンのアメリカ：草の根に広がる禁書」1-5、『朝日ジャーナル』1984.10.26-11.23.

82）塩見昇、前掲注14）p. 46.

に越したことはないが、そういう制度があるかないか以上に、それを使いこなす力が子どもにあるかないかが問題です。だから普段から子ども自身にそれはあなた方の権利であると、こういう時には自分たちの意見として、たとえ相手が校長であろうが教育委員会のお偉いさんであろうが、あるいは首長が相手であろうが、僕たちの権利だと言って立つ、そういうことができるのが主権者としての子どもだろう。それにはそういう教育が普段からされてなければいけないということです。主権者教育ということは、そういう部分を育てるということだと思います。だからアメリカのその高校の話なんかは、『誰だ、ハックにいちゃもんつけるのは』[83] も同じですが、これはフィクションですが、フィッツジェラルドのそれは確か実話をルポルタージュ的に書いた作品じゃなかったかと思うのですが、要はアメリカの子どもはそういう点ではものすごく日本の子どもたちとは違います。違う教育を体験しているし、そういうものを身につけていると言えるのではないでしょうか。だからそういう子どもがいれば図書館の蔵書を巡る戦いというのも、ユーザーとしての子どもがその主体にもっと入ってくることができるだろうと思いますが。今は日本の高校では学校図書館を掲げてものを言ってくれるような子どもはまだいないのでしょうね。そういう教育を考えていかなければいけないのだと思います。

　―学校図書館もそういう権利があるんだよということを子どもたちに伝えていかなければならないですね。

　普段の利用の中で伝えていくということは、それこそ窓口の司書の大事な役割でしょうね。

・学校図書館の収集方針

　―私はこの先生の新聞記事の中の、選定基準や収集方針は抑制型ではなくて拡張型の、入れられるものを作らないといけないのだというのを読んで、本当にそうだなと思いました。この記事を書かれた樋口浩二さんは、市内各校ではこの事件で図書選定基準づくりが進み始めた、それで先生にインタビューをしたのだというようなところから記事を始めているのですが、『はだしのゲン』を図書館に入れるか入れないかという声しか聞こえてこなかった時に、こういうインタビューをしたということはとても見識のある人だなあと思いました。最初からそういう質問だったのでしょうか。

　わざわざ京都まで出張してきて話を聞いてくれて、帰って自分が当初こうい

---

83) ナット・ヘントフ、集英社、コバルト文庫、1986.

う記事が書きたいと構想していたように書いてある。事実をよく調べて準備を
して、自分なりに構想を持って書こうとしたのだろう。市教委が撤回して1ヶ
月と書いてあるので、少し時間が経ってからその後の動きを押さえながら選定
基準と有害図書の話を書いています。2〜3時間は話をしたと思いますが、こ
の人はこういう形でまとめたわけです。この抑制型・拡張型の収集方針の話は
日図研の図書館研究グループで、私と伊藤昭治さんとあと何名かで割合早い時
期にやったグループ研究です[84]。その時に収集方針というのは類型化すれば、こ
ういうものは入れない集めないというのが抑制型で、それに対してむしろこう
いうものを集めるというのが拡張型の収集方針で、こういう考え方のもとにあ
るのは、先ほども言ったがアシャイムの選択についての考え方に準拠して、資料
を集める時の考え方は、できるだけ何かを切ってしまう、これは集めない、結果
として無難なものが残っていくという収集方針ではなくて、むしろ積極的に蔵
書を広げていくという観点に立つ収集方針を作るべきだという趣旨を強調しま
した。収集方針についてそういうことを言った人はまだあまりいなくて、自由
委員会の「図書館と自由」のシリーズの中でも、収集方針の記事に引用もされ
たりしています[85]。今でも収集方針について書いたものとしてはまだまだ生きて
いるのではないか、寿命があるのではないかと思っていますが。

　そういうような話をこの時に入れて話をしたのは、この樋口さんという人が、
『はだしのゲン』に対する反省で学校の中にも選定基準をつくることが動き出
したということを言ったので、そのことの参考になる話があったらいいかなと
思って話したのかもしれませんね。

　―記事の最後を「良書、悪書と大人が決めつけた時点で教材として生かされ
　　る可能性は閉ざされる」という文章でビシッと締めたところなんか、すご
　　いなあと思いました。

　それは樋口さんの力量だと思いますよ。限られた中にきちんとまとめられて
いてよく勉強されたと思いますね。

　―本当にこの記事は良かったですね。『山陰中央新報』の記事（2013.12.22お
　　よび2014.1.3）によると、最初に市教委に『はだしのゲン』撤去の要請があっ

84）塩見昇・伊藤昭治・三上正禮「収集方針の意義と作成：事例研究をふまえて」『図書
　　館界』31(1)、1979.5、p.8-19.塩見昇先生古稀記念事業委員会編、『図書館の発展を
　　求めて：塩見昇著作集』日図研、2007.にも収録。
85）塩見昇「収集方針の成文化：公開の意義と図書館の自由」『収集方針と図書館の自
　　由』図書館と自由(10)、JLA、1989、p.20-32.

たのが2012年4月、閲覧制限は約8か月間続いたとあります。

　JLA からも文章を出しましたから、それが2013年の初め頃だったのでしょうね。やっぱり1年数ヶ月かかっていますね。

　——『山陰中央新報』が「自由の風景」というタイトルで、2014年1月3日から11回の連載をしています。「在日特権を許さない市民の会」(在特会)の元幹部などが松江市教委や島根県教委の事務局を訪れた時の様子をニコニコ動画に流すなどしたことからネットを通じて知った人々の反応が市教委に寄せられ、そのほとんどが撤去を拒否した市教委の対応への抗議だったとあります。

　発端は右翼のかなり組織的な運動みたいですね。

　——新聞では『山陰中央新報』が最初にこのことを取り上げて、色々な意見が寄せられるようになったのだと思います。最終的には、教育委員会が校長に閲覧制限を要請することについて教育委員会会議に諮っていないという手続きの不備を理由として撤回しました。肝心なところの判断を教育委員会が避けたことは一つ問題だったと思います。新聞記事の見出しに「子どもを『守る』はずが実は権利を奪う」「学校の裁量を自ら放棄」「脇に置かれた教育委員」とあるように、経過を追った取り上げ方をしているので、読んだ人が考える材料になったと思います。

　学校現場でこれからこういうことを考えていこうというような動きが生まれたら良かったのですけれども。

　——学校長もおかしいと言わなかったのかと思いました。

　——その前に、多分司書が配置される前から係教諭や司書教諭が集まる市教研の図書館部会か何かがあったはずで、そういうところにも市教委は相談してないわけだから、現場が知らないままトップダウンで閲覧禁止にするとか撤回するとかという対応をしたこと自体が市教委の事務局がおかしいと思います。外部から言われてそんな簡単に突っ走るだろうか。それが一番腹立たしいし、丁度あの時は学図研の山陰大会をやった時で、その時にまったくそんな話が出てこなくて、帰ってから知って腹立たしくて仕方がなかったです。

---

86) JLA 図書館の自由委員会「中沢啓治著「はだしのゲン」の利用制限について(要望)」2013.8.22(JLA Web サイト)。また学図研も「松江市の小中学校における『はだしのゲン』閲覧制限措置についての申入書」2013.8.25を出している(学図研 Web サイト)。

—塩見先生が『中国新聞』の取材を受けた2013年9月26日の記事の1年後ぐらいに、『中国新聞』がこの問題を取り上げています。「図書館運営6割見直し」の記事(2014.8.16)です。各学校が独自の選書基準を作成する等につながったかと言ったら、そんなこともなかったことが読み取れます。

　閲覧制限から1年の松江市内の調査によって、今学校はどうなっているかという記事ですね。49の小中学校があって、学校図書館運営に対する再検討みたいなものがこの事件をきっかけにやられたようです。全国SLAの選定図書の基準を参考にしたようですが、各学校の選択の基準にそのままなるようなものではないでしょう。目的が違いますからね。

—この記事(2014.8.16)の先生のコメントに「選書基準も万能ではない。どう作るかのプロセスこそが大切」とあり、とても大事なことだなと受け止めました。

　これはいつも言っていることですが、白書でも同じですが、できたものがどうこうというのではなくて、作るプロセスの中でどう参加してどこまで共有して行ったかということが大事で、その間の積み重ねこそがむしろ力になるということです。これも樋口さんが担当していますね。一年間ずっとフォローして来たのでしょうね。

　2018.12.23から始まった塩見昇氏へのインタビューは、2022.6.25と8.23の追加質問を含めて合計14回で終了しました。たくさんの貴重なお話を聞かせていただき、本当にありがとうございました。

塩見昇の学校図書館論　第Ⅱ部
論考・塩見昇の学校図書館論研究
学校図書館史研究グループ

目　次

第1章　塩見昇の学校図書館論を考える ……………………………………407
　1. 教育を変える学校図書館　………………………………………………407
　　1-1　学校図書館について　これまでどう考えられてきたか ……………408
　　1-2　「学校のなかの図書館」その意義とはたらき　………………………409
　　1-3　図書館活動と図書館教育 ……………………………………………411
　　1-4　学校図書館活動の掘り起しと学校司書との交流 …………………413
　2. 学校図書館を必要とする教育を考える　………………………………414
　　2-1　近代の学校教育と学校図書館：『日本学校図書館史』を中心に　……415
　　　2-1-1 近代学校制度の確立と学校図書館の芽生え／2-1-2 大正自由教育
　　　と学校図書館／2-1-3 昭和前期教育運動・戦時体制と学校図書館／
　　　2-1-4 戦後教育改革と学校図書館の制度化
　　2-2　「教育の自由」から学校図書館を必要とする教育について考える　……427
　　　2-2-1 日本の近代教育　2つの特徴／2-2-2 教育の自由と子どもの学習権
　　2-3　学校図書館を必要とする学校教育の「現在」 ………………………429
　　　2-3-1「深い学び」と学校図書館／2-3-2 教師と子どもの豊かな図書館
　　　利用体験と生涯学習
　3. 塩見の学校図書館論を生み出した背景と思想 ………………………433
　　3-1　「教育とは何か、図書館とはなにか」を根源的にとらえる …………433
　　3-2　図書館員としての経験・識見　………………………………………434
　　3-3　京都の歴史と風土 ……………………………………………………436
第2章　学校図書館活動論 ………………………………………………438
　1. 学校のなかの図書館………………………………………………………438
　　1-1　学校図書館は学校のなかにある「図書館」である …………………439
　　1-2　サービスとしての図書館活動 ………………………………………441
　　1-3　学校図書館のはたらきと教育力 ……………………………………444
　　　1-3-1「学校図書館の教育力」とその構造／1-3-2「学校図書館の教育
　　　力」を活かす
　　1-4　「もう一つの学校」としての教育力 …………………………………453
　2. 知的自由に裏打ちされた「図書館活動」と「図書館教育」　…………455
　　2-1　知的自由と学校図書館のはたらき─「徹底した資料提供」に注目して ……455
　　2-2　「徹底した資料提供」と「サービス」　………………………………457
　　2-3　知的自由に裏打ちされた学校図書館のはたらきを
　　　どのように実現するか？ ………………………………………………459

2-3-1 学校図書館と図書館の自由の関係性／2-3-2「資料収集の自由」のとらえ方―「検閲」ではなく「選択」／2-3-3「資料提供の自由」のとらえ方―真の意味で「教育的」であるとは？／2-3-4「利用者の秘密を守る」のとらえ方―学校文化への問いかけ／2-3-5 学校図書館の職員制度と「図書館の自由」

第3章　学校図書館職員論 ……………………………………471
　1. 塩見昇の学校図書館職員観 ……………………………472
　　1-1　1974年「学校図書館職員制度化を求めての歩み」 …………472
　　1-2　学校図書館を担う人 …………………………………473
　2. 学校図書館法改正運動とプロジェクトチーム ……………477
　　2-1　学図法制定までの職員像 ……………………………477
　　2-2　1953年学図法成立とその不備 ………………………478
　　2-3　学図法改正運動とこれまでの職員配置状況 …………479
　　　2-3-1 学校図書館職員配置状況／2-3-2「四者合意」成立とその破綻／2-3-3 1997年学図法改正までの国の施策／2-3-4 1997年「学図法改正」に至る動き
　　2-4　プロジェクトチーム座長としての見解 ………………486
　　2-5　2000年『学校図書館職員論』 ……………………489
　3. 教育の未来を見据えた学校図書館職員像 ………………491
　　3-1　1997年学図法改正以後 ……………………………491
　　　3-1-1 将来的な学校図書館職員像の模索／3-1-2 2014年「学図法改正」
　　3-2　専門職としての学校司書 ……………………………495
　　3-3　学校図書館職員の今と未来 …………………………498

第4章　「市民の学校図書館づくり運動」と塩見昇 …………501
　1.「市民の学校図書館づくり運動」という用語について …………502
　2. 1970年代の「子ども文庫」の担い手による学校図書館調査 ………504
　　・「富田林子ども文庫連絡会」の調査
　3.「市民の学校図書館づくり運動」の胎動 ………………507
　　・大子連の活動―学び合いと大阪府下の学校図書館実態調査／・全国に向けた問題提起と意見表明
　4.「市民の学校図書館づくり運動」の広がり ………………512
　　・東京でのシンポジウム／・大阪でのシンポジウム／・岡山でのシンポジウム
　5.「学校図書館を考える会・近畿」の活動と塩見昇 ………518
　6.「学校図書館づくり運動」に関わる市民の願いと思い ………520
　　・1993年という年／・1997年の学図法改正案をめぐって／・1997年の学図法改正を受けて／・「学校図書館づくり運動」の根底にあるもの
　7.「市民の学校図書館づくり運動」をめぐる塩見昇の視点 …………529
　　・生涯学習と「市民の学校図書館づくり運動」

第1章　塩見昇の学校図書館論を考える

土居陽子・永井悦重

　塩見昇の学校図書館論には4つの特徴がある。

　第1に、日本近代教育史の中に学校図書館存立の基盤を見出し、明らかにすると共に、教育を変える可能性と力、すなわち教育力を持った機関として学校図書館をとらえたことである。それを現実のものとするには、図書館としての使命・役割を具体化する機能（はたらき）を持った学校図書館が校内にあって学校教育との関りの下に存在し、学校図書館を必要とする教育が行われることであるという道筋を示した。

　第2は、学校図書館の役割を明らかにしたことである。知的自由に裏打ちされ、資料提供を背骨とした図書館活動と、それを活用することで児童生徒の学習活動を豊かにし、教師の創意工夫に富んだ授業を作り出すことが学校のなかの図書館が固有にもつ教育的意義であり、それによって児童生徒の学習権を保障し、教師の教育の自由を伸張させることが学校図書館の役割であることを明確にした。

　第3に、学校図書館が機能するためには、図書館活動の担い手である専門職の学校司書の存在が不可欠であることを明らかにすると共に、図書館機能を活用した教育活動を自ら率先して実践し、学校の教育計画に持ち込む役割を担う存在として司書教諭を位置づけ、学校司書と司書教諭の協同を提言した。さらに、両者を統一した新たな専門職員像を展望し、提起した。

　また、塩見は学校図書館に関心を持つ市民と幅広く交流するとともに、依頼があれば研究者の立場から協力を惜しまない姿勢を貫いてきた。学校図書館の充実との関係から「市民の学校図書館づくり」を捉えていることを、第4の特徴としてあげることができる。

　上記の4つの特徴を持つ塩見の学校図書館論はどのようにして成立したのか、その内実については、各章で詳述されるが、「教育を変える学校図書館」は第1章のテーマであると共に、塩見の「論」を特徴づける総論的な意味を持つテーマでもある。他章と被るところもあるが、ご了解を願いたい。

1. 教育を変える学校図書館

　塩見のいう教育力をもった機関としての学校図書館は、以下のように表され

る。「利用者の資料要求を受けとめ、適切な資料につなぐ相談・援助の活動、いまだ眠っているニーズに働きかけて新たな要求を喚起するはたらきもあれば、資料・情報の有効な活用法を会得してもらう活動も図書館のはたらきとしては欠かせない。さらに、図書館は人と資料の出会いだけではなく、共有の資源である資料・情報を仲立ちにして人と人とが出会い、交流し、新たな情報の創造や発信に至ることもある。こうしたはたらきを機能として備えた『場』が図書館である。そうした場の存在が学校の目的を達成する上で有効であり、さらに言えば不可欠だと考えられるとき、学校の中の図書館（＝学校図書館）が成立することになる[1]。」

1-1　学校図書館について　これまでどう考えられてきたか

　学校図書館が、特別支援学校を含む全ての小・中・高等学校に設置されなければならないと義務づけているのは、1953年に制定された学校図書館法（以下、学図法）[2]である。学図法の第1条に、「学校図書館が、学校教育において欠くことのできない基礎的な設備であることにかんがみ、その健全な発達を図り、もって学校教育を充実することを目的とする」とある。また、学校図書館の国際的な共通理解として、「ユネスコ学校図書館宣言」[3]が存在する。1999年11月、第30回ユネスコ総会で採択されたこの宣言は、「学校図書館は、今日の情報や知識を基盤とする社会に相応しく生きていくために基本的な情報とアイデアを提供する。学校図書館は、児童生徒が責任ある市民として生活できるように、生涯学習の技能を育成し、また、想像力を培う」という前文を掲げている。

　上記のように、規定する法律や国際的に認知された宣言があっても、日本の学校図書館をどう運営しどう活用するのか等のいわば「学校図書館観」については、研究者や学校図書館関係団体の間でかなりの違いが見られる。『図書館ハンドブック』第6版補訂2版の「学校図書館の運営」の項には、「学校図書館というと、指導機関としての側面ばかりが重視されがちだが、サービス機関としての面も押さえる必要がある[4]」と書かれているように、近年まで学校図書館の役割

1）塩見昇『教育を変える学校図書館』風間書房、2006、p.4.

2）学校図書館法（1953年法律第185号）

3）長倉美恵子・堀川照代共訳「ユネスコ学校図書館宣言：すべての者の教育と学習のための学校図書館〔含解説〕」『図書館雑誌』94（3）、2000.3、p.170-172.

4）松井正英「学校図書館の運営」、JLA 図書館ハンドブック編集委員会編、JLA、2016、p.165.

は、読書指導と利用指導であるという考え方が、大きな影響力を持ってきた。

　また、学校図書館の機能を表す文言として「読書センター」「学習センター」「情報センター」という言葉がしばしば使われ、今日に至っている。この文言は、全国学校図書館協議会(以下、全国SLA)の「学校図書館憲章」[5]等に掲げられている。筆者の体験談ではあるが、かつて、県レベルの学校図書館研究大会に参加した際、会場校で、読書資料を集めた教室の隣にレファレンス資料とパソコンを配した教室があり、それぞれ「読書センター」「学習・情報センター」と表示されており、驚いた経験がある。図書館の持つ機能を表す文言を、単なる関係資料や機器の置き場と誤認してしまう現実があることを気づかされたのである。

　学校図書館の機能とは何かが改めて問われる必要があるのだが、とりわけ問題なのは、「読書センター」「学習センター」「情報センター」という文言が引用された多くの文献には、学校図書館も図書館であるという概念が欠落していることである。従ってそこには、資料提供も図書館の自由も存在しない。学校図書館界における、「学校図書館は図書館ではない」「図書館と学校図書館は異なる」という見解は、決して過ぎ去った過去のものではなく、現代においても多くの文献や資料の中に散見することができる。塩見が長年に渡って展開してきた学校図書館論は、かなり先駆的であったと言えるのではないか。

　塩見の言う図書館としての働きを持つ学校図書館が校内にあって、「学校教育とのかかわりにおいて存在していること」[6]の意義とは何か、次項で探ってみよう。ただし、学校図書館の具体的なはたらきについては、第2章で詳述されるので、ここではその意義とはたらきの概要を記すにとどめる。

1-2 「学校のなかの図書館」その意義とはたらき

　学図法成立前の1947年、学校図書館が学校に必備の施設であることを規定した施行規則が公にされた。学校教育法施行規則である[7]。その第1条に「学校には、その学校の目的を実現するために必要な校地、校舎、校具、運動場、図書館又は図書室、保健室その他の設備を設けなければならない」とある。

　塩見は、学校教育法施行規則に、学校図書館の必備が明記されたことは、大変大きな意味があるのだと言う。「まず一つは、それが学校の一部であり、かつ独自な機能を備えた教育の営みだということである。学校の『図書館又は図書室』

5) 1991年5月22日、全国SLA 第42回総会で採択。
6) 塩見昇『日本学校図書館史』図書館学大系(5)、全国SLA、1986. p15.
7) 文部省令第十一号、1947年5月23日

は学校から独立して存在するわけではなく、学校の一部であり」また、「『人』を伴った機能体というところが、学校図書館が他の特別教室とはっきり一線を画す違いである」。「二つ目には、それが『図書館』だという点にある。（中略）図書館としての機能が発揮されることによって、新たに発足する新教育の学校に欠かせないものになると考えられてここに掲げられた」。そして、学校教育法施行規則が公表された当時は、図書館のはたらきや機能が十分理解されていなかったために、「『図書館又は図書室』とちょっと抑えた表現にせざるを得なかったのであろう」。塩見は、学校教育法施行規則第１条の中に、戦後新教育の理念を感じると共に、「学校のなかの図書館」の原点を見ているのである。

　さてそれでは、塩見は「学校のなかの図書館」を原点からどのように発展させ、理論化したのであろうか。『教育としての学校図書館』から文言を２つ引用する。まず、「図書館に収集・組織された資料を児童生徒や教師の利用に供するはたらきが教育課程の展開を支え、子どもたちの教養をはぐくむことになるのであって、学校図書館とは、そのための資料、施設、そして利用者と資料とのたしかな出会いとそれによる学習や研究を生みだす職員のはたらきによって構成される活動の総体である。そういうはたらきをする学校のなかの一機関としてとらえることが必要である」。さらに、学校図書館が「学校のなかの図書館」である積極的な根拠として、以下のことを記している。「日常不断の資料提供によって教育課程の展開を支え、児童生徒の教養をはぐくむという基礎的な役割をふまえて、それが学習・研究を発展させる場であり、さらには教授＝学習過程をつくりだす拠点ともなるという側面の具体化が重要である。学校図書館のはたらきのあることが児童生徒の学習活動を豊かにし、教師の創意工夫に富んだ授業をつくりだすという関係が、学校のなかの図書館が固有にもつ教育的意義であり、それによって児童生徒の学習権を保障し、教師の教育の自由を伸張させることが学校図書館の役割である」。

　上に引用した塩見の２つの文言を注意深く読むと、互いに関連し連動しつつ、２つの活動が存在していることに気づく。この２つが、図書館活動と図書館教

８）塩見昇『学校図書館の教育力を活かす：学校を変える可能性』JLA 図書館実践シリーズ（31）、JLA、2016、p. 59-62.

９）塩見昇『教育としての学校図書館：学ぶことの喜びと読む自由の保障のために』青木書店、1983.

10）前掲注９）p. 64.

11）前掲注９）p. 65-67.

育である。「学校のなかの図書館」の意義を踏まえて具現化したものに他ならない。塩見の「教育を変える学校図書館」論を構成する重要な柱の1つである。

1-3　図書館活動と図書館教育

　「図書館活動と図書館教育」の詳細は第2章で述べられるが、図書館活動は資料提供を中心としたサービス活動であり、図書館教育は図書館サービスを活用した授業や読書教育・利用教育等の総称である。塩見は、図書館活動と図書館教育は担い手も内容も異なるが、両者の連携・協働によって、児童生徒の学習権を保障すると共に、教師の教育の自由も伸張させることを、解き明かしたのである。

　そもそも、図書館サービスが、図書館で行う最も基本的な活動であることは、『図書館ハンドブック』第6版補訂2版にも書かれているように、[12]館種をこえた図書館界の共通認識である。図書館サービスに加えて、探究的な学習などの教育活動が展開されている学校の図書館は、学校図書館独自の役割も併せ持っている。教育活動に関わる学校図書館独自の役割について論じた塩見の見解を紹介しよう。

　　「すぐれた教材と教師のすぐれた指導とがあってはじめて、子どもの認識をゆ
　　さぶり、知的発達を生み出すことが授業のなかで果たされる。そのために学
　　校図書館は、学習主体である子どもたちにとっては、豊富な資料との出会いに
　　よって触発される知的好奇心や疑問を学習の目的として自覚させ、教師に
　　とっては、そういう子どもたちの学習に向かわせる内発的なものを教授＝学
　　習過程に生かすとともに、さらにそれに働きかける教材を選びだし、つくりだ
　　す情報源としての役割を積極的に果たすことが必要である。学習の創造と発
　　展にとって、学習者と教授者の身近に組織された図書館（資料）の持つ意義は
　　ここにある[13]」。

　図書館教育の肝の部分が示されているのだが、現実はなかなか厳しい。学校図書館についての根強い誤解が、いまもなお学校関係者の中に残っていると、塩見は指摘しているのである。その誤解とは、第1に学校図書館が子どもたちのためだけにあるという認識であり、第2に学校図書館を特別教室のひとつとみ

12）金中利和・齋藤泰則共著「A図書館サービスの意義」、JLA図書館ハンドブック編
　　集委員会編、JLA、2016、p.64。ここには「図書館の機能は、情報資源へのアクセス
　　を保障し、利用者のあらゆる資料要求、情報要求を充足することにある。これを実
　　現するための諸活動を図書館サービスという」とある。

13）前掲注9）p.85。

る認識である。第2については前項で取り上げたが、おそらく「図書館活動と図書館教育」の理解が教師のあいだに広がる中でしか解消されないのではないか。児童生徒も教職員も図書館サービスを受ける立場だという理解すら困難な状況であるならば、まずは全ての学校に専門・専任・正規の学校司書が配置され、機能する学校図書館を教師が体験することが最優先課題である。さらには、学校図書館が授業の中で活用されてきたとは言い難い日本の学校教育の下では、「図書館教育」についての理解は、今、変わりつつあるとはいえ、時間がかかりそうである。

　さて、塩見は、市民、教職員、学校司書等を対象にした講演会の講師を度々務めているが、講演会の記録を繰ってみると、「『図書館教育』の言葉で包括される内容というのは、実はそのほとんどが学校の教育活動そのものなのです。それは図書館係であろうがなかろうが、すべての先生によってやっていただかないと困るたぐいの活動なのです。」「学校のすべての教育活動の中で、学習指導に継続的な支援を与え、その結果の蓄積として学校の教育を変革するというところに至るには、どうしても『学校図書館の機能』が発揮されないことにはできないし、この部分のサービスの働きが出てきて初めて図書館教育といわれる一般の教師の実践も豊かになる関係です」と、教師に向けて熱いメッセージを送っている。

　ところで、『月刊教育ジャーナル』に掲載された「教育としての学校図書館─教育課程の展開に寄与するために」の中で、塩見は「文部省が1950年代に公表している学校図書館基準では、学校図書館の機能を『Ｉ,学校図書館は奉仕機関である。2,学校図書館はまた指導機関である』と規定している。（中略）前者を図書館活動、後者を図書館教育と呼ぼう」と述べている。

　2016年出版の『学校図書館の教育力を活かす』の第3章「図書館活動と図書館教育」でも、塩見は学校図書館基準に触れ、さらに掘り下げた意味付けを行っている。学校図書館基準が「学校図書館の機能をまずは『奉仕機関』として捉え、その上で『また指導機関である』と表現するのは、ここで述べた図書館活動

14）塩見昇「教育を変える学校図書館の働き」『生活教育』2021.2-3、p.20-21.

15）学校図書館を考える会・近畿編『いま、学校図書館を考えるために：塩見昇講演記録集』JLA、1994、p.27.

16）前掲注15）p.28.

17）塩見昇、『月刊教育ジャーナル』1995.10、p.6-10.

18）文部省が1959年に編集した『学校図書館運営の手引き』に収録。

と図書館教育の関係に通じる認識とみてよい。決してその逆ではない。（中略）学校教育の役割が（中略）子どもに内在している可能性にそっと手を添えて引き出してやる営みだと考えれば、学校教育を『支援』『サービス』として認識するのは重要なことである。学校図書館が学校に『欠くことのできない基礎的な設備』（学図法第1条）として、教育における固有の役割を示し得るのもそのことにおいてである」[19]。

　図書館活動と図書館教育に関する塩見の論旨は、1-2の学校教育法施行規則の中に「学校のなかの図書館」の原点を見たことに通ずるものである。学校図書館基準も、「図書館活動と図書館教育」の原点であり、両者ともに「教育を変える学校図書館」の根拠になっているといえるのではなかろうか。

　塩見の「学校図書館論」について考える中で、全国を視野に入れた学校図書館活動の発掘や、長年に渡って学校司書や市民との交流を続けてきたことが、少なからず塩見の学校図書館観に影響を与えていると考えられる。そこで、次項で学校図書館活動の掘り起しと学校司書との交流について記述する。

1-4　学校図書館活動の掘り起しと学校司書との交流

　教育学や図書館学は、歴史学や哲学などとは異なり“現場”のある学問である。それゆえ、教育学であれば学校現場の様子を、図書館学であれば図書館現場の様子を把握して学問体系に反映し、論の再構築を図らなければならないと、筆者は常々考えてきた。教育学の分野では、佐藤学のように、毎年全国の学校を訪れて授業を見学し、児童生徒や教職員と交流を続けている研究者もいるが、学校図書館研究の世界では、今の学校現場を知る人が少なすぎるという印象を強く持っている。文献を読んだり研究会での発表を聞いたりしても、「どうして外国の事例にしか触れないの」とか、「それって何十年も前の話じゃない」などと思うことがあまりにも多いからである。その中にあって、塩見はまさに“現場を知る”稀有な存在だと言える。1983年、『教育としての学校図書館』で、学校司書や司書教諭の実践レポートを発掘掲載し[20]、1988年には、学校司書との共著書『学校司書の教育実践』を出版した[21]。高等学校における教師と学校司書との協働が、優れた教育実践を生み出すことを世に知らしめたのである。とりわけ大きな意味を持つのは、この著書の中で学校司書の活動が「教育実践」として捉

19)　前掲注8)p.66.
20)　前掲注9)p.94, p.135, p.175.
21)　塩見昇・土居陽子共著、青木書店、1988.

えられたことであり、その後の学校司書の位置づけや意味づけに重要な役割を果たしたのである。

　また、塩見は、学校司書が出した本や冊子に対して依頼があれば気軽に推薦文等を寄せて励まし、何百人規模の大学習会から少人数のゼミ的な学習会まで、全国各地で数えきれない程の講師を引き受けている。その中から岡山市の事例を2つ紹介すると、岡山市の『学校図書館白書』づくりの過程で夜を徹して行われた「白書づくり・骨子討議」に終日参加し、アドバイスを惜しまなかった（→本書 p. 226）。また、1991年8月には岡山市で有志主催の「岡山・学校図書館セミナー」（塩見ゼミ）が2泊3日で開催された。その時のレジュメとメモを読み返してみると、「図書館活動と図書館教育」について塩見から下記のような提起（概要）があった。「図書館教育は、学校図書館機能を駆使した教育（授業）実践および図書館利用教育・読書教育を包括した概念であり、その主体は教科教師である。図書館活動は、利用者（児童生徒、教師）の求めに応ずるサービスであり、その主体は図書館専門職員である」という内容である。この時点から、すでに塩見は、「図書館活動と図書館教育」についての構想を持っていたのである。このセミナーでは、塩見からの講義と提起の後、参加者が自校図書館の課題を発表し、それを踏まえて意見交換するという形をとった。[22)]

　上記のような個人や特定の地域の学校司書との交流だけでなく、研究会を通してのつながりも深かった。学校図書館問題研究会（以下、学図研）は、会員数500名を超える民間研究団体だが、1985年、全国の学校司書・司書・研究者・教師・市民などによって立ち上げられた。塩見は準備会の段階から関わり、学図研第1回兵庫大会では、「いま、なぜ学図研か」と題する記念講演を行っている。[23)] 実践や活動を学び合い、批判しあう自前の研究会を持たなかった学校司書が、学図研を立ち上げたことの意味は大きい。図書館学の理論を学び、図書館活動の交流を行い、深夜まで侃侃諤諤の議論を行った。とりわけ、草創期の学図研にとって塩見の存在は大変大きく、塩見を抜きには語れないと言っても過言ではない。

2.学校図書館を必要とする教育を考える

　1の各項で、「教育を変える学校図書館」とは何か、塩見の理論を見てきた。この2では「学校図書館を必要とする教育」について、1との関係性を考えな

---

22)　塩見昇「岡山・学校図書館セミナー：提起の概要」（レジュメ）1991. 8、18-20.

23)　学図研『がくと』創刊号、1986、p. 3-15. 塩見先生古稀記念事業会編『図書館の発展を求めて：塩見昇著作集』日図研、2007、p. 201-220. にも再録。　→本書 p. 230

がら、資料に当たり探っていく。

　塩見は「教育とは元来、決して教師による一方的な教え込みに終始するものではなく、教材を仲立ちとしての教師と子ども、子ども相互間の影響の及ぼしあい、交流の中に学習の深まりを見出す考えである。教育課程の編成における教育現場の創意工夫が政策的にも『重視』される昨今の傾向の中で、この概念が再生され、積極的に活かされる必要があろう」[24]と、教育本来の概念や授業の在り方と現在の教育政策との関係について記している。決して"時の教育政策ありき"ではないことに注目すべきである。

　さらに、「国の内外を通じて19世紀半ば頃からの近代学校200年の歴史の中で、学校は常に図書館の存在を不可欠のものとしてきたわけではない。ときにはそれを否定するような施策がとられたことさえある。学校における『教科書類似の図書』の使用を禁じた1924（大正13）年5月14日の文部次官通牒はその一例であり、典型である」[25]と、教育史を俯瞰して、図書や図書館との関係を著している。

　学校図書館は戦後教育のもとで初めて成立したとする考え方が、日本では支配的であったが、1980年代になって学校図書館研究の方法としての歴史研究にようやく目が向けられたと、塩見は述べている。ちょうどその時期、塩見の『日本学校図書館史』が刊行された。図書館情報学研究者の根本彰は「この本以前には断片的にしか書かれていなかった学校図書館史を資料の発掘と整理によってまとめ上げ、その後の学校図書館研究のパイオニア的な役割を果たした」[26]と、著作の中で記している。

　また関連した塩見の文献として、「教育の自由と学校図書館：わが国における学校図書館運動の史的考察のためのノート」[27]がある。明治期から戦後に至る学校図書館を必要とする教育が、川井訓導事件や戸塚廉の実践等に触れながらラフなタッチで描かれており、『日本学校図書館史』へと誘ってくれる。

2-1　近代の学校教育と学校図書館：『日本学校図書館史』を中心に

　Iの冒頭で触れたように、日本近代教育史の中に学校図書館存立の基盤を見出し、明らかにしたことが、他の研究者には見られない、塩見の学校図書館論を際立たたせている大きな特徴の1つである。

24）前掲注1）p. 8 - 9 .
25）前掲注1）p. 3 .
26）根本彰『教育改革のための学校図書館』東京大学出版会、2019、p. 28-29.
27）塩見昇、『教育学論集』創刊号、1972.3、p. 193-205.

　塩見は「歴史研究、とりわけ戦前に目を向ける意義は、制度的な保障がまった
くない中で、どのような教育を目ざすとき教師たちが図書館を必要としたか、学
校の中に図書館をもつことでどんな教育実践がやれたのかを確かめ、学校図書
館存立の基盤を明らかにすることにある[28]」と、学校図書館史研究の意義を『日
本学校図書館史』の序章で明らかにしている。

　学校図書館を必要とする教育とはどのような教育なのか、近代教育は学校図
書館を真に必要としていたのか、学校における「教科書類似の図書」の使用を
禁じた文部次官通牒はどのような歴史的状況下で出されたのか等々を念頭に置
き、2-1-1から2-1-4まで読み進んでいただければ幸いである。

　ここで、塩見が『日本学校図書館史』を叙述するにあたって、大きな原動力に
なったと思われる資料との「出会い」を紹介する。塩見のインタビュー（本書
p.182）からである。それを披露して2-1-1に入りたい。

　「全国 SLA の機関誌『学校図書館』で、『学校図書館前史』という 2 号続き
の特集記事[29]に出あった。国分一太郎・井野川潔・寒川道夫ら、戦前は教師で、戦
後は綴り方教育や教育労働運動の研究会のメンバーが書き手である。当時の
国定教科書を伝達する教育とは違う、子どもたちのための教育実践を模索し
た経験とその周辺のことが書かれていた。この中で学校図書館が制度的に必
要とされていなかった時代に、図書館を必要とした教師がいたということを
発見し、これだ！学校図書館の話はここから始まらなければと思った。暗闇
の中に一つの灯りを見つけたような思いで出会った特集である。この中で知
り得た実践で一番面白かったのが戸塚廉だった。戸塚さんという人が一体ど
んな教師だったのかを知るのがまず先決、次は戸塚さんの先生にあたる人を
知りたいということになる。これが野村芳兵衛。野村芳兵衛は一般的にいわ
れている大正自由教育の実践家だ。自由教育の中にもいくつかの流れがあり
自由教育の典型校としての成城小学校が出てくる。現地を訪ねようと成城に
も行く。自分がよく知らないことが分かると、今度は確かめなければならな
くなる。新しい何かを確かめるとまた新しい疑問が出てくるというように、
遡及的に課題が広がっていく。勉強することがほんとに面白かった」（筆者に
よる要約）。

28）前掲注 6)p.13.
29）「特集・学校図書館前史」『学校図書館』(136)、1962.2、p.8-29/『同』(137)、1962.3、
　　p.36-50、p.63-65.

2-1-1　近代学校制度の確立と学校図書館の芽生え

　歴史研究者の井上勝生は、「21世紀に入って、歴史学に起きた大きな変化は、欧米中心の歴史観から、（中略）アジア、アフリカ、ラテンアメリカの側を中心として、歴史が新しく書きかえられ始めている」ことだと指摘し、開国を迫るペリーやハリスの強硬発言や武力行動に対して「外交努力のできる幕臣を生みだした日本の政治の内的な成熟、（中略）江戸後期日本経済の成熟が、日本の民族的自立の広大な基盤」となったと述べている[30]。また、教育研究者の山住正巳は、幕藩体制下の藩校・寺子屋・郷学などという全国共通の名称をもつ学校の存在は、全国共通の学校制度を実現する可能性を示し、幕末には、シーボルトの鳴滝塾や緒方洪庵の適塾のように洋学を進んで取り入れる私塾が増え、教育方法などの改革に取り組んだ私塾もあり、近代学校の先駆けとなったと記している[31]。幕末日本における近代への"地殻変動"をとらえた指摘である。

　近代学校制度の始まりは1872年9月の学制公布だが、学制に先立って、小学校には男女の別なく全ての子どもを就学させる必要があることを説いた「学事奨励に関する被仰出書」が出された。学制の理念に大きな影響を与えたのが、1872年2月に出版され、空前の広範な読者を獲得した福沢諭吉の『学問のすすめ』初編である。

　注目すべきは、中央政府の指示を待たずに各地で独自の構想による学校設立が始まっていたことである。特に京都では1869年から翌年にかけて64の町組に小学校が設立され、子どもの教育だけでなく、地域の福祉、文化などのセンターも兼ねていた。福沢諭吉は、京都の小学校を視察し、期待の意を書き表している[32]。

　学制発足当時は、欧米の教科書の翻案ものや福沢諭吉の『学問のすすめ』等の啓蒙書が教科書に採用されているが、開明期は短命に終わり、明治政府の教育政策は国家主義統制へと大きく舵を切る。教科のトップに修身を据えた道徳教育の実施、歴史教育の統制等、国家による教育内容の画一化へと転換する。

　その後、授業における教師主導の注入や教授の形式化という弊害が生まれ、明治末期には児童の主体性重視、授業の形式化の打破が強調される。自学自修は、授業改善にとって主要なキーポイントであり、自学のための条件整備の一つとして児童文庫が誕生したと、塩見はその背景と経緯について述べている[33]。

30）井上勝生『日本の近現代史をどう見るか』シリーズ：日本近現代史⑩、岩波新書、岩波書店、2010、p.1-26.

31）山住正巳『日本教育小史』岩波新書、岩波書店、1987、p.11-15.

32）福沢諭吉「京都学校の記」『福沢諭吉教育論集』岩波文庫、岩波書店、1991.

・児童文庫と小学校付設の通俗図書館

　塩見によれば、小学校における自学のための児童文庫の設置は、京都市において最も早くみられ、中でも1902年、最初に児童文庫を設置したのは生祥尋常高等小学校である。その後、短期間に設置が全市内に広がる。京都市以外では、1905年に宮城県師範学校附属小学校が児童文庫を設置している。[34]

　また、児童文庫とは別に、小学校には図書館が設置されていた。それを塩見は「公立図書館の設置場所が小学校であったという型の図書館」と位置づける。小学校付設図書館の設置は大正期から昭和初期にかけて急増を続け、最盛期には4,600館を超えるが、その動きが強まるのは明治40年代である。明治政府は日露戦争後における国民思想の善導機関として、通俗図書館に期待を寄せたのである。その中には、小原国芳が『日本の新学校』において、新学校として紹介した唯一の町村図書館である山口県の明木図書館が含まれていた。[35]

・大日本帝国憲法・教育勅語体制の確立

　1870年代末から憲法や議会等、国のあり方の変革を求めた自由民権運動が全国的に高揚し[36]、明治政府と厳しく対立するが、政府の徹底した弾圧と1889(明治22)年の大日本帝国憲法制定・翌年の教育勅語発布により、大日本帝国憲法・教育勅語体制が確立し、自由民権運動は衰退していく。学校は真理探究と人間育成の場ではなく、富国強兵を国是とした国民形成・国民道徳の形成が中心課題とされた。

　厳しい国家統制の下で画一的な教育が行われ、良書普及による思想善導、民衆教化の機関として図書館が期待される明治時代、学校教育と学校図書館の響きあいなど望むべくもないが、そのような厳しい時代にあっても、教育の必要から児童文庫を設置した小学校は少なくなかったのである。

2-1-2　大正自由教育と学校図書館

　大正時代は、吉野作造の民本主義や美濃部達吉の天皇機関説を理論的な背景にして、軍部や枢密院などの力を弱め、民衆の政治参加実現を目標に興された大

---

33) 前掲注6)p.32-36.

34) 前掲注6)p.36-41.

35) 前掲注6)p.41-46.『日本の新学校』玉川学園出版部、1930、p.609.

36) 自由民権運動の中で、各地に設けられた民権結社には「書籍縦覧所」「新聞縦覧所」等の読書施設が見られた。五日市民権運動の指導者深沢家の土蔵から、五日市憲法と共に大量の書籍が発見された。(色川大吉『自由民権』岩波新書、岩波書店、1981/新井勝紘『五日市憲法』同、2018/小川徹・山口源治郎共著『図書館史：近代日本編』補訂版、教育史料出版会、2003.など)

正デモクラシーの時代であり、大正自由教育や児童文化などが高揚した時代で[37]あった。しかし一方では、1925（大正14）年普通選挙法と抱き合わせで治安維持法が成立したように、デモクラシーと大日本帝国憲法体制がせめぎ合った時代でもあった。

　19世紀末から20世紀初頭の欧米諸国において、児童中心の教育をめざす教育改造の動きが高揚し、新教育運動と呼ばれた。この動向は日本にも伝えられ、大正期に開花したのが「大正自由教育」である。児童を学習の主体とする大正自由教育は、第１次世界大戦後の高度成長期に形成された都市中間層を中心に支持を広げ、新教育の理念を掲げた私立学校や師範学校附属小学校がその役割を担った。[38]

・新学校における教育実践と児童文庫

　大正自由教育の実践校では、たいてい児童文庫や自学室が設置された。それは、教育の要請として学校に設けられた図書館という意味で、「本格的な学校図書館の登場といってよい」[39]と塩見は述べている。

　具体的な事例を見ていこう。千葉師範附属小学校では教科外に自由学習を設け、子どもたちは自由研究、玩具の製作などを場所も随意で自由に行った。こうした学習を有効に発展させるためには、様々な学習資料や教材、児童読み物などを備えた施設の整備が不可欠であり、自学室や児童図書館が設置された。[40]

　また、デューイ等から多くを学んだ杉崎瑢の指導の下に、1918年から20年にわたって続けられた長野師範附属小学校の研究学級は、徹底した児童中心主義の考えで実践された実験学級だが、例えば４年生で取り上げた鶏の学習では、卵の孵化、親鳥の写生、鳥小屋作り、飼育、鳥類と人間の骨格の比較へと学習は展開していく。そして経験の意味を解釈し、発展させるものとして読書を重視した。[41]

・成城小学校の読書教育と学校図書館

　1917年、帝国大学総長・文部次官等を歴任した澤柳政太郎を校長として、大正自由教育の代表的存在として知られる成城小学校が発足した。澤柳の教育論は、

---

37)　1918年、鈴木三重吉によって子ども向けの文芸雑誌『赤い鳥』が発刊された。この雑誌の各号には芥川竜之介（当時はこう表記された）や有島武郎の創作児童文学や北原白秋・西條八十の童謡などが掲載された。また北原白秋による唱歌教材批判や山本鼎による自由画教育運動も同時期に興っている。
38)　前掲注６)p.51-55.
39)　前掲注６)p.58.
40)　前掲注６)p.60.
41)　前掲注６)p.61.

実証主義と、改革的精神に貫かれていた。

　当時国定教科書の下では珍しかった「教育研究に基づく実践」が成城におい
て取り組まれたことに着目した山住の指摘があるが、塩見はその中でも特に成
城の国語教育の改造を取り上げた。[43] 即ち、読方、書方、綴方から成る当時の国語
科に対して、成城ではさらに聴方と読書を特設し、読むことを書くことに先行し
て指導し、読書教育では、各教科の学習の基礎となる能力としての読書力の獲得
に取り組んだのである。週1～2時間の「読書の時間」には、児童は自発的に
図書室の書架から選んで読んだ。国定教科書を金科玉条としない成城の教師に
とって、教科書が持つ欠陥を補う新しい教材が不可欠であった。

　1923年発行の学校要覧には、既に図書室の存在が記されている。普通教室1
室分をあてた部屋の両側に書架を配し、部屋の中央に1学級を収容できる数の
机と椅子が備えられた。蔵書約600冊、月刊誌数種、画集、写真、肖像画などが収
集されている。

　成城では、1922年からダルトン・プランの研究と実践に着手。[44] この方法を生か
すには、相当の学習資料を備え、児童が必要に応じていつでも使えることが不可
欠である。図書室は特設の読書科の場であると共に、各教科の学習に必要な図
書や参考資料を提供し、休み時間や放課後の自由読書にも利用され、蔵書の2割
程度はいつも借りられていた。図書室は「教育活動全体の中でその必要性が強
く認識され、図書室経営と図書館教育の研究、実践に多くの同人が積極的に参加
している[45]」と塩見は指摘している。

・副読本禁止の次官通牒と児童文庫

　1920年代中頃の初等教育の動向をよく表す事件として、1924年9月5日の川
井訓導事件がある。長野県松本女子師範附属小学校の視察授業で修身授業を

42）前掲注31）p.87.

43）前掲注6）p.69.

44）ダルトン・プラン（ドルトン・プラン）は、アメリカの女流教育家パー・カースト
（1887-1959）がマサチューセッツ州ドルトンのハイスクールにおいて実施した教
育計画。正式名称はドルトン実験室案という。新教育運動の中で注入主義を克服
する大胆な試みとして積極的役割を果たした。特色は主要教科の学習にあった。
「実験室」とよばれる教科別の教室が設けられ教具や参考書などが備えられ、午前
中3時間自学によって学習し、学級に帰り討議などを行い、午後は副次教科を一斉
学習。日本では大正自由教育運動で取り上げられた。（森分孝治）（要約）『日本大百
科全書』小学館、1985.

45）前掲注6）p.66-73.

行った川井清一郎訓導は、国定教科書を使わず森鴎外の「護持院ケ原の敵討」を教材とした。視学らは国定教科書不使用を問題視し、結局、川井は休職処分を受け学校を去った。以降、国定教科書を使わない授業は次第に許されなくなっていく。

　川井訓導事件の 4 カ月ほど前、学校における「教科書類似の図書」の使用を禁じた文部次官通牒が出された。塩見は、この次官通牒が出された背景には長野の教育があったと述べ、その関連性を明確にした。長野県知事と信濃教育界とは長年激しい対立抗争を展開していたが、その争点の一つが国定教科書と副読本の問題であった。特に長野師範附小の杉崎瑢を中心とする研究学級や白樺派の青年教師たちの自由教育への風あたりは強かった。「信州教育の実践が国定教科書を軽視し、教育の秩序を崩すことを恐れた県当局、さらには文部省が、その抑制のために行ったのが1924年の次官通牒であった」[46]のである。

・池袋児童の村小学校と野村芳兵衛

　1923年、姫路師範学校長の野口援太郎ら 4 人が同人となって「教育の世紀社」が結成された。機関誌『教育の世紀』 3 号に掲載された「児童の村プラン」には、児童の個性の尊重や自治活動の尊重等が掲げられている。1924年 4 月10日、野口の私邸を校舎として開設されたのが池袋児童の村小学校である[47]。

　全国から募った訓導、研究生らをスタッフとして 3 学級58人で池袋児童の村小学校は発足したが、教育の中心的担い手は野村芳兵衛であった。野村は仕事と遊びと勉強ははっきり分かれたものではないことを子どもから学び、1926年『新教育に於ける学級経営』を著し、生活教育論を体系化した。

　児童の村小学校の中には自由教育派と生活教育派の対立があり、野村をリーダーとする生活教育派は、子どもを発達させる文化を発明・発見し、教材という形にして学級内に持ち込むという子どもの生活への着目と、それを基とする教材論、教育課程論、教師論を構築した。昭和初期の教育運動に加わった教師たちが野村の考え方を主要な拠りどころとしたのは、そこに惹かれてのことと[48]、塩見は考察している。

・大正自由教育の意義について　塩見の分析

　大正自由教育の中で推進された新学校の実践は、公開授業、機関誌講読等を通して公立学校の教師の一部にも伝えられ、授業方法を変えることになった。塩

見は「教室に教科書以外の読み物やお話を持ち込んだこと、学級文庫の経営、児童図書館の設置などもその一端であり、本格的な学校図書館の誕生はこの時期の教育思想、教育実践の所産であった[49]」とその意義を述べている。さらに、大正期、新教育の思潮と実践の高揚を受けて多くの教育雑誌が刊行され、学校図書館に関する論考も各誌に掲載された。そこに注目した塩見は、新教育の全国的な普及、学校図書館の観念を教育関係者の中に広げたことは、教育ジャーナリズムに負うことが大きかったと、その果たした役割についても言及している。[50]

2-1-3 昭和前期教育運動・戦時体制と学校図書館

・抵抗の教育運動の中に見る「大正自由教育」

　第1次世界大戦の勝利で日本資本主義は飛躍的発展を遂げる。1928年に実施された第1回普通選挙で、無産政党代議士が8名選出されたことや、民衆の反体制運動の高揚に危機感を抱いた政府は、治安維持法による民衆運動への弾圧に乗り出す。さらに、1929年にウオール街の株価大暴落に端を発した世界大恐慌は日本経済も渦中に巻き込み、農業恐慌を呼び、農村経済の破局を招いた。こうした社会状況下で、1929年には『赤い鳥』の文芸主義を超えて、子どもの生活現実を直視し、綴方によって子どもの生活全般を拡充しようとの主張を掲げた『綴方生活』が創刊され、広がりをみせた。一方、一部の教師たちは、迫りくる戦争の危機の中で、貧困と取り組み、子どもたちに科学的にものを考え、行動できる力をつけようと、国家主義教育に批判と抵抗を試み、教育の自由を追求していく。[51]

　この時期における、子どもの自主性を重視する教育実践について、塩見は「大正自由教育（特に、成城の教育）から学んだ教育方法と児童読物のもつ教育力」を「子どもたちの自治活動を育てる糧としてとらえ直し、生かそうとしたことが如実にうかがえる[52]」と述べ、大正自由教育の影響を指摘している。

・戸塚廉の図書館教育と「いたずら」

　1926年静岡師範二部を卒業した戸塚は掛川第一小学校を経て、1930年9月、雨^{あめ}桜^{さくら}小学校に赴任する。雨桜小学校における教育実践は、戸塚が児童読物として書いた『いたずら教室[53]』に詳しく紹介されている。例えば登校途中の犬のウンコを使っての「ウンコのけんきゅう」や、茶碗をたたいて演奏したり、穴を工夫し

49）前掲注6）p.56.

50）前掲注6）p.84-86.

51）前掲注6）p.106-109.

52）前掲注6）p.109-110.

53）戸塚廉『いたずら教室』日本の子ども文庫（2）、講学館、1959.

て笛をつくったりする「楽器は野にも山にも」など18の実践が収録されている。

　塩見は、残された資料を手掛りに戸塚の教育思想と実践の特徴を5つに整理している。第1に、子どもの自由奔放な「いたずら」の中に学習・成長のバネを見出し、それを大いに奨励していること。第2に、既存の教科の枠にこだわらず、全教科、子どもの全生活において子どもの創造的な活動を組織し、「科学」で統合された指導を追求したこと。第3に統合された指導の中で読書を重視、奨励したこと。第4に以上の諸実践の基底に「貧乏との対決」を据えたこと。最後に、戸塚の実践は地域にしっかり根を下ろした、村ぐるみの教育であったことである[54]。

　第1の特徴である「いたずら」について、戸塚から直接聞いたこととして塩見は、次のように語っている。「いたずらというのは、みんなが当たり前だと思っていることに『なんで』『ほんとにそうか』と疑問を感じて、疑問を感じたら、それを自分で解き明かすことを色々やってみる。（中略）戸塚廉のいたずらというのはそういう概念です」（→本書p.188）。

　戸塚学級は朝夕本を貸し借りする児童で賑わい、戸塚はいつも教室に残って読書の相談に応じた。その中からハーモニカや手製笛のバンドが生まれ、絵を描くグループができ、子供クラブが誕生する。

　彼は図書館の活用で主として文字の修得と読解力の養成を図り、読書を童話や詩に限らず、新聞・統計地図・ポスターなど実際生活上の素材を読みこなす指導が一層重要だとしている。また、図書館から選び出した内容の優れた読物の書写を盛んに行い、読み方と書き方を結合した指導を実施している[55]。

　村の学校における戸塚の図書館教育の実践は、1933年3月彼自身が教壇を追われることで終わった。「疑問や矛盾を発見し、解明する知的探求の営為である読書が『いたずら』を支え、発展させるものとして図書館があったことは明らかである。戸塚の教育実践にとって図書館は、まさに『欠くことのできない基礎的な設備』であったといって過言ではない[56]」と、塩見は述べている。

　教壇を追われた戸塚は、1934年から池袋児童の村小学校で野村の仕事を手伝い、さらに自由教育の伝統を継ぐ児童の村教育を世に広めようと、野村が1935年創刊した雑誌『生活学校』の編集を担当する。この雑誌は、昭和10年代前半、現場教師と教育学研究者の交流の場となり、弾圧後の教育運動を継承。戸塚は編

54）前掲注6）p.114-116.
55）前掲注6）p.118-120.
56）前掲注6）p.121.

集者であると共に、精力的な執筆者であった。図書館教育の優れた経験を生かして、「子供図書館の作り方」等を執筆すると共に、図書館づくりに取り組む教師を訪ねて助言することもあった[57]。

　「昭和前期に各地で文庫づくりに取り組んだ教師たちにとって、戸塚の経験と著作は、先にふれた野村芳兵衛の著作とともに大きな励ましであった。教科書以外の読物があくまで『課外読物』であるほかなかった当時において、学校図書館が制度的に認められるわけはなかったが、こうした運動をとおして各地にまかれた種が、やがて戦後教育の中で花を咲かせ、実を結ぶことになったといえよう[58]」と塩見は記している。

2-1-4　戦後教育改革と学校図書館の制度化

・戦後新教育の理念と学校図書館への期待

　日本国憲法の公布に先立ち連合国軍総司令部(以下、GHQ)によって、戦前日本の軍国主義教育の根絶政策がとられ、1945年12月31日、修身・日本歴史・地理の授業停止と教科書回収の覚書が出された。

　1946年3月には第1次米国教育使節団が来日し、教育改革の原則を示した。報告書では、教育の自由や教材の自由化、学校図書館の必要性等についても触れ[59]られている。注目すべきは、使節団に協力すべく文部省が設置した日本側教育家委員会(委員長：南原繁)の「教育方法刷新」の提言に、多くの本や児童図書館等の整備が提起されていることである。塩見は「戦前の教育実践の遺産が、今こそ実を結び得る時期だとして噴出した反映を見ることができよう[60]」と指摘している。

　1946年に公布された日本国憲法には、「教育を受ける権利」が明記され、その精神に則って、1947年3月、教育基本法と学校教育法が公布された。教育基本法は「個人の尊厳を重んじ、真理と平和を希求する人間の育成」という教育原理を掲げた法律であり、学校教育法はそれまでの国民学校令を廃止して小学校に改め、新たに6・3・3・4制に立った新しい教育制度と学校の在り方を示した。学校教育法を受けて1947年5月に制定された同施行規則は、その第1条で、学校図書館が必備のものであることを明記している。

---

57)　前掲注6)p.121-122.
58)　前掲注6)p.122.
59)　村井実『アメリカ教育使節団報告書：全訳解説』講談社学術文庫、講談社、1979、p.77.
60)　前掲注6)p.147-148.

・『学校図書館の手引』刊行と図書館づくり

　教育使節団を迎えるにあたって GHQ は日本の教育事情を調査し、公共・学校・大学図書館の民主化を任務とする図書館担当官としてモンタナ大学のP.O.キーニーを配置し、学校図書館の専門家としてM.グレハムを招聘した。当時文部省教科書局勤務の深川恒喜は、一貫して学校図書館行政を担当する。

　CIEの示唆を受けた文部省は1947年編集委員会を設け、1948年末『学校図書館の手引』を刊行。学校図書館が学習指導の中心になることなどが強調されている。『学校図書館の手引』は、1949年各学校に１冊ずつ配布され、伝達を主とする学校図書館講習協議会が開催された。

　当時戦災で親と住居を失った浮浪児が巷にあふれ、大人も生きることに精一杯だった。そのような中で学校図書館づくりは進められる。東京港区立氷川小学校では、1946年校長として着任した久米井束が２本の書架と975冊の図書を、衛生室を区切って並べ、図書室を開いた。東京郊外の保谷第三小学校では、壁新聞の投書欄に、「本が読みたい。ぼくたちのとしょかんをつくろう」という要求が載り、全校自治会で論議した結果、袋はりをして資金をつくる。紙くず、古新聞等を材料に全校児童500人の作業が２万５千円の大金を生み、700冊の児童文庫が１か月あまりで誕生する。

　このようにして、「各地の学校図書館づくりは燎原の火のごとき広がりを呈した」。

・学校図書館法の制定

　新教育には図書館が必要だと考える教師たちの熱意と努力、PTA などの協力によって図書館づくりは進められた。1950年に結成された全国 SLA は学校図書館整備を世論に訴え、1952年６月から全国的な請願署名の運動を展開する。年末には92万余の署名が集まり、1953年の国会に上程すべく法案は準備されたが、その直前国会解散で廃案になる。紆余曲折を経て、1953年８月の第16特別国会で議員立法により学図法は成立した。しかしながら当時の文部省には学図法を単独法とするには消極的な空気が強く、財政的にも専任職員は不可能だと考えられていた。

---

61) 前掲注 6)p. 153-157.
62) GHQ に置かれた民間情報教育局。占領下の日本の教育・報道などについて情報収集と指導・監督を行った。
63) 前掲注 6)p. 154-157.
64) 前掲注 6)p. 162-164.

　　ぎりぎりの妥協によって成立した学図法は、司書教諭配置を「当分の間」猶予し「その他の職員」の設置を削除するなど、関係者の願いからは大きく後退したものとなり、重大な禍根を残すことになった[65]。

・学習指導要領の改訂と民間教育研究運動の動向

　　1947年3月に文部省がまとめた最初の「学習指導要領一般編」は「試案」とされ、従来の画一的な教育を反省・批判し、地域の実態に即した教育目標のもとに、教育計画を立て実践するというかつてない画期的なものであった。しかし転換が急激であったためか、「戦後の教育では、子どもは漢字がよく書けぬ、計算力がついていない[66]」など新教育への不満や批判が出され、学力の低下が問われることになる。民間教育研究運動内部の論争が敵対的で、豊かな実りを生み出さなかったことも大きな痛手であった。

　　塩見は、日本の教師が獲得した「教育・研究の自由の原理に立って、教育学研究者と協同し、教育学的に検討が深められるべき課題であった。ところがその展開がなされる前に、教育政策の転換が急速に進行し、（中略）新教育にとってもまことに不幸な事態であった[67]」と苦衷の思いを表明している。

　　歴教協会員で歴史研究者の宮原武夫は[68]、論考の中でコア連と歴教協をとりあげ[69]、「問題解決学習には、子どもの自発的な思考力・判断力を育てることによって、戦前の修身・地理・国史の過ちを教育方法の面から克服しようとする側面があった。コア連は経験主義を克服し、教育内容と教育方法を整理して1953年に会の名称も改称したが、歴教協はその変化を読み取れなかった。教育内容である系統学習が教育方法である問題解決学習と対立的に論じられてしまった」（筆者による要約）と総括的な見解を述べている。

　　そのような状況下で、1958年、学習指導要領が全面改訂される。これまで「試案」であった学習指導要領が、法的拘束力を備えたものとして性格を改めたのである。この改定において、初めて学校図書館が学習指導要領に明示された。塩見は、学校図書館が学習指導要領に位置付けられた意義は認めるものの、教育

65）前掲注6）p.167-174.

66）前掲注31）p.178.

67）前掲注6）p.178-179.

68）宮原武夫「討論授業と問題解決学習」、歴史教育者協議会編『「歴史の討論授業」の進め方』国土社、2002、p.224-237.

69）コア連は、コア・カリキュラム連盟の略称。1948年設立。1953年日本生活教育連盟と改称。隔月刊誌『生活教育』発行。歴教協は、歴史教育者協議会の略称。1949年設立。月刊誌『歴史地理教育』発行。（共に会のWebサイトから）

課程の編成を教師の手から引き離す政策の中で提起されたことは、学校図書館を積極的に活用していこうという受け止めを促進することにはならず、むしろ、新教育の所産といってよい学校図書館への関心を、一般の教師から薄めることにさえなったのではないかと分析している。[70]

2-2 「教育の自由」から学校図書館を必要とする教育について考える

　明治期に萌え出た学校図書館の芽は、大正自由教育の中で育まれる。大正自由教育の中で推進された新学校の実践は、公開授業、機関誌講読等を通して公立学校の教師の一部にも伝えられ、教室に読み物やお話を持ち込み、学級文庫の経営などで授業方法を変えていく。昭和前期、各地で文庫づくりに取り組んだ教師たちにとって、大正自由教育の影響を受けた実践者の経験と著作は、大きな励ましであった。このように、日本近代教育史の中に学校図書館を必要とする教育は確かに存在し、脈々と受け継がれてきた。

　しかし、豊かな教育実践が根を張り枝を広げようとすれば弾圧され、強権的な軍国主義教育によって踏みにじられてしまう。日本近代教育史の中で、教育・学問の自由は認知されなかったのである。

2-2-1 日本の近代教育　2つの特徴

　なぜ、日本の近代教育において教育・学問の自由は認められなかったのか。教育研究者の堀尾輝久は、戦前日本の教育は、国家主義によって強く支配され、学校は真理探究と人間の育成の場ではなく、富国強兵の国是のための「国民形成」「国民道徳の形成」がその中心的課題であったと指摘する。[71]さらに「憲法に学問・教育の自由を明記することは行政権力を弱めるという理由で、大日本帝国憲法に学問・教育の自由が規定されなかったこと、神道が実質国家宗教とされ、『天皇＝国体』を『教育の淵源』とする教育勅語を国民教育の中軸に据えたことは、精神的価値の根源が天皇に由来することを意味し、必然的に思想・信仰・言論・教育の自由を著しく制約し、異端に対する権力的排除を正当化することになった」[72]と、教育・学問の自由が認められなかった根源には大日本帝国憲法・教育勅語体制があることを明らかにした。

　また、日本の近代教育の2つ目の特徴として、堀尾は学問と教育の分断をあげている。1887年、森有礼文相は、従来の教育令に学問と教育の区別のないことを

70）前掲注6）p.179-180.

71）堀尾輝久『教育入門』、岩波新書、岩波書店、1989、p.57.（本章1-1）.

72）前掲注71）p.61-64.（筆者による要約）

批判して両者の区別を説き、それ以来区別が一般化した。やがて、国民教育において学問的真理がゆがめられることも許されるとする発想へ道を開く。他方、大学・旧制高校などには「学問の自由」はあったが、やがて学問の自由の根を枯らし、学問も国の統制の下に従えるに至ると結論付けている。教育の自由が認められず、学問と教育が分断されていたこと—日本近代教育の2つの特徴—は堀尾だけでなく、多くの研究者が指摘しているところである。

　塩見も「学問研究の成果と教育内容の関係において初等教育と中等教育には断絶があった」ことを踏まえ、当時の義務教育学校であった小学校に焦点を絞り、『日本学校図書館史』の叙述を行っている。

　教育は国策を実現するため、最大限に利用されたのである。

2-2-2　教育の自由と子どもの学習権

　さて「教育の自由」が、学校図書館を必要とする教育を構想する上で不可欠な命題であることは、上記の日本の近代教育史の流れを概観しても明らかであろう。

　『現代学校教育大事典2』を紐解くと、「（前略）今日の公教育制度において極めて論争的な問題として言えば、学校教師の教育の自由がある。この教師の教育の自由に関しては、教師は親権の付託をうけており、直接親や国民に責任を負いながら、みずからの判断で教育実践にあたるとする説がある。しかし、この説に対しては、国家こそが親権の付託をうけており、議会制民主主義の下では、法律に基づき教育の内容・方法を包括的に規定しうるとする反論がある。また、大学における学問の自由との関係から教師の教育の自由を導こうとする説がある。学問の自由に含まれる教授の自由を、広く初等中等教育段階に適用しようとするものであるが、大学生と児童・生徒との発達段階の相違、後者の批判能力の不十分さ等の観点から、批判がなされている。（中略）このように、教育を行う主体をどうとらえるかで教育の自由の主張の内容も異なってくるが、基底にあるのは学び成長する主体であり、多様性を持つ子どもの存在である」と記述されて

---

73)　東京帝国大学文学部助教授であった海後宗臣（かいご　ときおみ）は東京裁判で、日本の教育の曲がり角を指摘し、初等・中等教育では修身・地理・歴史等の教育が効果をあげたことを認め、同時に中等教育上級から高等教育を受けた学生には、このような教育に対する批判も少なからずあったと証言している。（「極東国際軍事裁判速記録第十三号　昭和21年6月18日」『海後宗臣教育改革論集』寺崎昌男他編、東京書籍、2018、p.442-462）

74)　前掲注71)p.64-71.

75)　前掲注6)p.19-20.

いる。[76)]

　一方、堀尾は論文の中で、[77)]「教育の自由は、（中略）学習の自由を中核として成立する。（中略）子どもひとりひとりの学習の自由を中核として成立する『教育の自由』は、なによりも教師の自由を予想しなければならない。教師は、子どもを保護し指導することを通じて、子どもの学習の自由を直接的に保障する役割をもつのである。ここで、教師の自由といわれているのは、教師自身の活動の自発性と創造性の保障であり、それは教師の教授の自由と研究を含んでいる」と論述している。

　それでは、塩見は「教育の自由」を文献の中でどう言い表しているだろうか。塩見の「学習主体である子どもたちの内発的なもの、発達と能力とをしっかり踏まえたところからの教育課程を教育現場において策定し、教授の内容と方法における創意工夫、それを学び手である子どもたちが自主的・主体的に選択し、学べる環境整備と活用の奨励、その成果の検討と公開、相互交流がさらなる教育課程づくりに反映されるというプロセスが、教育現場の当たり前の活動となることが重要である」[78)]という文言こそ、学校現場における、教育の自由を具現化した「学びのプロセス」に他ならない。塩見は続けて、「そこにコミットし、協働する営みとして図書館の教育性が活かされるべきである」と述べ、教師の教育・研究の自由を保障する機関としての学校図書館像を明らかにしている。

　堀尾と塩見の「教育の自由」の中心には、"子どもの学習権"が確固たる位置をしめている。塩見は「子どもを発見した」J.ルソー以来の近代教育学の成果を踏まえることによって、子どもの学習権と教師の教育の自由を統一的にとらえ、それをバックボーンとした学校図書館論を構築したと言えよう。

2-3　学校図書館を必要とする学校教育の「現在」

　2-1で、近代日本教育史の中における学校図書館を必要とする教育とは何か、塩見の理論を概観し、2-2では「教育の自由」の観点から学校図書館を必要とする教育について考察した。この項では、学校図書館を必要とする教育の「現在」について考える。

---

76)　大桃敏行「教育の自由」『現代学校教育大事典』(2)、ぎょうせい、2002、p. 268-269.
77)　勝田守一・堀尾輝久共著「国民教育における『中立性の問題』上・下』『思想』1958.9・1959.3.（堀尾輝久『現代教育の思想と構造』岩波同時代ライブラリー、岩波書店、1992、p. 331-356）
78)　前掲注1)p. 9.

2-3-1 「深い学び」と学校図書館

　小学校は2020年度、中学校は2021年度から全面実施され、高等学校は2022年度から年次進行で実施されている現行の学習指導要領は、改訂の議論の中で「何を教えるか」だけでなく「どのように学ぶか」も重視されるようになり、アクティブ・ラーニング（以後ALと略す）の必要性が提起された[79]。いち早くALが導入された大学ではALが抱える問題が指摘され、「ディープ・アクティブラーニング[80]」の提案も行われた。結局、現行の学習指導要領ではALという文言は使われなかったが、「主体的で対話的な深い学び」がALを指すと考えられている。

　また、佐藤学は著作の中で、1989年以降、世界は一斉授業から「『21世紀型の学び』と呼ばれる『探究』と『協同』の学びへと移行しました。日本の授業と学びの改革は諸外国に比べて約20年遅れですが、近年はALとして展開してきました」。「しかしその後、状況は大きく変わります。PISA2015における『協同的な問題解決』の調査結果で、日本は一躍トップに躍り出ています。この躍進を推進してきたのがアクティブ・ラーニング[81]」と述べると共に、「コンピュータは情報や知識の獲得や浅い理解には有効だが、深い思考や探究的な学びには有効ではない。コンピュータの活用が長時間になると、学力は低下する」というOECDのPISA調査の分析を紹介し、さらに、「批判的思考や探究的思考による学びは、顔と顔をつきあわせて行う協同的学びが最も有効」だと論じている[82]。

　一方、塩見は、「子どもをめぐる状況が厳しくなっており、学校に求められる役割が多様化、複雑化している」現代だからこそ、様々な専門家の参加と協力が必要だと指摘し、2015年に出された中教審答申「チームとしての学校の在り方と今後の改善方策について」のいう教員以外の専門スタッフの参画を評価すると共に、その趣旨を積極的に生かす施策が重要であり[83]、「学校図書館がその教育力を発揮し、学校教育の革新に通ずるはたらきを具現化できる日常が、すべての学校において生まれるよう、その内実を担える専門家を早期に学校に配備されることを重視し、現実的に、かつ要点はしっかりおさえた制度設計を図ることが重

79）石井英真「次期学習指導要領改訂のキーワードとは」『学校教育』（広島大学附属小学校教育研究会）、2016.4、p.63。参考文献：石井英真『今求められる学力と学びとは』日本標準ブックレット、日本標準、2015.

80）松下佳代「資質・能力の形成とアクティブ・ラーニング」『教育方法』(45)、2016.10、p.24-37.

81）佐藤学『第四次産業革命と教育の未来』岩波ブックレット、岩波書店、2021、p.63.

82）前掲注81）p.50.

83）前掲注8）p.137-138.

要」と述べている。

　さらに、塩見は「学校図書館の教育力を活かして学校教育の改革、活性化につなげる当面の」課題として、「学校図書館には、その専門性を担保する学校司書資格を備えた職員を、正規の専任職員として必要であれば複数配置し、専門的職務に従事する。教師集団の中でリーダーシップを発揮できるような力量のある教員が司書教諭の資格を取得して、司書教諭としての任に就き、図書館運営で学校司書と協働する。学校運営全体の中で学校図書館の利活用を積極的に広げるための運営計画とそれを支え推進する学校図書館部や研究会などの体制づくり」(要約)を提起している。

　今こそ、"豊かな学びと学校図書館"をテーマに、教育研究者・図書館情報学研究者・教師・学校司書・司書教諭・市民が一堂に会して論議する必要があるのではないか。塩見は時代の節目で現場の教師と研究者が協同することの意義を指摘し、教育研究者と共に学校図書館を正面に据えて論じた本を企画・刊行している。

　学校司書が配置されて機能する学校図書館を活用した探究的な学習の実践が重ねられ、ICT 教育を巡って様々な意見が交わされている今日だからこそ、急がれると考える。

2-3-2　教師と子どもの豊かな図書館利用体験と生涯学習

　塩見は、学校図書館の利活用や探究学習で注目される学校はあっても、まだ多数派ではないという今日の状況を変えるためには、教員一人ひとりが日常的に図書館を実際に使う経験を豊かにすること、そのためには、学校図書館による教員支援の活動・教員サービスの充実が重要であり、市民的教養を備えた生涯学習者に、教師は誰よりもなって欲しいと述べている。同時に、子どもたちには学校図書館と公共図書館を使いこなせる図書館リテラシーの修得が欠かせない。子どもたちの生活の中に占めるスマートフォンなどデジタル電子機器の存在が非常に大きくなっている現在だからこそ、主体的に情報を選択し、使いこなせる力の修得が欠かせないと、学校図書館の教育力の一つとして位置づけた。

　ところで、塩見は早い時期から生涯学習についての問題意識を持ち、1983年出版の『教育としての学校図書館』の中に、「生涯学習と学校図書館」の章を設け

84）前掲注 8 ）p. 152-153.
85）前掲注 8 ）p. 153.
86）前掲注 6 ）→本書 p. 426
87）前掲注 1 ）→本書 p. 300
88）前掲注 8 ）p. 127-132.

ている。1981年6月、中央教育審議会が「生涯学習について」の答申をまとめ
たことを踏まえ、学校図書館の側から生涯学習にアプローチし、「学び方の学習
としての図書館利用教育」や「地域の情報資源の組織化」、「公立図書館との連
携と協力」等について考察しているのである。

そもそも「生涯学習」という用語が登場したのは、「1965年12月にユネスコが
開催した成人教育推進国際委員会の席上、成人教育担当官であったP.ラングラ
ンが、『Education permanente』と題したワーキングペーパーを提出した」
ことに始まる。また、ユネスコ学校図書館宣言では、「学校図書館は、児童生徒が
責任ある市民として生活できるように、生涯学習の技能を育成し、また、想像力
を培う」と、前文に明記されている。

一方、「1984年に発足した臨時教育審議会が1987年4月の第3次答申・同年7
月の最終答申において『生涯学習体系への移行』を教育政策の中心課題として
提唱した。こうした一連の動きの中で、文部省は生涯学習という理念を教育行
政の中心課題として位置づけることを宣言し、1988年にはそれまで社会教育局
と呼ばれていた部局を生涯学習局と改めて省内の筆頭局とし」生涯学習という
武器によって、政策官庁への脱皮を図ったと、日本における官僚主導の"生涯学
習"を批判的にとらえた研究者の見解もある。

塩見は、「生涯にわたって図書館を上手に使い、必要に応じて知りたいことを
調べ、暮らしに活かせる生き方を身につけるためには、在学中に図書館をしっか
り使う日常を重ねることである。それが面白く、楽しいことを実感として経験
しておくことが重要である。図書館の使い方を身につけて卒業していく児童生
徒を一人でも多く育むことが、学校図書館の教育力の究極の成果といえよう」
と述べ、「図書館の教育力を暮らしの中に根づかせることは、現代の人権保障の
一環だという認識を大事にしたい」と記している。

1985年に発表され、書き出し部分に続いて「学習権とは ／ 読み書きの権利で
あり ／ 問い続け、深く考える権利であり ／ 想像し、創造する権利（後略）」を掲
げるユネスコの学習権宣言（国民教育研究所訳）を想起させる文言である。

89）前掲注9）p.155-192.
90）塩見昇『図書館概論』5訂版、JLA 図書館情報学テキストシリーズⅢ、JLA、2018、
　　p.34.
91）朝比奈大作『図書館員のための生涯学習概論』JLA 図書館情報学テキストシリー
　　ズⅢ、JLA、2013、p.73.
92）前掲注8）p.124-125.

3. 塩見の学校図書館論を生み出した背景と思想

　ここでは、1と2で考察した塩見の学校図書館論に影響を与えたと思われる背景と思想について探る。

3-1　「教育とは何か、図書館とはなにか」を根源的にとらえる

　塩見の著作物を概観してまず気がつくのは、教育本来の概念から出発しているということである。例えば、塩見は「検定教科書や時間割編成などは、標準的な学習にはふさわしいものではあろうが、全ての学校・全ての子どもに最適なものではない。制度化された学校における制約、矛盾は学校制度に内在する避けがたい『学校のカベ』である。こうした学校のカベを越え、子どもたち一人ひとりが自主的、主体的に学ぶことを支え、助長する何らかの仕組みを学校制度自身が備える必要が生ずる。その一つが学校図書館である」(筆者による要約)[93]と述べ、また、教育とは「教材を仲立ちとしての教師と子ども、子ども相互間の影響の及ぼしあい、交流の中に学習の深まりあいを見出す考えである」[94]と記している。先の要約文は、傷つき悩む子どもから発せられた「なぜ学校に行くの」という問いに、真摯に向き合った塩見が出した答えとも言えるし、2つ目の引用文は、近代教育学の本質を踏まえた塩見の「教育観」「子ども観」であるが、両者は、教育本来の概念から出発しているという点で分かちがたく結びついている。

　その一方で、他の研究者による学校図書館に関する文献を概観した時、「先に学習指導要領ありき」という印象が拭い難く、教育本来の概念や授業の在り方から書かれたものは、大変少ないように思う。

　なぜ塩見はブレることなく、近代教育の本質に根差した理論を堅持することができたのだろうか。その理由はいくつか考えられるが、塩見が京都大学教育学部出身(→本書 p.36)であり、さらに大阪教育大学で「教育学全般の勉強をし直した」ことが大きいと思われる。大学の教育学部には教員養成に力点を置いた大学と、教育学の研究に重点をおいたそれとがあるが、京都大学教育学部は東京大学教育学部などと共に研究に力点を置いた大学である。塩見は、大阪市立図書館司書を経て、1971年4月、大阪教育大学に図書館学の専任講師として着任する。大阪教育大学では、「昇任人事をやる時には(中略)審査は全員でその人の

93)　前掲注 8)p.58-59.
94)　前掲注 1)p.7-9.

研究業績を読んで議論する、といった方法を取っていました。だから一人の人の審査をするためにはその人の書いた数点の論文を全員が読んで17人の会議の中で議論をするわけですからなかなか大変でした。（中略）教育史や教育方法など教育学全般の勉強をし直したようなもの」と塩見は述べている（→本書p.143）。また、学生が教育実習に行く際、大学は一人ひとりの学生に対して指導教官をつけるのだが、指導教官として学校に行くことで、学校の授業について勉強させてもらった。研究授業を見に行くし、あとで一緒に授業研究をやるのですからと、本書 p.165の中で語っている。

　図書館学の捉え方についても極めて根源的である。京都大学で図書館学を専攻した塩見は、本書 p.42の中で、印象的だった授業の一つとして、小倉親雄の「知的自由と図書館」をあげ、その中で出会った "Banned Books" について語っている。（以下は筆者による要約）「"Banned Books" は、秦の始皇帝の焚書やボッカチオの『デカメロン』が焼かれたことなど、紀元前から20世紀までの禁書について、簡単な事実を年代順に並べたものですが、要するに今、有名な本として残っている本は、たいていどこかで焼かれている、禁じられているということが分かるわけです。そのことが私にとっては非常に面白かった。残るべくして残った本が、結果的には出た当初、どこかで何かの理由で批判をされた本だった。その批判が多かった本であるからこそ生き残って古典になった、名著になったという理屈がそこで成り立ちます。戸塚廉の『いたずら教室』とそこで繋がると、後で私自身思うわけです。ここに図書館の一つの源流を見ることができる。禁書も集めて、できるだけ大勢の人にそれを読んでもらう、ということをするわけだから、図書館の営みは、ないよりはあったほうがいいというレベルではなく、もっと大事なものではないか、大事なものに違いない、という理屈がそこから出て来るわけです。私の図書館への興味の最初の気づきはそこです」。

　塩見が知的自由を保障する図書館の役割、その源流に出会った時のエピソードである。何事も源流を極めるまで掘り下げ、さらに研究を重ねて高みに達するという塩見の探究精神に触れる思いである。

3-2　図書館員としての経験・識見[95]

　塩見は京都大学を卒業して、1960年4月、大阪市立図書館に就職する。折しも「日米安保条約の期限切れを控えて、国論は二分されており、騒然」とした時代

---

95) この項は、主として本書Ⅰ部2章と、塩見昇『半世紀』（凡例参照）に基づく。

である。図書館をとりまく状況は、1963年に『中小レポート[96]』が、1970年には『市民の図書館[97]』が出され、図書館が大きく変わろうとする時代である。まことに、「1963年から70年代の半ばという時期は（中略）大変元気で面白い変化の時代」であった。

　11年間大阪市立図書館に在職した塩見は、一貫して図書館現場の組合分会長のような立場にあり、1960年代の半ば以降は、仕事、組合活動、図書館問題研究会（以下、図問研[98]）というのが主たる日常であったと本人が語っている。注目すべきは、大阪市立図書館の事務事業の見直しである。変革の先鞭をつけたのは、天王寺図書館で始めた移動図書館とその利用グループによる読書会だった。学習活動の中で、大阪市の図書館サービスの不十分さに気がついた彼女たちが「会」を立ち上げ、大阪市に働きかける運動を起こしたのである[99]。塩見は、今、天王寺図書館で始めた団体貸し出しと配本サービス、BM活動等を充実させることが明日の大阪市立図書館の展望を切り開くと考え、全館的にこの課題に対応できる体制づくりを組合サイドからも提起し、そのための事務事業の総点検を行った。自分たちの仕事の見直し、大幅な事業の再編、要員の再配置を「労使協調」でやりとげたのである。

　市民の図書館づくり運動を自らの問題と考え、組合員をリードし、理事者を説得し、事業の再編を完遂するなど、図書館を変えたいという情熱と仲間への信頼があってこその膨大なエネルギーの投入である。

　図問研への積極的な参加も印象的である。『中小レポート』から日野市立図書館の活動が始まる中で、図書館を求める住民の動きに触発されて図問研が活発な活動を軌道に乗せたのは1965年頃からである。

　ちなみに塩見は日本図書館研究会[100]、日本図書館協会[101]などにも入会し、重責を果

96) 中小公共図書館運営基準委員会が1963年に発表した報告書『中小都市における公共図書館の運営』(JLA、1963)の略称。資料提供が公共図書館の本質的機能であることを明らかにした。

97) 『市民の図書館』(JLA編・刊、1970)は、『中小レポート』をふまえ、理論的に再整理し修正を加え、最終的には日野市立図書館の実践を基礎にして作成された報告の新書版である。

98) 1955年創立され、現在に至る。月刊誌『みんなの図書館』、年刊誌『図書館評論』発行（会のWebサイトから）。

99) 塩見昇「1960年代半ばから70年代初頭の大阪市立図書館：地域館整備に向けての歴史的な転換の背景を探る」『〈図書館・文化・社会〉6「公立図書館の思想・実践・歴史」』相関図書館学方法論研究会編著、松籟社、2022、p.37-41.

たしているが、図書館員時代は図問研と関りが深かった。塩見は、1963年、『中小レポート』をテーマに掲げた図問研全国大会に初めて参加し、6年後の1969年大会で関西が本部・常任委員会を引き受けることが決められ、それを受けて図問研事務局長に就任、半年後に事務所を自宅に置くことになった。この頃、図問研の会員の名前が全て頭に入っていたそうである。

　もちろん、図書館員としての仕事も意欲的であった。レファレンス業務に従事し、本邦初のレファレンス事例集の作成・発行や関西の公共図書館が定期的に集まってのレファレンス・サービス情報交流会の定着等々。さらに、資料をオープンにした利用者本位のレファレンス・サービスや、新しい図書館づくりを模索していた様子もうかがうことができる。特筆すべきこととして、塩見の強烈な原体験がある。1960年代前半、行政サービス改善のため、市民の声を聞こうと、図書館に近い地域で一軒一軒家を訪れた時のことである。玄関先に出てきたおばちゃんは息子が受験勉強でお世話になったと、頭を下げたが、自分自身の図書館利用について聞かれると、私なんぞが図書館に行くのは恐れ多いと述べたのである。「ごく普通の市民にとって図書館はまだ遠い、敷居が高いということをまざまざと感じさせられた」「この体験から、どうすれば市民に利用される図書館になるのかを常に考えるようになった」と、塩見は語っている。（本書 p. 87）

　また、塩見は小学6年生時、児童会の文化部長として全校児童会で図書館づくりの提案を行っている。結局それは日の目を見なかったが、「ただもっとたくさんの本を読みたいという純粋な気持ちであった」と述べている。（本書 p. 22）

　大阪市立図書館員時代の塩見は、図書館が大きく変わりつつある時代を背景に、仕事と組合活動と研究会活動を統一的にとらえて取り組み、大阪市立図書館の改革と研究会の活性化に大きく貢献した。

3-3　京都の歴史と風土

　思えば京都は不思議な町である。平安京以来の古い都と「新しさ」が共存しているのである。

　下京区にある京都学校歴史博物館の Web サイトを見ると、「日本初の学区小学校である64の番組小学校は、京都の町衆を中心とした人々の先見性とエネルギーによって創設された」とある。京都では学制公布以前に番組小学校が作ら

100）略称日図研。1946年創設。隔月刊誌『図書館界』発行。
101）略称 JLA。1892年前身の「日本文庫協会」が設立される。1908年「日本図書館協会」に改称。月刊誌『図書館雑誌』発行。

れたこと、その番組小学校で、全国に先駆けて児童文庫が設置され、短期間で市内に広がっていったことは、p. 418で触れた通りである。

　歴史研究者の林屋辰三郎によれば、「『町』という概念は、南北朝期をさかいとして大きく変貌する。これまでの商業地域を意味する町に対して、新しく生活組織を表現する町があらわれたのである。（中略）『町衆』は、まさにそのような集団的地域生活のなかに組織された人たちをさす」[102]。町衆の時代は「明応の[103]ころにはじまり、実に天文（1532〜37）を最高頂とし、（中略）永禄11年（1568）の信長入京に至る、その期間であると考えたい」[104]と林屋は述べ、「新しい町では、治安も自主的に維持して町の自主性を強め、歴史的文化財も守り抜き、町衆としての労役義務を果たしたことが記録に残っている」[105]（要約）と記している。

　このような古い歴史と「京都は、町組によって自治された」[106]と言わしめた町衆としての自負を残す京都で生まれ育った塩見にとって、京都という町の存在は決して小さくはないであろう。例えば、塩見は本書 p. 20の中で、「もともと京都の学校は番組小学校といって、地域が学校を作った要素が大変強いです。乾小学校も番組小学校」ですと述べ、乾小学校の修学旅行にまつわる町衆の心意気ともいえるエピソードを披露している。[107]

　歴史研究者の脇田修は「京都は、その文化的伝統をふまえて学問の都となった」[108]と述べているが、忘れてはならないのは、京都の文化的伝統は歴史を縦糸に多様性を横糸に織り上げられているということである。[109]

　多様性は、図書館のバックボーンである知的自由にとって外すことのできないキーワードである。[110]前述した町衆に代表される京都の自治の伝統と共に、多様な「資料や情報を収集、整備し、人々の知りたい、学びたいというニーズに応えて提供することを最も基本的な役割とする図書館」の精神に通ずると言えるのではないだろうか。

102）林屋辰三郎『町衆』中公新書、中央公論社、1964、p. 84.

103）明応は1492年〜1500年。

104）前掲注102）p. 109.

105）前掲注102）p. 88-92.

106）前掲注102）p. 218.

107）「番組」は室町時代に発する「町組」を明治期に再編した自治組織。

108）脇田修・脇田晴子『物語　京都の歴史』中公新書、中央公論社、2008、p. 201-293.

109）参考文献：平井美津子・本庄豊『観光コースでない京都』高文研、2022.

110）塩見昇・川崎良孝編著『知る自由の保障と図書館』京都大学図書館情報学会、2006、p. 4-5.

　塩見の学校図書館論成立の背景に、教育とは何か・図書館とは何かを根源的に極める姿勢と、図書館員としての経験・識見、そして、京都の歴史と風土が関係すると考えることができる。

第2章　学校図書館活動論

鈴木啓子・山口真也

　塩見昇の学校図書館論の特徴の一つは、「教育を変える学校図書館」という考えの下で、学校図書館の役割を明らかにしたことである。この章では、学校図書館の役割と学校図書館のはたらきがもつ教育力、図書館活動と図書館教育における知的自由の関わりに分けて、塩見の学校図書館論を考察する。

　塩見によると学校図書館のはたらきは、知的自由に裏打ちされ、資料提供を背骨とした図書館活動である。「はたらき」は、「使命とか役割を具体化するための作用としての機能」に近い（筆者による要約、本書 p.164）。

1. 学校のなかの図書館

　大阪教育大学の教員として塩見が教育と学校図書館を考えた土壌は、教育学を学んだ大学時代と公共図書館の司書時代に培われていたことがインタビューから伺い知ることができる。インタビューから2つのエピソードを紹介する。

・産婆術

　教育についての興味の発端は、教員の鰺坂二夫が教えてくれた授業「教育学概論」であるとしている。「デューイを専門的にやっていた人ですが、そこで印象に残ったのは『産婆術』という言葉です。教育の話をするときによく使われる概念ですが、産婆さんというのはそっと手を差し伸べて、生まれ出ようとする子どもが順調に生まれてくるように手助けをする。教育を説明するときによく使う言葉ですが、手を差し伸べて手助けをするというのが教育だというのが、私にとってはいちばんよくわかるし、納得のいく説明でした。教える人間と教えられる人間の関係よりも、むしろ本来持っている可能性にそっと手を差し伸べる。手を添えてそれがうまく育っていくように手助けすること。まさに産婆さんの仕事ですが、それが教育の基本だというのは大変分かりやすいし、納得のいくことでした。そういう意味の教育ということに私は馴染んできた感じがします」と語っている（本書 p.46-47）。

　この教育の考え方について、塩見は「学校教育の役割が無知な子どもへの一方的な教え込みではなく、子どもに内在している可能性にそっと手を添えて引き出してやる営みだと考えれば、学校教育を『支援』『サービス』として認識するのは重要なことである[1]」と説明しており、このような教育を行うためには、学校図書館の役割が必要であることにつながっている。

・寛容の心

　図書館について「図書館でも、いい本を叩き込んで読ませるというよりも、（中略）そういうものに気付いてもらって、なるべくそれをいろんな人に見てもらう。そこから何を見出すかは本人次第、本人の自由意思なんで、（中略）あくまでも読者に任せておくべきだ。しかし、初めから全く本に興味を持たない人というのは、初めからそういう機会に蓋をしてしまっているわけだからもったいないことです。本を読まないままに過ごしてしまう人をできるだけ少なくした方が（中略）その人のためにいいことだろうな、というような考え方は割合馴染むことだと思います。そういうことが『図書館の自由』というものを考えるのに通じてきた。亡くなった天満隆之輔さんがよく『寛容の心』と言っておられたが、それがよく分かる気がします。そういう心が図書館を考える時には、一番ベースにあることが必要だろう」と語っている（本書 p.47）。

1-1　学校図書館は学校のなかにある「図書館」である

　「学校のなかの図書館」は、他館種と同様、図書館組織の一つとして学校図書館が存在することである。「学校図書館も図書館であり、『図書館』が備える特性が活動の端々で活かされ、発揮されることが重要である」。「図書館」が備える特性とは、館種を超えて共通して備える利用者の求める資料・情報の確実な保障や資料要求を喚起する働きかけがあり、知的自由を重視し、図書館のネットワークが形成されていて、専門職員の継続的、安定的な配置があることなどである。「その特性を発揮することにより、学校及び学校教育に新たな文化をもたらす」ことができる[2]。学校教育において、「学校図書館の背後に図書館総体の大きな組織があるということで、（中略）教師にとっての学校の中にある図書館とい

1）塩見昇『学校図書館の教育力を活かす：学校を変える可能性』JLA 図書館実践シリーズ（31）、JLA、2016、p.66.

2）塩見昇「教育を変える学校図書館のはたらき：子どもたちの学びと暮らしを豊かにするしくみとして」『生活教育』(859)、日本生活教育連盟、2021.2、p.24.（「図書館」がそなえる特性の詳細が示されている。）

う世界が持っているひろがり、ある可能性みたいなもの、これは大変大きなものがあるだろうなと考えた」と本書 p. 351-352 でも語っている。

塩見は、「あるべき教育を求めての教師（集団）の真摯で創造的な教育実践が試みられる時、その過程にかならず学校図書館につながるはずの芽があるし、それが学校図書館を『学校のなかの図書館』として成り立たせる基盤だと考えてきた」。その事例として、「学校教育の必要からつくりだした初期のすぐれた実践として、大正新教育を代表する成城小学校」をあげており[3]、戦前の学校図書館史の研究が論のベースにあるといえるのではないだろうか（→本書 p. 419）。

1975年に「学校のなかの図書館」としての主な役割を「①児童・生徒の学習活動に対して必要な資料を提供したり、資料の利用について指導することで彼らの学習する権利を保障すること、②児童・生徒が読書の楽しみを体得し、読書習慣を形成するための学校における読書教育に対して、読書材を選択・提供すること、③教師の教材研究、授業の構成およびひろく教育学的教養のために適切な資料を提供し、教育の自由を支えること」であるとした[4]。利用者と資料とのたしかな出会いのためには、資料提供を基礎とした図書館サービスが学校のなかに必要であり、学校図書館のはたらきが教育の自由と密接に関わっていることを示唆したことは、大きな特徴である。

塩見は「学校図書館のはたらきのあることが児童生徒の学習活動を豊かにし、教師の創意工夫に富んだ授業をつくりだすという関係が、学校のなかの図書館が固有にもつ教育的意義」であると捉えた。「それによって児童生徒の学習権を保障し、教師の教育の自由を伸張させることが学校図書館の役割である[5]」として、学校図書館のはたらきが学校教育に必要不可欠であることを論じた。

なぜなら「教育機関である学校が主要に担っている役割は、児童生徒に対して人類が築きあげてきた文化を、彼（女）らの意欲と能力との緊張の中で伝達する活動を中心に、学習者一人ひとりの個性を全面的に開花させ、文化の創造的な担い手、社会の主権者へと形成するための基礎を醸成する発達保障である」。そのためには、「子どもたち一人ひとりが自主的、主体的に学ぶことを支え、助長する何らかの仕組みを学校制度自身が備える必要が生ずる」。その一つが学校図

---

3) 塩見昇「学校図書館の昨日、今日、明日」『学校図書館』(340)、1979. 2、p. 16-17.

4) 塩見昇「地域図書館システムのなかに学図を：学図と公共図の連携を考える」『学校図書館』(299)、1975. 9、p. 10-11.

5) 塩見昇『教育としての学校図書館：学ぶことの喜びと読む自由の保障のために』青木書店、1983、p. 67.

書館であると考えたからである。学校図書館は子どもたち一人ひとりの学びを支えることで、発達の保障を担うことができる。また、「教師が豊富な教材源にアクセスできる保障」があることで、教師の創意工夫に富んだ授業ができる。「教育の自由を学校に具現化する一つの重要な手だて」として、学校図書館の役割がある。

1-2　サービスとしての図書館活動

　塩見は、学校図書館のはたらきであるサービスとしての図書館活動を図書館の機能や施設を活用しての図書館教育と分けて考えた。本書Ⅱ・第1章1-3で述べているように、図書館教育は学校の教育活動そのもので、すべての教師が行うもので、その実践を通して学校教育の変革に至るには、図書館活動が発揮されなければならないとした。つまり、その図書館活動と図書館教育は「相互に補強しあう関係」にあり、「いずれかが不十分であれば他の進展を期待できない」と考えている。図書館活動とは、知的自由に裏打ちされた資料提供を中心とする活動で、「図書館スタッフによって提供されるサービスの営み」であり、図書館教育とは、図書館や資料を活用した教科の授業を行うことや利用教育、読書教育など教育活動の総称である。塩見は「この二つの側面が有効に機能することで、学校図書館は学校教育の充実に確かな関与をすることになる」と述べている。この両者の活動は、「サービスを担う図書館スタッフと、図書館教育を担う教師（集団）の全校的な取り組みがともにあることによって可能となるものである」と学校全体の共有・理解がなければならないことにも触れている。

　図書館活動と図書館教育の取り組みの事例として、「学び方の学び」を履修目標の一つとして科目を設定し、学校司書と担当教師を中心に自校で作成したテキストで、探究型学習を行っている学校がある。その実践報告で学校司書は、授業支援につながるには使える図書館として、「図書館としての基本ができていないと資料提供はできない」と述べている。また、資料提供には、図書館ネットワークが欠かせず、学校司書の研修も必要であると指摘している。図書館スタッフによる「図書館活動」があることで、「図書館教育」が展開されている。

6）前掲注1）p. 57-59.
7）前掲注5）p. 240.
8）前掲注1）p. 63-65.
9）塩見昇「学校図書館問題へのアクセス」『みんなの図書館』(202)、1994.2、p.11.
10）清水満里子「『学び方の学び』を支援する」『がくと』(34)、2018、p. 38-47.

　その図書館ネットワークが欠かせない事例を紹介する。兵庫県西宮市にある県立高校で司書をしていた筆者は、図書館を活用した授業を行うためには、まず豊かで多様な資料がなければならないと思った。そこで学校図書館も図書館ネットワークに組み込まれることが必要と考え、1995年に市立図書館と話し合いをもった。そこで市立学校以外の市内の学校図書館も連携できるようになり、それ以降、教師に様々な資料がそろっていると言われ、図書館での授業が増えた。その時、ネットワークを充実したものとするために「連絡協議会」をつくり、連携の報告及び互いの図書館の現状や課題を話し合ったことは、それぞれの図書館活動にとって有意義であった。[11] その後、2010年に県立図書館が学校サポートプロジェクトとして団体貸出を開始し、授業で毎年多数の資料を借りることができるようになった。塩見が言うネットワークがある図書館の大事さを痛感した。現在では、例えば大阪府豊中市のように「児童生徒の読書活動を促進し、自ら学ぶ力を育成することを目的」に学校図書館と公共図書館、学校図書館間のネットワークが構築され、情報共有や授業支援・ブックリストのデータベース化も行われている自治体がある。[12]

　学校図書館は「創意工夫に富んだ学習過程の創造に欠かせない働きだとしてとらえることが重要である」。[13] そのような学習過程においては、学校図書館が図書館ネットワークの中に組み込まれ、相互に連携、協力して豊かで多様な資料を提供することが必要である。塩見は、「情報資源の共有を本質とする図書館は、本来、民主的なシステムである。（中略）必要な情報の入手のためには、どの図書館もが自己完結的に機能するのではなく、相互に連携・協力し、共有を広げる。図書館ネットワークの思想とはそういうものである。学校の中にこうしたシステムを確保し、児童・生徒の学習、教師の教育実践を援助し、子どもたちに楽しい本との出会いを豊かに生み出す学校図書館の働きをもつことは、学校教育の計画と実践の質的な転換につながるだろう」[14] と、学校教育において図書館組織の中の一つである学校図書館は不可欠とする論を展開した。

11）学図研兵庫支部編・刊『学校図書館問題研究会兵庫支部30年史』、2019、p. 45.
12）「とよなかブックプラネット事業」豊中市立図書館 Web サイト.
13）塩見昇「『司書教諭』像の構築と図書館教育の展開」『図書館の発展を求めて：塩見昇著作集』日図研、2007、p. 245.初出は『信濃教育』(1338)、1998.5、p. 4-11.
14）塩見昇「教育としての学校図書館：教育課程の展開に寄与するために」『図書館の発展を求めて：塩見昇著作集』日図研、2007、p. 200。初出は『月刊教育ジャーナル』34(6)、特集「学びの場」としての学校図書館、1995.10、p. 6-10.

　一般的に、学校図書館は指導機関として捉えられやすく、サービスはなじまないと考えられることもある。しかし、塩見は、学校図書館にはサービス機関としてのはたらきが必要であると主張している。なぜなら、日々のサービスを通して「図書館に親しみと期待を抱いていない教師が図書館を活用した授業を企画することはあり得ないし、」児童生徒に「図書館が（中略）好きだという興味・関心」がなければ、その「上手な使い方を学びたいという意欲」が生まれることはないからである。また、「授業で図書館を使う経験が日常化」することで、「普段から（中略）何か知りたいこと、わからないことがあれば図書館へ」という習慣が身に付き、サービスはますます身近なものとなる[15]。

　日常的に利用されている学校図書館として、豊中市立の学校図書館は、「『"ふだん使い"の学校図書館』を合言葉に、それぞれの学校の教育方針や実態に合わせて活動」し、公共図書館の支援で学校図書館の機能を高め、活用を図る取り組みを行っている。その市の小学校司書は、「何かわからないことがあれば、図書館にやってくる。それは、子どもたちであれ、先生方であれ同じだ」。子どもたちは見つけた「虫や草などをもって来て名前を調べるだけでなく、登校時に見つけたもの、テレビで見たニュース、耳にした話、疑問に思ったことなどを、図書館のカウンターでつぶやく」と述べている。知りたいことなどがあれば、図書館へ行くという日常がうかがえる。また、授業では、「図書館や図書館の資料、そして学校司書をふつうに活用できるということが大切」であるとも述べている[16]。子どもたちのふだんの学校生活の中に図書館があるから、図書館の授業も特別ではなく、ふだんの授業の一つとなり、また、授業で図書館を利用することで、子どもたちが日常的に図書館に来ることができる。サービスとしての図書館活動があり、図書館を利用した教育があることで子どもたちと教育がつながり、学校教育が豊かなものになる。塩見のいうサービス機関としての図書館活動があることの重要性がわかる実践である。

　この学校図書館のはたらきに対して、「学校図書館ガイドライン」（2016）では、「学校図書館は、児童生徒の読書活動や児童生徒への読書指導の場である『読書センター』としての機能と、児童生徒の学習活動を支援したり、授業の内容を豊かにしてその理解を深めたりする『学習センター』としての機能とともに、児

15) 前掲注1）p.65.
16) 内川育子「"ふだん使い"の学校図書館から生まれること：子どもの"わくわく"をつかまえたい！」『学校司書の役割と活動：学校図書館の活性化の視点から』学文社、2017、p.114-126.

童生徒や教職員の情報ニーズに対応したり、児童生徒の情報の収集・選択・活用能力を育成したりする『情報センター』としての機能を有している」とある。[17]学習指導要領解説の総則編でも同様に学校図書館については、3つのセンターとしての機能を有していると述べている。[18]学校図書館の機能といえばこのような表現にとどまることが多い。学校図書館をテーマとする専門書でもこのそれぞれのセンターの機能について説明しているだけの場合が往々にしてある。[19]これらのセンターの機能を述べる時、知的自由に裏打ちされた資料提供を中心とした図書館サービスやそれを担う「人」に触れていない。

　塩見はこのセンターの並列について、学校図書館は「読書センター」「学習センター」「情報センター」と言うのは、確かにそういう側面は持っているが、そういうふうに並べることによって、それらがどう絡むかということが曖昧になっていると指摘。[20]学校図書館のはたらきを図書館活動とし、その図書館活動と図書館教育が有効に機能することが学校教育に必要であり、図書館活動を担う「人」についても示した。「人のことを抜きにして、そこから理論を立ててしまうと空論になってしまう」と本書 p.163で述べている。このような学校図書館のはたらきがあることで、教育を変えることができるという論を展開した。

1-3　学校図書館のはたらきと教育力

　塩見は、はたらきのある学校図書館が、学校教育の内容をより豊かなものとするために、どのような可能性を本来そなえているのかを「学校図書館の教育力」として考察を深め、明らかにした。「『教授＝学習過程』を豊かにし、教育課程編成の実を教育現場に確立するためにこそ、教育・学習環境としての図書館が重要である」[21]ことを社会で共有するために、図書館のもつ「教育力」を示したと言える。

　「学校図書館の教育力」の提起について、本書 p.309の中で次のように述べて

17）「学校図書館ガイドライン」2016、p.1、文科省 Web サイト.

18）「小学校学習指導要領（平成29年告示）解説：総則編」2017、p.91、文科省 Web サイト.

19）『学校経営と学校図書館』改訂版（中村百合子・河野哲也編、樹村房、2022、p.124）のように、これに対し「読書と学習が別々のものであるかのようにみられるようになり、実践も二つに分けられて論じられることが広まったのがいいことだったとは思えないという声が聞かれる」と疑問を呈している記述もある。

20）塩見昇「学校図書館づくりの当面の課題」『ひらこう！学校図書館：学校図書館を考える全国連絡会第21回集会』学校図書館を考える全国連絡会、2018、p.20.

21）塩見昇編著『教育を変える学校図書館』風間書房、2006、p.9.

いる。「教育力を明らかにして行こうとすると、キーになるのは一人ひとりの先生がどう図書館を認識し、どういう力を引き出そうとするかという問題で、結果的にそれが力になって現れるのは、子どもたちがそれを使って何が生まれてくるのか、そういう関係をトータルに把握して、学校にある図書館の独自な役割というものを表現する必要があるだろう」。

1-3-1　「学校図書館の教育力」とその構造

・「学校図書館の教育力」提起に至るまで

　塩見は1987年に教育改革への課題提起として「学校図書館の教育力」という文言を使い論文を発表した[22]。それまでに、塩見は学校図書館のはたらきを以下のように示してきた。まず、1976年の『学校図書館と児童図書館』で、学校図書館も他の図書館と同様にサービスを最も基本的な機能と述べ、学校図書館のはたらきを明らかにした[23]。

　その後、1983年の『教育としての学校図書館』で、だれもが必要とする資料を自由に入手でき、専門職員の援助でどこまでも探求できるという図書館の教育性を示し[24]、新たに学校図書館のはたらきを整理した。その中から3つ特徴をあげる。1つ目は、学校図書館法に「学校図書館を児童又は生徒及び教員の利用に供するものとする」[25]とあるにもかかわらず、学校図書館は児童生徒が読書をするところというイメージがあった時代に、学校図書館のはたらきが生きるためには、教師の授業や研究活動の支援が必要であるとしていることである。2つ目は、「読書は自由な精神の『遊び』」として「読む自由をひろげる」ことが「生きる力としての読書経験を豊かにする」という、読む自由を子どもの権利としてあげていることである。3つ目は、昨今、学校教育や学校図書館で求められている「生涯にわたる自己学習のための探究能力を培う」ことや「知的創造のひろば」を学校図書館のはたらきとしたことである[26]。

　1953年に成立した学校図書館法は、学校図書館が「学校教育において欠くことのできない基礎的な設備」であるにも関わらず、教育活動が図書館とは関係

22) 塩見昇「学校図書館の教育力：教育改革への一つの糧として」『教育学論集』(16)、1987.3、p.23-30.
23) 塩見昇、間崎ルリ子共著『学校図書館と児童図書館』日本図書館学講座(5)、雄山閣、1976、p.20-28.
24) 前掲注5)p.239.
25) 学校図書館法第4条(1953年法律第185号)
26) 前掲注5)p.67-70.

なく行われ、仕事に専念する職員もいない現状がある。塩見は、「図書館のはたらきを『欠かせない』ものとして求める意味を、その原点に立ち戻って考えてみる必要」があり、「それは（中略）学校教育のありようそのものを問うことにならざるをえない」と考えて、学校図書館のはたらきを明らかにしようとした。また、塩見は、学校図書館が学校のなかの一つの機関として果たす機能とその具体的な諸機能の相互間の関連・構造を示したことは、「それ自体、各地における現場の実践に学び、その理論化につとめた筆者の模索であった」と述べている。机上で理論を構築するのではなく、現場の実践から理論が構築されたことも特徴である。

　1980年代、詰め込み教育から臨時教育審議会が「個性重視」、「生涯学習体系への移行」などを答申し、教育改革が打ち出された。教育改革の議論は盛んに行われたが、学校のなかの図書館についてはほとんど言及されることがなかった。そうした背景の中で「学校図書館の教育力」を提起したのである。また、塩見は、学校図書館が学校教育と関わっておらず、そのはたらきももっていないことを変えていくためには、学校教育の充実と変革につながる学校図書館の実践を社会に示すことが必要であると考えた。そこで、自身が理論を、学校司書が実践を報告した『学校司書の教育実践』を上梓した。この実践が理論を裏付けるかたちで「学校図書館の教育力」にサービスを担う学校図書館スタッフが必要不可欠であることも示した。

・図書館の三つのはたらきとスタッフの関係を示す

　1987年の論文をもとに翌年刊行した『学校司書の教育実践』で「『学校のなかの図書館』たりうる不可欠な要件を明らかに」し、「『学校図書館の教育力』として整理」した。塩見はその要件を(1)学校のなかにあること、(2)学校教育とのかかわりのもとに存在すること、(3)それ自体が一つの"はたらき"をもっていることであるとした。「『学校図書館の教育力』は、「学校図書館蔵書そのものが備えている教育力を基底とし、(1)資料と人とのたしかな出会いを日常的につくりだすサービス活動、(2)学習や研究のひろがり、深まりを生み、学校文化を創造するひろば、(3)学び方や読書についての組織的、系統的な指導の一環をにない、自立した人間形成を培うという三つの側面からなり、しかもそれらが個々

27）前掲注5）p. ⅲ.

28）塩見昇、土居陽子『学校司書の教育実践』1988、青木書店、p. 5-6.

29）前掲注28）p. ⅲ-ⅴ.

30）前掲注22）.

バラバラにあるわけではなく、相互に緊密に連関し、支えあって成立する」とした。(1)(2)(3)は、双方向で支え合う関係で、「いずれかが十分でないときは、学校図書館の教育力は著しく減殺されることにならざるをえない」とし、それぞれのはたらきとそれに関与する学校図書館スタッフ(学校司書)と教師の関係も示した。その「学校図書館のもつ教育力の中身と構造」を図①(→本書 p.309)で表している。

　上記の(1)は、図書館スタッフによって担われる他の館種とも共通する基本的な資料提供のサービス活動である。このサービス活動は、個々人を援助するサービスの普遍性を大事にすることで教育力を生かすことになる。(2)は、サービス活動によって「学校図書館そのものが学習や研究のひろがり、深まりを生みだす場であり、学校文化を創造するはたらきをもっている」ひろばとしての教育力である。そのためには図書館に常駐するスタッフがいて、学校の中心に図書館があり、いつでも利用することができなければならない。

　(3)は、「よく整備された蔵書、すぐれた専門職員によるサービス活動、ひろばとしての機能」を備えていても学び方を身につけていなければ教育力は生かされない。学校図書館が組織的、系統的な指導の一環をになうことで、「学び方を身につけ資料や情報を自ら選びとって活用できる自立した生き方を体得」した子どもたちを育むことができるとした。

　(2)の「ひろば」については、近年、居場所や広場としての学校図書館の役割が重要視されるようになっている。塩見は「ひろば」のはたらきについて、「学校図書館は、(中略)インフォーマルな『ひろば』(精神の運動場)であるところに最も大きな特徴がある」として、1970年代後半、すでに言及している。久野和子は塩見が早くから「学校図書館について、『ひろば』つまり、『場』としての教育力に着目」したことについて、先見的であると述べている。本書 p.316-317で、図書館を「ひろば」として捉えることを前提にしてきたのは、図書館の集会室を市民に開放して、図書館を拠点とする文化活動を行っていた公共図書館があったからで、「ひろば」については、「子どもたちのいわゆる『自発的』とか『問

31) 前掲注28)p.6-7.
32) 前掲注28)p.9-23.
33) 前掲注28)p.20-23.
34) 塩見昇「教育改革と学校図書館」『学校図書館』(315)、1977.1、p.12.
35) 久野和子『「第三の場」としての学校図書館：多様な「学び」「文化」「つながり」の共創』松籟社、2020、p.5.

題解決の学習』とか（中略）を培う一つのかなり大きな力として日常の学校図書館利用があるのではないか」。そのために「ひろば」を「漢字で書いてしまうと物理的な空間みたいに見えるので、ひらがなで書きます」と述べている。校内の居場所づくりと同時に生徒のかかえる課題が重症化することを未然に防ぐ支援として、様々な人が関わり、週1回、高校の図書館でカフェを開き、イベントも行う取り組みがある。このような交流や文化的環境は、塩見の述べている「ひろば」といえるだろう[36]。

・「学校図書館の教育力」を7項目とする

　その後、「学校図書館の教育力」を7項目として、2006年の『教育を変える学校図書館』で示した。この著書は、図書館と教育の関係を明らかにしようとして、塩見をはじめ教育科学の諸領域を専門とする研究者が学校図書館を研究対象とした論文の報告書[37]を書籍化したものである。2000年代「総合的な学習の時間」の新設や自ら学び自ら考える力などの「生きる力」の育成が明記されたいわゆる「ゆとり教育」の実施に対して、学力低下の批判を招いた。そこでこの著書で「『学力』競争に再び子どもたちを追い込みかねない教育政策に振り回されることなく、現場から真の教育改革をつくりあげていくことに、（中略）教育力を十分に発揮しうる学校図書館の機能が具体化できる条件」を示そうとした[38]。

　終章で「学校教育の中で、学校図書館の存在とはたらきが、教育を変えることにつながり得る、（中略）という認識は、この数年間の共同作業を通してそれぞれが強く確信するようになったし、また、そういう意識がこれまでの教育学研究に希薄なこと、欠落していることの問題状況についても思いを深めた」と書かれている[39]。

　さらに「教育学のいろんな領域を専門にする研究者の人たちが学校図書館に目を向けて、共同で一つのものをまとめたというのは、おそらくこれまで全くなかった仕事だと思います」と本書 p.303で述べている。この本は、教育学の研究者に図書館について関心を持ってもらえるように働きかけてきた成果の一つとなった。

---

36) 松田ユリ子『学校図書館はカラフルな学びの場』、なるには BOOKS（別巻）、ぺりかん社、2018、p.99-114.
37) 『平成11・12・13・14年度科学研究費補助金基盤研究B(1)「学習社会・情報社会における学校図書館の総合的研究」研究成果報告書』課題番号11410073.
38) 前掲注21)p.19.
39) 前掲注21)p.226.

『教育を変える学校図書館』で明らかにした「学校図書館の教育力」の集大成として、2016年に『学校図書館の教育力を活かす：学校を変える可能性』を刊行した。この著書は「学校図書館の教育力」を活かした学校教育のありようだけではなく、「そういう課題を自覚するに至った学校図書館の教育実践の進展について、学校司書を主とする活動」や「市民の学校図書館への期待を基にした活動の略史」も含まれている。根本彰は「新しい教育改革の動向を踏まえて、本書と類似の視点から学校図書館論を展開している著作」としてこの著書を評している。[41]

「学校図書館の教育力」7項目の内容は、以下の通りであり、構造をこの本の中で図示している。[42]（→本書 p.311の図④）。

1．知的好奇心を刺激する多様な学習資源の選択可能性（個が自由に選択する学習内容の重視と広がり）

2．体系的、組織的なコレクションの存在（学びの系統性の自覚と、未知のこと、知るべきことの多いことの発見）

3．個別の要求、ニーズに即したサービスとしての相談・援助の仕組み（図書館の専門スタッフによって提供されるサービスに込められた教育性）

4．どこまでも所要のものを探求できる組織性（ネットワーク）の具備（知の世界の連環と探求の可能性を裏付ける図書館ネットワークの力）

5．資料・情報のコントロール、再構成、そして発信（ニーズにそった付加価値を生みだし、共有から創造・交流・発信へ）

6．知的自由、プライバシーの尊重（学校が一般的に備える価値観、文化との乖離も生まれがちだが、学校文化の覚醒にも？）

7．学び方、学ぶ力（リテラシー）を身に付けた生涯学習者の育成（図書館を使いこなせる情報への主体的な生き方を生涯の生きる力に）

特に第6項の知的自由については、「『図書館の自由に関する宣言』[43]にうたう知的自由を実践する図書館は、読者の自主的・主体的な学びを支える教育力に欠かせない土壌である」とした。[44]　学びを支えるためには、知的自由が学校図書館

40) 前掲注 1)p.ⅴ.

41) 根本彰『教育改革のための学校図書館』東京大学出版会、2019、p.316.

42) 前掲注 1)p.74-78.

43) 詳細は JLA 図書館の自由委員会編『「図書館の自由に関する宣言1979年改訂」解説』第3版、JLA、2022. 参照.

44) 前掲注 1)p.78.

のベースになければならない。また、「(資料に)誰もがアクセスできるというきわめて民主的な原理原則に携わるのが図書館」である。図書館は、「学校教育という、どうかすれば一つの価値の注入になりがちな世界に対しても、教育とは何かということを問いかける原理になっているのではないか。学校に図書館の自由をどうなじますかというよりも、図書館の自由という原理が教育というものを変えていくことにもつながっていくのではないか」[45]とし、学校図書館にも民主的な原理原則が必要であることを塩見は指摘する。

　第1～第6項が活かされることで第7項の学び方、学ぶ力(リテラシー)を身に付けた生涯学習者が育まれるとした。「人の成長・発達の助長を使命とする学校教育の場の図書館が備える教育力」として「生涯学習者の育成」が重要であると強調している[46]。「生涯にわたって図書館を上手に使い、(中略)暮らしに活かせる生き方を身につけるためには」、図書館を日常的に利用して「それが面白く、楽しいことを実感として経験」することが重要である。「図書館の使い方を身につけて卒業していく児童生徒を一人でも多く育むことが、学校図書館の教育力の究極の成果といえ」、「それは、教師が職業生涯を教師として生きていくうえでの『学ぶ人』であり続けるための大事な環境でもある」[47]。

　子どもたちが情報・資料や図書館を活用する能力を身につけるだけではなく、教師も生涯学習者として図書館を利用して図書館のよさを体験してもらうことが大事である。教師のよい図書館の体験があることで、子どもの学びを豊かにするためには図書館を活用した授業が重要だと教師が気づくことになる。本書p.299で、教師自身によい図書館体験ができるような場面をどうつくっていくかということが大事で、学校改革や教育改革と図書館の関係の基点はそこであった(筆者による要約)と述べている。

　また、情報社会における情報格差は、「人権侵害ともなりかねない」として、「図書館の教育力を暮らしに根づかせることは、現代の人権保障の一環である」と学ぶ権利の保障を主張している[48]。

1-3-2　「学校図書館の教育力」を活かす

　「学校の教育力そのものが全体として拡張されることにもなる」ためには、欠

---

45)「『自由宣言』の原点をさぐる：座談会『自由宣言50年：その歴史と評価』の記録」『図書館の自由を求めて』JLA、2016、p.58.

46) 前掲注1)p.78.

47) 前掲注1)p.124-125.

48) 前掲注1)p.125.

かせない要件がある。塩見は「学校図書館の教育力」を活かせる要件として5つあげている。「1. 教師の真摯な教育実践の存在」「2. 教師の豊かな図書館利用体験」「3. 子どもたちの図書館リテラシー」「4. 地域によい図書館の存在と連携」「5. 図書館運営体制の整備―成果の公表、点検・評価と運営計画の還流」である[49]。

　「図書館が本当に必要とされ、活用されるためには、学校が真摯な教育実践を追求する場として機能する日常が不可欠」である。教師の真摯な教育実践には図書館のよさを実感する教師の存在が欠かせない。そのためには、「学校図書館による教員支援の活動、教員サービスの充実」が重要である。それと同時に子どもたちが図書館を使いこなせる技術を習得し、「主体的に情報を選択し、使いこなせる生き方を修得させるようにしなければならない」。また、「図書館ネットワークの活用は不可欠」だが、「地域によい図書館活動がなければ、学校図書館も十分な活動ができない」。「学校図書館に専門職員（学校司書）の配備が進んだとしても、（中略）司書教諭と学校司書におまかせ」では「有効な学校図書館の利活用は難しい」。「学校づくりと一体の課題として図書館運営を捉える学校経営が求められる」。これらの要件は、「学校教育の変革に資する学校図書館のあり方、学校図書館の当面する課題を考えることでもある」と塩見は指摘している[50]。学校教育の改革として、筆者の高校では、2009年から学校図書館が中核となった3ヶ年をつなぐ探究学習の実施を目指して、チームで取り組んだ。その一つとして、3年生の卒業論文作成の授業で、筆者が問題解決プロセスモデルを提案し、教材の作成や団体貸出を含む資料提供などを担当者と協働で行った。この授業は、ほとんどの教師が担当するため、図書館支援の必要性が理解されるに至った。ただ、教師の姿勢や指導によって授業に温度差があったことは課題であった。

　日常で「学校図書館の教育力」を活かすためには、「図書館に収集されているたくさんの資料に触れることによって子供達にもっと読みたい、もっと知りたい、もっと学ばなければならないことがたくさんあるんだ、と気づかせることができる、そういう意味での図書館の蔵書の持つ教育力・可能性を語る」ことである。「それらの教師達とはきっと共感しあえるし、またそういう理念を持った図書館に対し、それぞれの立場から自分の学校の図書館作りに手をさしのべ、協力

49）前掲注1）p.126-135.
50）前掲注1）p.126-135.

してくれる人たちがでてくる筈」である。つまり、学校図書館の意義を発信して、理念に共感し、協働してくれる人を増やしていくことが重要である。

　授業で活用する中で教師の側が学校図書館の意義を理解することもある。ある中学校の美術教師は図書館を活用している理由を次のように語っている。スケッチを行う時に「上手な子はいろいろテーマを求めていけるんだけど、描くのが苦手な子は、写真集などではなく、絵本などの画家が一度描いたものを模写する。だから力の差があっても利用できるので、図書館に行く」。これは学校図書館の蔵書の持つ教育力・可能性に言及していると言えよう。この授業に対して学校司書は、ていねいに根気強く資料を提供することで生徒は「図書館ってこういうふうに、自分のために役立とうとしてくれるところだ」と感じると、それまで図書館に来なかった子が顔をのぞかせるようになると述べている。子ども一人ひとりに寄り添った支援をすることで、子どもが主体的に取り組める学びとなっている。ただ、このような教師の実践が学校全体に広がっていないことが課題である。

　「学校図書館の教育力」の提起は、学校図書館関係者や市民の「学校にどうして学校図書館が必要なのか、学校に図書館の機能があることで、いかに学校教育が充実したものとなり得るか」と考える手がかりとなった。そのために、塩見は学校司書や学校教育の充実を願う各地の「考える会」などからの多くの講演に応じた。そこからこの「教育力」は、学校司書の仕事の検証にも活用されることとなった。例えば、「学校図書館を考える会・近畿」は学校司書を対象に「学校図書館の教育力を考える」アンケート調査を実施して、「学校図書館の専門職員の職務内容を明らかに」し、「日常業務を点検する指標を得た、等の成果」を報告している。その他、学校図書館問題研究会兵庫支部は「『学校図書館の教育力』を日常の活動と照らし合わせ」、日常の活動を理論化しようと取り組んだことで、「司書の専門性への理解が深まり、図書館のあり方を共有することにつながった」としている。教育力の７項目に図書館の活動を当てはめたことは、

51）塩見昇「学校図書館の自由について」『第16回 JLA 学校図書館部会夏季研究集会報告集』JLA 学校図書館部会、1985、p.17.
52）髙木享子『教師は学校図書館をどう使うか：インタビュー・箕面市にみる司書と教師の協働』教育史料出版会、2022、p.223-242.
53）前掲注１)p.78.
54）「実践から『学校図書館の教育力』を考える〈アンケート集計〉」前掲注１)p.166-173.
55）前掲注１)p.79.
56）「どう実感してもらう？学校図書館の教育力」『がくと』(31)、2015、p.54-58.

学校司書自身の仕事を見直し、考える材料になった。今後もこのような検証の積み重ねが必要であろう。

　また、塩見は「『学校図書館の教育力』を活かして学校教育の充実を図る図書館のはたらきを具現化するためには、その役割を自己の責務として自覚し、またそのような期待を学校内外から受け、実際に果たしうる力量を備えた『人』を学校図書館に得ることの可否にかかっている」と、図書館が機能するために「人」が欠かせないことだけではなく、どのような「人」が必要かについても論及している。

1-4　「もう一つの学校」としての教育力

　塩見は「学校図書館の教育力」を「もう一つの学校」として、「学校の中の図書館＝学校図書館に内在する力（可能性）」を明らかにしようとした。学校図書館は、「単なる教科の学習のサポート機関という以上のものがある。（中略）子どもたちが日ごろ図書館で出会う体験の積み重ねが、教科における自発的な学習の力をすすめることになるだろうという相互関係」にある。「学校の中心的な教科の学習と相互に結びつきつつ、ある程度自立した場というものを強調することが、学校図書館の独自性が大事だと理解されるために必要ではないか」と指摘している（→本書 p.314）。

　また、塩見は「本を介した読書という行為には、カリキュラムに沿って系統的に学ぶ世界とは違った自分でつくる学びがある。『もう一つの学校』といっても過言でなかろう。校内にそういう場をもつことで、学校は子どもたちの学びを大きく広げることになる。授業で学んだことを主体的に深め、発展させるとともに、授業に臨む学習意欲を高めることにもなる」とも述べている。「もう一つの学校」は、子どもたちの知的好奇心を喚起し、探究心を育むことができる場であるといえるのではないだろうか。

　例えば、児童が学校図書館にある鉄道の本をもとに、鉄道の本「岡山ライン」シリーズを手作りしたという学校司書の実践報告は、まさに学校図書館が個々の学びを保障した「もう一つの学校」としての教育力であることを証明している。「一人ひとりの子どもが、私の学びのために必要とする一冊の本、いろいろ

57）前掲注１）p.50.
58）前掲注１）p.73.
59）前掲注１）p.86.
60）横山由美恵「いつでも応援するよ！自分のやりたいことができる最高の場所に」

な資料との出会いを徹底して学校図書館に求める」、「図書館のほうから言えば、その子の学びに必要なものを差し出し、それを使って、一人ひとりの子どもが自分の学習過程を作っていくことを支え、保障する」ことが学校図書館の教育力である[61]。子ども一人ひとりの読書や学びを支えるサービスとしての図書館活動を基盤としてこそ、学習を保障することができる、それが教育力であり、そこには「もう一つの学校」という側面があることも示唆した。「学校図書館はもう一つの学校である」というとらえ方は、塩見の学校図書館論の大きな特徴である。この「もう一つの学校」は、「学校図書館そのものが学習や研究のひろがり、深まりを生みだす場であり、学校文化を創造するはたらきをもっている[62]」ひろばとしての教育力と通じるものがあると言えるだろう。

　1990年代末、池田知隆（当時毎日新聞記者）が不登校の児童が公共図書館に通って学ぶことについて、「学校に居場所を見いだせない子どもにとって、図書館がもう一つの『学校』であり、図書館を使いこなすことは、その子の生涯にとって『学校以上に価値あること』かもしれない」とした。このことについて、塩見は、「『もう一つの学校』ということに論理的にはつながるというふうに捉え」（本書 p.329）て、「図書館をよく理解するジャーナリストならではの先駆的な知見[63]」であると述べている。

　本書 p.352でも「子どもたちにしてみれば、教室で習う教授＝学習過程、授業が学校の主要なものであることは間違いないのだけれど、その中から触発されて生まれてきた興味関心は、子どもにとって大事な成長の芽に違いない」。そういうことに応えてくれる「学校図書館というのは『学校の中にあるもう一つの学校＝学びのしくみである』と言えよう。そこから子どもが自分の気づいた課題から出発して、どこまでも自分の判断で進めていける、そういう学習過程が学校図書館を活用した学びですよね」と語っている。

　塩見は「学校のなかの図書館」として、学校図書館のはたらきを示し、「学校図書館の教育力」を提起し、その「学校図書館の教育力」には、「もう一つの学校」という側面があると論じて、学校図書館の役割が教育を変えるという学校

　　『学校司書って、こんな仕事：学びと出会いをひろげる学校図書館』かもがわ出版、2014、p.77-81.
61)　前掲注20)p.20-21.
62)　前掲注28)p.11.
63)　前掲注1)p.70-73.

図書館論を明確に示した。ここに取り上げた実践事例は、正規および常勤の学校司書がいる公立学校であることをお断りしておく。　　　　　　（鈴木　啓子）

2. 知的自由に裏打ちされた「図書館活動」と「図書館教育」

　1-2で述べた通り、塩見の学校図書館論において、学校図書館のはたらきである「図書館活動」と「図書館教育」は、相互に補強し合いながら学校教育を豊かにする原動力になるものと捉えられている。そして、これらのはたらきは、知的自由に裏打ちされることによって確立すると考えられている。

　図書館活動と図書館教育が知的自由に裏打ちされるとはどのようなことなのだろうか。知的自由を基盤とすることで、学校教育はどのように豊かになるのだろうか。本節では、塩見の学校図書館論の特徴について、知的自由との関わりに注目しながら考察してみたい。

2-1　知的自由と学校図書館のはたらき―「徹底した資料提供」に注目して

　まず、知的自由と図書館との関わりについて、塩見の文章をもとに整理してみよう。

　『最新図書館用語大辞典』によると、「知的自由」とは、「一個人が他人もしくは集団から何らの妨げも受けることなく、自由に精神の活動を行うことのできる状態」であると説明されている。[64] 塩見は、この定義を引きながら、知的自由という概念について、「内面（心のうち）については何びとからも干渉されず、自由に自らの意思で思い、考え、情報を得たり、表現できること」であると同時に、「自分が好きでない考え方、思想についても（中略）尊重しよう」という態度であると説明している。このように捉えるならば、知的自由とは、「さまざまな資料や情報を収集、整備し」、「人々の知りたい、学びたいというニーズに応えて提供することを最も基本的な役割とする図書館」にとって、「社会的、公的な事業として制度化されるための根底をなす原理であり、根拠」となりうるものである。そして、日本図書館協会が1954年に策定し、1979年に改訂した「図書館の自由に関する宣言」（以下、自由宣言）は、「図書館が知的自由に関わる重要な機関」であり、図書館がそれを「保障する役割を果たす論拠」を示したものである。[65]

　自由宣言には、図書館において知的自由を保障するための原則の一つとして、

---

64) 図書館用語辞典編集委員会編『最新図書館用語大辞典』柏書房、2004、p. 319.

65) 塩見昇「『図書館の自由に関する宣言』の成立と進展」『知る自由の保障と図書館』京都大学図書館情報学研究会、2006、p. 4-5.

「資料提供の自由」、言い換えれば、利用者の求めに応じて資料や情報を提供することが掲げられている。こうした「徹底した資料提供」の意義については、次のような塩見の発言がまず注目される。

> 「（学校図書館が）児童・生徒ならびに教師の求めに応じて資料や情報を提供する、そのことが学校における教育活動や教育実践を豊かなものにします。このようなサービス活動は学校図書館における最重要な機能で、それを公共図書館的だというのは全くナンセンスなものです。[66]」

塩見が指摘するように、学校図書館界には、徹底した資料提供という考え方は公共図書館を中心とするものであり、学校図書館にはなじまない、とする考え方が根強く存在してきた。しかし、塩見は、利用者の求めに応じた資料提供は、公共図書館はもちろん学校図書館でも最重要視されるべき活動であり、学校教育の豊かな展開に必要不可欠なものであると述べている。そして、こうした考え方は、「学校図書館に関するまとまった執筆はもうこれが最後になる[67]」という決意の下、2016年に上梓した『学校図書館の教育力を活かす』の中で、次のようにより具体的に展開されている。

> 子どもたちは学校の中でさまざまな学びを体験する。学校図書館に「多様な資料」が揃えられ、「楽しい本との出会いがサービスとして提供されている」ならば、学校図書館は、さまざまな学びを通して「触発された子どもたちの疑問を解き明かしたり、興味や知的好奇心を広げたり深めることにつながる」場となるだろう。学校教育の担い手である教師に対しても、「教育計画や創意に富んだ授業の展開に必要な教材資料がサービスとして提供され」たならば、「創意・工夫のある授業に向けての教師のイメージが図書館のはたらき（支援）によって具体化される」ことが期待できる。もちろん、予算が乏しい学校図書館の蔵書だけでは十分に利用者の資料要求に応えきれない場合もあるが、学校図書館もまた、「地域の公共図書館をはじめ」とする「各種図書館組織との連携・協力」を通して「広範な情報資源へのアクセスが可能」となっている。このような徹底した資料提供を通して、「小さな学校図書館」は「広く大きな情報資源の世界への窓口としてつながって」いく。さらに言えば、学校図書館の利用者が「どこ

---

66) 塩見昇「学校図書館のこれからを考える：“人”の在り方を中心に」『図書館の発展を求めて：塩見昇著作集』日図研、2007、p. 296。初出は『ぱっちわーく』事務局編・刊『100号記念 ぱっち FOUR らむ「これからです。学校図書館」記録集』2002、p. 76-77。

67) 前掲注1）p. v.

までもアクセスできることを実感することは、探究の喜びと楽しさを味わえる
し、情報時代に必要な情報を主体的・選択的に使いこなせる基礎的能力の育成」
にもつながっていく[68]。

　こうして整理していくと、徹底した資料提供を背骨とする図書館活動は、図書
館や資料を活用した授業や読書教育・利用教育といった図書館教育とも深く関
わり合うことによって、学校教育を豊かなものに変えていく力があることが浮
かび上がってくる。このように学校図書館のはたらきを、知的自由を基盤とし
て捉えている点もまた塩見の論の特徴の一つであり、さらに言えば、学校教育そ
のものを知的自由が支えるというまなざしも読み取ることができる。図書館教
育・図書館活動はもちろん、学校教育における知的自由の重要性を説いた点にも
その論の特徴をみることができるだろう。

2-2　「徹底した資料提供」と「サービス」

　ところで、「徹底した資料提供」という概念について、利用者の要求にさえこ
たえておけばよい、と捉えるならば、それは塩見の学校図書館論を捉える上で不
正確なものとなってしまうだろう。

　塩見は、学校図書館の蔵書が持つ教育的なはたらきについて、「図書館でたま
たま手にした一冊の本が思いがけない好奇心を刺激し、書架上で前後に並ぶ本
のつらなりが、未知なこと、学ぶべき課題の多いことに気づかされるというのは
珍しいことではない」と述べている。そして、そのことは「教師によって用意
される教材がもたらす結果をこえたところで探究の契機を生み出す」可能性も
大いに秘めている。このように、学校図書館の蔵書には「学習過程の多様さに
対応できるだけの幅広さと奥行きが不可欠」であり、塩見が言う徹底した資料[69]
提供、あるいは、知的自由の保障とは、児童生徒の要求にこたえることはもちろ
ん、その要求を引き出し、広い世界へ誘うものでなければならないのである。

　徹底した資料提供については、利用者をお客様扱いし、不自由なく求められた
資料を手渡すことであると捉えられることもある。そして、そのことが学校図
書館のはたらきとしてふさわしくないイメージを持たれてしまうこともあるだ
ろう。学校図書館という教育機関において、児童生徒は、ただサービスを享受す
るだけのお客様ではないはずである。こうした疑問に塩見はどのように答える

68）前掲注 1 ）p. 67-68.
69）塩見昇「学校図書館と図書館の自由」『学校図書館と図書館の自由』図書館と自由
　　（5）、JLA、1983、p. 9.

のだろうか。

　ここで注目したいことが、塩見が掲げる「学校図書館の教育力」の一つである「生涯学習者の育成」という考え方である。その内容は次のように説明されている。

　「学校では知識を教えるのではなく、知識を獲得する仕方、学び方を学ぶことが重要だ、と言われることがよくある。それが単なるノウハウの技法に矮小化されてはならないが、人が長い生涯にわたって、重要な生涯発達の節目を一つひとつ主体的に選択し、次のステップへの糧としていく生き方ができるための基礎を集約して身につけることは、誰もが人生の早い時期に一斉に経験する修学（特に義務教育）期にこそ大事な体験である。（中略）情報が暮らしの中で占めるウエイトが非常に大きくなっている現代において、情報を選択的に活用できる力を欠くことは、情報阻害につながり、情報格差は人として生きる上での人権侵害ともなりかねない。図書館の教育力を暮らしに根づかせることは、現代の人権保障の一環だという認識を大事にしたい。[70]」

　こうした記述を追っていくと、塩見が言う知的自由の保障、あるいは、徹底した資料提供とは「客の気に入るように手取り足取り世話をする」というような意味では用いられていないことは明らかであろう。そして、こうした考え方は、塩見が大阪市立中央図書館での奉仕課勤務時代（1962-1971）に当時の図書館界へ提起した問題意識にも共通しているように思われる（→本書 p.69）。

　当時の公共図書館において、司書の仕事の花形はレファレンス・サービスであると考えられていた。塩見が勤務していた大阪市立中央図書館のレファレンスルームも、「金魚鉢」と呼ばれたガラスで仕切られた小部屋の中に参考図書類が置かれており、「レファレンス・ライブラリアンとしてはそれらをすぐ調べられるように手元に置くというのが常識」だったという。利用者の質問に対して司書がそれらのツールを使って調べると、当然喜ばれるわけだが、塩見はそうした仕事を続ける内に「何か違う」と考え、調べるための本を自分の手元に抱え込んで、調べるツールやスキルを独占することを「囲い込み」と批判するようになっていく。[71]

　図書館の本来のあり方は、「利用者が自分で困ったことがあったら自分から百科事典（中略）の所へ行って、調べられるようにする」ことであり、そうした活動

70）前掲注１）p.122-124.

71）塩見昇『半世紀』p.12-13.

を促すことは、利用者自身が日常的に知識を発見する喜びを体験することにもつながる。図書館のレファレンス・サービスは、そうした学びや喜びを利用者から奪うことではなく、広く共有できるようにツールを開放し、使い方を助言し、より高度な質問に資料提供を通して徹底的に応えていくことを目指すべきである。こうした塩見の初期の考えや疑問は、その後の学校図書館論の展開にも大きな影響を及ぼしたと考えることができるだろう。

2-3　知的自由に裏打ちされた学校図書館のはたらきをどのように実現するか?

2-3-1　学校図書館と図書館の自由の関係性

　上述のように、塩見の学校図書館論の特徴の1つには、図書館における知的自由との関わり、言い換えれば、「図書館の自由」との関わりがある。図書館の自由を学校図書館に妥当させることについては否定的な立場もあるが[72]、塩見は早い時期から図書館の自由の実践が教育を変えるという確信をもち、図書館の自由が学校図書館に"どのよう"に妥当するのかという点に強い関心を寄せてきた。

　1979年に改訂された「図書館の自由に関する宣言」の副文には、図書館の自由の理念は、学校図書館も含めてすべての図書館に「基本的に妥当する」と記されている。改訂作業にも大きく関わった塩見は、当時のことを振り返りつつ、学校図書館は「教育の場の図書館として、当然その基本的な原理原則は適用できる」としても、「そういうふうに図書館をしていく主体をほとんど(中略)持っていない」ことから、十分な検討ができず、「逃げの表現」として、「基本的に」という用語がそこに加えられたと語っている[73]。当時の学校図書館の場合、活動の主体となるべき専任職員が配置されていないところも多く、職員制度も不十分であったため、この問題を学校図書館界全体で議論する時機にはなかったということだろう。

　しかし、その一方で、1979年に発行された自由宣言の最初の解説書の「あとが

---

72) 例えば、『学校図書館への招待』(第2版、八千代出版、2020)では、「教員の中では、"図書館の自由に関する宣言"の学校図書館への適用に違和感を感じる者が圧倒的であろう。司書職の専門性、言い換えるならばJLAを中心とする公共図書館の論理と、学校教育の中心に位置する教員の間に存在する埋めがたい"溝"と言っても過言ではない」という記述がみられる。(引用部分は坂田仰による。p.172)

73) 塩見昇『図書館の自由に関する宣言1979年改訂のころ:塩見昇講演記録集』JLA Booklet(3)、JLA、2018、p.36.

き」の中で、塩見は「宣言の具体化とそれを通してのさらに新たな改訂の素材を蓄積することに、80年代の中核的な課題を見出したい」と書いて結んでいる。[74] そして、宣言改訂から4年後に発表された論考の中でも、「図書館の自由という理念が学校図書館になじむかどうかという危惧が生ずる背景」には、資料収集・提供の自由が「学校の教育方針や教育課程と抵触」するのではないかという懸念と、「学校図書館が学校運営のなかで、独自な判断と行動をなし得る」という意味で「相対的自立性を備えているといえるかという現実の弱さ」があるとしつつも、「学校図書館への宣言の普及と図書館の自由がどのように『妥当』するのかの検証は、なお今後の実践と研究を俟つべき課題として残されている」とも記している。[75]

　このように、塩見の関心は早い時期から一貫して、学校図書館のはたらきに図書館の自由の理念をどのように「妥当」させるのか、という点にあったことが分かる。上述のように、図書館の自由や知的自由の考えは教育の自由につらなるものであり、教育の自由を基盤とする塩見の学校図書館論にあっては、当然の帰結であるとも言えるだろう。

　以下、資料収集の自由、資料提供の自由、プライバシーの保護、検閲への反対といった、自由宣言の各原則についての塩見の言及を整理しながら、他の研究者がもつ違和感を塩見の学校図書館論がどのように乗り越えるのか、より具体的に明らかにしてみたい。

2-3-2　「資料収集の自由」のとらえ方—「検閲」ではなく「選択」

　自由宣言の副文によると、「資料収集の自由」とは、「国民のあらゆる資料要求にこたえる」ことを目指し、「自らの責任において作成した収集方針にもとづき資料の選択および収集を行う」とする包括的な概念である。しかしながら、学校図書館においてその原則を実践することに対しては、塩見自身も指摘するように、「性や暴力を扱ってる資料が未成熟な児童生徒にとって教育上好ましくない」、あるいは「戦争、公害などの社会的な問題、見解のわかれる主題を取り上げている資料に対して、『偏向している』との理由」によって、一定の制限をか

74）図書館の自由に関する調査委員会編『図書館の自由に関する宣言 1979年改訂』JLA、1979、p. 46.

75）前掲注69）p. 7-8. 引用文にある「相対的自立性」という用語について、本書 p. 356 では、「絶対的な自立性ではなくて、あくまで相対的であって、学校という組織の一部であるということから良くも悪くも離れてはいけない、その辺のところを言おうとした」と述べている。

けるべきであるとする考え方もある。[76] 同じような問題は、公共図書館でも起こりうるが、学校図書館では「『教育的配慮』として『悪影響だから守る』ということが行われやすく、図書館の自由との対立、トラブルが起きやすい構造になっています」と塩見は指摘する。[77]

　知的自由を基盤とする塩見の学校図書館論において、こうした問題はどのように解消されるのだろうか。塩見は、資料収集の自由をめぐる問題について次のように述べている。

　「収集の自由とは、どんな資料もすべて学校図書館が、集めなければならない、ということではない。学校の教育活動が必要とし、児童生徒や教師から求められた資料で、正規の選択機構によって選びだされた資料の収集[78]が、学校内外からの権力的な規制によって収集できないといったことがあってはならないというのが収集の自由である。[79]」

　この記述から分かるように、塩見の学校図書館論において、収集の自由の「自由」とは、学校図書館の選択機構の自立性の確立を第一に意味しており、子どもたちの要求を無制限に受け入れることを、学校図書館に求めるものではない。その点では、子どもたちへの悪影響を懸念して資料を排除する立場と、塩見の考えとはそれほど大きな相違はないようにも見えるかもしれない。しかしながら、悪い影響から子どもたちを守るという考えに基づいた資料の排除について、次のような批判的立場をとるのもまた塩見の学校図書館論の特徴である。

　「読者を好ましくない本によって影響されないように守ろうとすると、本の『瑕疵』を見つけることに関心が向かう。読者の知性に信を置き、読者の読む自由、読む権利を大事にしようとすれば、図書館にあってはいけない本というのは基本的に存在しないということになる。しかし、限られた購入予算の制約を考えれば、おのずとその図書館にとっての備えるべき優先度によって購入の是非を仕分けせざるを得ない。そこで必要性、有用性の高いものから選ぶことになるが、その際、新たに蔵書に加えるべき理由を見出すのが選択者の

76）　前掲注69）p. 9.

77）　前掲注45）p. 89.

78）　塩見は、編著書『学校図書館論』（教育史料出版会、2003、p. 167）の中で、岡山市教育委員会の「学校図書館運営の手引き」（改訂版）を引用して、「児童（生徒）及び職員の個人の要求や、各学年・各教科の意向が反映できるメンバー」（学校司書を含む）により構成された資料選択委員会が資料の収集・選択を行うとしている。

79）　前掲注69）p. 8.

なすべきことであって、排除する根拠を見つけようとするのは検閲者の所作だというのがアシャイムの主張である。本は本来、一冊一冊が個性的な存在であり、それぞれが他とは違う何かを備えている。ある人にとっては不快で、あってほしくない、つまらないと思える本もあるかもしれないし、部分的にみると誤りがあったり、好ましくない表現、誰かを傷つけるような内容もあるかもしれない。しかし、そういう『瑕疵』を見つけることで、それを根拠にその本を排除することは検閲であり、図書館の選書が採るべき視点ではない。[80]」

　学校図書館だけではなく、すべての図書館に共通すると考えられるが、ここでの論点は、収集の自由の「収集」をどうとらえるか、にある。上記の引用文の中に出てくる「アシャイム」とは、シカゴ大学図書館学部の教授をつとめたレスター・アシャイム（Lester Asheim, 1914-1997）であり、「Not Censorship but Selection」（検閲より選択を）という言葉は、彼がその著書、論文の中で繰り返し主張してきたことである。塩見は、アシャイムの考えをもとに、図書館が行うべき収集とは、「選択」であるべきであり、「検閲」であってはならない、と述べている。そして、収集が選択であるためには、図書館員は、資料に内在する瑕疵を発見することに注力するのではなく、客観的な基準をもとに、蔵書に加えるべき理由を見出すことに積極的でなければならない、と考えている。

　上述のように、悪書・悪影響の排除という、ある意味では検閲的な態度で資料収集にのぞむことは現代の学校図書館関係者にも多くみられることである。塩見がそうした考えとは一線を画した学校図書館論を展開する基底には、大学時代のある1冊の本との出会いがあったのではないだろうか。

　塩見は、大学3年生の終わりごろから、図書館学の授業を担当していた小倉親雄の研究室を「しょっちゅう」訪ね、交流を深める中で、1冊の本を小倉から紹介されることになる。それが"Banned Books"[81]であり、紀元前から20世紀までの禁書本について、どこでなぜ禁じられたのかを整理したものであった。塩見はこの本を読んで、「『世界名作全集』とか『世界の名著』というものに出てきそうな本は、大体皆出てくる」ことに気づかされる。そして、「今、有名な本として残っている本は、たいていどこかで焼かれている」ことが、当時の塩見にとって「非常に面白かった」と語っている（本書 p.43）。

---

80) 前掲注1) p.88.
81) Haight, Anne Lyon, *Banned Books: informal notes on some books banned for various reasons at various times and in various places,* 3rd ed., R.R. Bowker, 1970.

　塩見の禁書への関心は、後に彼が戦前の学校図書館研究を本格的にスタートした頃に出会った、戸塚廉の著書『いたずら教室』[82]を知ることで、さらに図書館の自由（知的自由）に接近していく。戸塚が言う「いたずら」とは、後ろから近づいていきなり頭をポンとたたくような「悪さ」とは異なり、「みんなが当たり前だと思っていることに『なんで』『ほんとにそうか』と疑問を感じて、疑問を感じたら、それを自分で解き明かすということを色々やってみる」という営みである。したがって、いたずらとは大人の側から見れば、秩序が壊されるやっかいなものであるが、大人の注意をふりきって、混沌や変化を生み出すことで子どもたちは成長し、世の中が変わるきっかけをつくる。『いたずら教室』とはそうした子どもたちが描かれた物語であり、塩見はその子どもたちの姿に、「本が禁じられるということに（中略）通じるものがある」と感じるのである。

　塩見によると、「本というのは一冊一冊が個性的で違うもの」であり、「著者そのもののいたずら心みたいなものが、本を作り出す」。そうした本は、当然、「権力者、為政者の立場から見れば、あってほしくないもの」と受け止められ、「この本はけしからんというふうにいじめられる、迫害を受ける」ことになる。しかし、時の権力者がいくら不都合な本を禁書として焼こうとしても、そうした本は必ずどこかで生き延びて、古典となっていく。その時、大きな役割を果たすものが「図書館」であり、言い換えれば、図書館は、権力者が迫害するような本を「できるだけ大勢の人にそれを読んでもらう」ことを目指すものでなければならない（本書 p.44）。

　こうしたいくつかの出会いを通して、塩見の禁書や図書館での資料収集に対する考え方は形成されていくことになる。そして、図書館での資料選択において「焼かれる本こそ、よい本だ」という発想を持つことの重要性を説くのである。[83]

2-3-3　「資料提供の自由」のとらえ方—真の意味で「教育的」であるとは？

　資料には「一冊一冊」に「個性」があり、蔵書に加えるべき理由がある一方で、その個性の中には、子どもたちに悪影響を与えるような要素が含まれることもあるかもしれない。そこには、子どもたちに対して「権力」をもつ大人の側からみて、秩序を乱すという意味での悪影響も含まれるだろうが、もっと単純に、子どもの健全な成長を阻害するかもしれない、という意味での悪影響もあるだろう。こうした悪影響論に立つ学校図書館論者は、そうした要素に子どもたち

82）戸塚廉『いたずら教室』日本の子ども文庫（2）、講学館、1959.
83）塩見昇『知的自由と図書館』青木書店、1989、p.9.

が触れることを強く懸念し、学校図書館において自由な資料提供などありえないという立場をとる。その点について、塩見はどう考えるのだろうか。塩見は、愛知県立高校図書館での禁書事件[84]をめぐって、外部から批判が寄せられた資料の取り扱いについて次のように述べている。

　「読者を読書による悪い影響から守ってやるのだという考えには十分自制的であることが大切である。評価のわかれる資料については、制限によって『被害』を最小限にとどめようとするよりも、むしろその内容を積極的に教材化し、子どもたちが集団で考えていく素材として生かすことこそが教育の場にふさわしい扱いというべきである。」[85]

　「とくに学校図書館の場合、もし評価が別れるような資料が出てきた場合、むしろ、その評価がわかれるという部分を積極的に教材化して使ってゆく、これこそ教育の場の図書館として、最もふさわしいやり方なんではないかと思います。ある問題をめぐって評価がわかれるとすれば、なぜそうなんだろうということで、それを子供たちが学ぶ課題にとり入れて行くべきではないだろうか。」[86]

　このように、塩見は資料提供における悪影響論に対して、「自制的」でなければならない、とする。そして、批判が集まりやすい資料について、ただ収集を控えたり、提供を制限することについて、果たして真の意味で「教育的」かどうか、と警鐘を鳴らすのもまた塩見の学校図書館論の特徴である。つまり、その資料に何らかの問題点があるとしても、ただ収集や提供を控えるのではなく、その問題点を考える機会を子どもたちとともに共有することこそが教育的であると考えるのである。

　こうした塩見の資料収集・提供をめぐる特徴的な立場は、土居陽子による高校図書館での『完全自殺マニュアル』をめぐる実践への評価[87]にも重なっている。

　「あまり『良質な本』とはいえそうにない『完全自殺マニュアル』のリクエストを生徒から受けた学校司書が、その扱いについて図書主任、図書館委員会に参加する教師たちと丁寧な検討を重ね、この本と関連のある幾冊かを併せ

84）この事件については本書 p. 346-349で詳しく紹介されている。

85）前掲注69）p. 10.

86）前掲注51）p. 9.

87）土居陽子「『完全自殺マニュアル』の予約をめぐって：学校図書館における『図書館の自由』」『表現の自由と「図書館の自由」』図書館と自由（16）、JLA、2000、p. 112-125.

て『生と死を考える』という特設コーナーを設けて配架し、当該の図書をも
教材化したという実践がある。学校図書館においてなればこその『教育的な』
対応であり、図書館の自由を学校文化になじませる貴重な試みだといえよ
う。」[88]

　子どもたちへの悪影響を懸念する学校図書館論者は、学校図書館だからこそ、
資料提供の自由はありえない、と考えることが多いのではないだろうか。しか
しながら、問題のある資料を学校図書館から排除しても、その子どもは書店で
買ったり、友人から借りたりしてその資料を読むかもしれない。インターネッ
トを使えば、その資料と似たような情報へアクセスすることもできるだろう。
子どもへの悪影響が問題視される資料であればなおさら、学校図書館へのリク
エストを好機ととらえ、「積極的に教材化し、子どもたちが集団で考えていく素
材として生かす」ことを目指すべきである。そして、それは他の館種ではでき
ない学校図書館特有の営みでもある。「問題がある資料なんかはそれこそそれ
を教材化して活かせるのが学校（図書館）」であり、「学校（図書館）でしかやれな
い」のである（本書 p. 353）。

2-3-4　「利用者の秘密を守る」のとらえ方—学校文化への問いかけ

　学校図書館において図書館の自由の実践が難しいとされるもう１つの理由が、
「利用者の秘密を守る」という原則と教育指導上の必要性との対立である。学
校図書館が管理する子どもたちの読書に関する記録には、子どもたちの興味関
心が示されるという点で、読書指導や生活指導といった教育指導に役立つとい
う考え方がある。子どもたちと教師との間には信頼関係があり、むしろ子ども
は教師に自身のことを知ってほしい、と潜在的に願っているのだから、プライバ
シーのことは大きな問題にはならない、学校図書館で言うプライバシーの保護
とは、児童生徒間でのことであり、学校文化にはなじまない、とする考え方は現
在も根強く存在する。[89]

　こうした学校図書館におけるプライバシー保護への否定的なとらえ方につい
て、塩見はかなり早い時期から批判的な見解を示している。例えば、1983年に発
表された論考の中では、当時の状況について、「生徒の個別指導にとって個々の

---

88)　前掲注１)p. 122.
89)　「探究学校図書館学」編集委員会編著『読書と豊かな人間性』探究学校図書館学(4)、
　　全国 SLA、2020、p. 87-88/小川三和子著『読書の指導と学校図書館』学校図書館学
　　(2)、青弓社、2015、p. 67-68.
90)　前掲注69)p. 10-11.

子どもたちが何を借り、読んでいるかを教師は把握している必要があるという
考え方が学校では支配的である」としつつも、当時の学校図書館で多く採られ
ていたニューアーク式の貸出方式について、「貸出記録に名前を書き、それがい
つまでも残る方式は学校図書館においても採るべきではない」とし、「そういう
記録を残さないことが利用者の秘密を守るために大事なことである」とはっき
りと述べている。教育指導上の必要性から教師が児童生徒の読書に関する記録
を知る必要があるとしても、学校図書館が管理する記録がそのまま使われるべ
きではなく、また、安易に使われないようにするためにも、読書の記録は、公共図
書館と同様、図書館には残さないようにするべきであると、塩見は問題を提起す
るのである。

　塩見のこうした問題意識は、同論考の次の部分からもはっきりと読み取るこ
とができるだろう。

　　「学校図書館が、読書をすぐれて個性的な、心の自由の問題としてとらえ、教師
　　といえども一方的に侵入することを許さないという実践を図書館活動全体の
　　なかで貫くことは、学校教育のなかにプライバシーという概念を定着させ、真
　　に個を尊重することに向けての鋭い問題提起となるだろう。」

　こうして見ていくと、当時の塩見の問題提起は学校教育全体に向けられたも
のであったと考えることができる。学校教育の中では、個人として独立した人
格が認められず、精神の自由が制限されることがある。塩見はそうしたことが
当たり前として疑いの余地をはさむこともできない「学校文化」そのものを、
図書館の自由の実践を通してとらえ直すことを呼びかけるのである。そして、
こうしたプライバシー保護に関する塩見の問題意識は、1990年に発効した「子
どもの権利条約」を受けて発表された一連の論考の中でさらに明確に示される
ことになる。

　　（学校においては、プライバシー尊重の）「希薄さが、しばしば『信頼関係』と
　　いうマジックワードによって糊塗されてきた。（中略）教育は教師と児童生徒
　　との信頼関係の上に成り立っており、教師は子どものすべてを知っていなけ
　　ればならない、ということが暗黙の前提とされてきた。それはそれで否定さ
　　れることではないが、実態がそうなっていないことが露呈している。[91]」

　　「資料の利用（読書）に関する指導や助言は、学校図書館のスタッフが個々の資

91）塩見昇「子どもの権利条約：プライバシー権の波をかぶる学校図書館」『現代の図
　　書館』29(4)、1991.12、p.209-215.

料提供の際に、あるいは教師が教育活動の一環として、必要ならばそのために集積したデータを基に行うべきことであって、利用者が資料を借りるためにのみ提供したデータは、資料が返却されれば当人に『返す』のが筋である。それを目的外に使うことは、当人がまったく予期していないことである。それが自分に対する判断の根拠となったり、指導資料ともなると分かれば、本来の読みたい資料を借りるという行為そのものが歪められることもあり得るだろう。それは他にどれだけのメリットが想定されても、あってはならないことである。」[92]

塩見が言う「教師が教育活動の一環として、必要ならばそのために集積したデータを基に行う」とは具体的にどのようなことなのだろうか。児童生徒のプライバシーを守りつつ、教育指導を実現する方法はあるのだろうか。その答えは、2016年に出版された著書の中で次のように記されている。

「大事なことは、読者自身が自分で判断し、選べることである。自分に関する情報は、自分でコントロールできる、自分に関することが自分の預かり知らぬところであれこれの判断材料になる、といったことがあってはならない、というのがプライバシーの原則順守である。」[93]

児童生徒が何を読んでいるか、何に関心があるかを知ることは、教育指導の場面において必要となることもあるかもしれない。しかし、そうした教育指導上の必要性があるとしても、児童生徒を個人として尊重する立場をとるならば、彼らの知らないところでこっそりその情報がやりとりされることはあってはならない。何を読んだのかという情報は、本来は児童生徒がコントロールできるものでなければならず、例えば、教師が"どんな本を読んでいるの?"と直接聞くなどして、児童生徒が自らの判断で教師にその情報を手渡すことができるようにするべきである。そうしたコントロールの上であっても教育指導は成り立たない訳ではないし、成り立つような信頼関係を構築していくことこそが、本当の意味で教育的な営みと言えるだろう。

塩見のプライバシー保護のとらえ方にみる独自性として、ここでもう1つ触れておきたいことが、「学習」という営みについても、プライバシー保護の対象となすべきだと考えられている点である。上に引いた文章に続いて、塩見は次のように書いている。

92）塩見昇「プライバシーの尊重」『学校図書館』(507)、1993、p.30-31.
93）前掲注1）p.120-121.

　「読書や学習というすぐれて精神的、思想的な営みについて、そうした心の自由を大事にすることで図書館活動は成り立っている。そうした保障のないところでは、人は思いのままに、自由に本を読んだり、調べたり、考えたりはできない。そういう信頼を持てない相手に、心の内をあかし、率直な相談をもちかけるようなことはしない。」[94]

　塩見が言うように、学校文化の中では、まだまだ授業や教科書、カリキュラムから逸脱して学ぶ自由が認められない状況がある。一方で、学校図書館は教科書やカリキュラムにとどまらない学びを広く保障する場でもある。とすれば、学校図書館が管理する記録の中には、学習に関わるプライバシーも当然含まれることになる。現代的な感覚から言えば、プライバシーを保護すること、秘密を守ることは、図書館に限らず、日々の生活の中に当たり前に根付くルールである。しかし、塩見は「秘密だから守る」という狭い視点でこの問題を捉えているわけではない。その先にあるものは、精神の自由を守ることであり、子どもたちの自由な学びを保障することである。学校において自由な学びを実現することは、教育の本来の目的である。こうして整理していくと、学校図書館におけるプライバシー保護は、資料収集・提供の自由と同様に、塩見にとっては、学校図書館だから実現できない（困難な）ものではなく、学校図書館だからこそ実現しなければならない任務として認識されていることが分かる。

　塩見は、インタビュー（p.159）の中で、1970年代の初めに参加した学校図書館関係者の研究集会において「貸出記録とプライバシーのことを話した」ところ、「名前が残る貸出記録がなかったら学校図書館は成り立たないというぐらいの勢いで、みんながきょとんとして」いたと語っている。とすれば、塩見が早い時期から学校図書館においてプライバシー保護を徹底しようと呼びかけ続けたことは、“信頼関係”や“教育指導上の必要性”、あるいは“教育的配慮”といった言葉の下で糊塗されてきた学校文化をとらえなおそうとする営みでもあったのではないだろうか。こうした営みは、かつて塩見が感銘を受けた戸塚廉の『いたずら教室』の中で描かれた子どもたちの行為と重なるようにも思われる。塩見自身もまた、既存の学校文化を根本から問い直す、「いたずら」を実践していたのである。

2-3-5　学校図書館の職員制度と「図書館の自由」

　資料収集・提供の自由、そしてプライバシーの保護といった図書館の自由の原

94）前掲注1）p.120-121.

則を学校図書館において実践していくためには、当然、学校図書館のはたらきを担う専門的職業としての学校図書館員の配置が確保されていなければならない。塩見の学校図書館職員論については、第3章で詳しく取り上げるため、ここでは図書館の自由の実践との接点に注目しながら、塩見がこれまでに発表した論考を整理してみたい。

　まず注目したいものが、塩見が1983年に発表した論考の中の次の記述である。「図書館の自由の原則を実践する学校図書館の存在が、学校に教育の自由を具現化するために有効かつ不可欠だという認識が学校の教職員集団のなかに共有され、そういう図書館を育てていこうという理解がひろがることを背景にもつことなしに、制度（職員制度）が学校図書館運営に自立性を約束することは望めない。[95]」

　実は、塩見の学校図書館論は、図書館の自由の原則を実践するためには専門的な職員が必要であるという、分かりやすい論理展開にはなっていない。図書館の自由の実践が教育の自由の具体化において有効であり、不可欠であるという認識が学校の中で共有されることで初めて、専門的職業としての制度の要請が生まれ、自立性が確立されるようになっていく、とする論が展開されている。豊かな実践がないところに十分な制度は生まれないし、その自立性が認められることはない、ということであろう。

　図書館の自由と職員制度との関わりについては、次のような記述やインタビュー内容も興味深い。

　「専門職員の配置は図書館を成り立たせる最も基本的な要素である。学校教育法施行規則が学校に必備の施設として『図書館又は図書室』というあいまいな表現をしているが、この違いは単に規模や設備の大小ではなく、専門スタッフを擁する機能体であるか本のある物的施設にとどまるかという基本的な性格のところで識別するのが適正である。[96]」

　「理科室とか図工室とかと（中略）決定的に違うのは、そこには固有の人がいるということです。授業でそこに行って使うというのはどこも共通しており、まさに授業を中心とした学校教育のために整備された特別の場所であることには違いないが、そこに専任の人間がいてその部屋としての運営方針をもち、そして独自のはたらきを日常的にやっているとなると、理科室や図工室はそ

95）　前掲注69）p. 12.
96）　前掲注2）p. 20.

ういう働き方をしませんよね。給食室は給食を作り、子どもたちの健康増進を支えるところだからちょっとまた違う話だろうと思うので、相対的自立性みたいなものが当てはまって学校の中で一定の機能を持っているところと言うと、保健室は近接性が高いでしょうが、子どもが進んで自主的に何かをするわけではない。結局、図書室だけではないでしょうか。だから図書室が図書「室」ではなしに図書「館」であるということになっていく必要があるわけです。」(本書 p. 356)。

　塩見が学校図書館をとらえるとき、その視点はつねに「図書館」であることに向かっている。一方、学校図書館に関する法令では「図書館」とならんで「図書室」という語も用いられる。塩見はこの 2 つの違いを「規模や施設の大小」ではなく、本のある物的施設とみなすか、それとも機能体であるとみなすか、という区別に求めている。ここで言う「機能体」とは "ある特定の目的を達成するために作られた自立的な組織" と考えることができるだろう。そして、学校図書館を機能体たらしめている「目的」や「方針」とは、真の意味での教育の自由を実現すること、自由な学びを保障することであり、繰り返し述べているように、その実践は図書館の自由、あるいは知的自由の実践に裏打ちされることになる。そして、塩見の考えによると、学校図書館をそうした目的達成組織として成り立たせるものが「専門スタッフ」ということになる。

　学校図書館において図書館の自由を実践する上ではさまざまな困難に直面することがあるだろう。そうした困難の中には、インタビューの中でも語られているように、ライトノベルや BL 本など、塩見がこれまで想定してこなかったような新しい課題もあるのかもしれない(本書 p. 380)。しかし、そこでの試行錯誤は決して学校図書館員だけが孤立無援で取り組むものではない。

　「学校図書館に図書館の自由を実践する自立性を確立することは、学校を真に子どもたちが学ぶことを喜びとして感じとれる営みに変革していく課題と共通したものであるという見通しをもって、地道な一歩一歩の積み重ねを大事にすべきである。(中略)『学校のなかの図書館』をつくりあげていくうえで、図書館の自由は学校教育の変革に腐心する多くの人たちとかならず共有しあえるはずの原則である。[97]」

　学校図書館における図書館の自由の担い手は学校図書館の担当者だけではな

---

97) 塩見昇「学校図書館と図書館の自由」『学校図書館と図書館の自由』図書館と自由(5)、JLA、1983、p. 12.

い。その担い手には、真に教育的であることを求める教師はもちろん、保護者や市民も含まれるだろう。自由宣言の主文は「図書館の自由が侵されるとき、われわれは団結して、あくまで自由を守る」と締めくくられている。資料収集の自由、提供の自由、プライバシーの保護だけではなく、こうした考え方もまた学校図書館において共通することを、塩見の学校図書館論は照射するのである。

（山口　真也）

第3章　学校図書館職員論

飯田寿美・二宮博行

　第1章で、塩見は学校図書館が教育を変える可能性と力を持っていること、それを実現するためには図書館としての「はたらき」が大切であると考えたことを明らかにした。さらに第2章では、知的自由に裏打ちされ、資料提供を背骨とした図書館活動があることによって、児童生徒の学習を豊かにし教師の創意工夫に富んだ授業や図書館教育を創り出すことができる。それが学校の中にある図書館の役割であると考えた、と述べた。

　それでは、そうした学校図書館における豊かな図書館活動・図書館教育を実践する専門職員について、塩見はどのように考えたのだろうか。

　塩見は、図書館が図書館として発展するためには、図書館活動を担う専門職員のはたらきが最も重要であると考え、さらに「学校図書館も図書館である」という立場に立つ。従って学校図書館が学校の中にある「図書館」であるならば、専門的職員である学校司書が必要であり、それは、「図書館の自由」に裏打ちされた確かな図書館活動を実践する「人」である。本書 p. 311の図④にあるように、利用者である児童・生徒と教師に的確な資料提供を行うことで、学習の深化をもたらす役割をもち、教職員と協力して新しい学校教育をつくり、また生涯学習につながる利用者の育成もその任務とする「人」である。

　同時に、塩見は、司書教諭を「教師中心の集団の中で、学校経営と学校司書を繋ぐ役割」であるとして、本書 p.310の図②のようにその役割分担を説明し、協力してこそ学校図書館の教育力が発揮できると説いている。また、本書 p.296では、教員養成大学としてやらねばならない図書館学は、「図書館が好きな先生、自分のためにも図書館が使える先生」を育てることであると述べている。

　学校司書か司書教諭かではなく、学校教育を豊かなものとするために学校図

書館において誰がどのような協力をしていけばよいのかを考え、歴史的な経緯を踏まえ論じてきたところに塩見の大きな特徴があると言えるだろう。

　この章では、塩見の学校図書館職員についての発言を追いながら、塩見の学校図書館職員論を概観する。なお、ここで取り上げる内容は公立小・中・高等学校を中心としていることをお断りしておく。

1. 塩見昇の学校図書館職員観

1-1　1974年「学校図書館職員制度化を求めての歩み」[1]

　これは当時論議されていた「学校5日制」の特集の中に書いたもので、塩見が最初に学校図書館職員について述べた論文である。前文には、「5日制」を実施しようとすれば、児童生徒が自由に使える施設として学校図書館の開放が求められるはずであるが、実際には学校図書館は図書館でありながら、それを担当する図書館員が制度的に保障されておらず「図書館員のいない図書館」という状態が続いており、学校の変化に対応できるものではなかった、とある。

　塩見は、学校図書館法（以下、学図法）[2]成立以来20年間続いてきた法改正を求める動きの中で、学校図書館の専門職員としてどういう「人」を想定してきたかを追い、当初考えられたものがその時々の教育政策の反映によって変質したと述べている。「教育内容の国家統制・教職員の管理体制はとみに強まり選別・競争の教育が進行するとき、学校図書館の働きを、教育実践を支える不可欠なものとして求める基盤は大きくくずれ」たとし、司書教諭の配置が進まなかったのは、附則2項が撤廃されないことだけではなかったと指摘している。[3]

　そのため「少数の熱心な係教師と共に辛うじて学校図書館を支えてきたのが、『学校司書』という名称をのちに与えられることになった『無認可学校図書館員』」であったが、薄給で健康保険もないという劣悪な条件であった。そして「これまでの経緯にてらせば、文字通り学校図書館の孤塁を守り辛酸をなめてきた学校司書の人たちの要求を実現することを第一に考え、さらにその経験（学校図書館に熱意をもってあたってきた係教師や司書教諭のそれを含めて）を率直に

---

1 ）塩見昇、『教育学論集』(3)、1974、p. 82-91.
2 ）学校図書館法(1953年法律第185号)
3 ）1953年の学図法には「（司書教諭の設置の特例）2　学校には、当分の間、第五条第一項の規定にかかわらず、司書教諭を置かないことができる」という附則があり、これが1997年の法改正まで続いた。

検討するところから、学校図書館として求める図書館員像を構築していかねばならない」。さらに「これまで学校図書館の専門職員は教師でなくてはやれないと考えられてきたことの再検討、兼任で『校務を処理する』司書教諭を学校図書館員と認め得るか、学校図書館員を異なる職種で構成することの是非などが基本的に検討さるべきであるし、それは学校図書館の本質、機能にてらして、そしてひいては学校教育をどのように考えるかというところから考えていかねばならない」としている。そして「専門職員としての学校図書館員は、図書館の仕事を通じて学校経営に参画する教育職員であり、図書館の仕事を通してのみその専門的役割を確立する展望をもち得ることはたしかである[4]」とまとめている。

　学校図書館の意味を考える時、それを担う「人」は「教師」でなくてはならないのかという疑問をここで表明したことは、この後の塩見の展開する教育の中の学校図書館とそれを活かす専門職員というテーマの大きな仮説であったといえるのではないか。

1-2　学校図書館を担う人

・1983年「図書館における人の制度と施策[5]」

　「行財政の効率化をうたい文句に、その実、教育や福祉の分野での公的責務の後退をはかる臨調答申の中、行革が『不退転の決意』でとりくまれ」る状況に、塩見は、特に厳しい状況にある司書と学校司書について、「司書と学校司書は基礎資格を同一にし、一方は社会教育、他は学校教育に足場をすえた専門職としての共通領域を養成カリキュラム上設定し、各々の足場の部分を補うことで互換性、相互交流を可能にする」必要がある。人事当局が司書の制度化に難色を示す理由に「枠の小さい専門職をつくることは人事の固定化を招くという危機」がある。そのためにも「司書と学校司書の交流を制度的に可能なものとし、図書館専門職の配置される場を同一自治体内にひろげること」が大事であると述べている。また、学校司書養成の場として「全県にある教員養成大学、学部が役割を果たせるように」体制の整備が必要であるとしている。学校司書の独自の養成カリキュラムを考えるのではなく、司書養成プログラムを基礎とするという考え方を示した。

4）前掲注1）p.90-91.
5）塩見昇、『学校図書館』(394)1983.8, p.31-34.「特集：学校図書館法制定30年（その2)」に掲載。

・1984年講演「『行革』下の学校図書館と学校図書館職員」[6]

　日本図書館研究会は直面する問題として、「『行革』時代の図書館と職員の責務」というテーマを、図書館学セミナーで取り上げた。その中で行われた塩見の講演である。この中で、「学校図書館問題がいわゆる学校図書館関係者だけの問題ではなく、公共図書館や大学図書館のこれからを考えるうえで重要なかかわりをもっている」とし、「学校図書館はまさに『行革』型図書館の典型」[7]であって、「図書館の存立と人の問題が長年にわたって、最も深こくに問われてきたのが学校図書館であり」、他館種のこれからを考える時「この『先導的』試行と経験から学ぶところは大きい」と述べている。そして、学校図書館の現状と人の制度、学校司書の現状や事例を紹介し、運動の「すすんだところでは成果も生まれているが、少しでもスキがあれば不断に切り捨て、後退の危険がある。これこそ『行革』の本質といえよう」とし、学校図書館に寄せる図書館界の理解と連帯の強化を訴えた。

・1984年「北九州市学校司書解雇訴訟判決によせて」[8]

　1963年以来学校司書として北九州市に採用され、勤務してきた3人が1972年に「嘱託期間の満了」を理由に解雇された。それを不服として3人は1972年に提訴したが、福岡地裁は1983年11月にすべての請求を棄却する判決を下した。これに対し、塩見は『図書館雑誌』にこの文を載せている。この裁判は、学校図書館の「『人』の問題を裁判所で論議するはじめてのケース」であり、「多くの問題が噴出する現代の学校教育のなかで学校図書館の整備・充実につくすべき教育行政の責任を問う重要な教育裁判」ととらえ、被告側が、「職種と身分とは関係なしとの立場で専門性論議を回避し、学図法附則2項を盾にして、学校図書館の仕事は"臨時または非常勤"でもさしつかえなしと反論」したことを、鋭く批判している。

6）塩見昇、『図書館界』35(5)、1984.1、p.227-235.

7）前掲注6）p.227には「戦後教育改革の理念に支えられて制度化された学校図書館は、この30数年来、『人』なしでやりくりしてきた図書館であり、人がいなくても図書館という場はなんとか存続することを『立証』してきた。それはまた同時に、人を欠いた図書館は『施設』としては存在しても『はたらき』がないことから、図書館には『人』が不可欠だという回答をも提供している」とある。

8）塩見昇、『図書館雑誌』78(5)、1984.5、p.256-258.また、『みんなの図書館』(82)、1984.3、p.61-64とp.75にも「北九州市三人の学校司書解雇訴訟の判決にふれて」を寄稿している。

・学図研結成大会記念講演　「いま、なぜ学図研か」[9]

　1985年に学校図書館問題研究会（略称・学図研）が結成された。本書 p.230で述べているように、塩見はこの立ち上げに深くかかわっている。この記念講演で、戦後の学校図書館が戦前と決定的に違うのは、「学校図書館そのものが一つの教育機関として、学校の教育活動のなかで何らかのはたらきをする主体であり、それをになうためには、そのことにあたるふさわしい人が必要だということを認めて制度化した」ことであるとし、学図法附則2項で骨抜きになったとはいえ、「学校図書館の仕事を専門的職務と認め、それを掌るには専門的な力量をもった人が必要だと法や基準で定めたことの意義は、大変大きなものがある」と語り、その当事者による団体結成への期待を述べた。

・1989年『学校図書館論』[10]

　これは塩見の編んだ図書館学教育の資料集であるが、この中の「学校図書館職員と法改正問題」ではさまざまな資料をあげながら、小・中の学校図書館の多くが「図書館員不在の図書館」にとどまり、高校では法に位置づけをもたない「学校司書」を軸に運営されるのが常態となっていること、学校図書館に人を欠いていることが図書館を「本の倉庫」にとどめていると指摘。さらに、1980年代に入って、所謂「四者合意」[11]による法案提出の流れに対して、「行革の進行で要員の問題が厳しくなっている現在、学校図書館に新たな人を確保しようとの要求を実現するためには、幅広い統一した運動の回復と進展が必須である」と述べている。

　この『学校図書館論』の「はじめに」で、「教員養成大学で学校図書館について講義するようになって20年近くなるが、話をしながら自分でも歯切れが悪いな、しゃべりづらいなという思いが依然として抜けない」としてその理由を述べたあと、「これまで一貫して『図書館のはたらきを通して学校教育の変革を』という認識で講義を進めてきたが、そうあろうとすればするほど、この二つのことでのもたつきは我ながら歯がゆいし、苦痛でさえある。"学校図書館は重いな"との感がいまも強い」と書いている。当時の塩見の心境が垣間見えるようで、興味深い。（→本書 p.307）

9）学図研編・刊『がくと』創刊号、p.3-15. 引用は p.9-10.

10）塩見昇、新図書館学教育資料集成7、教育史料出版会、1989.「学校図書館職員と法改正問題」は p.93-101。引用は p.93-94.

11）本書 p.271参照

・1991年講演「学校の中の図書館　今日的課題」[12]

　1991年に「学校図書館を考える会・近畿」が発足した。この会と塩見の関りについては、本書 p.262に詳しい。この結成大会の記念講演において、塩見は「一般の教師が図書館教育をやる、教育の内容と方法の問題として図書館教育をするのは基本的には教師です。それに対して図書館の専任スタッフがサービスとしての図書館活動をする。この二つははっきり別のことなのです。しかも別でありながらそんなにスパッと切り離すことのできるものではありません。一方を抜きには他方が成り立たないという関係なんです」。そして、「『学校図書館の人』といったときに、まず誰もが思い浮かべるのが、兼任の図書係の先生、主任さんです」。しかし、「その先生方がやれることは、図書館を学校教育の中でどのように生かしていくかのプランニングであり、自分の学習指導の中で図書館を活用することです。そして図書館活動への要求を寄せることであって、その部分を引き受けてサービスし、個々の教師を援助したり、子どもたちひとりひとりのニーズに応えるなんてことはとてもできません。そんなことはその先生方に求めるべきではないのです。やはり『学校図書館の人』という時には、学校図書館サービスを行う主体をきちんとつくることです」。さらに、これは先生を排除するものではなく、「学校教育全体の中で、学校図書館が存在感を持って活動できるには、一人二人といわず、学校中の先生が、それこそ『学校図書館の人』と言われても不思議でないくらいの図書館への思い入れ、共感を持ってくださることが絶対に必要です」と述べている。

　また、同じ講演記録集にある「教師にとっての学校図書館」[13]のなかでも、塩見は、「教師にとっての学校図書館というのは、サービスとして活用する、図書館機能を活用していい授業を、いい教育活動を実践していく、それから子どもたちに対する図書館教育の担い手になること」であると述べている。

　本書 p.280においては、この時のことを「教師でない学校司書ということをあんまり強調しすぎると共通理解が難しいから、それこそ『学校図書館員』とか抵抗のない別の名前になってもかまわない。要は学校図書館のサービスということを中心とした、もちろんそこには指導的な要素が入るのだけれども、はたらきを担う人、学校図書館の仕事に専念する人、要するに図書館の専科というか専任というか、そういう立場にあるということが絶対に必要だ。その場合には

---

12) 学校図書館を考える会・近畿の結成総会・記念講演。考える会・近畿編・刊『学校図書館を考えるために：塩見昇講演記録集』、1994、p.10-36. 引用は p.31-33.
13) 前掲注12)p.77-107. 引用は p.105. 1992年考える会・近畿主催のイベントでの講演。

それを何と呼ぶかはむしろ先の問題としておいていいのではないか。要は図書館の仕事をやる人というのは、何かを兼ねてやるというのではとうていできる仕事ではないという、それは、一貫してずっと言ってきたことでした」と語っている。

一方、本書 p.205では、司書教諭養成の講義で目指したことは、「図書館があることによって何ができるか、あるいは、どういうことを子どもにもたらすことができるのか、あるいはどんな教育をしようとした時にそこに図書館の必要性が出てくるのか、そこのところを学生に感じ取ってもらって、教師になった時には、そういう教師に学生自身がなるということが一番大きな課題」と語っている。

また、本書 p.298では、「学校図書館が学校の中で生きて機能するためには先生の仕事と結びつかないと駄目だろうというのは、かなり早い段階から一貫してそういうふうに思ってきました」。「だから先生自身が、まず図書館についてよく知ることが大事ですし、図書館についての質の良い認識を持たなければいけない。それは教員養成の大学の授業で教えたらそうなるという話ではなくて、先生一人ひとりがそういう実感を持つためには、教師に対するサービス、教師に対する図書館活動が非常に大事。普通は子どもに図書館の使い方を教えるのが利用指導でしょうが、それが成り立つためにも、子どもにどう利用指導をするかという前に、しっかりとした図書館活動がなければならないというところですね」と語っている。

2. 学校図書館法改正運動とプロジェクトチーム

学図法成立直後から「人」の問題について改正を求める運動がはじまっていた。ここではその改正運動の概要と、1997年改正に際して塩見がまとめたプロジェクトチームの見解について述べる。

2-1　学図法制定までの職員像

1948『学校図書館の手引』[14]：教員の中から選ばれる専門的知識・技能を習得した司書と事務職員の手で学校図書館が運営されることが必要。

1949「学校図書館基準」[15]：専任の司書教諭（司書たると同時に教諭である専

---

14) 文部省編、師範学校教科書（出版）。1947-1948に、日米の関係者の協働によって編集された。

15)「学校図書館の手引」編纂過程の中で学校図書館協議会により検討され、1949年8月文部省へ上申された。塩見昇『学校図書館職員論』教育史料出版会、2000、p.47-

　　　門スタッフ）に「司書教諭」の名称を与えた。それは「養護教諭に準
　　　じて」付与したと説明。司書教諭のほかに事務助手を置く。
　　1953.3「学校図書館法案（幻の学図法）[16]」：司書教諭には免許制の専任教諭
　　　を想定し、そのほかに事務職員の配置を制度化。

　これらを通じて当時の関係者が思い描く学校図書館の職員像のおよそ共通し
たイメージは、教師であることを基礎に図書館を運営できる専門家であり、教員
免許＋司書資格を備え、校長・教頭にもなれる教師であり、なによりも授業がで
きることが必要だ、というところにあった。ここまでの段階では、司書教諭と事
務職員の間には特にその関係を問わねばならないような問題はなく、事務職員
は司書教諭の手が足らざる部分を補佐する役割が当然のことと考えられていた。
この頃はまだ司書教諭と司書の違いがあまり認識されておらず、『毎日新聞』の
社説「学校図書館法案に期待する」（1953.6.30朝刊）にも「…専任の司書につ
いては五か年の余裕をもって全校に配置しようという…」とあるように、用語
の確定もまだ定かでなかった。

2-2　1953年学図法成立とその不備

　紆余曲折[17]の後、現行の学図法は1953年8月に議員立法として成立した。しか
し、上記の「幻の学図法」からは大きく後退し、司書教諭は免許制のものから、
講習によって資格を与える教諭の「充て職[18]」となった。さらにその他の職員に
ついては条文から消えた。

　この学図法で想定されていた職員像として、第5条で「学校図書館の専門的
職務を掌らせるため、司書教諭を置かなければならない」とあったが、司書教諭
が「充て職」のため図書館専任なのか、授業を持ちながらの兼任なのかが不明
であり、その実効性が疑われた。さらに附則二項では、司書教諭設置の特例とし

48.
16）現行学図法成立までに、一度法案が1953年3月国会で可決・成立の目途がついたこ
　　とがあった。しかし突然の解散（俗にいう「バカヤロー解散」）で立ち消えとなった。
　　これが「幻の学図法」である。前掲注15）p.51-54.
17）塩見昇『日本学校図書館史』図書館学大系（5）、全国SLA、1986、p.167-180に詳し
　　い。できたばかりの学図法がまだ施行前に「行政改革の対象となって廃止の運命
　　にある」と報じられたことなども記載されている。
18）司書教諭はあくまでも教諭の兼務であって、図書館業務を主たる任務として図書
　　館に常駐する専任者ではないという意味で使う。学図法第5条二項には「司書教諭
　　は主幹教諭、指導教諭または教諭をもって充てる」とある。

て「当分の間、第5条第一項の規定にかかわらず、司書教諭を置かないことができる」とする司書教諭発令猶予の問題があった。「当分の間」とは、司書教諭養成に係る時間的な猶予と考えられ、当時の文部省は「計画としては10年」と回答している。[19] しかし、長年にわたりこの点について何ら改善されることはなかった。

その一方で、教育現場が腐心して生み出したのが「学校司書」である。学校司書のもっとも初期の一例は、まだ法改正以前の1952年10月に岡山市立清輝小学校に配置されたPTA雇用の高木美代子である。[20] また、本書 p.222でも1954年頃に京都市立中京中学校で、塩見の同級生・長谷川(旧姓浅野)芳子がいたことが紹介されている。それ以降も国からは何の施策も支援もない中で、図書館には人が必要だと考える自治体の施策として、あるいは学校現場の工夫、やりくりで「人」を確保することがさまざまに模索された。

2-3　学図法改正運動とこれまでの職員配置状況

2-3-1　学校図書館職員配置状況

学図法成立直後から法改正運動は始まった。全国学校図書館協議会(以下、全国SLA)は、1955年の第6回全国研究大会(徳島)で、①学図法附則二項の即時撤廃、司書教諭講習規程の一部を改正し、司書教諭講習の充実をはかること、②学校図書館専任事務職員の身分の安定措置をはかること、を大会決議している。さらに、1957年の第8回大会(札幌)では、「鹿児島から公費援助を受けず参加して、学校図書館専任事務職員(学校司書という言い方はまだされていなかった)の苦悩を訴えた郡山幸子氏の提案が血涙くだるもので、なみいる二千名余の参加者に大きな感動を与え『学校図書館に専任事務職員を設置し、その身分を保証すること』が大会決議された」[21]とある。

この頃の学校図書館職員の配置状況について、「学図法施行後、多くの都道府県で私費雇用の図書館職員の公費化が志向されたが、専任司書教諭の発令が1957年の愛知県での6名を皮切りに始まり、同じく愛知県で翌年には9名、59年には高知県では9名と定員増で行われた。一方、事務職員の公費配置は、1958年

19) 1953(昭和28).8.22『文部広報』、同年.11『学校図書館時報』(全国SLA編・刊『学校図書館法改正:その課題と展望』、1983、p.257)
20) 『学校図書館はどうつくられ発展してきたか』編集委員会編『学校図書館はどうつくられ発展してきたか:岡山を中心に』教育史料出版会、2001、p.54.
21) 全国SLA編・刊『学校図書館法改正:その課題と展望』、1983、p.226.

に栃木県立高校全校(28校)で始まり、静岡64校、神奈川県立高校14校などに広がった」との記述がある。どの県も、司書教諭か事務職員のいずれか一方を置いているのが特徴であるが、いずれにせよ教育行政に、学校図書館に専任者が必要であるとの意識の表れであろう。

　また、文部省の学校基本調査によれば、司書教諭の発令は小学校で1955年(22,006校)に31名が発令されたのを皮切りに、1963年(26,189校)には437名というピークに達し、その後は減少を続け、1990年(24,586校)には33名の発令となっている。中学校では、1955年(11,962校)に69名が発令され、1963年(11,804校)には354名というピークを迎え、1990年(10,588校)には39名となっている。高校では、1955年(3,691校)に44名が発令され、1974年(3,670校)には308名のピークを迎え、1990年(4,177校)には82名の発令となっている。

　一方、学校図書館担当事務職員は、小学校で1964年(25,976校)に723名が確認されたのが始まりで、1990年(24,586校)では1,622名となっている。中学校では、1964年(11,611校)に532名が確認され、1990年(10,588校)には942名となっている。高校では、1967年(3,585校)に542名が確認され、1990年(4,177校)には2,190名となっている。この中には、実習助手の学校司書はカウントされていないので、実際には高校司書の数はさらに増えている。

　こうした学校図書館担当事務職員(学校司書)の配置は、国の教職員定数法によるものではなく、小・中学校では市町村の、高校では都道府県の各自治体独自のものであった。あくまでも学校設置自治体の努力で増えたものである。従って、雇用条件はまちまちで、特に小・中学校では正規雇用は少なく、中には PTA 雇用のものも含まれていた。

　この間、1960年に全国に例をみない形で、東京都立高校では司書教諭の採用制

22) JLA 編・刊『近代日本図書館の歩み：日本図書館協会創立百年記念』、1993、p.381.

23) 八木清江・高橋清一共著『公立学校図書館職員の現在：その配置状況と雇用実態』JLA、1993、18-20p.（ ）内の数字は全国の学校数。学校基本調査から。

24) 学校教育法(1947年法律第26号)第60条には「④実習助手は、実験又は実習について、教諭の職務を助ける」とあり、工業・商業・農業・水産高校に多い職種。普通科では理科や家庭科の助手として配属される場合が多いが、自治体によって図書館担当もある。

25) 1965年には、文部事務次官名の通達で「教育費に対する住民の税外負担の解消について」が出された。「教育費(職員の経費と建物の維持・修繕費)の負担を住民に転嫁してはならない」とし、学校図書館職員も対象であった。そのため原則として1966年からは PTA 費による雇用はできなくなった。しかし、2020年時点でも PTA 雇用が存在しているという報告もある。

度が実現した。「しかし、司書教諭なら名門校へ移れるという風潮があり、東京では中学校の教員からの採用替えの希望者も多く、大量受験も想定された。そのため、司書教諭には教科授業を持たせないということにした。これは、司書教諭が図書館の仕事に専念できるようにという配慮でもあった」[26]。この措置を契機に、現職者の間で、司書教諭の専任・兼任論争が起こり、東京都の司書教諭制度は、司書教諭のあり方、理念をめぐって内部分裂し、高校図書館研究会や教職員組合を巻き込んで、対立を激化させた。司書教諭が「兼任」（＝教諭の充て職）ならば、採用試験をする必要もないことから、東京都立高校の司書教諭採用試験は1968年4月に中止された。

　1967年、国の「高校定数法」が改正され[27]、「学校事務職員を生徒数810人以上の高等学校には、1名増員してそれを学校図書館に配置する」ことが実現。これにより、都道府県立高校では、前述（注25）の文部事務次官の通達と相まって、PTA雇用や臨時職員であった学校司書の多くが正規職員に移行した経緯がある。中には県条例を定めて「学校司書」制度を確立した県もあった[28]。

　一方、小・中学校でも1969年「公立義務教育学校の定数法」の改正が行われた[29]。これにより、「30学級以上の小学校と24学級以上の中学校にそれぞれ1名の学校図書館担当事務職員を配置する」とした。しかし、小・中学校では該当する学校が少なく、あったとしても事務職員に転用されて、図書館担当の事務職員は増えなかった。

2-3-2 「四者合意」成立とその破綻

　学図法成立直後から、さまざまな法改正の動きがあった。実際に、全国SLAや組合側から、それぞれに国会に働きかけがあり、これまでにも幾度か国会で取り上げられ、審議もされてきたが、そのたびに関係団体間の対立などにより、法改正には至らなかった。こうした現状を打開しようと、全国SLAは、1974年10月に日本教職員組合（日教組）、日本高等学校教職員組合（日高教）一ツ橋派、同麹町派の三者に、学図法改正について共同運動を申し入れた。そして、1977年に

---

26) 前掲注22) p.381.
27) 公立高等学校の設置、適正配置及び教職員定数の標準等に関する法律の一部を改正する法律（昭和42年7月18日法律第67号）。文部省は「学校図書館の重要性とその事務量を考慮」した結果であることを、局長通達で示している。
28) 福島、東京、神奈川、埼玉、長野、新潟、岐阜、愛知、三重、滋賀、京都、奈良、島根、大分などが公立高校で「学校司書」を制度化している。『がくと』(14)、1998、p.107-109.
29) 公立義務教育諸学校の学級編制及び教職員定数の標準に関する法律の一部を改正する法律（昭和44年5月15日法律第29号）

は、「四者合意」が成立した。

　「四者合意」の骨子は、以下の通り（抜粋）。

　司書教諭については、①附則二項を撤廃して特別の事情のある場合を除いては必置とする。②司書教諭となるには司書教諭の資格が必要であるほか教諭として六年以上経験した者でなければならないものとする。③司書教諭は大学で養成されることを本体とする。④司書教諭は学校図書館に関する校務を掌るものとする。

　学校司書については、①短大卒またはこれに相当するものを基礎資格とする。②教職科目10単位、学校図書館科目24単位以上修めた者に学校司書の資格を与えるものとする。③定数法に規定した職員とする。④教育職俸給表二等級該当職員（注・教諭給）とする。⑤学校司書は、学校図書館の専門的業務にあたるものとする、などである。

　四者は、この合意した内容で衆議院法制局に法案作りを依頼し、翌1978年2月に「学図法改正試案」が作成される。しかし、衆議院法制局からの「改正試案」は、学校司書の2等級格付けについて保障されないなど法案内容についての不満が噴出し、四者協議でこのままでは法案を上程したくないとの意見が表明され、1978年4月に四者は「中間総括」（第一次）を出してそれぞれの組織に運動経過を報告して、対応を各組織で検討することになった。焦点は職務範囲と権限の異なる司書教諭と学校司書の両者を同じ教育職に位置付けることであったが、衆議院法制局が難色を示し法案として上程することを断念、四者合意は一度は破綻する（1978年4月）。

　1979年3月、学校司書の2等級格付けが困難とみた日教組は、「新たな専任司書教諭制度確立の方針」（学校司書を新たな専任司書教諭に位置付けるという方針）を示す職場討議資料を配布し、全国SLAから四者合意を無視して、一方的な運動を進めたと批判されることになった。後日、日教組はこの方針について遺憾の意を表明した。

　四者は再び「中間総括」（第一次）の線に沿って法案を改めてもらいたい内容を要望書にまとめ、1979年8月に衆議院法制局に提出した。その内容は、①司書教諭、学校司書の職務内容を法文上明確にすること。②学校司書の資格取得にあたっての単位数を文部省令で定めるというのではなく、教職科目10単位、学校図書館に関する科目24単位を下ってはならないと最低単位数を法文に書くこと。③学校司書の職名を他の法律に書き加えるときは、二等級格付け職員につづけて書くこと。④学校図書館の運営を定めた条文に、学校図書館の現代における

新しい任務として「運営計画を立案し教育課程の編成及び展開に寄与すること。利用指導および読書の指導について全校計画を立案するとともにその実施について教員を援助すること」を書き加えること、の四項であった。

　1980年1月、要望書をうけた衆議院法制局からの回答はおおむね了承され、四者は、四者合意案を再整理して「学校図書館法改正案要綱」にまとめ、衆議院法制局に提出。同時に四者の「中間総括」（第二次）を発表。その後、1980年3月1日に四者で人事院折衝を行った際、人事院は「司書教諭は学校司書の職務を包含しており、学校司書の固有の教育的職務があるか」とし、「その点が明確にならない限り、学校司書の教育職二等級格付けは困難である」との指摘があった。3月11日、四者は人事院折衝を受け、「法制局や人事院との間で折衝している懸案事項は、現時点でそれを解決していない。従って国会上程は断念する」という結論を出した。これには、衆議院法制局との窓口になっていた小川仁一（岩手一区）の落選によって、担当窓口を失って国会上程は進まなかったという事情もあった。

　また、全国SLAと教職員組合の運動方針の違いが混迷化を生む。もとより、労働組合として傘下の組合員の労働条件改善を要求する日教組などの組合側と附則の撤廃で司書教諭発令をめざす全国SLAの主張はなかなか折り合わず、「四者合意」は頓挫したまま今日に至っている。[30]

2-3-3　1997年学図法改正までの国の施策

　1980年代後半からの全国的な学校図書館への関心や市民運動の高揚、1992年の小学校で始まった生活科の実施、学校週5日制の「受け皿」として学校図書館が注目されるなど学校図書館に関連する動きがあった。さらに、1993年3月には子どもの読書離れを危惧した出版界や関連団体が中心となって「子どもと本の出会いの会」が発足した。

　こうした中で国の施策として取り組まれたのが、1993年から実施された文部省の一連の学校図書館充実施策である。これには、①学校図書館悉皆調査　②学校図書館図書整備新五ケ年計画　③読書指導の充実についての研究委嘱　④

---

30)「四者合意」については、前掲注21）p.244-248をもとにまとめたが、『図書館年鑑』（1983, p.196）には「学図法改正運動が『図書館基本法』（仮称）に組み込まれたが、日教組は反対し、学図法改正運動を学校司書に一本化する運動を進めるとした」とあり、また『同』（1984, p.188）には、「1979年に日教組が新たな専任司書教諭を確立する案を出して四者合意は事実上解体した」とあるなど、全国SLAと組合側の主張のすれ違いがあったことをうかがわせる記述もある。

第6次公立義務教育学校教職員定数改善計画、などがある。これまで、国の学校図書館施策としては見るべきものがなかったが、次の2-3-4で述べる国会での動きを含めて1993年を境にして、大きく動き出した。

1994年には、「児童生徒の読書に関する調査研究協力者会議」が発足し、1995年の最終報告では、学校図書館の充実策として、「司書教諭発令の促進と、読み聞かせボランティアなどの活用」で、学校図書館を活性化しようとする方針が示された。またこれを受けて、1999年度文部省は、「学校図書館ボランティア活用実践研究指定校事業」を開始。同年のパンフレット「変わる学校図書館 PART 3」[32]には、司書教諭と学校図書館ボランティアだけが図示された「学校図書館ボランティア活動のイメージ」が掲載されている。国のこうした方策にならって、地方公共団体でも同様の方策が示された。だが、実際にこのような「司書教諭発令と読み聞かせボランティア」という人的配置で学校図書館が本当に活性化されるのかといった疑問の声が、教育現場や学校図書館にかかわる市民やボランティアからも出された。[33]

1996年7月には、文部大臣の諮問を受けて中央教育審議会(中教審)が「21世紀を展望した我が国の教育の在り方について：子供に［ゆとり］と［生きる力］を」と題する一次答申を発表。第1部「今後における教育の在り方」で、横断的・総合的な学習の推進として、「総合的な学習の時間」を設けて、国際理解、情報、環境、ボランティアや自然体験などをテーマとして取り上げて学習することを提唱し、併せて教員の資質・能力の向上と学校図書館の充実も環境整備として取り上げている。

このほか、1996年に「学校図書館の充実等に関する調査研究協力者会議」の発足、1998年「学校図書館情報化・活性化推進モデル事業」の実施などがあった。

2-3-4　1997年「学図法改正」に至る動き

1993年の細川連立政権発足後、国会で学校図書館に関する質問の答弁で、細川総理が学校図書館の重要性について発言している。[34]この時とほぼ同時期に、前

---

31)「子供の読書とその豊かな成長のために：三つの視点10の提言」『学校図書館』(539)、1995、p.10-12.

32) 文部省初等中等教育局発行、1999.

33) 土居陽子「学校図書館に必要な『人』：ボランティア導入の問題点」『図書館界』55(1)、2003.5、p.18-26. ／伊藤紀久子「学校図書館ボランティアを体験して」『ぱっちわーく』(91)、2000.12、p.2-5. ／江藤裕子「伝えるために、学校図書館ボランティアを」『ぱっちわーく』(94)、2001.3.p.2-3. など。

項で述べた文部省の一連の学校図書館充実施策が始まった。また、1993年12月には「子どもと本の議員連盟」[35]が発足し、活動計画の中に学校図書館の充実を掲げ、学図法の改正を視野に入れて活動をはじめた。

　この後もさらに、国会での学校図書館関連の質疑で文部大臣や政府委員からの答弁を引き出すことが続いた。1994年10月段階では、肥田議員からの学図法改正の質問に与謝野文部大臣は「直ちに学図法の附則二項を削除するのは困難」と消極的な答弁をし、政府委員がその理由として発令に必要な有資格者の不足を理由に挙げている[36]。

　また、1996年2月の自民党文教部会「学校司書教諭に関する小委員会報告」（委員長：木宮和彦）では、「対立のある制度には触れていない」が、「司書教諭制度の受け皿となる人材を確保して、制度を充実させるべき」と考え、法案を提案した[37]。

　1997年2月には、衆・参の文教委員会で二度にわたり学校図書館が取り上げられた。阿部幸代議員は学校図書館活性化のカギは「人」にあることを指摘し、司書教諭講習の内容充実、自治体が独自に取り組んでいる人の配置を文部省が支援することを要請した。また、肥田議員は文部省の一連の学校図書館充実施策を評価した上で、附則の「当分の間」を削除する法案が議員連盟で準備されていることについて小杉文部大臣の見解を求めた。これに対し代理答弁の辻村哲夫初等中等教育局長は法改正に賛意を示した[38]。

　このように、再び法改正の動きが出てきた中で、日本図書館協会（以下、JLA）は、1995年に常務理事会のもと、学校図書館問題プロジェクトチームを設置し、混迷する学校図書館職員問題のもつれを整理し、合意を広げることを課題にこの問題に取り組むことを決めた[39]。座長は塩見である。1996年1月には、法改正の動きが具体化され始め、同プロジェクトチームでは成文化された法改正案について、どう評価し対応するかが論議になってきた。改正法案の中身が明らか

---

34) 1993.8.25　衆議院本会議で赤松広隆議員の質疑に対する答弁。第127回国会衆議院本会議議事録第5号、p.13.

35) 会長・鳩山邦夫、事務局長・肥田美代子。

36) 第131回国会参議院文教委員会会議事録第2号、1994.10.27、p.11.

37) 1997年改正「学校司書教諭に関する小委員会報告」『ぱっちわーく』（34）、1996.3、p.4-8.

38) 第140回国会参議院文教委員会会議事録第2号、1997.2.20、p32.及び、第140回国会衆議院文教委員会会議事録第4号、1997.2.26、p.17.

39) 塩見昇『学校図書館職員論：司書教諭と学校司書の協同による新たな学びの創造』教育史料出版会、2000、p.182.

になるにつれて、司書教諭の発令のみで、学校図書館の運営を担う学校司書の存在なしには、学校図書館の充実につながらないとする反対意見も国会内外で多く寄せられた。

こうした動きの中、1997年6月、学図法一部改正案が衆議院本会議で可決された。その主な内容は、

①第5条3項に「その他の教育機関」を挿入することで、司書教諭の講習開催を大学以外に広げた

②司書教諭の発令猶予を「政令で定める小規模学校を除いて平成15年3月31日まで」とし、「当分の間」を条件付きながら撤廃した[40]

また、参議院・衆議院の文教委員会で6項目の附帯決議がされた。

6項目の附帯決議の中には、「現に勤務するいわゆる学校司書がその職を失う結果にならないよう配慮することが盛り込まれたが、現実には東京都日野市などでは司書教諭の発令に伴ない学校司書の雇止めが起こった。

改正学図法公布の日（1997年6月11日）、学校図書館問題研究会、児童図書館研究会、大学図書館研究会、点字図書館問題研究会、図書館問題研究会の5団体は、合同で「《緊急共同声明》学校図書館法『改正』に対し、『専任・専門・正規』職員の配置を求める声明」を発表している。[41]

2-4 プロジェクトチーム座長としての見解

・1997年「学校図書館法一部改正について」[42]

学図法改正後、塩見はプロジェクトチーム座長として「学校図書館法一部改正について」を発表。そこでは「問題点と課題」として、次のように挙げている。

1）期待された、学校図書館に「専任・専門」の職員が常駐し、子どもと教職員の資料・情報ニーズに応える体制の整備を、という点で何ら具体的な措置、根拠をもたらさなかった。

2）学校図書館の働きを担ってきた学校司書が配置基盤を失うという危惧。

3）発令される司書教諭が「学校図書館の人」たり得るかは疑問。司書教

---

40) 当時、11学級以下の小規模校は、小学校49.9%、中学校47%、高校（全日制）15.6%、同（定時制）86%であり、総数39,586校中18,439校（46.6%）を占めていた。1996年度学校基本調査より算出。『がくと』(13)、1997、p.114.

41) 中村百合子ほか編『図書館情報学教育の戦後史：資料が語る専門職制度の展開』ミネルヴァ書房、2015、p.186.

42) 『図書館雑誌』91(8)、1997.8、p.616-618.

諭養成教育の改善が必要。

4）現行の司書教諭講習規定にある「4年以上の実務経験者なら『図書の整理』2単位で資格が取得できる」という安易な養成内容では、図書館の専門的職務を担える専門家の確保はできない。

5）充て職とはいえ司書教諭の配置が現実に進行し、かつ学校司書の配置をさらに促進していこうとなると、学校図書館の仕事に専任の保障はないが2種の職員が関わることになる。その際、両者の関係、役割分担をどう考えるか。

6）教育改革における学校図書館の果たすべき役割と可能性を探り、図書館教育についての認識・理解を広げる教育社会の積極的な取り組みの進展が期待される。

　さらに「関係者の努力は多とするにしても、この結末についてはとても高い評価は与えるべくもない。しかし、この事実からさらなる学校図書館整備の運動の再構築を図るほかない」。「今回の国会論議をここまで盛り上げた最大の力は、全国各地の自治体における司書配置の施策、学校現場の実践、地域における学校図書館整備を求める住民の熱い願いの蓄積にあった」と書いている。塩見も深くかかわったこの市民運動については、第4章に譲る。

・1999年「学校図書館専門職員の整備・充実に向けて─司書教諭と学校司書の関係・協同を考える」[43]

　塩見は、プロジェクトチーム最終報告としてこの文書を発表し、この間の経緯と共に、学校図書館の職員像について、以下の指摘をしている。

・附帯決議によって「学校司書」の存在を弱めるようなことがあってはならないとうたわれたが、法に則って発令される司書教諭とこの決議に支えられる学校司書とが併置される場合のそれぞれの職務内容と両者の望ましい関係、これまでほとんど実態のない司書教諭といまだ認識が決して十分とは言えない学校司書像の積極的な樹立、将来的な学校図書館専門職員像の確立、それらを実践を踏まえて広げていくことが焦眉の課題である。

・1998年公示の新学習指導要領総則にある「学校図書館を計画的に利用しその機能の活用を図り、児童の主体的、意欲的な学習活動や読書活動を充実すること」を実現するためには、学校図書館が教授＝学習過程をはじめ日常の教育活動において使えるような内実を備えていること、図書館としての働き

43）『図書館雑誌』93(6)、1999.6、p. 477-482.

（機能体としての要件）を擁していることが必要である。そのカギになるの
が、学校図書館に常駐し、教師と協同して授業などに図書館（資料）が使える
ようにし、日常的な児童生徒及び教師の求めに応え得るサービスの担い手の
存在である。

・そうした働きを生み出すためには、「教育課程の展開に寄与し、児童生徒の健
全な教養の育成」を図る（学図法第2条）という学校図書館の目的達成に必
要な「専門的職務」を日常的に担い得る人、学校図書館の専門職員が欠かせ
ない。

・司書教諭と学校司書の二職種については、それぞれに歴史と経緯を持ってし
まい、いまこの二つを一本化することは極めて困難である。

このあと、司書教諭と学校司書の職務内容を説明し、さらに以下のように書い
ている。

・学校図書館には教育学と図書館学の専門教養を習得した単一の学校図書館
専門職員を、新たな教育専門職員として必要に応じて複数配置する制度が将
来的には望ましいと考えられる。ただ、二職種併置となるほかない経過をた
どった歴史的事実に即せば、当面その方向での合意を得るのは難しい。そこ
で現実的な方向として、司書教諭と学校司書の二職種をできるかぎりしっか
りした中身と制度的根拠を備えたものとし、両者の対等な協同の関係を原則
として、それぞれの実践と交流を強めることを志向するのが適当である。学
校司書は学校図書館の専門的職務に専念する職員であり、教員とは専門性を
異にする教育専門職としての位置づけを新たに根拠づけるのが適当である。
学校教育の専門職を教員だけとするのはもはや狭い考え方である。さまざ
まな専門家が教育の仕事に従事することは既に現実のものとなっている。

・学校図書館の整備・充実を図るための専門職員の体制をつくりだすために、
小異を捨てて共通な目標を設定し、その実現に向けて協同することがいま重
要である。

・将来的な課題としては、「専任の学校図書館専門職員」を制度化する際の内
容と要件について検討し、合意形成を図る／合意に基づき「専任の学校図書
館専門職員」の法制化実現をめざす。

そして、「自治体における豊かな発想から始動する学校教育充実への施策と実
践を支援し、ナショナル・ミニマムとしてそれを普遍化することは、分権の時代
にふさわしい国の教育行政の役割であり、責務である。そうした展望と確信に
立っての学校図書館整備の運動を一段と推進したい」と書いている。

　塩見は本書 p.286の中で、司書教諭という現にある制度・職種と学校司書という二職種について「『協同』という関係があって両者をどういう関係に押さえるかということを前提にした職員の整備充実だということ」がわかるサブタイトルにしたと語っている。

2-5　2000年『学校図書館職員論[44]』

　塩見は、上記のプロジェクトチームの見解をまとめた後、個人著作として『学校図書館職員論』を上梓した。

　第Ⅰ章では1997年の学図法改正案がこの時期に国会審議の対象になった経緯と背景、そこで語られた学校図書館職員像について考察。第Ⅱ章では戦後日本の学校図書館職員の実態と、職員をめぐる論議を歴史的に整理。第Ⅲ章では学校図書館職員としてイメージできる存在として、図書係教諭と学校司書と図書専科教諭のそれぞれから実践レポートを掲載。

　そして第Ⅳ章では「学校図書館専門職員とは何か」として、「学校図書館の専門職員」であるためには／学校教育における図書館の目的と機能／学校図書館専門職員の職務／求められる資質とその修得要件、に分けて考察。そこでは、学校図書館が、学校教育の展開とその主体である子どもたちの学びにかかわるのには、大別して二つの側面があるとし、「一つは、日常的に子どもたちや教師が、学校の教授＝学習過程をはじめさまざまな経験や必要から生ずる資料や情報への要求を持って図書館を訪れるのに対し、図書館のスタッフによって提供されるサービスの営みを通して」、「二つ目は、学校図書館の資料と場、先に述べた働きを活用しての授業をはじめとする学校の教育活動そのものを通してである[45]」。

　そして、「こうした働きが日常化することで、学校は一方的な教え込みの場から、子どもが主体的に学ぶ場へと転換する展望が開かれる。それは次のような学校像として描けよう。①子どもたちや教師が、いつでも期待感をもって訪れることができ、いろいろな出会いや発見のある開かれた学習（資料・読書）センターが学校のなかに生まれる。②授業などで触発された子どもたちの疑問を解き明かしたり、興味や知的好奇心を広げたり深めることにつながる多様な資料、楽しい本との出会いがサービスとして提供される。③教師の教育計画や創意に富んだ授業の展開に必要な教材資料がサービスとして提供され、授業に向けて

44）前掲注39）
45）前掲注39）p.163-164.

の教師のイメージが図書館の働き（支援）によって具体化される。④教科の授業や図書の時間の指導を、教師と学校図書館スタッフとの協同の営みとして作りだせる。明らかに役割を異にする専門家同士が協同して学校の教育活動を担い、実践を進めるというこれまでの学校には希薄な新しい関係が生まれる。⑤地域の公共図書館をはじめ各種図書館組織との連携・協力により、広範な資料・情報へのアクセスが可能となる。⑥生徒図書委員会の活動をスタッフの手助けにとどめるのではなく、子どもたち主体の文化活動として発展させることができる[46]」。

　さらに、こうした学校図書館を担う人の求められる資質とその修得要件について、以下のように述べる。「図書館を使った授業を支援し、教材資料に関して教員の相談に応じられるためには、教員と同等の資格を備えていることが必要だ、という理由で、学校図書館専門職員を『教諭』でなければ、とする考え方もある。教授＝学習過程をはじめとする学校の教育活動の支援と、主要にそこから生まれる資料・情報要求に応えるためには、そのことについての理解と認識が必要なことは当然だが、学校図書館専門職員は自らが図書館教育のすべてを担当するわけではない。学校のなかに図書館教育の実態が広がり、定着するように条件を整えたり、励まし、協力することに主たる任務をみるならば、それは『児童の教育をつかさどる』指導者としての教師の専門性と同一ではなく、図書館の本質である『サービス』の提供と資料や情報メディアの運用にかかわる知識と技能という専門性を中心に据えることが必要である[47]」。

　特に第Ⅳ章の最後には、「現行の学校図書館法が『教諭をもって充てる』司書教諭を唯一の専門職員と規定していることから、教諭の専門性をその基盤に据える考え方が採られがちであるが、これまで述べてきた学校図書館の教育へのかかわり方を重視すれば、将来的には学校図書館の専門職員としての新たな教育専門職種を構想し、必要に応じてその複数配置を考えるのが最もふさわしい。図書館の仕事に相当程度専念できる要件を具備していない現行制度下の司書教諭ではとても担いきれる仕事ではないし、現任の学校司書の多くが最低の要件にしている『司書』資格も学校の専門職員であるためには決して充分ではない」。「新たな専門職種を確立するには、独自な養成制度が必要となる。それはユネスコの学校図書館宣言[48]（1980）が『教育及び図書館学の専門的資格を有する職員』

46）前掲注39）p. 165-166.

47）前掲注39）p. 173.

48）学校図書館メディア奉仕宣言（1980年ユネスコ正式文書として採択）。長倉美恵子『世界の学校図書館』図書館学大系（3）、全国 SLA、1984、p. 212-213.

というように、教科の教師とも一定程度共通する教職教養と、図書館員としての専門性を習得する図書館情報学の学習を基礎要件とした専門職員であるべきである。当然、学校教育法、教育公務員特例法などに新たな専門職員として位置づけられることが必要である」と、学校図書館で必要とされる職員について、明確にその姿を描いている。

　そして、第Ⅴ章では、学校図書館問題プロジェクトチームの議論と報告を基調として、法改正によって「2003年には必ず発令されることになる司書教諭と、法的な根拠は乏しいが現に学校図書館の働きを担い、全国的にも相当数をかぞえる学校司書との関係をどう考えるか」、その協同の在り方に対する提言であるとしている。

　さらに、本書の最後には「当面の課題」として、「『充て職』司書教諭の発令と学校司書の配置を当面の制度上の前提とし、それを学校図書館運営にとってよりよいものにしていくことを目指す」ための課題として、豊かな学校図書館像の共有を広げる／司書教諭にはその任にふさわしいすぐれた教師の発令を／小規模校にも司書教諭の配置を／学校司書の配置をすべての自治体に／現に学校司書として働いている人の身分と働く条件の低下を許さないこと／学校司書の配備について国や県の助成策を、という項目を挙げている。

　学校図書館職員についてのこれまでの研究と学びの集大成である。

3. 教育の未来を見据えた学校図書館職員像

3-1　1997年学図法改正以後

3-1-1　将来的な学校図書館職員像の模索

　1997年の改正学図法は「充て職」司書教諭の附則撤廃が主眼だったが、これだけで学校図書館が機能するとは考えられず、法改正を受けてあるべき学校図書館専門職員とは何かが模索されてきた。主な2つを挙げる。

【2002年学校図書館問題研究会（学図研）の学校図書館職員像（望ましい学校司書の七つの条件）】

　学図研は、学校図書館で働く職員の在り方として図書館専任（専任）の専門職員（専門）、さらに正規職員（正規）であるべきことを1994年の全国大会総会時に

49）前掲注39）p.174-175.
50）前掲注39）p.4.
51）前掲注39）p.194-197.

確認している[52)]。そして、1997年の学図法改正を受けて、現在の様々な形での職員配置に対して、基本的な7条件「①学校図書館の仕事に専念できること、②司書資格をもっていること、③正規職員であること、④1校に1名（以上）の配置であること、⑤フルタイムで働けること、⑥継続して働ける職であること、⑦研修の機会が保証されていること」を示し、その実現を図るとした[53)]。この7つの条件は、特に小・中学校図書館に勤務する大多数の非正規職員の労働条件から導き出された願いであり、現状がいかにそれとは程遠いかということを示すものである。

【2006年 LIPER 最終報告書における情報専門職（学校）】

LIPER は、日本図書館情報学会の創立50周年を記念した共同研究であり、名前は"Library and Information Professions and Education Renewal"（情報専門職の養成に向けた図書館情報学教育体制の再構築に関する総合的研究）の頭文字をとっている。2003年から2014年までに、LIPER、LIPER2、LIPER3の研究活動を行った。

LIPER の最終報告書の「Ⅴ 学校図書館班」[54)]では、学校図書館専門職のあるべき姿は「校内の情報やメディアを一元的に管理し、その利用について支援・指導する専門家」であり、仮に情報専門職（学校）と呼ぶ。情報専門職（学校）は、「学習／教育のための情報やメディアに関する性質や、利用者である児童生徒や教職員の情報行動の性質などを知り、支援・指導のための知識や技術を身につけることが必要である」として、その養成カリキュラムを掲載している。そして、「現行の司書教諭の発展形として『情報専門職（学校）』を設置する」。その実現には「学校図書館法だけでなく教育関連諸法の改正が必要」であるが、まずは「関係者が努力することによって大学院レベルの『情報専門職（学校）』の養成制度を設置」することを提案している。

なお、2012年 LIPER3シンポジウムでは、塩見昇「日本学校図書館職員史と今後への展望」、根本彰「21世紀のカリキュラム展開と学校図書館職員養成」の

---

52) 学図研では、2018年の鹿児島大会の総会で従来「専任・専門・正規」と表記してきた言い方を、1年間かけて検討し、総会討論を経て、重要度に従い「専門・専任・正規」と変更している。『がくと』(34)、2018、p.113-119.

53) 『がくと』(18)、2002、p.110-111.

54) 上田修一・根本彰「『情報専門職の養成に向けた図書館情報学教育体制の再構築に関する総合的研究』最終報告書」『日本図書館情報学会誌』(52)、2006.6、p.101-128.

講演と対談が行われている。[55)]

・「これからの学校図書館活用の在り方等について」

　上記の研究会とは性格を異にするが、2009年3月には、文科省の諮問機関である子どもの読書サポーターズ会議(座長・片山善博)は、報告「これからの学校図書館活用の在り方等について[56)]」を出した。これによれば、人的整備として司書教諭発令の促進と共に、学校司書の配置、担当職員の常勤化、非常勤職員の配置時間の充実や、学校司書の業務を支える体制の整備などを提言している。文科省の文書で、初めて「学校司書」の文言が使用された。

　この報告に先だって出された、パンフレット「学校図書館のチカラを子どもたちのチカラに[57)]」でも、「学校図書館活動の充実を図る上では、例えば高校だけでなく、小・中学校にも学校図書館に『学校司書』を配置して、司書教諭等と連携しながら、多様な読書活動を企画・実施したり、図書館サービスの改善を図ったりしていくことなども有効です」と述べている。これは、充て職司書教諭の活動が十分でないことを見越しての見解だと考えられる。また、学校司書の資格要件については、「専門的な知識と技能をもった学校司書」という表現で学校司書には専門性が必要であるとの認識を表したものであった。

3-1-2　2014年「学図法改正」

　1997年の法改正によって、全国的に司書教諭の形式的な発令が進んだ。これにより、授業を本務とする教諭が学校図書館の実務を担うことを求められ、「充て職」の司書教諭では、学校図書館活動を作ることが困難であることが分かり、司書教諭制度の矛盾が一層明らかとなった。そのため実質的に学校図書館の仕事を担える人＝学校司書の確保が緊急の課題となった。2014年の法改正に至るまでの主な動きは以下の通り。

　2009.3：読書サポーターズ会議報告「これからの学校図書館の在り方等について」を出す。

　2011.6：子どもの未来を考える議員連盟、文字・活字文化推進機構、学校図書館整備推進会議の三者が「学校図書館活性化協議会」(会長：河村建

55）塩見昇・根本彰『日本の学校図書館専門職員はどうあるべきか：論点整理と展望：LIPER3シンポジウム記録』東京大学大学院教育学研究科生涯学習基盤経営コース図書館情報学研究室、2013.

56）子どもの読書サポーターズ会議は、2007〜2008にかけて10回の会議を開き、この報告書をまとめている。

57）同会議が2008年に作成した学校図書館の活動をPRするパンフレット。

　　　　夫元文科相）を設立。

2012．7．5：学校図書館活性化協議会の役員会で学校司書を法制化する方針
　　　　が打ち出される。

2012．7．6：『読売新聞』に「学校司書法制化の方針」との記事掲載。[58]

2013．6：「子どもの未来を考える議員連盟」総会に衆議院法制局から「学校
　　　　図書館法の一部を改正する法律案（仮称）骨子案」が提示される。

2014．3：子どもの未来を考える議員連盟主催「学校図書館法改正をめざす国
　　　　民の集い」開催。

2014．4：「学校図書館議員連盟」（会長・河村建夫、事務局長・笠浩史）設立。

2014．5：同議員連盟の実務者会議で、関係5団体（JLA、全国SLA、学図研、学
　　　　校図書館を考える全国連絡会、学校図書館整備推進会議）にヒアリン
　　　　グ。

2014．6：「学校図書館法の一部を改正する法律案」が各党に提示される。

2014．6．13：衆議院本会議可決。同6．20：参議院本会議可決・成立。[59]

　この改正では第5条の司書教諭に続き、第6条に学校司書の項を立て、以下の
ように記している。

　第6条　（学校司書）学校には、前条第1項の司書教諭のほか、学校図書館の運
　　　　営の改善及び向上を図り、児童又は生徒及び教員による学校図書館の利用
　　　　の一層の促進に資するため、専ら学校図書館の職務に従事する職員（次項に
　　　　おいて学校司書という。）を置くよう努めなければならない。

　　　2　国及び地方公共団体は、学校司書の資質の向上を図るため、研修の実施
　　　　その他の必要な措置を講ずるよう努めなければならない。

　これまでどの法律にも学校司書という用語はなかったが、初めて学図法に明
記され法制上の学校職員として公認された。しかし、学校司書は必置ではなく、
設置者の努力義務とした限界がある。

　また、附則には、

　　（検討）2　国は、学校司書（この法律による改正後の学校図書館法（以下「新

---

58)『読売新聞』によれば、学校図書館活性化協議会が、学校司書の法制化を盛り込ん
　　だ法改正を早期に進めるとしている。

59) 2015.4.1に改正法は施行されたが、2016.1.31の学校図書館の整備充実に関する
　　調査研究協力者会議（第3回）で、学校司書の資格要件や雇用形態について、全国
　　SLA、JLA、学図研、学校図書館を考える全国連絡会、日本学校図書館学会、日本図
　　書館情報学会の6団体が意見を述べている。記録は文科省 Web サイト。

法」）第6条第1項に規定する学校司書をいう。）の職務の内容が専門的知識及び技能を必要とするものであることに鑑み、この法律の施行後速やかに、新法の施行の状況を勘案し、学校司書としての資格の在り方、その養成の在り方等について検討を行い、その結果に基づいて必要な措置を講ずるものとする。

という文言が付記された。

　この改正は、学校司書を配置する努力義務を明示したところまでで、その実質的な中身の検討は以後の課題として残された。

3-2　専門職としての学校司書

　塩見は1971年に大阪教育大学の教員となって、学校図書館について考え始めた。学校図書館職員については、1974年の「学校図書館職員制度化を求めての歩み」[60]を著して以来、「図書館を機能させる専門職員としての学校司書」が必要であると言い続けてきた。

　塩見は専門職員の要件について次のように述べている。「ある職が専門職として社会的認知を得ているかどうかを分ける要件に、体系化された専門知識・技能の修得、職能団体による自律的統制、倫理綱領の存在などと併せて、その職に従事することの排他的独占があげられる[61]」。さらに、これを学校図書館の専門職に当てはめ、『学校図書館職員論』では、「①学校教育の目的達成に貢献し得る、教育に携わる専門職であること　②学校図書館の目的と機能に精通し、図書館の仕事を通して学校教育に課された役割の一端を担えること　③一日の仕事のすべて、もしくは大半を学校図書館の職務に専念できること　④学校図書館における仕事の経験を長期にわたって累積し、それを将来に生かせる保障を備えていること[62]」としている。

　また本章2-4で述べたように、1999年のプロジェクトチームの最終報告の中では、学校司書は、「教員とは専門性を異にする教育専門職」として位置づけるのが適当であると述べている。

　この専門職制度について、塩見は2014年の法改正のあとも、以下のように発言している。

---

60)　前掲注1)
61)　塩見昇編著『図書館概論』JLA図書館情報学テキストシリーズⅢ-1、JLA、2012、p.27.
62)　前掲注39)p.156-157.

・2015年「学校図書館専門職員制度化の課題[63)]」

　2014年に学図法は一部改正されたが多くの検討課題が残された。学校図書館の今後の「丁寧な検討」のために『図書館界』へ塩見が特別寄稿したものである。

　2014年「改正法の附則2項（検討）に、『学校司書の職務の内容が専門的知識及び技能を必要とするものであることに鑑み』と明記したことで、学校司書が学校教育の場で専門性を備えた職であることは、穏やかにせよ確認された」。「問題は、少なくともそのような役割を担える人を、確実に、すべての学校に、たしかな身分で配置することの保障であり、それを具体化する基点として機能させねばならない」とし、「『学校図書館の専門的職務を掌る』司書教諭との関係を丁寧に吟味することを抜きには、その明確化は困難である」。「学校司書を学校教育を担う教職員の一員として位置づけるには、国会審議でも指摘があったように」、「学校教育法第37条に、学校に置かれる職員を列挙し、『教諭は、児童の教育をつかさどる』と規定している。この文脈に位置づけられないと、教育における指導の役割が職務として認められたとは言い難い」。一方、「学校司書を『学校図書館の専門的職務』を担うものとしてその専門性を強調しようとすればするほど、司書教諭との差別化がつかなくなるという矛盾」がある。

　「『学校図書館の専門的職務を掌る』ことの実質化は現在の資格、校内の位置づけでは無理な現実を直視し、その職務から司書教諭を解放し、より広い立場からの学校図書館づくりに参画できるよう、職務を変えていくことに着手すべきである」とし、「当面する課題の検討にあたって、自治体が進めてきた実情が多様だから国が先走りするのは、という誤った『規制緩和』の制約だけは払拭し、子どもたちの豊かな学びを支えるための教育百年の体系の一環という視点から、できる限り充実した学校図書館専門職員の中身づくりへの一歩として取り組むことがいま重要である」としている[64)]。

・2016年「学校図書館専門職員制度の将来展開[65)]」

　この論文は『学校図書館の教育力を活かす』の中の、専門職員制度についての文章である。前述の論文「学校図書館専門職員制度化の課題」をベースにしている。塩見はこの中で、2014年法改正において、「審議を通じて、その必要性にはほとんど異論はないものの、法改正を成立させるために政治的に妥協し、懸案

---

63)『図書館界』66(6)、2016.3、p. 382-390.

64) 前掲注63) p. 387-390.

65) 塩見昇、『学校図書館の教育力を活かす：学校を変える可能性』JLA 図書館実践シリーズ(31)、JLA、2016、p. 146-155.

のすべてを附則や附帯決議にまわすことで終息した専門職員（学校司書）配置にかかわる課題」として、次の6項目を挙げている。①改正では努力義務にとどまった学校司書配置の義務化と配置促進の方策、②法第6条に「専ら学校図書館の職務に従事する」とある「専ら」の明確化、③改正法の附則で「専門的知識及び技能を必要とするもの」とまでは表現された学校司書の専門的職務の明確化、④法に既に既定のある司書教諭と、新たに規定した学校司書との関係、職務区分、⑤学校司書の任用、身分、勤務条件の整備、⑥学校司書の資格要件と養成方法。

　さらに、「2014年改正法は、学校図書館に司書教諭と学校司書の二職種を並置することを明らかにした」が、「小規模な図書館である学校図書館に二種の異なる専門職員をあえて並置する積極的な理屈は成り立たない」。そうなると、「既に法に明記されている『学校図書館の専門的職務を掌る』という司書教諭の職務をどういう内容として把握するか、が焦点にならざるを得ない」。学校図書館のはたらきを「学校教育の充実」に資するものと捉えるならば、これまで制度的な位置づけのない中で「学校の現場に図書館活動の実態をつくり出し、学校教育の充実を教員と共に模索し、創出してきた学校司書を新たな教育職員として位置付けていこうとするとき、この『専門的職務を掌る』任を学校司書に充てるのは当然のことである」と述べている。

　また、司書教諭は「教師は授業をすることが本務の職であり、『図書館の専門的職務』を担うことを予期されたものではない」。司書教諭に最も強く期待される役割は「学校図書館を学校教育全般の中で利活用する状況をどう創り出すか、という運営・経営的な側面にシフトし、よく整備された学校図書館が機能することで、学校教育がいかにその教育力を高め得るかを具体化する条件・環境整備」であると述べる。また、学校司書を「新たな教育専門職として支え、育む役割」も期待するとある。

　学校司書には、「図書館法に基づく司書の資格取得に必要な専門科目を主たるベースにし、それに教員免許に必要な職員専門科目の一部を加味した学習を資格取得の要件とする」ことなどの要件を求めている。

　学校図書館には「学校司書資格を備えた職員を、正規の専任職員として配置し」、力量のある教員が司書教諭の資格を取得して「司書教諭としての任に就き、図書館運営で学校司書と協働する」。さらに「学校運営全体の中で学校図書館の利活用を積極的に広げるための運営計画、諸方策の立案」で協力する委員を加えた「学校図書館部（委員会）を組織」。こうした体制を「校長をはじめ職

員会議が全体として支持し、協力する」というあるべき姿を示している。そして最後に「学校教育を少しでもよりよいものにしようという共通意思の中で、やろうとすれば決してできないことではない、と思う。学校図書館の教育力を活かして学校教育の改革、活性化につなげる当面の、現代における課題として提起したい」と結んでいる。

　1974年の最初の論文以来、追求し続けてきた学校図書館の「人」についての塩見の結論である。

3-3　学校図書館職員の今と未来

　塩見は、京都大学で教育学を学んだ。大阪市立図書館時代に司書として公立図書館の変革に関わり、その中で市民の図書館づくり運動に接している。さらに大阪教育大学へ転じてから「学校図書館とは何か」を探す中で、学校図書館で働く職員や学校図書館に目を向け始めた市民と直に接し、学ぼうとしてきた。「図書館とは何か」という理念と現場から学ぶ姿勢の中から、上記のような学校図書館職員像が生まれてきたのだろう。

　教育に資する学校図書館を育てるためには、「学校図書館の仕事に専念できる」専門職員（学校司書）が必要であること、同時に、その専門職員が学校のなかで十分に力を発揮できるための「学校経営と学校図書館を繋ぐ役割」としての司書教諭と、学校図書館を活かした授業を展開しようとする教師たちが必要であると、塩見は考えてきた。教育の未来を見据えた学校図書館論であり、学校図書館職員像である。

　2014年に JLA に「学校図書館職員問題検討会」が設置された。[66] 2年をかけて「学校図書館の使命・目的・役割」「学校司書の歴史・現状と資質能力」「学校司書と教職員等との役割分担と協働」「学校司書の資格・養成・研修」「望ましい学校図書館職員制度のあり方」を検討。2016年に報告書が出されたが、その中で、現時点での学校司書、司書教諭は、学校図書館専門職員としての位置付けとして両方とも不十分で、今まで実現することのなかった学校図書館専門職員制

66）JLA が2014年4月設置、学校司書の資格・養成の在り方を含めた学校図書館の職員問題について検討した。座長は山本宏義 JLA 副理事長、学校図書館関係者12名、図書館情報学研究者4名、理事4名の21名で構成。報告書は2016年9月に出され、Web サイトに掲載されている。検討の経緯は、高橋恵美子「学校司書の新しい資格の提案まとまる：日本図書館協会学校図書館職員問題検討会報告書」『JLA 学校図書館部会報』(53)、2016、p. 2-5. に詳しい。

度の確立を展望することが必要である。すなわち、図書館情報学と教育学の専門教養を修得した単一の学校図書館専門職員を創設し、新たな教育専門職員として全校に（必要に応じて複数）配置する制度である。この新たな制度は、学校司書と司書教諭が合流する制度として構築する必要がある、と結論が出されている。

　これは、1999年の塩見がプロジェクトチーム座長として出した文書と、将来的には「単一の学校図書館職員を創設する」という点で一致。塩見の理論が受け継がれていると考えられる。

　学校司書の実践が進み、その成果が広く知られるようになってもなお、学校図書館は人的整備が遅れている。1997年の法改正で、「12学級以上の小・中・高校に司書教諭発令」が実施されたものの依然として、「充て職」の司書教諭でしかなく、さらに2014年の法改正では「学校司書」という職名が法律に書き込まれたがその配置は設置者の努力義務にとどまり、未だ根本的な解決を得るには至っていない。むしろ非正規雇用の増加、民間委託などで、学校図書館の充実には困難さが増し、校種間・地域間・学校間での格差が大きくなっているという現状がある。

　また、文科省は「これからの学校図書館の整備充実について」（報告）素案の中で「学校司書の職に就く人の資格要件」について、次のような見解を示した。[67]「1998年5月29日閣議決定の『地方分権推進計画』がある種の職務に関して『一定の学歴・経験年数を有することや一定の講習を受けることは望ましいことではあるが、このような基準は本来任命権者において判断される』ことであり、『職に就くための資格として全国的に一律の義務付けを行うことは、国民の生命・健康・安全にかかわる、法令で定める専門的な講習を除き、適当ではなく、これを存置する場合にはガイドラインとする』としていることを論拠に、学校司書の職務は国民の生命・健康・安全にかかわるものではないこと、現に地方公共団体が学校司書の採用条件として34.6％しか資格や経験年数を求めていない事実を踏まえ、学校司書に何らかの資格を全国的に一律の義務付けを行うことは適当でない」。

　これに対し、塩見は「これは新たに法制化された学校司書の資格要件を考え

---

67)「学校図書館の整備充実に関する調査研究協力者会議」第8回（2016.8.30）に出された検討資料。

る会議の提起の中で、ここで示す資格を備えた人を学校司書として学校に配置するかどうかは、雇用自治体が独自に判断することであり、国としての一律指導は規制緩和の観点からやりません、という意思表明の文書である。これで国会決議に誠実に応えることになるのか。『生きる力』の育成を学校教育の大きな目標に据え、その中で『欠くことのできない』施設である学校図書館の整備を考えようとするとき、それは『国民の生命・健康・安全』とはかかわりのないことだ、と言いきるセンスを含めて、文科省の教育行政の基本ポリシー、学校図書館整備への基点が問われる提起である。十分な論議が必要である」[68]と鋭く批判している。

　2020年度の文科省「学校図書館の現状に関する調査（概要）」[69]によれば、司書教諭に関しては、12学級以上の公立学校では、小学校で99.4％、中学校で98.9％、高校で98.5％の学校で発令されている。11学級以下でも小学校では30.7％、中学校では31.0％、高校では38.8％の学校で発令されている。司書教諭発令は、この数字を見る限り12学級以上では当然のことながらほぼ100％に近く、11学級以下の学校を見ても一定数の発令があり、成果はあったというべきだろう。しかし、実際にどのような学校図書館の仕事を担っているのか不明なところがあり、実態がつかめない。

　学校司書の配置は、公立小学校で13,051校（69.1％）、公立中学校で6,027校（65.9％）、公立高校で2,290校（66.4％）に配置されている。しかし学校司書の内、常勤者は小学校で1,900人、中学校で1,123人、高校で2,684人に過ぎず、大多数が非常勤職員で占められている。公立小・中学校の学校司書の配置は近年めざましいものがあるが、中には2〜3校兼務や、週1日勤務など、学校図書館の利用実態に合わない雇用のケースや、職名も学校司書をはじめとして学校図書館支援員、協力員、補助員などの名称もあり、これらがどのように調査結果に反映されているのか注意が必要である。

　公立高校では実習助手の学校司書が配置されていても調査にカウントされていなかったり、学校事務職員が学校図書館の業務を兼務している形態でも学校司書を配置していることになっていたりする問題もあって、正確な実数の把握が困難である。さらに、小・中・高校を含めて正規職員の退職後は、不安定な非正

68）前掲注65）p.155.

69）学校図書館の全国調査。2005年度から「学校図書館担当職員」の調査が始まり、2008年度からは各都道府県別の学校司書配置率が調査項目に加えられた。文科省Webサイト参照。

規の臨時職員や会計年度任用職員をあてることが増加している。また、都内や三重県の一部の公立小中学校や東京都立高校では図書館業務の民間委託で図書館業務と学校教育との乖離を引き起こしており、一層実態の把握を困難かつ複雑にしている。このうち東京都は2021年に民間委託を廃止し、会計年度任用職員による「都立学校図書館専門員」の採用試験と配置が始まっている。

　「学校司書」という名の「人」が配置されればよいわけではない。本書 p.389-401では、「『はだしのゲン』閲覧制限事件」の際、「こういうような学校図書館の基本的な根源的な問いが問われた時に、司書の中から疑問」が起きて来なかったのは、「（学校司書という）集団の発展の仕方を想定した人の付き方になっていないことが事実」で、「今の司書の人たちにそういう働き方を求めるのは酷であると言わざるを得ないような状況」だったと語られている。

　「学校司書」という文字が法律に書かれても、学習指導要領に「学校図書館を計画的に利用しその機能の活用を図り、児童の主体的・対話的で深い学びの実現に向けた授業改善に生かすとともに、児童の自主的、自発的な学習活動や読書活動を充実すること」[70]と書かれても、未だその専門性を活かせる配置にはなっていない。教育に資する学校図書館を育てるためには、「学校図書館の仕事に専念できる」専門職員（学校司書）が必要であること、同時に、その専門職員が学校のなかで十分に力を発揮できるための「学校経営と学校図書館を繋ぐ役割」としての司書教諭と、学校図書館を活かした授業を展開しようとする教師たちが必要であるという塩見の教育の未来を見据えた学校図書館論、学校図書館職員像の実現が求められる。

第4章　「市民の学校図書館づくり運動」と塩見昇

梅本　恵・髙木享子

　塩見昇の学校図書館論の第4の特徴は、「市民の学校図書館づくり運動」を子どもの育ちや学び、学校教育の充実につながるものと考えたこと、そしてこの運動にかかわる市民の活動や学びを生涯学習として捉えていたことである。それはどのような考えに基づいているのだろうか。

　ここでは市民が学校図書館に関心を寄せ始めた1970年代から塩見が大学教員

---

70) 小学校学習指導要領（平成29年版）総則：第1章第3の1の(7).

を退職した2005年を念頭に置き、運動がどのようなものかを知る手がかりとしてその主な経過と参加している市民の思いを取り上げる。運動に協力を惜しまなかった塩見は依頼を受けた折々に研究者としての視点から考えを述べており、そのことは塩見の著作物とともに運動に少なからず影響を及ぼしてきたと考えられる。また塩見自身も「一人の市民」として運動に参加し、市民の運動から学ぶ姿勢をもっていた。塩見の「市民の学校図書館づくり運動」との関わりや捉え方を考察することにより第4の特徴に迫りたい。

1.「市民の学校図書館づくり運動」という用語について

　『図書館ハンドブック』第4版(JLA、1977)の「図書館運動・読書運動」の項目は塩見が執筆しており、大正時代から使われていた「図書館運動」という用語を「教育運動」[1]という用語を参考にして問い直し、「図書館づくり住民運動」を初めて『図書館ハンドブック』に登場させ、図書館運動の中に位置づけた。

　塩見は前年の1976年に出版された『図書館づくり運動入門』で「図書館づくり住民運動と地方自治」[2]を著わしている。のちにこの論考について塩見は、「たぶん図書館づくり運動という、少しまとまった文章が活字になった最初だったと思います。このときに、『図書館づくり』という概念そのものが生まれたと言っても過言ではないと思っています」[3]と述べている。塩見はこの「図書館づくり」という概念をとても大切にしており、その意味するところを「市民が自分たちの身近に本のある生活空間、本との出会いの場をつくろうと、図書館員と一緒になって取り組む『図書館づくり』という活動があります。この図書館をこしらえるという時には、作文の『作』という字を書いて、『作り』というふうに漢字は使わないことが大事です。平仮名で書く『づくり』に込められたニュアンス、

1）このとき用いた「教育運動」の定義は「権力が支持する教育理念としての教育政策に対して、非権力的な主権者〈国民〉大衆が支持する教育理念、いいかえるなら、その〈教育を受ける権利〉の現実的、実質的な実現をはかろうとする運動」である（『教育経営事典』(2)、帝国地方行政学会、1973、p.14）。

2）図問研編『図書館づくり運動入門』草土文化、1976、p.199-240。『図書館ハンドブック』第6版(JLA、2005、p.41)の「D.図書館運動－1図書館運動の意義」に、この本の刊行は「『図書館づくり運動』や『図書館づくり住民運動』という用語を広め、図書館づくり運動が、住民の権利としての運動であり、高度経済成長によって生み出された地域の生活、教育、文化環境のひずみや貧困を是正する、すぐれて社会的な運動であることを明らかにしている」（山口源治郎）とある。

3）記念講演「学校図書館づくりの当面の課題」。記録集『ひらこう！学校図書館：第21回集会(2017.7.8.)』学校図書館を考える全国連絡会編・刊、2018、p.6.

図書館というモノをつくるのではなく、はたらきを創造するというニュアンスに、図書館のありようが現れます。学校図書館づくりにもこの意味合いを積極的に使っていくことが必要ではないか[4]」と語っている。

『図書館ハンドブック』第5版(1990)では、塩見は「図書館運動」について「狭義には、住民の資料要求を主権者国民としての自己形成、人間らしい暮らしと豊かな文化を求める権利と受けとめ、すべての住民の身近に充実した図書館サービスの実態をつくりだす図書館員を主とする運動、広義には、それに住民自身の図書館づくりの運動を加えたもの」と規定するならばそれは1960年代以降のこととみるべきとし、「それは長年にわたり文字どおり、施し設けられてきた『施設』観を主権者の立場からとらえ直し、住民の立場に立った政策の作成とそれを公権力に認めさせ、その実現を追求することで、図書館サービスを住民の暮らしに欠かせない働きとして創造していく日常不断の意図的な営みである[5]」と述べている。

「図書館運動」の項目で学校図書館の運動が取り上げられたのはこの第5版からだが、塩見は「学校図書館運動」という用語を用いている。次の第6版(2005)は山口源治郎がこの項目を執筆しており、90年代からの各地の「学校図書館を考える会」結成等をふまえて「学校図書館づくり住民運動」という用語を登場させた。最新の『図書館ハンドブック』第6版補訂2版(2016)でもこの用語が使われている。

1990年代から現在まで続いている「学校図書館づくり住民運動」は、自分が暮らす地域の学校図書館の在り方を問うものであり、地域の実情や子どもの実態等をふまえた教師の創意工夫のある教育活動を保障していくための条件整備につながるものである。各地域で運動にかかわっている人たちは長年にわたり地域を越えて交流し、学び合うことを続けている。そしてこのような活動をとおして、学校図書館関係者以外の人たちと出会い、学校図書館に関心をもつ人の輪を少しずつ広げてきた。そこに参加している一人ひとりは社会を構成する市民の一人として、地域や立場を越えて自立的、自発的に参加しているものであり、このような運動をここでは「市民の学校図書館づくり運動」ということにする。

戦後の学校図書館をめぐる最大の課題は職員問題であることから、学校図書館運動はこの問題の解決を図るための法改正を目指したものであり、全国学校

---

4) 前掲注3)p.5.
5) 『図書館ハンドブック』第5版、JLA、1990、p.46.

図書館協議会（以下、全国 SLA）と教職員組合を中心に長年にわたり取り組まれてきた。歴史的経過をふまえるとき、「市民の学校図書館づくり運動」は戦後の学校図書館史のなかでも特色のある活動である。「人を置く運動」と表現されることもあるが、この表現には違和感がないわけではない。もとより「学校図書館に人を置くことが目的」の運動ではなく、互いに学び合いながら教育問題の改善を目指す「教育運動」と考えるからである。

2. 1970年代の「子ども文庫」の担い手による学校図書館調査

　早い時期に学校図書館に関心を寄せたのは「子ども文庫」の担い手たちだった。塩見は論文「学校教育の改革と学校図書館」で学校図書館問題を教育改革の課題として捉え、いくつかの事例を取り上げて考察しているが、その項目の一つとして「学校図書館を考える輪のひろがり」を挙げている。いずれも組合の教研集会として企画された1978年12月の群馬、79年11月の岡山における「学校図書館を考える」集会の参加者の構成に注目し、「学校司書、係教師のほかに一般の教師、公共図書館員、さらに市民も幾人か加わって学校図書館問題を考えようとするもので、学校図書館を教育運動としてとらえることが必要だという私のかねてよりの考えと合致する集会であった」と述べている。「さらに、家庭文庫や地域文庫の活動を通して『子どもによい本を！』と願う母親たちが、子どもの読書環境の一つとして学校図書館に関心を向ける事例も各地に生まれている」とし、その一例として東京都三鷹市、大阪府富田林市での市内小学校の学校図書館調査を挙げている。

---

6 ）例えば、学図研編『学校司書のための学校図書館サービス論』（樹村房、2021、p. 2）では「1980年代後半から1990年代にかけては各地で学校図書館に人（学校司書）を置く市民運動が活発に行われるようになり」とある。

7 ）青木一ほか編『現代教育学事典』（労働旬報社、1988）では、「国民教育運動」について「主権者である国民（または団体）が、教育労働者（または教職員組合や民間教育研究団体など）と対等の立場で、あるいは教育労働者の参加・不参加とかかわりなく、教育の内容、方法、制度、行政、財政、政策など公教育のあらゆる面にわたって、現状の改革や改善をめざして行われている教育運動で、これら多様な形態をとっている運動を総称してこのように呼ぶ」とあり、「70年代を経て今日にいたるまで、全国各地の教育条件の改善や教育の質的向上などさまざまな教育問題の解決をめざしたとり組みがなされてきたばかりでなく、それらの活動をとおして教育の主体としての力量を高める努力（自己教育）が行われてきた」とある。

8 ）塩見昇、『教育学論集』（9）、1980. 3、p. 29-36.

9 ）前掲注 8 ）p. 33.

　この論文が発表されたのは1980年で、学校図書館法成立後30年近くが経っているものの学校図書館運動に広がりはなく、全国 SLA と教職員組合が中心となっていた時代である。塩見もこの論文で「懸案の学校図書館法改正問題がようやく新たな段階を迎えようとしている現在、学校図書館問題は、なお学図関係者とよばれるごく限られた人たちの関心事であって、そのひろがりは乏しい」と述べている。「新たな段階を迎えようとしている学校図書館法改正問題」とあるのは「四者合意」をめぐる一連の動き[10]のことであろう。この論文で塩見は「学校図書館の整備・充実が、日本の学校教育をよくし、子どもたちの幸せにどう通じるかを具体的に考えることのできる輪がひろがることこそが、懸案の学校図書館法改正、学校図書館に対する教育行財政上の位置づけに新らしい展開をもたらすことになるだろう」と指摘している[11]。

　ところでこの論文にある三鷹市、富田林市での学校図書館調査は文庫関係者が学校図書館に目を向けた初期にあたると考えられる。調査を行った理由と方法、内容はどのようなものだったのだろうか。三鷹市での調査は1974年に発足した「三鷹市地域家庭文庫・親子読書会連絡会」が76年度に市内小学校14校を対象に実施したもので調査結果も残されている[12]が、ここでは富田林市での調査をとりあげる。

・「富田林子ども文庫連絡会」の調査

　富田林市での調査は1974年に発足した「富田林子ども文庫連絡会」が1977年6月現在で実施したもので、その内容は『ぼくたちに本をください』[13]に掲載されている。前年の76年に市立図書館が開館し、78年度から自動車文庫が走り出すことを受け、「子どもを含む市民のだれもが、いつでも、身近で、自由に利用できる貸出中心の図書館がほしい」という文庫連絡会の思いが富田林市の図書館行政に生かされることを願っての発行であることが述べられている[14]。学校図書館の調査方法は質問事項をプリントし、文庫連絡会の会員が手分けして近くの

10）本書Ⅱ・第3章参照

11）前掲注8）p.33.

12）調査結果は「輪を広げる文庫活動：昭和51年度のあゆみ」に掲載されている。三鷹市地域家庭文庫・親子読書会連絡会編・刊『三鷹市立小学校の学校図書館調査報告』(1991、p.11-20)に再録。

13）富田林子ども文庫連絡会編・刊『ぼくたちに本をください：富田林のこどもの読書環境と文庫』、1977.

14）前掲注13）p.1.

学校を訪問、趣旨説明をして回答を記入してもらうというもので、質問事項は学校図書館の場所・図書費・蔵書数など22項目にわたる。

　調査結果を受けての「わたしたちのねがい」では「司書教諭や学校司書がいなければ、学校図書館は運営できないのだという声を常に出しつつ、現状の中で学校図書館を変えていく努力を怠ってはならないと思います。（中略）子どもの読書をすべて国語科の学習という狭い囲いの中に入れないでくださいとお願いします。その上に学校図書館についての認識を深めていただきたいのです。現実の学校図書館は不充分であっても、本来、学校図書館とはこういうものだという共通理解がすべての先生にあれば、いくらかでもよいものになるはずです。市立図書館は、学校に対して、資料の貸出し、資料の集中整理、司書の学校派遣などの援助をすることも考えられます。しかし、それは、弱小国を傘下におくという形でなしに、独立国たる一つひとつの学校に協力する形で行われねばならないのは当然のことです。そのためには、学校は独立国たるにふさわしい力をつけていかねば真の連携はできないでしょう」と指摘し、最後に「私たちは、なぜ、子どもの読書のために、時間を、労力を費して手弁当でかけずりまわっているのでしょうか。『真理はわれらを自由にする』国立国会図書館法前文にうたわれているこの理想に向かって、より自由に、より人間らしく生きたいと未来を志向して生きているからです。この大いなる未来に向けて、『富田林の子どもたちに本を、よい読書環境を』という私たちのささやかな願いがあるのです[15]」と言葉を結んでいる。

　また、南河内府民センター図書室（1973〜1978）に関する記載を読むと、市立図書館がなかった富田林市において同図書室の図書館活動が文庫活動や図書館要求運動の支えになっていたことがわかる[16]。「富田林の文庫のあゆみ」に掲載[17]されている「研修会への参加」の内容も興味深い。子どもの本に関わる研修のほか、例えば「子ども文庫の大阪大会、大阪市立中央図書館にて文庫にかかわる多くの先輩を知り啓発される」（73年）とあり、文庫関係者が地域を越えてつながり、互いに学び合っていたことがわかる。他市の公立図書館の見学も実施されており、東京都内で開催された日本親子読書センター研究集会に参加した際には東村山市と国立市の市立図書館を見学（74年）、翌75年には日野市・府中市・調布市の市立図書館を見学するなど、機会を捉えて大阪府外の公立図書館からも学ぼ

15）前掲注13）p.55-56.

16）前掲注13）p.45.

17）前掲注13）p.23-38.

うとしていた。また75年12月には「文庫のための研修会」で塩見に講師を依頼している（演題は不明）。

　三鷹市と富田林市での学校図書館調査の事例のように、1970年代半ばにはすでに学校図書館に目を向けていた文庫関係者が存在していた。しかしながら学校図書館に「人」が不在で蔵書も貧しい現状を目の当たりにしつつも自分たち自身が教育問題として取り組んでいく動きにはつながっていない。

　親子読書・地域文庫全国連絡会（以下、親地連）の機関誌『親子読書』[18]でも1978年4月号で特集「いま、学校図書館は」が組まれているが、この特集を組んだ理由は「『いったい図書の時間ってどうなっているの？』『もっと先生に熱心に読書指導をやってほしいわ』そんな素朴な疑問から」とあり[19]、先に述べた三鷹市や富田林市での学校図書館調査と同様に、学校図書館の貧しい実態に目を向けながらも自分たち自身が教育問題として学校図書館を考える視点はまだ希薄であった。

3.「市民の学校図書館づくり運動」の胎動

　塩見は本書 p.238で、公共図書館づくり運動は1960年代終わりから80年代、学校図書館づくり運動は80年代から90年代で、担い手を含めてどのように繋がっているのか、繋がっていないのか、丁寧な見方をしないといけないのではないかと話している。

　今回は「丁寧な見方」をするのは困難であることから、ここでは1980年代の「図書館づくり住民運動」の一端を『現代の公共図書館・半世紀の歩み』[20]から把握するとともに、80年代の「市民の学校図書館づくり運動」はじまりの頃の事

18）1983年4月号より『親子読書』から『子どもと読書』にタイトルが変更された。その理由について広瀬恒子は「『親子読書』っていうと、あたたかい春の陽ざしをあびて母と子が絵本を読んでるようなとても幸せな風景がうかぶ、自分が働いて子育てをしていたきびしい日常からは、小市民的などうもなじめない感覚だって書いてこられた女性もあったし、"親子で良い本を読みましょう"っていう"教育ママ"的運動みたいとか……、まあ『家庭』の読書とせまく受けとられるイメージがあったんです。私たちのめざす活動は、べつに"子どもに良書を読ませましょう"っていう本読ませ運動じゃなく、一人一人の子どもが、本を手にし自由に読める条件をつくっていこうという、そのためには社会的課題とかかわらざるをえない」と述べている。（「親地連と『子どもと読書』の二五年の歩み：広瀬恒子さんに聞く」『子どもと読書』(296)、1996.4、岩崎書店、p.8.）
19）『親子読書』(80)、1978.4、岩崎書店、p.4.
20）是枝英子ほか編著『現代の公共図書館・半世紀の歩み』JLA、1995.

例の一つとして塩見と接点のあった大阪府子ども文庫連絡会（以下、大子連）の
活動を取り上げる。

　1970年代に大きく発展した図書館であるが、1981年に「第二次臨時行政調査
会」が発足し、臨調行革による国の補助金の削減、図書館経費の削減・抑制、図書
館運営・管理の財団への委託化など図書館をめぐる状況は厳しくなる。本書
p.243にあった京都市図書館の財団委託も81年のことである。このような状況
の変化のなかで、80年代の「図書館づくり住民運動」はどうだったのだろうか。

　70年代に図書館づくり運動を推進してきたのは文庫関係者である場合が多
かったが、80年代に入るとこれらの人々を母体とした「図書館を考える会」と
いった市民グループが誕生し、要望だけでなく、「こういう図書館をつくりた
い」と自らが図書館政策をつくり、自治体へ提案する力量をもち始めた。その
要因として『図書館の発見』などの"赤ちゃんからお年寄りまで"すべての人
に開かれた新しい図書館の理念を広げた図書が刊行され、その理念の具体像と
して東京都日野市や千葉県浦安市などの先進的図書館が誕生したこと、二つめ
として80年代に入ると地域の文庫連絡会づくりがいっそう進み、「図書館づくり
の実践を交流したり、情報交換しあえる機関誌や参考資料が蓄積され、学習を深
めたり、経験者から学ぶことができるようになった」こと、そして「『いつでも、
どこでも、だれでも、どんな資料でも』利用できる"暮らしに生きる図書館"像
を共有化できるようになった」ことがある。一方で子どもの生活も大きく変化
し、文庫に来る子どもも高学年が減少し、幼児や低学年が中心となっていく。要
因として子ども人口の減少、塾やけいこごとなど子ども自身が自由な時間をも
ちにくくなったこと、ファミコンやテレビゲームの普及等を挙げている。

　では子どもたちが一日の大半を過ごす学校にある学校図書館の状況はどう
だったのか。塩見は『子ども白書』で全国SLAの悉皆調査（1980年）と文部省
の抽出調査（1981年）の結果を整理し次のように書いている。

　「一人当たりの蔵書冊数と年間購入冊数を重ねあわせると、平均すれば小学校
　では一二年、中学校一五年、高校二〇年というのが購入された蔵書の使用年数

21）前掲注20）p.130.
22）石井敦・前川恒雄共著『図書館の発見：市民の新しい権利』NHKブックス（194）、日
　　本放送出版協会、1973.
23）前掲注20）p.128.
24）前掲注20）p.130.
25）前掲注20）p.127.

となっています。資料が少なくてしかも古いことが明らかです。これは平均的な学校図書館像ですが、大阪府下のT小学校を例にとると、児童数九六人で各学年一クラスのこの学校では、施設は三〇平方メートル程度の小部屋で、年間図書費は四万円が計上されているが年によっては買わないこともあり、図書係は産休代替の講師と事務職員の分業となっていて、ほかの先生から図書館についての希望や意見が寄せられることはほとんどないそうです。（中略）これが特別なケースだといいきれないところに学校図書館の悩みはつきません。」[26]

・大子連の活動—学び合いと大阪府下の学校図書館実態調査

1980年代に入ると、子どもにもっとも身近な図書館である学校図書館に関心を寄せ、学校図書館を知ろうと学び始めた人たちが現れはじめる。1976年発足の大子連は、準備会の段階の1975年から児童文化講座を開催し、多様な内容で学び合いを続けていた。そして、発足から5年後の1981年1月にはその一環として「学校図書館を考える」講座を開催している。この講座で塩見は助言者を務めており、以下のような概要が会報に掲載されている。

「公共図書館（又は文庫）と学校図書館との協力は大切であるが、連携とか協力という言葉は互いに手を結び合っている状態であり、今の学校図書館の現状ではまだ無理。子どもが本を楽しむのは人間として生きていく上での権利であるという共通理解が成り立っている必要がある。将来、学校図書館行政と公共図書館行政との関係が問われる時が来るだろう。文庫としては、これまで地域の図書館づくりに大きな成果を上げてきたが、今後、地域の学校図書館づくりに目を向けてみるのはどうだろうか。（中略）まだまだ各々の地域で学校図書館を問えるような状態ではなく、教育運動として取り上げていかねばならない。そして学校図書館法が何故できてきたのか、今一度、原点に立ち帰って考えてみなければならない」[27]。

この頃の小中学校図書館のほとんどは「専任職員が不在」[28]であり、学校図書

26）日本子どもを守る会編『子ども白書』(1984)、草土文化、1984、p. 271.

27）『大子連ニュース』(39)、1981.2.

28）文部省は20年ぶりに1981年1月現在で「学校図書館の現状に関する調査」（抽出調査、公立小・中・高校対象）を実施した。調査結果によると、専任の担当事務職員配置の学校の割合は、小学校10.2%、中学校14.4%、高校69.7%であった（『図書館年鑑』(1982)、JLA、1982、p. 484）。

館に対する大子連の認識は「読書の場という一面的なとらえ方がつよく、学校での読書に自分達がどうかかわるか[29)]」にあったが、前述の塩見の発言は学校図書館の充実に向け活動をしていく大きなきっかけになったという。本書 p. 240 で塩見は「学校図書館に目を向けなさいというような煽動をした覚えはありませんが、子どもが育つ環境として学校の大事さを示唆することはあったと思います」と述べている。

　その後、1987年に大子連は大阪府下小中学校169校の「学校図書館実態調査」を行っている。調査項目は年間予算、購入冊数、市教委や図書館とのかかわり、文庫・親とのかかわり、今後の課題など8項目である[30)]。調査結果を受けた記述には「文庫側の学校図書館への関心の薄さ、学校教育の壁の厚さがあり、調査出来た数はそう多くはなかった。その中ですら学校図書館の貧困さははっきり浮び上った[31)]」とある。塩見は本書 p. 240でこの大子連の実態調査にふれており、「あれは大子連の自己変革のひとつのステップ、学校図書館問題に積極的にかかわる上でのステップでした」とし、大子連の実態調査の10年以上前に図書館問題研究会（以下、図問研）大阪支部が図書館未設置の15市を含む全31市を訪問して実態調査をした際に大子連の人たちがメンバーとして参加しており、自分の住む地域だけでなく大阪という一つの地域で現状をまず押さえて、そこから考えていく手法を経験したことを紹介している。図書館員と文庫による「図書館づくり運動」の一つであり、そこでの経験と学びが「学校図書館づくり運動」に生かされ、引き継がれた面がある事例としてみてよい。

　大阪府下の各市町の文庫連絡会は各々の地域で「図書館づくり住民運動」を展開していたが、大子連としても情報交換をおこない、1977年以降、大阪府の図書館振興について府教委や知事宛に要望を提出するなどしてはたらきかけを続けており、図書館をめぐる学び合いや意見交流が不可欠であった。塩見も1975年12月の「新しい私たちの図書館」と題した児童文化講座をはじめとして大子連で何度か講師を務めている[32)]。このような「図書館についての学び合いと意見

---

29)　大阪府子ども文庫連絡会編集委員会編・刊『大阪府子ども文庫連絡会発足20周年記念誌』、1996、p. 76.

30)　新井せい子ほか編『シンポジウム「学校図書館を考える」記録集』、同シンポジウム実行委員会、1991、p. 32. 及び前掲注29)p. 91.

31)　前掲注29)p. 12.

32)　前掲注29)p. 34-41によると、塩見は「児童文化講座」で、「文庫交流会・文庫と図書館のかかわり(1)」(1979)、「学校図書館と地域の連携を考える」(1988)、「交流会・生涯学習と図書館」(1990)、「学校図書館ってなに？：現状と可能性」(1994)で講師を

交流」は、その後の大阪府下の各市町における「市民の学校図書館づくり運動」
の土台になっていったと考えられる。

・全国に向けた問題提起と意見表明

　1980年代後半になると、全国を視野に入れたさまざまな動きが始まる。1987
年には親地連の機関誌『子どもと読書』で特集「"人"のいる学校図書館を」
が組まれ、塩見は「学校図書館の可能性をさぐる」を執筆した[33]。前年に出版し
た『日本学校図書館史』[34]の研究成果をふまえつつ、臨教審答申を批判的に読み
解き、「(前略)読書運動のサイドから学校図書館の可能性をさぐるとすれば、ま
ずは学校図書館蔵書を、広い意味での学習を生みだし、ふかめる資源としてとら
える共感を拡げることをかんがえたい」とし、「いま、子どもと本との出あいに
かかわってさまざまな経験をもつ人たちが、それぞれの立場で見えるところを
話しあい、交流することで、無気力・無感動だと一般に評される現代の子どもた
ちが、じつはほんもののふかい学習経験を求めていること、子どもたちの知的好
奇心や探究の意欲を刺激する素材が本にはふんだんにあることを共有の認識に
し、子どもと本との出あいをいっそうゆたかにするための協力・連携を共通の課
題とすることである」[35]と述べている。

　翌1988年には日本児童文学者協会理事会が声明「ゆたかな文化を子どもたち
に手わたすために学校図書館に専任の司書教諭を！」を発表[36]。1989年7月の図
問研第36回全国大会ではアピール「わが国の全ての学校、とくに小中学校に司
書を置こう」を採択、同年7月に親地連は第7回全国交流集会で初めて学校図
書館の分科会を設定するとともに、「学校図書館に専任の司書を」のアピールを
採択した。これらの声明やアピールは学校図書館関係者以外による意見表明で

　　務めている。図書館関連の講座では、府内の公立図書館長や図書館員をはじめ、菅
　　原峻（図書館計画施設研究所）(1986)や沢田正春（北海道置戸町立図書館長）
　　(1987)、竹内悊（図書館情報大学名誉教授）(1995)も講師を務めた。松岡享子も「世
　　界の子どもと日本の子ども：国際識字年に考えたこと」(1991)で講師を務めてい
　　る。
33）塩見昇、『子どもと読書』(195)、1987.11、岩崎書店、p.16-19.
34）塩見昇『日本学校図書館史』図書館学大系(5)、全国SLA、1986.
35）前掲注33)p.18.
36）日本児童文学者協会『日本児童文学』1988年10月号「特集：子どもの読書の諸問題」
　　に掲載。声明では学図法附則第2項を削除し専任の司書教諭を置くこと、学校司書
　　を教育職として位置づけることを要望している。

あり、特筆すべきことである。また同年8月には学校図書館問題研究会（以下、学図研）が「第5回大会からの訴え」として、「すべての学校図書館に専任の専門職員を」を発表した[37]。

　このように80年代は学校図書館の貧しい実態が次第に明らかになっていくとともに、アピールや声明で司書教諭・学校司書・専任の専門職員というように、必要とする職員の書かれ方は異なるものの「人」が不在であることへの問題提起と意見表明が社会に対して発信され、次第に大きな広がりと動きになっていった。宇原郁世は背景として1982年の「学図法改正をめざす全国学校司書の会」（1990年に日本学校図書館教育協議会と改称）の結成、85年の学図研結成によって実践や理論を学び合える全国組織ができたこと、『ブックトーク入門[38]』や『学校司書の教育実践[39]』が刊行されたこと、各地で高校の学校司書を中心に「白書」づくりがおこなわれ、そのことを通して運動の核がつくられていったことを挙げている[40]。塩見が『教育としての学校図書館[41]』を著したのは1983年であり、インタビューからは塩見が岡山市の学校司書による白書づくりや学図研の結成に深く関わっていたことがわかる（→本書 p.225-233）。

4.「市民の学校図書館づくり運動」の広がり

・東京でのシンポジウム

　80年代後半の動きを受け、1990年2月24日に東京でシンポジウム「学校図書

---

37) これらのアピール等の全文は、『記録　シンポジウム学校図書館に専任の専門職員を！』（同編集委員会編・刊、1990、p.48-50）に収録されている。

38) 岡山市学校図書館問題研究会編『ブックトーク入門』教育史料出版会、1986.

39) 塩見昇・土居陽子共著『学校司書の教育実践』青木書店、1988.

40) 宇原郁世「学校図書館は、いま：近年の動きから」『学校図書館を育てる』伊沢ユキエほか編、教育史料出版会、1994、p.11-49. 白書については宇原の手元にあるものとして、和歌山県(76年)、『学校図書館白書：全国実態調査報告と問題提起』（日教組、78年）、静岡県(80年)、大分県(81年)、岡山市(81年・89年)、長野県(82年)、京都府(83年)、東京都(83年)、宮城県(84年)、兵庫県(85年)、新潟市(85年)、三重県(87年、91年)、愛知県(87年)、埼玉県(88年)、島根県(88年)、長崎県(91年)、千葉県(92年)を挙げている。岡山市の白書づくりについては本書 p.225-230で取り上げられている。本書 p.226注59)にあるように、島根県学校図書館協議会による『学校図書館白書』は80年に刊行されている。

41) 塩見昇『教育としての学校図書館：学ぶことの喜びと読む自由の保障のために』青木書店、1983.

館に専任の専門職員を！」が開かれた。首都圏以外の遠隔地も含め160名を上回る参加があり、学校図書館現場の人たちと学校図書館以外のいろいろな立場の人たちが一堂に会した画期的な集会だった。パネリストとして藤本富美子(埼玉県・北本市子ども文庫連絡会)、西條明子(品川区立大間窪小学校教諭)、宇原郁世(岡山市立丸之内中学校司書)、後藤暢(埼玉大学非常勤講師)が登壇、司会は伊沢ユキエ(横浜市港南図書館司書)と森崎震二(専修大学教授)が担った。

　この集会開催の動機の一つは学校図書館の貧しい現状を広くアピールし現状を変える取り組みをしようということであり、もう一つは関係団体の間で意見の相違があることや現職の学校司書の身分や雇用形態がさまざまである実態から、職員の雇用形態・身分の違いを論議する前にまず「専任の専門職員＝司書」を配置させることで一致し団結することが必要と考えたことを挙げている。「関係団体の意見の相違」については「四者合意」分裂後の状況があり、集会主催者は JLA と全国 SLA に後援依頼をしているが両者とも断っている。

　討議では宇原の行政職でも仕事はできるという発言に対して教育職でないといけないという意見が出るなどし、集会アピール「小学校と中学校の学校図書館に専任の司書を！」の採択では「職員の雇用身分を固定化していないと賛成できない」旨の発言や、十分な討議がなされていないなどの異議が出され、やや緊張した事態になった。後藤竜二(児童文学者協会)は討議のなかで「(前略)問題はやっぱり子ども達に手渡す人、そういうものが欲しいなというところだったと思います。勉強してましても複雑怪奇で、皆、願いは同じなのに何故ツンツンしちゃっているのかなというところがあります。子ども達に良い文化をというのは同じなのだから、やはり統一点を一生懸命探る努力をしたいなというのが一番の気持ちですね」と発言している。学校図書館づくりに取り組もうとしていた当時の市民の思いを代弁しているものでもあっただろう。『朝日新聞』(1990.3.4朝刊)はこのシンポジウムを「学校図書館に専任者を　小中学校の8割は不在：司書教諭めぐり運動は分裂」の見出しで報道した。このシンポジウム以降も、とくに90年代は、職員制度をめぐる関係団体の運動方針の相違に市民

---

42) 主催：親地連、学図研、児童図書館研究会、図問研。会場：都立中央図書館。記録は『記録　シンポジウム学校図書館に専任の専門職員を！』(記録『シンポジウム学校図書館に専任の専門職員を！』編集委員会編・刊、1990)。

43) 前掲注42)p.54-55.

44) 前掲注42)p.55.

45) 前掲注42)p.34.

はしばしば直面することになる。

・大阪でのシンポジウム

　東京のシンポジウムに参加した土居陽子（兵庫県西宮市立西宮東高校司書）の呼びかけで、1991年1月15日に大阪でシンポジウム「学校図書館を考える」が開かれた。[46] 開催に向けて図書館員や教師、学校司書、文庫など異なる立場の人たちによる実行委員会ができ、月1回の話し合いをもちながら準備が進められた。

　集会の冒頭で土居より「実行委員会の話し合いの中から」[47]と題して開会に至る経緯や実行委員会での話し合いの内容などについて報告があった。まず1989年11月20日に国連で「子どもの権利条約」が採択されたことにふれ、「この条約は学校図書館にとっても大きな意味を持つものと思われますが、我が国の学校図書館の現状はどうでしょうか」と問いかけた。実行委員会の話し合いのなかで各々がもっている学校図書館像が違うことが明らかになったが、シンポジウムでは交流を通じて学校図書館のイメージが広がり、重なり合う部分が増えることを実行委員会として期待していると述べた。また実行委員会の中で「人」のことが話題にならなかった日はなかったと言い、「『人』というとすぐに学校図書館法改正や身分が教育職か行政職かという論議になりがちで、それしかないかのような感じさえ受けますが、先ずは原点に帰って『子どもたちのためにどんな学校図書館を用意するのか』というところから『人』の問題も考えたいというのが実行委員会の希望です。勿論、学校図書館法改正のために努力することは言うまでもありませんが、もう一方で地方自治体に働きかけるなど、可能性に挑戦することが今、求められています。とにかく学校図書館を機能させるために『人』が必要だとしたら、それはどんな『人』で、どうしたら置けるのか、皆で考えてみようではありませんか」と呼びかけた。

　プログラムは「小学校の図書館に司書がいたら―先生と司書の連携した実践」（岡山市立興除小学校教諭・藤田克美、学校司書・鹿野恵子）、「知ってしまった…住商・図書館とわたしたち」（大阪市立住吉商業高校生徒・松原千明、宮田友

46）主催：同実行委員会、会場：エル・おおさか（大阪府立労働センター）。協力団体は大阪府子ども文庫連絡会、奈良県文庫おはなしグループ連絡会、「図問研」大阪支部・京都支部・兵庫支部、「学図研」大阪支部・兵庫支部、児童図書館研究会近畿支部、兵庫文学教育の会。記録は、『シンポジウム「学校図書館を考える」記録集』新井せい子ほか編、同シンポジウム実行委員会、1991。
47）前掲注46）p. 2-7。

美ほか)、「学校図書館に熱い期待を—文庫活動から見えてきたもの」(大子連・新井せい子)、「学校図書館に『人』が入るまで、入ってから—日野市の現状と問題点」(東京都日野市立第一中学校司書・板垣葉子)で、塩見が討論の司会を務めた。参加者は約250名で、小・中・高校の教員や学校司書をはじめ、図書館員、大学図書館員、大学教員、文庫、一般の社会人、高校生、大学生である。東京のシンポジウムに引き続き、学校図書館関係者以外に輪を広げたかたちでの集会であった。

新井は「私は図書館づくり運動をするなかで図書館の存在意義と可能性、即ち『図書館は人々の知る権利、学ぶ権利を保障し、自ら学ぶ喜びを体験し主体的に生きる人間を育てる』ということを知りました」と述べ、「教科書だけでなく図書館の幅広い資料を利用しての授業は、子どもたちに学ぶ喜びを体験させます。その意味で、学校図書館は学校教育を見直す鍵になるのではないでしょうか」として、学校図書館の機能が十分に発揮できるよう条件整備の必要性を訴えた。新井は前述の大子連の学校図書館実態調査における箕面市での調査を担っており、市教委とタイアップして市内全小中学校で調査を実施していた。この調査が箕面市の学校図書館施策につながる第一歩となっていることも取り上げている。[48]

塩見は討論の終わりのほうで「人が居るということの大事さということを、できるだけいろんな立場の人が、幅広い場で、そのことが確認される。それを出発点にしてそういう条件をつくっていく力にしていくという積み重ねが必要だろうと思います」[49]と述べている。

・岡山でのシンポジウム

東京と大阪に続き、岡山市で「学校図書館に司書をおこう！全国の運動を語り合うつどい'91」(1991年12月21日-22日)が開催された。[50]岡山市職員労働組合などがよびかけた実行委員会が主催で、全国から約300名の参加があった。「学校図書館や文庫関係者のほか、議員や労働組合の代表が多数参加していたのが特徴」[51]の「つどい」に、岡山市の奥山桂教育長が挨拶のために登壇し、組合と市

48) 前掲注46)p.31-33.
49) 前掲注46)p.66.
50) 主催：学校図書館全国交流集会実行委員会、会場：カルチャーホテル。記録は『つどって 語りあって』(同実行委員会編・刊、1992)。
51) 前掲注40)p.24.

教委という立場を越えて子どもたちのために学校図書館を充実させていこうという、教育長の学校図書館に対する理解と思いが伝わってくる開会となった。

1日目のシンポジウム「学校図書館に司書は絶対にいなくちゃ！そのわけは…」で塩見はコーディネーターを務めている。塩見は「（準備段階からの）このような進行を通じて、また今日この会場に参りましてこの集会が、学校図書館の整備充実ということに関わって歴史に残る、また歴史を拓く集まりになるという確信を抱き、かなり気持ちの高ぶりを感じています[52]」とシンポジウムを始めるにあたって述べている。

シンポジウムの登壇者は「学校図書館に司書がほしい―文庫活動から見えてきたもの」（親地連事務局長・広瀬恒子）、「学校図書館に司書がいたら」（岡山市立桑田中学校教諭・額田玲子、学校司書・永井悦重）、「こうして進めてきた、学校司書配置運動―岡山市職員労働組合の運動」（同組合中央執行委員長・長﨑司）である。

シンポジウムのまとめの段階で塩見は「これからの問題は、これだけのサービスをしました、そのおかげで子どもは容易に本が手にはいるようになりましたというだけでなく、そのサービスが出来た事によって、どういう学びがそこから生まれてきたかが問われる事になりましょう。教師と司書と学習者である子どもの三者の関わりの中で、授業のダイナミズムが生まれてくる事です。『学校図書館に人を』という運動がいっそう深まり展開していくために、大事な理論的バックボーンになっていくところだと思います[53]」と今後に向けての重要な視点を示唆した。

分科会や交流会、ナイターで交流と議論を深めるとともに、「つどい」終了後は岡山市立小中学校図書館の見学会も行われた。「つどい」について『朝日新聞』[54]は「図書館に人を置くかどうかは、教育の内容とも深くかかわる。教科書を丸暗記させるのか、自分で調べることを学ばせるのか。子どもが入りたいときに図書館に入れないというのは、人権の問題であり、文化の問題でもある」と書いた。またこの「つどい」で初公開されたのが学校図書館のビデオ『本があって、人がいて―学校図書館と子どもたち』[55]である。このビデオは岡山市内の公

---

52) 前掲注50）p. 5.
53) 前掲注50）p.39.
54) 「取材ファイル 学校図書館に司書の配置を」1992.1.8.夕刊
55) 岡山市学校図書館ビデオ制作委員会、1991。2001年には『本があって、人がいてpart2：学び∞学校図書館』が制作された。

立小・中学校の日常の図書館活動をはじめ、学校図書館を活用した授業の様子など
を収めたもので、学校図書館関係者はもとより、市民、研究者、図書館員など、
全国の幅広い人たちに視聴された。市民の学校図書館づくり運動においても、
いくつもの「会」で視聴され、学校司書の配置によって日常的に機能している
学校図書館のイメージを広げ、共有化することや学校図書館に関心をもつ人の
輪を拡げることに大きな役割を果たした。

　以上みてきたように、90年代に入ると東京、大阪、岡山でさまざまな立場の人
たちによるシンポジウムが開催されるほどに、80年代よりも学校図書館を考え
ていこうという人の輪がさらに広がった。[56]都内では「三鷹の学校図書館を考え
る会」(93.2)、埼玉県内では「越谷市学校図書館を考える会」(90.4)、「学校図書
館を考える会・北本」(92.7)、「学校図書館を考える・さいたまネットワーク」
(92.8)が発足するなどし、自発的に地域での活動や学び合い、模索が始まってい
る。

　また、市民の活動だけでなく教育行政の立場からも学校図書館の「人」につ
いて国への要望があがっている。例を挙げると、1991年7月に都道府県教育委
員長協議会、都道府県教育長協議会の2団体が文部省への要望書に「学校図書
館を計画的に利用し、その機能の活用に努めることができるよう、学校図書館の
整備・充実に必要な措置、特に、専任の司書教諭を配置できるよう措置を講じる
こと」という項目を追加した。[57]箕面市教育委員会では「専任の人の配置」を大
阪府都市教育長協議会からの国・府への要望書の項目に入れるように依頼、また
箕面市が北摂の幹事市であったことから北摂市議会議長会を出発点として要望
を挙げ、全国市議会議長会近畿部会での決議として92年の国への要望項目に採
用されている。[58]可決された「近畿部会」の提出議案は「学校図書館における司
書教諭の配置」となっている。市民の立場から教育行政の動きは見えづらいが、
箕面市の事例からは学校図書館の充実を願う市民の活動が自治体や国の教育行
政へとつながる可能性とともに、市民の要望がそのままのかたちで反映される

---

56) 1992年8月には九州(福岡)でも「子どもと学校図書館を考える集い」が開催され、
　約90人が参加した。前掲注40) p. 25.
57) 『図書館雑誌』85(9)、1991.9、NEWS欄。ただし、この記事によると、現状は厳しい
　ので、司書教諭に限定せず、「専門的職員の配置」を要望する趣旨であるという。
58) 重松剛「意志在るところに道在り」『ぱっちわーく』(11)、1994.4、p. 13-14。全国市
　議会議長会の要望項目については『全国市議会旬報』1992.11.15、p. 1.

とは限らないことを見て取ることができるだろう。

　一方、この時期の『図書館年鑑』をみると「各地で（学校）図書館に『人』を公費で置いていこうという動きは着実に増えつつあるが、逆にその『人』が臨時職員になってしまったり、兼務をさせられたりする割合も増えつつある」とあり、静岡県では1980年に73%配置だった県費の学校司書が1989年には55%まで削減されたことなどを取り上げている。[59)]

5.「学校図書館を考える会・近畿」の活動と塩見昇

　前述の大阪でのシンポジウム成功の影響と箕面市が大阪府特別嘱託員を学校図書館の専任職員として配置していたことがきっかけとなり、1991年10月に学校図書館についての学習と各地の取り組みの情報交流を会の目的とした「学校図書館を考える会・近畿」（以下、「近畿」）が発足する。[60)] 代表は文庫関係者 3 名（新井せい子、北村幸子、高田公代）で担うことになった。以後、2013年11月の閉会までの20年以上にわたり、全国の会のなかでもとりわけ特色のある活動を続けた。その一つは活動を「人」の配置の運動に絞らず、幅広い立場からなる会員による「学習する市民の会」として、とくに「学校図書館のはたらきを活かして授業をつくる」という課題を追求したこと、二つめは学習会に直接参加できない会員との共通理解を図るため、会報の発行を活動の要として位置づけたこと、三つめに教師・学校司書・司書・文庫関係者・研究者など多様な立場の会員がいたが、「近畿」の活動では立場ではなく「一人の市民」として学び合うことにこだわったことである。[61)] 会員は近畿圏を中心に多いときで480名を数えた。

　このような活動を可能にしたのは北村をはじめ、中心的に会の運営を担った人たちの力量によるものが大きいのであろうが、それだけでなく新井のように会員のなかに「図書館づくり」を経験した市民がいたこと、近畿圏に学校図書

59)『図書館年鑑』(1991)、JLA、1991、p. 86.

60) 学校図書館を考える会・近畿編『わがまちの学校図書館づくり：行政・教師・司書・市民で創る教育』教育史料出版会、1998、p. 180.

61)「近畿」の20年間の活動については、学校図書館を考える会・近畿編・刊『学んだ、広げた、「学校図書館」：「考える会・近畿」20年』(2012)に詳しい。
　※ほかに、「近畿」の活動の記録として、学校図書館充実施策を展開していた大阪府の箕面市・豊中市・羽曳野市・熊取町の担当者によるシンポジウム記録である『わがまちの学校図書館づくり』前掲注60)がある。また、本書 p. 263にある長尾彰夫（大阪教育大学）を講師に教育課程を取り上げた学習会の記録として『シリーズ「教育が変わる、学校図書館を活かす」報告』（同会編・刊、2001）などがある。

館の図書館活動や図書館教育の実際を語ることができた高校の学校司書がいたこと、箕面市と大阪府豊中市などの公立小中学校で学校司書配置が始まり学校図書館のはたらきと課題が明確になっていったこと、近畿圏には図書館学や教育学の研究者がおり、他の地方に比べると専門的な知見を得られる機会に恵まれていたことを挙げることができる。そして北村が「実質的支えとしては、塩見昇氏の理論的裏付けを抜きに語ることはできません」[62]と書いているように、「一人の市民」として参加した塩見の存在なくしては「近畿」の活動はあり得なかった。

　本書 p.263にもあるように、北村は元教師としての視点や問題意識をもったうえで大阪教育大学の聴講生として塩見の学校図書館論を学んでいた。「近畿」の代表の一人となった北村は、「近畿」発足当初より学校図書館を学び合う学習会等の講師やコーディネーターを毎年のように塩見に依頼した。演題をみると「近畿」の活動をふまえつつ、その時機にふさわしい主題を選び依頼していることがわかる[63]。例えば「近畿」の初期に取り組んだものに、塩見も講師を務めた「'94学校図書館講座」[64]がある。箕面市や豊中市では司書資格をもつ学校司書配置をスタートさせていたが、学校図書館の職務を担うには研修が不可欠であった。しかし学校司書配置を始めたばかりの当時の教育委員会では研修を実施することが困難であったことから、"市民の会"である「近畿」が企画・運営したものである。

　この講座（6回）の趣意書には「学校に初めてはいった司書が、教師集団と協力をしながら、まずやるべきことは何か、学校教育のなかに図書館のはたらきをどうつくりだすか、目下実践中の課題を再検討し、豊かに発展させたいと思います」とし、「この講座は"専門職員としての力量アップ"をめざす企画ですが、同時に学校図書館職員の本格的養成制度実現への呼び水となることも願っています」[65]とある。そして講座の終了時には、本来このような研修は自治体が雇用責任として実施すべきであること、嘱託職員であっても公的研修の保障・充実を図るべきこと、学校司書自身も専門性を高める自主的研修を、という重要な指摘をおこなっている[66]。この講座開催は箕面市や豊中市の"公的研修"に道をひら

62）北村幸子「『学校図書館を考える会・近畿』の取り組み」前掲注40）p.68.
63）「年表：学校図書館を考える会・近畿：20年の歩み」前掲注61）p.188-197.
64）同会編・刊『「'94学校図書館講座」報告集』、1995.
65）「『学校図書館講座』開講にあたって」前掲注64）p.3.
66）北村幸子「20年間の取組みを顧みる」前掲注61）p.15.

き、のちに司書配置を始めた府内の自治体にも影響を及ぼした。また、「近畿」の活動の一環としての研修組織「府学司研」を立ち上げることにもつながった。

「近畿」の活動は出版物や冊子にまとめられるなどして発信されたことから、会員はもとより全国の「市民の学校図書館づくり運動」の学び合いの学習材料としても活用された。塩見は本書 p.264で「『考える会・近畿』ではいい勉強をさせてもらいました」と述べているが、「近畿」の講演録で「図書館のはたらきと図書館教育とが相互に補い合う関係だという理解なども、整理の仕方に気がついてきました[67]」とあるように、「近畿」での話をきっかけに各論的に詰めていった論考も生まれている。

6.「学校図書館づくり運動」に関わる市民の願いと思い

塩見は『学校教育と学校図書館』で「教育改革の論議の中で学校図書館が取り上げられることが1990年代初期から目立つようになった。いわゆる『学校図書館に陽が当たる』状況の出現である。それは、教え込みにもっぱらだった教育から子どもたちが『自ら学び、自ら考える』学習を重視する学校教育への転換の流れである。大きな流れとしては、1980年代半ばに始まる臨時教育審議会の教育改革論議において生涯学習が強調され、学校教育にも生涯学習に資する自己学習力、『生きる力』の育成が期待され、そのための学習環境の整備に関心が払われるようになったことが大きい[68]」と述べている。

・1993年という年

『図書館年鑑』に「1993年は、学校図書館をめぐって、新たな重要な動きが相次いだ年であった[69]」とあるが、今振り返っても異論のないところであろう。文部省(当時)は公立義務教育諸学校の新たな数量基準として「学校図書館図書標準」を設定するとともに、図書費の地方交付税措置など新たな学校図書館施策を打ち出した。3月には子どもの本にかかわる15団体により「子どもと本の出会いの会」(会長・井上ひさし)が発足したが、背景には「子どもの活字離れ」に対する危機感があった。同会事務局長だった小西正保はその要因として「何と

---

67)「学校図書館づくりの今とこれから：『近畿』の経験を踏まえて」『学校図書館を考える会・近畿』(242)、2014.1.(最終号)、p.23.

68)塩見昇編著『学校教育と学校図書館』新訂3版、学校図書館論1、教育史料出版会、2016、p.73-74.

69)『図書館年鑑』(1994)、JLA、1994、p.79.

いっても、戦後における日本の『教育』が問題だろう。知識偏重、学歴偏重の教育が社会を歪めている。子どもは本来、本が嫌いなのでは決してない。その時間を奪われているのである。（中略）本を読まない世代の上限は、徐々に、しかし確実に伸びている。予言するわけではないが、あと五年か十年すれば、ほぼ間違いなく、一般の出版社も読者の喪失に悩む時代が来るだろう[70]」と述べている。

　5月には学校図書館の情報交流紙『ぱっちわーく』（月刊）が創刊され、2017年3月の終刊まで学校図書館の「人」の問題を中心とした情報交流が続けられた[71]。購読者はすべての都道府県にいて、多いときで1,000件を超えていた。塩見は創刊にかかわる話し合いの場に参加しており[72]、創刊号から発行同人に加わっている。

　8月には国会の代表質問で学校図書館が取り上げられ、10月には文部省「学校図書館の現状に関する調査」（92.10実施、悉皆調査）の結果が公表された[73]。司書教諭に発令されていた教諭は全体で162人、0.2%で、司書教諭有資格者がいても発令は極めて少なく、「教員以外の学校図書館事務を担当する職員」は全体で8,412人、そのうち899人が私費雇用だった。

　12月には衆参両議員の超党派（日本共産党を除く）による「子どもと本の議員連盟」（以下、議連。会長：鳩山邦夫、事務局長：肥田美代子）が発足する。「議連設立趣意書」には「わが国の基本政策として読書振興に取り組むことが急務であると考えます」とあり[74]、「当面の活動計画」の一つに「子どもの読書環境の整備」として「学校図書館法の改正を視野に入れた検討に入る」ことが掲げられていた。このように議連における学図法改正の趣旨は「読書振興」にあった。

　文部省の学校図書館施策が展開していることもあり、90年代は学校図書館関係団体のみならず、教育界、議会、マスコミ、出版界においても学校図書館が取り

70）小西正保「子どもの本の現状と展望」『ぱっちわーく』(11)、1994.4、p.4-5.
71）『ぱっちわーく』事務局編・刊『ぱっちわーく：全国の学校図書館に“人”を！の夢と運動をつなぐ情報交流紙』。“人”を！とあるのは学校図書館に職員が不在であることを広く知らせるためと司書教諭の在り方を含め必要とされる職員について考え合っていこうという趣旨であり、全国で取り組まれている学校図書館づくり運動や学校図書館に関する情報等をつなぎ、交流することを目的に発行された。情報だけでなく、紙面を通じてつながり合った市民も多い。
72）『ぱっちわーく』事務局編・刊『100号記念 ぱっち FOUR らむ「これからです。学校図書館」記録集』、2002、p.66.
73）『図書館年鑑』(1994)、JLA、1994、p.297-305.
74）前掲注73) p.305.

上げられる機会が増え、学校図書館に関心をもつ人の輪が大きく広がった時期である。本書 p.264-269にあるように塩見もこの頃に市民からの依頼等で多くの講演をおこなっている。

・1997年の学図法改正案をめぐって

　議連は1994年4月に設立記念フォーラムを開催、95年5月には日本社会党（当時）を中心に学図法改正案が具体化されたものの、上程は見送られた。その後96年2月に自民党文教制度調査会の「学校司書教諭に関する小委員会」により調整が図られたが、同小委員会報告では「今回の法案は対立のある制度には触れていない」とあり、小規模校における司書教諭発令猶予については、「学校図書館に関する業務量の少なさ、司書教諭有資格者の人事の硬直化の恐れ」を挙げ、法案の主たる目的を「司書教諭制度の早期の立ち上げにある」としていた。[75] 96年6月に改正案が上程されるが会期末で継続審議、同年9月の臨時国会は冒頭で衆議院解散となり改正案は廃案となった。その後、97年4月に「学校図書館法の一部を改正する法律案」が上程され、6月に可決、成立した。この間、96年7月には中央教育審議会第一次答申「21世紀を展望した我が国の教育の在り方について」が出され、教育改革の柱として「生きる力」の育成の重視とともに情報化等の社会の変化と教育との関係で学校図書館が取り上げられ、「司書教諭の設置を進めていくことが望まれる」ことが盛り込まれていた。

　法改正をめぐる衆参両議院の委員会審議では合計7時間が割かれた。[76] それだけ問題点の多い改正案であったことや、法案に対して賛成の立場を含め、関係団体や現場、市民の立場などから多くの声や要望が国会に届けられていたことの証であろう。ここでは国会論議をめぐる市民の活動と思いの一端を取り上げる。

　議連の動きは市民の会にも伝わっており、司書教諭発令促進だけで終わるのではないか、市民として望むことを伝えるべきではないか、今できることは何か、というように大きな波紋が広がった。[77] 94年3月には「学校図書館を考える会・

---

75) 「『学校図書館法の一部を改正する法律案』の提案に関する報告」（学校司書教諭に関する小委員会、1996年2月8日）『ぱっちわーく』(34)、1996.3、p.4-8.

76) 『図書館年鑑』(1998)、JLA、1998、p.77. 会議録及び関連資料は『ぱっちわーく』事務局編・刊『学校図書館法関連資料集：1997年6月の「改正」を中心に』(1998)に収録されている。

77) 「議連」設立記念フォーラムの内容及び参加者の感想、フォーラムをめぐる動き等については、『ぱっちわーく』(12)、1994.5、p.1-26.

関東近県の情報交換会」が開かれ、参加した会が連名で議連の各議員に要望を
送っている。また、同月、「近畿」は肥田議員と「語る会」をもつとともに、4月
には要望書を提出した[79]。「近畿」の要望書には「現行学校図書館法の附則第二
項の撤廃だけでは、事態はなんら改善されません。いま必要なのは、学校図書館
に専任・専門・正規の職員を配置することです」とあり、「現段階では、自治体の
努力で置かれた人を生かしながら、財政的な援助など、国としてのバックアップ
をはかること」も要望している。三鷹市や箕面市、豊中市などでは「学校図書
館づくり住民運動」により学校司書が配置され、学校図書館のもつ可能性が見
え始めたときであり、司書教諭発令促進により学校司書配置が困難になってい
くことが懸念された。

　法改正の動きが浮上してから改正案成立までの3年以上の間、市民の会は法
改正をめぐり情報交流と意見交換、集会の開催、要望活動等を続けた。インター
ネットのない時代であり、電話、FAX、郵便を駆使しての活動である。当時は学
校図書館に関心を持ち始めた市民をはじめ、議員やマスコミだけでなく、たとえ
ば行政や学校現場であっても今以上に司書教諭と学校司書を混同しているよう
な場合があり、さらに「現行法の司書教諭の専任化」と教職員組合が目指して
いる新たな「専任司書教諭制度」は異なることを含めて正確に伝え合うことを
心がけなければならなかった。

　広瀬恒子は法改正の動きをめぐり、「これまで住民としては、法改正やそれに
つながる職名を口にすることは、当事者の教職員や関係団体で意見が分かれて
いることもあり、慎重にならざるを得なかった」と述べるとともに、次のような
発言をしている[80]。

　「住民の立場から、"何でもいいからとりあえず『人』をほしい"のではあり
ません。学校図書館の機能を発揮させる仕事は、深い専門性をもつ仕事だと
思っています。ただ自治体の制約の多い中で、いかに専任・専門・正規を実現
させるかで苦渋をかみしめています。自治体の権限は制約があり、国の法律

78）前掲注77）p. 2-5. 連名で要望書を送ったのは次の会である。学校図書館を考える・
　　さいたまネットワーク、越谷市学校図書館を考える会、学校図書館を考える会・北
　　本、所沢図書館友の会、小中学校図書館に専任の司書を置こう！ネットワーク千
　　葉、世田谷の図書館を考える会、学校図書館を考え専任の司書の配置を要望する
　　市民の会、日野・子どもと本の出会いの会、くにたちに素敵な学校図書館を！協議
　　会、三鷹の学校図書館を考える会。
79）前掲注77）p. 6-9.
80）前掲注77）p. 3.

を抜本的に変えてくれないと、下から積み上げるのは難しいとも思い苦しんでいます。それでも地域の住民が、子どもの育つ学校の、その中の重要な機能を担う学校図書館に関心を持ち、住民として期待する学校図書館をどう作るかというイメージが見えてきたように思います。それをもとに、住民として自治体に"こういう人がほしい"とはっきり表現していきたいのです。

　現場の司書が合意点を作ってくれると、住民としてはやりやすいのです。今までの住民運動は、条件整備的な外側の問題に対しての運動でしたが、初めて学校図書館の問題を通して教育内容について住民が学校に発言し、働きかけていることの意味を考えると、自分たちが本当に納得できる言葉をつかむまで法改正はもう少し待ってほしいとも思うのです。[81]」

　このように法改正の動きがあった頃、市民の会は職員問題の根本的な解決には学図法改正が必要だとしても、学校司書や学校図書館関係団体の職員制度についての合意がない中で法改正をめざすことには慎重であり、それまでの活動内容には含まれていなかった。むしろ学校図書館の役割や教育との関わり、必要とされる職員の専門性などについて学び合い、意見交流や情報交流をしながら学校図書館に関心をもつ人の輪を各方面に拡げることに腐心していたといってよい。市民の活動は緒に就いたばかりの頃であり、広瀬が述べたように"法改正はもう少し待ってほしい"と思った市民の会の人たちは多かったのではないだろうか。

　なお、現在も活動を続けている「学校図書館を考える全国連絡会」(以下、全国連絡会)は、法改正をめぐる話し合いの中で「実践の交流の場としたい」「全国の声を集約する場としたい」「国に対しての発言の場としたい」といった声を受け、97年4月に発足したものだ。全国連絡会を望む声は以前からあったものの、具体的に誰が実務を担うかなどの難しい問題があり実現しないままでいたが、法改正の動きが後押しになり、代表には高橋由紀子(三鷹の学校図書館を考える会)が就いた。高橋は埼玉での講演で次のように話している。

　「『全国連絡会』発足にあたって確認したことは、学校図書館の運動は、あくまでもそれぞれの町の考える会が主体になっているということです。(第1回)集会の中で豊中市の安達みのりさんが、『この運動は、将来の市民を育てることなのだ』と話されましたが、いま学校図書館の運動をすすめている人たち

---

81) 学校図書館に「人」を置こう！全国の運動を語り合うつどい'97実行委員会編・刊
　『つどって語り合って②』、1997、p.112-113.

は、この問題が単に図書館という枠を超えて、"よりよい教育"そしてさらには"よりよい町づくり"ということまでつながっているということに気付き始めました。つまり、そこに住む人たちがどのような教育、どのような町を望むのか、というまさに住民自治の問題というふうに運動をとらえるようになってきています。[82]」

・1997年の学図法改正を受けて

法改正によって司書教諭の発令が進むことから、地域によってはそれまでの学校司書配置を後退させる行政の動きがあった。また司書教諭とボランティアでの図書館運営という方向性も懸念された。法改正に対する受けとめや評価は立場や地域の状況によってさまざまであったが、いずれにしろ法改正の内容が不十分であることは明らかだった。だからこそ、この改正が運動のきっかけとなったり、学校図書館にはどんな専門性を持つ人がどのような形で配置されることが必要なのかを考えた人は少なくない。法改正に至る動きのなかで課題が明らかになっていたからこそ、次につながった面があったといえるだろう。全国連絡会の会報には「結局学図法改正案は可決されましたが、衆・参それぞれの文教委員会を傍聴していて感じたのは、さまざまな学校図書館の関係団体からの声が着実に届いていたということです。たぶん議員さん方も、全国で学校図書館に対する関心がこれほど高いとは、予想外だったのではないでしょうか。2回とも傍聴席はいっぱいでしたし、私たちが届けた意見を意識していると思われる発言もかなりありました。そして大切なのは、『この改正はあくまでも学校図書館充実のための第一歩だ』ということをそこにいたすべての人たちが確認したことだと思います」と記されている。[83]そして、学図法改正後も各会の「市民の学校図書館づくり運動」の基本的な姿勢は大きく変わっておらず、塩見を講師に学習会を開き、講演録をつくり、学び合いや輪を広げるための資料とした会は少なくない。[84]

82）「学校図書館を考える・さいたまネットワーク」編・刊、第10回学習会（1997.8.25開催）記録『広げよう運動の輪：学校図書館のこれから』、p.1-2.
83）学校図書館を考える全国連絡会会報『ひらこう！学校図書館』(2)、1997.8、p.1.
84）筆者の手元にある資料の一部を紹介するにとどめるが、香川県「本があって人がいる学校図書館を願う会」主催「学校図書館を考えるつどい」での講演「これからの学校図書館づくり」(2002)・「学校図書館づくりの今日的課題」(2016)/「学校図書館を考える会・北海道」編『子どもたちの未来と学校図書館』（設立集会記録集、2000)/「学校図書館を考える会・高知」編『学びを支える学校図書館とは』（発足1周

　法改正後も職員制度に対する関係者の意見はさまざまであり、現行法の司書教諭を専任化すべき、あるいは反対に司書教諭は不要だとする意見もあったなか、市民の立場で理解することが難しかったことの一つは法改正によって配置が促進される司書教諭には実態がなく、司書教諭は一体何をする人なのか、学校司書との関係をどう考えればよいのかであった。その意味で塩見が座長としてまとめた「学校図書館問題プロジェクトチーム」報告「学校図書館専門職員の整備・充実に向けて―司書教諭と学校司書の関係・協同を考える」[85]や『学校図書館職員論[86]』の司書教諭像、そして学校司書との「協同」による学びの創造という考え方は市民の会としても納得できる内容と受け止められたのではないだろうか。[87]

・「学校図書館づくり運動」の根底にあるもの

　その後、文科省は2012年度から初めて学校司書配置のための地方財政措置をおこない、その理由として「厳しい地方財政状況の中、いわゆる『学校司書』（専ら学校図書館に関する業務を担当する職員で、教員やボランティア以外の者）を配置する公立小中学校は近年一貫して増加していることから、各市町村等においてその必要性が強く認識されている」[88]ことを挙げていた。この財政措置を継続するための法的裏付けの必要性が2014年の学図法改正につながった。公立小中学校の学校司書配置増加の背景の一つに「市民の学校図書館づくり運動」があったことはこれまで述べてきたとおりであるが、運動に関わってきた市民の会は、学校司書法制化の骨子案が明らかになったときから問題が多いと受けとめていた。現在も司書教諭の在り方、学校司書の資格、養成、雇用形態、学校図書館関係者の職員制度に対する考え方が一致していないことなど、多くの課題が残されている。法改正が学校図書館の整備・充実の前進に十分につながってい

　　年記念講演記録集、2011）/「学校図書館を考える会・静岡」編『学校図書館の教育力：塩見昇氏講演会記録集』（2014、補訂版2016）などがある。

85）『図書館雑誌』93(6)、1999.6、p. 477-482.

86）塩見昇『学校図書館職員論：司書教諭と学校司書の協同による新たな学びの創造』教育史料出版会、2000.

87）塩見昇自身も「二職種を積極的に受け入れ、両者の協働にこれからの学校図書館のはたらきを展望するという把握は、その後の学校図書館の『人』の問題を考える基調として大方の合意を得ている」（『半世紀』p. 35）と述べている。

88）文科省パンフレット「学校図書館　つかいやすくなったね！」（2011年度作成）. 文科省 Web サイト。

るとは言い難く、学校教育や公務員制度をとりまくさまざまな変化があるなか
で、このような状況が続き、低い条件のままで固定してしまうことを市民の会は
懸念している。

　ところで、『ぱっちわーく』事務局が2002年に把握した「学校図書館づくりに
とりくんでいる会」[89]は63団体で、そのうち90年代以降に発足した会は50団体で
ある。各地域の歴史や学校図書館の実態が異なっているだけでなく、会の規模、
活動内容もさまざまである。また学校図書館づくり運動に関わっている一人ひ
とりのバックボーンも多様である。教師や司書教諭、学校司書、「図書館づくり」
に参加している（あるいは経験した）市民、子どもの読書に関わるボランティア
活動に参加している人たち、各人が持った問題意識から参加した人たちもいる。
共通していることはわざわざ自分の時間を割き、経費を負担してまで学校図書
館づくり運動に取り組んでいることである。運動の根底にはどのような思いや
願いがあるのだろうか。共通していると考えられることの一端を紹介したい。

　親地連の広瀬恒子は次のように述べている。

「本を読むことで育つ人間の思考力や自由なたのしい想像の世界の開放感を
限られた子どもだけが享受するのではなく、どの子どもにも保障されるもの
であってほしいと願えば、やはり子どもの育つ身近な環境がどうなっている
のか？ 具体的には、子どもが歩いていける所に図書館はあるのか？ 学校の
図書館はどうなっているのか？ そうした地域の公的な読書環境に目を向け
ることになったのは自然な流れでもありました。『すべて』の子どもに読書
のよろこびを体験してもらうには、やはりそこに自治体の施策としてよりよ
い読書環境を保障してもらうことが必要でした。これが70年代から活発化し
た図書館増設運動であり、90年代の学校図書館へ『専任・専門・正規の人を配
置してほしい』の運動となったのでした[90]。」

　このように「すべての子ども」を視野に入れて考えるとき、自治体施策とし
ての環境整備に目を向けたのは自然な流れでもあったと述べている。

　豊中市では1960年代後半に子ども文庫が誕生し、市内の図書館設置や運営に
市民の声を反映させてきたが、80年代に入り子どもが文庫や図書館から遠のい
たことを機に1987年には学校図書館実態調査と学習を開始。鍵がかかり倉庫化
した学校図書館の原因は専任の専門職員不在にあると確信し、1992年に「豊中

89）「Piece Quilt part.3：全国で学校図書館づくりにとりくんでいる会・一覧」『ぱっ
　　ちわーく』(114)、2002.11.
90）親地連編・刊『読書の喜びを子どもたちに：親地連の40年』2012、p.6.

子ども文庫連絡会」から独立したかたちで「学校図書館を考え専任司書配置を願う市民の会」(代表・安達みのり、2005年「学校図書館を考える市民の会」と改称)が発足している。「当時は、荒れる中学校に象徴されるような歪みが出てきており、教育現場や教育行政は問題の対処を迫られていました」とある。前述のように安達が「全国連絡会」第1回集会の中で「この運動は、将来の市民を育てることなのだ」と話したことが紹介されているが、講演会や学習会の記録をみると教育と学校図書館、子どもの権利と学校図書館、授業づくりと学校図書館などをテーマとして取り上げており、学校図書館が学校教育の在り方や子どもの成長に深く関係しているという認識のもとに会として学び合っていたことがわかる。

　また、「石川・学校図書館を考える会」(1994年発足)の「会の願い」には次のようにある。「私たちは、これからの時代を生きる子どもたちが、想像力と的確な情報を手に、他を知り、自分自身を知り、自ら学び判断し、人とつながって平和を築き、自分らしく豊かに生きていってくれることを願っています。学校図書館は、子どもたち一人ひとりの読書や学びを通して"すべての子どもたち"の成長をより豊かにする大きな可能性を持っています。学校図書館に司書がいて日常に機能して初めて、司書教諭は図書館教育をリードすることができ、先生方も図書館の力を授業に生かすことができます。学校図書館が日常に機能し、その可能性を発揮するために不可欠の、専門・専任・正規の司書がすべての学校図書館に配置されることを願います」。

　1996年発足の「学校図書館を考える会・静岡」の代表である佐藤英子は、「なぜ、学校図書館が大事だと考え、長年にわたって考える会の活動に携わってきたのか」について、「当初数か月間を費やしたテキスト学習を皮切りに、折々の講演会等の積み重ねによって活動の幹が太くなり、めざす学校図書館像が豊かになっていったのだと思います。(中略)そして年月を重ねるうちに、学習と行動(現場への応援、行政・議会・地域への働きかけ)が刺激し合い、次の活動のアイデアを生むことが実感として分かってきました。県下の小中学校には正規の学校司書はいませんが、厳しい条件のなかで努力を重ねる学校司書の実践は、私達の活動のエンジンになっています。また、静岡市には子どもの本や図書館づくり

---

91) 学校図書館を考える市民の会編・刊『子どもたちの豊かな学びを求めて：学校図書館を考える市民の会20年のあゆみ』、2012、p. 5.
92) 前掲注91)p. 6.
93) 「石川・学校図書館を考える会」Webサイトより。

に関わる市民団体が幾つもあり、それぞれに長い歴史があるので、その方々との交流や助け合いの輪に支えられています」[94]と述べている。

7.「市民の学校図書館づくり運動」をめぐる塩見昇の視点

　塩見は「図書館づくり住民運動と地方自治」で単に図書館が貧しいから図書館づくり運動が始まるわけでなく、「貧しさが『貧しい』と認識されること」[95]が必要だと述べている。前述のように70年代は学校図書館の貧しい実態に目を向けた文庫関係者がいたものの、自分たち自身が教育問題として学校図書館を考える視点をもつまでには到らなかった[96]。しかし80年代から90年代に入ると塩見の論考や研究者としての視座に学んだ学校司書による実践等の発信により、学校図書館関係者以外の人たちも学校図書館がもつ可能性をイメージできるようになり、学校図書館に関心をもつ人たちの輪が広がるという大きな変化が起きた。「市民の学校図書館づくり運動」は学び合い、交流し、伝え合い、つながり、行政に要望を伝え、学校図書館についての理解を広げる地道な活動の連続である。人と人がつながり、活動や情報の共有に発展したことは「市民の学校図書館づくり運動」における議論の土台となっていった。塩見が「はっきりした目標をもってその状況を変革していこうとする動きのあること、すでに地域によってはそれが現実のものとなっていることを知ることにより自分の地域の『貧しさ』についての認識が生まれる」[97]と述べていることと重なる。「貧しさが『貧しい』と認識されること」、この言葉が意味するところは今後の学校図書館づくり運動の構築に向けても広く共有していきたい考え方である。

　各会はそれぞれのかたちで学習することを地道に続けており、学ぶ内容は多岐にわたっている。そのなかで「学校教育と学校図書館」に関することでは塩見の著作物を読み合い、ともに考えてきた市民の会は少なくない。塩見は「市民の学校図書館づくり運動」の学び合いの過程において、依頼があれば主催者の立場にこだわることなく学習会等の講師を務めるなどして運動の大きな支え

94）『ぱっちわーく』(282)、2016.11、p.15-16.

95）塩見昇「図書館づくり住民運動と地方自治」『図書館づくり運動入門』図問研編、草土文化、1976、p.215.

96）塩見は『図書館概論』5訂版(JLA図書館情報学テキストシリーズⅢ-1、JLA、2020)でも「図書館づくり運動」や学校図書館に関する運動をとりあげている。このテキストで学ぶことは、図書館員の図書館づくりにもつながっていくのではないだろうか。

97）前掲注95) p.215.

になってきた。市民が手弁当で主催する学習会であっても同じである。市民の会には学校図書館関係者以外の人たちもいるが、塩見を講師とした学習会や塩見の本をテキストとして読み合うなどの学び合いのなかで、塩見の「学校図書館は学校のなかの図書館」、「図書館のはたらき」、「図書館をつくる」という言葉を違和感なく受けとめることができた人が多いのではないだろうか。市民が自発的に学びを広げ、深めたりすることは図書館の活用なしでは困難であり、地域の図書館を利用することを通して“図書館サービスの意義と図書館の良さ”を実感している人たちが少なくないと考えるからだ。

　一方、塩見も市民からの依頼による講演等は「特に啓蒙的な意味合いでやる話というのはこちらもやること自身が一つのまとめであったり、整理であったり、勉強であったりということがあります。自分がやった図書館についての認識や理解を広げるということにおいて、学校図書館はその一部ですが、自分が社会的な仕事をするという意味では一番大きな活動であったのではないかなと思います。学生に話をするよりは、いろんな違った大人を対象に話すほうがはるかに反響も違うし、こちらとしても面白かったし、勉強になる良い機会になった」（本書 p. 265）と振り返っている。また、「市民の人が図書館振興という形で活動するということはものすごく大事なことだし、そういう動きが始まった時期ですから、そうしたところから相談や求めがあれば、極力役に立つんだったら応えていこうという気持ちはあったでしょう」（本書 p. 269）と言い、その根底にあることとして「もし親である市民の人たちが目を向けてくれたら、学校図書館がその存在意義をアピールする大変大事な場面になるだろうということを、基本的にはずっと思っていました」（本書 p. 255）と述べている。

　そして市民の会としての活動について、「素晴らしい学びの経験ができることを、どの子にも保障し、子どもたちを真に学ぶことの喜びへと誘う、そういう教育活動を学校の中に作り出していくうえで、いま私たちが問題にしている学校図書館というものがどう関わるか、学校図書館は何ができるか、そのための要件は、といったところを問い、それを具現化していくためにいろいろな立場から持てる情報を交流し、それを大きな力にしていこう、そういう運動の構築が、この『学校図書館を考える』という会の基本にあることだろうと私は思います」[98]と述べている。この言葉に塩見の「市民の学校図書館づくり運動」の基本につい

98）学校図書館を考える会・近畿編『いま、学校図書館を考えるために：塩見昇講演記録集』JLA、1994、p. 16.

ての考えが表れている。

　また「近畿」の講演で「学校図書館のはたらきを活かして授業をつくる」という課題の追求について、「そこを抜きにして、本当の意味での学校図書館の『人』の問題は進まないし、展望は開けない」と述べている。このことは前述した1991年に開催された岡山の「つどい」での塩見の発言とも共通していることであり、学校図書館づくり運動の核心である。「学校図書館のはたらきを活かして授業をつくる」ことは教師や司書教諭、学校司書がともにつくる実践と検証があってのことだ。さらに、学校図書館のはたらきを活かした授業実践について学校図書館関係者と市民が一緒に学び、互いの考えを交流することは学び合いの場になるとともに、そのことをとおして市民は学校図書館の意義や課題を語る「自分の言葉」をもつことができる。このことは、「市民の学校図書館づくり運動」のめざす学校図書館像へとつながるものであり、運動の大きな力になる。

・生涯学習と「市民の学校図書館づくり運動」

　塩見は2000年に東京都多摩市で行われた講演で、「ユネスコ学習権宣言」(1985)と文部省(当時)が推進しようとしている学習が同質のものなのか疑問を呈すとともに、ユネスコで生涯学習を推進した担当官の一人、エットーレ・ジェルピが自著で生涯学習には二つの面があると指摘していることを紹介している。その一つは現在の秩序の強化に馴染むというような類の学習、もう一つは今の世の中の仕組みに疑問を感じて抑圧への闘い・変革をめざしていく学習で、公的機関が推進するのは前者であり、社会にある矛盾に気付き変革をめざすような学びに至る生涯学習は公的機関は決して認めるものではないだろうという指摘である。塩見はこういうことも生涯学習を考える時に重要な要素ではないかと述べている。

　また、2008年の中教審答申を、権利としての学習保障が後退し需要・供給関係

99）塩見昇「生涯学習と学校図書館づくり」(2008年総会記念学習会講演)、前掲注61)
　　p.145.
100）多摩市に中央図書館をつくる会編・刊『生涯学習・学校図書館・図書館づくり：図
　　書館の三題ばなし』、2001.
101）前掲注100)p.9.
102）中央教育審議会答申「新しい時代を切り拓く生涯学習の振興方策について：知の
　　循環型社会の構築を目指して」(2008.2.19).文科省 Web サイト。

に転化していることが生涯学習の基調になっていると読み解き、「これから、施策・政策として考える生涯学習は、もっと世の中のことを考えた、社会に還元される学習であることが必要とされ、我々が学ぶこと、学習する内容そのものが、社会的に意味づけられたり、選別されたりすることになりかねない」とし、これから生涯学習を考える時の大きな問題の一つだと指摘している[103]。

　「市民の学校図書館づくり運動」は一人ひとりが主体的に「学び続ける」ことが不可欠であると同時に、運動に参加することそのものが「学び」になっている。学習権の保障として図書館の整備・充実があることはいうまでもない。「市民の学校図書館づくり運動」は子どもたちが図書館を知り、学びを豊かにし、自分の意思で学び続けることができることを保障する学校図書館の整備・充実を願うものだ。はじめに述べたように、「市民の学校図書館づくり運動」は「教育運動」であり、その問いかけは「教育を変える」ことにつながるものである。前述のエットーレ・ジェルピがいう後者の生涯学習にあたるだろう。「教育基本法[104]」では第3条「生涯学習の理念[105]」が新設され、「第1章 教育の目的及び理念」に位置づけられた。塩見は「（前略）本来各人の自由で主体的な生涯学習が、その成果を社会的に評価し、活かされるべきだという『期待』の対象となるとすると疑問も生ずる。（中略）政策的に強調される生涯学習が、非常に多義的な意味合いをもつことには注意を払いたい[106]」と述べている。教育基本法が全面「改正」されてから約17年。改めて考えていきたいことである。

103）前掲注99）p. 149.

104）2006年 法律第120号

105）（生涯学習の理念）第三条「国民一人一人が、自己の人格を磨き、豊かな人生を送ることができるよう、その生涯にわたって、あらゆる機会に、あらゆる場所において学習することができ、その成果を適切に生かすことのできる社会の実現が図られなければならない。」

106）塩見昇・山口源治郎編著『新図書館法と現代の図書館』JLA、2009、p. 15.

資料1　昭和52年度「学校図書館学」講義概要

学校図書館学Ａ（学校図書館資料論）
　　はじめに
１．学校図書館資料
　1.1　学校図書館資料とは
　1.2　読書教育と読書材
　1.3　学習と学習資料
２．学校図書館資料の組織化
　2.1　組織化の原理―整理とは
　2.2　組織化の過程
　2.3　図書の分類
　2.4　図書の目録
３．図書と出版を考える
　3.1　コミュニケーション・メディアとしての図書
　3.2　図書の文化史
　3.3　子どもの本の出版と現状
　3.4　出版流通のしくみと問題点
４．学校図書館資料の収集と選択
　4.1　選択の意義
　4.2　学校図書館における選択
　4.3　選択の要件
　4.4　収書方針
　4.5　評価と基準
　4.6　選択の実際
５．図書以外の資料の収集、整理、活用

学校図書館学Ｂ（学校図書館通論）
　　はじめに
１．図書館とはなにか
　1.1　図書館の意義と役割
　1.2　ランガナタンの５原則
　1.3　図書館の種類と現状
２．学校図書館とはなにか
　2.1　学校のなかの図書館
　2.2　学校図書館の機能
　2.3　学校図書館法
３．学校図書館の成立と発展
　3.1　学校図書館と児童図書館
　3.2　図書館における「子どもの発見」
　3.3　成城の図書館教育
　3.4　戸塚廉の図書館教育
　3.5　戦後教育改革と学校図書館の制度化
４．学校図書館の運営と活動
　4.1　学校図書館の運営組織
　4.2　学校図書館活動
　4.3　利用指導と読書指導（図書館教育）
５．メディア・センターとしての学校図書館
６．学校図書館の課題と展望―むすびとして

塩見昇「教員養成大学における図書館学教育：＜その２＞『学校図書館学』：私の授業実践」『教育学論集』(7)、1978.3、p.30.（末尾に参考として掲載）

資料2 塩見昇 学校図書館関連を主とする年譜

年・月	年齢	主な事項と著作	図書館界・社会・教育の動き
1937.2	0	2.11 塩見五郎・婦美子の長男として京都市中京区に誕生	1937.7 日中戦争始まる
1942.4	5	神泉幼稚園(神泉苑内)に入園	1941.12 アジア・太平洋戦争開戦
1943.4	6	京都市立乾国民学校入学	
1945.3	8	父の郷里・京都府中上林村の引原八郎方に家族で縁故疎開	1945.8 アジア・太平洋戦争敗戦
	4	中上林国民学校に転校(3年生)	
	8	敗戦により家族は京都市に帰る。一人疎開先にとどまる	1946.3 第一次米国教育使節団報告(1950.8第二次米国教育使節団報告)
1946.4	9	疎開先から自宅に帰り、乾国民学校(1947年乾小学校)に復学(4年生) ＊新教育の洗礼	1946.11 日本図書館研究会(日図研)発足
1948 春頃	11	全校児童会で図書室づくりを文化部長として提案 ⇒ 提案倒れに	1946.11 日本国憲法公布 1947.3 教育基本法公布、学校教育法公布
1949.4	12	京都市立中京中学校入学 ＊初めて学校の図書室に出会う	1947.5 日本国憲法施行
1952.4	15	京都府立朱雀高等学校入学 ＊パチンコ式の図書館利用を体験	1949.6 社会教育法公布 1950.2 全国学校図書館協議会(全国SLA)設立
1956.4	19	一浪後、京都大学教育学部に入学	1950.4 図書館法公布 1950.6 朝鮮戦争始まる
1960.1	22	卒論「アメリカ公教育史における学区図書館論」提出	1951.9 対日平和条約・日米安全保障条約調印
1960.4	23	大阪市立図書館に司書として入職	1953.8 学校図書館法公布 1954.4 学校図書館法施行
1963.4	26	『中小レポート』読書会を職場で始める	1954.5 図書館の自由に関する宣言採択
1965〜1971	28〜34	市職図書館分会で自治研活動に取組む	1955.5 図書館問題研究会結成
1969.9	32	図書館問題研究会(図問研)事務局長に(〜1972.9)	1956.12 日本の国連加盟を可決
1970 秋頃	33	天満隆之輔さんから大阪教育大学の図書館学担当教員公募の話を奨められる ⇒ ずいぶん躊躇の上、応募書類を提出 ⇒ 1971年2月初め大教大教育学教室から「採用を決めた」の通知を受け、驚く	1959〜60 日米安保条約改定反対闘争広がる 1963.3 『中小都市における公共図書館の運営』(中小レポート)刊行 1964.8 ベトナム戦争始まる
1971.3	34	大阪市を退職	1965.5 石井桃子『子どもの図書館』(岩波書店)刊行
1971.4		大阪教育大学に専任講師(図書館学担当)として着任 ＊4月10日平野分校で最初の授業「学校図書館学」を行う	1965.6 図問研大阪支部結成集会 1965.6 家永教科書裁判第一次訴訟(1967第二次訴訟、1984第三次訴訟)
夏頃		『学校図書館』1962年2〜3月号の「特集・学校図書館前史」と出会う ＊戦前の教育運動とその中での学校図書館づくりを研究テーマの軸に据える	1970.4 親子読書・地域文庫全国連絡会(親地連)結成

年・月	年齢	主な事項と著作	図書館界・社会・教育の動き
1972.3	35	『教育学論集』(教育学教室発行)創刊号に「『教育の自由』と学校図書館:わが国における学校図書館運動の史的考察のためのノート」　＊模索の半年余でまとめた学校図書館に関する最初の論文	1970.5　『市民の図書館』刊行 1970.6　視覚障害者読書権保障協議会(視読協)結成 1970.8　JLA 学校図書館部会再設立
3月頃		戸塚廉さん宅訪問　＊ほかに成城学園を訪問するなど、研究取材、国会図書館、富山県立図書館、東大教育学部図書館、マイクロ資料など文献調査を続ける	1972.5　沖縄本土復帰
8		全国学校図書館研究大会(兵庫大会)に初参加、「学校図書館診断」の感想を求められ『学校図書館』(266)に寄稿　＊学校図書館についての対外的な最初の発言	
10		大阪教育大学助教授に昇任	
1973.2	36	『大阪教育大学紀要』(21)に「戸塚廉の図書館教育」を発表　＊『学校図書館』(273)に転載、極めて異例のこと	
3		『教育学論集』(2)に「学校図書館の利用指導を成りたたせる要件」	
4		『学校図書館』(270)(271)に「連載・学図への提言:学図問題へのアプローチ(1、2)」　＊全国 SLA との付き合い(依頼の仕事)が始まる	1973.8　山口県立図書館蔵書封印事件発覚
1974.3	37	『教育学論集』(3)に「学校図書館職員制度化を求めての歩み」	1974.4.　「東村山市立図書館設置条例」施行(利用者の秘密を守る義務規定)
1975.4	38	ハワイ州の学校図書館視察旅行に参加＊メディアセンター、集中処理センターなどを実地に学ぶ	1974.12　日本図書館協会図書館の自由に関する調査委員会設置
9		『学校図書館』(299)に「地域図書館システムのなかに学図を:学図と公共図との連携を考える」	1975.6　全国 SLA・日教組・日高教(一ツ橋派・麹町派)四者で学図法改正運動についての覚書を交わす(四者合意)
1976.1		『学校図書館』(303)に「すぐれた教師集団で維持される図書館へ」	
3	39	『教育学論集』(5)に「教員養成大学における図書館学教育(その1);本学における開講と第1回司書教諭講習会」　＊研究室に残されていた大阪学芸大学における第1回講習の関係資料・記録を基に構成	
4		最初の著書『学校図書館と児童図書館』(間崎ルリ子と分担)出版	1976.6　「大阪府子ども文庫連絡会」発足
10		『図書館づくり運動入門』に「図書館づくり住民運動と地方自治」を執筆	1976.11　名古屋市図書館「ピノキオ事件」
1977.1		『学校図書館』(315)に「教育改革と学校図書館」	1977.10　「学校図書館法改正案要綱」四者合意案成る
1978.3	41	『教育学論集』(7)に「教員養成大学における図書館学教育(その2)『学校図書館学』:私の授業実践」	1978.3　四者は衆議院法制局提示の改正案を不満とし、国会提案を断念

年・月	年齢	主な事項と著作	図書館界・社会・教育の動き
3		『大阪教育大学紀要』26(3)に「成城の読書教育と学校図書館」	1978.5 図書議員連盟結成（衆参255名）
9		図書館問題研究会副委員長に（〜1981.9）	
12		群馬県高教組司書部で講演「教育運動としての学校図書館活動」	
1979.2	42	『学校図書館』(340)に「学校図書館の昨日、今日、明日」	1979.5 「図書館の自由に関する宣言」改訂
5		「図書館の自由」宣言の改訂に参画	1979.8 全国SLA第1回学校司書全国研究集会開催
5		日図研第11回研究例会に「尾原淳夫・私と学校図書館」を企画し、『図書館界』31(1)に報告	
11		岡山の第1回「学校図書館を考える集い」で講演	
1980.3	43	『教育学論集』(9)に「学校教育の改革と学校図書館」	1980.1 四者は衆議院法制局へ第二次「改正案要綱」を提出
8		『みんなの図書館』(39)に「学校図書館の問題と公共図書館」	1980.7 衆議院法制局との窓口であった小川議員の落選を受けて、四者で会合を持つ これ以降、法改正運動は進まず頓挫する
8		大阪教育大学教授に昇任	
1981.1		全国SLAの教育改革提言委員会に参加 一次案、二次案を経て提言へ（1985年）	
2	44	『大阪教育大学紀要』(29)に「大正13年の次官通牒と図書館教育」	
2		岡山の学校図書館白書づくりの合宿討議に参加	
3		『教育学論集』(10)に「師範学校と図書館科：教員養成大学における図書館学教育（その3）」	
5		『図書館界』33(1)に「学校図書館の展望：ヒトの働きと制度を中心に」	
7		全国SLAの全国学校司書研究集会に講師として参加	1981.7 岡山市職員労働組合・学校図書館白書編集委員会『学校図書館白書』発行
8		『図書館評論』(22)に「序 図書館への挑戦・図書館の挑戦：政策づくりの課題と計画」	1981.11 愛知県立高校禁書事件
1982.3	45	『教育学論集』(11)に「生涯学習と学校図書館」	
1982〜		学図研づくりの動きが図問研有志で始動⇒「準備会」へ	
1983.1		最初の単著『教育としての学校図書館：学ぶことの喜びと読む自由の保障のために』刊行	
3	46	『教育学論集』(12)に「図書館づくりを社会科で学ぶ子どもたち：堺市立光竜寺小学校の研究授業から」	

年・月	年齢	主な事項と著作	図書館界・社会・教育の動き
8		『学校図書館』(394)に「図書館における人の制度と施策」	
10		『図書館と自由』(5)に「学校図書館と図書館の自由」	
1984.1		『図書館界』35(5)に「『行革』下の学校図書館と学校図書館職員」	
2	47	北九州市の3人の学校司書解雇訴訟の判決について『みんなの図書館』(82)や『図書館雑誌』78(5)で発言	1985.8 学校図書館問題研究会(学図研)結成
1985.2	48	提言委員として加わった全国SLA提言委員会編『学ぶものの立場にたつ教育を：21世紀を生きる教育』刊行 ⇒臨教審等に提起	1986.8 第5回IFLA東京大会開催 1989.9 国連総会で「児童の権利に関する条約」採択（日本の批准は1994.3）
3		『教育学論集』(14)に「長野県筑北中学校の学習センターを訪ねて」	1990.2 主催:親地連、学図研、児童図書館研究会、図問研。シンポジウム「学校図書館に専任の専門職員を!」(東京)(その後、1991.1大阪で、シンポジウム「学校図書館を考える」が、1991.12岡山で、「学校図書館に司書を置こう!全国の運動を語り合う集い1991」が開催される)
4		日本図書館研究会事務局長に（～1995.3）	
4		『学校図書館』(414)に「教育改革論議への私たちならではの参画を」	
6		深川恒喜さんを訪ねて、文部省の初期の学校図書館行政を主に聞き取り調査→2010『東京大学大学院研究紀要：生涯学習基盤経営研究』(35)に「戦後初期の日本における学校図書館改革：深川恒喜インタビュー記録」として発表	1990.6 「生涯学習振興法」公布
8		学図研結成大会 基調講演「なぜ、いま学図研か」(『がくと』創刊号)	1990.10 東西ドイツ統一
1986.6	49	『日本学校図書館史』刊行 ＊10余年の歴史研究に一区切りをつける	1991.1 湾岸戦争始まる 1991.10 「学校図書館を考える会・近畿」発足
1987.3	50	『教育学論集』(16)に「学校図書館の教育力：教育改革への一つの糧として」	1991.12 EU創設
1988.4	51	大阪教育大学、学内再編で教養学科新設、「生涯教育計画論」講座を立ち上げ、司書資格取得科目を開講	1992.4 学校週五日制、段階的に始まる 1992.5 日本図書館協会(JLA)100周年
11		『学校司書の教育実践』(土居陽子と共著)刊行	1993.5 『全国の学校図書館に人を!の夢と運動をつなぐ情報交流紙ぱっちわーく』創刊
1989.12	52	『知的自由と図書館』刊行	1993.6 文部省「学校図書館図書整備新5か年計画」発表
1991.1	53	『図書館界』42(5)に「子どもの権利条約と図書館」	
10	54	「学校図書館を考える会・近畿」結成総会記念講演「学校の中の図書館：今日的課題」	1993.12 子どもと本の議員連盟発足
11		『生涯学習と図書館』刊行	1995.1.17 阪神淡路大震災 1995.3 地下鉄サリン事件
12		『現代の図書館』29(4)に「子どもの権利条約・プライバシー権の波をかぶる学校図書館」	1995.8 JLA「学校図書館問題プロジェクトチーム」設置

年・月	年齢	主な事項と著作	図書館界・社会・教育の動き
1993.1	55	『学校図書館』(507)に「プライバシーの尊重」(特集子どもの権利条約)	
4	56	『ぱっちわーく』創刊に至る会議に参加（大阪・日図研事務所）＊この頃から卒業生が箕面市、豊中市等の学校司書に就くケースが増加	
1994.1		『いま、学校図書館を考えるために：塩見昇講演記録集』刊行	1996.7　第15期中教審第一次答申「21世紀を展望した我が国の教育の在り方について」
2	57	『みんなの図書館』(202)に「学校図書館問題へのアクセス」	1996.11　日図研結成50周年
4		「図書館と自由(13)『子どもの権利と読む自由』」に「子どもの権利条約と図書館の課題」	1997.2　神戸児童連続殺傷事件 1997.3　学校図書館を考える全国連絡会発足
7		7～11月　「学校図書館を考える会・近畿」で「学校図書館講座」実施（全6回）講義「学校図書館とは何か」「図書館活動と図書館教育」「いま学校図書館が果たすべき役割」	1997.6　学校図書館法の一部を改正する法律公布・施行（2003.4より12学級以上の学校に司書教諭発令）
10		「『ぱっちわーく』創刊1周年記念全国縦断のつどい」富山、札幌で講演「生涯学習時代の学校図書館」「学校図書館の今日的課題」　＊この頃、依頼を受けての学校図書館関係の講演が年間20回ほどに。全国的な学校図書館づくり運動の高揚を象徴していよう	1998.4　「総合的な学習の時間」始まる 1999.11　ユネスコ学校図書館宣言採択
1995.1		『図書館界』46(5)に「図書の整理2単位：学校図書館の専門的職務にみあう養成教育を考える」	2000　子ども読書年
4	58	日本図書館研究会理事長に（～2007.3）	2001.6　大阪教育大学附属池田小学校児童殺傷事件 2001.9.11　アメリカ同時多発テロ
10		『月刊教育ジャーナル』34(6)に「教育としての学校図書館：教育課程の展開に寄与するために」　＊教員対象の教育関係一般誌からの依頼稿	2001.12　「子どもの読書活動の推進に関する法律」成立 2003.3　イラク戦争開始
1996.3	59	JLA学校図書館問題プロジェクトチーム発足、座長を務める	2004.12　PISA2003の結果公表。（読解力の低下、学力とは何かが話題に）
1997.4	60	大阪教育大学教養学科長を併任	
1997.6		学校図書館に「人」を置こう！全国の運動を語り合うつどい'97　実行委員会による「つどって語り合って②」基調講演「学校図書館の今日とあす」	2005.7　文字・活字文化振興法公布・施行
8		1997年学図法改正（司書教諭発令）を受け、大阪教育大学で司書教諭講習を開講	2006.12　改定教育基本法公布・施行
8		『図書館雑誌』91(8)に「学校図書館法一部改正について」	2009.3　子どもの読書サポーターズ会議「これからの学校図書館の活用の在り方等について（報告）」
1998.4	61	大阪教育大学附属図書館長を併任	

年・月	年齢	主な事項と著作	図書館界・社会・教育の動き
6		学校図書館を考える全国連絡会第2回集会「ひらこう！学校図書館」において講演「教育としての学校図書館」	
7		『わがまちの学校図書館づくり』(考える会・近畿編)刊行（「序「わが町の学校図書館づくり」と教育の未来」執筆）	2011.3.11　東日本大震災
1999.4	62	教育諸科学研究者による学校図書館についての総合研究が科研費で認められる⇒2004年に　数年間の共同研究(沖縄、市川、オーストラリア調査など)を経て、『学習社会・情報社会における学校図書館』刊行	2011.6　学校図書館活性化協議会発足 2012.8　『はだしのゲン』閲覧制限が発覚
6		『図書館雑誌』93(6)に「学校図書館専門職員の整備・充実に向けて：司書教諭と学校司書の関係・協同を考える」(学校図書館問題プロジェクトチーム最終報告)	2013.6　障害を理由とする差別の解消の推進に関する法律(障害者差別解消法)公布
2000.4	63	『学校図書館職員論：司書教諭と学校司書の協同による新たな学びの創造』刊行	2013.11　「学校図書館を考える会・近畿」閉会
4		「学校図書館を考える会・北海道」設立集会基調講演「学校図書館専門職員の整備・充実に向けて」	2014.4　学校図書館議員連盟発足 2014.6　学図法の一部を改正する法律公布(学校司書法制化)
2002.3	65	大阪教育大学定年退職、名誉教授に	
4		大谷女子大学教授に	2015.4.1　学図法の一部を改正する法律施行
2005.3	68	大谷女子大学退職	2016.4　障害者差別解消法施行
5		日本図書館協会理事長に　(～2013.5)	
2006.12	69	『教育を変える学校図書館』刊行	2016.11　文科省「学校図書館の整備充実について(通知)」(別添「学校図書館ガイドライン」)
2007.2	70	塩見昇先生古稀記念事業会による『図書館の発展を求めて 塩見昇著作集』出版に合わせて、『半世紀、図書館を生きる』(私家版)配布	文科省「『学校司書のモデルカリキュラム』について(通知)」
2012.10	75	『学んだ、広げた、「学校図書館」：「考える会・近畿」20年』に「学校図書館の意義と機能」「読書の自由の保障、プライバシーの保護と学校教育」「生涯学習と学校図書館づくり」ほか	2017.3　『ぱっちわーく』終刊 2019～　新型コロナウイルス世界的にまん延
2016.11	79	『学校図書館の教育力を活かす：学校を変える可能性』刊行	2019.6　読書バリアフリー法施行
2017.7	80	塩見先生にお祝いと感謝の気持ちを伝える集い(インタビュー企画始まる)	2019.12　文科省「教育の情報化に関する手引き」作成
2018.12	81	学校図書館史研究グループのインタビュー開始(～2022.6)	GIGAスクール実現推進本部設置
2021.1	83	雑誌『生活教育』2・3月号に「教育を変える学校図書館のはたらき」執筆	2022.2　ロシアによるウクライナ侵攻
2023.5	86	『塩見昇の学校図書館論：インタビューと論考』発刊	2022.4　成年年齢18歳に引き下げ

インタビューを受けて ―謝意と期待の一端を―

塩見　昇

　「学校図書館について先生のお話を聞く会をしたいのですが…」という照会を土居さんから伺い、「お役に立つような話ができるかどうか分からんよ」といった返事をしてからもう足掛け6年になる。こんな大仕事になるとは、彼女たちも思ってはいなかったのではなかろうか。その区切りが本書の刊行である。本当にご苦労さんである。

　思えば私の学校図書館との関わりは、ひょんなことで始まった。どこかが一つ違っていたら、そういうことにはとうていならなかったろう、と思う。1971年4月に、11年間勤めた大阪市立図書館を辞めて大阪教育大学の図書館学担当教員に転じたことによって、それまでまったく無縁であった学校図書館との深い関わりが始まった。学校図書館についての教育と研究を要件に、教育大学に転じたのであり、それ自体は私が強く志向した結果ではなかった。爾来半世紀、土居さんをはじめ学校図書館史研究グループに集った8人―それぞれに学校図書館活動の実践者、研究者としてしっかりした成果を重ねた人たちが、6年の歳月を重ねて私の学校図書館論を考究しようと共同作業を続けて下さるまでになったということに深い感慨を覚える。

　コロナが席巻する時期にはリモートでという悪条件が加わることもあったりしつつも、皆さんからの問いかけに応じる形で、私がこれまでの生涯の大半―60余年を図書館事業と図書館研究、図書館員養成に関わるに至った経緯と、図書館、特に学校図書館についての考え方をどのように形成してきたか、その過程で苦労したことや面白かったこと、これからの課題などについてお話ししてきた。改めて学ぶことの面白さ、楽しさを振り返ることができたのは有難いことであった。もちろん苦しさも含めてであるが。

　延べ14回にわたって話した内容を整理した第Ⅰ部に対し、第Ⅱ部ではそれを基に、8人のメンバーが2人ずつ共同で私の学校図書館論の主要な四本柱について、そのテーマをめぐる状況の推移や変化、教育現場の様態などと照らし合わせつつ、論の考察をし、論文にまとめていただいた。

　その中で学校図書館の特質をどう捉えるか、学校図書館の役割や機能を生み出す構成原理をどう考えるか、など学校図書館の基本的・総論的な把握に着目し

た第1章、学校図書館のはたらき、それがどのように学校教育のありようや実践とかかわるか、教育を変える上で学校図書館の備える教育力と、とくに知的自由の原則がその内実を支えていることを重視しようとする第2章、学校図書館のはたらきを担う職員の整備充実がつねに学校図書館法改正の課題として法の制定以来持続してきたことを取り上げ、学校図書館職員論を扱う第3章、そして子どもの読書環境整備を起点に地域で始まった図書館づくり住民運動のさらなる展開という側面をも持つ学校図書館づくり運動の生成と進展、取り組まれてきた課題に焦点を当てた第4章、のそれぞれにおいて、課題や実践、論議の跡を整理しつつ、そこに私（塩見）の論稿や講演、発言などを重ねることで、状況の推移、変化と私の論の関連—私の論がそこから何をくみ取り、いかなる関与や貢献を果たしてきたか、どのように課題を整理し、今後の展開に示唆を提起しているか、等を確かめようとする考察は、わが国における学校図書館づくりと学校図書館研究の進展の中に「塩見昇の学校図書館論」の立ち位置を確かめていただき、その成果に過分の把握をしていただいたように思えて、恐縮するところである。

　この研究グループに集まったメンバーのほとんどは、永年にわたる学校司書として実践的な経験を重ねた人たちであり、学校図書館問題研究会の立ち上げに直接関与、もしくはその初期の活動に先導的に参加したメンバーである。そういう立場と関心に拠った考察というところに大きな特徴がある研鑽の成果であり、今後の学校図書館の整備・発展に関心を寄せる多くの方々にとっての一つの示唆として活用されるならば、私としても非常に光栄であり、有難いことだと思う。

　その中にあって第2章の1、学校図書館の活動、とりわけサービス活動に裏付けられた学校図書館の教育力が学校の諸活動と結びついて、学校の教育活動の内実を変え、「もう一つの学校」とさえ捉えてよい実態を生み出し、「教育を変える」ことを実証する筋道についての私の論説と教育現場の実践、実証との関連付けがほかの主題を扱った部分と比べると具体性、リアリティ、実証性に乏しいとの印象を持たれる向きもあるかもしれない。これはこの節を分担した人のせいではなく、取り上げたテーマ自体の実証の乏しさであり、論の弱さ、未だことばの空回りが強く、学校の教育活動、なかんずく教授＝学習過程と切り結ぶ理論展開が教育現場の共感を呼び、検証の対象に立ち切れていないこと、学校現場における図書館教育の力量と実践の未成熟さ、それを担える人の体制と配置の弱さ、それにかかわる政策の脆弱さ、等々が折り重なっての複合的な現況の結果である。学校図書館が「学校の中の図書館」である以上、ここが他の主題と同様

に実践的、実証的に掘り下げて面白く書けるようにならないと、「教育を変える学校図書館」はなお道半ば、と言わざるを得ないだろう。学校図書館なお道遠し、を感じさせてくれるグループの皆さんの労作であったと読み取れるのではなかろうか。

第Ⅰ部のインタビューの記録については、当然のことながら問われたことに応えるということになっており、私の方から進んで提供した話はそんなに多くはない。「学校図書館論」研究がもともとのテーマなので、学校図書館論の基をなす図書館の捉え方、図書館論の形成の背景等については、これだけはという範囲にとどまらざるを得なかった。生涯学習の機関としての図書館の在り方や特性、図書館という仕組みが備えるさらなる可能性の展開、人が本を読むことの意味と本の持つ力、図書館（人）と山（登り）の近接性など、図書館を多重的、構造的に捉えようとすると、目を向けるべきテーマはほかにも少なくなかろう。宿題を残したかなあ、とも思うことである。

学校図書館論にしぼっていえば、皆さんからの直接の言及はなかったが、学校図書館と向き合うことになった初期の10余年の苦闘を経ての最初の単著『教育としての学校図書館』が教育関係の専門書の刊行で定評のある青木教育叢書の一冊としてであったこと、さらにその初期の模索の集大成である『日本学校図書館史』が全国 SLA の大系の一冊としてであったことは、私の学校図書館論の非常に大事な土壌を示していると思う。前者の場合、そのきっかけをつくっていただいたのが教育学教室の高浜介二先生からの示唆であり、後者は私自身が体系の編集委員を引き受けた中での、やむなく引き受けた無謀な任（まったくと言ってよいほど先行研究のない分野の通史の執筆）であったにもかかわらず、粗削りながらなんとかやっておいてよかったと思える仕事にできたこと、それが学校図書館運動の本拠である全国 SLA からの出版であったことである。この両著によって、私の学校図書館研究の視座が定まったことは、グループの皆さんの論評が認めていただいた通りであろう。

今回のメンバーの皆さんの長期にわたるご努力、ご苦労に深く感謝し、その労が広く活かされ、本書が学校図書館の一層の発展に資することを願いたいと思います。

（2023 年 2 月）

あとがきにかえて

　塩見昇氏の学校図書館論にはロマンを感じる。学校図書館が教育の変革につながるとの理論は実習助手雇用の学校司書（私）にプロ意識と誇りをもたらした。氏の論を実践につなぎたいと試みた現場の仕事は面白く楽しかった。行き詰まった時には論が力をくれた。まだまだお話が聞きたいと思っていた私は、塩見氏の傘寿を記念して催された「塩見先生にお祝いと感謝の気持ちを伝える会」の後、出席していた仲間にインタビューの誘いをかけた。全員賛同で後日、正式に日図研の学校図書館史研究グループ（代表：髙木）を発足した。

　メンバーにはそれぞれ得意分野があり、いくつもの顔を持つ。

　飯田さんは日図研の編集委員を長年務め、学図研でも多くの報告集を編んだ編集の達人である。本書においてもインタビューの粗起こしはすべて彼女が行い、編集全般でもリーダーシップを発揮した。学図研の代表を10年余勤め、今は日図研の事務局に在籍。

　梅本さんは市民の学校図書館づくり運動に深く関わってきたが、元は岡山市の中学校司書である。視野が広く、確かな情報に基づいた的確な分析にはそれらの経験が生きている。

　鈴木さんは在職中からつくば言語技術教育研究所の基礎研修やカウンセリング研修を受けるなど勉強家である。定年後は大学院で修士号を取得、現在はいくつかの大学で学校図書館学の講師をしている。JLA の自由委員会のメンバーでもある。

　髙木さんは文庫活動や公共図書館司書の経験もある。「考える会・近畿」では事務局長を10余年務めた。インタビューを通して司書と教師の協働を考察した著書『教師は学校図書館をどう使うか』（教育史料出版会）を2022年6月に出版。

　永井さんは岡山市の中学校司書として実績を残す。岡山は1980年前後、白書づくり、学図研、ブックトークなどで全国の学校図書館を牽引したが、彼女はその中心の一人であり、緻密な理論構築をする人である。歴史教育にも関心が強い。

　二宮さんは組合事情に詳しい。学図研、「考える会・近畿」などで活躍中にもバイクで日本中を走り回るバイタリティーを基に、定年後には小学校の司書も経験した。常に立場の違いを超えて本質に迫ろうとする。

　山口さんは「図書館の自由」に造詣が深い。著書『図書館ノート：沖縄から

「図書館の自由」を考える』(教育史料出版会、2016)もある。JLA 自由委員会の
メンバーであり、学校司書やその現場に関心を寄せて理解のある研究者である。
学図研編『学校司書のための学校図書館サービス論』(樹村房、2022)の出版では
中核を担った。因みにこの本は飯田さん、鈴木さんも執筆・編集している。

　インタビューは楽しく、新しい発見もあって、私たちにとっては何物にも代え
がたい時間になった。きちんと記録として残すべきだという思いがどんどん強
くなり、私たちの考察も入れてこの度の出版に至った。嬉しい限りである。

　私たちは、この会のことを“ソルトの会”と呼んできた。「塩」の意味を考え
れば「ソルトの会」は含蓄のある名前である。学校図書館が学校教育の塩にな
るのか、学校図書館の塩に塩見氏の論がなるのか。まだまだ夢は広がる。

（文責　土居）

学校図書館史研究グループ　（五十音順）

飯田　寿美　（元　　私立中高・専任司書教諭）
梅本　恵　　（元　　『ぱっちわーく』事務局長）
鈴木　啓子　（元　　兵庫県・高校司書）
髙木　享子　（元　　箕面市・小学校司書）
土居　陽子　（元　　西宮市・高校司書）
永井　悦重　（元　　岡山市・中学校司書）
二宮　博行　（元　　兵庫県・高校司書）
山口　真也　（沖縄国際大学総合文化学部教授）

障害者OK

塩見昇の学校図書館論　インタビューと論考

2023年5月25日　初版第1刷発行　　　　　　　定価　2,970 円
編著者　日本図書館研究会学校図書館史研究グループ
語り手　塩見　昇
発　行　日本図書館研究会
　　　　〒550-0002　大阪市西区江戸堀2-7-32　ネオアージュ土佐堀205
　　　　Tel:06-6225-2530　　e-mail:nittoken@ray.ocn.ne.jp
印　刷　株式会社　天理時報社
　　　　〒632-0083　奈良県天理市稲葉町80番地

ISBN978-4-930992-30-7